法治建设与法学理论研究部级科研项目成果

梅　军　李宁阳　著

彝族传统治理资源的创新利用

INOVATIVE UTILIZATION OF
TRADITIONAL
GOVERNANCE RESOURCES OF
YI ETHNIC GROUP

社会科学文献出版社
SOCIAL SCIENCES ACADEMIC PRESS (CHINA)

目　录

导　论

　　乡村治理是乡村振兴的关键内容和重要基石，认识和理解乡村的结构特性和文化基础是乡村治理的前提条件。一般而言，人类学理解的乡村是在经济、制度、社会、文化等方面与城市（城镇）既有一定分野又存在某种关联性与依赖性，具有地域文化性与历史延续性的多层次、多表象的人群聚落空间——以血缘关系和地缘关系为纽带的生活共同体和文化共同体。人们在其中围绕着土地、牲畜、林木等资源生产和生活，构建了特有的文化图式与知识体系，塑造了其文化特质——"从基层上看去，中国社会是乡土性的。"① 当然，当下我国大多数的乡村既非纯粹的传统乡土社会，也非彻底的现代工业社会，而是既浸染了现代性文明又未失去传统特质的复合型社会。基于此，学界曾将当下中国的乡村社会形态概括为："新乡土中国"② "后乡土中国"③ "城乡中国"④ 等。无论如何理解和抽象乡村，它依旧是"传统"的大本营。其乡土特质虽然较费孝通及其之前的时代有所弱化，但是并未消失殆尽。中国乡村的样态类型千差万别，即使样态相同或类型相似，也会因生活人群、组织单位、经济发展及对外交往等差异，在共享相似或相同的中华民族文明精神的同时，生产再生产和维系不同的社会规则、文化图式与知识体系。一方面，它生产和再生产的结构对于生活在其空间下人群的心理特质、精神品质、价值取向、性情倾向、人文性格、道德修养及行动逻辑等能潜移默化地产生深远持久的影响；另一方面，在其空间下生活的人群是有需求、有实践意识和能动作用的，而并非

① 费孝通：《乡土中国·乡土重建》，群言出版社，2016，第 2 页。
② 贺雪峰：《新乡土中国（修订版）》，北京大学出版社，2013。
③ 陆益龙：《后乡土中国》，商务印书馆，2017。
④ 赵旭东：《城乡中国》，清华大学出版社，2018。

被既有结构完全限制的被驱使者。① 当其生活情景、生产方式、技艺技术、资源条件、制度规范和行动需求等发生变化时，他们也会根据上述因素更新既有规则体系，扩展原有结构内容或再生产新的结构要素，推动乡村文化的转型和变迁。从乡村治理的场景来看，这些因素都是"乡村治理社会基础"②的关键因素。基于此，认识和理解乡村结构特性与文化网络，有利于在乡村治理过程中明确其所属"乡村治理类型"③，有针对性地设计治理方案和采取实施策略。

经验表明，任何单一向度的治理技术都不可能独立完美地完成各项治理任务，即使官方（政府的力量）也不例外。一方面，国家治理追求的主要目标是清晰化、简易化、统一化、技术化、程序化和标准化④，难以事无巨细地对乡村中的琐碎情况设计一套完备的行政方略和治理方法，更无法实现为每个乡村个体行动者提供抵御风险和自由发展的精准方案，这才需要他们自我管理、自我教育和自我服务。另一方面，面对不断加快的现代化进程和日益增强的现代性程度，乡村也在技术、资源、机制及观念上呈现历史局限性和行动束缚性，仅依靠其自身力量同样无法摆脱当下乡村面临的各种现代性问题。基于此，现代化背景下的乡村治理不仅需要国家、政府层面的行政权力下渗与现代治理技术下移，还需要地方、民间层面的乡村内生治理资源的耦合协作、乡村主体的平等对话和共同参与及除国家、乡村之外"第三领域力量"的鼎力相助，共同探索符合乡村历史性、社会性、文化性与现代性的治理路径。

一 研究背景与问题提出

早在 2006 年，《中共中央国务院关于推进社会主义新农村建设的若干意见》中就提出"乡村治理"一词。党的十九大之后，它继续作为"乡村振兴战略"框架内的重要内容。如何有序推进乡村治理，习近平总书记在党的十

---

① 〔英〕安东尼·吉登斯：《社会的构成：结构化理论大纲》，李康、李猛译，生活·读书·新知三联书店，1998，第 42 页。
② 贺雪峰：《乡村治理的社会基础》，中国社会科学出版社，2003。
③ 贺雪峰、董磊明：《中国乡村治理：结构与类型》，《经济社会体制比较》2005 年第 3 期。
④ 〔美〕詹姆斯·C. 斯科特：《国家的视角：那些试图改善人类状况的项目是如何失败的》，王晓毅译，社会科学文献出版社，2019。

九大报告中指明了一种方向:"深入挖掘中华优秀传统文化蕴含的思想观念、人文精神、道德规范,结合时代要求继承创新。"① 即是说,乡村治理不能仅靠国家层面的治理技术与治理资源的投入,还需充分发挥地方层面的乡村内生传统的积极价值。2019 年 6 月 23 日,中共中央、国务院印发《关于加强和改进乡村治理的指导意见》,指出要"建立健全党委领导、政府负责、社会协同、公众参与、法治保障、科技支撑的现代乡村社会治理体制,以自治增活力、以法治强保障、以德治扬正气,健全党组织领导的自治、法治、德治相结合的乡村治理体系,构建共建共治共享的社会治理格局"②。同时,提出乡村治理应承担的 17 项基本任务:"完善村党组织领导乡村治理的体制机制、发挥党员在乡村治理中的先锋模范作用、规范村级组织工作事务、增强村民自治组织能力、丰富村民议事协商形式、全面实施村级事务阳光工程、积极培育和践行社会主义核心价值观、实施乡风文明培育行动、发挥道德模范引领作用、加强农村文化引领、推进法治乡村建设、加强平安乡村建设、健全乡村矛盾纠纷调处化解机制、加大基层小微权力腐败惩治力度、加强农村法律服务供给、支持多方主体参与乡村治理、提升乡镇和村为农服务能力。"③ 从乡村基层党建工作到其他组织建设,从村民个体间的纠纷化解到乡村整体秩序的安全稳定,从乡村公共利益维护到乡村全面建设与健康发展,都是乡村治理的重要内容。在拥有制度性基础和合法性保障的前提下,深刻理解乡村传统治理资源的意义和价值、拉近当下乡村人群与传统文化之间的时空距离、激活乡村内生传统文化资源的治理活力,有序完成上述任务,是实现有效乡村治理的关键和基础。

当下中国的大部分乡村已被置于国家化场景、全球化背景和现代性情境的复合空间,它们不再是传统的、封闭的、排外的,而是现代的、开放的、包容的,与国家、市场及广阔社会体系间保持着频繁接触和密切交流,带来生活上、技术上和文化上的互嵌共鉴与彼此融合,推动着乡村社会生活与文化形貌的变迁转型。研究乡村传统治理资源的创新利用,就要考虑在这种动态过程中,它是否会因此被破坏殆尽或消解不见,是否还有再作用空间。事

---

① 习近平:《决胜全面建成小康社会　夺取新时代中国特色社会主义伟大胜利——在中国共产党第十九次全国代表大会上的报告》,《人民日报》2017 年 10 月 28 日,第 1 版。

② 《中共中央办公厅 国务院办公厅印发〈关于加强和改进乡村治理的指导意见〉》,《中华人民共和国国务院公报》2019 年第 19 期。

③ 《中共中央办公厅 国务院办公厅印发〈关于加强和改进乡村治理的指导意见〉》,《中华人民共和国国务院公报》2019 年第 19 期。

实表明，即便遭遇剧烈的社会转型与文化变迁，超时空界限和社会边界的、具有人类共同价值与观念的乡村内生规则体系与文化网络依旧存在活力基础和作用空间。制度、市场、技术等外力因素能在一定程度上为乡村传统治理资源创造再现和活化的条件与机遇。

其一，在社会转型过程中，出现不少"文化断裂论"和"文化失序论"的声音，这些声音可能是基于对特定乡村的深入观察和系统总结。不过，中国乡村区域差异突出，并非所有乡村都表现出同步发展的态势，会基于国家化、市场化和现代化等动力机制在原生基础上进行合理更新与适当拓展，而非全部消灭和彻底瓦解。那些具有人类共性的核心理念、道德精神及惯例习俗不会轻易因外力（制度、市场、技术）作用而消失。即使在面对国家权力全面在场的"集体化（公社）"时期，许多偏远乡村中基于血缘、姻缘及地缘形成的熟人关系理念、道义情感及相互间的关联与合作等特质也未彻底断裂。① 熟人关系逻辑依旧影响着人们的社会交往和行动方式，即使流动进入相对陌生的社会中，他们也会"化生为熟"，寻找或建构陌生环境里的熟人关系网络，如朋友圈、老乡会、同学会、校友会、战友会、宗亲会等就是此类文化实践表现。基于此，乡村中的许多传统规范体系并未因国家的制度安排和政治干预而被遮蔽和消解。② 现代化与流动性催生和增强了当下大多数乡村社会中的个体化现象与新自由主义，个体得以逐渐从传统的社会和集体的约束中脱离出来，不依赖传统的认同与行动单位，也能依靠自身的技术和资本构建维系生存发展的空间。不过，这并不意味着传统的社会与集群对他们不再具有作用。与此相反，传统会基于这些个体的需求而作为一种发展资源被其巧妙、技术性地创新利用，转化为现实生活的服务资本。③ 也就是说，传统在现代时期仍旧存在作用空间和价值基础。

其二，日益强烈的现代化、全球化及一体化趋势，既伴随着"霸权主义""同化倾向"的潜在威胁，也催生着"在地化""地方化""民族化"的文化自觉、文化自信等意识的觉醒和强化。在此过程中，乡村内生传统虽然弱化了为人们提供行动指南的传统规范性功能，但是它依旧存在且被赋予了传统时期不具备的文化意义、时代内涵及价值功能。在现代化、全球化及一

---

① 陆益龙：《后乡土中国的基本问题及其出路》，《社会科学研究》2015 年第 1 期。
② 应星：《农户、集体与国家——国家与农民关系的六十年变迁》，中国社会科学出版社，2014，第 44 页。
③ 〔美〕阎云翔：《中国社会的个体化》，陆洋等译，上海译文出版社，2012，第 328 页。

体化背景下，传统的复兴、发明及展示成为一种常态。① 具体而言，全球化、一体化背景下的传统被国家、民族及地方利用来构建身份符号，是强化族群互动、文化互嵌，培育和铸牢文化认同、民族认同及国家意识，塑造民族精神与强化民族自信，表达文化权利和保护文化主权及获取市场经济利益的普遍策略和有力工具。在新消费主义和旅游消费市场下，文化还是人们向市场争取资源和获取经济利益的经济资本。在国家与政府的制度支持下，文化是人们向国家谋取制度福利和政治权利的符号机制。诸如此类，都可能重新将（弱化了传统生存基础的）乡村文化与其文化主体的经济需求、权利争取以及社会生活再次勾连在一起，重新焕发出它们的鲜活社会活力和彰显其显著的社会价值。不仅如此，在诸多的经验事实中，现代性的国家制度文本常需借助乡村内生传统才可能更易被乡村人群接触、理解和接受。

其三，数字技术与传媒工具的发展革新重构着人、社会及文化间的关系，深刻影响着人们思想观念、时空意识、社会交往、生活模式及行动方式的转变，为传统和现代之间构建起跨时空的桥梁。② 互联网、数字信息、自媒体等现代传媒技术的发明与普及，开启了人人皆可进行知识生产与文化展示的时代，刺激和强化了普通乡村个体的文化自觉。首先，互联网与自媒体等现代传媒技术深刻影响着乡村日常生活和经济活动，让乡村人群的生活方式、生产技术、交往方式、职业观塑造、职业选择、文化展示技术等都发生了巨变。其次，现代传媒技术虽然创造了社会弥散化现象得以存在的条件③，但它在较大程度上拉近了当下乡村内外人群之间的时空距离及与现代市场的对接距离，缓解了此前人口流动性背后乡村文化内外主体链接不足带来的文化传承与传递的"主体缺位"困境。无论是"在乡"，还是"离乡"的人群，他们都不用像前现代（工业）社会那样因沟通技术问题（缺乏实时沟通的技术与工具），自己在离乡外出打工期间只能被迫保持特定时期的相互"脱离"，淡出甚至退出乡村社会生活。现代传媒技术融入他们的生活之后，无论老少都可利用微信、抖音和快手等自媒体技术链接在一起，重塑着一种

---

① 范可：《流动性与风险：当下人类学的课题》，《中南民族大学学报》（人文社会科学版）2014 年第 5 期。
② 麻国庆、朱伟：《文化人类学与非物质文化遗产》，生活·读书·新知三联书店，2018，第 147 页。
③ 范可：《流动性与风险：当下人类学的课题》，《中南民族大学学报》（人文社会科学版）2014 年第 5 期。

新的人与人"面对面"与"时刻在一起"的生活面貌。再次，现代传媒技术的链接，潜移默化地拉近当下乡村人群与其传统之间的距离，增强其联结度与熟悉感，搭建一种现代与传统的"共通空间"，使传统治理资源能通过这个"共通空间"重新活跃在年轻群体的世界里，有了更广阔的生存、展示、链接和作用的基础与空间。最后，现代传媒技术拓宽了社会交往范围和文化接触空间。不同的文化主体及其文化之间的交流从物理性空间走向虚拟性空间，可以实现跨时空的"零距离文化展示""零距离文化接触""零距离文化交流""零距离文化共享"，创造了一种"我们"与"他们""在一起的共享空间"。在这样一个"共享空间"中，传统不仅会鼓励或限制其文化主体的意识形态和社会行为，也可能在一定程度上对文化主体之外的其他人群思想观念和行为逻辑产生某种程度上的影响。

综上所述，现代化与现代性并非传统文化的天敌，它虽会给传统文化的生存发展带来某些挑战和冲击，但并不会对传统文化造成毁灭性的破坏。相反，它不仅能在一定程度上催生乡村人群关于传统文化的文化自觉与文化自信，还可能为传统文化的传承延续、创新性发展及创造性转化提供技术支持、机制保障及机遇条件。换句话说，传统是现代的基础，依旧拥有存在与作用的社会基础，创新利用传统治理资源具有现实基础。基于此，乡村振兴背景下，应在深刻理解当下乡村特性和乡村人群需求的基础上，充分尊重、认识乡村传统治理资源的特殊价值和积极作用，因地制宜地将契合乡民现实生活且仍具有社会活力的传统治理资源整合起来、综合利用，与国家制度安排、现代数字技术等耦合协作，夯实当下乡村治理的政治基础、社会基础、文化基础①及时代基础，积极推动乡村社会功能的调整。②

二 关注对象的选择

本书基于人类学民族学视角，以作为中华民族共同体成员之一的彝族及其传统文化的创造性转化与创新性发展为研究对象。不过，讨论的话题并不一定局限于彝族本身，而是以其作为个案来思考我国民族地区乡村传统文化之于现代乡村治理的意义、价值与功能等问题。需要说明的是，由于我国彝

---

① 李祖佩：《乡村治理领域中的"内卷化"问题省思》，《中国农村观察》2017 年第 6 期。
② 郑文宝：《乡村治理的理论逻辑及路向分析：一种宏观视角的审视与判断》，《云南民族大学学报》（哲学社会科学版）2020 年第 2 期。

族支系的多元性、人口分布的广泛性、居住乡村的复杂性等情况，我们既无意也无力对他们的政治、经济、生态、基建等问题进行全面分析，因此主要从文化的角度着手。而且，并非对彝族传统文化的各项文化要素都进行详尽分析，而是有取向地阐释本书理解和定义的具有治理价值和发展功能的"传统治理资源"。之所以选择彝族及其传统文化作为研究对象，乃基于如下考虑。

第一，彝族支系繁杂，人口众多，遍布我国西南大地。当前大多数彝族乡村经历国家政权主导的行政规划而从作为"我"的自然乡村（自然共同体）被切割组合为"我们"（彝族）与"他们"（兄弟民族）共同生活在一起的行政乡村（政治共同体），乡村法权单位和行动组织结构与传统社会时期相比发生了结构性转变。在现代化、市场化等现代性技术与机制的作用下，他们的物质生活方式也不同于历史时期，其显性物质层面的文化发生了巨变。即使外显的结构、组织和文化载体经历了转型甚至变革，基于血缘与地缘等社会机制形塑的熟人关系结构也并未如城市、城镇及乡镇那样遭受现代性冲击而淡化甚至瓦解。无论是团结型村落还是原子化村落，无论是单一民族聚居村落还是多民族杂居村落，它们通常会以家族、房族、家户等为单位聚居。当然，也存在不同民族、不同姓氏共同居住在同一村组，但这并未使其产生陌生之感。即便生活在城镇中的彝族，他们也会不同程度地将乡村中的传统生活模式（社会规则、文化网络、行动逻辑）移植或复制进其城市生活，他们定期举行的家支（家族）聚会及进行各种仪式实践就是典型表现。那些具有持久影响意义的深层精神内核并不会如外显的物质文化那样经由现代性作用而发生剧烈变革。在与不同时期的"国家""社会""市场"等接触、交往和互动的过程中，彝族基于其文化主体与"国家""社会"的内外联动而进行历史调适。因此，其在生存发展过程中大多是扬弃那些具有历史局限性的部分。即是说，隐性的精神内核和价值体系的基本发展状态大多表现为微调，而非巨变。

第二，彝族是我国为数不多的有字民族之一，有关研究证明，彝文约创制于母系社会时期，历史上历经八次整理与发展，现存古老彝文字万余个。[①]除了口述记忆之外，他们的历史记忆与社会文化也以文字书写的形式得以相对稳定地传承，掌握着彝文书写能力与权力的传统文化精英们留下了卷帙浩繁的文字资料。在他们留下的各类文本资料中，记录着他们的群体历史、创

---

① 杨圣敏主编《中国民族志》（修订本），中央民族大学出版社，2008，第225页。

世史诗、神话传说、民间故事、支系谱牒、制度文化、地方知识、伦理礼俗等内容，反映着他们特有的宇宙观、哲学观、道德观、教育观、人生观、价值观及世界观，承载着民族交融记忆。他们留下的这些记忆在现代社会中彰显着特有的文化传承、文化诠释、精神塑造及道德教化等多重功能，为理解和认识彝族社会及其文化打开了一扇窗口。不过，在传统社会中，并非所有人都具有彝文书写和使用的能力和权利，即彝文的创制者、书写者和传承者为少数群体——毕摩、摩史等传统精英。他们在文化传承、信仰守护、道德教化、仪式安排等方面具有其他成员不可替代、难以取代的作用。在当下彝族乡村日常生活、文化活动及仪式场景中，他们依旧具有较强的社会关联优势与社会动员能力。

第三，在现代化进程中，现代数字传媒技术也普遍存在于彝族乡村。它的出现和推广同样催生了彝族传统文化的传递、传承、传播及展示的新方式与新途径，为彝族传统治理资源的生存发展、功能再造及作用再现提供了新的可能和开辟了新的空间，以微信、抖音、快手、西瓜视频等自媒体工具最为普遍。同时，除了传统权威和文化英雄的存在与延续之外，还涌现出了各种新型彝族乡村精英（如政治精英、经济能人、文化精英等）。可以说，新的文化记忆形式、文化传播技术及新型乡村精英的出现，在推动彝族传统文化的创新性发展和创造性转化、助力当下彝族乡村文化振兴与乡风文明建设等方面发挥着特殊价值和重要功能，是当下乡村治理领域中治理资源的重要构成元素。总的来说，他们创造与积淀的深厚文化基础及数字时代的新工具、新技术都为乡村振兴背景下彝族传统治理资源的创新利用奠定了坚实基础和制造了有利条件。

基于上述思考，本书主要围绕如下问题展开研究。何谓彝族传统治理资源？它及其文化主体经历了什么历史过程？传承相对稳定内容有哪些，它们有什么社会文化功能，蕴含着哪些跨社会区隔或文化边界的道德精神与价值体系，有什么现实价值或治理功能？各类治理行为体如何对它们进行创造性转化与创新性利用？在乡村振兴背景下，应该树立什么样的文化理念（文化观）和遵循什么样的逻辑进路来合理推动关于它们的创新利用？

三　本书的核心概念

（一）乡村治理

要理解什么是乡村治理，必须先认识治理的基本内涵。1989 年，现代意义上的治理术语出现于世界银行关于非洲发展问题的讨论上。① 1993 年，美国学者罗西瑙（James. N. Rosenau）指出治理不同于以正式权力和警察系统为支持力量的政府统治，它由共同目标为支持力量。他认为没有政府的治理是可行的，甚至可能比政府的善治更可取。② 显然，他推崇"去政府中心"的治理。1995 年，全球治理委员会将治理视为各类公共的或私人、个人等机构类型关于共同事务管理方式的总和，让相互冲突或不同利益需求得以调和并采取联合行动的持续过程。③ 这种理解既有罗西瑙治理知识的延续和继承，也有创新拓展。其一，言明治理的内涵不是一种"被大多数人认可与接受的秩序规则体系"，而是"持续的过程"；其二，阐明治理的方式不是"控制性的"，而是"联合性的"；其三，指明治理的主体既包括"公共机构""正式组织"，也包括"私人机构""非正式组织"。1999 年，英国学者格里·斯托克（Gerry Stoker）统合当时英美学界涌现出来的各种观点，指出治理是统治方式的一种新发展。在治理行动中，无论是公私部门之间，还是内部，其界限趋于模糊，其本质在于治理机制并不依靠政府权威及政府认可，而是多种统治过程或互相影响的治理主体的互动结果。于是，他从主体、责任、权力、方式及理念这五个方面提出了相关补充论点，既阐明了治理的本质意义，也揭示了其存在的隐性风险。具体如下。其一，主体的多元性，即治理虽出自政府，但是主体不限于政府机构的行为体，这可能会引起对政府权威、国家政策和正式规范的质疑与挑战，造成治理决策及治理过程的合法性与政府正式规范之间的脱节。其二，责任的模糊性，即在治理过程中内外主体的责任界线相对模糊，可能会在引发相关问题时出现互相推脱、转移和逃避责任的现象。其三，权力的依赖性，即涉及集体行为、共同目标的治理行为体间权力的相互依赖性，可能会由此引发形式主义、机会主义等难以控制的挑战。其四，网络的自治性，即行为体网络的自主自治，各类行为体在特定领域可以发号施令，分担政府的行政责任，但可能会引起自我中心主义倾向、问责不足及影响政策作用等问题。其五，技术的现代性，即有效的治理能力不在于政府权力或权威，而在于新的技术与工具的运用。④

---

① 俞可平主编《治理与善治》，社会科学文献出版社，2000，第 1 页。
② 〔美〕詹姆斯·N. 罗西瑙主编《没有政府的治理》，张胜军、刘小林等译，江西人民出版社，2001，第 4~5 页。
③ 俞可平主编《治理与善治》，社会科学文献出版社，2000，第 4 页。
④ 〔英〕格里·斯托克：《作为理论的治理：五个论点》，华夏风译，《国际社会科学杂志》（中文版）2019 年第 3 期。

20世纪末21世纪初，西方治理概念及相关理论被翻译引入国内。1997年，徐勇指出治理是通过公共权力的配置与运作来管理公共事务，进而支配、影响和调控社会，是一种公共权力与社会互动的过程。他批评了政治学将公共权力归于国家和政府的狭隘理解，指出公共权力源于社会，是一种由政府权力和社会自治权力构成的公共权力体系。要实施治理，就要满足三个条件：其一，公共权力要有运作的合法基础；其二，公共权力对社会资源的占有和支配；其三，由公共权力提供公共产品，如经济管理、公共安全及公共服务等。① 2000年，俞可平主编的论文集《治理与善治》中更系统全面地综述了国外的各种观点，深化对治理概念及治理理论的理解，并在此基础上阐述了善治内涵。在治理概念的阐述上，指出治理是官方的（正式的）和民间的（非正式的）各种行为体在既定范围内运用权力和权威去维持秩序，引导各种不同制度关系及控制、规范公民的各种活动，处理公共事务和管理公共资源，以最大限度地增进公共利益，满足公众需求。② 关于治理与统治的异同：其一，二者都需权威，前者的权威源于政府，后者的权威未必如此；其二，二者都有主体，统治的主体为正式的公共机构，治理的主体既可为公共机构，也可为私人机构，还可为公私合作机构；其三，实践的方式不同，统治强调集权的控制与监督，治理推崇合作的互助与协调；其四，权力运行向度有别，统治是政府政治权威的单向管理，治理则是双向或多向的合作协商。③ 关于善治内涵的阐释。善治即"良好的治理"，一种"使公共利益最大化"的社会管理过程，强调国家、政府与公民对公共生活的协同管理，是国家权力向社会回归、还政于民的过程，具有如下特征：其一，合法性，指社会秩序和权威被公众自觉认可、接受及服从的状态和性质，合法性越强，善治程度越高；其二，透明性，指政治信息的公开性，每个公民都有权获得与自己利益相关的政策信息，包括政策制定、立法活动、法律条款、政策实施等，便于公民参与公共决策和公共管理监督，透明度越强，善治程度越高；其三，责任性，每个治理行为体都要为自己的行动负责，强调权利与义务相互统一，责任性越大，善治程度越高；其四，法治性，法律作为公共管理的最高准则，任何行为体都必须依法行事，法律面前人人平等；其五，回应性，即公共管理机构和公共管理人员要及时回应公民的要求，不得推脱和

---

① 徐勇：《GOVERNANCE：治理的阐释》，《政治学研究》1997年第1期。
② 俞可平主编《治理与善治》，社会科学文献出版社，2000，第5页。
③ 俞可平主编《治理与善治》，社会科学文献出版社，2000，第5~6页。

拖延，回应性越大，善治程度越高；其六，有效性，指管理的效率高，既要求设置合理的管理机构，实施灵活的管理方式，也提倡最大限度降低管理成本，善治程度越高，有效性越强。① 此外，还有公民参与性、稳定性、公正性及廉洁性。② 同时，作者还指出了西方治理理论存在的潜在威胁和风险——可能会成为某些跨国公司、社会机构干预国家政治及他国内政、谋取霸权的理论依据，成为削弱国家主权和政府主权的指导工具。因此，作者指出在运用西方治理理论之时应予以高度警惕。③ 可见，在引入西方治理理论之时，基于对西方的反思及作者的观察，作者看到了其局限性和风险性。当时作者虽未明确指出治理应有一个坚定的领导核心，但作者的阐述已向国内学者灌输了这种意识，也为理解中国制度情境下的乡村治理内涵奠定了理论基础。

西方治理理论被引入中国学界后，被国内学者广泛运用于国家治理④⑤⑥、社会治理⑦⑧⑨、乡村治理⑩⑪⑫及社区治理⑬⑭等领域。就乡村治理领域来说，大多社会学者、政治学者理解的乡村治理是以西方治理理论为基础来讨论国家、乡村、农民及第三社会组织之间的多维关系。不过，基于自身学术背景、讨论对象及切入研究路径等的不同，他们关于乡村治理内涵的理解也就存在一些差别。主要表现在两个方面。⑮ 其一，强调由外而内（国家视角）的公共权力体系（政府权力和地方自治权力）关于乡村公共事务的

① 俞可平主编《治理与善治》，社会科学文献出版社，2000，第9~11页。
② 俞可平、徐秀丽：《中国农村治理的历史与现状——以定县、邹平和江宁为例的比较分析》，《经济社会体制比较》2004年第2期。
③ 俞可平主编《治理与善治》，社会科学文献出版社，2000，第14~15页。
④ 渠敬东：《项目制：一种新的国家治理体制》，《中国社会科学》2012年第5期。
⑤ 俞可平：《推进国家治理体系和治理能力现代化》，《前线》2014年第1期。
⑥ 胡鞍钢等：《中国国家治理现代化》，中国人民大学出版社，2014。
⑦ 孙晓莉：《西方国家政府社会治理的理念及其启示》，《社会科学研究》2005年第2期。
⑧ 丁茂战主编《我国政府社会治理制度改革研究》，中国经济出版社，2009。
⑨ 向德平、苏海：《"社会治理"的理论内涵和实践路径》，《新疆师范大学学报》（哲学社会科学版）2014年第6期。
⑩ 徐勇：《GOVERNANCE：治理的阐释》，《政治学研究》1997年第1期。
⑪ 徐勇：《县政、乡派、村治：乡村治理的结构性转换》，《江苏社会科学》2002年第2期。
⑫ 贺雪峰：《农民行动逻辑与乡村治理的区域差异》，《开放时代》2007年第1期。
⑬ 潘小娟：《中国基层社会重构——社区治理研究》，中国法制出版社，2004。
⑭ 张宝锋：《现代城市社区治理结构研究》，中国社会出版社，2006。
⑮ 何虹果：《乡村治理内涵界定之争：分歧及其原因分析》，《湖北文理学院学报》2021年第3期。

处理、乡村公共问题的解决及乡村公共利益的最大化等方面的协同合作。在此范畴下，公共权力是核心，政府权力是公共权力的主导力量。换句话说，他们的核心关注点是乡村中的"国家政权建设"及"公共利益最大化"的问题。徐勇①、党国英②等都是这类研究的代表学者。其二，重视由内而外（地方视角）的乡村（村落）内部社会基础与外部治理行为体的互动合作，关注焦点从乡村中的国家政权建设及政治事件转向地方自主性（乡村本位）和村庄内部主体需求（主体日常生活与精神价值需求），注重村庄（村一级）治理研究，重点讨论"乡村治理的社会基础"。贺雪峰③是此类研究的代表。他们关于乡村治理的理解虽有不同，但仍有五个层面的共同精神和价值追求：其一，主体的多元性；其二，权力的互动性；其三，方式的协调性；其四，内容的公共性；其五，目标的有序性。

党的十九大之后，党和国家提出要构建"党委领导、政府负责、社会协同、公众参与、法治保障"的乡村治理体制、"自治、法治、德治"的乡村治理体系及"共建、共治、共享"的乡村治理格局④，为当代中国乡村治理的理念更新和方式创新提出了基本要求、提供了基本条件和培育了新的环境，也意味着乡村振兴背景下的乡村治理内涵必然与此前理解有所不同，既应当延续之前的有效经验，也应修正其不足之处和规避其潜在风险。因此，乡村振兴背景下的乡村治理意涵至少涉及如下内容。第一，治理范围的特殊性，即基于特定乡村单位及其结构特性实施具有针对性的治理实践。第二，领导中心的唯一性，即以乡镇党委与村党支部为治理行动的领导中心，以党建引领为治理活动的基本原则。第三，治理主体的多元性，即治理行为体包括各种正式的和非正式的、公共机构和私人机构、个体精英和群体组织、官方组织和民间组织等。第四，治理方式的合法性，即开展的具体治理方式既要合乎国家法律的基本要求，又要合乎乡村社会的秩序基础和结构特性。第五，治理机制的融合性，即治理的权力配置和权威支配、乡村中的关系网络、乡村中的秩序结构、文化机制、制度文本（政策、法律、规章、条例等）等不同治理资源的搭配合作，主要目的是避免制度文本与"乡村治理的

① 徐勇：《GOVERNANCE：治理的阐释》，《政治学研究》1997 年第 1 期。
② 党国英：《我国乡村治理改革回顾与展望》，《社会科学战线》2008 年第 12 期。
③ 贺雪峰：《乡村治理研究的三大主题》，《社会科学战线》2005 年第 1 期。
④ 习近平：《决胜全面建成小康社会 夺取新时代中国特色社会主义伟大胜利——在中国共产党第十九次全国代表大会上的报告》，《人民日报》2017 年 10 月 28 日，第 1 版。

社会基础"之间的脱节和对抗。第六，实践理念的协同性，即各类治理行为体应尽量避免自我中心主义，要树立一种理解、包容、开放、合作及协同的精神理念开展乡村治理活动。第七，治理责任的清晰性，主要有两层含义：首先，乡村治理各类行为体都要担负起自己的责任，强调权利与义务的和谐统一，同时及时对相关公共需求和治理问题作出回应；其次，明确乡村治理的主体性，即以乡村文化主人及乡村内部组织机构为主力军，其他治理行为体为辅助，避免乡村外部行为体过分汲取和侵占乡村资源。第八，治理过程的协调性，即治理过程应"去权力中心化"，避免独断专行的霸权行为出现，强调合作、商议、互动、协调的权力运行向度。第九，技术手段的柔和性，即基于尊重、理解和维护感情的一种协商的、民主的持续性过程。第十，治理目标的公共性，即保障乡村主体的利益与福利，在满足乡村主体需求的基础上实现公共利益的最大化。第十一，治理信息的公开性，即各种治理内容、问题处理及政策信息应公开透明，尽量保证参与行为体及乡村民众都能有权获得相关信息，保障其有效参与各项治理决策与监督。第十二，价值追求的互惠性，即营造和谐、友好、有序、美丽的乡村环境氛围，促进乡村秩序稳定和乡村整体发展。第十三，治理成果的共享性，即最终的治理成果由参与的各类行为体共享。

基于上述理解，乡村振兴背景下的乡村治理应是基于"一核一主多元"的权力配置与资源运作模式，充分调动与聚合乡村内外各方行为体，构建协同共治的治理机制，共同为乡村的整体发展提供深厚动力。"一核"指一个领导核心，"一主"为一队主力军，"多元"是多类资源、多种技术、多方主体及多重机制。基于此，本书理解的乡村治理是指，在乡域范围内基于特定乡村（包括乡镇、一级行政村及自然村）的文化特质与结构特性，以基层党政组织为领导核心，以乡村文化主体（既包括精英类型，也包括村民群体）及其内部自治组织为主力军，搭配其他社会精英、组织单位、机构团体等多元主体的联合行动，巧妙运用多方技术促进乡村传统治理资源（传统规范、习俗惯例、道德思想、人文精神等）与国家现代治理技术（项目、制度、政策、法律等）的耦合协作，协同完善乡村治理结构，健全乡村治理组织机制，保障乡村公共产品与福利服务供给，有序推动乡村公共事务的管理、乡村公共利益的维护和乡村矛盾问题的解决，满足乡村人群的物质生活与精神文化双重需求，合力促进乡村秩序稳定、安全有序发展及共享治理成果的一个动态过程。

（二）彝族传统治理资源

何谓"传统"？费孝通先生将"传统"视为一种"活着的历史"和社会继替过程中"累积的经验"，即"从前辈继承下来的遗产，这应当是属于昔日的东西。但是今日既然还能为人们所使用，那是因为它还能满足人们今日的东西，发生着作用，所以它属于昔，亦属于今，成了今中之昔，至今还活着的昔，活着的历史"①。安东尼·吉登斯（Anthony Giddesn）也表述了相似的观点，将其视为"一种驾驭时间与空间的手段，它能够以任何一种特殊行为和经验嵌入过去、现在以及未来的延续当中，它不是静态的，而是从上一代中所继承下来并由下一代加以改造……它从来不会抗拒变迁"②。除了上述社会学、人类学的对"传统"理解，《辞海》中也有相关解释，即"传统是由历史沿传而来的思想、道德、风俗、艺术、制度等"③。上述阐释说明了"传统"具有历史性和继替性的典型特征，它产生于过去，但因人们的需求而穿越时空边界世代传递和延续，并在过去、现在及未来都能发挥作用，此即"传统"。何谓"彝族治理资源"？顾名思义，指在彝族社会中可开发利用的、对人们的思想和行为具有鼓励与限制意义和功能的规则体系和文化网络的结构要素。不过，本书主要偏重制度层面、精神层面及支配权威等要素，并非彝族传统文化中的全部要素。因此，本书不会过多关注如衣、食、住、行等物质文化。何谓"彝族传统治理资源"？指在历史过程中以彝族作为主体民族的人群生产创造并世代传承、积淀延续并创新实践，与彝族人生活生产密切相关且在较大程度上能对其意识与行为产生鼓励、教化、规范及限制等作用，还能进行资本转化的相对稳定的制度型、精神型及权威型等传统文化要素，包含"治理"与"发展"的双重意义与功能指向。具体而言，即以彝族传统文化为记忆载体，包括具有社会性、集体性的"无形的集体记忆"、承载集体记忆的"有形载体"及创造和传承这些记忆的主体之"人"。诸如制度文化、信仰文化、节日文化、史诗经典等都是其集体记忆的基本载体或机制，它们将自身蕴含或衍生的禁忌规则、礼俗传统、道德准则、伦理体系、生活经验、情感或表现为其他形式的意识形态保存下来，将这些过去的

---

① 费孝通：《重读〈江村经济·序言〉》，载费孝通《江村经济——中国农民的生活》，商务印书馆，2001，第334页。
② 〔英〕安东尼·吉登斯：《现代性的后果》，田禾译，译林出版社，2000，第32~33页。
③ 辞海编辑委员会编《辞海》（缩印本），上海辞书出版社，1989，第215页。

经验和记忆连接起来，建构起它们的秩序体系和保持着它们的现实意义，将今天与过去、后代与祖先及作为文化共同体的"我们"联结在一起。

乡村振兴背景下，深入挖掘、研究彝族传统治理资源，融合现代文化理念、治理技术与传统文化的共同精神，复兴传统社会规则与文化网络的监督力与约束力，既有利于延续和保证传统文化的社会生命活力，延续彝族人乃至中华民族的精神血脉，也有利于为彝族乡村现代治理体系与治理格局的完善提升以及彝族乡村的全面振兴提供一些资源性供给或方法性参考。这些研究设想、具体思考和研究进路既基于经验事实，也得益于前人的研究基础。

四　相关研究的回顾与前瞻

乡村治理研究涉及内容广泛，涉及多项学科，成果层出不穷，理论建树颇丰，为本书提供了理论指引和积累了研究素材。既然本书研究的是乡村治理及彝族传统治理资源的创新利用问题，就需要对当下中国乡村治理和彝族传统文化的相关研究有一个整体把握。

（一）当代中国乡村治理的相关研究

关于当代中国乡村治理的研究，学界主要讨论了乡村税费改革、土地制度变革、乡镇机构改革、乡政村治问题、乡村现代化与城镇现代化建设、乡村治理体系健全完善、村规民约、乡村公共文化建设等内容。大体看来，主要围绕以下路径展开上述内容的讨论。

1. 新中国特定历史阶段乡村治理实践的回顾与思考

新中国成立以来，在不同时期，基于我国社会主要矛盾与实际存在问题的差别，国家、城市、乡镇及村落等间的关系都存在差异，国家之于乡村的制度安排、管理方式、建设理念及治理模式大体经历了"土地（民主）改革—农业合作化—人民公社化—'文化大革命'—家庭联产承包责任制—户籍制度改革—农业税费改革—乡政村治—精准扶贫—乡村振兴"等阶段。国家对于乡村的控制权力经历了"全面在场集权—适当退场放权—村民自治实践—党建引领一切"的转变。城乡关系从"城市汲取乡村资源，乡村支持城市化建设，限制乡村人口流动，城乡二元对立"到"城市向乡村投入资源，城市反哺乡村发展，解除人口流动限制，城乡融合发展"。在此过程中，既取得了显著成绩，也显示了相关危机。基于此，回顾我国不同阶段的乡村治理历史，发现存在的问题，总结有效实践经验，成为学界开展乡村治理研究的基本前提。

俞可平和徐秀丽从乡村治理的权威结构（政府、政党与民间）、主体构成（村民、乡贤和干部）、治理过程（选举、决策和监督）、治理内容（公益、发展及政务）和治理方式（动员、合作与强制）等方面回顾了中国近代发生在定县、邹平及江宁三地的两次乡村治理变革，指出当时中国乡村治理状态表现为政府主导下的结构多元化和主体精英化的治理，同时阐明存在的问题：村民自治制度流于形式、村民参与自治程度低、权威结构协同性弱、社会资本消极作用大、非法势力干扰性强。针对上述问题，他们指出了相应策略：完善农村治理法律法规、强化多元权威协同合力、提升村民自治参与度、降低政府行政干预、保护群众基本利益、培育积极的社会资本、加强农村非制度性治理参与渠道建设。① 项继权回顾了 20 世纪晚期中国的乡村治理变革，针对当时家庭联产承包责任制改革、乡镇政府的建立、村民委员会的建立、党政关系的转变、乡镇职能的转变、拆乡并村并镇等变革措施，认为这种变革的主要目的是实现农村的党、政、企及村等行为体之间的分权，重塑乡村治理组织及体系的合法性，但未取得应有成效。② 党国英回顾了 1949~2007 年这一阶段党和国家针对乡村开展的土地改革、户籍改革、农业合作、人民公社、包产到户、村民自治、乡政改革、农村税费改革等变革措施，指出当时乡村政治存在群众参与活动质量低、民主选举不规范和监督不力、竞选不普遍、贿选问题严重、村党支部缺乏领导力及乡镇合并降低中心服务率等问题。③ 张健以"国家治权、乡村精英以及民众的行动逻辑"为分析框架，将中国社会历史变迁过程中的乡村治理历程分为传统时期（公元前 221 年~1912 年）、近代时期（1912~1949 年）、集体化时期（1949~1978 年）及改革开放时期（1978~2003 年）四个阶段。通过分析，他先将这四个阶段的中国乡村治理模式分别概括为"专治—自治""独裁—剥夺""集权—政治运动""乡政—村治"四种。然后基于这四个阶段的治理经验指出："乡村的秩序基础取决于国家治权的配置方式、乡村精英的权威基础、农民

① 俞可平、徐秀丽：《中国农村治理的历史与现状——以定县、邹平和江宁为例的比较分析》，《经济社会体制比较》2004 年第 2、3 期。
② 项继权：《20 世纪晚期中国乡村治理的改革与变迁》，《浙江师范大学学报》（社会科学版）2005 年第 5 期。
③ 党国英：《我国乡村治理改革回顾与展望》，《社会科学战线》2008 年第 12 期。

的行动逻辑；乡村的经济状况取决于国家治权的目标、乡村精英的品性及农民经济活动的自主性"。最终，他认为中国乡村治理的理想模式为"有限主导—合作"。① 袁金辉回顾了1949~2009年的中国乡村治理历程，他除了发现与上述学者强调的相同问题之外，还指出了一些新问题，如税费改革前农民负担重、税费改革后乡镇基层政府的债务重及乡村宗族势力影响乡村政治生态等问题。② 李正华从理论建构与实践探索两个层面回顾了新中国成立60年来的乡村治理实践。理论建构层面包括治理目标（保障农村稳定繁荣、持续发展与农民共同富裕）、治理步骤（改革开放前为农业集体化与农业机械化；改革开放后实行家庭联产承包责任制和发展现代化农业）、治理办法（社会革命与技术革命相结合）、治理方针（从汲取农村资源到反哺农村建设）。实践探索层面经历了乡（行政村）体制阶段（1949~1958年）、人民公社阶段（1958~1982年）、乡政村治体制阶段（1982~2009年）。他根据60年的治理实践经验指出了未来的乡村治理方向：其一，坚持社会主义公有制并积极探索实现公有制的方法路径；其二，重视农民的主体性地位和积极作用；其三，处理好城乡关系，统筹城乡经济协调发展；其四，解放思想，推动乡村治理的改革创新。③ 肖唐镖回顾了2004~2014年这10年间的乡村治理实践，认为中国乡村社会经济虽繁荣，但隐藏着许多表现在治理技术、体制以及生态、文明和文化等方面的"复合性危机"，并指出集权制的政治管理体制难以约束和监督基层政府与基层干部的权力、"城乡分治，挖乡补城"的二元格局依旧存在、基层组织因财力不足而行动空间与行动自主性受限、村民在政治生活中权力缺位等问题。④ 丁志刚、王杰回顾了1949~2019年的乡村治理实践，将中国乡村治理的历史进路分为土地改革时期、农业合作化时期、人民公社时期、改革探索时期、新农村建设时期及乡村振兴时期6个阶段，总结了中国乡村治理的逻辑理路：治理目标（实现乡村现代化）、治理主体（党领导、政府组织及农民组织和社会组织参与）、治理客体（乡村现代化的主要矛盾）、治理方式（制度供给、法律安排、政策规范）。最后，指出当下中国乡村治理的思路：紧扣乡村治理现代化目标、充分发挥各类主体的作用

---

① 张健：《中国社会历史变迁中的乡村治理研究》，西北农林科技大学博士学位论文，2008。
② 袁金辉：《中国乡村治理60年：回顾与展望》，《国家行政学院学报》2009年第5期。
③ 李正华：《60年中国乡村治理的理论与实践》，载《第二届当代中国史国际高级论坛论文集》，2009。
④ 肖唐镖：《近十年我国乡村治理的观察与反思》，《华中师范大学学报》（人文社会科学版）2014年第6期。

（党委领导、政府负责、组织协同、法治保障）、紧抓当下乡村现代化主要矛盾及深化治理方式改革（制度引导和规范乡村治理、法治思维推进乡村治理、灵活把控乡村治理政策及创新治理体制机制）。①

当然，除了上述基于特定时间段的回顾之外，还有学者针对上述特定时期的治理模式进行专题式讨论，如高化民关于农业合作化的研究②，于建嵘关于岳村政治的研究③，张乐天关于人民公社制度的研究④，诸如此类，不胜枚举。从上述学者的回顾、总结与思考可以看出，中国乡村治理经历较长时期，许多问题却一直存在，尤其城乡矛盾、乡镇政府与基层组织间的矛盾、村民自治问题频繁、村民群体的乡村政治参与权利缺位和乡村治理参与主体性与自觉性意识较弱等。这些问题直至当下，依旧存在。

2. 乡村治理行为体的社会关联及互动图景的展现

中国乡村样态和类型纷繁多样，乡村治理行为体的构成也会有所不同。基于此，学者们在不同乡村中观察到的乡村治理行为体各有差异，他们对乡村治理行为体的存在属性分析和定性分类也各有不同。"治理理论"视域下关注的当代中国乡村治理行为体主要涉及两种类别：正式的、正当的和非正式的、非正当的。指出既要强调乡村内外各类治理行为体的协同合作，也要提升各类治理行为体的综合治理能力，还要健全治理行为体的监督与奖励机制，更要整合乡村内外权力资源与治理机制，实施国家治理与乡村自治的共同治理。⑤

就正式的、正当的乡村治理行为体来说，其主要指国家、各级党组织和科层制行政单位（乡镇政府）、村民自治组织、民间社会/文化组织（如各类协会、宗教团体、文艺团队、互助团体及公益组织等）、普通村民认同单位（如家族、宗族、亲族、利益小团体）、企业商业组织、乡村精英或乡贤（传统权威支配类型与特殊精英人物）及一般群众等。针对这类行为体，他们从"层级结构差异""正式与非正式""官方与民间""制度性与非制度性""组织性、群体性与个体性"（行动组织规模）等维度进行分类和阐述其能动作用。如贺雪峰通过对中国不同区域乡村中存在的各层村民认同组织的考察，

① 丁志刚、王杰：《中国乡村治理70年：历史演进与逻辑理路》，《中国农村观察》2019年第4期。
② 高化民：《农业合作化运动始末》，中国青年出版社，1999。
③ 于建嵘：《岳村政治：转型期中国乡村政治结构的变迁》，商务印书馆，2001。
④ 张乐天：《告别理想：人民公社制度研究》，上海人民出版社，2005。
⑤ 徐勇：《中国农村与农民问题前沿研究》，经济科学出版社，2009。

指出中国乡村中存在家庭及各种超核心家庭与联合家庭的行动组织，如小亲族、户族、宗族、房族、村民小组、行政村等各级治理行动主导行为体，它们影响甚至决定着乡村民众的行动逻辑，提出了"双层认同与行动的动力机制模型"。① 这一模型为本书理解中国乡村治理区域差异提供了一种有效的分析工具。又如张艳娥基于制度主义视角将乡村治理行为体分为"制度性主体"和"非制度性主体"两类，然后又将乡村内部村民群体划分为村干部、普通村民及精英群体三大主体。② 再如陈晓莉从"行动组织规模"层面将乡村治理行为体划分为三类：其一，个体性的乡村精英、普通村民（包括女性村民在内）；其二，群体性的家族及宗族等行动单位；其三，组织性的政党组织、政府组织及非政治性的社会组织等。③ 还如徐勇、朱国云根据治理行为体与国家政权之间的联结程度及部门间层级关系也将乡村治理行为体划分为三类：其一为国家政权组织，包括政府部门、乡镇党委、村党支部及村委会等；其二是民间社会组织，包括公益组织、各类协会、互助组织、商业组织等；其三乃官方与民间相间的组织类型，即官管民办组织。④ 在这些研究中，学者们围绕各类治理行为体间的关系展开讨论，基本认为乡政府与村民自治之间在理论上并非领导与被领导、上级与下级的命令关系，而是协商、互助、合作的伙伴关系。然而，在具体运作中二者关系却常变成上下级关系，没有使村民自治发挥其应有之作用。乡村治理应是多元主体协商共治，各类治理行为体之间应当是建立在合作与协商基础之上的伙伴关系。

就非正式、非正当的乡村治理行为体而言，学者们注意到乡村中长期存在的机会主义博弈者、无公德与集体性的"灰黑势力""灰色群体"（如混混、狠人等）等力量。他们在乡村治理的某些方面或某种程度上能产生影响，这种影响既可能是正向的，也可能是阻碍性和破坏性的。贺雪峰及其学术团队就曾多次讨论过这些力量之于乡村治理的影响，指出他们也是"乡村治理的隐性社会基础"。在国家向乡村汲取资源的历史阶段，他们能在一定程度上发挥正式的、正当的行为体难以替代的作用。又如在国家向乡村投放

---

① 贺雪峰：《农民行动逻辑与乡村治理的区域差异》，《开放时代》2007年第1期。

② 张艳娥：《关于乡村治理主体几个相关问题的分析》，《农村经济》2010年第1期。

③ 陈晓莉：《新时期乡村治理主体及其行为关系研究》，中国社会科学出版社，2012，第69~94页。

④ 徐勇、朱国云：《农村社区治理主体及其权力关系分析》，《理论月刊》2013年第1期。

资源反哺的历史时期，他们也能在某种程度上推动国家资源在乡村中的利用。因此，辩证地看，他们在乡村中的存在属性是一种"双重性的社会存在"，与正式的、正当的行为体及社会制度与社会关系共同构成乡村治理不可分割的两种力量。① 除贺雪峰之外，其学术团队的核心成员如杨华②、陈柏峰③、李祖佩④、耿羽⑤、陈锋⑥等人也对"混混"及其他"灰黑势力"之于乡村治理的意义和影响进行过相关探讨。他们关注的维度大体相近，既阐释了其在社会转型变迁和乡村治理过程中发挥的积极作用，也分析了其之于乡村治理的阻碍性和破坏性影响。

当然，除了上述学者，还有其他学者也对乡村治理行为体展开过讨论，不过研究框架与结论大体相近，不再一一罗列。不过，可以看出上述学者忽略了乡村治理行为体的一个重要成员——乡村学校。作为以教育为主要职责和功能的社会组织，乡村学校同样发挥着重要的治理作用，尤其在治理人才的培养、思想观念转变、科学文化知识传播及传统文化复兴等方面。本书将会对有关问题的探讨进行拓展。

3. 乡村内生传统治理资源及其价值功能的分析讨论

乡村传统治理资源的开发利用关涉"如何治理"的问题，即乡村治理行为体能用哪些资源、利用什么技术和采取什么方法等治理乡村。我国不少乡村社会尤其少数民族乡村长期延续着以传统文化为承载机制的治理资源，构成乡村社会的基本运作逻辑和乡村人群的社会行动规则，鼓励和限制着乡村社群的价值观念和社会行为。在国家无法完全解决村中事务与问题时，将其发掘出来，不失为当代乡村治理的重要社会资本。⑦ 针对乡村传统治理资源的存在属性与价值评定，学者们基于其学术背景表达了一些引

---

① 贺雪峰：《论乡村治理内卷化——以河南省 K 镇调查为例》，《开放时代》2011 年第 2 期。
② 杨华：《乡村混混与村落、市场和国家的互动——深化理解乡村社会性质和乡村治理基础的新视阈》，《青年研究》2009 年第 3 期。
③ 陈柏峰：《乡村混混与农村社会灰色化》，华中科技大学博士学位论文，2008。
④ 李祖佩：《基层治理内卷化——乡村治理中诸种力量的表达及后果》，华中科技大学硕士学位论文，2010。
⑤ 耿羽：《灰黑势力与乡村治理内卷化》，《中国农业大学学报》（社会科学版）2011 年第 2 期。
⑥ 陈锋：《分利秩序与基层治理内卷化：资源输入背景下的乡村治理逻辑》，《社会》2015 年第 3 期。
⑦ 张兰英、艾恺、温铁军：《激进与改良——民国乡村建设理论实践的现实启示》，《开放时代》2014 年第 3 期。

人深思的意见。

人类学视角主要集中于对社会（文化）人类学和法人类学两个方向的讨论。

首先，从社会（文化）人类学视角深刻诠释了家族、宗族等群体认同组织及信仰意识和其他风俗习惯等之于乡村人群道德精神、思维方式、价值观念、人伦关系、互惠原则及其他意识形态的形塑和乡村秩序构建与稳定的意义、价值和功能。其一，关于家族、宗族等群体认同组织的讨论，主要将其视为乡村文化的面向之一，探讨不同区域乡村中的汉人宗族的组织结构、历史变迁、文化属性及社会功能等，分析它们如何创造和稳定乡村秩序体系，形塑乡村中的社会文化网络、国家政权建设、村落政治格局及经历了什么历史过程等问题。葛学溥（Daniel Harrison Kulp）[1]、许烺光（Francis L. K. Hsu）[2]、莫里斯·弗里德曼（Maurice Freedman）[3]、裴达礼（Hugh. D. R. Barker）[4]、费孝通[5]、林耀华[6]、王铭铭[7]、麻国庆[8]、孙秋云[9]、周大鸣等[10]、杜靖[11]、兰林友[12]等都是这类研究的主要代表。他们基本认为宗族等文化单位和社会组织是中国乡村社会的潜在力量，深刻影响着宗族成员的价值评判、思想观念和价值逻辑，既可能是促进乡村政治、经济、社会、文化及生态等方面治理的有利资源，也可能是乡村秩序的潜在破坏力量。[13] 它们仍能在当下乡村治理活动中发挥重要作用。[14] 因此，在引导宗族等民间秩序参与乡村治理之

① 〔美〕丹尼尔·哈里森·葛学溥：《华南的乡村生活——广东凤凰村的家族主义社会学研究》，周大鸣译，知识产权出版社，2012。
② 〔美〕许烺光：《祖荫下：中国乡村的亲属、人格与社会流动》，王芃、徐隆德译，台北南天书局有限公司，2001。
③ 〔英〕莫里斯·弗里德曼：《中国东南的宗族组织》，刘晓春译，上海人民出版社，2000。
④ 转引自李富强、徐杰舜《乡土人类学研究文献回顾》，载罗布江村、徐杰舜主编《人类学的中国话语》，黑龙江人民出版社，2008。
⑤ 费孝通：《乡土中国·乡土重建》，群言出版社，2016。
⑥ 林耀华：《义序的宗族研究》，生活·读书·新知三联书店，2000。
⑦ 王铭铭：《溪村家族——社区史、仪式与地方政治》，贵州人民出版社，2004。
⑧ 麻国庆：《家与中国社会结构》，文物出版社，1999。
⑨ 孙秋云：《社区历史与乡政村治》，民族出版社，2001。
⑩ 周大鸣等：《当代华南的宗族与社会》，黑龙江人民出版社，2003。
⑪ 杜靖：《闵氏宗族及其文化的再生产》，中央民族大学博士学位论文，2005。
⑫ 兰林友：《宗族组织与村落政治：同姓不同宗的本土解说》，《广西民族大学学报》（哲学社会科学版）2011年第6期。
⑬ 肖唐镖：《农村宗族重建的普遍性分析——对江西农村的调查》，《中国农村观察》1997年第5期。
⑭ 贺雪峰：《农民行动逻辑与乡村治理的区域差异》，《开放时代》2007年第1期。

时，也要约束和规范它们的负面形象，处理好它们的利弊关系。① 既不能完全依赖它们，也不能放任自由，需要通过制度力量强化关于它们的监督、约束和管理，发挥其相互作用。其二，关于制度文化、民间信仰、仪式展演、互惠文化及其他风俗习惯的研究，主要讨论它们之于其生存空间人群意识形态的形塑、精神世界的丰富、社会关系的建构、道德准则的构建、互惠机制的创建及乡村共同体的建设等意义、价值与功能。这类研究数不胜数，从国外研究来看，如荷兰人类学家高廷（J. J. M. de Groot）基于对福建南蒲寺一带民间信仰仪式的考察，指出中国民间信仰是中国人处理社会关系的基本逻辑，反映了中国人的伦理观和世界观，揭示了民间信仰之于中国乡村秩序建构和维系的社会文化意义，开创了"以村见国"的人类学民族志叙事方式。② 如美国人类学者斯蒂文·郝瑞（Stevan Harrell）关于凉山彝族族别身份的识别构建、族群认同及文化变迁的理解，揭示了凉山彝族在"民族国家"建设进程中与国家政权建设的互动关联。③ 就国内研究而言，如杨戴云关于黔东南地区苗族乡村多元权威体系的研究④，又如舒瑜对鄂西南清江流域地方社会组织的研究⑤，再如罗彩娟对广西壮族村寨马洒村壮族信仰文化、制度文化的研究⑥，还如刘锋、靳志华、徐英迪等对贵州清水江流域苗族"议榔"组织和节庆运作仪式的研究。⑦ 诸如此类，难以穷尽。

其次，从法人类学的角度探讨中国乡村中的法律多元及权威多元。如有学者分门别类地搜集了不同民族的习惯法、乡规民约、民间信仰等。俞荣根⑧、

---

① 肖唐镖：《当前中国农村宗族及其与乡村治理的关系——对新近研究的评论和分析》，《文史哲》2006 年第 4 期。
② 转引自李富强、徐杰舜《乡土人类学研究文献回顾》，载罗布江村、徐杰舜主编《人类学的中国话语》，黑龙江人民出版社，2008。
③ 〔美〕斯蒂文·郝瑞：《田野中的族群关系与民族认同——中国西南彝族社区考察研究》，巴莫阿依、曲木铁西译，广西人民出版社，2000。
④ 杨戴云：《多元权威冲突与交错》，西南民族大学博士学位论文，2010。
⑤ 舒瑜：《山水的"命运"——鄂西南清江流域发展中的"双重脱嵌"》，《社会发展研究》2015 年第 4 期。
⑥ 罗彩娟：《民族地区乡村治理的资源结构与整合逻辑——以马关县马洒村为例》，《广西民族大学学报》（哲学社会科学版）2016 年第 2 期。
⑦ 刘锋、靳志华、徐英迪等：《地方文化资源与乡村社会治理：以贵州清水江流域苗族为例》，社会科学文献出版社，2018。
⑧ 俞荣根主编《羌族习惯法》，重庆出版社，2000。

龙大轩①、徐晓光等②、徐晓光等③、高其才④、吴大华⑤、周相卿⑥等针对我国苗、侗、羌等少数民族的习惯法开展研究，探讨了少数民族习惯法之于村落秩序维系与稳定发展的社会意义。赵旭东⑦在中国北方汉人乡村李村进行田野调查，针对该村的乡约体系和权威支配类型探讨了中国乡村的多元权威问题。又如有学者通过实证方法讨论乡规民约在村民自治和乡村治理中的积极作用及存在的作用障碍或困境，以张明新⑧、党晓虹等⑨、卞辉⑩、高其才⑪、宋才发等⑫为主要代表。再如有学者讨论了国家法与民间法的关系，以杨开道⑬、苏力⑭、梁治平⑮、黄宗智⑯等为主要代表。还如部分学者重于中国少数民族习惯法的理论分析与阐释，并结合田野案例讨论了法人类学之于法律的研究取向，以高其才⑰、罗洪洋⑱、吴大华等⑲、张晓辉⑳等为主要代表。上述学者探讨了地方法规与权威体系之于处理人与社会、人与自然的双重作用，分析其优劣之处，最终认为既要发挥它们的积极作用，又要通过国家法来超越、弥补和规范地方法规的不足之处，重视其耦合协作，完善乡村

① 龙大轩：《乡土秩序与民间法律——羌族习惯法探析》，中国政法大学出版社，2010。
② 徐晓光、吴大华、韦宗林等：《苗族习惯法研究》，华夏文化艺术出版社，2000。
③ 徐晓光、文新宇：《法律多元视角下的苗族习惯法与国家法：来自黔东南苗族地区的田野调查》，贵州民族出版社，2006。
④ 高其才：《瑶族习惯法》，清华大学出版社，2008。
⑤ 吴大华：《侗族习惯法研究》，北京大学出版社，2012。
⑥ 周相卿：《法人类学理论问题研究》，民族出版社，2009。
⑦ 赵旭东：《权力与公正——乡土社会的纠纷解决与权威多元》，天津古籍出版社，2003。
⑧ 张明新：《从乡规民约到村民自治章程——乡规民约的嬗变》，《江苏社会科学》2006 年第 4 期。
⑨ 党晓虹、樊志民：《传统乡规民约的历史反思及其当代启示——乡村精英、国家政权和农民互动的视角》，《中国农史》2010 年第 4 期。
⑩ 卞辉：《农村社会治理中的现代乡规民约研究》，西北农林科技大学博士学位论文，2014。
⑪ 高其才：《村规民约在乡村治理中的作用——从法律行政法规部门规章等中央规范性文件角度的考察》，《暨南学报》（哲学社会科学版）2017 年第 9 期。
⑫ 宋才发、刘伟：《发挥乡规民约在乡村治理中的法治作用》，《河北法学》2020 年第 6 期。
⑬ 杨开道：《中国乡约制度》，商务印书馆，2015。
⑭ 苏力：《法治及本土资源》，中国政法大学出版社，1996。
⑮ 梁治平：《清代习惯法：国家与社会》，中国政法大学出版社，1996。
⑯ 〔美〕黄宗智：《清代的法律、社会与文化：民法的表达与实践》，刘昶、李怀印译，上海书店出版社，2007。
⑰ 高其才：《中国少数民族习惯法研究》，清华大学出版社，2003。
⑱ 罗洪洋：《法人类学的理论与实践》，中国政法大学出版社，2013。
⑲ 吴大华、潘志成、王飞：《中国少数民族习惯法通论》，知识产权出版社，2014。
⑳ 张晓辉：《法律人类学的理论与方法》，北京大学出版社，2019。

法治体系与提高乡村法治能力。

从社会学的研究视角来看，与人类学关心的文化意义、价值与功能相比，社会学者则关心乡村文化的断裂与失序、乡村基层政治建设、乡村法治建设、公共服务供给、基础设施建设、乡村土地流转、乡村空心化、乡村过度消费与移风易俗问题及乡村治理的社会基础等问题。如陈楚洁等①、郑文换②、李三辉等③、吴宗友④、夏当英等⑤、许晓⑥等人关注和讨论了乡村文化的断裂、失序及其引起的乡村价值体系与道德观念变迁等问题，认为应重塑乡村文化的正向价值及治理功能。又如孔德永⑦、桑玉成等⑧、杨菊平⑨、张燕⑩、李永萍⑪、李烊等⑫通过社会学实证方法研究了诸如非正式制度、人伦关系、老人群体等乡村传统治理资源的生存状态及真实作用，并结合各自调查乡村中的实际问题提出了融合传统治理资源、健全现代化乡村治理体系的实践路径。此外，还如韩鹏云⑬、郑文宝⑭等人从政治学和哲学的角度对中国乡村治理进行了一些理论性思考，认为乡村治理不应只注重解决实际问

① 陈楚洁、袁梦倩：《压力型体制、传播的断裂与文化治理——以江苏省 J 市农村文化建设为例》，《农业部管理干部学院学报》2010 年第 2 期。
② 郑文换：《民族村寨的衰落：组织排斥、经济边缘化与文化断裂》，《广西民族研究》2016 年第 1 期。
③ 李三辉、范和生：《乡村文化衰落与当代乡村社会治理》，《长白学刊》2017 年第 4 期。
④ 吴宗友：《文化断裂中的中国社会转型》，《江淮论坛》2017 年第 1 期。
⑤ 夏当英、宣朝庆：《乡村生活秩序重构中的传统文化复兴——以皖南 H 镇为例》，《河北学刊》2018 年第 4 期。
⑥ 许晓：《从断裂到整合：对乡村振兴的政治社会学考察——基于冀西北地区 X 村的个案研究》，《求实》2020 年第 1 期。
⑦ 孔德永：《传统人伦关系与转型期乡村基层政治运作——以南镇为中心的考察》，中国社会科学出版社，2011，第 5 页。
⑧ 桑玉成、孙琳：《论政治运行中的人伦关系与道德基础》，《南京师大学报》（社会科学版）2012 年第 3 期。
⑨ 杨菊平：《非正式制度与乡村治理研究》，上海交通大学出版社，2016。
⑩ 张燕：《传统乡村伦理文化的式微与转型——基于乡村治理的视角》，《伦理学研究》2017 年第 3 期。
⑪ 李永萍：《论乡村建设的主体、路径与方向——基于湖北省官桥村老年人协会的分析》，《中国农村观察》2019 年第 2 期。
⑫ 李烊、刘祖云：《纪律、契约与礼俗：论过渡型社区三元治理规则——基于江苏省 J 市拆迁安置社区的田野调查》，《中国农村观察》2019 年第 4 期。
⑬ 韩鹏云：《乡村治理现代化的实践检视与理论反思》，《西北农林科技大学学报》（社会科学版）2020 年第 1 期。
⑭ 郑文宝：《乡村治理的理论逻辑及路向分析——一种宏观视角的审视与判断》，《云南民族大学学报》（哲学社会科学版）2020 年第 2 期。

题，而应当树立一种宏观理论关怀，研究问题原理，根据乡村的结构特性和资源基础来寻找治理策略。

上述研究表明，无论汉人乡村，还是少数民族乡村，都有其本土治理资源禀赋。不管在"乡政村治"叙事框架内，还是"三治融合"治理语境中，乡村传统治理资源都能发挥国家治理技术、治理资源及治理机制难以完全替代的治理作用。

4. 乡村基层治理"内卷化"与"去内卷化"的省思

乡村基层治理"内卷化"问题与"去内卷化"省思是学界关于乡村治理长期关注的一项重大课题，它关涉的是"乡村存在的治理困境"及"如何消解治理困境"的问题。近年来，学者们纷纷将"内卷化"概念广泛运用于乡村治理的各种研究层面，特别是在乡村基层政治研究领域最为突出，以此研究乡村基层政治的权力内卷化问题。总体而言，学者们主要从两个时间阶段来集中观察、讨论和研究中国乡村治理的内卷化问题，即税改前国家汲取乡村资源阶段和税改后国家反哺乡村时期。学者们针对这两个阶段的国家与乡村、地方政府与基层组织、地方政府与地方势力、基层组织与地方势力、地方政府与农民、基层组织与农民等各类治理行动主体间的关系结构与互动模式以及国家治理技术与地方治理资源之间的相互关系与存在状态展开各种讨论。他们大体上运用了"国家—社会""中央—地方""结构—制度""过程—事件"的分析工具（框架）来讨论基于制度导向和利益导向这两种情况之下形成的乡村（社区）基层治理的"内卷化"问题以及"去内卷化"策略。学界研究证明，不论是税改前的国家汲取乡村资源阶段，还是税改后的国家反哺乡村时期，在乡村治理领域中，内卷化的问题一直存在，只是以不同的表现形式呈现出来而已。①

在税改前，乡村治理领域的内卷化问题主要是制度导向型的。在农业税费未取消之前，国家需要向乡村农户征收农业税费。在这个由上而下的乡村资源汲取过程中，国家需要依靠基层治理组织（尤以村一级自治组织为主）来与农户们直接打交道。不过，向他们收取税费的时候，难免会遭遇一些"钉子户"或者不愿缴税或者缴税能力较弱等类型农户的抵抗。这时，村一级自治组织要保证自身的自利发展，一方面，作为"非体制内"的村一级干部，他们长期生活在乡村中，不会轻易撕破脸皮破坏他们与其他村民之间的

---

① 李祖佩：《乡村治理领域中的"内卷化"问题省思》，《中国农村观察》2017年第6期。

关系，如果要求他们去征收农业税费，他们就可能会辞职不干。在此情况下，乡政府层面可能就会依赖乡村中所谓具有"非常能力"的地方势力来完成税收任务。另一方面，要完成"压力型体制"规定的强制性"任务指标"，乡政府可能会以各种利益与荣誉作为条件来"诱惑"村一级干部，如"农"转"非农"，他们就可能唯乡政府之命是从，与乡政组织协作组成地方联盟团体（利益共同体），成为国家在乡村直接面向农户征收税费的"代理人"。而且，国家的政治规划、社会改造以及现代性力量介入使乡村中传统社会规则的约束力降低，这就造成无论是国家权力还是乡村传统社会规则，对他们的监控能力都会显得有所不足。如此，他们就可能借助甚至滥用国家权威，通过不道义的手段甚至不择手段来"完成任务"，还可能巧立名目增加税收项目与数额，以此中饱私囊、谋求私利，甚至暴力征税和开展其他行政工作①，严重损害着乡村民众的公共利益和破坏着乡村中的干群关系。这样一来，既可能增加国家在乡村的税收成本，也没有实现税收效益，还可能因此而降低甚至消解基层政权组织的合法性，破坏基层政权组织与乡村民众之间的关系，进而造成"国家政权内卷化"问题。② 不过，这种形式的内卷化问题在税改之后大体上得以消解。

2006 年，国家正式取消了农业税费政策，不再向乡村民众征收赋税，而是开始反哺乡村，通过一系列惠农政策、转移支付的方式实施"项目制"以及其他形式的技术治理手段。不过，在不少乡村中，国家的技术治理方式一方面可能会与地方传统产生冲突，引起各种不适，未必能够完全实现政策的设计初衷；另一方面，当国家不再向乡村汲取资源而不断向乡村投放资源的时候，乡村在此过程中不知不觉地变成了各类行动主体"争资跑项"互相博弈争夺的"利益场"。③ 国家在乡村中的直接性控制权力已经开始放松，对乡村的监控力度也就不足。在乡村中，不少地方势力在"改革开放"的浪潮中摇身一变，从"黑灰势力"变成村落里"经济能人"或者其他具有一定影响力的强势利益主体。而且，村一级组织自身的治理能力本来就有局限性，当他们面对一些难以处理的棘手问题时，就可能会求助于乡村中所谓具有"非

---

① 马良灿：《"内卷化"基层政权组织与乡村治理》，《贵州大学学报》（社会科学版）2010年第 2 期。
② 李祖佩：《基层治理内卷化——乡村治理中诸种力量的表达及后果》，华中科技大学硕士学位论文，2010。
③ 李祖佩：《乡村治理领域中的"内卷化"问题省思》，《中国农村观察》2017 年第 6 期。

常能力"的"人物""强势利益主体"，这些"人物""强势利益主体"依旧可能与基层组织、村两级互相利用、合谋甚至主导乡村政治而构成分利秩序，不断增强其自利性，弱化其管理性与服务性职能，继续汲取和垄断着国家给予乡村的各项资源，将普通村民排除在他们的利益机制之外。①② 这样，既没有使国家往乡村投入的各项资源彰显实质性的功效，也没有实现基层政权组织的公共服务与公共管理职能，没有让基层政权组织的合法性在"资源下乡"的过程中得以有效提升。③ 基于此，就容易出现利益导向下的"乡村基层政权组织内卷化"④ 和"乡村基层治理内卷化"⑤ 等问题。要解决上述问题，就要破除乡村治理内卷化困境，实现乡村治理的"去内卷化"，这样才能更有效地推动乡村治理体系与治理能力的现代化。虽然学者们是基于不同的乡村个案以及从不同的角度去展开研究，但是基本得出大体相近的研究结论，即构建和完善乡村治理行动主体间的关联机制和制衡机制，防止任何一方垄断治理权力现象的出现。同时，还需要充分激活乡村的内生治理动力，有效发挥乡村内部的传统治理资源与现代国家治理技术之间的协同治理作用。⑥ 以上学者虽从不同学科视角展开研究，但是他们的研究结论与本书的最初设想不谋而合。

当然，除了上述四个视角之外，还有许多学者从其他视角来开展中国乡村治理研究。不过，其基本与本书没有直接和明显的关联性。因此，不再逐一罗列其他成果。

5. 当代中国乡村治理研究的反思与评述

当代中国乡村治理的既有研究为本书奠定了资料基础和提供了理论指导，本书大体可从讨论的主题和关注的范围两个维度来对既有研究进行整体性的简要评述。

就讨论主题来说，其一，基于不同的历史阶段与研究视角，学界关于乡

---

① 陈家建：《项目制与基层政府动员——对社会管理项目化运作的社会学考察》，《中国社会科学》2013 年第 2 期。

② 王海娟、贺雪峰：《资源下乡与分利秩序的形成》，《学习与探索》2015 年第 2 期。

③ 李祖佩：《乡村治理领域中的"内卷化"问题省思》，《中国农村观察》2017 年第 6 期。

④ 马良灿：《"内卷化"基层政权组织与乡村治理》，《贵州大学学报》（社会科学版）2010 年第 2 期。

⑤ 李祖佩：《基层治理内卷化——乡村治理中诸种力量的表达及后果》，华中科技大学硕士学位论文，2010。

⑥ 张良、冷向明：《"内卷化"外的建构叙事：资源下乡与文化网络重构》，《南京农业大学学报》（社会科学版）2020 年第 6 期。

村治理的内涵理解各有面向。本书认为乡村振兴背景下的乡村治理内涵既有别于西方理论面向，也不同于传统意义上的统治与控制。在中国制度语境下，党政是乡村治理不可动摇的领导核心和负责单位，承担着监督协调治理事项和提供公共服务的基本职责，即乡村振兴背景下的乡村治理是党委领导下的治理。虽然倡导主体多元化，但绝非"去政府化"。其二，学者们既关注了正式的、正当的治理行为体，也讨论了非正式的、非正当的特殊力量，都强调了村民群体的主体性与参与性，看到了他们总是在宗族、家族、房族、社团等不同层级的认同单位中参与着乡村的政治生活、经济生活及文化生活。即便如此，在当下许多乡村中，村民群体之于更大层级的乡村单位的公共生活参与的自觉意识、主体意识与责任意识却显得相对淡薄，甚至对其漠不关心。本书认为，之所以产生这一问题，既与村民自身因素有关，也与组织动员机制相关，又同乡村政治生活参与的制度环境相关，还与社会流动性与市场经济带来的社会离散化和新自由主义因素有关。乡村振兴背景下，要组织调动村民群体参与乡村治理的积极性、主动性、主体性和自觉性，既需要借鉴传统经验，也需要融合现代技术，创造一个能激励和吸引村民群体积极参与的治理环境，创建他们认可和符合他们行动逻辑的激励、关联及动员的整合机制和参与机制。其三，学者们从各个角度讨论了乡村里的制度网络、信仰体系及其他习俗惯例之于乡村治理的意义与价值，但仍然忽略了许多具备显著治理作用的文化资源，如节日文化及记忆文化（史诗经典、神话传说）等。本书将对此进行相关拓展。

从关注的乡村范围来看，既有研究大多关注华北（以北京、河南、山东、安徽等地为主）、华中（以江西、湖北、湖南、江苏等地为主）及华南（以福建、广东、浙江等地为主）等地的汉人乡村，也有部分学者关注了西南地区少数民族乡村，但总体仍具继续深化和拓展的研究空间。面对利奇（Edmund Leech）的质问，费孝通先生如此回应：要了解中国社会的整体情况，就要从对中国的每一种村落类型进行细致的调查研究开始。[①] 同样，要了解乡村治理的整体情况，也要从不同地区、不同类型乡村治理现状的观察和研究开始。因此，除了学者们观察的汉人乡村之外，绝不能忽视关于少数民族乡村的认识和理解。原因有二。其一，少数民族聚居或杂居村落与汉人村落相比，其乡村属性既包含民族属性，也涉及文化差异、宗教问题及历史

---

① 费孝通：《缺席的对话：人的研究在中国——个人的经历》，《读书》1990 年第 10 期。

因素等，面临的治理问题更多元、复杂，治理结构、理念及技术等更特殊。处理不好少数民族乡村的治理问题，就难以实现我国社会治理的总体目标。其二，从历史上看，"国家"之于少数民族乡村的直接治理相对晚近，波及范围也较窄，渗透深度不如汉人乡村。基于此，他们常靠着传统文化塑造的治理机制维系其社会秩序。

（二）关于彝族传统文化及其实践功能的研究

回溯已有研究成果可知，不少学者针对彝族传统习惯法、社会组织、纠纷调解机制、民间信仰体系、传统权威类型等传统文化及其实践功能展开了系统探讨，这些成果为本书夯实了资料基础和提供了视角指引。[①]

1. 彝族传统习惯法研究

关于彝族传统习惯法的研究，主要从两个方面展开。第一，对彝族传统习惯法进行搜集整理并以实际案例证明其治理效能。此类研究以杨怀英[②]、海乃拉莫等[③]、邹渊[④]、陈金全等[⑤]、巴且日伙等[⑥]为代表。他们关于彝族习惯法的呈现方式大体一致。首先，介绍凉山彝族习惯法的生存环境及其演变；其次，概述其主要内容、执行主体及相关案例；最后，探讨其之于彝族社会稳定、安全发展的重要意义。第二，探讨彝族习惯法的发展演变及其与国家法之间的关系。此类研究以张晓辉等[⑦]、王明雯[⑧]、李剑等[⑨]、赖静等[⑩]、舒华[⑪]、

---

① 此节相关内容已以《彝族传统治理资源的研究综述：基于乡村治理视域》为题以单篇论文形式发表于《西昌学院学报》（社会科学版）2020 年第 1 期。

② 杨怀英主编《凉山彝族奴隶社会法律制度研究》，四川民族出版社，1994。

③ 海乃拉莫、曲木约质等：《凉山彝族习惯法案例集成》，云南人民出版社，1998。

④ 邹渊：《贵州彝族习惯法概略》，《贵州民族学院学报》（哲学社会科学版）2000 年第 S2 期。

⑤ 陈金全、巴且日伙主编《凉山彝族习惯法田野调查报告》，人民出版社，2008。

⑥ 巴且日伙、陈国光：《凉山彝族习惯法调解纠纷现实案例——诺苏德古访谈记》，中央民族大学出版社，2012。

⑦ 张晓辉、方慧主编《彝族法律文化研究》，民族出版社，2005。

⑧ 王明雯：《凉山彝族习惯法与国家法整合的必要性及途径探讨》，《西南民族大学学报》（人文社会科学版）2008 年第 10 期。

⑨ 李剑、严文强：《"真实"与"建构"的二元对立——论国家法与彝族习惯法的断裂与合作》，《民族学刊》2012 年第 4 期。

⑩ 赖静、王友平：《凉山彝族习惯法探析——以普雄地区习惯法为重点的考察》，《贵州民族研究》2011 年第 5 期。

⑪ 舒华：《论黔西北彝族地区法制的变迁》，中央民族大学博士学位论文，2012。

马林英等①、梁潇②、郭秀峰③等为主要代表。他们表达了这样的观点：彝族习惯法根植于其文化土壤，有其存在的历史过程、特殊价值及运行逻辑，其中包含着许多与国家法规定价值系统相近的内容，能弥补国家法在彝区治理上面临的"失范"和"失灵"；由此，应尊重彝族习惯法的现实存在，正确引导和选择性吸收有助于和谐社会建设的合理部分，以国家法为最终保障，加强我国彝族乡村法治建设。

2. 彝族社会组织研究

学界关于彝族社会组织的研究大多集中于凉山彝族家支组织。早期研究散见于各类论著和报告中，如林耀华的《凉山夷家》④、马长寿的《凉山罗彝考察报告》⑤、曾昭抡⑥的《大凉山彝区考察记》《中科院民族社会历史调查》、四川省编写组编撰的《四川省凉山彝族社会历史调查（综合报告）》⑦、凉山彝族奴隶社会编写组编撰的《凉山彝族奴隶社会》⑧及胡庆钧的《凉山彝族奴隶制社会形态》⑨等。20世纪50~60年代，凉山彝族家支组织活动遭遇了国家制度的强制干预，至80年代又重新活跃起来。当时就有不少学者对凉山彝族家支组织的内涵与结构等问题展开讨论。他们先肯定了其正向价值，如何耀华认为它是研究古代社会氏族制度的"活化石"。⑩易谋远详尽分析了其文化属性与社会功能。⑪罗布合机⑫、庄孔韶⑬、蔡富莲等⑭、

———————————

① 马林英、张洁：《彝族本土刑法与国家刑法的司法实践对比分析——以凉山彝族农村人命案司法实践为例》，《民族学刊》2012年第3期。
② 梁潇：《彝族"死给"现象中习惯法与国家法的互动》，《贵州民族研究》2014年第10期。
③ 郭秀峰：《凉山彝区社会治理法治化模式之探索——以习惯法与国家法的良性互动为切入点》，《四川警察学院学报》2017年第5期。
④ 林耀华：《凉山夷家》，云南人民出版社，2003。
⑤ 马长寿：《凉山罗彝考察报告》，巴蜀书社，2006。
⑥ 曾昭抡：《大凉山彝区考察记》，中国青年出版社，2012。
⑦ 《中国少数民族社会历史调查资料丛刊》修订编辑委员会四川省编辑组：《四川省凉山彝族社会历史调查（综合报告）》，四川省社会科学院出版社，1985。
⑧ 《凉山彝族奴隶社会》编写组：《凉山彝族奴隶社会》，人民出版社，1982。
⑨ 胡庆钧：《凉山彝族奴隶制社会形态》，中国社会科学出版社，1985。
⑩ 何耀华：《论凉山彝族的家支制度》，《中国社会科学》1981年第2期。
⑪ 易谋远：《宗族（家支）观念与凉山彝族繁荣进步的关系》，《思想战线》1989年第3期。
⑫ 罗布合机：《积极稳妥地处理彝族家支问题》，《民族研究》1999年第3期。
⑬ 庄孔韶：《"虎日"的人类学发现与实践——兼论〈虎日〉影视人类学片的应用新方向》，《广西民族研究》2005年第2期。
⑭ 蔡富莲、米伍作：《当代凉山彝族血缘家支、传统习惯法研究》，民族出版社，2014。

刘正发①、赵声馗②、宋经同③、范薇等④、毛呷呷⑤、刘绍华⑥、王祥兵等⑦、郝彧⑧、李戬⑨等则从经验事实的角度考察了其之于当地彝族社会秩序的维系与稳定功能，认为它具有社会关系与资源的强大整合功能，是当地人共同创造出来的伦理规范、道德准则及社群制度，能强化家支认同、凝聚人心，加强生产互助。同时，它还具有较强的社会控制作用，在纠纷调解、禁毒防艾、乡风建设等方面发挥重要作用。

　　除了肯定彝族家支组织的正向价值外，学界还关注其消极影响及生存状态和嬗变，探讨其与现代社会结构之间的关系。如前文提到的赵声馗、蔡富莲和米伍作、宋经同及郝彧等人就认为：凉山彝族家支群体的利益冲突会引起群体性械斗事件，在一定程度上会阻碍如乡镇政府及村两委等基层组织的治理活动，制约当地乡村民主意识的树立，甚至可能危及社区安全与社会团结，狭隘的家支意识还可能阻碍个人发展及其他治理行为体的作用。基于此，应当辩证理解其利弊，通过制度教育及法治渗透引导凉山彝族家支组织与国家法律机制适应；积极发挥其正向作用，改善其规则体系，完善凉山彝区法治机制。上述研究之于当下彝族乡村治理体系的完善与治理能力的提升仍具指导意义。

3. 传统纠纷调解机制研究

　　这类研究关注的对象仍多为凉山彝族社会，其传统纠纷调解机制多指德古调解系统。此类研究主要表现在两个方面。

　　首先，阐释凉山彝族德古的文化内涵，大体围绕两个维度展开。其一，基于语言学视角，以马尔子和巴且日伙等为代表。如马尔子解释"德"为

① 刘正发：《凉山彝族家支文化传承的教育人类学研究》，中央民族大学出版社，2007。
② 赵声馗：《多中心治理视角下凉山彝族家支治理经验研究》，《前沿》2009 年第 12 期。
③ 宋经同：《彝族传统家支观念对凉山新农村建设的影响研究》，《安徽农业科学》2009 年第 36 期。
④ 范薇、马春生：《传统家支观念对彝族基层社区治理的影响与对策分析——以 Y 省 S 彝族自治县为例》，《西南民族大学学报》（人文社会科学版）2013 年第 7 期。
⑤ 毛呷呷：《四川彝区农村基层治理存在的问题与对策研究》，《西南民族大学学报》（人文社会科学版）2017 年第 6 期。
⑥ 刘绍华：《我的凉山兄弟：毒品、艾滋与流动青年》，中央编译出版社，2015。
⑦ 王祥兵、张学立：《彝族传统制度文化及其影响研究》，《贵州民族研究》2017 年第 5 期。
⑧ 郝彧：《凉山彝族家支的权力结构与彝区乡村秩序控制》，《西南民族大学学报》（人文社会科学版）2018 年第 11 期。
⑨ 李戬：《传统与现代的协同：凉山彝族家支道德文化反毒品教育研究》，人民出版社，2018。

"瘦"之意，乃一种病态象征。"古"为治疗处理的意思。"德古"即"治疗社会疾病的医生"①。巴且日伙的解释有所不同，他认为"德"有"稳重"之意，"古"乃"圆圈"之意，"德古"即"一个稳定的圈子"②。显然，他们的语言学解释体现的是一种能指与所指之间的符号学差别，但最终表达的深层内涵是相近的，即解释的都是"德古"之于彝族社会秩序稳定的意义和作用。其二，基于经验事实角度，认为"德古"指知识渊博、思维敏捷、能言善辩、办事公正，通过解决处理多桩具体纠纷案件得到共同认可的人。无论男女，皆可成为德古。他们权威的形成与强弱同其调解纠纷成功案例的数量有关。关于此，以海乃拉莫和曲目约质等③、蔡富莲④、张晓辉等⑤为代表。

其次，关于凉山彝族德古现实价值与作用的研究以郭金云等⑥、陈金全等⑦、杨玲等⑧为主要代表，他们得出的研究结论大体相近，都认为德古在凉山彝族社会中具有独特的社会地位和突出的现实价值，他们身上反映的是当地彝族社会中大部分社会成员的集体意识与价值观念，是地方知识与生活经验的集大成者。除了讨论德古之于彝族社会本土的社会功能之外，也有学者关注了在社会转型过程中，德古之于国家与地方、习惯法与国家法等之间的沟通意义。基本认为他们学习和接受外来文化的能力较其他群体强，在现代社会中同样表现出了较强的社会关联与社会动员能力，能作为国家法进入彝族乡村的重要窗口，认为应当根据彝族乡村的资源禀赋和文化传统，尊重和理解并充分发挥当地传统纠纷调解机制的积极功能，构建官方制度与民间秩序良性互动、耦合协作的会通机制。关于此，主要以张邦铺⑨、陆晓萍⑩、何

① 张晓辉、方慧主编《彝族法律文化研究》，民族出版社，2005，第304页。
② 巴且日伙：《凉山彝族聚居区法律生活分析》，《凉山民族研究》2002年第2期。
③ 海乃拉莫、曲木约质等：《凉山彝族习惯法案例集成》，云南人民出版社，1998，第1页。
④ 蔡富莲：《凉山彝族传统习惯法中的性别歧视观念》，《凉山民族研究》2002年第2期。
⑤ 张晓辉、方慧主编《彝族法律文化研究》，民族出版社，2005，第305页。
⑥ 郭金云、姜晓萍、衡霞：《凉山彝族"德古"的特征、现状与再造》，《西南民族大学学报》（人文社会科学版）2005年第5期。
⑦ 陈金全、李剑：《简论凉山彝族的德古调解制度》，《贵州民族研究》2007年第2期。
⑧ 杨玲、袁春兰：《多元纠纷解决机制背景下的彝族司法调解人——"德古"》，《宁夏大学学报》（人文社会科学版）2009年第5期。
⑨ 张邦铺：《彝族习惯法及调解机制研究》，法律出版社，2016。
⑩ 陆晓萍：《彝族传统非诉讼纠纷解决机制的现代价值》，《人民论坛》2012年第23期。

真①、戚婵②、陈宾和吕彩云③等为代表。

4. 传统民间信仰体系的研究

学界关于彝族民间信仰的研究主要关注的是其之于自然生态与社会生态的意义与价值。

首先，关于彝族传统信仰之于自然生态的意义与价值的研究，主要表现在自然崇拜与生态保护的关系讨论上。通过对不同地区彝族民间信仰的考察，学界基本认为彝族人的自然崇拜观念中蕴含着天人合一、人地共生和人物共祖的道德观、生态观与宇宙观，在生物多样性保护与绿色生态环境建设等方面具有突出意义。刘爱忠、裴盛基、陈三阳在云南楚雄紫溪山一带经过长期考察，研究发现当地彝族聚居区域生态系统的稳定与生物多样性的维护在较大程度上受惠于当地彝族的民间信仰文化，如当地彝族对水、龙、神树、马缨花、山茶花、虎、水牛、鹰、熊、猴、狼、蝴蝶等动植物崇拜观念之于紫溪山一带的森林生态系统、生物物种、遗传资源的保护都具有重要作用。④ 陆文熙等⑤、杨红⑥、杨京彪等⑦、杨开华⑧等也采取了相似的研究视角，得出了同前文学者大致相似的结论。与上述学者不同的是，叶宏与李金发另辟蹊径，从彝族神话和经典中解读神话结构，由此解读彝族神话和经典中蕴含的环境认知，认为其中记述和表达了当地彝族关于易发灾害的预测和减灾的地方知识，包含着人地共生、人地和谐的生态观念及与人为善、团结互助的道德伦理观。⑨

---

① 何真：《合意与治理：彝族地区的纠纷解决机制——新型德古调解的实证分析》，《四川师范大学学报》（社会科学版）2013 年第 1 期。

② 戚婵：《彝族"德古"调解程序考察——以云南省 S 彝族乡为例》，《湖北经济学院学报》（人文社会科学版）2015 年第 2 期。

③ 陈宾、吕彩云：《转型时期凉山彝区民间调解制度研究》，《贵州民族研究》2016 年第 2 期。

④ 刘爱忠、裴盛基、陈三阳：《云南楚雄彝族的"神树林"与生物多样性保护》，《应用生态学报》2000 年第 4 期。

⑤ 陆文熙、陆铭宁：《彝族传统文化中的生态理念》，《西南民族大学学报》（人文社会科学版）2005 年第 12 期。

⑥ 杨红：《凉山彝族生态文化的继承与凉山彝区生态文明建设》，《西南民族大学学报》（人文社会科学版）2005 年第 2 期。

⑦ 杨京彪等：《四川凉山彝族传统宗教文化对生物多样性的影响》，《中央民族大学学报》（自然科学版）2008 年第 S1 期。

⑧ 杨开华：《彝族传统环境法律文化及转型研究》，《民族论坛》2017 年第 3 期。

⑨ 叶宏、李金发：《神话的结构与彝族生态文化》，《西南民族大学学报》（人文社会科学版）2014 年第 8 期。

其次，关于彝族民间信仰之于社会生态的意义的研究，主要讨论了彝族传统信仰文化的实践主体毕摩以及信仰文化内容之于社会秩序建构与民族团结稳定的作用。就毕摩的研究而言，学界认为他们扮演着维护社会和谐、传承民族文化的角色，影响着彝区的文化教育、经济发展及社会秩序等重大问题。因此，应当正确认识毕摩之于和谐社会建设的价值，将其作为乡村治理的重要辅助力量。关于此，以郭娅[①]、曾流等[②]为主要代表。刘荣昆阐释了彝族神树崇拜中的多元文化意涵，认为其中除了蕴含着尊敬自然的道德思想之外，还表达了敬天法祖的人文精神，发挥着社会心态调适、乡村秩序整合、群体团结认同等社会功能。其最终指出，应当理性看待和有效发挥传统民间信仰承载的乡村治理功能。[③]

事实上，在部分彝族村落，除了传统民间信仰，他们还接受了外来信仰，并逐渐融入其传统。这些外来信仰同样对当地人的道德观、价值观、世界观及行为方式等具有潜移默化和深远持久的影响。基于此，本书认为，要研究彝族乡村中的传统治理资源，绝不能忽略这类资源要素，但这类资源并未受到应有的同等关注，这正是本书拟拓展探讨的问题之一。

5. 传统乡村权威类型的探讨

彝族乡村中存在许多具有较高权威和较强影响力的权威支配类型，大多数学者关于此类研究的重心在于"祭司"毕摩（布摩）、"巫师"苏尼及"律师"德古等。不过，关于他们，前文已有梳理，兹不赘述。此外，还有一些学者讨论了其他彝族乡村中的新型权威类型。如张原以彝族"末代土司"岭光电为讨论对象，认为岭光电是凉山彝区的一位"文化英雄"和"政治精英"，他推动了西南地区人民与现代国家化接轨的进程，使其获得了民族地位和国民权益。[④] 又如吉木哈学、陈勇同样是以岭光电为研究对象，与张原的宏观面向不同的是，他们从微观视角系统地梳理了岭光电在其管辖地关于教育、经济等方面的突出贡献，最终认为他的案例对当下彝区社会治理

① 郭娅：《浅论毕摩信仰对促进社会和谐的价值》，《西南民族大学学报》（人文社会科学版）2008 年第 7 期。

② 曾流、曾国良、王芳：《毕摩文化对经济发展影响研究——以盐源县为例》，《贵州民族研究》2013 年第 6 期。

③ 刘荣昆：《彝族树木崇拜的多元文化意涵及其乡村治理功能》，《贵州师范大学学报》（社会科学版）2017 年第 6 期。

④ 张原：《抗战时期一个彝区土司的边务实践与民情叙述——〈倮情述论〉中的彝人社会与边疆图景》，《民族学刊》2012 年第 5 期。

和管理具有借鉴作用。① 从他们的研究看来，岭光电对其所在地区的彝族文化传承保护、彝族文化研究、彝区教育发展及经济发展等都做出了突出贡献，是典型的彝族乡村精英代表。在当下，除了这一类传统精英之外，还存在诸如政治类、经济类、文化类及其他类型的精英人才。要构建"自治法治德治"的乡村治理体系，搭建多元主体共治的乡村治理格局，应加大对各类乡村精英的发掘、引导及培养的力度，并通过完善激励机制和管理机制，鼓励他们参与彝族乡村治理，搭建一个科学的共治平台。

6. 关于彝族传统文化研究的评述

既有研究已从各个方面对彝族传统文化的内容、意义、价值与功能等进行了系统讨论，深化了关于彝族传统文化的认识和理解，为本书提供了许多珍贵的研究资料及理论启示。不过，通过梳理可以发现，关于彝族传统文化的研究仍然还有可再讨论与研究的空间。

首先，学界对部分文化要素的关注度不够，即使有，也多重意义阐释而轻经验考察，尤其在史诗经典及外来信仰等方面最为典型。不仅如此，既有研究大多没有关注现代传媒技术之于彝族传统文化（传统治理资源）的传承传播、展示方式及创新利用等提供的机遇与创造的条件。在当下，要讨论彝族传统文化的创新性发展与创造性转化，离不开现代传媒技术之于其活力再现和功能重构等提供的技术支持与条件基础。

其次，既有研究大多将视野聚焦于特定区域，如要么只关注四川凉山彝区，要么只关注云南彝区，要么只讨论贵州彝族，主要突出的是我国彝族各支系间的文化差异性。基于此，鲜有学者立足整体性视角观察，分析及提炼彝族传统文化中跨区域、社会及亚支系的总体道德和共有精神。本书将尝试在此方面进行一些拓展。

最后，既有研究多针对彝族传统文化中的某一文化丛或特质进行考量，此类研究虽细致和深入，却在一定程度上忽略了文化整体性的观照。文化是由不同文化丛、文化特质共同构成的统一整体，其价值与功能不限于某一特定文化丛或文化特质，更重要的是它们之间的相互关联。故此，分析看待彝族传统治理资源之时，也应树立整体论观点，将其置于文化的整体框架中来分析讨论。

---

① 吉木哈学、陈勇：《彝族传统文化对彝区社会治理的影响研究——以彝族土司岭光电在彝区的社会治理历程为例》，《西南民族大学学报》（人文社会科学版）2017年第7期。

五　思路框架与研究方法

当前我国大多数乡村社会都经历了巨变。不过，无论如何变化，具有深厚基础与坚韧生命力的乡村传统治理资源不会轻易因外力的介入而消弭瓦解。许多时候，它们反而会在新的社会条件和技术支持下以新的形式延续其坚韧的社会生命，继续对现代语境下乡村社群的观念和行为产生影响。也就是说，纵使乡村传统治理资源的某些部分由于特殊因素而曾经淡化或退出过，但随着人们对其认识观念的不断转变，优秀的传统治理资源仍会彰显其固有价值。同时，党和国家关于推进乡村治理的意见中提出了要发掘优秀传统文化助力新时代乡村治理，实现乡村善治目标，从制度层面高度认可乡村优秀传统治理资源的积极意义。

基于此，本书立足人类学的整体论视角，以彝族传统文化为研究对象，对其中具有治理意义与功能的资源要素类型及其共性特性、共享精神、社会功能、现实价值和局限缺陷进行总体考察，并通过相关案例呈现和分析创新利用彝族传统治理资源的必要性和可行性，对助力我国彝族乡村乃至广大民族地区乡村治理具有一定指导意义及参考价值。

除了导论和结语之外，本书主体内容由六个部分构成，具体安排如下。

一是彝族及其传统治理资源生存与发展的时空基础。基于历史过程与社会情境两个维度来展现彝族社会的历史变迁及在此过程中其与国家发生的上下互动、与其他社会体系发生的内外关联，也欲呈现不同区域、不同支系间文化资源结构存在的差异。

二是彝族传统治理资源的主要结构类型与社会功能。在翔实的文献资料分析及扎实的田野调查资料基础上，重点阐释本书理解的彝族传统治理资源的基本类型，并系统分析每类资源的构成内容、基本内涵和社会功能。

三是彝族传统治理资源的总体精神内涵与当代价值。基于第二章的内容，总结彝族传统治理资源表现出来的共同特性，提炼其中蕴含的中华民族的总体道德精神，分析其在乡村振兴过程中之于乡村振兴与乡村治理的现实功能。

四是创造性转化彝族传统治理资源的地方实践考察。基于第三章的理论探讨，以实际案例展现创新利用彝族传统治理资源的可操作性，表明传统治理资源在当下乡村振兴与乡村治理过程中仍具广阔社会基础及鲜活社会生命，能发挥其固有价值与应有作用。

五是彝族传统治理资源的历史局限性及彝区治理难题。辩证分析彝族传统治理资源存在的局限性及其可能产生的消极影响，同时，呈现各地彝族乡村中普遍存在的治理问题，为发挥彝族传统治理资源的正向价值、弥补其缺陷及改进存在问题等做铺垫。

六是乡村振兴背景下创新利用彝族传统治理资源的逻辑进路。结合行之有效的传统智慧、地方经验及理论阐释，从方法论及方法两个维度，分析和探讨乡村振兴背景下创新利用彝族传统治理资源助力乡村振兴与乡村治理的可能性、科学策略及适合路径。

在研究过程中，本书综合利用了文献研究法、田野调查法、案例研究法及网络民族志研究法等方法。

一是文献研究法。首先，通过高校及地方纸藏图书馆、数字图书馆，读秀、中国知网、维普数据库、万方数据库等网络数据空间和平台来广泛搜集、整理、分析与本选题相关的专著、期刊论文、学位论文、报纸及其他文献资料，总结研究动态，为本书夯实研究基础。其次，结合一手田野资料，分析、总结彝族传统治理资源的学术价值、应用价值及基本观点。

二是田野调查法。自 2019 年 6 月 15 日至 12 月底，开展了 6 个月左右的田野调查。选取了如下田野点：其一，人口全为彝族的纯彝族村寨，如贵州省盘州市 Y 乡 M 村、四川省凉山彝族自治州（后称"凉山州"）西昌市 L 镇 S 村等；其二，多民族杂居但以彝族人口居多的村寨，如黔西北威宁县 B 乡 B 村（彝族、苗族、汉族）和 X 村（彝族、苗族）、L 镇 L 村（彝族、苗族和汉族）、Y 镇 Y 村（彝族、苗族、白族、汉族、回族等）及 F 乡 F 村（彝族、苗族、汉族、白族、蔡家人），纳雍县 S 乡 T 村（彝族、白族、苗族），盘州市 J 乡 BL 村（彝族、汉族），六盘水市水城区 S 乡 H 村（彝族、汉族、苗族），黔西南晴隆县 S 乡 S 村（彝族、布依族、汉族）等。① 在调查过程中，对普通村民与村干都进行了访谈，目的是了解制度文化、信仰文化、史诗神话、民间故事、民间谚语等文化要素的生存状态。同时，在本书撰写过程中，通过电话、微信等方式进行线上回访，补充前期调研的不足或缺漏。凡未明确标注出处之处，资料均源于田野调查。

---

① 基于学术伦理，研究过程中可能涉及相关研究对象的隐私，故将田野调查中涉及的具体村落名称、访谈对象姓名等相关信息进行匿名化处理，以字母代替。没有以字母代替的是引用了前人的研究成果。后文皆同，不再做重复解释。

三是案例研究法。通过对相关学者前期搜寻的案例资料及笔者在田野调查时搜寻的新案例的综合分析，揭示案例中反映出来的关于彝族传统治理资源的价值功能，反思其存在的负向作用，进而基于乡村振兴背景之于乡村治理的相关要求来探讨彝族传统治理资源的创新利用问题。

　　四是网络民族志研究法。除了实地调查，本书也运用网络民族志或微信民族志方法，利用微信、QQ、抖音、西瓜视频等自媒体工具进行线上的观察与交流，从中观察网络时代彝族网络人群如何利用现代数字传媒技术与工具来参与文化传承保护、文化展示与传播、乡村建设与治理等。

第一章　彝族及其传统治理资源生存与发展的时空基础

任何文化的发明创造与变迁发展都有其特定的历史过程、社会基础及实践空间，如马歇尔·萨林斯（Marshall Sahlins）所言："文化的图式以历史的方式进行安排，在实践展演过程中，其意义或多或少会受到重新估价……一方面，人们依据对文化秩序的既有理解来组织其行动计划，并赋予其行动目标以意义。在此意义上，文化在行动中以历史的方式被再生产出来……另一方面，由于行动的偶然情景并不必定与某些群体可能赋予它们的意义相吻合，人们会创造性地重新思考他们的惯用图式。在这种意义上说，文化在行动中被以历史的方式改变了。"[1] 基于彝族社会的"国家化""去国家化""再国家化"的历史记忆与交往记忆，彝族传统治理资源在其文化主体的能动作用下经历了萨林斯所述的历史结构过程。即当下彝族社会及其文化图式在不同历史时空的社会形态与结构下，其实践行为体（文化主体、国家权力、社会文化及市场机制等）的实践行动经历了多次延展、革新和重构才形成当下样态。

第一节　彝族社会及其传统治理资源的结构过程

彝族传统治理资源是其文化母体在历史过程中的生活经验及其与不同时期的国家的"上下互动"、与先辈的"前后相接"及族际"内外关联"而互渗交融、累积绵延的结果。

---

① 〔美〕马歇尔·萨林斯：《历史之岛》，蓝达居、张宏明、黄向春等译，上海人民出版社，2003，第3页。

一 彝族"六祖分支"历史记忆的主位叙事

"六祖分支"是广泛流传于今滇东北、黔西北、川南等区域关于彝族祖先起源与民族发展的历史记忆。这种历史记忆模塑了他们特有的"弟兄祖先历史心性"①，创造了一个被表征化了的祖先精神世界，形成了特定的道德准则、伦理观念、信仰观念、秩序体系与文化逻辑。在《彝族源流》《西南彝志》等文本中都有"六祖分支"叙事：彝族始祖希慕遮②第三十一世孙笃慕俄③为躲避洪水灾难，躲进葫芦中得以幸存，最终迁入洛尼山暂居。如《西南彝志》记："先祖笃慕俄，自己牵着马，自己赶着羊，到了洛尼山，坐在那里了。"④ 定居洛尼山之后，笃慕俄娶三妻生六子，六子由长至幼分别为慕雅且、慕雅苦、慕雅热、慕雅卧、慕克克、慕齐齐。而后，笃慕俄主持分支仪式，六子分支迁徙至西南各地开始新的生活。

"六祖分支"之后，四处发展，各立疆域，各有盛衰。其中，慕雅且为武系始祖，慕雅苦为乍系始祖，他们先后迁徙至今滇南、滇西区域。慕雅热为糯系始祖，发展至七世额阿糯时势力壮大，糯系之称自此开始，他们迁徙过东川、昭通，再北渡金沙江迁徙进入今凉山州西昌、雷波等地，自称曲涅支系。慕雅卧为恒系始祖，他们先向滇东北迁徙，后繁衍生息数代之后又主持分支仪式，陆续分三支向各地发展。其中：一支定居于云南昭通一带，发展为乌蒙家；一支经黔西北迁徙定居于川南永宁地区，发展为扯勒家；一支则经云南昭通北渡金沙江沿着美姑河到达今四川大凉山各地，自称古候支系。慕克克为布系始祖，起初定居于云南宣威一带，发展至七世阿德布时强盛起来，故布系通常又称德布氏。发展至十七世朵默歹时，又分支向外发展：长子默歹阿仁迁徙至今黔中安顺地区，发展为播勒家（有文献称为冷冷格或娄娄勾）；幼子留居原地，至二十二世德阿木时，生三子，继续分支。

---

① 王明珂：《英雄祖先与弟兄民族：根基历史的文本与情景》，中华书局，2009，第28~29页。
② 据方国瑜、史继忠等推论，希慕遮大致生活于公元前5世纪，相当于春秋战国时期。希慕遮至笃慕俄这一阶段的谱系为：希慕遮—遮道古—古珠诗—诗雅立—立雅密—密喳拐—喳拐作—作雅且—且雅宗—宗雅贤—贤雅己—己迫勒—迫勒道—道慕尼—慕尼赤—赤雅索—雅索德—德喜所—喜所朵—朵必额—必额堵—堵洗显—洗显陀—陀阿大—大阿武—阿武补—补珠娄—娄珠武—武洛撮—撮珠笃—笃慕俄。
③ 黔西北一带其称笃米、笃慕；川南凉山一带称居木武吾；滇东北称阿普笃慕。官方文献多记为仲牟由。
④ 毕节地区民族事务委员会编《西南彝志》，贵州民族出版社，1992，第77页。

长子木雅额留于原地，发展为古苦格（勾）家（笃慕家、磨弥部）；次子木默遮迁徙至今黔西北威宁一带，至默遮俄索（乌撒）时在威宁壮大，发展为乌撒家（又叫纪俄格）；幼子迁徙分布于云南沾益一带，发展为阿佐赤家。慕齐齐为默系始祖，原住于云南东川一带，发展至十世为杓雅默，十一世为默雅德，默系之名自此开始，至十二世德雅施时势力强盛，故默系又叫德施氏。发展至十九世孙必额勿时，分三支向外发展。长子勿阿娄迁徙至今云南曲靖、贵州普安一带，发展为阿旺仁（惹）家（又称嫩博纪）；次子勿阿克留居原地，发展为阿芉歹家；幼子勿阿纳迁徙至今黔西北大方一带，在此发展至二十四世勺雅妥时，生三子。长子妥取汝夭折；次子妥芒迁徙至今云南镇雄一带，发展为芒部；幼子托妥阿哲留居大方一带，发展为阿哲家（又称水西家）。① "六祖" 后裔在各自区域定居之后，于不同历史时期先后建立起以嫡长子制度为基础、以父系血缘关系为纽带的集族权与政权于一体的 "兹（直）、莫（摩）、毕（布）"（君、臣、师）政治体系。不过，各部受分布区域环境条件限度及与历代王朝间的 "上下互动" 及族际 "内外关联" 程度差别影响，长期呈现区域差异化的发展形态。

"六祖分支" 作为滇东北、黔西北及川南等地彝族的一种自我历史表述，在流传于这些区域的许多彝族文献、创世史诗中都有相关记忆的表达。不过，也有历史学者对此秉持批评态度，认为这种认识既不全面，也不严谨。其批评理由有二。其一，认为 "六祖分支" 之前（大致为春秋战国时期）就有构成彝族族源的古代先民活动于西南各地，指出 "六祖分支" 只是彝族整体历史过程中某一时期的族类分化表现，如方国瑜②推论笃慕俄大致生活在东汉末年。这一观点在《贵州省志·民族志》③ 中被认可和沿用。其二，认为笃慕俄可能只是彝族某一大家族（家支）或某一亚支系的祖先，并不完全适用于所有彝族支系的共同祖源历史。如方国瑜指出："彝族传说及汉文记载都只显示滇东北、黔西北及川南的一些地区的统治家族与其有关，其余地区的彝族传说并非以其为祖先，甚至都不知道他的名字。"④ 因此，"仲牟由（笃慕俄）只是一个家族的祖先，可以叙述这一家族的世系，而不能把整个

---

① 侯绍庄、史继忠、翁家烈：《贵州古代民族关系史》，贵州民族出版社，1991，第181页。
② 方国瑜：《彝族史稿》，四川民族出版社，1984，第149页。
③ 贵州省地方志编纂委员会编《贵州省志·民族志》（上册），贵州民族出版社，2001，第435页。
④ 方国瑜：《彝族史稿》，四川民族出版社，1984，第148页。

彝族来源问题系其一人。"① 这种发现或许能为部分彝族支系的历史表述中不存在与笃慕俄直接相关叙事提供解释。

二 彝族社会历史变迁与各阶段的国家治理

彝族及其文化的衍生和发展间续性地保持着族际关联交织、混杂相融、发展绵延的倾向，与国家整体发展方向联系在一起，在王朝更替与政权更迭的历史过程中实现着文明"大整合"。从"王朝国家"到"民族国家"，国家与乡村社群及其文化的接触从"中介联结的间接接触"到"面对面的直接接触"，国家之于乡村的治理策略也经历了"因俗而治"到"化俗而治"的过程，影响着乡村传统治理资源的生存和发展。在此过程中，逐渐稳定下来的彝族传统治理资源在彰显其特质之时，也发扬着中华文化的整体共性与共有精神。

（一）王朝国家的政权更迭与彝族的古代历史变迁

方国瑜②、侯绍庄等③历史学者认为在春秋时期就有包括彝族先民在内的嶲、昆明等族群活动于邛都（今西昌一带）及滇池等地，从事游牧生产。自秦开始，他们就在名义上开始进入"国家化"进程。至西汉，中央王朝已在其生活的部分区域实施羁縻统治，并试图推行儒教，但效果不佳。有研究表明，在此时段，迁徙至各地的彝族先民形成了普遍文化特征：其一，在谱系传承制度上，普遍实行父子连名制；其二，在信仰文化表征上，信巫鬼教、制（祖）灵筒，以龙、虎、鹰等为氏族图腾；其三，在社会生活中，重祭祀、多礼仪、讲禁忌；其四，在社会组织方面，有桀黠能言议屈服众人的"耆老"，议事、调解纠纷时好譬谕物、引经据典④；其五，在社会分层上，阶级分化开始出现；其六，在婚姻制度上，实行族群内婚、家支外婚、等级内婚、转房婚等婚配规则；其七，在丧葬习俗上，通行火葬；其八，在服饰

---

① 方国瑜：《彝族史稿》，四川民族出版社，1984，第179页。

② 方国瑜：《彝族史稿》，四川民族出版社，1984，第2页。

③ 侯绍庄、史继忠、翁家烈：《贵州古代民族关系史》，贵州民族出版社，1991，第42、111页。

④ 参见〔晋〕常璩：《华阳国志·南中志》，刘琳校注，巴蜀书社，1984，第364页。

装扮上，皆衣牛羊皮，男子椎髻、环铁裹结、挎刀，男女皆披毡、跣足等。①

至东汉末年、魏晋时期，有彝族先民逐步从金沙江南北两岸向外迁徙，与僰人、濮人等族类融合互嵌，其生活区域时称南中地区。公元 339～748 年这 400 多年，南中地区的政治大权为爨氏所垄断，其权力布控范围分东爨（今滇东北、黔西北及川南等地）和西爨（今滇东、滇西、滇中及滇南等地）。在蜀汉政权的扶持下，南中地区社会分层日益明显，这种分层不仅表现在职业分工上，还表现在身份地位差别上。基于血缘与地位的观念形塑，各地彝族社会分化出黑彝、白彝、奴隶等阶层。此分层结构在各地表现略有差异，如凉山彝区分为兹莫、诺伙、曲伙、曲诺、阿加、呷西等。② 黔西北彝区分为苴穆、数租、纳苏、勾则、腊勾、果铺及则苏等。③ 这种血缘、等级及权力互相渗透构成的等级性社会制度构成了古代彝族社会的阶序化结构及处理社会关系与生产活动的文化地图。④ 此制度一直延续至 1956 年之前。关于各等级社群的社会地位、劳动分工及彼此关系等已有系统深入的研究，兹不赘述。⑤

隋唐时期大概是滇与川、黔二地彝族社会结构差异度增加的一个时间节点。这一时期，彝族先民逐步分化为"乌蛮""白蛮"等社群。"乌蛮"主要分布于东爨，与其他族类融合较少，基本为族内通婚。"白蛮"主要分布在西爨，族际通婚、融合现象相对普遍。⑥ 736 年，在唐朝支持下，蒙舍诏首

① 余宏模：《彝族在贵州高原的古代历史变迁》，《贵州民族研究》1996 年第 2 期。

② 胡庆钧：《凉山彝族奴隶制社会形态》，中国社会科学出版社，1985，第 21 页。

③ 舒华：《论黔西北彝族地区法制的变迁》，中央民族大学博士学位论文，2012。

④ 嘉日姆几：《论凉山彝族族属认同的蛋形构造——从小凉山的"农场"现象说起》，《社会学研究》2010 年第 5 期。

⑤ 相关研究参见：岭光电《倮情述论》，成都开明书店，1943；江应梁《凉山夷族的奴隶制度》，珠海大学编辑委员会，1948；林耀华《凉山夷家》，云南大学出版社，2003；胡庆钧《凉山彝族奴隶制社会形态》，中国社会科学出版社，1985；马长寿《凉山罗彝考察报告》，巴蜀书社，2006；郑绍军《彝族志：血缘与根——云南小凉山彝族的生活方式、社会结构与家支制度》，云南大学出版社，2006；陈金全、巴且日伙主编《凉山彝族习惯法田野调查报告》，人民出版社，2008；蔡富莲、米伍作《当代凉山彝族血缘家支与传统习惯法研究》，民族出版社，2014；邹渊《贵州彝族习惯法概略》，《贵州民族学院学报》（哲学社会科学版）2000 年第 S2 期；贵州省民族事务委员会、贵州省民族研究所编《贵州"六山六水"民族调查资料选编·彝族卷》，贵州民族出版社，2008；《中国少数民族社会历史调查资料丛刊》修订编辑委员会、贵州编辑组《黔西北苗族彝族社会历史综合调查》，民族出版社，2009；等等。

⑥ 陈金全、巴且日伙主编《凉山彝族习惯法田野调查报告》，人民出版社，2008，第 17 页。

领皮逻阁合"六诏"①，建立了以彝族先民为主体，包括白族、纳西族等彝语支先民在内的南诏奴隶制政权。738年，皮逻阁被唐廷封为云南王，被赐汉名蒙归义。自此之后，南诏13代王中就有10代接受了唐朝廷的册封，其间虽也发生过几次冲突与战争，但彼此总是更乐意选择和平共处。据方国瑜统计，734~897年，南诏就入唐朝贡100多次。② 此间，南诏作为联结纽带，促进了唐朝与中亚半岛、东南亚等地国家之间的交往，如802年，南诏与骠国协同前往长安献乐，骠国献乐领队舒难陀被唐德宗封太仆卿，《南诏奉圣乐》成为唐代14部乐舞之一。爨氏势力瓦解之后，"乌蛮三十七部"③在名义上拥护南诏王为"都大鬼主"，并未在事实上受南诏控制。皮逻阁逝世后，其子阁罗凤继位，在西爨实施移民垦殖策略，在一定程度上加速了这些地区社会结构的转变，如人口结构从同族聚居向多族杂居转变、生产关系过渡为封建农奴制④、城镇集镇和交通等基础设施的完善、先进生产技术的引进⑤、儒释道文化的传播等⑥。总之，在南诏政权集团的统治下，西爨地区包括彝族先民在内的古代族群对外交流相对密切，封建地主制开始萌芽，社会生产力水平相对较高，文化习俗也发生了一定变迁。⑦ 不过，东爨"乌蛮"各部的生产方式、生产关系和文化习俗总体保持此前特征。

两宋时期，滇与川、黔两地古代彝族先民的社会结构与文化习俗差异继续拉大。滇中、滇西、滇南、滇东等地大体进入封建领主制阶段，"乌蛮"大部分处奴隶占有阶段。⑧ 其间，宋朝基本无力经营彝族先民大部分聚居区域，尤其"乌蛮"之地。这些地区多"国"林立，游离于宋朝羁縻统治之外。⑨ 如在云南彝区，段思平在"乌蛮三十七部"的支持下征服南诏，于

---

① "六诏"即蒙舍诏（今巍山南部及南涧部分地区）、蒙嶲诏（今巍山北部地区）、越析诏（今宾川地区）、浪穹诏（今洱源地区）、遵赕诏（今邓川地区）及施浪诏（今洱源三营地区）。
② 转引自何耀华《凉山彝族与汉族的历史关系》，《思想战线》1980年第3期。
③ 尤中：《中国西南民族史》，云南人民出版社，1985，第257页。
④ 方国瑜：《彝族史稿》，四川民族出版社，1984，第208页。
⑤ 胡庆钧：《凉山彝族奴隶制社会形态》，中国社会科学出版社，1985，第24~25页。
⑥ 《中国彝族通史》编委会编《中国彝族通史纲要》，云南民族出版社，1993，第98页。
⑦ 《中国彝族通史》编委会编《中国彝族通史纲要》，云南民族出版社，1993，第119页。
⑧ 郑成军：《彝族志：血统与根——云南小凉山彝族的生活方式、社会结构与家支制度》，云南大学出版社，2006，第7页。
⑨ 温春来：《从"异域"到"旧疆"：宋至清贵州西北部地区的制度、开发与认同》，社会科学文献出版社，2019，第45页。

937 年建立了大理国。① 在大理国的统治下，云南部分彝族先民进入封建领主社会，但仍有距离政治中心较远的支系如罗婺等仍处于奴隶制阶段。② 又如在四川凉山彝区，自蜀建兴三年（225 年）高定元被诛之后，这里便失去政治联络中心，各部长期处于分立状态。大理灭亡之后，这一带为落兰部所控。③ 再如在贵州彝区，黔西北阿哲家（水西）建立罗氏（施）（鬼）国、乌撒家的纪俄格（勾）政权势力继续壮大；黔中播勒家（娄娄勾政权）建立罗甸国；盘州、普安一带阿旺仁（惹）家建立自杞国；川南永宁扯勒家试图将势力范围扩大至今毕节、金沙等地。④ 在上述几个古代彝族先民政权中，黔西北水西家和乌撒家建立了相对完备的等级职官体系——九扯九纵制、地方行政组织——则溪制度。当然，这种制度并非只存在于黔西北彝区，在川、滇彝区也有，只是没有黔西北那样完善。史继忠研究认为，这是一种以原始土官制度为胚胎，并借鉴、袭用汉制的文化涵化产物。⑤ 该制度早在汉时就已萌芽，两宋时发展成熟。⑥ 对此，史继忠、温春来等人已有深入研究⑦，兹不赘述。尽管宋朝在彝族先民聚居区难以维持羁縻政治，"汉制"与"彝制"间的"礼俗互动"却是常态的。这种互动不仅表现在政治上，在经济与文化上亦然，只不过这种互动大多发生在城镇或地理位置靠近城镇的区域。⑧ 这些区域的生产水平及文化习俗已与汉人地区无太大差别。居于高寒山区、地理位置偏远的"高山彝"的生产方式与生产关系则依旧保持自身文化的独特性和完整性。

　　1271 年，元廷推行"土流并治"方略，即在少数民族地区既设流官，也封土司。土司制度不同于元之前各朝实施的羁縻统治，主要区别在于土司与

① 云南省民族事务委员会编《彝族文化大观》，云南民族出版社，1999，第 72 页。

② 李绍明、冯敏：《彝族》，民族出版社，1993，第 16 页。

③ 方国瑜：《彝族史稿》，四川民族出版社，1984，第 383 页。

④ 侯绍庄、史继忠、翁家烈：《贵州古代民族关系史》，贵州民族出版社，1991，第 136 页。

⑤ 史继忠：《明代的水西则溪制度》，贵州民族学院民族研究所硕士学位论文，1981，第 37 页。

⑥ 贵州省地方志编纂委员会编《贵州省志·民族志》（上册），贵州民族出版社，2002，第 459 页。

⑦ 史继忠：《明代水西的则溪制度》，贵州民族学院民族研究所硕士学位论文，1981；温春来：《从"异域"到"旧疆"：宋至清贵州西北部地区的制度、开发与认同》，社会科学文献出版社，2019。

⑧ 《彝族简史》编写组编《彝族简史》，云南人民出版社，1987，第 105 页。

流官一样位于王朝国家的正式职官体系中。① 在彝族等级社会时期，土司之职通常由兹莫、苴穆等担任。在今四川凉山一带，1275 年，元廷在当时落兰部辖域设罗罗斯宣慰司②，下辖建昌、会川、德昌、定昌及德平五路，属云南行省。自此，"罗罗"一度成为外界对彝族的他称。1276 年，元廷在今云南昭通绥江一带（后改治宜宾屏山）设马湖路。明洪武四年（1371 年），改马湖路为马湖府，其政治辖域包括今凉山州美姑、雷波、金阳、马边等县，宜宾屏山及乐山沐川等地。在贵州彝区，1273 年，乌撒内附于元。1276 年，元廷设乌撒路和普安路总管府。1278 年，罗甸国降于元，元廷以其地设八方罗甸宣慰司（1303 年改为普定路）。1282 年，元廷以水西罗氏鬼国设亦奚不薛宣慰司，以鸭池河为界分水西、水东，治所为今贵阳市。明洪武五年（1372 年），明廷合水西、水东二土司，以亦奚不薛宣慰司为基础设贵州宣慰司，命霭翠为水西宣抚使，赐汉姓安，位居贵州各宣慰之上。命水东宋蒙故为水东宣抚同知，赐汉名钦。③ 在云南彝区，元廷于 1274 年设云南行省，于 1278 年改乌撒路为乌撒乌蒙宣慰司，领乌撒、乌蒙、芒部、东川路等。④ 明朝时，一边完善土司制度，一边以武力动作戡战元廷残余势力，先后五次招降未果之后，于洪武十四年（1381 年）调集 30 万大军征讨梁王把匝剌瓦尔密。一年之后，平乱成功，设云南三司，废乌撒乌蒙宣慰司，其领地四路均被改为军民府，属四川布政司。当然，元、明两朝所设大小土司还有很多，篇幅所限，不再逐一描述。

除了在政治上推行土司制度之外，元、明两朝也通过军屯及其他移民政

---

① 杨庭硕、李银艳：《"土流并治"：土司制度推行中的常态》，《贵州民族研究》2012 年第 3 期。

② "罗罗斯宣慰司"辖域包括黄茅埂以西（今大凉山一带）的中县沙麻部、里州阿都部、邛部州邛部等地，其间有沙马土司（辖瓦岗、金阳）、阿都土司（辖美姑）、邛部土司（辖越巂、呷洛、普雄）以及河东土司（辖西昌、昭觉）等四大土司。

③ "水西"为安氏世代所居，领彝族四十八部，主要辖范围包括今贵州毕节、大方、黔西、纳雍、织金、金沙等地，势力最大时涉及清镇、平坝、修文、息烽、普定等地。"水东"为宋氏世居，其辖地包括今贵阳、开阳、龙里、贵定等地。

④ 乌撒时属云南行省，府治位于今威宁彝族回族苗族自治县盐仓镇。乌撒隶属单位几经变更，元顺帝元统三年（1335 年）改隶四川行省。明洪武十四年（1381 年）改隶云南布政司。明洪武十六年（1383 年）又改隶四川布政司。明永乐十二年（1414 年）改属四川行省。康熙三年（1664 年）才最终改属贵州省。乌撒路指今贵州威宁、赫章、水城等地；乌蒙路包括今云南昭通、鲁甸等地；芒部路指今云南镇雄、威信、彝良等地；东川路指今云南会泽、巧家、东川等地。参见《贵州通史》（第 1 卷），当代中国出版社，2003，第 465 页。

策、修建站赤驿道、完善交通设施、设立卫所及推行儒学礼制教化等措施，加强对西南的统治，稳定西南社会秩序，促进西南经济社会发展同礼俗之间的有序互动与交互融合。首先，在移民垦殖上，明廷吸取元朝的成功经验及失败教训，延续和完善军屯制度。其一，严格固定屯兵军籍，要求世代承袭，不得随意更改；其二，戍边军士如若未婚，则须先婚配再携妻室同往屯军驻地；其三，戍地固定，屯田自给；其四，戍地固定之后，不得随意迁移。其次，在驿道开设上，至明朝时形成了滇黔、川黔、湘黔、川滇黔及黔桂等驿道，广泛打通西南各地间的联系通道，为族群互动与融合发展搭建纽带。再次，在经济建设上，从元朝开始，注重兴修水利、改良生产技术与粮食作物品种，推动社会生产力的提升。[1] 如：当时滇池一带的水稻亩产值增加；建昌一带"谷粟丰裕，民足衣食，金珠富产"；水西马匹质量极高；西爨地区桑蚕利润飞升；乌撒、芒部等地茶叶种植规模不断扩大；云南地区金矿产量日益提升；各地商品交换与市集城镇快速发展，当时凉山南部一带的里州（今普格县）、中州（今金阳县）、阔州（今宁南地区）等都是市镇中心。[2] 最后，在礼制教化上，至元初马湖路总管汝作就兴办了马湖儒学。云南建省之后，首任平章政事回回人赛典赤·赡思丁在昆明建立了首间孔庙，招收当地各族子弟入学，之后又不断增建儒学校舍，促进儒学在这些多族杂居区域的传播。[3] 明洪武二十八年（1395 年），朱元璋命令"云南、四川边夷土官，皆设儒学，选其子孙弟侄之俊秀者以教之"，之后"宣慰、安抚等土官，俱设儒学"，仅云南就有 66 个府、卫、州、县先后建立了儒学。[4] 虽然当时儒学教育主要发生在土司上层群体，但是他们接受国家礼制传统之后，也可能将其吸收融入地方传统与文化习俗中去，推动礼、俗之间的互鉴共融。综上，元、明的西南经略在原有基础上进一步推动了西南彝族先民与国家及其他社群之间在政治、经济和文化上的联系。各地彝汉杂居区域的"田坝（坝区）彝族先民"基本进入封建领主社会，地理位置偏远的"高山彝族先民"因土司势力难治，多为黑彝家支势力支配。[5]

　　明朝建立之初，在完善土司制度的同时，为强化国家礼制的大一统，也

① 方国瑜：《彝族史稿》，四川民族出版社，1984，第 251 页。
② 胡庆钧：《凉山彝族奴隶制社会形态》，中国社会科学出版社，1985，第 33~35 页。
③ 方国瑜：《彝族史稿》，四川民族出版社，1984，第 252 页。
④ 王瑞平：《明清时期云南的人口迁移与儒学在云南的传播》，中央民族大学博士学位论文，2004。
⑤ 杜文忠：《王者无外：中国王朝治边法律史》，上海古籍出版社，2017，第 429 页。

开始在部分地区开展改土归流，将西南边疆少数民族社会更深入地纳入国家政治、军事等轨道，这一举措持续至清朝。洪武五年（1372 年），乌蒙乌撒宣慰司实现改流。洪武十八年（1385 年），普安军民府被罢。15 世纪 70 年代，云南曲靖府、临安府及武定府等实现改流。弘治八年（1495 年），马湖总管府实现改流。正德八年（1513 年），水东宋氏地区改流。天启元年（1621 年），四川永宁宣抚使奢崇明与水西土司安邦彦掀起由乌撒、东川、沾益、武定及其他苗仲队伍共同参与的"奢安事件"，至崇祯二年（1629 年）被彻底平定。① 清康熙三年（1664 年），吴三桂制造了"安坤事件"。"奢安事件"与"安坤事件"使元、明两代发展起来的社会生产力迅速遭到破坏。其间，为躲避战乱和逃避统治，不少彝族先民先后从黔西北、滇东北等地迁入今四川凉山彝区。② 同年，黔西北彝族则溪制度被废除。康熙四年（1665年），设大定、平远、黔西和威宁四府。雍正六年（1728 年），改"建昌卫"为"宁远府"，治所为今西昌市，辖今西昌、盐源、冕宁及会理等地。③ 乾隆四十一年（1776 年），水西安氏土司被彻底废除，结束了其在水西 1000 多年的统治。至乾隆年，滇东北、滇中、滇西、黔西北等彝族聚居及凉山彝汉杂居的城镇区域基本完成改流。不过，川、滇凉山腹心地带仍有部分彝族土司势力得以保留，如沙马宣抚司、邛部宣抚司、阿都长官司及雷波千万贯长官司等至 1956 年后才消除。④

改流期间，武力动作使改流区域的社会经济一时遭到严重破坏，社会生产力急速下降，发展速度十分迟缓。改流之后，明、清王朝相继通过移民屯垦、引进生产技术与作物品种、发展市镇贸易与社会经济、推进礼制教化与儒教文化等措施来巩固改流区域的社会秩序，恢复社会经济的发展。在生存环境、人口结构、政治秩序、经济制度、法律规范及文化习俗等方面，改流区域都在"国家礼制"的"文化渐染"过程中发生不同程度的转型与变迁。

第一，生存环境上，无论出于什么目的，修建道路、建设驿站、设立卫所、筑造卫城等都是历代王朝国家边疆治理的重要举措。这些举措不断推动

---

① 贵州省地方志编纂委员会编《贵州省志·民族志》（上册），贵州民族出版社，2002，第 464 页。

② 蒋彬、罗曲、米吾作主编《民主改革与四川彝族地区社会文化变迁研究》，民族出版社，2008，第 9 页。

③ 徐铭编《清实录彝族史料辑要》，四川民族研究所，1983，第 30~31 页。

④ 谷跃娟：《民国时期民族国家视角下西南彝族的整合与认同》，《云南民族大学学报》（哲学社会科学版）2014 年第 2 期。

西南边疆各地社会秩序的维护、基础设施的完善与生活环境的改善。在国家化进程和贸易过程中，市场逐渐进入彝族先民的经济生活，为他们获取生活与生产资料、共享与交换信息、构建与拓展关系网络及满足其他需求奠定良好基础，搭建起西南各族社会交往的桥梁与关系构建的纽带。如在明朝，贵州地区修建了 30 条驿道、69 个驿馆、28 个站赤，奢香夫人领导和组织贵州各族民众联合修建"九场九驿"，打通了川、滇、黔交通网络，促进交通沿线各族文化交融、经济贸易与社会交往。[①] 在事实上证明"中华民族是一家"，奠定了西南各族铸牢中华民族共同体意识的深厚基础。

第二，人口结构上，明朝时，王朝国家组织的政治、军事移民主要分布于驿道和卫所附近。清以来，才陆续有大量汉人和其他族群人口移民进入少数民族村落附近与其杂居，西南各地人口结构逐渐从"夷多汉少"转向"夷少汉多"。首先，这种变化的发生与人口的内外迁移有关。其次，与族际通婚相关。他们或自由联姻，或攀附投保而通婚。一旦发生族际通婚，难免带来民族身份的转换，如黔西北黔西金坡乡高姓彝族家谱中就描述其祖先原为江西汉人，移民至黔与水西彝女成婚之后，其族类身份才开始转变为彝族。[②] 最后，与族类身份的隐瞒或改变有关，在西南边疆地区不乏基于婚姻、依附、隐藏身份等形成的"汉变彝""彝变汉"等族类身份互变的民间叙事。

第三，政治秩序上，影响也是由浅入深，王朝国家礼制传统影响主要表现在权力中心意识、权力继承方式及行政建制等方面。首先，在权力中心意识上，如在黔西北彝族古代社会中，"忠君意识"和"君权至上"的专制集权思想日益浓厚。[③] 其次，权力的继承方式受嫡长子继承制的影响，逐渐由妻、子、女、兄、弟、侄、婿、甥等皆可"更迭而为""此绝彼继"转化为"子承父权""嫡长子优先"。除非君长乏嗣，旁支才有机会继承。[④] 最后，地方行政建制上，为便于治安管理和赋税征收，推行内地行政制度来改革则溪制度，设府置县，派驻流官，编造黄册，推行保甲和里甲制度，使其从

---

① 侯绍庄、史继忠、翁家烈：《贵州古代民族关系史》，贵州民族出版社，1991，第 311~312 页。

② 《中国少数民族社会历史调查资料丛刊》修订编辑委员会、贵州编辑组：《黔西北苗族彝族社会历史综合调查》，民族出版社，2009，第 1 页。

③ 这里的"君"主要有两层含义，一为"天子（皇帝）"，二为"君长（头人）"。在当地彝族习惯法中就对不尊、不敬"君长"的行为做出严厉惩罚规定。

④ 温春来：《从"异域"到"旧疆"：宋至清贵州西北部地区的制度、开发与认同》，社会科学文献出版社，2019，第 161 页。

"名义编制"转向"实质建制"。如在黔西北彝区,以当地彝族古代"勾(格)政权"下每个"则溪"编为二、三里不等,每里十甲,每甲由数个自然寨组成,传统"彝制"趋于瓦解,地方政治结构与民间权威属性开始转变,如毕摩、德古等的政治特权弱化,政治属性淡化。① 不过,并非所有区域的"彝制彝威"都被"国家礼制"冲破,由于地理、历史与文化等因素的隔膜,虽然已无"君长",但是清廷一时难以如在内地乡村一样培育士绅阶层协助官府治理来改变地理位置偏远的乡村秩序结构,便仍依靠或默许当地未受改流重创的各寨田多业大、威望较高的传统支配权威——土目②等治理,土目之下设总管、管事、队长、头人及老寨等管理日常事务。③ 在民国时期和新中国成立之初,他们中的许多人仍被争取、吸收进基层组织担任相关职务。④

　　第四,经济制度上,没收土司、土目的土地,重新分配土地资源,至清朝,改流彝区的土地制度从"领主所有制"向"地主制经济"转变,各民族间的经济交往更加密切。汉人移民的大规模进入,为西南边疆带来新的人才、生产工具、生产劳力、生产技术及作物品种,如在黔西北彝区,玉米、土豆等作物多为乾隆中后期才出现并逐渐普及推广,土地丈量规定深入、土地开垦数量增加,农耕生产日益突出。清中叶以后,这些区域的畜牧生产逐渐衰落,转向重农轻牧的生计结构。⑤ 清以来,除了农业发展,采矿、金属冶炼工业等产业也在彝区兴起,以雍正、乾隆、嘉庆这段时期最为突出。除马市贸易、皮货、山货及手工产品等向外交易之外,彝区乡镇集市也逐渐兴起,如光绪年间,会理州就有 52 个、越西厅有 19 个、马边厅有 17 个、峨边厅有 18 个、雷波厅有 18 个、冕宁县有 12 个。⑥ 改流以后,实现了经济上推

① 温春来:《从"异域"到"旧疆":宋至清贵州西北部地区的制度、开发与认同》,社会科学文献出版社,2019,第 230 页。

② "土目"并非彝语音译,为外界关于古代少数民族地方头人的称呼。其意义指向有二:其一,土司之下的地方辅官,无官方封敕,也不在职官体系;其二,地方土民的头人。因此,在普通百姓眼中,其也被视为"官家"。参见李世愉《清代土司制度论考》,中国社会科学出版社,1998,第 172~179 页。

③ 温春来:《从"异域"到"旧疆":宋至清贵州西北部地区的制度、开发与认同》,社会科学文献出版社,2019,第 247~250 页。

④ 易谋远:《彝族史要》(下册),社会科学文献出版社,2000,第 596 页。

⑤ 贵州省地方志编纂委员会编《贵州省志·民族志》(上册),贵州民族出版社,2002,第 449 页。

⑥ 徐铭:《清代凉山彝族地区的商业》,《西南民族学院学报》(哲学社会科学版) 1987 年第 2 期。

动彝区生产方式的多元化、乡镇集市贸易的兴起与繁荣、百姓生活水平的日益提升、经济社会的整体发展及各族间的互动往来和相互依赖。如彝谚说："彝人离不得汉人，汉人离不得彝人，彝人离不得盐巴，汉人离不得皮货。"①这便是彝汉之间互通有无、相互依赖、贸易往来、友好交往的地方叙事。

第五，法律规范上，改流以前，地方政府难在彝区全面执行纠纷调解和法案裁决，土司、土目是彝区实际纠纷裁决权威，改流之后有了一定转变。首先，"国家化"不断深入，彝区社会治理从"全面因俗自治"到"有限因俗而治"或"适当化俗而治"，地方官府能处理的诉讼案例类型更多、范围更广，能以官方文书规定和约束当地土民的社会行为，掌握地方司法权力。国家正式法律制度日益成为改流地区劫掠、害命等"刑事案件"的处理权威。如康熙四十四年（1705年）颁布的法律条例规定地方土官可自由发落轻罪者，如若涉及命案、强盗、掳掠等则将罪犯押至官府从重治罪，假设藏匿不送，则降罪于土官。②同时，清朝明文规定土官的司法权力空间，如"断明产业"，加强物权纠纷治理，但只能管辖土民间的户婚田土纠纷，无权管辖土民间的财产争议在三百银两以上的财产案件。③ 其次，改流地区法律制度表现形式及其适用范围逐渐与内地一致，尤其城镇和彝汉杂居区域。改流以前，各地彝区大多有其约定俗成的习惯法，它与一般道德、习惯等共同构成彝区社会控制的规范体系。彝族习惯法具有一定的适用范围，多在特定家支之内，既可能以非文字形式承载于集体记忆中，表现于史诗、神话、谚语、故事及信仰等口述传统和观念意识中，也可能以文字形式记录于彝文古籍中，不过这种情况较少。改流之后，民族杂居式村落越来越多，各民族面临着某种合作互动及生产需求等，难以通过某一单一民族规范体系来建立共同契约，这就需要跨族群的、能被共同接受且符合国家正式制度的一套契约规范来充当公共社会调节机制，维系彼此间的稳定关系。滇、黔等多民族杂居村落中的文书、契约、碑刻等多在这种背景下形成。即便在大凉山彝区，当纠纷发生时，他们也曾邀请汉人士绅帮助其撰写办理案件的文牍。④ 在这种背景下，彝区法律规范出现了"主体多元"、"法律多元"和"权威多元"

---

① 方国瑜：《彝族史稿》，四川民族出版社，1984，第561页。
② 《钦定重修六部处分则例》卷40《边防·土司归州县厅员管辖》，光绪十三年重修，光绪十八年上海图书集成印书局印。
③ 舒华：《论黔西北彝族地区法制的变迁》，中央民族大学博士学位论文，2012，第13页。
④ 岭光电：《忆往昔——一个彝族土司的自述》，云南人民出版社，1988，第12页。

的基本特征。

第六，文化习俗上，既共享着中华文化的普遍共性，又形成了彝族传统文化的特殊个性。这主要基于两种动力。其一，与族群迁徙分化及族际内外关联有关。他们的迁徙既有民间主动行为，也有国家与地方政权的政治安排，还有为躲避战乱灾难的被迫行为。不论哪种，都可能在一定程度上带动文化传播，推动族际接触与文化互鉴。其二，同国家的礼制安排和地方精英的能动实践相联。改流以来，除了推动政治、经济及法律等体系的变迁，还影响其他方面的习俗养成与文化实践。表现如下。

首先，在历史基础上推动汉学在彝族社会中的深入渗透和广泛传播。实际上，西汉武帝时期就曾试图在彝族先民地区推行汉学礼制，其后历代王朝也将其作为强化思想教育、移风易俗和文化整合的重要措施。为维系自身合法性与合理性，地方精英也主动学习和吸收汉学。如南诏细奴逻就曾"劝民间读儒书，行孝、悌、忠、信、礼、义、廉、耻之事"[①]。又如唐廷剑南节度使韦皋曾在成都建立专供南诏子弟求学的校舍机构，时间长达 50 年之久，曾有数千名南诏子弟至此就学。[②] 明朝前，儒学主要流行于各省流官辖域、土司上层群体。改流后，覆盖范围日益广泛，影响着彝族先民的政治生活、社会生活及文化习俗等。政治方面，科举未废前为彝族先民子弟入仕提供了条件。社会生活与文化习俗方面，嘉靖年间普安州"（罗罗）渐染华夏之习，稍变其陋，而逊于礼"[③]。天启年间"（云南）澄江（罗罗），渐习王化，同于遍之民"[④]。康熙年间威宁府"汉夷合一，文教顿兴"。

其次，汉唐时期，道教文化开始传入，南诏中后期，佛教文化开始在南诏政治中心及其周边区域传播。释、道文化的传入使南诏成为一个道统化、佛法化的方国，对当地及周边彝族和其他民族的信仰生活产生了深刻影响，如当地数量众多的道观、佛塔及寺庙等建筑的建成，土主崇拜及非土主崇拜等信仰民俗的形成，各地彝族经典中浊清二气、阴阳学说等哲学思想，黔西北威宁、赫章、大方及普安、盘州等地彝族丧葬仪式中道场、解生等佛、道

① 王瑞平：《明清时期云南的人口迁移与儒学在云南的传播》，中央民族大学博士学位论文，2004，第 28 页。
② 中国彝族通史编委会编《中国彝族通史纲要》，云南人民出版社，1993，第 98 页。
③ 六盘水市地方志编纂委员会编《六盘水旧志点校·明嘉靖普安州志》，贵州人民出版社，2006，第 17 页。
④ 转引自王瑞平《明清时期云南的人口迁移与儒学在云南的传播》，中央民族大学博士学位论文，2004，第 116 页。

文化元素的融入，云南彝区四月八城隍庙会、三月十九送子娘娘庙会等节日的出现，等等。诸如此类，都表明了其他信仰民俗在彝族传统信仰文化中的嵌入。

再次，在姓名文化上，明以前，大多使用本族姓氏，虽然历代皇帝都有为地方土官家族赐姓的习惯和现象，但大多存在于土官及其子孙，民间使用汉姓的现象并不普遍。改流以后，为便于登记人丁事产，编户齐名，征收赋税，强化国家治理的统一化、标准化和清晰化，清政府推动土民姓氏改革。至清末，改流地区彝族先民使用汉姓的现象增加。如：黔西北彝族有安、陈、李、禄、余、黄、田、罗、王、金等；盘北地区有柳、杜、沙、甘、王、谢、吴、毛、金、李等；四川凉山有杨、马、罗、岭等；云南有龙、洪、李、罗、余、胡、米、刘、张等。他们中的不少人虽有汉姓，但大多并未放弃本族姓氏，而是实行"双姓制度"。

最后，在习俗变革上，习俗变革是历代王朝国家开展礼制教化的重要方法，以此强化民众的正统观念与国家意识。除开展汉学教育，也通过政治手段强化服制、发型、婚姻及丧葬等风俗变革。服制与发型方面，如雍正五年（1727 年）川陕总督岳钟琪奉旨查复四川永宁副将张瑛条奏疏时便要求"土民悉食剃发，男妇俱照内地服饰"[1]。此时，黔西北彝区社会结构已与内地大体相近。[2] 至清末时，该区域的彝族传统服饰还曾濒临失传之危。[3] 婚俗方面，自明朝中后期开始，彝族土目上层的婚俗就受到汉制规定的影响。如嘉靖三十三年（1554 年）就有"土官、土舍，嫁娶只许本境同类，不准越省"[4] 的规定。丧葬方面，改流前各地彝族皆以火葬为主，改流后出现了从火葬向土葬的转变，如黔西北彝区的彝族土葬习俗就是康熙年间才出现的。[5] 不过，风俗变革最明显的多为白彝群体，并非所有支系及区域，即便改流区域亦非全部变化。如大凉山腹心区域直到民主改革前都还保存着相对完整和系统的传统文化体系。再如黔西北大多彝族在语言、衣着、发式、婚丧礼仪

---

① 《清世宗实录》卷 60，第 10~11 页。
② 舒华：《论黔西北彝族地区法制的变迁》，中央民族大学博士学位论文，2012。
③ 侯绍庄、史继忠、翁家烈：《贵州古代民族关系史》，贵州民族出版社，1991，第 332 页。
④ 《明会典》卷 121《兵部》。
⑤ 贵州省民族事务委员会、贵州省民族研究所编《贵州"六山六水"民族调查资料选编·彝族卷》，贵州民族出版社，2008，第 21 页。

等方面仍保持着自身传统。①

综上所述，在古代社会时期，王朝国家虽较早进入彝区使其"国家化"，但王朝国家始终只是有限地进入彝族社会，而非全面控制。基于此，国家礼制大多在彝族古代地方政权上层及土司治理区域产生影响，这种影响并未完全深入偏远高山村域角落。历代流官与土司难以直接控制这些地带，而其长期由黑彝奴隶主及其之下的家支头人等管理和支配。因此，这些区域的彝族先民就常被外界视为"异域边民"、"独立倮倮"或"生彝（夷）"。直至民主改革之前，这些区域乡村中的制度规范和文化网络大多得以相对完整地保留，变迁剧烈的大多是川、滇、黔等地的县域彝汉杂居及靠近集市的区域，这些区域的彝族先民常被称为"熟彝（夷）"，除一些显著文化标识外，其生活方式已与周边汉人无太大差异。同时，由于生活空间的自然资源与社会情境的差别，彝族各支社群在政治组织、居住格局、经济发展、社会制度、文化传统及风俗习惯等方面呈现多元差异特征，保持着其特殊个性。基于此，以传统文化为依附载体的传统治理资源的结构形态也可能由此表现出内外差别和地域差异。

（二）清末民国的边疆治理与彝族社会的现代萌芽

近代中国与西方世界曾发生数起文明冲突，鸦片战争后，官商学军、地主士绅、秘密会社及乡村社会等，几乎都已"鸦片化"。② 在国家整体社会性质的变化过程中，彝族社会也受到影响，尤其在鸦片及西方宗教文化渗透等方面最明显。③ 虽然清政府曾大力开展禁烟运动，但并未能如愿停止所有地区的鸦片贸易。基于其特殊的地理位置与适宜的气候条件，凉山彝区沦为了西南鸦片种植的"大本营"之一与贩运的重要通道关口。道光年间，四川凉山彝区的西昌、会理等地就出现了鸦片种植现象。咸丰年间，鸦片种植面积扩大至冕宁、峨边及马边等地。④ 当地黑彝奴隶主将大量耕地改种鸦片，但

---

① 温春来：《从"异域"到"旧疆"：宋至清贵州西北部地区的制度、开发与认同》，社会科学文献出版社，2019，第363~369页。

② 张兰英、艾恺、温铁军：《激进与改良——民国乡村建设理论实践的现实启示》，《开放时代》2014年第3期。

③ 这部分主要阐述鸦片引发的社会问题，西方宗教文化渗透问题后文再述。

④ 徐铭：《清代凉山彝族地区的经济发展》，《西南民族学院学报》（哲学社会科学版）1983年第3期。

当时主要用于商贸,并未出现大规模的吸食现象。① 此为凉山彝区鸦片种植第一阶段的基本特征。20世纪30年代至新中国成立之前为凉山彝区鸦片种植的第二阶段。此阶段正值中国军阀混战时期,民国政府无力根治凉山彝区鸦片问题。鸦片问题对当地社会产生严重影响,主要表现在如下方面。

第一,凉山腹心区域彝人与汉人的商贸往来空前。② 此前,虽有马市、皮货、山货等贸易,多发生于彝汉杂居区。在腹心区域,市场并不普遍。鸦片贸易产生后,凉山腹心区域黑彝奴隶主与汉商的贸易往来日趋增加。

第二,大量农耕用地被用于鸦片种植。鸦片种植面积越来越大,粮食种植面积与数量越来越少。在此过程中,土地、粮食及其他物价飞速上涨。如当时今美姑地区的土地价格就增长了近20倍。③ 1937~1940年,雷波、马边、峨边及昭觉等地物产增长了近10倍。④ 当时民国政府推行货币改革,加之军阀混战严重,白银流动的稳定性和安全性难以保障,枪支弹药成为稀罕物品,为凉山黑彝奴隶主所热衷。汉商将枪支带入彝区交换鸦片,再将鸦片带出售卖,差价高达10倍,差价明显,利润丰厚。⑤

第三,枪支交易使当地黑彝奴隶主武力量更强,加剧了奴隶抢夺与买卖。随着对枪支器械需求的增强,当地黑彝除了换购客商带入彝区的枪支之外,还会亲自外出采购。他们利用鸦片交换得来的枪支弹药增强自身武装力量,抢夺周边缺少武力保护的汉民及其他民族为自己劳作,这种现象在岭光电的自述回忆⑥中有具体描述,兹不赘述。

第四,凉山黑彝群体吸食鸦片现象普遍。当时,鸦片在凉山彝区被视为一种表征身份符号的"奢侈品",他们称其为"yeyi"。在当地彝汉杂居城镇区域,设有专门的鸦片市场、烟馆,如甘洛阿尔乡当时就有10多家烟馆,当地田坝街80%以上的成年人都吸食鸦片。不少人还曾将生产工具、牲畜、土

① 秦熠:《鸦片种植与凉山彝区社会变迁(1908~1949)》,《中南民族大学学报》(人文社会科学版)2014年第3期。
② 巫达:《社会变迁与文化认同——凉山彝族的个案研究》,学林出版社,2008,第75页。
③ 秦熠:《鸦片种植与凉山彝区社会变迁(1908~1949)》,《中南民族大学学报》(人文社会科学版)2014年第3期。
④ 徐益棠:《雷波小凉山之倮民》,金陵大学中国文化研究所,1944,第42~43页。
⑤ 秦熠:《鸦片种植与凉山彝区社会变迁(1908~1949)》,《中南民族大学学报》(人文社会科学版)2014年第3期。
⑥ 岭光电:《忆往昔——一个彝族土司的自述》,云南人民出版社,1988。

地、房屋甚至子女等出售换取银两购买鸦片，鸦片种植与吸食之风浓烈。①

鸦片贸易不仅影响着当地彝区耕地的生产功能分配、劳力的使用形式、粮食与物价水平、社会秩序的调控、民众身体健康与精神状态及族际关系质量等，还塑造了当地人关于鸦片的认知意识，成为当地长期难以有效根除的历史性遗留问题。自民国开始直至新中国成立初期，中央政府及地方精英都在探索解决这些问题的办法。

民国政府关于西南边疆治理的方略表现在政治、经济、文化及社会四个方面。

第一，政治方面。延续历史经验，沿用具有较强政治权威与社会威望的彝族土司、土目，使其在稳定政局、征收赋税、调解纠纷、化解冲突、管理治安及社会变革等方面发挥作用。岭光电就是其中代表。他于1937年开始从南京返回家乡甘洛县田坝区担任土司，先后兼任了西康省政府中校参议（1939年）、边民训练所教育长（1942年）及立法委员（1948年）等职，为其所在区域彝族社会变革、文化转型及与国家和现代性接轨做出了杰出贡献。与王朝国家时期的土司不同的是，岭光电是一名接受过现代学堂教育和军校教育的"新型土司"（既为政府官员，也是彝族土司）。除任用传统权威之外，民国政府还创办边民训练所，培养少数民族干部和培育少数民族的国民意识。同时，从制度上保障民族平等关系的构建与维系，禁止任何社会组织与社会群体使用污名化名称称呼少数民族，制定边民投诚公约，禁止黑彝奴隶主抢夺奴隶，并要求解放他们现有奴隶。不过，这种制度设想并未在所有彝区贯彻，仅有部分地区做出了成绩。在岭光电辖区，他深知当时凉山彝区的主要问题在于经济文化的落后及社会制度的腐朽②，于是他坚定变革自己辖区彝族社会的决心。基于其成长经历，他深刻认识到现代文化知识之于彝区社会变革的重要性，返回家乡任职期间，他以自己的住宅为基础开办边民小学（于1952年转为公立小学），不分等级差别，强征彝民入校学习汉文知识、彝文知识及现代体育知识，欲提高当地彝民的现代文化知识水平。同时，他还积极送彝民青年外出参加高级学校的教育。③ 在另外一些地区，却出现另外景象，如刘济南、邓秀廷等国民党军阀在其辖地"设夷卡坐当差"，

---

① 蒋彬、罗曲、米吾作主编《民主改革与四川彝族地区社会文化变迁研究》，民族出版社，2008，第260~261页。
② 岭光电：《忆往昔——一个彝族土司的自述》，云南人民出版社，1988，第79页。
③ 岭光电：《忆往昔——一个彝族土司的自述》，云南人民出版社，1988，第118页。

实施"坐质夷酋"的管理手段，表面是让黑彝各家支派遣人轮流到此当差，实质上是将前来当差之人当作人质，以此要挟当地彝族各家支臣服自己，巩固其统治权威。在此过程中，曾发生数起战祸，但已成为历史，不便再述。

第二，经济方面。首先，实施移民垦殖，开设耕田，鼓励农耕，力图使当地农业生产组织化、制度化，培育农业生产合作意识，这在四川彝区相对突出。如1939年，民国政府在马边、雷波、峨边及屏山等地设置"雷马屏峨沐垦殖联合会"①，联合垦荒，扩充土地，其目的虽为增加粮产满足军需，但也在一定程度上促进了当时当地的农业发展。② 在岭光电辖区，他鼓励封山育林，种植经济林木，奖励彝族匠人，鼓励发展彝族手工业。③ 其次，实施经济建设计划，如在四川，当时的西康省主席刘文辉提出了建设西康之构想。在云南，彝族地方军阀龙云（纳吉乌萨）分三阶段开展"新云南"建设计划，推动了云南地方民族资本的兴起与发展。同时，他还设立经济委员会专管云南的经济建设。④ 这些措施虽非针对彝区展开的专项计划，但包括彝民在内的西南各族都共享了这些措施带来的福利。

第三，文化方面。首先，变革风俗。在云南，民国19年（1930年），云南省党务指导委员会拟定风俗改良章程，禁止当地少数民族跳舞场，革除奢靡习尚、婚丧寿宴和取缔寺庙祠堂等。⑤ 在四川彝区，岭光电为推动辖区彝民思想观念革新和社会风俗变革，他通过文化引领与制度规范的双重方式来实施治理，他的大多治理策略至今仍可借鉴。其一，在文化引领和文化传播上，通过放映电影、编导甚至亲自表演话剧的形式来向辖区彝民传递现代文化知识，引导其思想观念的变迁。⑥ 其二，在制度规范上，提出如下禁令。一是禁止种植鸦片，违者不对其妻儿财产予以保障，并根据情节处以关押、吊打及枪毙等处罚。1940年以后，其辖区基本消除鸦片种植现象。二是禁止彝民酗酒：①不准向外界大量购酒；②不准依俗向土司送酒和请土司喝酒；

---

① 马边彝族自治县地方志编纂委员会编《马边县志》，成都科技大学出版社，1994，第8页。

② 王文光、朱映占、赵永忠：《中国西南民族通史》（下册），云南大学出版社，2015，第44页。

③ 王文光、朱映占、赵永忠：《中国西南民族通史》（下册），云南大学出版社，2015，第47页。

④ 岭光电：《忆往昔——一个彝族土司的自述》，云南人民出版社，1988，第125~128页。

⑤ 王文光、朱映占、赵永忠：《中国西南民族通史》（下册），云南大学出版社，2015，第236页。

⑥ 岭光电：《忆往昔——一个彝族土司的自述》，云南人民出版社，1988，第122页。

③可以酿甜酒代替烧酒。规定一出，他以身作则，没喝超过一两的酒。三是关于治安问题：①互相谋害者以命相抵，不准以命金赔偿；②不准抢卖彝、汉百姓，违者严惩；③土司及头人处理纠纷时，不得以任何理由和形式剥削百姓财产，不得牵连无辜之人。四是礼仪习俗：①免除百姓招待土司、头人的习惯；②降低婚嫁彩礼标准，辖区内彝民通婚以 1 头牛和 10 两白银作为基本彩礼数额标准；③提高婚嫁年龄，以 16 岁为婚嫁标准年龄；④丧葬及其他祭典上，提倡替换祭祀典礼中的献祭牺牲，即依据彝族毕摩经典"报大祭小"，以此减少仪式消费数额，减轻仪式主家负担。① 在贵州彝区，也推行了类似岭光电的易俗政策，并提出了各民族互相通婚的政策等。② 又如刘济南在彝区推行如下社会风俗变革措施。一是强迫其辖区彝人改为刘姓和强迫当地彝人供奉"天地'军'亲师"及"刘氏堂上历代宗亲"的神位。二是凿毁彝人家中锅庄，强迫他们修改房门方向，修建汉式房屋。三是禁止穿着彝族服饰，要求他们改穿汉服。四是不准彝族男子留"天菩萨"，不准彝族女性编两根粗辫子。五是强迫当地彝族改火葬为土葬。③ 不仅如此，他还禁止当地彝人说彝语。④ 毫无疑问，刘济南推行的举措严重破坏了当时的彝族习俗和民族关系。

其次，开展现代学校教育。除了岭光电创办的私立边民小学之外，1935年 3 月，民国政府还制定《推广边疆教育实施办法》，规定在边疆地区尽快设立边民小学。《推广边疆教育实施办法》一经颁布，各地开始改清时学堂、学府为国民学校，开展边疆教育建设，强化边疆少数民族的国民教育和素质教育。在少数民族聚居乡镇建立边民（区）小学，招收少数民族进校学习汉字汉语、历史政治、自然地理、社会常识、现代体育、音乐美术、数学算术、物理化学及生物科学等现代知识。当年，云南省共设立了 377 所边民（区）小学，云南楚雄州、昭通市、禄劝等彝族聚居地也包括在其中。贵州少数民族地区建立了 12 所边（区）小学。四川凉山彝区共设立了 19 所边民（区）小学。上述两种措施，岭光电显然是在尊重民族尊严、文化习俗和维护民族利益的基础上展开的，大多是合理、合适、适时的变革。刘济南等人

① 岭光电：《忆往昔——一个彝族土司的自述》，云南人民出版社，1988，第 129~135 页。
② 王文光、朱映占、赵永忠：《中国西南民族通史》（下册），云南大学出版社，2015，第237 页。
③ 岭光电：《忆往昔——一个彝族土司的自述》，云南人民出版社，1988，第 147~149 页。
④ 蒋彬、罗曲、米吾作主编《民主改革与四川彝族地区社会文化变迁研究》，民族出版社，2008，第 116 页。

采取的措施大多不科学，严重侵犯了当地彝人的基本权益与尊严，如在服装、语言上的政治禁令及对民居建筑的破坏行为都不可取。不过，开展边民（区）小学教育则属于科学做法，这有利于民众知识水平的提高，且取得一定效果，能进一步推动各族文化交融与文化变迁，城镇区域及彝汉杂居区的"田坝彝族"的生活习惯几乎与汉族无异。但是，其对凉山腹心区域"高山彝族"触碰不多，改变不算大。[1]

第四，社会方面。首先，开展禁烟工作。1913~1947年，多次制定禁烟法规，但由于鸦片当时几乎成为地方经济及军需补给的重要资源，具有深厚的社会根基与广阔的市场空间，融入了当时当地彝人生活之中，民国政府的禁烟工作屡禁屡败。1949年，国民党政权瘫痪之后，又有不少地区恢复鸦片种植。[2] 凉山彝区的鸦片问题在整个民国期间没有得到根治。其次，改革医疗卫生。自1937年开始，民国政府地方行政官员开始将现代卫生观念和医药技术引入彝族社会，推动当地人疾病观念认知和疾病处理技术的变革。其中，最典型的就是岭光电的经验。传统社会中，彝族人常将身体疾病和精神失常与超自然力量、人物魂魄等信仰观念联系在一起。当身体发生疾病时，仪式是他们普遍认可和接受的治疗手段。作为当地人的岭光电深谙其中道理，除建立学校医疗室为当地彝人治疗之外，还采用一种既不破坏当地彝人文化尊严与价值体系，又能让他们接受现代医疗药品的巧妙方法——先将药品及其使用知识教授给毕摩、苏尼等神职人员，让他们在举行传统巫医禳解治疗仪式之前将药品发放给病人，然后再进行禳解治疗仪式，即实行"神药两解"的疾病治疗模式。[3] 同时，为了能让更多彝人接受现代医疗药品及其知识，他进行了一种"理论发明"，即构建了一个故事来当作吃药的阐释依据。以此方法，越来越多的人便接受了药物治疗之法。[4] 最后，实施基建工程，主要是开展道路交通及通信服务等基础设施建设。道路交通设施建设方面，为运输抗战物资，当地在西南地区广泛开展铁路与公路建设，许多道路设施由西南各族人民共同合作建设，如1928年，龙云（纳吉乌萨）规划修建的滇南省道修至玉溪地区，京滇公路滇段修至与黔段贵州盘县接通。1937

---

① 赵峥：《国家动员、民族话语与边疆治理：战时西康宁属彝区的政治社会变迁（1937~1945）》，《抗日战争研究》2017年第2期。

② 四川省冕宁县地方志编纂委员会编纂《冕宁县志》，四川人民出版社，1994，第17页。

③ 岭光电：《忆往昔——一个彝族土司的自述》，云南人民出版社，1988，第123页。

④ 岭光电：《忆往昔——一个彝族土司的自述》，云南人民出版社，1988，第124~125页。

年修建的滇缅公路由沿线的汉、彝、白、傣、回、景颇、阿昌、崩龙、苗、傈僳等多民族共同参与，成为中国抗日战争物资运输的生命线。① 通信服务设施方面，仅 1919 年末，云南就设立了 232 处邮政信箱。至 1937 年，贵州有 354 所邮政所。至 1945 年，四川有乡村电话机 3635 座，贵州有 943 座。② 这些基建设施基本设立在城镇、乡镇等汉族人口较多区域，处于偏远边区的少数民族对其知之甚少。

通过民国政府及地方彝族政治精英的共同努力，民国时期的彝族社会与古代彝族社会相比有了进一步发展，开启了彝族社会的现代化进程。当时有些治理经验尤其是岭光电的边务实践智慧在当下仍值得吸收借鉴和继续沿用。不过，广大彝族乡村彻底与国家勾连在一起、社会性质和生活面貌发生翻天覆地的现代性巨变还是在新中国成立以后。

（三）社会主义的制度变革与彝族社会的现代巨变

新中国成立之后，为系统了解我国少数民族整体状况，摸清各族名称、历史及风俗等情况，疏通各地民族关系，宣传和保障新中国民族政策能够准确落实，自 1950 年开始，党和国家就派遣中央民族访问团到我国各少数民族聚居地开展民族调查工作。1953 年开始，正式组织开展以民族特征、民族意愿、历史依据及就近认同为标准的民族识别工作，通过国家政治手段将我国少数民族进行重新分类。彝族是最早识别出来的民族之一，由毛泽东主席确定以"彝"为其统一族称。识别完成之后，党和国家先后在川、滇、黔各地彝族聚居区建立彝族自治州、自治县、自治区（乡），强化国家对彝族乡村的直接管理，建立国家与彝乡面对面的接触机制。同时，在党的领导和政府主导下开展彝乡的"破旧立新"活动，加强彝乡现代性因素的培育，协同推动彝族城镇与乡村的现代转型。在此过程中，彝乡越来越受外部制度、市场、技术、文化及人群的影响，自身制度规则、文化网络、基本秩序、社会结构、观念意识自然也随之发生不同程度的变化，这种变化既表现出良好发展态势，也引起了国家与地方、传统与现代、乡村与城市等之间的文化矛盾

---

① 王文光、朱映占、赵永忠：《中国西南民族通史》（下册），云南大学出版社，2015，第 55~57 页。

② 王文光、朱映占、赵永忠：《中国西南民族通史》（下册），云南大学出版社，2015，第 59~60 页。

冲突。① 总体看来，彝族社会的现代转型历程大致可分为两大阶段。

1. 从民主改革到改革开放：彝族社会结构现代转型的第一阶段

在此阶段，彝区的社会制度、村落政治、社会生活及文化调适都发生了本质转变，实现了历史性巨大跨越。

在社会制度上，新中国人民政府倡导"破旧立新"，积极改造历史遗留的不平等生产关系与封建社会制度，在民族地区推行"民族区域自治制度"，团结一切可团结的少数民族上层积极人士，争取其自主拥护和主动支持，吸纳其加入地方社会改革队伍。同时，开办民族干部学校，积极培养少数民族干部，让各民族真正享有参与政治生活的平等权利。在云贵地区，自清末改流起，滇、黔二地非凉山彝族社会制度就与凉山彝区产生较大区别，新中国成立以来，这些地区较早进行和完成了土地改革和民主改革，四川凉山彝区则相对晚一些。② 因此，这里主要描述四川彝区的历史经验。其一，通过政治权力和制度安排消除民族歧视现象，处理历史上有关歧视、蔑称、侮辱少数民族的地名、碑碣等遗留问题。1951 年，国家颁布《关于处理带有歧视或侮辱少数民族性质的称谓、地名、碑碣、匾联的指示》，禁止出现任何民族间的侮辱和歧视现象。③ 1955 年 12 月，凉山州政府陆续颁布《四川省凉山彝族自治州民主改革实施办法》《关于禁止奴隶主抢劫、买卖和虐待奴隶，禁止加租夺佃、带租逼债、乱宰滥杀牲畜、破坏生产的布告》《关于解放奴隶，保护劳动人民利益的若干规定》《凉山彝族奴隶社会划分阶级成分的意见》等布告和意见。④ 政令一经颁布，该州各市、县地方政府就着手贯彻落实，如当年越西县更"平夷堡"为"平等堡"、改"锁夷堡"为"康乐堡"、变"锁夷桥"为"解放桥"等⑤。其二，以和平协商方式团结和争取积极拥护新中国的传统权威与社会精英，发挥其社会关联优势与社会动员能力，使其作为国家与地方的"调和剂"，帮助人民政府为底层贫苦群众发放救济物，

---

① 陆益龙：《社会主义市场转型中的文化矛盾》，《北京大学学报》（哲学社会科学版）2009年第 3 期。

② 贵州省地方志编纂委员会编《贵州省志·民族志》（上册），贵州民族出版社，2002，第447 页。

③ 转引自杨正文《制度变革与少数民族身份隶属关系变化的研究——以四川凉山彝族自治州的民主改革为例》，载《西南民族研究》（第 1 辑），2010，第 71 页。

④ 转引自杨正文《制度变革与少数民族身份隶属关系变化的研究——以四川凉山彝族自治州的民主改革为例》，载《西南民族研究》（第 1 辑），2010，第 73 页。

⑤ 越西县志编纂委员会编《越西县志》，四川辞书出版社，1994，第 23 页。

调解民族内部的遗留纠纷和族际矛盾①。其三，积极团结和广泛发动广大劳动人民的主体力量，鼓励他们加入改革的队伍。至 1958 年，川、滇凉山彝区民改工作基本完成。② 自此，延续了 2000 多年的凉山彝族奴隶制度彻底消除，其社会形态从"等级社会"进入"平等社会"，其社会结构转型进入现代社会时期，中国特色社会主义制度自此深入彝区，影响着他们的日常生产与社会生活。通过国家的政治改造，凉山彝族社会中族群身份阶序现象逐渐弱化，当地彝人从传统社会制度的桎梏中脱嵌和解放出来，不分身份高低贵贱，不再受等级制度的支配与束缚，在制度上、政治上及法律上一律平等，共享中华人民共和国公民的基本权利、惠农政策、惠民文化和公共福利，有机会通过国家制度、社会机制、市场机制等进入政治、教育、经济、文化等现代社会分工领域，成为干部、工人、军人和其他行业人员，塑造现代公民身份角色。

在村落政治上，民主改革以后，全国上下掀起政社合一的人民公社运动浪潮，开启中国前所未有的"集体化时代"。国家在乡村里建立人民公社和党政组织，组建农村农业互助组，集体管理、集体生产。"三级所有，队为基础"的乡村行政体制规划对乡村传统组织结构进行了重新调整，形成以大、小生产队为基本单位的村落布局结构，使乡村产生明确的行政边界和政治组织。构建这种组织结构的目的是打破传统的家支血缘关系和个体家支主义③，以国家名义将乡村社群从"个体—祖先"的轴线抽离出来嵌入"个体—党政国家"的轴线上，培育和强化他们对党和国家的认同意识。这种举措在一定程度上改变了传统家支分立为阵的生活模式，促进了不同家支在同一行政村落中的互嵌共融，推动了跨家支村落共同体意识的培育和铸牢。人民公社解体后，国家逐渐向乡村赋权和让权，以原生产大队为基础成立一级村委，以原生产小队为基础组建村民小组，实施"乡政村治"模式，乡镇党政和村民自治组织成为乡村基层政治的权力中心。

在社会生活上，首先，生活状况总体好转。获得人身自由的底层群体有家可回的回家，无家可回的国家出资修建农场，为其分配土地、建造房屋及发放作物种子、粮食、生产工具、生活用具等，教授其农耕与管理技术，帮

---

① 蒋彬、罗曲、米吾作主编《民主改革与四川彝族地区社会文化变迁研究》，民族出版社，2008，第 36~37 页。
② 王文光、朱映占、赵永忠：《中国西南民族通史》（下册），云南大学出版社，2015，第 294 页。
③ 关于彝族的家支文化，后文有专门阐释。

助其安家立业。如在凉山彝区，从民主改革初期至 1977 年，凉山州政府就免费发放了粮食百余万斤、衣物 5 万余套，农具 35 万件。① 其次，生活环境相对改善。社会秩序稳定，过去常发生黑彝奴隶主暴力抢夺和随意买卖奴隶的现象，尤其鸦片贸易给他们带来大量枪支武器之后这种现象更为频繁和普遍。新中国成立之后，党和国家及地方政府努力解决凉山彝区的鸦片问题。如布拖县 1954 年实现禁烟效果②、越西县 1955 年全面禁止种植罂粟、冕宁县 1958 年实现禁烟目标。③ 在中国共产党的领导和地方政府的共同努力下，凉山彝区的鸦片种吸及其引起的相关社会问题得到一定解决。同时，不断通过武力剿灭危害彝族人民生命与财产安全的国民党反动势力与山寨不法匪徒，大力收缴枪支弹药武器，最大限度消除危害社会安全的一切安全隐患，创造了一个安全与稳定的社会环境。加强公共服务供给。第一，各民族自治州、县、乡等都建立了特定级别的医疗卫生机构，并派遣医生队伍深入偏远乡村为贫困群体免费提供身体健康检查与身体疾病治疗等现代医疗服务，保证其身体的物理健康与文化的适时调整双肩并走。仅 1952 年，就为 32461 人提供了免费身体疾病治疗服务。④ 第二，不断健全高等教育、初高级中等教育、小学教育及幼儿教育等学校建设，自 1951 年开始，国家和地方政府就在少数民族聚居地区建立民族高校，培养少数民族干部和少数民族现代文化精英，强化民族团结教育。除高校之外，还有不计其数的民族中、小学。如在凉山彝区，至 1958 年就建立了民族小学 456 所。⑤ 在其他地区，公办民族中小学校不计其数，越来越多的少数民族孩子有机会进入学校接受现代文化知识教育。同时，国家还鼓励城市知识分子下乡支援包括彝区在内的民族地区乡村教育建设，提升民族地区乡村的教育质量与教育水平，强化民族地区乡村文化的系统规训，协同推动民族地区乡村社群意识形态的现代转化。

在文化调适上，自民主改革至"文化大革命"期间，为建立与集体化经营体制相适应的新文化体系，从封建社会与奴隶社会中解放出来的彝族社群思想努力从"神魅化"的传统感性向"祛魅化"的现代理性转化，"新文

① 吉正芬：《发展型扶贫：全面脱贫背景下扶贫攻坚的战略选择——以凉山州为例》，《西南民族大学学报》（人文社会科学版）2017 年第 9 期。
② 四川省布拖县地方志编纂委员会编《布拖县志》，中国建材工业出版社，1993，第 8 页。
③ 四川省冕宁县地方志编纂委员会编纂《冕宁县志》，四川人民出版社，1994，第 27 页。
④ 凉山彝族自治州地方志编纂委员会编纂《凉山彝族自治州志》，方志出版社，2002，第 2647 页。
⑤ 蒋彬、罗曲、米吾作主编《民主改革与四川彝族地区社会文化变迁研究》，民族出版社，2008，第 289 页。

化"与"旧文化"之间面临着某些难以调和的冲突与矛盾。就文化而言,在当时的历史背景与政治运动下,许多乡村传统文化被视为"封建""腐朽""迷信"等。虽然民主改革与"文化大革命"给乡村传统文化的持续传承与发展带来了冲击,但并未在事实上造成乡村传统文化的瓦解和断裂,嵌入乡村社群日常生活及内化于其深层意识的文化活动依旧存在于他们的"潜隐剧本"① 中。如当时云南弥勒西一镇的彝族阿细人基于国家制度压力,虽未公开举行"密祭摩"仪式,但仍在深山悄悄进行。② 政治运动与文化改造还在较大程度上超越了传统社会(文化)边界,打破了因特殊原因存在的族际壁垒,族际通婚现象也逐渐增多,通婚范围不断延展。③ 在此过程中,族际文化接触、互嵌融合日益频繁,文化的结构与内容变迁加速,文化共享成为各民族日常生活的基本常态。

2. 从改革开放至乡村振兴:彝族社会结构现代转型的第二阶段

从第二阶段开始,国家在一定程度上减少了对乡村的直接控制,开始向乡村赋权和赋能,减轻对乡村资源的汲取,努力探寻城乡一体的融合发展道路。特别是农业税废除之后,国家与乡村的关系发生了另一种转变,即国家放松了对乡村的直接控制,国家与乡村的关系开始从统治型、支配型、管理型转向扶持型、服务型、治理型。国家通过各种措施反哺乡村、重振乡村,不仅向乡村投放资源,还注重释放地方能量,刺激地方积极性与主动性。不过,在此过程中,也滋生了不少问题,如乡村建设过程中"国家政权内卷化""乡村基层政权组织内卷化"等问题。关于此,文献梳理部分已述,兹不赘述。之所以说改革开放以来是彝族乡村转型的第二大阶段,原因在于改革开放是中国从计划经济时代转向市场经济时代的重要转折点,它开启了中国乡村的大流动趋势,开启了"后乡土中国"④ 时代,为乡村社群走出乡村、走近都市、走进市场、走向世界提供了契机,为乡村剩余劳动力向外转移开辟了市场。20 世纪 80 年代开始,身份证制度的制定和身份证的发放给予乡村人群独立个体身份的权利,有了身份证,便不再依靠乡村集体或工作单位

① 〔美〕詹姆斯·C. 斯科特:《支配与抵抗艺术:潜隐剧本》,王佳鹏译,南京大学出版社,2021。

② 路芳、黄光伟:《仪式与生态亲和》,《云南民族大学学报》(哲学社会科学版) 2014 年第 2 期。

③ 蒋彬、罗曲、米吾作主编《民主改革与四川彝族地区社会文化变迁研究》,民族出版社,2008,第 189 页。

④ 陆益龙:《后乡土中国》,商务印书馆,2017。

就能证明自己的合法身份，为其有序流动奠定了基础。90 年代初期，他们主要在其附近州、市、县等周边区域流动，2000 年后才大规模流动至珠三角沿海地区从事各类工作。

首先，生产结构多样化与生产方式多元化。在这一阶段，市场主导的现代性因素逐渐渗透进入乡村社会①，不少彝族乡村也开始被卷入全球化浪潮与市场经济中，共享改革开放和市场变革带来的各种福利，不再被有限的生活空间与生计活动局限和束缚。随着乡村生产方式多元化、消费事项的层叠累加及消费负担的日益加重，传统农牧生计所得已不足以支撑多元消费需求和沉重消费负担，土地生产功能发生转变，除延续传统粮食作物种植、畜牧及养殖等经济活动之外，新兴经济作物及刺绣、酿酒、编织、漆器等传统手工副业在其生产活动中日益普遍。在第二、三产业出现之后，市场与制度为其制造了"二重生活方式"，即有的继续从事农耕与畜牧生产活动，有的参与乡村内外的各种生产活动，通过市场与制度重塑自我，活跃于各种社会空间中，构建新的身份角色。基于此，"以代际分工为基础的半工半耕生计模式"②逐渐成为彝乡社群的普遍劳动分工模式，主要表现为：中老幼群体部分"在乡又在土"从事传统农牧经济；部分人群"离土不离乡"在乡镇从事其他非农牧经济；青年群体则大多因学、因工"离乡又离土"，进入城市接受中高等学校教育或从事其他非农经济，从农民、牧民变成工人、司机、商人、公务员、教师、学生等角色。

其次，传统社会组织复兴与民族传统文化振兴。改革开放以后，乡村文化主体的文化自觉意识逐渐觉醒，传统文化复兴声音逐渐强烈。其一，关于乡村传统社会组织的复兴，主要表现为家支文化的复兴。家庭联产承包责任制实施推广之后，家支成员从解体的人民公社中脱离出来重新回归到家支集体。无论城镇彝族，还是乡村彝族，在家支长老与文化精英的倡导组织下，纷纷举行家支聚会活动，重新议定家支规章制度，重建传统乡村援助机制，立定期举行家支聚会的约定，以此增强家支内聚力，加强家支认同和团结互助。虽然国家政权和现代性因素在彝族乡村中的影响日益深化，但是并未削弱其传统治理资源，它们可能通过基层组织的正式权力运作彰显力量，获取国家在场下的合法地位。其二，现代化、全球化和市场化过程，催生了在地

---

① 李祖佩：《乡村治理领域中的"内卷化"问题省思》，《中国农村观察》2017 年第 6 期。
② 贺雪峰：《最后一公里村庄》，中信出版社，2017，第 7（Ⅶ）页。

化、本土化的自觉意识。无论是国家，还是地方，都开始注重传统的不可替代性价值。随着民族文化旅游业、民族文化产业及非遗保护运动的兴起，乡村优秀传统越来越受到国家和地方政府的关注与重视，许多优秀传统文化在遗产保护运动中被列入各级文化遗产保护名录，从地方性走向公共性、开放性、共享性和世界性。除乡村文化主体的自觉能动作用，国家、地方政府还不断给予其合理存在并稳定传承的制度、法律、机制等保障。另外，学界、文艺界、商界等也以特定方式参与着优秀传统文化的创新性发展与创造性转化，使其从"文化资源"向"文化资产"转化，不断夯实其延续基础和扩展其转化空间。

再次，民族交往交流交融频繁与民族关系和谐团结友好。其一，由内而外地看，改革开放开启的流动时代，为民族互嵌与族际交融搭建了广阔平台。不少彝族乡村青、中年群体开始走出村落，翻越大山，搭乘现代交通工具，暂离故土，辗转各地，从集体性的村落共同体中抽身出来尝试着个体性的都市新生活，领略着与其传统不同的文化，有构建更广阔关系网络和追寻自己向往的美好生活的机会，并可能潜移默化地将自己在外接触并接受的生活方式、文化观念、生产技术及器具物件等带回家乡，推动家乡的社会文化变迁，为乡村传统文化的重构带来新的机遇和条件。其二，从外而内地看，不同时期开展的各项国家治理运动过程中，国家与发达地区各族人民都在不间断地支援着包括彝区在内的贫困民族地区的发展，践行着各族人民协同发展、共同富裕的基本理念。保证彝族与其他民族经济相互依存、文化兼收并蓄、情感相互亲近，共同构建中华民族大家庭。

最后，生活水平提升与生活环境改善。改革开放至今，国家不断在彝区开展各种扶贫措施，加强基础设施建设，强化民生福利保障，发展特色经济产业，开展乡风文明建设，引导村民思想转变，稳定彝区社会秩序，提高彝区生活水平。尤其经过易地扶贫搬迁、特色农牧产业、民族文化旅游业等扶贫工作及"板凳工程""三建、四改、五洗、六化"① 等乡风文明建设工作的开展，彝区的经济状况、居住环境、基础设施及公共服务等有了明显好

---

① "三建""四改""五洗""六化"为凉山彝族自治州的脱贫攻坚主要内容。所谓"三建"指建庭院、建入户路以及建沼气池，完善基础设施建设；"四改"即改水、改厨、改厕以及改圈，改善生活条件，实施人畜分离居住，改善人居环境；"五洗"即洗脸、洗手、洗脚、洗澡与洗衣服，推动彝族村民身体健康与卫生条件改善；"六化"指家园美化、道路硬化、村庄绿化、照明亮化、环境净化、保护利用乡土文化。

转。如在四川凉山彝区，至 2018 年底，当地薯农的总收入居四川省第一①，人均可支配收入为 30421 元，人均消费支出 19361 元，电视网络覆盖率高达 98% 以上。② 至 2019 年底，全州贫困发生率下降至 4%。当地政府实施"三房改造"工程，建新房 10.8 万套，农村公路通村率达 99% 以上，建成各类学校 1572 所。③ 至 2020 年，当地乡镇、建制村通畅率均达 100%。④ 当地许多"悬崖村"上的村民也陆续搬迁至县城安置点，逐步开启其现代城镇生活。

总的来说，当下我国大多数的彝族乡村不再是封闭自守的文化孤岛，而是开放包容的文化海洋。党和国家一直致力于彝区物质文明与精神文明的协同发展，努力实现彝族人民与中华民族共同体大家庭中其他兄弟民族的共同繁荣，共同致力于我国各地乡村的全面振兴。

第二节　彝族人口分布及传统文化的整体图式

彝族是我国人口数量较多的少数民族之一，他们支系繁多，分布广泛，凭其居住区域的自然生态与社会情境，共同描绘了纷繁多彩的彝族传统文化整体图式。

一　彝族人口及其空间分布

彝族人口主要聚居于我国西南地区滇、黔、川三省。第七次全国人口普查数据显示，至 2020 年，我国彝族总人口有 983 万人。⑤ 在空间分布上，以云南省居住的彝族人口数量最多，共 507 万人，占全省人口总数的 10.7%⑥，

---

① 《中国民族年鉴》编辑部编《中国民族年鉴 2019》，民族出版社，2019，第 308 页。
② 国家统计局四川调查总队编《四川统计年鉴 2019》，四川省统计局官网，http：//tjj. sc. gov. cn/scstjj/c105855/nj. shtml，最后访问日期：2020 年 8 月 2 日。
③ 吴迪、周杨：《凉山彝区奋力脱贫奔小康——四川凉山彝族自治州金融精准扶贫侧记》，2020 年 7 月 15 日，https：//www. financialnews. com. cn/qy/tlyd/202007/t20200715_195667. html，最后访问日期：2020 年 8 月 2 日。
④ 参见苏嘎尔布《政府工作报告（2020 年 6 月 8 日在凉山彝族自治州第十一届人民代表大会第五次会议上）》，《凉山日报》2020 年 6 月 19 日，第 A01 版。
⑤ 国家统计局编《中国统计年鉴 2021》，中国统计出版社，2021，第 57 页。
⑥ 云南省统计局编《云南统计年鉴 2021》，中国统计出版社，2021，第 325 页。

与 2010 年"六普"人口数据相比增加了 3 万余人，主要聚居于楚雄州、红河州、玉溪市、大理州、普洱市及昆明市等地。四川省彝族人口数量居全国第二，至少有 290 万人，比"六普"时增加了 30 余万人。其中，有 285 万人聚居于凉山州，10 余万人分布于乐山市马边县、峨边县和攀枝花市，其余散居于四川各地。贵州省彝族人口数量位于全国第三，目前仅能搜集到"六普"时的人口数据为 83 万人，按照其总人口数量的增长情况，贵州省目前的彝族人口总数至少在 90 万人，主要聚居于毕节市、六盘水市、盘州市、黔西南州等地。除了西南地区，广西隆林、那坡两地也是彝族的一个聚居地，共 1 万余人生活于此。此外，在全国各地皆有彝族人口散居分布。①

　　作为一个支系繁杂的人们共同体，各支既共享着族团共同体的历史文化、社会记忆与习俗惯例，也创造了自己亚支特色的文化及其认同，形成了特有的支系名称，如自称有 50 多种，他称有 120 多种。② 常见称呼及其分布区域如表 1-1 所示。

表 1-1　彝族族称及其空间分布

自称	他称	分布
诺苏	黑彝、黑倮倮（罗罗）、滇濮、冬门、戈滇濮、戈然、新（寻）丁、新滇	四川凉山州、攀枝花市；云南宁蒗、华坪及永胜等
纳苏（娄素）	纳若、纳泼、红彝、青彝、彝家、干彝	黔西北；云南楚雄州、昆明市禄地区、昭通一带及弥勒市一带等
聂苏	花腰彝	云南红河石屏、云龙，楚雄双柏、武定及玉溪易门等
罗婺	罗武、罗胡、鲁屋、罗（劳）羽	
倮倮泼	白倮倮	云南云县、景东、墨江、双柏及个旧等
阿灵泼	干彝、白彝、皇乾彝、干罗罗	云南鹤庆、会泽、富源、师宗、禄劝、弥勒、宜良、石林、寻甸及罗平等
阿武	孟武、孟获	云南弥勒、元阳、西畴、金平、罗平、祥云等
阿乌儒	孟乌、阿乌、阿兀、拉乌、阿勿	云南弥勒、元阳、西畴、金平、罗平、祥云等

---

① 俞佳、席武俊：《我国西南地区彝族人口空间分布研究》，《自然科学》2018 年第 4 期。
② 易谋远：《彝族史要》（上册），社会科学文献出版社，2000，第 7 页。

续表

自称	他称	分布
六米	六咪泼、罗米、腊米	云南凤庆、云县、景东、墨江及景谷等
密期	密岔	云南武定、弥勒、禄劝、祥云及昆明等
伙俐	咪哩（米利）、利米蛮、利米、小利密	云南凤庆、景东、墨江、普洱、景谷等
阿哲濮	阿哲、阿切、阿蝎	云南弥勒、易门及双柏等
阿粗儒	勒苏、扯苏	云南武定、新平、元江及峨山等
密期	麦岔、麦插泼	云南武定、禄劝、弥勒、祥云等
洗期麻	洗期泼	云南楚雄、景东、普洱、文山及弥勒等
改苏泼	改期	云南东南、南部及西部一带
迷撒泼	密叉、密期、土族	云南巍山、凤庆、云县、双江、景东、普洱及漾濞
纳罗泼	蒙化、蒙化蛮、蒙化子、蒙舍	
濮拉泼	濮人、濮拉	云南文山、马关、金平及玉溪元江等
濮瓦泼	补腊、马喇、泼哇、图拉泼、颇罗、濮拉	
栗泼	栗濮	云南凤庆、华坪及永胜
阿鲁	腊鲁、喇五、腊果、阿鲁、香堂、香檀、乡谈	云南云县、普洱、玉溪、墨江及景谷等
撒尼泼	撒尼、尼濮	云南石林、泸西、弥勒、宜良、罗平等
撒弥	撒弥、撒梅、普特、散民、明朗、撒完、撒圆、罗娄、西门、黑爨	云南昆明及曲靖等
撒摩都	撒马朵、撒摩、些莫徒、徒莫只、所完、些袁蛮、子间、子君、白罗	云南昆明市郊
阿细泼	阿细、阿西濮、阿嘻罗罗	云南石林、弥勒及宜良等
阿罗苏	红彝	云南武定、师宗、陆良及富宁等
纳若	纳若人、支里、子彝	云南丽江永胜
莨峨	莨峨人、拉乌	
他鲁苏	他留人	云南丽江永胜及华坪等
僮瑯让	僮瑯族	云南丽江一带
咪西苏	水田	四川凉山冕宁及西昌等

续表

自称	他称	分布
阿多濮	阿度、阿戛	贵州赫章、织金、威宁；云南泸西、弥勒、师宗、寻甸、宜良、罗平、禄劝等
葛泼	果罗、葛倮、格濮	
茫、茫佐	倮倮、白倮、红彝	广西那坡及云南富宁等
诺濮、俄濮	彝族、彝家	广西隆林及西林等

资料来源（引用相关资料时有删改）：云南省民族事务委员会编《彝族文化大观》，云南民族出版社，1999，第28~32页；易谋远《彝族史要》（上册），社会科学文献出版社，2000，第4~5页；王文光、朱映占、赵永忠《中国西南民族通史》（下册），云南大学出版社，2015，第347~353页。

　　从分布空间的地景特征及文化生成基础来看，川、滇大小凉山一带和黔西北及滇东北等地彝族主要生活于海拔较高的高寒山地空间，小凉山、滇中及滇南等地的部分彝族生活于海拔较低的河谷地带与平坝区域。因此，常有高山彝、田坝彝等区分。他们基于其生活区域的生态地景与自然资源，就地取材建造房屋，开垦土地种植作物，挖渠引水灌溉稻田，维护草场畜牧牛羊，创造出其特有的经济生活及与之相关的社会形态及上层文化。

　　在畜牧生产上，游牧经济曾是彝族的主要生计，即使当下，在四川凉山及黔西北等高山彝区也还存在畜牧生产空间，且成为地方特色产业之一。大体看来，他们畜牧的牲畜主要有黄牛、绵羊、山羊、马、猪等。这些牲畜大多集多种角色属性与社会功能于一身，富有社会性与文化性。第一，饮食场景中的肉类食品。第二，经济活动中的生产工具。其表现在两个方面。首先，作为生产资料与生产工具，如牛、马是现代耕作器械使用之前的基本生产动力，家畜、禽粪便为作物生长时的主要肥料，尤其认为鸡、羊两种动物的粪便肥力最强。[①] 其次，作为家庭财产与贸易对象。宋时，中央王朝就常在西南购买马匹，不少马便是出自彝区。元时，水西彝区成为全国十四大养马场之一。直至当下，牛、马、羊等仍为高山彝人家庭的重要财产，深刻影响着其财富观念，是他们在货币社会阶段之前的普遍支付工具。第三，庆典"竞技勇士"和祭仪"通神之物"。每逢重大庆典，彝族乡村中总会伴随各种斗羊、斗牛、赛马等娱乐竞技，牛、羊、马等便是为其主人赢荣誉、挣脸

---

① 杨庭硕、杨曾辉：《彝族文化对高寒山区生态系统的适应——四川省盐源县羊圈村彝族生计方式的个案分析》，《云南师范大学学报》（哲学社会科学版）2011年第1期。

面、得奖金的"竞技勇士"。在重要祭仪中，它们又是人们献给神灵、鬼怪及祖先的献祭牺牲。第四，生活用品和交通工具。他们常用牛、羊等的头角制作酒器，以牛、羊膀骨等作为法器，用羊皮制作被褥，用羊毛制作衣物、披毡、裙子等。其中，彝族擀毡技艺被列入国家级非物质文化遗产名录。这种技艺在凉山彝区延续和保存得相对完整。在当地，披毡是他们完整生命历程中的必需衣装，他们生时以其御寒和抵挡风沙，死时用其裹身面见祖先。在现代交通工具未出现之前，牛、马乃彝区普遍的交通工具，在当下无法修建公路的山村依旧如此。第五，社会关系联结媒介和人情礼物类型。在其人生礼仪及日常交往上，牛、羊、猪等常被作为人情交换的礼物。若有贵客登门，他们总会杀猪宰羊款待。在相关祭仪结束之后，他们还会依照特定亲属关系距离将牲畜身体特定部位之肉作为礼物赠送给亲朋好友。第六，个体家庭财产继承与分配的核心产业。传统社会中，他们常"（以）畜牧牛羊马之多寡，论家之贫富"①。第七，婚姻缔结时的支付彩礼、回聘嫁妆和化解纠纷的赔偿物资。在传统社会中，他们缔结婚姻时，常以牛、马作聘。发生纠纷时，牛、马会作为"过失方"向"损失方"进行赔偿的支付方式。

畜牧经济活动之于彝族传统文化的生成与发展具有至关重要的影响，除发明了许多关于牲畜的使用方式之外，还形成了一些关于牲畜调教驯养与远程控制的地方知识。如今黔西北威宁彝族变人戏"撮泰吉"中就传承着彝族先民驯服、驯养野兽的场景、舞蹈程式与动作；又如云南红河地区的彝族形成了"牛亲家"习俗②；再如凉山彝区，形成了"把尤（托养）制度"③和"母畜租养制度"及关于牲畜管理保护的习惯法规定。此外，在当地，还产

---

① 徐铭：《清代凉山彝族地区的经济发展》，《西南民族学院学报》（哲学社会科学版）1983年第3期。
② 牛亲家：是云南红河哈尼族彝族自治州的一种基于族际经济生产互助而形成的习俗，如以居住于河谷区的傣族为甲方，以居住于山区的彝族为乙方，甲方有公牛，乙方有母牛，双方经过商议之后将一公一母两头牛配成对来进行共同喂养、共同管理，如果母牛生仔，牛宝宝为双方共有，都具有使用权。如果有重大节庆需要宰杀牛，那么会进行平分。双方以牛为纽带而结成"牛亲家"，不仅有利于牧畜生产，还有利于加强彼此之间的情谊。
③ 把尤（托养）制度：指同一垂直地带，海拔差异引起气候不同，夏秋之际气候炎热，彝族低山区的村民就会把牲畜赶到高山区避暑，由高山区的村民来代替他们放养，牲畜粪便归高山村民所有，牲畜毛发及生下的崽崽归原来的主人。如果牲畜不幸死亡，除了腿与皮归主人之外，其他所有部位之肉都归高山村民。在剪牲畜毛或者要将牲畜赶下山时，主人家必须好酒好菜招待高山村民。在冬春之际，高山区村民又会将牲畜赶至低山区御寒，低山区同样会为他们代养。通过这种方式，山上山下的村民们建立起了良好的互助关系。这是传统彝族社会中一种典型的友好往来、互助生产的表现形式。

生了与牲畜相关的节日文化，如每年农历二、六、十月份的"剪羊毛节"（约沙滋）就是典型代表。诸如此类，都是彝族基于畜牧生计而形成的传统习俗与社会记忆的鲜明表达与持续传递。

在农耕生计上，彝族在较早时期就已经开始从事农耕生产，只是多为粗放型的游耕生产，如彝族谚语"人不出门不出名，火不烧地地不肥"① 便是这种农耕活动的具体表达。精耕细作与农牧并重甚至超过畜牧成为其主要生产方式大概是明朝以后的事情。② 虽然各地彝族皆从事农耕生产，但是农业结构存在区域性差异，如滇中、滇西及滇南等地以纯农业种植为主，黔西北及四川大凉山、云南小凉山等彝区则以农牧复合型或农牧混合型为主。③ 相较历史时期，当下各地彝区的农作物种类丰富得多。其一，就粮食作物而言，在黔西北及川、滇凉山等高寒地带彝区，粮食作物以荞麦、马铃薯、玉米、燕麦、大麦、粟及红薯等耐寒耐旱作物为主。其中，以荞麦为高山彝族的传统核心作物，是其祭仪必需祭品。在部分河谷彝区，粮食作物以小麦、水稻等为主。其二，从蔬菜作物来说，主要有白菜、辣椒、蔓菁、茄子、西红柿、葱、蒜、萝卜、青菜、白莲花、菠菜、蚕豆、洋葱、豌豆、蒜薹等。其三，从果实作物来看，主要有葫芦、苹果、草莓、樱桃、梨、李子、石榴、脐橙、杨梅、桃、杏子、核桃、板栗等。其四，从经济作物来讲，主要有剑麻、蓝靛、茶叶、棉花、花生、花椒、烤烟、油菜、向日葵、引子、咖啡、可可、橡胶、油桐、甘蔗及棕片等。基于农耕生产经验，各地彝族也创造了与之相关的农耕习俗，包括耕种技艺、饮食习俗、节令知识、农时节庆、历法知识、信仰文化、歌舞文化、禁忌观念及关于天神、土地神、雨神、雷神等的丰产仪式与祭祀仪式。如彝族火把节、栽秧祭、青苗祭、五谷神祭、牛王会、马王会等都是与农耕相关的节庆与仪礼。又如黔西北彝族歌舞《撒荞歌》《撒荞舞》《撒麻舞》等传递了荞、麻等作物耕作知识。再如各地彝族习惯法中不少内容都是关于生产资料的管理、分配和保护。

此外，各地彝族还基于其生活区域的林木资源及水力资源创造了关于处理人与自然关系的制度与观念。其一，大多彝区竹木资源和林木资源相对丰富，为当地彝族及其他民族的民居建筑和日常生活碳木提供了原料，也为其

---

① 陈金全、巴且日伙主编《凉山彝族习惯法田野调查报告》，人民出版社，2008，第 12 页。

② 舒华：《论黔西北彝族地区法制的变迁》，中央民族大学博士学位论文，2012，第 46～47 页。

③ 朱圣钟：《论历史时期凉山彝族地区农业结构的演变》，《中国农史》2008 年第 4 期。

发展竹篾编织、漆器、木匠、纺织等手工业及动植物医药、木材贸易及自然生态旅游等产业奠定了基础。如云南楚雄州森林面积就达 188.70 万公顷，活立木蓄积量达 1.14 亿立方米，森林覆盖率达 66.25%。全州内有高等植物 6000 多种，被国家重点保护野生植物有 36 种，有脊椎动物 680 多种。① 又如四川凉山彝区的森林覆盖率达 47%，林木覆盖率达 70%。② 除了利用林木资源作为日常生活的基本物质材料和产业发展资源，他们还生产和积累了关于处理人与自然、人与动物等关系的地方知识。如在云南楚雄彝区，他们就在生活空间划分出公有林、神树林、水源林及风水林等文化空间，约定了关于林木分配、管理和保护的习惯法。其二，我国彝族分布区域贯有长江水系闽江大渡河、雅砻江、乌江，澜沧江东岸水系漾濞江，流入南海的诸多河流，珠江水系南北盘江。众多河流蜿蜒奔腾，蕴藏着丰富水能资源，为生活用水、农业灌溉、工业用水、水路运输、林木用水等提供了坚实后盾。如凉山州水能可开发量为 7000 多万千瓦，占全国的 15%③，平均每平方公里可开发电量达 337 万千瓦时，为世界平均水平的 48 倍、全国平均水平的 17 倍。④ 此外，各地彝区还有众多天然湖泊，如凉山州的泸沽湖、马湖、琼海湖，黔西北的草海、支格阿鲁湖，云南的阳宗海、程海等。在饮水、用水的过程中，他们同样形成了关于用水、敬水的习俗惯例，如黔西北大方一带彝族祭水节、云南楚雄的彝族祭龙节、云南弥勒的彝族请雨水等皆为与水相关节庆习俗。同时，也约定有管水、分水、用水的习惯法。如布罗斯拉夫·马林诺夫斯基（Bronislaw Malinowski）所言，任何文化都需要建立在一套物质基础之上。⑤ 上述资源就是彝族传统文化的建立基础，换句话说，彝族传统文化是各地彝族基于生活空间物质基础与社会情境的群体互动产物，上述基础都是彝族描绘其文化图式的核心物质材料。

---

① 相关资料来源于云南楚雄彝族自治州政府官网，http：//www.cxz.gov.cn/mlcx/zqjj.htm，最后访问日期：2020 年 8 月 9 日。

② 《2019 年国民经济和社会发展统计公报》，凉山彝族自治州统计局官网，2020 年 6 月 15 日，http：//tjj.lsz.gov.cn/sjfb/lstjgb/202006/t20200615_1626122.html，最后访问日期：2020 年 8 月 9 日。

③ 《凉山概况》，凉山彝族自治州人民政府网站，2020 年 7 月 9 日，http：//www.lsz.gov.cn/wcls/lsgk/lsgk_21388/202007/t20200709_1644995.html，最后访问日期：2020 年 8 月 9 日。

④ 龙德华、高机敏、李友明：《凉山：崛起的"中国水电第一州"》，《凉山日报》2008 年 1 月 5 日，第 02 版。

⑤ 〔英〕马林诺夫斯基：《文化论》，费孝通等译，中国民间文艺出版社，1987，第 18 页。

二　彝族传统文化整体图式

各地彝族基于其生活空间的物质基础、社会情境及在历史进程中与国家发生的上下互动、与其他族群发生的内外关联，呈现出一幅缤纷多彩的文化图式。这一文化图式由物质文化、制度文化、精神文化及技术文化四大图层构成。其中：物质文化是彝族传统文化图式的基础图层，可分生活型、生产型、名胜型等板块；制度文化是彝族传统文化图式的第二图层，可分行为规章、组织机制、权威等板块；精神文化为彝族传统文化图式的第三图层，可分语言、娱乐、节庆、礼俗、文学艺术与信仰体系、哲学思想等表现为意识形态领域的内容，此乃物质文化与制度文化的上层结构，是彝族传统文化的核心要素；技术文化则是彝族传统文化图式的第四图层，包括文学、传统知识、传统技艺等板块。上述各文化图层并非独立存在和运行，不同的文化图层及其相关的具体板块共同构成了彝族传统文化图式的整体结构。虽然在具体文化内容上可能存在亚支系差别，但是从整体意义上来说，各支都不同程度共享着族团共同体的历史记忆、习俗惯例及部分文化表征。整体共性与部分差异的和谐统一共同构造了彝族传统文化的完整图式，如表1-2所示。

关于表1-2做出的分类，有三个问题需要简要交代。第一，这里的分类并非依据联合国教科文组织及非物质文化遗产学等区分标准，而是基于人类学的文化理解框架进行分类。这里的分类，主要借鉴了马林诺夫斯基的文化观，如此能让人们从日常生活的细节感知文化，理解物质文化、制度文化、精神文化及技术文化等文化图层间的相关性，整体把握具体文化的存在价值与逻辑意义。第二，表1-2列录的文化内容为不同时空场景下彝族社群的持续绵延图景。作为人造产物和民族社会的建构与表达，人们的文化需要与文化创造间的关系首先表现为物质文化的生产与消费间的矛盾，此乃文化发展的基本动力。人们会随着物质生活的需求变化不断去发现新事物，发明新技术与新工具，创造新生活与新秩序。在物质文化的生产过程中或当物质文化生产得到一定满足之后，精神文化及制度文化等也会由于文化迫力而得以生产。同时，人们关于美好生活的需求、技术的革新、制度的改良、符号的构建等也会推动物质文化再生产。第三，本书由于研究重心和行文篇幅限制，难将所有文化内容穷尽。也就是说，表1-2中的文化内容并非囊括了彝族传统文化的所有要素。表1-2中所列的不少文化要素都被列入了各级非物质文化遗产名录。据统计，国家级彝族非遗名录有 27 项，省级非遗名录有 170 多项，县级名录不计其数，具体参见附录中附件 1。总体而言，文化、社会与人之间紧密联系在一起，社会是人的社会，人是社会的人，人的社会也是文化的社会。文化鼓励和限制着其所在社会的社会行动者的思想与行为，调节着他们的物质生活，丰富着他们的精神世界。彝族传统文化中的许多文化要素都能对其社群成员的思想观念、价值理念、伦理道德及实践行为等产生鼓励、引导和规约作用。这些要素便是本书要分析和讨论的彝族传统治理资源范畴，本书的一个重要目的正是要将这些文化要素提取出来，并综而论之。

表1-2　彝族传统文化的整体图式

文化图层	具体板块	文化内容
物质文化	生活型	1. 服饰文化：服形、银饰、刺绣、纺织、纹案、色彩、形制、服制仪礼等 （1）大小凉山型：四川凉山，云南宁蒗、永胜、华坪、永仁及元谋等； （2）滇西型：云南大理、巍山、宝山、临沧、思茅和景东； （3）乌蒙山型：黔、滇乌蒙山区及广西隆林等； （4）红河型：滇南，东至开远、蒙自，南至金平、江城，西至普洱、双柏，北至昆明、红河流域哀牢山等； （5）滇东南型：云南广南、富宁、马关、麻栗坡、米勒、师宗等； （6）楚雄型：楚雄及相邻彝区
		2. 饮食文化：食品分类、食物生产、食品流动、饮食礼俗等 （1）食：①主食：荞麦、大米、玉米、糯米、马铃薯、红薯等。②肉食类：猪肉为主，鸡肉次之，逢重要祭祀仪式、人生礼仪及节日庆典时宰杀牛、羊。③蔬菜类：以四季豆、白菜、马铃薯、西红柿、青红辣椒、青菜、白菜、油菜、红薯等为主。④特色菜：油团、坨坨肉、八卦鸡、血豆腐、皮干生等； （2）饮：①酒文化：a. 酒种：砸酒、蒸酒、烧酒、转转酒、杆杆酒等。b. 酒器：牛羊角杯、木制酒杯、竹制酒杯、陶瓷酒器、圆腹高足吸酒壶、斑鸠酒壶、鹰爪杯、兽脚杯等。c. 酒礼：洗礼酒、成人酒、定亲酒、满月酒、丧葬酒、送灵酒、祭祖酒、盟誓酒、待客酒、互助酒、赔礼酒。②茶文化：a. 茶类：烤罐罐茶、打油茶、雷鸣茶、三七茶、荞茶等。b. 茶器：茶漏篦、取茶罐钳、搅茶棍、漆器茶具
		3. 建筑文化：建筑类型、建材生产、建造仪式及居住观念、空间布局及其文化意义等。彝族主要建筑类型：权权房（贵州、云南小凉山）、竹编房（大小凉山）、木罗罗（滇西、滇西北）、土掌房（滇中、滇南）、茅草屋（哀牢山一带）、竹瓦房（哀牢山一带）、瓦板房（大、小凉山）、木板房、压泥箭竹房（滇东南和广西）、土墙房、雕楼等

文化图层	具体板块	文化内容
物质文化	生活型	4. 工具器具： （1）生活用具：朱箱、磨架、饮水台、粮柜、马鞍、烟斗、竹盆、筷匀篼、撮箕、簸箕、背篼、箩筐、斗笠、围席、垫席、竹斗、竹升、披毡等； （2）乐器：月琴、品弦、三弦、牛角胡琴、三胡、口弦、唢呐巴乌、玛布、葫芦笙、擎芦、克西觉尔、木叶、铜鼓、克拉蒙、额格子膜等； （3）武器：火药炸弹（葫芦飞雷）、兵器、彝族甲胄等； （4）仪（法）器：毕摩仪器（帽子、法衣、鹰爪、手杖、铜铃、经书、经袋、卦签、签筒、神扇、罗盘、长刀等）。 5. 场所空间：歌舞文化场所、体育场所、婚恋场所、民族工艺场所等公共空间及土地庙、神树林、神山、山神庙、观音庙等神圣空间
	生产型	1. 工具：犁、耙、条锄、板锄、镰刀、篾刀、斧头、砍刀、铧口等 2. 场所：农产品加工坊、粮仓、田地、集市等
	名胜型	云南石林、阿庐古洞、魏宝山、巍山城古楼、大方奢香墓、大方宣慰府、禄劝摩崖石刻、水西大渡河桥彝汉双碑记、千岁衢碑、成化钟等
制度文化	规章	大、小凉山彝族传统家支习惯法，贵州彝族传统习惯法，森林与水利保护公约等
	组织机制	凉山彝族家支组织、贵州彝族家族组织、云南彝族"伙头制度"、其他传统彝族民间纠纷调解机制以及现代时期的老人协会、红白理事学会等民间德古协会等
	权威	凉山彝族德古、苏易，滇、黔彝区教会神父、寨老及各地毕摩等
精神文化	语言	1. 北部方言： （1）北部次方言：①圣乍土语：四川凉山州的昭觉、喜德、越西、金阳、西昌、冕宁、盐源、木里、甘洛、普雄、德昌；雅安市的石棉；甘孜州的九龙、泸定；云南丽江市的丽江、永胜、宁蒗、中甸、兰坪、剑川；云南昭通市的永善、巧家等地，中心在喜德地区；②义诺土语：四川凉山美姑、马边、雷波等，在峨边、昭觉、普雄、甘洛及金阳等部分彝区也有分布，中心在美姑；③田地土语：四川凉山州甘洛、越西、普雄、峨边；雅安汉源等地。 （2）南部次方言：①布拖土语：四川凉山布拖、宁南、会东及普格和会理部分彝区，土语中心在布拖；②会理土语：包括四川凉山普格、德昌、会理等。 2. 东部方言： （1）黔西北次方言：①水西土语：贵州毕节、黔西、大方、织金、六枝、清镇、金沙及纳雍部分地区，云南镇雄彝区，四川古蔺部分彝区；②乌撒土语：贵州的威宁、赫章、水城及纳雍部分彝区，云南彝良、会泽及宣威部分彝区；③芒部土语：云南威信、镇雄等地，贵州赫章；④乌蒙土语：云南昭通、鲁甸及永善部分彝区。

文化图层	具体板块	文化内容
精神 文化	语言	（2）盘县次方言：①盘南次土语：贵州盘南、兴仁及普安等；②盘北次土语：贵州盘北、晴隆及水城部分彝区；云南省曲靖及罗平等地； （3）滇东北次方言：①黑彝土语：云南禄劝、武定、寻甸、元谋、罗次、会泽等彝区，四川会理部分彝区；②甘彝土语：云南的禄劝、武定、元谋、会泽、巧家等地，四川会理部分彝区；③红彝土语：云南武定、永仁及广通等彝区；④葛濮土语：云南寻甸、禄劝、会泽、嵩明、罗平及弥勒等彝区；⑤昆安土语：云南昆明、安宁及禄丰等彝区。 3. 南部方言： （1）石屏土语：①个旧次土语：云南蒙自、个旧、开元及屏边；②石屏次土语：云南的石屏、建水、龙武等彝区。 （2）元阳土语：①阳次土语：云南元阳、金平等彝区；②墨江次土语：云南墨江、元江、江城、普洱及红河等彝区。 （3）峨山土语：云南峨山、江川河西、玉溪、新平及昆明部分彝区。 4. 西部方言： （1）西山土语：①第一次土语：云南巍山、凤庆、昌宁、云县、临沧、双江及弥渡部分彝区；②第二次土语：云南景东、景谷、巍山及弥渡部分彝区；③第三次土语：云南永建及漾濞部分彝区。 （2）东山土语：①第一土语：云南巍山、永建及漾濞和弥渡部分彝区；②第二土语：云南保山和永平等彝区。 5. 东南部方言： （1）撒尼土语：云南路南、弥勒、泸西、丘北、陆良及宜良等； （2）阿西土语：云南路南、弥勒、泸西、华宁及昆明等； （3）阿哲土语：云南弥勒及华宁等地。 6. 中部方言： （1）南华土语：①第一次土语：云南南华、祥云、巍山及景东等地；②第二次土语：云南楚雄、双柏及广通等地； （2）大姚土语：云南大姚、永仁等地
	娱乐	1. 歌舞文化： （1）歌谣：童谣、叙事歌、情歌、苦歌、劳动歌、酒歌、风俗歌、喜庆歌、祈子歌、哭嫁歌、开门歌、迎神歌、丧歌、祭祀歌。 （2）舞蹈：达体舞、铃铛舞、海马舞、搓姐舞、披毡舞、云雀欢飞舞、鸡公打架舞、霸王鞭舞、四弦舞、彝族打歌、阿细跳月、铜鼓舞、花鼓舞、皮鼓舞、金竹舞、烟盒舞、罗作舞、锅庄舞、取蜜舞、冬格夺洛荷舞、芦笙舞、老虎笙、撒麻舞、撒荞舞、对脚舞、左脚舞、酒礼舞、羊皮鼓舞、斗牛舞、蒙莫居兹、娃子黑、喋为止、扯格、十二兽舞、哑神舞、衣角舞、大刀舞、虎掌舞、跌脚舞、跳菜舞、火绳舞等。 2. 体育竞技： 跳火绳、爬油杆、打陀螺、打毛蛋、赛马、斗牛、扳牛、顶牛、摔跤、蹲斗、秋千（磨秋、藤秋、荡秋、木蹬秋及车秋等）、射箭、飞镖、飞石索、甩套石、抢烧鸡、跳牛、跳板凳、跳大钳、跳大海、跳高脚马、跳高竹、

文化图层	具体板块	文化内容
精神文化	娱乐	跳乐、爬杆、耍龙、打棒、潜水、扭扁担、顶扁担、花灯、爬油杆、打泡球、穿火网、绵羊拉绳、投石打靶、老鹰抓鸡等
	节庆	(1) 庆贺性：彝年、老年节、沙户比节（尝新）、哑巴节（云南大理七宣彝族）等； (2) 祭祀性：火把节、密枝节、祭公节、跳公节、祭龙节、祭火节等； (3) 农事性：插花节、二月八、牟定三月会、尝新节、剪羊毛节、采药节、黑井灯会、羊年、巴乌节、护山节、颂牛节、拉麻节等； (4) 纪念性：火把节、彝族年、密枝节、跳公节、祭龙节、六月六、祭山节、果玛节（金平彝族老乌人）、阿嫫妠尔（凉山彝族母亲节）等； (5) 社交性：赛歌会、情人节、姑娘节、赛马节、赛装节、赶花街、串会节、搭清节、拜姑爷节、斗牛节、开新街、阿依蒙格（凉山彝族儿童节）等
	礼俗	1. 人生礼仪： (1) "诺依若"仪式（诞生礼）与满月礼； (2) 成人礼："沙拉洛"仪式（凉山彝族女性成年礼）、男子扎"英雄结"； (3) 婚姻礼仪：一夫一妻制、同族内婚、等级内婚、家支外婚、姨表不婚、姑舅表优先婚、转房婚、入赘婚等； (4) 丧葬礼仪：火葬、土葬、树葬、岩葬、陶器葬、天葬等。 2. 其他礼仪：祭祀仪式、结盟仪式、盟誓仪式、神判仪式、剪羊毛仪式、祈福仪式、清洁祛污仪式、治病仪式、招魂仪式、斯西马西（禁止砍伐森林仪式）及岁时祭祀仪式等
	文学艺术	1. 文学： (1) 创世史诗：《查姆》（双柏彝区）、《梅葛》（楚雄彝区）、《勒俄特伊》（凉山彝区）、《阿细的先基》（弥勒彝区）等； (2) 英雄史诗：《俄索折怒王》《支嘎阿鲁王》《支格阿鲁传》《铜鼓王》《戈阿楼》《阿鲁举热》等； (3) 叙事史诗：《博葩》（凉山地区）、《阿诗玛》（云南撒尼地区）、《甘嫫阿妞》（凉山地区）、《苏巨黎咪》（黔西北地区）等； (4) 彝文经典：《玛牧特依》《尼苏夺节》《西南彝志》《宇宙人文论》《彝汉天地》《彝族源流》《爨文丛刻》《物始纪略》《克智》及其他类型的谱牒、毕摩经书等； (5) 神话传说：《洪水潮天》《三族起源》《天神的哑水》《子居鸟》《蜘蛛的故事》《兄妹成婚》《阿细卜》《望天公主》等； (6) 民间故事：《孟获的传说》《阿龙的故事》《生子不见父》《石尔俄特找父亲》《史拉俄特买父》等及其他口头传说； (7) 民间谚语：政治类、喻世类、生活类、生产类、品德类、社交类、自然类等。 2. 美术：绘画艺术、雕刻艺术、漆绘（画）艺术、刺绣图案等 3. 戏曲：云南楚雄彝剧、黔西北威宁彝族变人戏"撮泰吉"等

续表

文化图层	具体板块	文化内容
精神文化	信仰体系	1. 原生信仰： （1）祖先崇拜：民族祖先、氏族祖先、英雄祖先、家支祖先、家族祖先、房族祖先、直系父母长辈等； （2）图腾崇拜：龙、虎、葫芦、竹、鹰等； （3）自然崇拜：金石、马缨花、松树、栗树、水、火等； （4）神灵崇拜：日神、月神、星辰、天神、地神、山神、水神、雷神、风神、雨神、龙神、树神、畜神、石神、路神、荞神、玉麦神、秧田神、村落神、书神、命神、内佑神、运气神、阴间神、狩猎神、酒肉神、烟神、火塘锅庄神、生育神、附身神、饥寒神、辛劳神、织布神等； （5）精灵崇拜：凉山彝族"吉罗"等； （6）鬼魔观念：男鬼、吊死鬼、杀死鬼、痢病鬼、猴子鬼、老虎鬼、头痛神、害虫鬼、瘟疫鬼、山野鬼、凶神、破烂鬼、吃人魔王、挖粮鬼、贪婪鬼、坟鬼、妖婆等。 2. 其他信仰：佛教、道教、基督教及天主教等（非所有地区，滇、黔和凉山部分地区）。 3. 神圣权威： （1）毕摩：男性担任，源于氏族部落首领、祭司，专司宗教职事，从事司祭仪式、占卜、行医、主持盟誓及彝族文字创造与传承等； （2）苏尼：男、女均可任，主要职责为跳神、禳鬼、占卜与治病等。 4. 巫术巫事：鸡头卜、鸡骨卜、鸡舌卜、米卜、羊膀骨卜、木刻卜、鸡肝卜、鸡蛋卜、猪胆卜、草卜、松林卜、羊角卜、羊胛骨卜等。 5. 禁忌观念：生产、生活、建房、饮食、时日、行为、动植物、鬼神及语言等
	哲学思想	天地万物生成论、世界物质本源论、事物运动变化论、二元结构相配论、宇宙人文论、天人关系思想、人类演变（进化）论（独眼人时代—直眼人时代—横眼人时代）、人类人格价值观（知识与威荣）等
技术文化	文字	老爨文（蝌蚪文）
	传统知识	养马知识、医疗知识、林业知识、农业知识、生态知识、物候知识、十月历法、十二生肖属相纪年法、气象知识等
	传统技艺	建筑营造技艺、银器锻造技艺、服饰制造技艺、面具制造技艺、剪纸技艺、刺绣技艺、纺织技艺、彩绘技艺、擀毡技艺、印染和蜡染技艺、竹器编织技艺、漆器工艺、乐器制作技艺、酿酒技艺、传统食物制作技艺、生产工具制作技艺、火药兵器制造技艺（葫芦飞雷）

资料来源：笔者根据田野资料和文献资料整理而成。

第二章 彝族传统治理资源的主要
结构类型及社会功能

　　人、社会与文化之间构成了一种紧密的互构关系。一方面，人是社会/
文化之人，自入世起就处于社会/文化之中，在成长的过程中习得、延续和
再生产文化。不同时空的人因为文化而得以发生超时空的认识联系、交流理
解与延续发展。另一方面，社会/文化由人构建和发明，人通过时间意识和
能动作用创造了意义体系和社会结构，又在自己创造的意义体系与社会结构
中发生行动。从功能的角度来说，文化是由信仰、知识、价值观念和实践构
成的稳定共享的体系①，是一个族群或社群满足其基本需求和保证其社会生
命持续的动力内核，发挥着构建社会秩序、模塑社会结构、总管行为的黏合
与控制作用。② 作为彝族传统文化内容的治理资源同样如此。本书将彝族传
统治理资源的主要类型分为四类：其一为制度文化，包括习惯法、乡规民
约、社会组织及支配权威等要素；其二是信仰文化，由信仰对象、信仰观念
及信仰仪式展演者等要素构成；其三为节日文化，包括彝族传统节日及中华
民族共享节日类型；其四是记忆文化，主要指承载其历史、社会、文化等集
体记忆的史诗经典。上述资源要素既源于其日常生活的长期积淀，又通过文
化实践行为育化于其仪式生活，形塑着他们的知识经验、风俗习惯、价值观
念、道德体系、互惠意识及社会心态等，是其道德一致性与逻辑一致性的文
化共识与运行机理的构建机制，奠定了彝族传统社会秩序的正当性基础，鼓
励或限制着彝族社群的行动选择。它们有的已为历史残存，有的依旧持续发
挥作用。

---

① 〔英〕奈杰尔·拉波特、〔英〕乔安娜·奥弗林：《社会文化人类学的关键概念》，鲍雯
妍、张亚辉等译，华夏出版社，2005，第79页。
② 〔美〕克利福德·格尔茨：《文化的解释》，韩莉译，译林出版社，2014，第57页。

第一节　制度文化：彝族乡村治理的自治基础

制度文化是彝族传统治理资源的核心要素之一，是其社会外化控制、社会秩序维系与社会良性运行的硬规范和强保证，调和着物质文化与精神文化之间的关系。制度文化也有其物质层面，它以物质条件为基础，调控生产、分配、交换、消费的有序发生，将特定组织化社群的集体价值、关系准则与道德观念等文化法则转化为一种相对稳定的权力秩序机制，这种权力秩序机制直接化为社群生产与生活的具体规范与组织体系，这个组织化社群中的个体在具体规范与组织体系中不断实现着自身的社会化。

基于上述理解，本书认为制度文化至少包含两层含义：其一，产生、监督、保持和维系制度文化稳定与运行的有形社会组织与组织化社群；其二，形成制度规范的无形集体意识和公认规范体系。有形的社会组织及组织化社群是无形集体意识和公认规范体系的直接载体与实践机制，无形集体意识与公认规范体系则是有形的社会组织和组织化社群得以有序强化的内生动力与监督力量。在本书中，若将制度文化这一概念具体操作化，则无形集体意识与公认规范体系主要包括彝族习惯法、乡规民约、禁忌规则、血缘观念、道德准则、人情面子及其他礼仪制度等，有形的社会组织与组织化社群则主要指家支组织、跨家支村落组织等认同与行动单位及这些单位中的权威支配类型。有形的社会组织及组织化社群和无形集体意识及公认规范体系互相联结构成彝族制度文化，与当下乡村生活产生选择性亲和关系。[①]

一　习惯法：地方社群的日常行为宪章

不同的学科关于习惯法的认知和定义各有差别，如吴大华等人曾对既有观点进行总结，指出当前至少存在八种关于习惯法的不同定义。[②] 本书在此主要认同和使用的是人类学视野下的习惯法概念和基本观点，即习惯

---

① 温铁军：《中国农村基本经济制度研究——"三农"问题的世纪反思》，中国经济出版社，2000。

② 吴大华、潘志成、王飞：《中国少数民族习惯法通论》，知识产权出版社，2014，第1~3页。

法是特定社会的社群成员约定俗成反映其共同需要的、具有习惯性与强制性的民间准法规范。① 简单地说，人类学视野下的习惯法是一种地方性知识。习惯法发挥着预防、规范、教化、评价、惩治及修复等基本社会控制功能，塑造着其地方社群的"法律感性""法律精神""法律归属""法律认同"。习惯法既有别于国家法，又与国家法有紧密联系，在国家法律文化体系中扮演着重要角色。② 其一，习惯法是被国家法承认的一种"法律渊源"。其二，习惯法与国家法互相渗透配合。③ 当国家法治供给不足时，习惯法能在一定范围内为国家法填补空隙与起补充作用，协同控制社会与稳定秩序。

（一）彝族传统习惯法的基本内容及主要特征

彝族习惯法常被彝族人视为其祖先创制留下由后代子孙基于其生活时期社会形态和生活经验约定俗成、共同遵守和延续传承的自我约束与管理的地方性规范。彝族是一个有字民族，因此在部分彝文典籍及碑刻中尚能看到他们习惯法的基本成分。即便如此，他们并未以文字书写形式撰写形成系统完善的成文法典，而多以谚语格言、神话史诗、民间故事等口述形式及其他习俗惯例"记录"和传递于其社群集体记忆中。孟德斯鸠曾言："法律"不仅应与国家的自然状态、政治能包容的自由程度、立法者之目的、法律建立的事务秩序等有关系，还应和人们的生活方式与社会文化有关系，它们共同构成了法的实质精神④。正如他所言，"法律"只有扎根于社会文化土壤、与人们的真实生活联系在一起才具有意义。彝族习惯法正是基于其历史、地理、社会、民族、生产、风俗等因素形成，它不仅是一种"意义上的法律"，更是一种"实质上的法律"，是能够适应它所生存发展并产生实际作用的社会群体的生产关系。可以说它体系完整，包罗万象，无处不在。基于此，本书将彝族习惯法视为各地彝族社群的日常行为宪章，是其化解矛盾纠纷的基本依据、保证社会秩序稳定的控制机制。

基于学界的搜集整理，不少彝族习惯法已从"口头法"变成了"成文

---

① 吴大华、潘志成、王飞：《中国少数民族习惯法通论》，知识产权出版社，2014，第47页。
② 宋才发：《习惯法在乡村治理中的法治功能探讨》，《广西民族研究》2020年第2期。
③ 梁治平：《清代习惯法：社会与国家》，中国政法大学出版社，1996。
④ 〔法〕孟德斯鸠：《法意》，严复译，北京时代华文书局，2014，第8页。

法"。如就凉山彝族家支习惯法来说，如胡庆钧①、陈金全等②、蔡富莲等③人都对凉山彝族家支习惯法进行了系统整理，并从不同的维度对其进行了分类。又如邹渊④、舒华⑤等对贵州彝族（主要针对黔西北）传统习惯法进行了搜集整理与分类研究。其中，黔西北彝族习惯法与凉山彝族习惯法相比，在内容上和性质上都具有一定区别，主要表现在贵州彝族习惯法中不仅包括家支习惯法，还涉及古代君长政权法规与行政组织制度，如彝文古籍《夜郎史传》⑥中记录的《夜郎君法规二十条》及乌撒君长和水西君长政权下的法规等就是典型代表，这些法规既不同于国家法，也有异于家支习惯法，更像二者的融合之物。⑦如前所述，本书的研究面向主要是彝族传统文化的共性分析，因此，本书并不打算具体讨论黔西北彝族习惯法与凉山彝族习惯法之间的差异性，而是呈现其共有或相似内容，分析其总体特征。同时，每种行为的详细惩罚规则在上述所列研究成果中皆有展示，本书便不作细说，仅呈现大体情况。总体看来，彝族习惯法普遍存在于其社会生活的各个方面，确立着作为彝族人应享有的权利与该履行的义务，它与其他道德准则、信仰理念、社会关系、教育机制等合力维系着彝族社会秩序。根据已有资料，本书从人命案、伤害案、盗窃案、纵火案、财产保护、生产制度、债务商贸、社会团结、婚姻家庭、常见刑罚、纠纷调解等方面将各地彝族传统习惯法的共有或相近内容整理摘录如表2-1所示。

根据表2-1所列内容可以看出，彝族传统习惯法表现出了如下基本特征。

第一，彝族传统习惯法是一种作为习俗的法律，它是社会文化意义上的一种法律表达。这种法律深刻地嵌入彝族社会文化之中，它虽未如现代国家的法律体系那样系统和完善，也没有形成专门的立法部门、司法机构和执法机构，但是它根植于彝族人的日常生活与生产实践，反映着他们的民族精神与价值观念，在实质上确立和维系着彝族社会的基本秩序。

① 胡庆钧：《凉山彝族奴隶制社会形态》，中国社会科学出版社，1985，第279~280、471~488页。
② 陈金全、巴且日伙主编《凉山彝族习惯法田野调查报告》，人民出版社，2008，第29~100页。
③ 蔡富莲、米伍作：《凉山彝族血缘家支与传统习惯法研究》，民族出版社，2014，第119~164页。
④ 邹渊：《贵州彝族习惯法概略》，《贵州民族学院学报》（哲学社会科学版）2000年第S2期。
⑤ 舒华：《论黔西北彝族地区法制的变迁——以清初"改土归流"为研究视角》，中央民族大学博士学位论文，2012。
⑥ 王子尧等编译《夜郎史传》，四川民族出版社，1998，第57~76页。
⑦ 转引自舒华《论黔西北地区彝族法制的变迁》，中央民族大学博士学位论文，2012，第45页。

表 2-1 彝族传统习惯法的部分内容摘录

维度	类别	惯例
人命案	故意杀人	杀害家支内外成员及德古、毕摩等,属最严重的案例性质,凉山彝区将其归为黑案,若凶手独生未婚且其父母有再生育能力,需在限定期限内自杀谢罪。若凶手未婚独立,且父母无再生育能力,则可通过家支会议征集意见免其死刑,但需赔偿命金。若其畏罪潜逃,则将其永远开除出家支,禁止其9代以内子孙认归家支。另需宰牲摆酒设宴向受害者亲属和家支赔礼道歉
	过失杀人	失手误杀,凉山彝区将其归为花案,若取得受害者家属原谅,则要按照实际情况赔偿人命金,若受害者家属不原谅,则要在规定期限内自杀偿命。另需宰牲摆酒设宴向受害者亲属和家支赔礼道歉
	间接杀人	通常表现为对方"死给自己"(自杀),凉山彝区将其归为白案,每种"死给"类型,赔偿不一。 1. 妻子死给丈夫,由丈夫向岳父母家赔命金,并宰羊杀猪摆酒设宴赔礼。2. 丈夫死给妻子,不赔命金,若育有未成年子女,妻子一般不另嫁。若另嫁他人,则需赔偿前夫命金。3. 公婆死给儿媳,若儿媳离异再嫁,新夫家赔命金,未离异或离异后不再嫁,则不赔。4. 儿媳死给公婆,由公婆向儿媳娘家赔命金。5. 父母死给子女,由子女向舅父道歉,并宰牲摆酒设宴向家支和舅父赔礼。6. 子女死给父母,不赔命金,若出嫁女死给父母,父母要向女婿退还彩礼和婚费。7.(外)孙子女死给祖父母或外祖父母,祖父母或外祖父母死给(外)孙子女,均按家支内死给人命金或死给亲戚的人命金赔偿
伤害案	伤害五官	1. 伤耳朵:伤害左耳与右耳,每只耳朵的大耳轮致缺、小耳轮致缺、伤耳朵小部、伤上半耳朵、伤下半耳朵、耳垂致缺及伤整只耳朵等不同程度都有具体赔偿规则。2. 伤眼睛:包括伤害1只眼睛、2只眼睛及其致瞎与否,不同情节赔偿规则不一。3. 伤鼻子:与伤害上半耳朵赔偿方式一样,同时,要多出一只白色公鸡、一只小黑毛猪、一只黄毛小猪作为驱邪仪式之用。4. 伤牙齿:包括伤部分门牙、伤上牙、伤下牙以及上下门牙全打掉等几种情节类型,不同情节类型赔偿规则不一样
	伤害四肢	1. 伤手:包括伤害单手、双手,根据致残与否等情节轻重赔偿做饭人(劳动力)调解金、担保金等,并宰牲摆酒设宴赔礼。2. 伤脚:包括伤害单脚、双脚,根据致残与否等情节赔偿马匹(代步坐骑)、牵马人、披毡、调解金、担保金等,并宰牲摆酒设宴赔礼
	伤害人格	1. 出现把人当作马骑或用绳索套人,要给被侮者戴1顶金冠冕,赔偿丝绸1匹、侮辱金1锭、调解费1锭,赔给其主妇马1匹、丝绸1匹,赔被辱者家人马1匹、丝绸1匹。同时,准备1只白绵羊请毕摩为其驱邪,设宴向被辱者及其家人赔礼。2. 诬陷别人,赔诬陷金2锭银、恢复名誉金2锭银、羞辱金2锭银、赔礼道歉金2锭银及德古调解酬谢金若干。若无法证明清白,则采取神判形式调解

续表

维度	类别	惯例
伤害案	伤害人格	侮辱女性：若为一般调戏，赔马 1 匹、丝绸 1 匹，并宰牲摆酒设宴赔礼；若使其乳房暴露，赔黄金 5 钱、马 1 匹、丝绸 1 匹、侮辱金 1 锭，还要赔其兄弟姊妹马各 1 匹、丝绸各 1 匹，宰牲摆酒设宴赔礼；若使其翻裙露羞，赔黄金 5 钱、马 1 匹、侮辱金 1 锭，还要赔其兄弟姊妹马各 1 匹、丝绸各 1 匹，并宰牲摆酒设宴赔礼；若强奸妇女，赔污金 7.5 锭银、马 1 匹、丝绸 1 匹，赔被辱者父母马各 1 匹、丝绸各 1 匹，并宰牲摆酒设宴赔礼
盗窃案	抢劫	1. 不准抢劫本家支成员财产，违者须物归原主并接受家支惩罚。2. 不准抢劫亲戚家支的人口与财物
	偷盗	1. 入室偷盗，在凉山彝区属"黑案"，若为撬锁盗窃，除了退还赃物，还需赔失主撬锁金 1 锭银、他人仿照撬锁金 1 锭银、房屋马 2 匹、丝绸 2 匹，并设宴赔礼；若在卧室挖墙洞入室盗窃，除归还赃物外，另赔房屋黑马 1 匹、房柱黑马 4 匹、锅庄石 3 块、丝绸 3 匹、财神马 2 匹，赔女主人马 1 匹、丝绸 1 匹、挖墙洞马 1 匹、补墙洞马 1 匹 2. 偷盗牲畜： （1）偷羊：①挖洞偷绵羊属黑案，若被当场抓获，先赔本再赔 1 只羊，另赔房主夫妇各 1 匹马、丝绸 2 匹，赔放牧人马 1 匹、赔修缮房屋金马 1 匹、补墙洞马 1 匹。若多年后破案，则以被偷走时羊的性别处理，若是母羊，按 1 年产 1 只、3 年产 5 只计算利息；同时，按 1 只羊 1 年产羊毛 1 斤赔付羊毛钱。若十年后才破案，按偷公羊赔 11 只、偷母羊赔 12 只的规则处理，杀猪 1 头、羊 1 只，设宴向失主赔礼。②在圈养肥地处或牧场偷走属花案。当年破获，先赔本再赔 1 只羊，另按 1 只羊 1 年产羊毛 1 斤赔付。同时，陪失主夫妇各 1 匹马、2 匹丝绸，赔给放牧人 1 匹马、守羊人若干匹马，并摆酒设宴向失主赔礼致歉。若多年后才破案，处罚方式与挖墙洞偷走一样。③在牧场上别人的羊与自己的羊混合而故意隐瞒不还属白案。不仅赔本，还要按 1 只羊年产 1 斤毛赔还。此外，另赔失主马 1 匹、丝绸 1 匹，赔放牧人马 1 匹。若非故意隐瞒，无人前来认领，只需偿还本羊与羊毛 （2）偷牛、马：不论时间长短，皆加倍赔偿，除归还本牛、马之外，还要再赔 1 头牛、1 匹马及失主寻找牛、马的误工费，并杀两头猪或两只羊摆酒设宴向失主赔礼 （3）偷猪：①在野外偷杀，赔偿比原来大的 1 头猪，杀牲摆酒向失主赔礼道歉。②圈中偷窃，赔猪 1 头，另赔马 1 匹。若多年才破案，则再赔猪 3 头、马 1 匹。③偷盗母猪，按 1 年产 3 窝猪崽计，3 年按 100 头猪计算赔偿。偷 1 头公猪，则赔本即可。另外，再赔给失主马 1 匹、丝绸 1 匹。④若偷年猪属黑案，除了上述方式赔偿，还要赔祭祖损失费、妇女灌肠乐趣费及小孩背猪脚野炊乐趣费等 （4）偷猫：赔 9 两黄金，赔失主马 1 匹、丝绸 1 匹、房屋神灵马 1 匹、锅庄石 3 块马 3 匹、驱老鼠费 1 锭银，赔 7 户邻居各 1 匹马，并宰牲设宴赔礼

彝族 传/统/治/理/资/源/的/创/新/利/用

续表

维度	类别	惯例
盗窃案	偷盗	（5）偷鸡：失主向偷鸡者送酒，给予其道德舆论压力，让其羞愧不已，且其不准参加任何社交活动 （6）偷猎犬：按猎犬捕猎能力赔偿，一般赔1匹马至10锭银左右 （7）偷荞麦：按产地荞麦产量所需耕牛、荞麦种子，并杀牲设宴道歉 （8）偷蜂蜜：赔失主马1匹、丝绸1匹、取蜜刀1把、蒙面布1张，并杀牲摆酒赔礼 （9）偷土豆：与荞麦等的赔偿方法相近 （10）偷玉米：偷人家放在室外的玉米，为黑案，情节严重者开除其家支籍
纵火案	故意纵火	若无造成任何生命与财产损失，则仅需置酒设宴赔礼。若造成他人房屋、财物的损失，则按实际价值折银计算，还需宰牲摆酒设宴赔礼。若致人死亡，除照价赔偿财产损失，还需死给赔命，仍需宰牲摆酒设宴赔礼
	无意失火	1. 失火造成他人房屋被烧，赔银9锭，并宰牲摆礼道歉。2. 失火引起森（树）林火灾，若情节较轻，视面积大小向树木主人赔树木款，或将自己的林地划给对方，并摆酒设宴赔礼。若情节严重，造成重大损失或破坏家族神树林，除赔偿银两与造林外，还要请布摩祭祀神树，仪式费用由致火者负担，同时还要摆酒设宴向全族赔礼
财产保护	砍伐树木	乱砍滥伐林木者，惩罚方式与纵火焚烧山林一样。不准砍伐山上独树，砍伐被视为神树，砍伐惩罚与失火烧毁神树相近
	土地保护	破坏他人庄稼：若为无意破坏，则赔偿破坏部分；若为恶意破坏，则按当年全部收成来算，并摆酒设宴赔礼
生产制度	土地合耕	合耕土地时，种子与所收粮食平摊；若一方未出种子，则只给1/3收成
	土地买卖	1. 买卖土地财产时，家支成员有优先购买权。2. 土地租佃关系不受等级限制，但严禁佃租或卖给冤家，地租分活租与定租。3. 不同等级之间，若曲诺向黑彝租种土地，应在黑彝家有重大祭仪时上交一定的土地猪与土地酒，年节还要交猪头1个。同一等级之间则无须上交上述物资。4. 对于无地的阿加与曲诺，诸合会为其划分一定土地，使其自耕自足。5. 若有侵犯地界行为，各自请头人调解，重新划分，并宰牲向受害方敬酒赔礼。6. 家支内保留少数高山森林与牧场作为家支共有地，有火葬场与送灵的地点。7. 由佃户与业主当面议定地租，每年按协议标准按时缴纳地租。8. 资产丰实的百姓与仆人等可购买土地，但须经过主人同意，且要请中间人见证
	牲畜租佃	1. 家庭困难户可向家庭富裕户申请分喂牲畜 2. 租佃类型及利息： （1）牛：母牛归出租方，牛犊对半分，牛粪归租养方。（2）羊：母羊归出租方，若是山羊，羊羔对半分。若是绵羊，羊羔归出租方。毛、粪归租养方。 （3）马：母马归出租方，马驹对半分，马粪归租养方。（4）猪：母猪归出租方，猪崽按量分配，生7头，出租方得1头。生8头以上，出租方得2头。 （5）鸡：母鸡归出租方，每孵一窝小鸡，出租方得2只，其余归租养方

续表

维度	类别	惯例
债务商贸	债务协定	1. 借贷范围： （1）粮食与银子皆可放债，同等级与不同等级之间均可互相借粮。（2）借少量粮食或银子无须抵押，但大量贷款须以土地、牲畜为抵押。（3）一般债务关系可延续三代，祖父辈所欠债务其子、孙皆有责任偿还。（4）发生债务关系，多数情况不立字据，请证言人作证担保，以诚信承诺为主。（5）若遇赖债现象，同等级之间可通过打狗、打鸡诅咒追债 2. 利息计算： （1）借银子年利率20%，若为短期借贷经商，月利5钱。借粮按年利率50%，若为困难时借粮，则秋后归还，按年计息。（2）若债主与债户共同经商，债务不计利息，盈利五五开；若亏本，根据协定解决。（3）借牲口用于驱鬼治病，折算为白银偿还；用于祭祀送灵，以牲还牲；借仔猪，以仔猪还仔猪，均不计利息。（4）双方存在债务关系，依债务协定按期还债，如同等级家支内，不能及时归还，按协定计算利息，发生纠纷时，只能请德古或毕摩调解，不得强占欠债方财物
	贸易交换	1. 贸易交换实行公平原则和诚信原则。2. 原则上禁止与儿童贸易交换，禁止与未分家的子女进行土地、牲畜和房屋等大型交易。3. 禁止与智力障碍者和精神障碍者进行贸易
社会团结	宗族团结	1. 孝敬长辈与祖宗： （1）不祭祖宗者，开除其家族族籍，并将其驱赶出家族。（2）在寺庙、宗祠等神圣祭祀空间及重要祭祀仪式上胡言乱语，影响祭祀，情节较轻者需宰杀牲畜、献酒，请毕摩重新祭祀，情节严重者开除家支。（3）不准虐待父母长辈，情节严重者开除其家支籍 2. 维护家支（家族）荣誉和利益： （1）所有男性家支成员都有维护家支团结、保护家支利益、参与家支战斗的义务。（2）泄露家支（家族）机密，情节较轻者割舌、挖眼，情节较重者死给或开除家支。（3）若发生族际斗争或家支械斗，胆小不参加战斗者，死给或开除家支。（4）家支械斗过程中，如有女性站出来劝阻，双方应立即停止械斗。（5）战斗结束后，举行英雄评选，评选上的英雄便在其头帕上绕一结。（6）家支械斗结束，须赔偿死伤者的命金由家支成员分摊。（7）家支成员均有义务和责任帮助家支内鳏寡孤独与老弱病残。（8）家支内出现乞讨者，族长有权召开全族大会，开除其族籍，与其断绝联系。（9）发生纠纷，经过德古调解后永世不得反悔和复仇滋事
	村寨团结	1. 发生家支械斗时，禁止杀害妇孺、禁止再伤负伤倒地者、禁止烧毁对方村寨。2. 不准造谣生事影响民族荣誉和村寨团结。无故造谣者，严重影响族间、邻里关系者，要献酒道歉；造成重大损失者，处割舌之刑

维度	类别	惯例
婚姻家庭	婚姻制度	1. 婚制: (1) 民族内婚、等级内婚、家支外婚、姑舅表优先婚、姨表不婚、转房及入赘婚等。(2) 存在父母包办婚、自由恋爱婚姻等。(3) 男子再娶妻要征得长妻同意,各妻分居,地位平等,生活独立 2. 婚龄:通常女子为 17 岁,男子无限制。满 17 岁的女子不得参加娘家仪式
	婚姻仪礼	1. 婚前礼俗: (1) 提亲:凉山彝族称"报到献酒",黔西北彝族称"妻哼",男方邀请媒人携带荞麦炒面及酒水等前往女方家提亲说媒。若女方同意,则会回馈礼物让媒人带回男方家。(2) 盘根骨、卜鸡卦:女方同意说媒之后,双方就要选择吉日聚在一起论根骨,并请毕摩"烧"一对鸡,取鸡头、鸡大腿及鸡舌等配合羊胆、脾等占卜双方婚配是否合适,若合适便会祭祀天地与祖宗。凉山彝族称之为"吃公母饭",黔西北彝族称其为"窝曲祖"(烧鸡卦)。(3) 订婚期,送期辰:占卜婚姻吉祥后,男方确定婚期,请媒人带上礼物去往女方家送期单,女方设宴款待并告知送亲人数、陪嫁嫁妆,双方互通财目。订婚成功后女方年轻姑娘向男方泼水以示庆贺。(4) 拜大年,送彩礼:议定婚期之后,男方会择吉日(通常在当年过年时节)请家族叔伯长老与媒人一同前往女方家送礼拜年,交付彩礼与女方娘舅,女方家也会回馈手缝衣鞋等作为回礼 2. 婚礼仪式: (1) 准备工作:在凉山彝区,新娘在婚礼前需戒食三天,同时家人及邻里准备婚礼事项。在黔西北彝区,女方家会在自家门口搭建覆有松叶的礼棚,棚前烧火,并请寨老(当地彝语称"超葛摩")坐于棚中,担任迎客指挥官,另请总管接礼和安排客人食宿。同时,设置五个关口来迎接迎亲队。其中,第一关为在家门外五十米处搭建的金、银、铜三道门,第二关为寨老点礼关,第三关为开寨门关,第四关为堂屋对唱关,第五关为席间盘问关。(2) 迎接亲队,接亲队"抢亲":迎亲队到达新娘家之后,需要通过女方设置的重重关卡,其间伴随许多娱乐活动,如凉山彝区有双方代表说"克智"①、抢钉马桩②、摔跤;各地彝区普遍流行的跳舞、对歌、问答、打花脸和泼水等。(3) 换装哭嫁:发亲当晚,新娘的姑妈、姨妈及婶娘等亲属和村上年轻妇女们前往她家为其梳妆打扮、穿嫁衣、唱哭嫁歌,内容涉及生活歌、悲伤歌、感谢歌、劝嫁歌、诉苦歌、挽留歌、祝愿歌、孝敬歌及惜别歌等。(4) 发亲出门:当女方家宴席结束,由新娘的(堂)兄弟将其背出闺房,女方妇女亲友们则在后面继续唱着哭嫁送别歌,送至男方接亲队的马背上,其间不能落地。在黔西北彝区,每背着新娘经过设置好的一道关卡,便要将其拆除。此后,送亲团队便带上陪嫁礼物,开始出嫁。送亲队伍由新娘母舅、叔父、兄弟等 9 人以上组成,多为单数。路上如遇同婚的新人,两个新娘需要互换新鞋。(5) 男方迎送亲队:男方家会在送亲队将要到达之前派人前往迎接。男方家会在距离家门一段距离的地方设迎亲门,搭"姑娘房"。新娘需在其中由毕摩举行驱邪仪式,再将发型由单辫改梳双辫,由其兄弟守护,待至规定时辰由其弟背入新房。(6) 新娘进门:

维度	类别	惯例
婚姻家庭	婚姻仪礼	男方家一名儿女双全者引领新娘的兄弟按照规定程序将新娘背入新房。（7）婚宴谢客：婚宴情况各地各家皆有差别，不过多会在婚宴当天及次日举行祭祖、敬酒、对歌、摔跤等活动，在凉山彝区还可能举行赛马活动，场面极其欢腾和热闹。（8）新娘回门坐家：婚后 3~9 日，新人带上礼物回门，岳父母设宴招待新郎之后，他便独自返家，新娘继续留在娘家，坐家周期一年以上
	婚后问题	1. 婚姻不忠： （1）通奸出轨：①女方婚后未落夫家时与人通奸，若夫家不追究，女方家应对男方家作赔偿。②妇女婚后已落夫家与人通奸，丈夫提出离婚妻子要无条件答应。若育有子女，离婚后女方只退还聘礼；若无子女，除退还聘礼，还要赔偿婚礼开销。③已婚妇女与同等级男子通奸，奸夫需向女方丈夫赔马 1 匹、衣服 1 套，并摆酒设宴致歉。丈夫有权打骂犯错妻子或提出离婚。若当场捉奸，丈夫有权杀死或勒令通奸二人自杀而不抵命。若非当场发现，奸夫被报复殴打致死或自尽，夫家应向奸夫家赔人命金，但金额少于其他案件。④已婚妇女与人通奸并与对方共同自尽，由奸夫家向男方赔偿人命金、聘金和结婚费用。若二人共同谋害男方，处死。⑤已婚妇女被人霸占，以"杀人抵一命，拐妻抵九命"处理，霸占者要向女子夫家赔付 10 倍于聘金的赔款。若家支成员霸占他人妻子，按家支内杀人命金向夫家赔款。若不赔款，则开除其家支籍并赶走。⑥与嫂通奸，要杀两只羊，置酒设宴向自己的兄长赔礼。⑦婚期若出现第三者，其要向双方家支赔付金钱或其他物品 （2）拐妻私奔：①拐骗本家支、姨表兄弟家支及姑舅表兄弟家支妇女，与其姘居或将其外卖，全家支及娶来的媳妇要杀鸡狗咒骂，并让当事人杀牲摆酒设宴向女主人赔礼道歉。若不知悔改，则处死。若当事人逃跑，将其开除家支籍。②拐卖友好家支妇女或姘居，应退人并赔礼道歉。若不退，加倍赔偿聘金与结婚开销，并向被拐对象丈夫及其家支赔礼。③若婚后女方主动与人私奔，女方父母须将其追回。若男方愿意继续婚姻，女方要向男方赔礼致歉并支付一定酬金。若男方不愿意继续婚姻，女方要赔偿男方支付的聘礼及婚礼开销。若无法追回，女方家打狗、打鸡诅咒私奔者，将其开除家支
	转房规则	1. 丈夫死，若在生育年龄，儿子未成年，在本人愿意情况下，由娘家主持转给丈夫同胞兄弟。一般先兄弟，次堂兄弟，再侄子，较少转给亲舅舅之外的长辈，但姑表亲不准转给丈夫之父。若女方超过育龄，或儿子成年，本人不愿意，则不允许强迫转房。 2. 转房前所生子女，对母亲称呼不变，生父以外按辈分论。 3. 若夫家没人或不愿接房，她可另嫁其他男子。若前夫有子女，新夫家不用赔偿；若无子女，则要退还前夫家的聘金和婚礼费用

维度	类别	惯例
婚姻家庭	解除婚姻	1 定亲但未举行婚礼： （1）若女方死亡，其父母需退还定亲时男方支付的身价钱，婚姻解除。若男方死亡，原定婚约无效，但女方仍要与去世男子家支内的另一男性成婚，此亦"转房婚"表现。（2）男方悔婚，女方不用退还身价钱，男方要杀牲摆酒向女方道歉。女方悔婚，则要双倍退还男方支付的身价钱 2. 举行婚礼后离婚： （1）男子婚后与人通奸并主动提出离婚，要向妻子及其家人等摆酒设宴赔礼。 （2）男子婚后丧失性能力，妻子可离婚再嫁，但新夫家要赔偿原夫家聘金。 （3）婚后男子嫌弃妻子提出离婚，不仅所有财产平分，男方还要设宴向女方赔礼。（4）婚后女方提出离婚，若双方都有错，则互不赔偿。若为男方过错，男方要向女方做出赔偿。若为女方过错，则女方要加倍或数倍退还聘礼
	家庭关系	1. 夫妻关系： （1）丈夫无故殴打或侮辱妻子，女方亲属有权干涉，男方要向女方赔礼。 （2）夫妻打架时妻子不得抓丈夫的"天菩萨"，否则要向丈夫赔礼 2. 子女抚育与老人赡养： （1）无特殊情况，无论年龄大小、数量多寡，孩子随父亲；在哺乳期内，制定期限协议，父亲承担限期抚养费，哺乳期结束后回归父亲抚养。（2）女方再婚，其再婚男方有子女，女方有抚养继子女的义务，继子女也有赡养继父母的义务，但婚姻结束后，这种义务也就结束。（3）子女要赡养父母，为其送终与偿债，父母要抚养和为子女主持婚嫁。（4）儿媳虐待公婆，夫家与娘家有责任教育，若屡教不改，丈夫有权提出离婚。子女虐待父母，家支有权干涉，屡教不改，亲族兄弟有权处理。（5）子女辱骂或殴打父母，家支头人有权鞭打责令其当众赔罪。如若再犯，需杀猪摆酒请家门与同村父老。若致父母伤残或丧命，家支有权将其处死。若父母无故打死子女，家支可勒令其自杀。（6）晚辈殴打长辈，要宴请同族长老，并当众道歉。若致死，则将其处死 3. 财产继承： （1）父母双亡，财产由子女共同继承。儿子继承房屋、土地、牲畜与奴隶等不动产与生产资料。若有多个儿子，则由幼子继承父母住房供奉灵筒，其他财产由其他儿子均分。女儿继承母亲的衣物、首饰、家中女仆及小部分牲畜与家禽。（2）儿子继承遗产，若有未婚之子，要将其结婚所需费用除去，各子均分。（3）夫妇无子，绝业遗产，可由夫方亲兄弟之子女作为养子继承其财产。若无同胞兄弟，则由同祖父兄弟或同宗家支子女继承
常见刑罚	死刑	上吊死、服毒死、投水死、跳崖死、勒死、打死、滚岩死、刀杀死等
	伤残	吊打、挑脚后跟筋、斩右手、断手指、竹筒挖眼睛等

维度	类别	惯例
纠纷调解	调解	不论刑罚还是普通纠纷，由家支头人召开家支会议公审调解
	神判	1. 目的：案件事实不清或证据不足，可采取神判方式解决，由毕摩与德古共同进行。2. 方式：捞草棍、捞死鸡、端铧口、沸水中捞鸡蛋、捧烧红石、嚼生米、杀牲诅咒、对天打鸡发誓等

说明：①克智是凉山彝族社会中的一种民间口传文学，通常在婚礼、葬礼以及祭祖等仪式场合，由主、客双方代表演述，相当于一种辩论赛，其形式以说唱诗词等为主，内容极其广泛，上至天文地理，下至人类/民族历史、社会文化、政治经济、法规制度、医药卫生、物理生物、艺术美学等，场面热闹，是一种极具知识性、娱乐性、竞技性和情感性的文化及情感互动形式。参见阿牛木支、吉则利布等译注《彝族克智译注》，四川大学出版社，2012。

②即新娘出嫁之日的黎明，迎亲队伍在新娘家门前钉一木桩（称其为"马桩"）之后，新娘方可穿着婚服，将原来的双辫改梳单辫。

第二，彝族传统习惯法是一种共同性与差异性的辩证统一体。也就是说，彝族习惯法虽然在具体内容上具有地方性，但是在整体结构上表现出了共同的精神内核，承载着作为彝族族群的共有历史记忆与集体无意识，尤其关于家支与自我的严密同一关系及民族、家支和自我的强烈脸面观与荣誉感等因素，深刻鼓励和限制着彝族家支社群成员的社会行为。

第三，彝族传统习惯法中蕴含着许多等级性与阶序性的因素。毫无疑问，彝族传统习惯法是一种历史范畴的产物，这种历史范畴主要是指其基于特定的历史环境与社会经验事实而前后绵延。由于彝族传统社会曾经历等级性与阶序性阶段，不同等级间的社群成员拥有的权利与应履行的义务各不相同，违背习惯法时他们各自面临的处罚轻重程度各有差别。

第四，彝族传统习惯法关于"违法"社群成员的处罚依据刑事责任与民事责任的处罚规定界限模糊。具体而言，在彝族传统习惯法中，实体内容极其丰富，涉及他们社会生活的各个方面。不过，在具体的实践运作上却显示出了刑事与民事之间界限区分不严。无论是刑事案件，还是民事纠纷，他们皆可以赔偿的方式作为其普遍处理方法，其间的区别多在于赔偿内容与数量不同。

第五，彝族传统习惯法虽多为维护等级社会制度的家支习惯法，但也在一定程度上具有公正性与伦理性。彝族传统习惯法的支配权威和控制作用来源于家支组织及基于这种组织单位产生的浓厚家支血缘观念、家支认同意识，共同体情感形塑、建构和保证。其中有不少关于妇女、老人等基本权益与人格尊严维护的详尽规则，在处理具体纠纷时追求公平正义。在家支内部，任何成员都要自觉遵守家支习惯法，一旦违背家支习惯法，皆同等遭受处罚。

第六，彝族传统习惯法是彝区社群道德观念与集体意识的集中反映。作为各地彝族社群约定俗成的规范体系或习俗惯例，彝族传统习惯法的作用发挥多以家支或特定群体认同行动单位作为其实践与监督主体，即在共同体监督之下才有实质效用，反映其所在社会社群的总体道德判断，具有明显的群众性基础。若违背了习惯法规定，不仅会遭受严厉惩罚，还会因此受到社群公共舆论批评与集体道德谴责，影响自身及其家支的荣誉、面子和尊严。

第七，彝族传统习惯法在具体运作上极具灵活性和实用性。如孟德斯鸠关于法律精神的理解那样，作为彝族社会中的一种社会文化意义上的"法律规范"，彝族传统习惯法根植于其深厚的文化土壤，与其社群成员的真实生活密切联系在一起，即生产活动与社会生活的经验事实，大至社会秩序稳定，中至家支团结友爱，小至个人行为品德，都有细致规定。

第八，彝族传统习惯法的运作逻辑极具公开性和组织性。虽然彝族传统习惯法不像现代国家法律那样有特定立法、司法与执法等常设机构，但是也有自己的议事决议机制及运用习惯法调解纠纷、制裁违法者的程序与规则。它们的调解、制裁通常以召开家支会议的形式，在德古与毕摩（通常是神判、打鸡盟誓时需要）的主持下以公开形式进行，而非随意处理。

第九，彝族传统习惯法中存在不少残酷的、残暴的惩罚措施。总体来说，虽然在彝族传统习惯法的规定中，大多情况下可以赔偿形式化解矛盾与纠纷，即使涉及命案时也能如此，但是也存在一些极具残暴性的刑罚方式。不过，上述刑罚已随着社会性质及社会结构的转变，在国家法律制度的整合下，退出了历史舞台和他们的现代生活，仅作为曾经的历史记忆。

第十，彝族传统习惯法的结构内容和发展形态上表现出了明显的相对稳定性和适当嬗变性。当下见闻的彝族传统习惯法并非完全属于同一历史时段的产物，而是基于不同历史时空与生活生产经验的前后绵延。其中，习惯法中蕴含的超时空人类普遍道德精神一般不会轻易改变和消失，基于特定历史时空下的社会结构与物质生活而产生的习惯法内容则多会根据其社会结构的转变与物质生活的变迁而适时调整。如具有阶级性、阶序性的内容是随着等级性、阶序化社会制度的形成而产生的，并非存在于彝族社会历史的全部阶段，当等级性社会制度瓦解之后，这些内容也会随之退出他们的社会生活。随着国家法的移植，彝族传统习惯法中也会出现许多国家法的成分。

（二）彝族传统习惯法的文化意义与实践价值

在法学界，形成了关于中国法治建设路径的两种观点。一种是"社会演进型"，认为法治在社会生活中自然形成和演变而出，是一种自发形成的产物。另一种为"政府推进型"，认为政府才是法治运动的领导者与推动者，法治应该在政府的目标指导下设计形成，主要借助和利用政府所掌握的法律资源来完成，这是一种人为的产物。① 张晓辉从法律人类学的角度指出，无论是"社会演进型"，还是"政府推进型"，都无法完全独立地指导中国法治建设。"社会演进型"忽视了制度与组织的能动性作用，会延误法治建设进程；"政府推进型"又忽略了中国法治建设的文化基础，会使得国家法治建设的成本增加。基于此，他认为："应当在法律多元背景下，发挥国家与民众两方面的积极性，上下互动，共同合力促进我国法治建设进程。"② 确实如此，中国的法律体系和法治机制不能完全按照西方国家的法治模式，而应基于我国历史传统和社会基础。中国是一个文化多元的统一多民族国家，不同的民族有着自身特殊的规范传统，这些传统在现代法治社会中依旧具有其现实价值，可作为中国现代法律体系完善与法治机制健全的本土资源。

作为一种活态记忆，彝族习惯法能够世代绵延，正因其本身就是彝族人社会生活的组成部分和表征形式，是他们在实践中形成的集体无意识产物和普遍价值评判标准，是维护彝族乡村秩序的基本法则，发挥着社会控制、记忆传递、文化传承及文化展示等多重社会功能，具有浓厚的乡土性、生活性、道德性、伦理性、集体性、内塑性、协商性、民主性、监督性、预防性、规范性、惩治性及威慑性等特性，具有深厚文化土壤和强大社会生命。在时代变迁与社会转型的过程中，彝族习惯法保持与社会变迁、国家制度安排的同步，实现着自身的"现代化"。在彝族的等级制度瓦解及阶序意识消除之后，那些有关维护传统家支等级制度、强调等级观念的内容，残暴的处理规则及其他消极部分基本退出历史舞台而成为"历史遗产"，留下来的大多是有助于平等、有序、和谐的社会发展的积极内容。在国家礼制文化进入较早的多族群杂居区域，在与国家制度互动的过程中，彝族习惯法就逐渐靠近国家法并以文字形式将相关法规融入成文的乡规民约等条例中，延续着其

---

① 蒋立山：《中国法治道路初探（上）》，《中外法学》1998 年第 3 期。

② 张晓辉：《法律人类学的理论与方法》，北京大学出版社，2019，第 294~295 页。

既有社会生命。在某种程度上，国家法不仅无法完全取代彝族传统习惯法贴近乡村社群社会生活与具有乡土特质的某些功能，且后者在一定程度上得到了国家法的尊重、认可和保护，如我国《中华人民共和国民法典》第一章第10条就规定："处理民事纠纷，应当依照法律；法律没有规定的，可以适用习惯，但是不得违背公序良俗。"① 这里的"习惯"就包括我们常说的民间习惯法，它不仅可以在某些方面弥补国家法的空缺，为当代中国法治理念更新与法治建设提供法理资源和制度资源，也能为村民们在现代司法活动中节约开销、减少相关司法部门的行政与执法成本。②

综上所述，对于彝族传统习惯法的基本态度，既不必急于全盘否定，也不用全面固守。在发掘利用彝族传统习惯法作为当下彝族乡村自治与法治的资源时，应积极发扬有利于现代乡村和谐发展的部分，勇于扬弃不符合当下时代价值观及与国家法相冲突的内容。利用当下国家现代法律规范、法制观念与以人为本的理念引导彝族传统习惯法在扬弃过程中不断重构自身，在现代法治实践中不断注入新的元素与意义。在某种程度上，要实施彝族乡村善治，全面激发彝族社会的治理活力，离不开彝族传统习惯法积极治理功能的发掘利用。国家法遇到难以及时有效处理的问题时，可以适当做出合理"让位"，以一种更开放、更灵活、更包容、更互敬互补的姿态极力促进具有积极意义的彝族传统习惯法与国家法之间的互动协作，实现国家法与具有积极意义的彝族传统习惯法在彝族乡村治理中的一体化，不断推进彝族乡村自治、法治能力的提升与自治、法治体系的完善。

二 乡规民约：互嵌式乡村社群集体规范

议定规约是乡村实施自我管理、自我教育与自我服务的历史传统，是乡村自治的重要表现形式。有研究表明，至少北宋时就已出现这一传统，《吕氏乡约》是中国乡村传统乡约制度产生的开端。③ 自其产生开始，其显著意义、突出价值与治理功能就颇受重视，上至国家、政府，下至乡镇、村落，都注重发挥乡规民约的积极作用来处理乡村各层社会关系与各类生活与生产问题，当下村民自治制度体系下的现代村规民约就是传统村规民约的延续和翻版。

---

① 《中华人民共和国民法典》（2020）第一编第一章第十条。
② 周相卿：《法人类学理论问题研究》，民族出版社，2009，第93~95页。
③ 杨开道：《中国乡约制度》，商务印书馆，2015。

（一）传统乡规民约的基本内涵及其理解

这里所指传统乡规民约一般指新中国成立以前彝族乡村中的跨家支单位的村民共同约定、遵守和执行的村落集体规范。在学界，自清末"地方自治"思潮掀起开始，乡规民约就颇受关注和重视，如杨开道就从"国家—社会"的视角来讨论乡规民约属性——属于"官治系统"还是"民治系统"①。不少学者关于乡规民约的定义、属性分析和功能阐释基本是围绕这一框架展开的。如张中秋认为它是基于血缘与地缘关系的乡民为实现某种目的而共同设立的一种基于国法规定范围和官方认可的民间法律系统，具有时空性、法律性、价值性等基本属性。② 又如张明新认为它是民间法的表现形式之一，是由乡村居民共同商量、讨论、制定、遵守和执行的行为规范，与国家法和正式制度相比属于民间法和非正式制度的范畴，在其产生和适用范围内具有较强的法律效力。③ 之后也有不少学者从"中心—边缘""传统—现代""第三种领域"等视角讨论了乡规民约的特殊性、地方性价值及变迁发展等。④ 不仅如此，学者们也讨论了习惯法与乡规民约之间的关系。基于不同视角和研究取向，他们关于二者关系的理解各有不同，大体表现为三种观点：其一，将乡规民约视为习惯法的表现形式之一，主要以梁治平⑤、党晓虹⑥、周家明⑦等人为代表；其二，认为习惯法、家族法与乡规民约等皆属于民间法范畴；其三，认为习惯法是乡规民约的内容之一，谢晖⑧等人为此类观点的代表。本书认为习惯法与乡规民约之间具有相似之处，即都是乡村共同体成员约定俗成、共同认可和自觉遵守的日常集体规范，都是民间法的构成内容。但它们又不完全属于同一层面的社会机制，也并非简单的包容关系与所属关系，此即本书将其与彝族传统习惯法分开论述的原因。

---

① 杨开道：《中国乡约制度》，商务印书馆，2015。
② 张中秋：《乡约的诸属性及其文化原理认识》，《南京大学学报》（哲学·人文科学·社会科学）2004 年第 5 期。
③ 张明新：《乡规民约存在形态刍论》，《南京大学学报》（哲学·人文科学·社会科学）2004 年第 5 期。
④ 陈寒非、高其才：《乡规民约在乡村治理中的积极作用实证研究》，《清华法学》2018 年第 1 期。
⑤ 梁治平：《清代习惯法：国家与社会》，中国政法大学出版社，1996，第 36 页。
⑥ 党晓虹：《中国传统乡规民约研究》，西北农林科技大学博士学位论文，2011。
⑦ 周家明：《乡村治理中村规民约的作用机制研究》，南京农业大学博士学位论文，2015。
⑧ 谢晖：《当代中国的乡民社会、乡规民约及其遭遇》，《东岳论丛》2004 年第 4 期。

本书认为彝族乡村中的传统乡规民约与彝族传统习惯法相比而言既有联系，也有区别，尤其是与家支习惯法相比。首先，关于二者的联系。其一，无论传统乡规民约，还是家支习惯法，二者都与彝族乡村人群的日常生活密切相关，都是为了处理日常生活和劳动生产中的各种问题，具有较强的针对性和可操作性。其二，传统乡规民约与家支习惯法都是在居村民共同约定、认可、遵守和执行的集体行为规范，都具有公平性、民主性及公共性等基本特质。其三，传统乡规民约中存在家支习惯法的实质与精神的部分延续，但也有因时因地因俗注入的新元素。如彝族是一个非常重视家支情感的民族，其社群成员违反家支习惯法与传统乡规民约时最严厉的惩罚都是将其开除家支籍，赶出村寨。云南楚雄大姚松园子村的森林防火规约就体现了这一点：有人引起村寨树林失火，倘若没有造成损失，则处以轻微罚款，但引起火灾者每次要为全村每天鸣锣喊寨，周期为一个月。若三年之内引起两次以上的火灾，造成重大损失者，不仅要加倍赔偿因火灾而造成的损失，还要处以开除家支籍和驱逐出寨的严厉处罚。①　其次，关于二者的区别。其一，传统乡规民约与彝族家支习惯法的适用群体和效用范围有别，它更多表现为一种跨家支（家族）的互嵌式乡村日常集体行为规范。即家支习惯法大多作用于特定某个家支内部，传统乡规民约的作用范围则不限于此，若一村中居住着不止一个家支或一个民族，那么它的使用对象和作用范围就超越了单一家支边界，而且跨家支的乡村地缘共同体的自治规范，比家支习惯法更具普遍适用性，辐射群体范围更宽。其二，家支习惯法的形成通常为约定俗成，传统乡规民约可能不尽如此，而出于资源分配、秩序维护及生产需求等目的，经传统权威的号召组织和全体村民或村民代表共同商议制定形成。有时，传统乡规民约的形成与监督实施还可能会有"第三种力量"的参与。这种力量通常表现为地方行政部门，即官方力量，发挥着规约制定公证、凭证及监督等作用。某种程度上，传统乡规民约就是国家礼仪标志在乡村中的一种表征形式和表达方式②。其三，承载方式与表现形式不同，家支习惯法以神话传说、民间故事、民间谚语、创世史诗等口述传统在各自家支内传承实施，对家支习惯法掌握相对系统的人一般是诸如德古及其他家支（家族）长老等特定人

---

① 廖柏明：《西南少数民族习惯法在水土保持生态环境保护中的作用》，载《中国法学会环境资源法学研究会 2008 年会与学术研讨会论文集》，2008。

② 刘志伟：《地域社会与文化的结构过程——珠江三角洲研究的历史学与人类学对话》，《历史研究》 2003 年第 1 期。

物。传统乡规民约虽然也是由特定民间自治组织来监督实施，但是一般参与制定的人对规约内容相对熟悉，通常将订立形成的规约以文字形式刻录于石碑或其他载体之上。

（二）传统乡规民约的存在形态及作用

一般而言，作为跨家支（家族）的村落集体规范，传统乡规民约的存在形态与现代乡规民约相近，有文本形式和组织形态。文本形式多以文字书写呈现出来，可能撰写于纸张文本之中，也可能刻录于某一块特定石碑之上，形式多样，可能是彝文碑刻，也可能是汉文碑刻。其中，彝文碑刻主要存在于居住人口基本为彝族的乡村之中，汉文碑刻则大多出现于多民族杂居乡村中。组织形态则是监督、执行和保证乡规民约权威性、公正性的组织机构，如后文中提到的"山头组织""树头组织""水头组织""公房组织""器西（伙头）组织"等。总之，在不同村落中，组织形态与规约文本也各有差异。迄今，在滇、黔许多彝族聚居及多民族杂居乡村，仍保存有关于祖先英勇事迹、地方基础设施工程建设、乡村自然生态保护、生产物质资料管理与分配、日常社会行为监督与规范的碑刻，此皆传统乡规民约的表现形式。

就目前的资料来说，彝区以汉字书写的传统乡规民约大体是明朝实施大规模"改土归流"之后而逐渐产生的。由于屯军、屯民及其他移民先后进入彝区与彝族杂居，单一家支及单一民族的规范体系在多族共居场景中无法调适不同族群间的利益需求，难以全面、有效地调和多民族共居村落的所有社会关系，难免就需要村落中不同人群共同认可与遵守的规范体系来协调，当彼此之间对这种规范体系产生争议、民间力量无法保证其公平性与权威性时，可能会需要代表国家意志的地方官府参与并作为其中的"认证力量"，这种"官方认证"亦即前文所述"第三种力量"之一。它们不仅延续着彝族传统习惯法的基本内容和基础功能，也根据村落中具体人、地、事及物等因素的变化而添加新内容，赋予新内涵，拓展适用对象和作用范围。

人类社群往往会在其特定生态中因占有、保护和分配其共有资源、共同利益而形成相应的认同边界和行动规范。彝族同样如此，作为一个山地民族，水源、土地、山林、草地等自然资源都是其日常生活与经济生产中不可缺少的生存资源。他们靠山吃山、靠水吃水。他们在吃水用水、垦地耕地、采木用木的过程中，形成了管水分水、管地分地、管林护林的习惯法与乡规民约，培育了用水敬水求水、祭山祭地祭树的信仰观念与禁忌意识，模塑和稳定着其关于自然生态安全、村落秩序稳定，构建人地和谐共生共存关系等地方制度规范系统。

首先，关于用水分水敬水的基本规范。如在云南楚雄州禄丰和平镇前所村立有明万历年间（1615 年）的"前所军民与彻俄庄丁分水界碑"，这是一块关于当地如何分配管理水利资源的界碑。碑文记录了当时该村"魃为殃，春夏不雨"，导致共同居住在该村中的彝人、汉人等发生资源争夺纠纷，破坏了"数百年循经分注"的规定。各方民众纷争不下，当地官府出面调解，规定"依旧规各一半"，同时指明各自分水的时间："勒石分作各一昼夜为率，以日出为限临流分注，永为水规，免致岁远时遥，仍前紊乱，如有违抗者指名查究。"① 通过地方官府的调和，他们巩固和再次确认了原有"轮流放水制度"，解决了当时的村落族际分水纠纷。这一案例反映了至少从明朝开始，彝族乡村中就产生了关于族际利益分配的传统乡规民约，且它的强制性、合法性及公正性有时就可能需第三种力量参与其中，才能服众。

又如在云南祥云东山彝族乡恩多摩村，该村于清光绪十八年（1892 年）竖立了村寨水利分配管理界碑。界碑上面详细记录着当时该村这一水利管理规约形成的具体原因以及具体规约内容，如表 2-2 所示。

表 2-2 云南省大理市祥云县东山彝族乡恩多摩村水利管理规约

碑记
从来水之流有源，不知生史有本。是木乃风水所关、水乃所系。有活泉以灌溉田亩，则国课有着，民生有赖。如我妙姑恩多摩龙潭所灌溉田亩，古来原有完规，遂今人心不古，每多争论，恐起祸端。爰邀本约伸者，暨阖村老幼公凭分为四牌。定昼夜为一牌，于每年立夏日轮流照管，周而复始，不得以强凌弱争多论少，紊乱其程

管理周期与具体分工			
第一牌	第二牌	第三牌	第四牌
用亥、卯、未日期，卖菜于姓照管于文有	用申、子、辰日期，恩哼奔于姓照管于开成	用巳、酉、丑日期，龙潭魁姓照管，头魁文富	用寅、午、戌日期，分头上自姓照管魁占春

资料来源：王明东、颜绍梅《云南彝族水利山林习惯法及其功能》，《思想战线》1998 年第 3 期。

---

① 王明东、颜绍梅：《云南彝族水利山林习惯法及其功能》，《思想战线》1998 年第 3 期。

基于表 2-2 所列内容，当时恩多摩村水利规约的制定是为有序维系该村水田灌溉用水的科学管理与合理分配，防止滥用和垄断水资源等不良现象。村落中每一个姓氏人户既是地域共同体，也是利益共同体。共同体内的每个人都有责任和义务参与村落的生产秩序和社会秩序的维稳。

再如在云南楚雄州武定县大洗衣村同样立有村集体水利管理规约，该村也是一个彝族村落，其水利管理规约内容更加具体细致。其中，有明确水沟边界及人畜生活用水界限规定，同时，还设置有专门维系水利的"水头"——由大家集体推选出来。在"水头"的安排下才能按规定顺序放水灌溉。其基本呈现了传统乡规民约所具有的自治性、民主性、协商性、集体性和公共性等特性，规约内容如表 2-3 所示。

表 2-3　云南楚雄州武定县大洗衣村水利管理规约

一	二	三	四
每年正月十五日至十八日，村中居民无论是否用得着两条主要的沟水，每户均须出一男劳力，全村统一行动，修理两条主要的水沟，违者议罚	沟的两边一丈以内不得开挖耕地	因饮水、洗衣服均在同一条水沟，所以吃早饭前不准在沟里洗衣服；牛马等牲口在此之前也不得过这条沟	放注田水，听候公推的"水头"安排，各按顺序，不得妄为

资料来源：王明东、颜绍梅《云南彝族水利山林习惯法及其功能》，《思想战线》1998 年第 3 期。

其次，关于林木资源保护与管理的相关规范。彝族聚居区森林资源丰富，在开发利用森林资源作为生活用具和经济产品的过程中，他们形成了关于森林资源的分类知识、信仰观念及管理制度。在四川凉山部分彝区及云南楚雄、滇南等区域，许多彝寨或其附近都会有一座神山或一片神树林，选择一棵高大耸立且年岁长久的大树作为护寨树。同时，还会将形状特殊的石头置于树脚，作为龙宫象征，每年定期在此献祭。此外，在有的村寨，每家还认领个体神树。如在四川小凉山一带，每逢春节，当地人都会献祭自家神树，祈求庇护。[①] 除护寨树，有的彝寨还有祖宗树、龙神树及山神树等神树，禁止攀爬、破坏和砍伐。这种观念在一定程度上强化着当地生态保

---

① 叶宏：《地方性知识与民族地区的防灾减灾——人类学语境中的凉山彝族灾害文化和当代实践》，西南民族大学博士学位论文，2012。

护，如云南巍山龙街彝族神树林在"文化大革命"时也未曾遭破坏。① 不仅如此，在滇南大部分及滇东北部分彝族村寨中，还设置和保护有村寨集体公有林和风水林，任何破坏公有林和风水林的行为都会依据当地乡规民约遭受严厉惩罚。

如乾隆五十一年（1786年），云南楚雄西营乡上摆拉和富民乡十三湾合村的61名村民代表共同协商订立了"摆拉十三湾封山碑"，碑文显示了立碑封山的主要目的，明确了封山周期，详细拟定了违背该规约应当受到的惩处办法。碑文主要内容如表2-4所示。

表2-4　云南楚雄"摆拉十三湾封山碑"碑文规约

碑序
名山大川，实赖树木以培植风水，即卢墓住居，尤赖树木培养地脉。荒山种树，关系"龙水淹闭，有关田赋"。关系"民生之所需，而为朝廷所最者也"。无奈世人全不思物各有主，竟有不法横徒，纵放男妇盗砍树木作柴薪，以及牧童纵放牲畜，任意践踏，劈明子，折树头。端害不可言，将见山空水涸，有伤民命，莫此为甚。今摆拉、十三湾同心协议，建碑铭写立合同

条约
一定例每年十一月初二开山，正月初二封山，如违，罚钱壹两
盗大树一棵，罚钱壹两；盗小树一棵，罚钱五钱；砍树枝，罚钱三钱；折松头壹个，罚钱三钱；采正顶松叶，罚钱壹钱；见而不报者，照例倍罚
家主纵放牧童，硬行砍伐、践踏，不遵碑例者，照例倍罚
龙潭通河顺沟田头，坝边杂树均不可砍，如违，照例倍罚
一村内婚丧祭需用木料等项目，勿论人已上山，必须报名（告）树头，方许砍伐。如违，罚钱三钱

资料来源：李荣高《简介楚雄的几块林业碑刻》，《云南林业》2007年第1期。

又如嘉庆十三年（1808年），云南省禄丰县川街乡阿纳村竖立的"封山育林碑"同样反映了该村山林资源分配管理和地界稳定的自我管理组织。在这个组织机构中，"树长"是山林资源管理的主要组织者，"山甲"为山林的主要监督者和勘察者。碑文内容如表2-5所示。

---

① 云南省编辑组：《云南巍山彝族社会历史调查》，云南人民出版社，1986，第132页。

表 2-5　禄丰县川街乡阿纳村封山育林碑碑文

碑序
大哉！男以有须为贵，无须为空。人之有须发，如山之有草木，如人有衣服。不毛之地，既见其肉，复见其骨。山曰旁壤，人曰穷徒……虽小小一身，尚有八万四千毫毛，岂巍巍众山，可无万亿岁稀松株？况乎山清水秀，大壮宇宙。观瞻木荫，土润弘开，泉源旺盛

条约	
一	树长，须公平正直，明达廉贞，倘有偏依贪婪，即行另立
二	山甲，须日日上山寻查，不得躲懒，隐匿。否则，扣除工食
三	如砍而不用，以作柴者，每棵罚钱三百文，未报私砍者，罚钱三百文
四	封山……五年后，瓦房一间六棵，草房一间三棵，多砍者，每棵罚五钱
五	公山内扦坟者，其树原属公家，坟主不得把持私砍
六	小阿纳山……青铜山松采尽行封蓄
七	松栗枝叶不可采取堆烧田地，犯者每把罚钱五十文
八	朝斗柴，准在山顶砍……不遵者照例公罚
九	五庄山上……至大平摊，尽行封蓄，不得开挖把持

资料来源：史岳灵《一块封山育林碑的发现》，《云南林业》1987 年第 4 期。

再如道光二十二年（1842 年），云南景东县者后村竖立着一块关于当地林木资源保护的封山育林碑，碑刻规定了关于砍伐与焚烧山林、村寨森林的惩处细则，碑文如表 2-6 所示。

表 2-6　云南景东者后村封山育林碑碑文

规约条款：凡村界内，无论公山、私山，不得擅行砍伐，违者照乡规罚银	
一	禁纵火焚山，犯者罚银 33 两
二	禁砍伐树木，采枝者罚银 3 两 3 钱，伐木身者罚银 3 两 3 钱
三	禁毁树种地，违者罚银 33 两；若有在公山砍柞把者，每把罚银 33 两

资料来源：云南省景东彝族自治县志编纂委员会编纂《景东彝族自治县志》，四川辞书出版社，1994，第 542 页。

最后，关于监督和约束乡村社群日常行为的规范。除水利管理与林木保护之外，在彝族乡村传统乡规民约中，还存在关于自律自检与孝亲敬长的个人品德、睦邻友爱与团结互助的社会公德、风俗改良与乡风文明建设等方面的规约条款。如道光二十六年（1846 年），云南曲靖麒麟区三宝镇的"雅户乡规民约碑"就针对当地乡风民俗问题作了相关规定。

戒忤逆父母，戒欺压善良，戒蛊惑愚昧，戒流毒地方，戒连朋结党，戒聚赌窝赃，戒酗酒滋事，戒唆论纷争，戒收藏盗贼，戒贩卖芙蓉。

又如贵州六枝特区落别布依族彝族乡牛角村留存的一通民国碑刻，针对当地砍伐树木、偷盗牲畜与蔬菜瓜果等现象作了具体惩罚规定，内容如下。

不准砍背后公山箐林，禁止牛马、烧灰、盗瓜园小菜谷子苞谷、欺孤掠寡挖水冲田。以上各条如有拿获者，报花红洋三元，违反者罚洋伍元。

再如今云南红河州红瓦村同样存在类似的碑刻条约，石碑立于民国 7 年（1918 年），碑文内容如下。

从来处成平之世界易处纷争之世界难何成平之世人□□朴方恒贤良之流纷争之世人心狡诈处处多半不肖之徒者邑□以来作为不肖之者几多凡捉鸡摸狗以及黑夜偷窃时有闻之□□□深日积月累竟自流于匪目勿国法良民难以安生然欲彼此相安于无□则在于预设防备互相劝惩而后可补救于将来也□□合寨同心勉励□聚者共十二姓拟定条规如某姓有一人做不法事情而十一姓共□出惟同姓之头人是问谨以规条处罚绝不容情各宜触目惊心以期风化□不复也夫是为之序

谨将各姓头人开后

刘开福　张石友　杨正宏　陈玉昌　李开珍　石万林　昂遇福　岳三　卢慧何　何正才　郭凤仪　段取□

以上各姓认真调查各族□子侄□□违此条规可也。又□议拟定条规如左

一有来入□擅行抢劫者罚银一百五十两

二有撬洞偷窃者罚银五十两

三有捉鸡摸狗者罚银十两

四有偷玉麦一包者罚银五角

五有偷各种果子者罚银五角

六合寨封水龙树及团方木料不准贩卖

　　七各姓□□不□□□□内者方不留一丈

　　当然，类似上述所列彝族乡村传统乡规民约还有很多，在《云南乡规民约大观》①、《彝文金石图录》② 及《楚雄彝族自治州文物志》③ 等资料中搜集了大量彝族乡村传统乡规民约，不再逐一罗列。虽然上述乡规民约在结构和内容上相对简单，但都是基于乡村社群日常生活逻辑与问题症结而形成的集体规范。换句话说，它们都是彝族乡村社群的集体意识反映。它们虽产生于过去，但其社会生命恒久。其中涉及的大多数问题在当下同样存在。基于此，在现代法制建设尚未完成的过渡时期，可以充分吸收借鉴和发挥传统乡规民约中的文化精神与传统智慧，为现代乡规民约机制的健全和完善提供可借鉴的方法和可延续的经验。

三　社会组织：彝族人群的认同与行动单位

　　社会组织是一时一地民族社会的基本骨架。④ 它既是制度文化形成的必要硬件，也是制度文化运行的监督机制。与一般习俗惯例的引导规范性意义相比略有差异，社会组织既会通过硬性制度规范或监督方式来保证人际关系的有序协调，也会通过柔性文化方式将组织力量与集体意识内化于人们的意识形态。在彝族乡村，存在许多不同层级和不同类型的具有生产性功能、保护性功能和文化性功能的社会组织。基于不同层级行动组织的存在，就可能形成双重认同与行动逻辑——家庭及超出家庭的家族（宗族、家支）和村落。⑤ 这里主要描述和分析超越家庭单位的基于血缘纽带凝结的家支组织及由血缘与地缘双重关系纽带聚合的跨家支村落联合组织，彝族传统习惯法、乡规民约就是保障这些行动组织有序运转的基础，后文将论述的信仰、节日等是将组织力量内化于意识形态的柔性力量。

（一）家支组织：制度文化的轴心机制与支配基础

　　由血缘继嗣群构成的社会关系具有重要的社会整合功能，深刻影响着这

---

① 黄珺主编《云南乡规民约大观》，云南美术出版社，2010。
② 贵州省毕节地区民委等编《彝文金石图录》，四川民族出版社，1989。
③ 楚雄彝族自治州博物馆编《楚雄彝族自治州文物志》，云南民族出版社，2008。
④ 吴文藻：《论文化表格》，载《吴文藻人类学社会学研究文集》，民族出版社，1990，第197页。
⑤ 贺雪峰：《农民行动逻辑与乡村治理的区域差异》，《开放时代》2007年第1期。

一关系网络中人们的道德、道义、互惠、伦理、法规、文化及其他意识形态的模塑及社会行为的导向与监督。

1. 彝族家支组织的文化属性

家支属于彝族社会中的一种宗族组织形态，为彝族传统制度文化的轴心机制与支配基础，是其除家庭之外具备足够能力解决内部合作与对外行动的彝族乡村中最稳定的关系网络中心和社会行动与集体认同的向心力和意识基础。准确地说，彝族家支组织不仅是一种由血缘关系和拟血缘关系构成的亲属组织，它还常与传统彝族村落社会组织交织重叠作为特定的政治组织、经济组织及文化组织，成为其社群政治生活、经济生产、信仰实践、互惠互助、节庆娱乐、文化传递及社会教育等的主导力量。一个家支即一个祖宗繁衍的弟兄，它由一个父系继嗣与血缘（拟血缘）关系凝结而成，以纵向的父系世系谱系为主轴，以横向的亲属关系为辅轴，亚家支、家族、房族、家庭等亚组织单位中的各种关系基本都以此构成坐标体系，作为他们的认同与行动基础。具体而言，"家"是家支的一级裂变分支单位，相当于汉人宗族的一级裂变单位。"家"中各个儿子自成一"房"，相当于汉人宗族社会中的房族单位。每"房"继续繁衍生殖形成"支"，"家"与各"支"便构成了一个大型"家支"。每至7~9代或9~11代，他们便会聚合在一起举行祭祖分支仪式（各地称呼大同小异，如凉山地区彝族称之为"尼木措毕"，黔西北地区彝族称为"尼姆"，云南部分地区彝族如罗婺人称之为"耐姆"），分出的各"支"又成为新"家"，新"家"之下的各"房"又分为各"支"，诸如此类，由"小家"到"大家"，从"大家"到"各房"，从"各房"到"多支"，处于"家—分支—组合—再分支—再组合"这样一个循环往复的繁衍过程。① 基于此，可以说"家"是彝族家支的"源头"，"支"为彝族家支的"分流"，"家"与"支"共同构成了一个完整的"家支"单位。

"家支"单位下的社群成员之间享受互助权利与负有提供互助义务，他们会定期举行家支集体文化活动，安排特定道德伦理准则与社会行为规范来培育和铸牢家支社群成员在观念上、精神上及行为上等关于家支的强烈认同意识。家支是传统社会时期彝族社群成员赖以生存和发展的依附支点，它是家支社群成员保障其生命安全与财产利益的重要机制，为他们承担着家支成

---

① 蔡富莲、米伍作：《当代凉山彝族血缘家支与传统习惯法研究》，民族出版社，2014，第24页。

员个体难以负担的关于生存发展的社会风险。可以说，彝族家支社群个体的生命过程离不开他们家支集体的护佑。彝族人认为，生时，他们若离开了自己的家支，在其社会化过程中，无论是在物质生产生活方面，还是在精神生活方面，都会面临难以为继的风险和危机。死后，如果他们的尸身不能进入家支坟地，灵魂便无法得到安放，无法与祖灵相聚，会成为孤魂野鬼。因此，家支是他们整个生命历程生存发展的重要"安全阀"。如凉山彝族谚语"猴子靠森林，雄鹰靠蓝天，彝人靠家支""想家支想得流泪，怕家支怕得发抖""马的力量在腰上，彝人的力量在家支"等正是家支社群与家支组织间强烈依附关系的具体表述。

2. 彝族家支组织的基本特征

从外显文化特征来看，彝族家支具有以下基本特征。

第一，彝族家支各有名称，名称或源于始祖之名（包括正式名字、外号），或来自其发祥地之名及职业之名等。[1] 当下，四川凉山彝族及黔西北部分彝族仍延续有其家支姓氏。如有学者统计，仅凉山彝族就有 500 多种姓氏。[2] 又如黔西北威宁 B 乡彝族还有鸿蒙家支（汉姓罗）、阿维家支（汉姓文）、阿底家支（汉姓李）及阿铺家支（汉姓李）等延续家支名称。

第二，家支有共同祖先记忆。祖先崇拜是其传统信仰观念的中心，他们会在特定场域举行共祖祭祀仪式，建立共同文化象征体系。如大多数彝族支系都有放置其"祖灵筒"的"洞箐"（岩祠）。每隔特定周期，家支便会举行一次关于家支共祖的大型公祭仪式。[3] 这种共同的世系观念是家支共同体意识的集中表达，是其强化社群内聚与认同的内核精神。[4]

第三，家支有共同地域空间。在传统社会中，各个彝族家支通常拥有本家支生产空间与共同财产。不过，在有的家支中家支成员在公有地伐木、放牧等，无须偿付；在有的家支中则需向家支公有地管理人报备并打酒偿付或缴纳一定保金。[5] 基于此，在过去，一个村落或一个寨子可能就是一个家支。

---

① 郑成军：《彝族志：血统与根——云南小凉山彝族的生活方式、社会结构与家支制度》，云南大学出版社，2006，第 339 页。

② 铁木尔·达瓦买提主编《中国少数民族文化大辞典·西南地区卷》，民族出版社，1998，第 706 页。

③ 贵州民族事务委员会、贵州省民族研究所编《贵州"六山六水"民族调查资料选编·彝族卷》，贵州民族出版社，2008，第 23 页。

④ 〔美〕斯蒂文·郝瑞：《田野中的族群关系与民族认同——中国西南彝族社区考察研究》，巴莫阿依、曲木铁西译，广西人民出版社，2000，第 127 页。

⑤ 胡庆钧：《凉山彝族奴隶制社会形态》，中国社会科学出版社，1985，第 253 页。

同时，也有关系较近的几个家支共居同一村落的情况。当然，当下各地彝族聚居或杂居的村落情形并非都如上述类型。

第四，家支有共同继嗣谱系。传统彝族社会实行父子连名制度，他们以继嗣谱系来记忆家支源流，作为其家支认同的符号标识。在识别家支成员资格及关系亲疏远近时，常以回忆家支谱系的方式寻找他们在谱系线上的关系聚合点，以此证明其亲缘关系，强化身份认同、辨别关系远近、明晰辈分高低、树立伦理秩序，知晓自己身份位置的权利、责任与义务。

第五，家支有纠纷调解机制。传统的彝族社会虽然也解除了国家礼制，但是其乡村领域的治理多属于精英治理，矛盾纠纷多由家支头人组织召开家支会议来公开调解，极少通过地方政府等官方力量来解决。基于此，他们形成了自己的一套纠纷调解机制，无论大小案件，皆可通过这一套机制采取调解的方式将其化解，德古、苏易等便是在调解过程中发挥主要作用的少数精英。关于此，后文会有详细描述，在此不作过多分析。

第六，家支仲裁权利具有群众性与集体性。首先，在同一等级的家支内部，遵守家支习惯法的家支成员享有均等的权利，都会同等受到家支的护佑。其次，无论是家支头人，还是普通成员，一旦违反了本家支的习惯法，都会依据家支习惯法规定受到同等惩罚。[1] 最后，家支头人与其他长老的权力与权威多源于公共道德舆论，受家支成员的集体监督与制约。

第七，家支会议为家支组织议事机制。可以说，家支会议是彝族家支组织的最高权力机关。[2] 主要分三种类型。其一为"蒙格"[3]，所有家支成员都可参加，为家支重大事务的最高决策会议。其二是"吉尔吉铁"，规模一般为数十至几十人不等，多为处理紧急事务时的紧急会议。其三为"吉则吉依"会议，参加人数较少，多为德古参加。

在凉山彝区，当地彝族会按家支习惯法规定的周期举行家支聚会，以凝聚家支情感，加强家支内聚力，强化家支成员的熟悉感、认同感及集体

---

① 吉克·尔达·则伙口述《我在神鬼之间——一个彝族祭司的自述》，吉克·则伙·史伙记录、刘尧汉整理，云南人民出版社，1990，第 13 页。

② 张邦铺：《彝族习惯法及其调解机制研究》，法律出版社，2016，第 119 页。

③ 据胡庆钧研究，"蒙格"又可分五种：一是"犀尼蒙格"（妇女会议），由妇女召集参加商讨妇女问题；二是"阿依蒙格"（小孩会议），苏易主持小孩参加，目的是针对孩子的健康问题；三是"委吐蒙格"（毕摩会议），针对与毕摩有关的案件而召开；四是"支沙母沙蒙格"（团结会议），黑彝家支的团结大会；五是"咀尼蒙格"（家支团结大会），家支联合紧急会议。参见胡庆钧《凉山彝族奴隶制社会形态》，中国社会科学出版社，1985，第 269~273 页。

荣誉感。同时，还会适时调整家支规章，及时调解家支矛盾，积极宣传国家政策与法律知识，将其纳入家支规章，复兴和重构着彝族家支的社会功能。如下两个案例就呈现了当代凉山彝族家支的这一特征。案例2-1为凉山州美姑县与昭觉县交界拉一木乡拖都村一城镇彝族吉史惹古家支的家支聚会活动。

案例2-1①：2006年1月19~21日，吉史惹古家支的9个房族在拉一木乡拖都村举行了家支聚会，活动有六。第一，加强本家支各支系成员间的相互认识和情感联络，强化家支成员间的亲情与团结意识。第二，收集整理本家支的基本谱系，出版纸质版的家支谱牒。第三，宣读家支规章制度；第四，通报家支在各个领域中的成绩，强化家支集体荣誉感。当时，该家支共有450多人在各个行政部门任职，在校大学生193人，博士6人，资产在百万元以上的商人31人。第五，筹集家支互助金，奖励具有突出表现的家支成员。共筹集8万多元，2万多斤酒水。第六，放映露天电影。

其家支规章内容如表2-7所示。

表2-7　四川省凉山州拉一木乡拖都村吉史惹古家支规章

款序	款规
第一条	拥护中国共产党、人民政府，遵守国家法律法规
第二条	搞好血缘家支内外的团结
第三条	共同致富奔小康
第四条	支持和鼓励子女上学，努力学好彝文和汉文
第五条	五不准：不准学习法轮功，不准吸毒、贩毒，不准偷盗公私财物，不准打架斗殴，不准赌博等

资料来源：蔡富莲、米伍作《当代凉山彝族血缘家支与传统习惯法研究》，民族出版社，2014，第73页。

案例2-2是美姑县一个乡村彝族阿尼家支的家支聚会。

案例2-2：2007年2月5日，阿尼家支头人认为家支已经长期未举行聚

---

① 蔡富莲、米伍作：《当代凉山彝族血缘家支与传统习惯法研究》，民族出版社，2014，第73页。

会，家支成员对家支的认同有了弱化倾向。同时，家支中还出现了贩毒、吸毒及收取高价彩礼等社会问题。于是他们就组织了一次大型的家支聚会。在此次聚会上，他们针对上述问题，商议制定了新的家支规章，重新规定了家支聚会周期。他们重新制定的家支规章内容如表2-8所列。

表2-8　凉山州美姑县阿尼家支的家支规章

款序	款规
第一条	家支成员互相监督，严厉禁止吸毒与贩毒
第二条	凡遇家支有人操办婚丧大事或者家支成员与其他家支发生纠纷，要积极帮助
第三条	严禁参加门徒会，不准抢劫、偷盗、打架与斗殴
第四条	要积极鼓励子女上学接受教育
第五条	家支丧葬，以男性为中心，本人父母及岳父母逝世，经济较困难者每户出资10元，其他每户出资50元；如果是本人及其妻子的亲叔叔、舅舅以及妻子的同胞兄弟姐妹逝世，经济较困难者每户出资5元，其他每户出资10元；如果遇到赔偿人命金，本人无过失，则每户出资5元帮助；旁系血亲有困难者，由自己解决
第六条	家支聚会要每三年举行1次

资料来源：蔡富莲《当代凉山彝族家支聚会及其作用》，《民族研究》2008年第1期。

第八，家支定期举行分支仪式。如前所述，每到7~9代或9~11代，他们便会举行祭祖分支仪式。分支仪式之后，通常会制定新的"祖灵筒"，并从旧的"祖灵筒"中均分一定圣物，将其与新的圣物一起装进新制定的"祖灵筒"中，根据毕摩占卜选择的新"祖灵洞"位置将其供奉于其中，至此而形成新的支系。关于此，后文会有详细案例进行展示。

3. 彝族家支组织的社会功能

基于上述分析，本书认为彝族家支发挥着积极的社会控制作用与社会整合功能，这些功能不仅存在于传统时期，还被延续至当下，主要表现为如下方面。

第一，家支是彝族社会的一种社会保障体系与群体援助机制。

首先，对外而言，在面临资源争夺、家支械斗等事件时，家支能动员和组织家支成员参与战斗、抵抗侵略。一方面，面对家支械斗时，家支成员须听从家支组织的号召与领导，积极维护家支的安全。另一方面，家支是家支成员的生命与财产安全保障、荣誉与利益维护的坚强后盾。如一旦发生命案、妇女被奸污或拐卖、财产被窃及耕地牧场等被占的问题，都会召开家支大会处理。随着国家权威与现代司法的介入，其传统政治功能与军事功能逐渐弱化，村落公共权力逐渐让位于国家权威，刑事案件也移交至司法机关，但民事纠纷调解功能依旧延续。

其次，对内来说，在日常生活中，家支发挥着凝聚家支成员、强化家支互助的社会团结功能，互助的形式、标准及范围都在传统的基础上不断更新拓展。家支集体与个体成员之间具有强烈的同构关系，即家支集体有为个体成员提供安全保障与生产生活帮助的责任，个体成员也有维护家支集体荣誉和互相提供帮助的义务。① 如其传统习惯法中就明确指明严禁家支中出现乞讨行为。又如凉山彝族民谚："一人有事百人帮，一家有难百家当。""不护不行的是家支，不养不行的是牛羊，不吃不行的是粮食。"② 再如云南彝族民谚："不保一户，一群人被掠；不护一穗，一片被人割。"③ 在农事活动中，农忙及建房时，家支成员要么互相换工，要么无偿借用生产工具和为劳力弱或劳力缺少的家庭提供帮助。在节庆时，他们会互相帮忙宰杀牲畜、赠送礼物。在人生礼仪时，家支成员有自觉承担仪式期间的劳力及物资支持等义务。家支中如有鳏寡孤独者，家支成员有生前赡养和死后安葬的义务。家支内有人去世，不仅是去世者个体家庭的悲伤，也是全家支的悲伤，家支个体家庭的丧事几乎相当于整个家支的丧事，特别在"送灵归祖"时，凉山彝区的彝族家支团体凝聚力体现得最为明显。

再如凉山州美姑县拉火家支的家支规章内容，如表 2-9 所示。

表 2-9　凉山州美姑县拉火家支的家支规章

款序	款规
第一条	家支成员有相互帮助的义务，每个成员以成家或参加工作为准，每年交纳家支成员基金 200 元，若一年中遇到较多事情导致经费不够开支，经家支委员会研究后及时补收不足部分
第二条	基金每年 2 月前交出纳处存入银行，不得拖延
第三条	基金会家支成员发生以下事故，从基金会中开支必要的经费： 1. 基金会成员的父母、岳父母或本人或子女死亡，从基金会中开支 1500 元或牛 1 头（价值 1200 元左右），白酒 100 斤；2. 伯、叔、兄弟姐妹、舅父母等亲属死亡，视情

① 林耀华：《凉山夷家》，云南人民出版社，2003，第 14 页。

② 吉克·尔达·则伙口述《我在神鬼之间——一个彝族祭司的自述》，吉克·则伙·史伙记录、刘尧汉整理，云南人民出版社，1990，第 127 页。

③ 郑成军：《彝族志：血统与根——云南小凉山彝族的生活方式、社会结构与家支制度》，云南大学出版社，2006，第 63 页。

款序	款规
	况给予 300 元开支；3. 基金会成员及其子女结婚，由基金会给予 500 元的资助；4. 家支当中发生房屋被烧毁、遭遇大纠纷等困难，基金会可以给予一定的资助；5. 家支成员遇到纠纷需赔偿，基金会视情况给予一定资助。赔偿金额在 5000 元以下，每户为其资助 50 元；赔偿金额在 5000 元以上，每户给予 100 元资助
第四条	家支成员应互相团结，相互帮助，不得做反对共产党、人民政府的事和违背国家法律法规
第五条	家支成员坚决反对吸贩毒等违法犯罪行为，若发生吸毒、贩毒或故意伤人、杀人、抢人、偷盗、赌博等违法事件，基金会不得给予资助
第六条	基金会鼓励与支持子女努力学习，若成员子女考上大学，视情况给予一定的资助，经费由家支主要领导商定后由每户成员出资
第七条	基金会成员遭遇纠纷等困难时，血缘家支成员及时到场，提供必要的帮助
第八条	外地本家支中有威望、有身份的人到本地，家支有接待的义务，经费由委员会商定开支
第九条	基金会每年召开一次成员大会，总结一年来的工作，通报一年中发生的事和经费开支情况，确定家支委员会成员
第十条	其他未尽事项，由家支委员商量决定

资料来源：蔡富莲、米伍作《当代凉山彝族血缘家支与传统习惯法研究》，民族出版社，2014，第 76~77 页。

随着汉字与成文条约的普及，许多彝族家支的文化精英也利用汉字将互助义务写进他们的家支规章之中。同时，家支互助范围也在变化，那些有悖于国家法律及社会道德的家支成员会失去互助享受资格，一定程度上反映国家意识及法治意识在当地人意识中的增强。如表 2-7、表 2-8 和表 2-9 都是凉山彝族家支精英召开家支大会商定的现代家支规章。

又如在云南宁蒗县阿鲁村，阿鲁家支也制定了本家支互助规章，部分内容如表 2-10 所示。

表 2-10　云南宁蒗县阿鲁村阿鲁家支的互助规章

互助规定	
村内本族老人逝世，每家出 10 个荞饼，每 4 家共出 1 只羊，被安排接待吊丧亲友的家庭要出羊 1 头接待	村内族人的重要姻亲逝世，事主家庭出牛 1 头，其他农民家庭出资 5 元，工薪家庭出资 10 元，作为"送牛酒"

资料来源：郑成军《彝族志：血统与根——云南小凉山彝族的生活方式、社会结构与家支制度》，云南大学出版社，2006，第 72 页。

在现代化进程中，农民子女进入学校接受教育的费用成为与传统社会时期不同的新型消费负担，在未全面普及义务教育及国家未出台助学贷款政策之前，高昂的学费是当时大多数彝族乡村贫困农民、牧民家庭难以承担的沉重经济压力。为了让更多的孩子有机会接受教育或鼓励更多家庭让其子女接受现代学校教育，有部分彝族家支组织常通过家支成员各户出资形式组成"家支助学基金会"，为其家支内贫困家庭提供他们子女在求学各阶段所需经费的资助，为彝族乡村教育现代化奠定社会性基础。

例如在凉山州美姑县，有阿丁家支将家支间的互助责任与义务明确地纳入其家支规章之中，具体内容如表 2-11 所示。

表 2-11　凉山州美姑县的阿丁家支助学规章

家支成员上学资助规定	家支成员发生纠纷资助规定
鼓励和支持家支子女学习，如若家支成员考上大学，家支视情况给予资助，经费由家支主要领导商议后由每户成员出资	家支成员遭遇纠纷需要赔偿，视情况给予帮助。若赔偿金额在 5000 元以下，每户出资 50 元；若在 5000 元以上，则每户出资 100 元

资料来源：蔡富莲《当代凉山彝族家支聚会及其作用》，《民族研究》2008 年第 1 期。

又如在越西县附近的吉潘拉机家支中，一位在民主改革之前就接受了现代文化知识的长者——潘文明，深知学习现代文化知识的重要性和必要性，于是就在其家支倡导成立家支助学基金会。在其号召下，家支内 60 户成员组成了家支助学基金会，并制定了基金会管理规章，明确家支责任意识。这种实践策略为本家支子女更顺利地完成学业奠定了经济基础，缓解了因贫辍学的问题，内容如表 2-12 所示。

表 2-12　越西县吉潘拉机亚支的助学基金管理规章

一　基金会宗旨
在本家族成员范围内，宣传党的教育方针政策和法规；传播先进文化和科学精神；动员和鼓励父母送子女上学；用基金支持家族内每一个大学生完成学业；促进家族内教育的良性循环。为国家和民族培养出更多的人才，为家族、家庭人口素质的提高，经济的振兴和文化的发展开辟新局面

二　组织机构
基金会由家族内男性工作人员组成全体理事会，并选出其中 6 人组成常务理事会，主持日常事务。重大事项由全体理事会议定，基金批借一般由理事长主持常务理事会商定后由理事长批借

理事长	副理事长	会计	出纳	书记员
三　基金管理办法				

（一）筹集办法	1. 本家族男性每年集资 500 元（包括退离休人员），农民自愿集资，起点 20 元，上不封顶；2. 新参加工作的当年集资自愿，次年必须参加集资，活动费参加工作当年必须交；3. 本基金会成员有捐款意愿的，在捐款当日，有书面的捐赠说明书（其他机构、个人同）；4. 本教育基金会谢绝本家族以外的人加入，资金专款专用，不得挪作他用
（二）借款条件	本家族有子女考入专科及以上学校的困难户，书面申请向本基金会借款。借款必须有担保人担保，担保人必须是本家族内与借款人父系血缘关系最近的工作人员，无担保人担保不予借款。借款数额、偿还时间由常务理事会决定，2015 年前，一位学生最高借款 2 万元。借款时监护人要带上学生、担保人和《录取通知书》
（三）还款办法	借款须在借款学生毕业后一年内还清，借款人无能力还，由担保人负责按时偿还清
（四）退款办法	所有参加集资的人员中途不得退款，只有在本人死亡时退还本金给他的家人

四　原来有关本教育基金会的文件从即日废止，本方案从 2006 年 1 月 21 日起执行
五　在各种活动中，个人应注意安全，文明参加活动，凡出现的事故及纠纷自己负责，本基金会一概不负责

　　资料来源：蔡富莲、米伍作《当代凉山彝族血缘家支与传统习惯法研究》，民族出版社，2014，第 51~54 页。

　　类似上述的家支互助案例还有很多，不胜枚举。这种具有地域性与民族性的互助系统既延续了传统，又注入了新内涵；既塑造着亲密无间、信任团结的家支集体精神，也不断强化着国家意识及法治观念的输入。

　　第二，家支是彝族乡村的一种资源配置与调控机制，无论传统时期，还是当下，彝族家支都具有组织管理经济生产、调配生产资料、配置社会资源的调控功能。如 20 世纪 80 年代，家庭联产承包责任制形成以后，在凉山州美姑县的罗莫村，该村的马黑家支将其家支内 13 户人的牛、羊等全部集中在一起，安排专门的人来放牧。以此方式，该家支的整体经济收入得以提升。至 1996 年，增加了 20 多头牛，不仅满足了家支内婚丧及祭祀等仪式消费，还有剩余牛羊用于市场交易，为其带来丰厚收入。[1] 当下，劳务输出成

---

　　[1]　冯敏、格勒杨日：《凉山彝族家支功能的现代继承与演变》，《西南民族学院学报》（哲学社会科学版）1998 年第 12 期。

为许多彝族乡村社群的经济收入来源之一，尤其是凉山彝区。在当地，基于强烈的家支认同意识，家支在劳务输出上发挥了关键作用，家支中劳务输出与管理经验相对丰富的家支成员能发挥较强的社会关联及动员作用，带动更多家支成员外出务工，为贫困家庭脱贫做出突出贡献，如布拖县火烈乡波日村的黑日某某就曾先后带动1500多名彝族人外出务工，缓解了这一批人的经济压力。

第三，家支是彝族乡村的传统教育单位与文化传承机制。在彝族传统社会中，家支在社会继替过程中发挥着家庭教育与社会教育作用。教育内容包括基本生存技能（如衣食住行、生产技能、日常起居、吃喝拉撒及身体卫生健康等方面的基本技能、技艺）、社会适应能力（对于长晚辈之间、各种亲属关系之间、各性别群体及其他社会关系之间等道德观念、礼俗传统、伦理规则、性别禁忌、行为规范及彼此间的责任与义务等）及文化习俗传承（各类信仰、风俗习惯、祭典仪式等）等。其传统教育方法以如下两种为主。其一，因家庭、家支中父母长辈的言传而耳濡目染。在没有电视、网络、手机、电脑等现代传媒工具的传统时代，忙碌完一天的农活之后，每到晚上一家人常会围坐在火塘边，父母长辈以物喻事、引经据典，讲述各种传递善恶观的神话传说、民间故事及祖先们的英雄事迹，教育孩子自小就要端正品行、团结互助、勤劳耕耘。如"做错三十件事情会被蛇咬，做错一百件会被雷击。帮助受苦受难的可怜群体，上天会保佑他无病无痛，延年长寿"①。长大后，无论成就多大，回到家中，坐在火塘边，也要聆听父母、长辈语重心长的教诲。其二，父母长辈及少数传统精英的亲身实践。如在家支聚会或特殊祭仪场合、生产空间等场景中，通过观察、模仿、体验等方式实现他们的社会化。又如在丧葬仪式中，毕摩会通过念诵经文回顾逝者生命历程，赞美其功绩，批评其过错，不过，多以赞美功绩为主。这可视为彝族社会中的一种"功德评议机制"。再如年节互相拜贺和日常走亲访友时，父母长辈会亲身示范长幼尊卑间接待礼节规范，主要目的就是让子女了解和理解待人接物的礼仪，并根据长辈的示范跟着做。②

第四，家支是彝族乡村的传统纠纷调解与裁判机制。彝族家支具有制定与执行家支规范、调解纠纷、实施制裁和社会整合等功能，此乃家支教育作

---

① 吉克·尔达·则伙口述《我在神鬼之间——一个彝族祭司的自述》，吉克·则伙·史伙记录、刘尧汉整理，云南人民出版社，1990，第22页。
② 岭光电：《忆往昔——一个彝族土司的自述》，云南人民出版社，1988，第16页。

用的一种延展和补充。他们有两种调解纠纷和裁判罪责的模式：一种为自助模式，即通过当事人双方和平协商或复仇械斗的方式解决；另一种为第三方力量参与模式，即当事人双方无法自己解决时会邀请德古或毕摩等以召开"调解大会"或"裁决大会"的方式公开解决。无论哪种模式，纠纷当事人背后的各种社会关系与社会组织都扮演着重要角色。家支的担保是他们达成调解协议的基本保障，凡是家支承诺担保，家支成员就在家支的监督之下执行调解协议。在这种规范体系中，他们塑造了一套严密的长幼有序的伦理秩序，表现为子女须听父母之言，父母须将子女养育至婚配成家。在凉山彝区仍有"父代将子代养育成人娶妻安家，子代赡养父代并为其送魂"的代际互惠义务，这种义务深刻维系着他们的亲情伦理，培育和强化着其价值观念与品德修养。

如梁漱溟先生所言，中国是一个家庭本位和伦理本位的集体社会，而非个体社会。家庭关系和伦理关系是乡村社会运行的基础逻辑。无论在家庭私人领域，还是村落公共领域，人们始终活动于其构建的各种关系网络与意义体系中。在乡村社会中，这种关系网络与意义体系的基础即伦理圈，伦理圈的形成规定了他们应该承担的伦理权利、责任及义务。[①] 不管是彝族，还是其他社群，"家本位"都是他们社会生活的基本秩序。在传统社会时期，在其日常社会生活中，"家本位"的观念秩序表现得更加清晰。如以家支（宗族）作为认同符号或认同纽带，这就是彝族社群"家本位"的一种文化表达形式。在当下时期，"家本位"塑造的伦理道德不失为乡村善治的良好规则与文化逻辑，对于受市场逻辑冲击而乡村社群组织化程度降低的问题，家支的聚合认同功能在一定程度上有助于强化基层社会关联与动员机制的完善。

（二）跨家支组织：超家支形态的乡村地缘共同体

除以血缘关系为纽带形塑的家支组织之外，彝族乡村中还有因村落政治、经济生产、纠纷调解、治安维护、祭仪庆典、社会教育等需要而形成的超家支形态的村落集体行动组织，这类组织多存在于单一民族多家支聚居或多民族杂居村落之中。这些组织通常有自己的特定名称、活动空间、构成人员、规定章程等，本书将其视为超家支形态的乡村地缘共同体，它与家支组

① 梁漱溟：《中国文化要义》，上海人民出版社，2018，第94~95页。

织共同构成了彝族乡村社群的多层认同和行动模型。简单地说，在传统家支社会中，家支伦理构成其生活秩序体系和社会行动逻辑。在跨家支村落中，除家支伦理之外，村落伦理也是村民生活与生产的秩序基础，同样规制着他们的道德义务和行为准则。

跨家支形态的乡村地缘共同体在各地彝区乡村中普遍存在，尤其以滇、黔彝区最突出，如云南大理彝区的"水头组织"与"山头组织"、红河彝区阿细人的"公房组织"①、石林彝区撒尼人的"寨老组织"②、宁蒗阿鲁村的"纠纷调解委员会"③、楚雄州永仁县直苴撒尼人的"器西组织"④ 及黔西北彝区的"则把（长老）组织"，诸如此类，都是不同彝族乡村曾普遍存在的超越家庭及家族的村落地缘共同体。这些组织的基本性质和表现形式大体相近，大多是由居住于同一村寨不同家族的老者代表共同构成的寨老组织，此类组织承担着村落生产秩序的维护、公共事务的决策、集体祭仪的举行、村民纠纷的化解及村庄内外的对接等责任。基于此，本书并不打算将上述组织逐一阐述，主要介绍直苴撒尼人"器西组织"的基本情况。直苴村为纯彝族村寨，尚有 521 户 2115 人，彝族占全村人口 99%以上。⑤ "器西组织"是该村的一种文化涵化产物，即自清时从云南大姚彝区引入并持续传承至民主改革之前的沟通国家与乡村关系的村落传统自治组织。"器西"是当地彝语表述，为"伙头"之意⑥，该组织有明确的角色分工，担负着国家公职人员迎来送往等接待任务、村寨基础设施建设、村寨集体祭仪活动的组织与主持、矛盾纠纷化解、村寨秩序维护、村寨内外信息传递等基本职能。也就是说，"器西组织"总领直苴村的政治、经济、文化、治安、教育等工作。它不仅是一个政治组织，也是一个经济组织，还是一个文化组织。因此，永仁县直苴村彝族支系撒尼人的"器西组织"

① 路芳：《火的祭礼：阿细人密祭摩仪式的人类学研究》，北京大学出版社，2012，第 4 页。
② 王玲：《云南少数民族农村的社会文化变迁：对石林圭山大糯黑村彝族撒尼支系的调查与思考》，中国社会科学出版社，2015，第 306 页。
③ 郑成军：《彝族志：血统与根——云南小凉山彝族的生活方式、社会结构与家支制度》，云南大学出版社，2006，第 69 页。
④ 罗明军：《民族地区权力、文化与社区治理：一个彝族社区的政治人类学研究》，中国书籍出版社，2016，第 117 页。
⑤ 普富香、马翀炜：《缺失主位观点的〈野鬼时代〉——云南直苴彝村再研究》，《北方民族大学学报》2020 年第 4 期。
⑥ 罗明军：《民族地区权力、文化与社区治理：一个彝族社区的政治人类学研究》，中国书籍出版社，2016，第 115 页。

的"伙头"一般会由该村之中家庭经济实力强、社会声望名誉高、社会公共信任强且地方知识经验广的老人来担任,其组织结构及其中构成人员的具体分工如表 2-13 所列。

表 2-13　云南彝族撒尼人"器西组织"结构

职位名称	主要职责	担任条件	备注
器西热	统管一切村落祭祀与村集体事务	1. 年龄在 60 岁以上 2. 责任心强,本领强,公正严明,有经济实力 3. 有配偶,直系亲属多 4. 民主评选 5. 必须穿民族服饰 6. 任职周期一年,轮换	每年有 10 多亩"器西公田"(神田)收成。"器西田"插秧后其他田才能插秧。处理村寨公务的粮食或经费由"器西公田"收入支撑
博智	二号人物,负责公务人员的迎来送往接待工作、社区治安、处理组织中各种祭祀活动的调集人员与物资等工作及日常杂务		
罗热	负责协助"器西热"执行公务,监察其他 6 人,宗教活动,栽种"器西"田秧苗等		
作富么	共 3 人,负责管理插秧、收取税收等工作		
科勒	负责收集物资,运输送信		

资料来源:罗明军《民族地区权力、文化与社区治理:一个彝族社区的政治人类学研究》,中国书籍出版社,2016,第 119~134 页。

上述民间组织都是彝族传统村落中的"常设机构",此外,还有因婚丧、祭祖、节日及重大祭仪等需要而组成的暂时性互助组织。如在云南宁蒗阿鲁村,当村里举办丧葬事时,会成立一个治丧小组,由丧事事主所在家族族长及所在村民小组的两名村小组长担任治丧小组组长。组长负责帮助丧事事主明确报丧对象、计划丧事规模、采购丧事物资、占卜下葬日期、安排丧宴厨师、切菜人及上菜、洗碗、擦桌、烧火添薪等杂务人员,并确定前来吊丧亲友的食宿,安排守灵、抬灵之人,同村之人根据情况为丧事事主资助丧事所需物资与资金。治丧小组成员包括两名酒肉保管员、两名祭礼记账员、两名粮食管理分配员(女性为主)。① 又如云南彝族阿细人、撒尼人等举行"密祭摩"时也有特定组织,组织人员主要包括"密枝翁(总管)""密枝扎(副总管)""毕摩(祭司)""毕所(助理祭司)"

---

① 郑成军:《彝族志:血统与根——云南小凉山彝族的生活方式、社会结构与家支制度》,云南大学出版社,2006,第 211~212 页。

"豪罗（主管宰杀牲口之人）""诗司（牵羊之人）""知磕（管酒之人）""日纹（挑水之人）""相司（领队）""枣姆（煮饭之人）""布纳（伙夫）""布杂（助理伙夫）"等。其中，"密枝翁"由村民轮流担任，轮流组织"密祭摩"，这户人必须家中成员无恙，六畜兴旺，当年无人畜死亡，方可担任。再如在贵州盘州市 J 乡 BL 村，该村每年农历三月第一个猴场天（以十二生肖计算赶集周期）都会举行祭山神仪式。该仪式由全村各个民族共同参与，因此不由彝族毕摩主持。一般来说，每年都会产生两个负责组织开展祭仪的"承头人"，关于"承头人"如何产生，该村已无清晰记忆，只是"按老辈人定下的规矩进行"。仪式过程后文关于信仰文化部分再述。

上述所列各种跨家支形态的村落地缘共同体多集祭祀、日常生活与生产管理、村落集体事务管理与监督、信息传递等多种功能于一体。与家支（家族）组织相比，它更注重村落的集体团结与整体安全，更贴近于当代村民自治组织，但又有差别。在当前"三治融合"语境下，亦可借鉴这种经验和思路来构建符合乡村治理要求和乡村实际情况的村民集体行动动员机制，使村民群体的积极性得到激活、能动性得到释放。

四　支配权威：制度文化的传承与实践主体

彝族乡村中的传统支配权威既通过政治权力、地方规范、信仰习俗、道德观念、情感纽带、伦理秩序及利益情结等社会机制与文化网络来获得权威，又是这些社会机制与文化网络存在、延续及效力实现的重要保证。他们熟识传统制度文化，在参与乡村建设的行动中获得公共身份和社会权威，具有超众的社会关联性与社会动员力、较强的社会权威与社会声望、较高的社会口碑与突出的示范效应。同时，他们既情感在乡、责任在乡，也身体在乡、关系在乡，有主动维护村落制度的责任意识和道德准则。

（一）彝族乡村里的多元支配权威类型

韦伯（Max Weber）指出："要统治一个数量可观的人员群体，通常都需要一个班子，这是一个通常能受托总体政策和具体命令的特定群体。这个行政班子的成员必定会出于习俗、情感纽带、纯粹物质上的利益情结、观念动机而服从他们的上司（们）。这些动机的质量在很大程度上决定着支配的类型。"① 于是，他分析了从传统社会向资本主义制度过渡期间，人类社会中普遍存在的两种正当性支配方式——通过利益格局形成的支配和通过权威形成的支配。他又将"权威支配"分为三种类型。

第一种为合法型权威，这是一种建立在理性基础上、由法律章程所规定的制度规则所赋予的权威。他们不会基于个体冲动，而是遵循着严格的组织原则、职位权责、权限范围、技术规则、行政法令、契约关系、纪律规范及法律规定等来彰显职位权威，这一权威类型又被称为法理型权威或科层式权威，如政党组织、政府行政班子及其他官僚机构、利益集团、僧侣政治组织、基金会等都属于此类权威。②

第二种为传统型权威，这是"根据悠久规则与权力谱系的神圣性而要求得到的正当性和信仰"③。简单地说，即尊重时代传递过程形成的文化模式而产生的权威。与合法型权威不同的是，行使传统型权威者并非"上司"，而是"主宰者"（首脑角色）。在这种权威体系中，人们常忠于这一发号施令者，并非规则体系，有无"行政班子"都能实行统治。决定传统型权威行使者与其被统治者之间关系的多属于个人忠诚。④ 在有"行政班子"的情况下，其官僚制"行政班子"通常由以下人员构成：（1）家产制招募，即基于传统的忠诚纽带而与首领有关之人，如男性亲属、侍从、扈从、奴隶及自由民等；（2）非家产制招募，包括：①与纯粹的个人忠诚相关之人，如亲信；②坚定效忠领主之人，如封臣；③自愿进入个人忠诚关系的自由人。在无"行政班子"的情况下，"老人统治"（常见于非经济与亲属性质群体中）和"家长制"（常见于以经济与亲属基础组织起来的群体中）为最基本的传统权威类型，社会群体的统治权力掌握在年长者手中，但权威支配目的是维护全体成员的共同权利与利益。"老人""家长"的权威往往相伴而生，他们的权威获得与彰显依赖于成员的信任与服从，受到传统的

---

① 〔德〕马克斯·韦伯：《经济与社会》（第一卷），阎克文译，上海人民出版社，2019，第392页。
② 〔德〕马克斯·韦伯：《经济与社会》（第一卷），阎克文译，上海人民出版社，2019，第397~409页。
③ 〔德〕马克斯·韦伯：《经济与社会》（第一卷），阎克文译，上海人民出版社，2019，第409页。
④ 〔德〕马克斯·韦伯：《经济与社会》（第一卷），阎克文译，上海人民出版社，2019，第410页。

严格约束，不能自由占有权利，也不存在"私人（家产制）班子"，占有"行政手段"的通常是群体整体或共同参与的家族。① 相对而言，一旦发展出行政和军事力量并纯粹成为权威者的私人工具之时，"家产制权威"（官僚制的私人班子、等级式支配）便开始出现。权威者的权利从群体权利转化为个人权利，"（有组织的群体或身份群体）可以像对待普通财物一样占有权利，可以像利用任何经济财产一样利用他（们）的权利……可以扩大其专断权力的覆盖范围，可以打破家长制与老人统治结构的传统界线示人恩宠"②。此时，所有的治理权就可能会在统治者及其行政班子成员之间根据各自的个人权利、统治者的特殊敕令、权利占有者达成的协议而划分，不断创设和调整其自治性权力。③

第三种是超凡魅力型权威（卡里斯玛），即神异型权威。所谓超凡魅力指个人的某种品质，因为这种品质，这类权威常被视为不寻常之人，具有一种超自然或超人的、特别罕见的力量与素质，这些品质被认为出自某种神圣力量，普通寻常之人望尘莫及。因此，他们常被视为一种"楷模"，被当作某种"领袖"。不过，超凡魅力权威的效力是否发生作用取决于人们的承认与否。若这位领袖长时间没有证明他的神秘力量、英雄力量，没能给其追随者带来实惠，可能他的权威就会荡然无存。④ 也就是说，这种超凡魅力型权威建立在领袖的特殊品质与其追随者心目中所激发的崇敬感与忠诚意识等基础上，这种气质可能会不稳定，如果领袖没有经常证明自己的过人能力，那么他的地位就可能会受到质疑和挑战，甚至丢失其原有地位。一个服从超凡魅力型权威的有组织群体成为一个情感上的超凡魅力共同体。这一共同体有如下特征：（1）无等级制度，作为领袖人物，他只能起一般意义上的干预作用；（2）不存在行政辖区或者权限范围，亦不在社会特权基础上占有官职权力；（3）无常设行政机构，在行政位置上的多为代理人；（4）无形式上的规则体系，亦无抽象法律原则及相关理性司法裁判过程与司法判

---

① 〔德〕马克斯·韦伯：《经济与社会》（第一卷），阎克文译，上海人民出版社，2019，第416页。

② 〔德〕马克斯·韦伯：《经济与社会》（第一卷），阎克文译，上海人民出版社，2019，第417页。

③ 〔德〕马克斯·韦伯：《经济与社会》（第一卷），阎克文译，上海人民出版社，2019，第419页。

④ 〔德〕马克斯·韦伯：《经济与社会》（第一卷），阎克文译，上海人民出版社，2019，第430~432页。

例作为取向；（5）与官僚制权威形成尖锐对立，与传统权威背道而驰，是非理性的，追随者能够体验到的超凡魅力益处是其唯一正当基础；（6）超凡魅力权威不会一成不变，而是要么形成一种传统，要么变得理性化，要么二者兼备。①

　　吉登斯（Anthony Giddens）等在韦伯的基础上补充了第四种权威——价值理性权威，即合法性基础是系列规范所给定的绝对价值标准。这是一种意识形态化的权威类型，其合法性基础在于社会行动的带领者引领社会成员集体追求某个目标或者目的。② 在当下中国少数民族乡村，上述四种权威类型都可能存在，且表现形态更加复杂。一般而言，在中国少数民族乡村，传统型权威和超凡魅力型权威的权威来源不同于合法型权威，其权威既非简单的"同意权力"（契约合同），也非制度化的"横暴权力"（国家法律）③，多源于其生活与发展社会中的文化网络。在彝族传统社会中，这几种权威类型几乎同时存在，且不同权威类型之间并无明确清晰的界限，多处于互嵌共融的关系结构与互动过程中。传统型权威和超凡魅力型权威之间有时界限分明，有时又融为一体。他们可能因自身独特魅力而赢得权威，亦可能与信仰、习惯法、民俗、族规等物化与非物的意识形态联系在一起彰显和表达自身权威，获得话语权，发挥其组织动员与社会整合的作用。④

　　照上述观点，彝族古代社会中地方政权君长、土司或土目等较贴近韦伯所指的合法型（科层式）支配权威，德古、苏易等头人及祭司毕摩等既具备了合法型权威的性质，也在一定程度上发挥着传统型权威的作用，还具备了超凡魅力型权威的角色属性，巫师苏尼则更接近于超凡魅力型权威。基于特定的社会情境或人类生态，且作为社会结构再生产的规范体系与秩序基础而形成的权威，更贴近吉登斯提出的价值理性权威类型。基于此，有学者曾照韦伯的分类系统将彝族德古或其他家支头人归为传统型权威与超凡魅力型权威的结合体。⑤ 这种分类固然有理，不过，本书认为如仅照韦伯的分类框架

① 〔德〕马克斯·韦伯：《经济与社会》（第一卷），阎克文译，上海人民出版社，2019，第433~437页。
② 〔英〕安东尼·吉登斯、〔英〕菲利普·萨顿：《社会学基本概念》，王晓修译，北京大学出版社，2019，第268页。
③ 费孝通：《乡土中国·乡土重建》，群言出版社，2016，第72~77页。
④ 梅军、李宁阳：《乡村传统治理资源的整合重构与乡村善治：基于贵州两个彝族村寨的考察》，《地方治理研究》2020年第3期。
⑤ 张邦铺：《彝族习惯法及调解机制研究》，法律出版社，2016，第122页。

将其归类，实质上会在一定程度上混淆或缩小彝族传统社会中各种支配权威类型之间的差别。在彝族传统社会中，每种支配权威类型的权威彰显及权力运作都是基于特定场域，君长、土司、土目、毕摩、德古、苏易、苏尼等都是不同"子场域"中的权力主体和权威类型，共同构成了彝族社会这一"大场域"下的文化网络与秩序结构。在不同历史时期，上述支配权威类型的角色内涵及角色功能都有历史阶段差异。基于此，他们的活动场域并非一成不变。其中，君长、土司、土目、德古、苏易等权威类型的权威彰显主要集中于政治与日常世俗社会生活场域。毕摩既活动于政治场域，也在神圣仪式生活场域彰显权威，后同苏尼一样多在仪式生活场域显示权威。

基于上述分析，本书融合韦伯的三元权威分类与杜尔干（Émile Durkheim）的"神圣与世俗"二元分类法①，将传统彝族社会中的支配权威类型分为神圣型、世俗型及法理型三种。其中，神圣型支配权威以毕摩（布摩）及苏尼等专门从事信仰仪式活动的人群为主要代表。世俗型支配权威以德古、苏易等家支（家族）长老、寨老及其他乡村社会精英为主要代表。法理型权威则以古代社会中的土司、土目及现代社会时期的基层乡村干部为主要代表。不过，由于土司、土目等已退出历史舞台，当下的彝族毕摩、苏尼等神圣型支配权威可被视为彝族信仰文化的构成部分。因此，此小节主要阐述德古、苏易等世俗型支配权威，其他后文再述。

（二）世俗型权威：制度文化的实践者

家支头人与寨老群体是彝族社会中世俗型权威的典型代表，是彝族传统制度文化的坚定守护者。各地彝区关于这类权威的称呼各不相同，如凉山彝区的家支头人多被称为"苏易""德古"，又如在滇、黔许多彝族乡村中，他们可能被称为"寨老""老寨""管事""头人""耆老"等。虽然他们在各地彝族乡村中的称呼有别，但是其从事的活动大同小异。下文主要以凉山彝区的苏易和德古等群体为例，系统分析彝族乡村世俗型权威的文化活动及其社会功能。苏易多指凉山彝族家支中见识渊博、家底厚实且有较高威望之人。传统社会时期，他们的装饰打扮具有明显的独特性，如在发型上其"天菩萨"盘得极为粗大形成发饼。因此，在当地常有"有发饼的是苏易"的说

---

① 〔法〕E·杜尔干：《宗教生活的初级形式》，林宗锦、彭守义译，中央民族大学出版社，1999。

法。一个房族至少会有一名苏易，如当地彝谚说："一区一德古，一房一苏易"。从跨文化比较层面来看，苏易相当于汉人家族、房族的族长之类的角色，人数比德古多，多以男性为主。德古通常指知识丰富、思维敏捷、能说会道、熟悉习惯法、善于思辨与调解纠纷、办事热心、处事公道的头人类型，是凉山彝族社会跨家支的"律师"。德古的产生并非基于严格意义上的程序化机制或规定化仪轨，也并非官方赋予权力，而是在日常生活中通过成功解决多桩纠纷而积累丰富经验，得到社群公认后自然形成其权威，因此德古在一定程度上也属于超凡魅力型权威。作为一名公正的德古，不仅要具有当地彝族社群公认的道德标准，还要具有超家支的道德观念，寻求普遍适合家支、族群及敌友间的公平、公正、正义、和谐的相处之道。

作为彝族家支习惯法的实施者，在调解纠纷时，德古须公平对待每个人、每个家支及纠纷各方，维护家支习惯法的绝对效力、公正严明及合理权威。换句话说，在当地，德古相当于公共道德权威的代表。不过德古的权力与权威受制于地方公共舆论，若德古一味看重权势，包藏私心，包庇或偏袒强势家支，未严格遵照习惯法规定，那么公众舆论会认为其失去公正立场，其权威、信誉及声誉也会丧失。因此，无论在传统社会还是现代社会，当地彝族村民遭遇纠纷之时，仍会认可和愿意选择德古调解。在调解纠纷时，德古常用格言、谚语等以物喻事，不厌其烦地引经据典，讲述道理，辨明真理，使双方和解。[1] 在纠纷调解结束后，德古会获得一定数额的报酬。若为较小纠纷，多宰牲摆酒设宴招待。若是较大纠纷且涉及较多赔偿金时，则需按当事人所得赔偿的10%向德古支付报酬。[2]

根据纠纷类型，调解方法各异。首先，当事人可通过"勒者扎"（受害者通过银两悬赏知情之人检举）解决。其次，若为家支内部纠纷，则由家支内部的苏易和德古主持家支会议调解，规模根据需要参与的人数而定，不必申请第三方德古介入。最后，若是家支间的纠纷，当事人双方可邀请第三方德古为自己"辩护"，召开"蒙格"或"吉尔吉铁"会议调解。为避免双方情绪激化引发械斗，会采取"咪的溜达"（背对背原则）形式调解。过程如下。

第一，当事人及其家支亲属各自根据其掌握证据，据纠纷轻重程度考虑

---

① 张晓辉、方慧主编《彝族法律文化研究》，民族出版社，2005，第305页。

② 胡庆钧：《凉山彝族奴隶制社会形态》，中国社会科学出版社，1985，第266页。

需要邀请的德古数量，并向德古陈述纠纷缘由，请其介入，启动纠纷调解程序。若未涉及命案，德古则会先采取"搁木搁勒"（牵牛、牵马）形式，即防止因报复而械斗，由过错方牵牛、牵马向对方表示歉意，缓和调解气氛，以免矛盾激化。

第二，纠纷调解程序启动，双方德古接受工作之后，根据当事人提供的证据甄别案件难度和思考如何解决。互相协商纠纷调解的时间与地点，将相关信息告知当事人。一般来说，地点通常会选择室外宽敞空旷之处，天气大多为晴天，时间长短不定。棘手的纠纷可能会经多次调解，或通过"欧伟吾达"（借力调解）方式，找双方家支长者及亲友帮忙说理。

第三，至约定时间，双方到达指定地点。依"咪的溜达"形式，分别向德古陈述案情，德古听完之后认真传递双方意见，并通过"的惹见从"（依法依俗调解，即依据习惯法及国家法律调解）、"尔比尔吉"（引用谚语调解，引经据典教育说服矛盾双方，提倡"和合"精神）、"勒日达"（寻找双方平衡点）、"尼壤俄布"（择利去弊）及过往判例等开展教育，形成调解结果的综合意见，试图取得各方当事人的同意。

第四，德古合议确定裁决方案之后，当事人双方就可坐在一起，听从德古宣布最后达成的裁决方案，宣讲服从调解的相关事宜与责任分配，并告诫在场的人要团结友爱、和睦相处，结案之后不可再存憎恨与抱怨之意。如当地彝族谚语"三岁孩子说好的纠纷，六十岁老人也不能改"①便是他们关于纠纷调解结果诚信意识的真实写照。

第五，举行"依茶拉觉"（打酒杀牲调解）结案仪式，即当事人双方及其参与的家支亲属吃"结案饭"，喝"结案酒"，以此证明调解有效，双方服从调解，永不后悔。②

最后，若德古首次调解未成功，就可能会邀请具有更高权威、拥有更强能力的德古进行二次调解。若经过多次调解仍然失败，就可选择"溜坡次达"调解方式，引入"神判"或"盟誓"。于是，在德古的组织与毕摩的主持下，针对案件类型举行相应神判仪式解决纠纷，具体内容见表2-1中所列。除遇难以判定的纠纷采用这一方法之外，在惩处家支成员涉毒问题时也会采取这种方法，这已成为当地彝族传统治理资源活化的重要

---

① 海乃拉莫等：《凉山彝族习惯法案例集成》，云南人民出版社，1998，第13页。
② 张邦铺：《彝族习惯法及调解机制研究》，法律出版社，2016，第114~115页。

举措。

整个调解过程反映了凉山彝族民间纠纷调解的如下特点。第一，集体性与公开性。家支是传统社会时期个体成员的基本依附单位，家支保护着个体成员的安全、荣誉与利益，参与纠纷调解的主体通常也以家支为单位，公开调解。第二，公正性与公平性。调解方式以双方合意为主，追求快速简单，采取"背对背原则"，双方家支头人一般不参与合议，以家支之外的德古协商为主。第三，道德性与道义性。调解目的重在维护道义与修复关系，保护理性尊严与价值利益，结果通常以协商与赔偿为主。第四，权威性与决定性。调解效果主要为双方重归于好，容易执行且一般不准后悔翻案。调解结果的公正性和结果保障以结案仪式与家支公共舆论作为监督机制。[①] 第五，教化性与教育性。调解标准与依据以习惯法及道德教育为主。第六，灵活性与简化性。调解程序相对简单，调解成本相对现代司法调解而言较低。

德古及类似角色性质的世俗型支配权威依旧活跃在当代彝族乡村中，他们不仅熟悉传统习惯法，还可能在一定程度上了解某些现代法律。这种转变既与他们的主动实践有关，也得益于国家机制对其再组织化。就其主动实践而言，随着生活环境与生产方式的转变，人们面临的纠纷类型也会变化，如族际纠纷，公司企业、工头及普通民工等之间的劳务纠纷，现代交通矛盾等纠纷类型显然无法按照传统习惯法调解，就需要参考现代国家法律法规。要成功调解此类纠纷，他们就不得不主动了解和学习相关法律知识，这既是保证其调解依据、调解程序的合理合法、公平公正和调解结果成功的基本前提，也是其权威延续的重要保障。从国家科层机制对德古的再组织化来说，其主要表现为德古被地方政府、相关司法与执法部门和基层行政组织纳入规范化组织体系，经规模化、规范化的现代法律知识培训，强化其法律知识与法治意识。这样，在调解纠纷时，他们会在不违背国家法律的情况下参照习惯法来实施调解。如下数据和案例反映了他们之于当代彝族乡村治理的积极作用。

首先，大量数据显示，在当代彝族乡村，由德古主导的民间纠纷调解机制依旧具有广阔生存空间。在凉山彝区，德古几乎每年成功调解的民事纠纷都是当地司法部门受理并成功处理案件数量的数倍。如 2003 年，凉山州中级人民法院在昭觉、布拖、美姑、越西、金阳等 5 个县的法庭辖区进行了专题

---

① 李剑：《论凉山彝族的纠纷解决》，中央民族大学博士学位论文，2010。

调研，调查数据显示，当年这5个县全年发生民事纠纷3972件。其中，由德古按习惯法调解成功的有3935件。① 又如2007年，布拖县人民法院统计数据显示，当年该县1270件民间纠纷中，由德古调解成功的占90%以上。② 还如2014年，喜德县人民法院特邀德古成功调解497件民间纠纷，成功率为100%。③ 同年至2015年，马边县人民调解组织调解的1956件案件中，有286件为德古调解，成功率达90%。2017年，冕宁县的德古调解成功率达93.01%，2018年上升至97.91%。2017~2019年，乐山市人民法院邀请德古参与调解纠纷1289件，成功调解了1262件，成功率达98%。④ 2019年，凉山全州邀请德古参与调解纠纷19660件，成功化解19386件，成功率达98.61%。⑤ 2018年3月至2020年8月，德昌县人民调解委员会共受理案件945件，调解结案708件，调解成功642件，终止调解66件，调解成功率为91%。⑥ 从上述数据来看，德古依旧彰显着其维系社会秩序与参与社会整合的意义和功能。

其次，从具体案例来看，海乃拉莫等著的《凉山彝族习惯法案例集成》⑦、陈金全与巴且日伙主编的《凉山彝族习惯法田野调查报告》⑧ 及巴且日伙与陈国光合著的《凉山彝族习惯法调解纠纷现实案例——诺苏德古访谈记》⑨、蔡富莲与米伍作合著的《当代凉山彝族血缘家支与传统习惯法研究》⑩ 和张邦铺的《彝族习惯法及调解机制研究》⑪ 等研究专著及调查报告

---

① 张邦铺：《彝族习惯法及调解机制研究》，法律出版社，2016，第102页。
② 蔡富莲、米伍作：《当代凉山彝族血缘家支与传统习惯法研究》，民族出版社，2014，第216页。
③ 《"德古"：民间调解的和平使者》，《四川日报》2015年1月20日，第1版。
④ 黄大海：《乐山将德古吸纳到人民调解员队伍中，让德古调解合情合理更合法》，《四川日报》2020年1月6日，第2版。
⑤ 《凉山：多元化解调解显成效》，凉山州人民政府网站，2019年8月28日，http://www.lsz.gov.cn/xxgk/zdlyxxgk/ffhjcdfx/201908/t20190828_1246561.html，最后访问日期：2019年11月2日。
⑥ 《德昌践行"枫桥经验"交通事故 调解彝汉联动解难题》，四川凉山长安网，2020年9月17日，http://www.liangshanpeace.gov.cn/dtj/20200917/2319073.html，最后访问日期：2020年11月2日。
⑦ 海乃拉莫等：《凉山彝族习惯法案例集成》，云南人民出版社，1998。
⑧ 陈金全、巴且日伙主编《凉山彝族习惯法田野调查报告》，人民出版社，2008。
⑨ 巴且日伙、陈国光：《凉山彝族习惯法调解纠纷现实案例——诺苏德古访谈记》，中央民族大学出版社，2012。
⑩ 蔡富莲、米伍作：《当代凉山彝族血缘家支与传统习惯法研究》，民族出版社，2014。
⑪ 张邦铺：《彝族习惯法及调解机制研究》，法律出版社，2016。

彝族 /传/统/治/理/资/源/的/创/新/利/用

中搜集了 20 世纪 30 年代至 2013 年这段时间的德古调解案例。基于他们的研究，本书又搜集了一些案例，对比分析近年来在国家法治不断推进与基层自治组织不断完善的情况下，传统习惯法及其执行主体德古的生存状态。最终发现，尽管彝族乡村法治建设正在不断推进、深化和扩展，但是相关的司法、执法部门并无"励讼"现象，乡村社群也未形成浓厚的"好诉"观念。相反，无论自上到下，还是自下而上，都鼓励和主动选择民间调解渠道，将其作为纠纷解决的主要选择而保持活力。如下案例便是例证。

案例 2-3——德古参与移风易俗的成功案例：遏制高额彩礼是当前我国移风易俗工作中的一项重要内容，在凉山彝族社会中，德古在参与凉山彝族社会的移风易俗工作中显示出了明显积极效应。如 2012 年，美姑县的 300 多名德古召开集体会议，商讨关于凉山彝族社会中的高额彩礼问题，后来，形成了将彩礼数额限制在 9 万元之内的共识。2015 年，峨边县也召开德古大会，举行盟誓仪式，形成该县彩礼问题共识，将彩礼数额控制在 7 万元之内。2017 年时，峨边县一名村干部将其女儿聘礼定为 10 万元。后来此事被当地一名德古知晓，然后与其商量，最后将聘礼数额减少到规定范围内。

案例 2-4——德古调解成功的交通事故纠纷：2019 年 12 月，凉山州喜德县的吉克某某驾驶小轿车碰撞到了克日某某，克日某某因此受伤住院，其间双方因为住院治疗费、营养补给以及误工费等费用产生争执，发生矛盾。两人所在的村委会曾经两次对两人的家人进行协调，但调解失败。后来，村两委考虑到矛盾双方都是彝族，便邀请民间德古调解，德古通过引经据典，摆事实讲道理，先进行劝解，然后又给当事人双方普及相关法律知识，最后成功化解了这场矛盾纠纷。

案例 2-5——依据习惯法规定调解成功的婚姻家庭纠纷：2017 年初，凉山州马边县的彝族村民格某（女）与阿某（男）经媒人介绍且双方父母同意准备结为夫妻，商定彩礼钱共计 175000 元。2017 年 3 月 8 日，阿某与格某按彝族习俗在格某家中举行订婚仪式，阿某支付给格某彩礼钱 153500 元。2017年 9 月 29 日，阿某与格某在阿某家中按彝族习俗举行结婚仪式，阿某再次支付给格某剩下的 21500 元彩礼钱。11 月底彝族年间，阿某在格某家醉酒失态，致双方产生纠纷，格某家父母便不再想将女儿嫁给他。2019 年 4 月 19日，马边彝族自治县沙腔乡人民调解委员会受理该纠纷，经调解，仍未能达成协议，于一周之后（4 月 26 日）出具了《人民调解终止书》，由双方依法申请有关部门（单位）解决或者向当地人民法院起诉。2019 年 10 月 15 日，阿某将格某起诉至马边县人民法院，要求她连带退还彩礼款 175000 元。经过调查，阿某与格某并未依法登记，而且马边彝族民间德古文化协会于 2012 年 8 月 9 日规范的婚约彩礼金额不能超过 75000 元。法院在审理这起案件的时候，遵循当地彝族民间习俗规范，按照马边彝族民间德古文化协会婚约彩礼金额规范标准，认为该案彩礼金额超过了民间习俗规范的范围，且双方尚未办理结婚登记，最终依照《婚姻法》判定格某家返还超过民间习俗规范75000 元之外的 10 万元给阿某家，并且根据双方的过错程度和传统婚姻习惯法规定，在习俗规范范围内的 75000 元还要再返还 4 万元给阿某家，最终判定格某家在判决生效 15 日内返还给阿某家 14 万元彩礼钱。案件审理产生的1900 元费用双方各承担一半。后来格某家不服判决，又将阿某家起诉到四川省乐山市中级人民法院，乐山市中级人民法院于 2020 年 1 月 15 日开庭审理，最终仍维持原判。[①]

案例 2-6——德古调解成功的邻里矛盾纠纷：2018 年 11 月 5 日，马边县娄某之子与李里马布之子在学校发生矛盾打架，娄某之子被打伤。11 月 6 日，娄某带着儿子到李里马布家要求他带去医院做检查，然后将儿子留下自己独自离开。之后，李里马布找到了娄某的哥哥与他一起去医院，但娄某哥哥认为伤势较轻没有必要去医院，然后李里马布就离开了。当天下午，娄某又带着火药枪去往李里马布家理论。走到距离李里马布家约 20 米的菜园地时开了一枪，李里马布听到枪声，立刻跑到菜园地从坎上跳下去抢夺娄某的枪，在抢夺过程中娄某摔倒导致头部颅骨骨折，后被送往马边县人民医院住院接受治疗。11 月 8 日，李里马布请民间德古为其调解。德古抬了两箱啤酒到娄某家中调解。经过调解，双方达成和解，并且娄某表示无论以后身体出现什么问题都不会再找李里马布任何麻烦。11 月 9 日，娄某自行要求出院。后来娄某多次出现身体不适，于 11 月 18 日被送往乐山市人民医院后抢救无效死亡。事后，李里马布赔偿了娄某家属 25.6 万元，得到了娄某父母与两名弟弟的原谅，并主动自首。虽然李里马布得到了死者家属的谅解，但是根据国家法律其行为属于过失致人死亡罪，依旧被判处有期徒刑三年，缓刑四年。[②]

[①] 资料来源：《四川省马边彝族自治县人民法院民事判决书》（〔2019〕川 1133 民初 492 号）。

[②] 资料来源：《四川省马边彝族自治县人民法院刑事判决书》（〔2019〕川 1133 刑初 61 号）。

类似案例还有很多，不再逐一展示。在彝族传统社会中，无论人命案件，还是其他纠纷，几乎都由德古和家支头人组织家支会议公开解决，从表2-1所列的彝族传统家支习惯法来看，人命案通常有"死给"和支付赔命金两种方式，其他纠纷多以赔偿为主。彝族重视个人脸面与家支荣誉，特别是在凉山彝区，当矛盾双方达成和解协议、举行和解仪式，之后便永不后悔。虽然德古等世俗型支配权威曾被边缘化，但是随着国家政策的调整转变，他们又能延续传统功能，成为彝族社会改革的关键力量。同时，在国家法的引导下，传统也注入了新的时代精神与价值内涵。现代意义上的德古既批判传承了传统习惯法精神，也吸收了现代法律知识，并参与彝族乡村治理。他们被赋予新身份，担负起新职责，现代法治意识不断增强，综合素质不断提升，与传统德古具有明显差别。

当然，并非所有民事纠纷他们都能调解成功，有些纠纷就必须由各级调解委员会及国家司法部门解决，而且刑事案件无疑得全部由司法部门审理判决。即使是德古调解成功的案件，一旦涉及刑事，当事人也要接受国家法的审判。不言而喻，无论国家司法，还是民间纠纷调解机制，都存在服务供给能力与范围不足的情况。要构建和完善法治自治德治的乡村治理体系，就需将民间机制与国家法制合理结合，将民间调解机制纳入现代法治体系，形成国家在场与民间调解的良性互动、国家科层权威与民间支配权威的协同共治。

第二节　信仰文化：彝族乡村德治的精神内核

习近平总书记曾指出："信仰文化不只作为一种社会意识形态，还是一种特殊文化现象，是一种内涵深邃的哲学思维，影响着文化生活与民族精神；强化着某些道德规范的功能；积淀为旅游文化的重要资源，演化为民族风情的习俗文化。"① 乡村生活常与各种神灵系统联系在一起，人有祖先神，村有村神，寨有寨神，这是乡村社群的精神寄托和乡村共同体意识培育的文化机制。基于其生存环境与生产实践，乡村社群在与自然、逝去祖先的灵魂

---

① 习近平：《干在实处　走在前列：推进浙江新发展的思考与实践》，中共中央党校出版社，2006，第264页。

打交道的过程中形成了其特有的信仰文化体系。如果说，制度文化是社会从其外部施加的一种强制社会规范的话，那么基于信仰文化形成的道德准则、道义精神、互惠原则、伦理秩序及社会心态与审美价值就是社会从其内部塑造起来的自律文化规范，反映的是其社群的社会生活态度和宇宙秩序图式，剖析的是他们关于人与人、人与社会（个体与群体、群体与群体）、人与物、人与自然、人与神、物与物、物与社会、物与自然及物与神等多重文化关系的认知理解、诠释表达，揭示的是他们对人文主义、人本精神和人生意义的一般思考和终极关怀。它既有神秘主义（逻辑—意义）色彩，也有实用主义（功能—因果）意涵。

一　精神寄托与灵魂依靠：彝族传统信仰文化的主要内容

美国人类学家威廉·A. 哈维兰（William A. Haviland）曾指出："一切宗教都满足着人们的社会与心理需求。"① 彝族的信仰文化形塑了他们的精神世界，为其提供了精神寄托和灵魂依靠，不仅满足他们的社会需求与心理需要，还满足了其生活需求和文化需求。

（一）万物有灵与精灵崇拜

英国人类学之父爱德华·泰勒（Edward Burnett Tylor）发现全球范围内大多数初民都认为在他们生活的自然界中居住着各种灵物，使其自然环境异常活跃和繁荣。② 这种观念不仅构成了初民社会的哲学基础，也构成了文明社会的哲学基础，此即万物有灵论。在他看来，要理解万物有灵，须厘清两条线索，即生物的灵魂及精灵本身。他发现各地初民常认为生物的灵魂在生物肉体死后将继续存在，人们会以仪式行为使其转化为神灵，加以崇拜，并在此过程中衍生出了祖先崇拜和自然崇拜。他还指出，精灵与灵魂不同，它上升到具有强大威力的诸神行列，人们前世今生的行为举止都在其严密监督之下。③ 万物有灵论也是彝族社会的哲学基础，是其传统信仰观念的重要内

---

① 〔美〕威廉·A. 哈维兰：《当代人类学》，王铭铭等译，上海人民出版社，1989，第502页。
② 〔英〕爱德华·泰勒：《原始文化：神话、哲学、宗教、语言、艺术和习俗发展之研究》，连树声译，广西师范大学出版社，2005，第347页。
③ 〔英〕爱德华·泰勒：《原始文化：神话、哲学、宗教、语言、艺术和习俗发展之研究》，连树声译，广西师范大学出版社，2005，第350页。

容。在没有祛魅的年代，他们非常愿意相信世间万物都有灵性，有其灵魂，认为灵魂与精灵都能影响人们的身体生理健康与社会生活秩序，人的完整生命体由生物意义的身体与超生物意义的灵魂构成，社会生活秩序是由各类行动组织、制度规范及神灵共同维护。大体看来，彝族人的万物有灵观念包括精灵崇拜与灵魂崇拜。

首先，关于精灵崇拜。精灵不同于灵魂及鬼神等观念，它既非神，亦非鬼，而是一种有形但不可见、无人格但有某种神秘意志的不确定之物。它一旦进入某一对象，便赋予其神秘力量。① 在凉山彝族的观念中，日常生活中的某些器物与特定动物等身上都可能附着某种精灵，如石头、黑毛山羊、猪及大红冠公鸡的毛与血液等。传统社会时期，凉山彝族家支间"打冤家"（即家支间群体械斗）之时，凡参加"打冤家"之人，多会从自家羊羔身上剪下一撮羊毛，将其缝制进衣物之中，以期其上附着的神秘力量保佑他们在战斗之时不受伤和祈求战斗胜利。再如他们认为不能随意乱动祖先留下来的衣服、生活用具、银两、饰品、骨制品等物品，相信这些物品之上附着有祖先灵力——"吉罗"（意为法宝、宝贝）。在当地，大多数人认为自家有"吉罗"。② 它既非祖先神，也无鬼神意义，而是本身有神秘力量的精灵。③

其次，关于灵魂崇拜。与大多数民族一样，彝族不仅相信生者与死者各有其魂，还认为男女也各有其魂。他们认为生者躯体之外存在三种"精神"——"依"、"娜"及"娜格"，它们各有作用空间。其中，"依"调节人的日常生理活动，它若离开人体，人的作息就会不规律，人就会显得精神疲惫。"娜"支配人的精神状态与行为举止，它若离开人体，人就可能精神失常和行为疯癫。"娜格"支撑人的身体健康，若它离开人体，人的肉体就会面临死亡危险。④ 当人们生病时，他们关于疾病的认知和应对也会以相关仪式行为来表达，如当一个人发觉身体不适时，常会将生病原因与失魂或某一亲人灵魂附于其身联系在一起，就会邀请毕摩作卦祭灵、禳灾、解冤或苏尼作巫，举行叫魂仪式与祛除鬼仪式。对于逝者，他们认为人去世是因灵魂离开肉体，但它不会立即消失，分别守护在不同场合。一个守护在火葬场或

---

① 〔德〕马克斯·韦伯：《经济与社会》（第一卷），阎克文译，上海人民出版社，2019，第638页。

② 岭光电、余宏模：《凉山彝族的原始宗教信仰》，《贵州民族研究》1982年第3期。

③ 林耀华：《凉山彝家》，云南人民出版社，2003，第84~85页。

④ 吉克·尔达·则伙口述《我在神鬼之间——一个彝族祭司的自述》，吉克·则伙·史伙记录、刘尧汉整理，云南人民出版社，1990，第78页。

土葬坟墓处，一个回到家中堂屋神龛上或灵筒中，最后一个回到最初祖先灵魂之界。在其观念中，神灵、鬼魅与祖先之魂实际上没有明确边界，他们通常会为逝者举行"做灵""净灵""祭灵""送灵"等仪式，保证逝者灵魂得以净化并回到它该回之地，避免化为"恶灵""恶鬼"危害村落和人畜的精神生活、身体健康与生命安全。对于性别差异，他们认为女性具有男性没有的生育魂——"格非"。当然，男性也有自己的灵魂，它藏于"天菩萨"之中。因此，他们严禁任何人触摸与亵渎自己的"天菩萨"。此外，在凉山部分乡村中，有婴儿出生之后，其父母长辈会从狗的身上剪一撮狗毛，将其与新生儿的少许头发混合缝制于一个小布袋中，以期狗毛之上附着的超自然灵力能保护其健康成长。

（二）自然崇拜与图腾崇拜

麦克斯·缪勒（Friedrich Max Müller）将万物有灵论发展为自然崇拜，认为崇拜建立在人类对自身经历过的自然现象的认识基础之上。[①] 自然力量既能保护人，为其提供物质资源，也能伤害甚至毁灭他们。他们对自然力量产生敬畏，又无法科学解释自然现象，便在敬畏中产生了信仰，认为自然崇拜是宗教信仰最早的思想来源。杜尔干赞扬了泰勒的万物有灵论假设[②]，但他认为这并非宗教生活的起源，作为社会事实的图腾崇拜才是。他将宗教视为一种"突出的集体性事物"（社会事实）[③]，认为它具有社会团结与社会整合功能。格尔茨（Clifford Geertz）则将宗教视为一种象征体系，认为在这种体系中普遍存在特定的秩序、概念与表达形式，能在人们中间建立一种强力的、普遍的和长久的感情与动机。[④] 上述关于人类社会宗教信仰的理解观点虽然不一，但都揭示了他们关于各层逻辑关系的认知与思考，对认识、理解彝族信仰文化的内涵及分析其社会功能仍有指导意义。

与精灵崇拜不同，在彝族的自然崇拜系统中，其崇拜的对象通常被"人格化"而具有善恶之分。大地化育万物是他们自然崇拜的核心观念，集中反映了他们关于人与万物同源共生、与自然和谐共存的生态观，赋予了自然万

---

① 〔英〕麦克斯·缪勒：《宗教的起源与发展》，金泽译，上海人民出版社，2010，第38~88页。
② 〔法〕E. 杜尔干：《宗教生活的初级形式》，林宗锦、彭守义译，中央民族大学出版社，1999，第56页。
③ 〔法〕E. 杜尔干：《宗教生活的初级形式》，林宗锦、彭守义译，中央民族大学出版社，1999，第47页。
④ 〔美〕克利福德·格尔茨：《文化的解释》，韩莉译，译林出版社，2014，第111页。

物神圣地位。总体看来,他们的自然崇拜对象分为两种——生物和非生物。生物以动、植物为主,非生物则以天、地、日、月、星辰、雷、山、水、火、石、风、雨、雪等为主。他们将在日常生活中接触和看到的自然物象、神奇现象视为有生命意志且具备神秘力量的对象而怀有崇敬之心。在其观念中,天神、地神、太阳神、风神、雨神、雷神、龙神、水神、火神、山神、石神、树神等神灵,皆具施行伦理惩罚的神格①与超自然神力。他们认为神灵与鬼怪共同影响着自己生活空间的土地及资源,维系着其生产秩序、村寨生活、健康安全等,受它保护的人群又赋予它们神圣不可侵犯的性质。

彝族创世史诗及毕摩经典,集中表达了他们关于自然崇拜的集体记忆,如:流传于云南楚雄彝区的创世史诗《梅葛》中的天神"格滋",《查姆》中的天神"涅侬倮佐颇"、龙神"罗阿玛"、水神"罗塔纪";流传于红河彝区的创世史诗《阿细的先基》中的天神"阿底";流传于四川凉山彝区的创世史诗《勒俄特依》中的天神"恩体谷滋"。不同区域彝族描述的神灵各有其产生时期与母题形象。此外,黔西北彝族毕摩经书《献药经》中表达了他们关于天、地、石、水、雨、日、雾等各种非生物自然物象的崇拜观念。

> 神神十三种,献酒到座前,天神是阿父,地神是阿母,原神银幕穿,野神全帐围,树神白皎皎,石神黄焦焦,岩神乌鸦翅,水神鸭以祭,露神露浓浓,雨神雨淋淋,光神光明明,雾神雾沉沉,坑神气熏熏。②

又如《勒俄特依·雪子十二支》中"雪生万物"的叙事呈现了凉山彝族关于草、树木、藤蔓、蛙、蛇、鹰、熊及猴子等生物皆与人类同源共生的基本观念,内容如下。

> 雪族子孙十二种,有血的六种,无血的六种。无血六种是:草为第一种,分支出去后,住在草原上,遍地都是黑头草;宽叶树为第二种,柏杨是雪子;针叶树为第三种,住在杉林中;水筋草是第四种,水筋是雪子;铁灯草是第五种,住在沼泽边;藤蔓是第六种,住在树根岩壁边。有血的六种是:蛙为第一种,派生出三类……;蛇为第二种……;鹰为第三种……;熊为第四种,黑熊分三家……;猴为第五种,猴类分

---

① 〔德〕马克斯·韦伯:《儒教与道教》,洪天富译,江苏人民出版社,2003,第24~25页。
② 白兴发:《彝族传统禁忌文化研究》,云南大学出版社,2006,第15页。

三家……；人为第六种，人类分布遍天下。①

再如《梅葛》中同样有关于雪生人与万物的记忆表述。

> 天造成了，地造成了，万物有了，昼夜分开了，就是没有人，格滋天神来造人。天上撒下三把雪，落地变成三代人。撒下第一把是第一代，撒下第二把是第二代，撒下第三把是第三代。头把撒下独脚人，只有一尺二寸长；独自一人不会走，两人手搂脖子快如飞……这代人无法生存，这代人被晒死了。撒下第二把，人有一尺三寸长，没有衣裳，没有裤子，拿树叶做衣裳，拿树叶做裤子，这才有了衣裳，这才有了裤子。没有水，没有火，吃的山林果，住的老山洞……这代人活不下去，这代人也晒死了。撒下第三把，人的两只眼睛朝上生。格滋天神，撒下三把苦荞，撒在米拉山；撒下三把谷子，撒在石山岭；撒下三把麦子，撒在寿延山。麦子出穗了，谷子出穗了，荞子长出来了。没有火，天上老龙想办法，三串小火镰，一打两头着，人类有了火，什么都有了，日子好过了。②

从彝族创世史诗及神话传说中还能看出，在其植物崇拜观念中，认为人与自然生物有千丝万缕的互惠关系，甚至认为人由树生、人从竹生。如此，自然崇拜与图腾崇拜就在一定程度上联系在一起。当自然崇拜以图腾崇拜的形式出现的时候，其同时也会与祖先崇拜关联在一起。一定意义上，它们之间应当具有某种互构关系。如在四川凉山，黔西北，云南石林一带、弥勒地区、楚雄哀牢山一带及广西那坡等彝族区，普遍流传着彝族先祖与竹子、葫芦相关的神话传说。虽然叙事内容有别，但叙事母题相近。以《查姆》《梅葛》《勒俄特依》《阿细的先基》等创世史诗及由易谋远③、马学良④、余宏模⑤等搜集的几则神话为例。

神话 2-1——流传于云南楚雄双柏一带：阿朴独姆兄妹成亲后，生下三

---

① 《勒俄特依》，冯元蔚译，中国国际广播出版社，2016，第24~32页。
② 云南省民族民间文学楚雄调查队整理《梅葛》，中国国际广播出版社，2016，第23~27页。
③ 易谋远：《彝族史要》（上册），社会科学文献出版社，2000，第136~138页。
④ 马学良：《云南彝族礼俗研究文集》，四川民族出版社，1983，第240~241页。
⑤ 余宏模：《夜郎竹王传说与彝族竹灵崇拜》，《贵州民族研究》2004年第4期。

十六个小娃娃。十八棵青冈树（男孩），十八朵马缨花（女孩），他们两眼横着生，他们都是小哑巴。天天围在火塘边，只是烤火不说话。涅侬撒萨歇，想出办法医哑巴。叫爹妈砍来竹子，放在火塘里烧炸。只听竹子叭叭响，这个叫"阿嗞嗞"，那个叫"阿喳喳"，还有的叫"啊呀呀"……哑巴从此会说话。①

神话2-2——流传于四川大凉山一带：兹俄尼托（天神之女）啊，嫁到武吾家，住在大地上。成家三年后，生下三个哑儿子。为了弄清原因，特意遣差使。派个虫中聪明者，派了蜘蛛去，吐根蜘蛛丝，沿丝爬到天上问。恩体谷兹（天神）啊，不肯说出真实话，骂声"不吉利的虫"……后又派遣鸡中聪明者，派了一对野公鸡。恩体谷兹啊，骂声"你这不吉利的鸡，玷污了天庭"……再派兽中聪明者，派遣兔子去，恩体谷兹啊，骂声"你这不吉利的兽，玷污了天堂"……又派鸟中聪明者，派去小白雀，恩体谷兹啊，骂声"你这不吉利的鸟，玷污了天庭"。随即跃身起，撮起火灰烫。白雀逃到楼上去，躲在葫芦里。聪明的小白雀，睡呀只顾睡，睡到公鸡啼叫时，听见恩体谷兹的夫人说："你若知道如何治哑病，为何不告诉？"恩体谷兹说"苦命女儿在夫家，成天用手撕枯菜，所以我恨他。若不是这样，只要砍来三节竹，用火烧爆烙三节。再烧三锅开水烫，就会各自说出话。"聪明的小雀，说声"实话我已听到了"。飞到堂屋下，众人来捕捉，尾被扯脱落，钻进灶眼才逃脱。阿蒲小白雀，从此变黑了。从前尾不秃，此后秃了尾。白雀回来把话告。居木武吾家，听后忙不赢，深谷砍了三节竹来炸，家中烧开三锅水来烫。首先烫长子，说声"俄底俄夺"，成为藏族的始祖……然后烫次子，说声"阿兹格叶"，成为彝族的始祖……最后烫幺子，说声"表子的咯"，成为汉族的始祖。②

神话2-3——流传于云南弥勒西山一带地区：洞边有棵老野竹，小儿子在柜子里叫道："老野竹啊！救救我们的命。我们要是活下来，就认你作爹爹，认你作妈妈。"洞边的野竹，立刻把根子伸出来，遮住了洞口。聪明的兄妹俩，一齐对野竹说道："你救了我们的命，我俩认你作父母。"③

神话2-4——流传于黔西北大方一带：从前有一个人上山放牧，突然天

---

① 郭思九、陶学良整理《查姆》，中国国际广播出版社，2016，第88~89页。
② 《勒俄特依》，冯元蔚译，中国国际广播出版社，2016，第78~84页。
③ 云南民族民间文学红河调查队搜集翻译整理《阿细的先基》，云南人民出版社，1978，第53~54页。

降大雨，他躲在山崖下避雨时，有几支竹子顺着山洪飘下来，他捡起其中的一支，小心地把竹筒划开，发现居然有五个小孩在里面。于是，他将这五个孩子抚养长大。他们长大之后，一个孩子从事农业生产，他的子孙变成了后来的白彝；一个孩子从事铧口铸造工作，他的子孙成为后来的红彝；一个孩子从事竹器编制工作，他的子孙变成了后来的青彝。为了纪念祖先，青彝就一直在竹子生长茂盛的地方从事竹器编制工作，人去世之后就将他的灵牌装在竹器编制的容器中。

神话2-5——流传于云南石林一带： 在洪水灾难来临之时，仅剩一家四兄妹，贪婪自私的大哥与二哥争抢着雷神给他们的金箱、银箱，结果沉入了水底，丧失了生命。聪明的三弟则不与他们争夺，他带着妹妹，坐着雷神给他们的木箱子在洪水水面漂流了七天七夜。后来，他们漂到了一座石山顶上。这座石山上长着一丛野毛竹和几株青杠树，他们看见这里能够生长竹子和树木，于是便住了下来。不久之后，洪水退却，三弟和小妹便对着野毛竹和青杠树虔诚地说道："谢谢你们搭救了我们兄妹二人，我们会世世代代都把你们当成神来供。"

神话2-6——流传于云南与广西交界彝区： 相传在太古时代，有一条河上浮着一节楠竹竹筒，当它漂到了河岸边的时候，突然爆开，从里面走出一个人来，这个人的名字叫作阿槎。阿槎长大之后，遇到了一个女子，他们相爱婚配，繁育子女，他们的子女就成了后来的彝族人的祖先。

神话2-7——流传于云南昆明禄劝一带： 传说在洪水泛滥时期，世界上的人几乎被淹死，只有保族（彝族）[①] 始祖渍阿木（阿普笃慕）尊奉太白星君的指示，挖了一个化桃筒，躲在里面，随着洪水漂流，最后得以逃生。等到洪水退却之后，他将化桃筒挂在名为比古阿斥的山崖上。他在这个山崖间处于一种进退两难的境地。后来，他得到太白星君的搭救，太白星君还介绍了一名仙女给渍阿木，二人成婚生子。始祖渍阿木将化桃筒挂在山崖上之后，沿着攀附在悬崖周围的山竹往下走，最终在竹子的掩护支撑下他成功走下悬崖。山竹就成为彝族始祖渍阿木的救命恩物，他的后裔们为了报答山竹的救命之恩，于是就将它作为一种圣物，认为它能够保护祖先的灵魂。

神话2-8——流传于云南楚雄哀牢山一带： 传说在远古时期，地上荒无人烟，天上有一大神，育有一子一女。他预测人间将发生洪水灾难，于是就

---

① 笔者注。

将两个孩子放在一个葫芦里，施法让葫芦裂痕合原，水无法浸入。洪水发生时，葫芦随水漂流，飘到了陆地上后，兄妹两人却无法从葫芦里出来。有蜜蜂飞过时，兄妹俩请求蜜蜂，如果蜜蜂帮他们将葫芦咬开一道口子，他们就把财富赠予它一半，但是蜜蜂无能为力。后来，有老鼠经过，兄妹俩又请求老鼠帮忙，如果老鼠咬破葫芦放他们出来，他们就种植五谷，分老鼠终生享受。老鼠一开始担心他们出来之后自己的资源被他们占据，于是兄妹二人答应出来之后，就把世界的一半时间（夜晚）送给它们，它们可以在晚上尽情享用人类白天生产的粮食。于是，老鼠就把葫芦咬开一个洞将兄妹二人放了出来。经过洪水之后，世界上只剩下兄妹二人。他们成婚繁衍后代，生下了一群孩子，长子以葫芦为灵，以此感念葫芦的救命之恩。种植青松的，供青松灵，栽种竹子的，则以竹根为灵。①

各地彝族关于竹崇拜的社会记忆不仅传承于其神话传说中，还活跃在相关仪式展演与节日庆典等实践中。如前文提到的几个彝区都会用竹子或葫芦来制作祖先灵魂栖息的灵筒、祖灵牌。除竹崇拜与葫芦崇拜之外，彝族社会还存在其他植物崇拜，种类与数量因地而异。与竹崇拜和葫芦崇拜一样，要么认为这种植物对祖先有恩，要么认为是族群祖先的衍生母体。此外，在其生活的区域生长的许多自然植物还具有较高药用价值和文化意义，既作为他们身体生病时的常用药物，也作为其仪式场域的祭仪法器。因此，他们特别注重对相关植物资源的尊重、敬畏和保护。如在凉山彝族的"祭祖送灵"仪式中，就需要采集杉、柏、杨柳、松、竹、蕨、蒿、滇杨、樱桃、栎、核桃、李树、桃树、楂、索玛、野八角、马桑等各 300 根和带杈的树枝 50 对，由毕摩将这些树枝摆成 12 个祭祀方阵，人们牵着牛、羊、猪、鸡前来献祭。② 表 2-14 中收录了各地彝族崇拜的植物种类及崇拜缘由。

表 2-14　彝族植物崇拜种类及崇拜缘由

植物种类	崇拜缘由	分布空间
桃树	被看作彝族的祖先或其"恩人"	紫溪山彝区
山茶花	被看作"佛花""神花"而象征爱情	紫溪山彝区

---

① 刘小幸：《母体崇拜——彝族祖灵葫芦溯源》，云南人民出版社，1990，第 95 页。
② 罗布合机：《凉山彝族的树木文化》，《大自然》2001 年第 4 期。

续表

植物种类	崇拜缘由	分布空间
杜鹃花（索玛花）	被看作"神花"而象征热情与好客	四川凉山与贵州等彝区
云南樟	被看作彝族的祖先或其"恩人"	双柏县、紫溪山与周边彝区
马桑	被视为天、地通道，巫师与神的桥梁	四川凉山与云南楚雄等彝区
青冈栎	被看作彝族的祖先或其"恩人"	楚雄彝区
云南箭竹	被看作彝族的祖先或其"恩人"	紫溪山彝区
核桃树	被看作彝族的祖先或其"恩人"	紫溪山彝区
油杉	被看作彝族的祖先或其"恩人"	双柏县、紫溪山与周边彝区
葫芦	被看作彝族祖先的摇篮或其"恩人"	双柏县、南华县及紫溪山等彝区
米饭花	被看作具有超自然力量的"鬼神"	紫溪山彝区
云南松	被看作具有生殖象征或其"恩人"	四川凉山、黔西北及云南紫溪等彝区
侧柏	被看作彝族的祖先或其"恩人"	双柏县、紫溪山与周边彝区
梨树	被看作彝族的祖先或其"恩人"	紫溪山彝区
马缨花	被看作彝族的祖先或其"恩人"	楚雄彝区
樱桃树	被看作彝族的祖先灵魂的栖所	昆明禄劝彝区
大白花杜鹃	被看作彝族的祖先或其"恩人"	大姚县、紫溪山与周边彝区
垂柳	被看作彝族的祖先或其"恩人"	紫溪山彝区
云南柳	被看作彝族的祖先或其"恩人"	紫溪山彝区
小漆树	被看作具有超自然力量的"鬼树"	双柏县、紫溪山与周边彝区
棕榈	被看作彝族的祖先或其"恩人"	紫溪山彝区

资料来源：刘爱忠、裴盛基、陈三阳《云南楚雄彝族植物崇拜的调查研究》，《生物多样性》2000年第1期；起国庆《信仰的灵光：彝族原始宗教与毕摩文化》，四川文艺出版社，2003，第15～34页。

关于彝族的动物崇拜，《勒俄特依》《查姆》《梅葛》《阿黑西尼摩》① 等彝族创世史诗中，都涉及了昆虫类、鸟类及哺乳类等动物与彝族祖先的渊源叙事，如小青鸟、蜜蜂、蜘蛛、老鼠、绿雀、喜鹊等都在洪水神话后为寻找幸存人类及帮助人们开口说话贡献力量。当然，从普遍意义上讲，彝族动物崇拜的普遍对象多为鹰与虎。同样，在他们的观念中，这两种动物或与彝族

① 施文科、李亮文唱述，普学旺、罗希吾戈翻译整理《阿黑西尼摩》，中国国际广播出版社，2016。

祖先的诞生有关，或与世间万物的衍生相连。关于虎崇拜，如《梅葛》中就叙述了虎变万物的故事。

> 虎头做天头……虎尾做地尾……虎鼻做天鼻……虎耳做天耳……虎眼做太阳……虎须做阳光……虎牙做星星……虎油做云彩……虎气成雾气……虎心做天心地胆……虎肚做大海……虎血做海水……大肠变大江……小肠变成河……虎皮做地皮……硬毛变树林……软毛变成草……细毛做秧苗……骨髓变金子……虎肺变成铜……虎肝变成铁……腰子做磨石……头发变成雀鸟……①

又如云南大理州祥云彝区的毕摩经《祖先创天地》中也有类似叙事。

> 俄罗布变成虎，舍身献给天和地。左眼作太阳，右眼作太阴，眉毛来闪光，鼻子发雷声，耳朵来扯闪，嘴巴刮大风，虎牙作星星，虎油作云彩，虎肉作土地，虎尾作地脉，虎毛变草木，虎骨变山脉，虎气变雾气，小肠作小河，虎筋变道路，汗垢变人类。②

再如彝族英雄史诗《铜鼓王》中叙说了虎对彝族祖先有救命之恩，为报此情，他们称自己为虎族人，将虎作为族群图腾符号。

> 寅虎救彝家，才得有子孙。彝家老祖先，就是虎族人。彝家虎族人，供奉虎图腾。③

关于鹰崇拜，主要与彝族英雄祖先"支格阿鲁"有关，认为他是鹰的后代。在凉山彝区、云南楚雄彝区都流传有与"支格阿鲁"有关的神话传说。

神话2-9——流传于四川凉山彝区：传说在很久以前，名为蒲莫列依的彝族少女去玩鹰，这只鹰滴下了三滴血，分别落在这个少女身体的不同部位。其中，一滴滴在她的头上，发辫穿九层；一滴滴在了腰间，毡衣穿九层；一滴淌在姑娘的身体下部，百褶裙穿九层。于是，这个少女就怀孕了，

① 云南省民族民间文学楚雄调查队整理《梅葛》，中国国际广播出版社，2016，第14～17页。
② 起国庆：《信仰的灵光：彝族原始宗教与毕摩文化》，四川文艺出版社，2003，第33页。
③ 李贵恩、刘德荣等搜集整理《铜鼓王——彝族英雄史诗》，黄汉国等译，云南人民出版社，1991，第3页。

她生了一个男孩，取名叫支格阿鲁。①

神话 2-10——流传于云南楚雄彝区：远古之时，有只老鹰在天空中自由飞翔。飞着飞着，其影子就罩在一个彝族姑娘身上。这只鹰身上滴下了一些水滴，一滴滴在她的罗锅帽上，一滴滴在她的披毡上，一滴滴在她的百褶裙上。然后，这个姑娘就怀孕了，她在生肖属龙的这一天生下了一个儿子，她生下之后又把这个儿子放到树上面去，由老鹰来抚育长大，这个孩子取名为阿鲁举热。②

（三）祖先记忆与祖先崇拜

所谓祖先崇拜，即相信祖先灵魂不灭，它会从祖先魂化为祖先神，将其作为超自然力量的一部分而加以崇奉。③祖先崇拜是一个民族的根基历史，是中华民族精神世界的核心要素，祖先记忆把一代又一代的中华民族儿女紧密团结在一起。同样，祖先崇拜也是彝族民间信仰的核心内容，是其亲属关系世代延续的保障，是社会自我小家庭成员精神聚合、关系整合及互相认同的符号纽带。其实，无论万物有灵，还是自然崇拜，或是图腾崇拜，都或明或隐地与祖先崇拜联系在一起。甚至可以说，在彝族传统社会里，无论自然崇拜，还是图腾崇拜，都是祖先崇拜的不同表现。从这个角度来说，祖先崇拜确属彝族传统信仰的核心内容。他们崇拜的祖先，既有民族共同体始祖，也有各支氏族祖先，还有区域建寨始祖、各家支（家族）祖先及历史上或传说中的英雄祖先等。

其一，作为民族共同体始祖。如彝族始祖希慕遮和洪水灾难之后唯一幸存的阿普笃慕，虽然他在不同支系中的称呼有差别，但阿普笃慕确实是当前我国各地彝族普遍认可的共同祖先，各地彝族《指路经》指向的最终地点一般都是其主持六祖分支之地。

其二，作为各支氏族祖先。经六祖分支之后，六祖又分别成为各分支氏族祖先，如长房慕雅且（武）与慕雅苦（乍）两部迁徙进入今滇南与滇西，慕雅热（糯）与慕雅卧（恒）两部迁徙进入今大小凉山及昭通乌蒙山区，慕克克（布）及慕齐齐（默）二部则迁徙进入今云南曲靖、宣威及贵州毕节、

---

① 起国庆：《信仰的灵光：彝族原始宗教与毕摩文化》，四川文艺出版社，2003，第 33 页。
② 起国庆：《信仰的灵光：彝族原始宗教与毕摩文化》，四川文艺出版社，2003，第 33 页。
③ 李亦园：《文化与修养》，九州出版社，2012，第 126 页。

威宁、兴义、普安及安顺等地，分别成为迁入地氏族分支始祖。

其三，作为建寨始祖、家支祖先与家族祖先。彝族以家支作为主要单位，尤其在凉山彝区，每一个家支都认为自己是同一男性祖先的继嗣群，以父系谱系作为家支成员资格的判定依据，以家支祖先姓名或居住地名称作为家支名称，每7~9代或9~11代举行分支仪式将大家支分裂为不同小支，小支除了与其他分支拥有共同大家支祖先，每小支也有自己的分支祖先。

其四，家支、家族及家庭中逝世的直系血缘长辈。对他们的崇拜主要包括灵位（牌位）崇拜及坟墓崇拜两种形式。① 灵位（牌位）崇拜形式具有空间差异，也是两种形式：第一，通过特定仪式将逝世的直系血缘长辈的灵魂附在灵牌或灵筒上，接着将其置于家中特定祖灵祭祀空间，然后在特定时间为其举行献祭仪式；第二，在家中设神龛，与天、地、君、师等一起享受香火。坟墓崇拜形式则各地普遍存在，无明显差别，每逢特殊时间节点，在世亲属都会为其扫墓、燃香、烧纸等进行祭拜。

其五，具有圣贤功德的英雄祖先。英雄祖先可能不是全支系共同祖先，每个支系也有自己的英雄祖先，例如"支格阿鲁"是黔西北、大小凉山等地彝族神话传说中的英雄祖先，又如凉山彝区带领凉山彝族驱逐害虫的大力士"阿体拉巴"，再如贵州盘北地区曾普遍流传着英雄祖先"璞穆尔"的传说。回到现实生活，在云南彝区，土主神就是典型的祖先神，他们可能是具有卓著功勋的英雄祖先，也可能是特定部落的首领头人。如在大理巍山，南诏首位首领细奴逻之孙晟逻皮就为细奴逻建立了土主庙，供奉细奴逻。后来，南诏历代国王也先后被其子孙按长幼顺序在土主庙塑身，接受供奉。巍山现存的12座土主庙中，有10座供奉的都是历代南诏王。除男性祖先之外，女性祖先也是彝族崇拜祖先的构成者，如黔西北大方的奢香夫人、水东贵州宣慰同知宋蒙故之妻刘淑贞及乌撒乌蒙宣慰使乌撒部君长鲁迁诺直之妻实卜夫人，她们的故事不仅流传于当地，还记录于官方文献，成为当地重要历史文化符号。

二 物化展示与仪式表达：信仰观念与关系的可视化展演

作为一种精神文化，民间信仰不是静态历史文化遗产，而是存活于日常

---

① 李亦园：《文化与修养》，九州出版社，2012，第129页。

（社会）生活与仪式生活中具有鲜活社会生命的活态文化。首先，它以象征符号和观念形态存在于文化主体的深层意识中。然后，以物化展示和仪式展演等身体实践而可视化，在可视化场景中彰显功能。

（一）物化展示：信仰观念与回忆文化的具象表达

在大多数无文字社会，除了依赖人的大脑、语言交流及仪式展演等传统记忆载体和形式外，人们常会将观念形态的回忆物化展示于具体器物中。虽然彝族是一个有文字民族，但是无论传统社会时期，还是当下，并非所有彝族社群成员都有认识、理解并使用其文字的能力。基于这种技术资源配置不均衡与文化权利占有差别，物化展示的具象表达方式是大多数人承载信仰观念与回忆文化的普遍形式。在其日常生活中，他们常以刺绣、雕刻、印染、绘画等身体记忆技术将信仰对象物化于日常生活用品、特殊艺术产品等载体之上，展示给其观察对象。

在传统建筑上，他们会将信仰文化元素承载于其建筑的各个结构部位，在屋顶屋脊、大门门楣、山墙悬鱼、屋檐挑拱、垂花处、屋内梁枋及拱架等部位都可能雕刻或描绘有日常生活中常见的日月星辰、牛羊头、鸟兽、花草等线脚装饰。房屋建筑主体墙面、外围围墙等上面也可能以红、黑、黄三种颜色为主绘画着诸如雄鹰、焰火、老虎等色彩鲜明的与信仰文化相关的文化物化展示图像（见图2-1）。在房屋建筑内部还设置有关于祖先崇拜的祖先供奉空间、关于火崇拜的火塘等。诸如此类，不仅表达了彝族的多神崇拜，还呈现了他们日常生活的基本样貌，同时也彰显了他们的独特审美情趣与艺术品格。

图2-1 黔西北B乡B村彝族建筑上展示的信仰文化符号（李宁阳/摄）

在服饰文化上，服饰不仅是彝族历史记忆载体，更是其信仰文化的表达机制，各地彝族男女盛装上的刺绣纹饰、图案及银饰造型等，无不与其信仰对象有关。服饰上的雄鹰、猛虎、山、水、鱼、鸡冠、星星、月亮等各类纹饰图案等都是彝族图腾崇拜、自然崇拜及灵物崇拜等信仰观念的物化展示表现。此外，在各地彝族的其他日常生活用品、器具及民族艺术产品上也都能看到彝族信仰文化元素被他们通过精湛艺术手法和加工方式以精美形式呈现出来，如彝族酒器鹰爪杯、漆器产品及其他类型、形制的美术工艺品等。在此，不再逐一罗列，仅以上述为例。

（二）仪式展演：自然空间与社会生活的双重表述

仪式是构成宗教生活的基本范畴，是信仰的物质形式与行为模式。[①] 一般而言，信仰是语言层面的精神表达，仪式则是行为层面的展演实践。仪式是人类社会生活的一个缩影，人们将特定礼仪规矩、制度规范、法律规定及文艺形态等汇聚于一个仪式场景中，塑造着他们的文明，呈现他们的整体社会生活。[②] 通过对具体文化事实与众多社会现象的观察可以看出，彝族是一个非常具有仪式感的民族，他们的社会生活中处处充满仪式，如岁时年节的庆典仪式、人生礼仪的过渡仪式、各类神祇的献祭仪式、洁净禳灾的禳解仪式、招魂驱鬼的辟邪仪式、求子保健的祈福仪式、农耕畜牧的丰产仪式、祖先崇拜的送灵仪式、家支分支的祭祖仪式、矛盾纠纷的神判仪式及盟誓仪式等。其中，献祭仪式是其同各种自然神灵与祖先神灵互动的互惠通道，净化仪式则是为避免灾祸而与恶灵鬼怪互动的主要策略。无论哪一类仪式展演，都是一场"文化盛宴"。他们或以静态器物展示，或以动态身体展演，将家支文化、历史文化、语言文字、器乐文化、歌舞文化、体育文化、农耕文化、信仰文化、服饰文化、饮食文化、伦理秩序、价值取向、精神世界、生态知识等淋漓尽致地呈现于仪式之中。

1. 形塑两种社会生活模式

基于信仰文化的模塑，区分出了两种时空维度，使彝族社会生活表现为两种文化模式——日常生活文化模式与仪式生活文化模式。文化实践形式与

---

① 〔法〕E. 杜尔干：《宗教生活的初级形式》，林宗锦、彭守义译，中央民族大学出版社，1999，第64页。

② 张原：《在文明与乡野之间：贵州屯堡礼俗生活与历史感的人类学考察》，民族出版社，2008，第32页。

文化展示内容之间存在明显差异，如构成内容、时空场域、社会规模、角色构成、表现形式、着装规范、饮食讲究、交换与消费、生活体验、文化感知等。虽然文化实践形式与文化展示内容之间存在区别，但它们并非平行关系，也不是凡俗与神圣二元对立，而是更为互相嵌入、相互勾连的互嵌关系，正因此才构成了彝族完整社会生活的整体面貌。在他们的日常生活中，看到的可能大多是基于世俗维度的社会结构，如生产关系、生产工具、性别结构、人口结构、家庭结构、衣食住行等。但正是日常生活为仪式生活提供了各类仪式场景中所需的仪式展演需求，仪式生活中的许多超自然力量与符号权威又为日常生活中人们的思想道德教化、社会行为规范及社会秩序稳定等奠定坚实基础。只有在仪式生活时空维度中，才可能准确观察和理解彝族人日常生活中的某些社会行为背后的深层文化逻辑，也才更容易理解彝族信仰文化之于其社会运转的意义。本书基于巴莫阿依的研究[1]将彝族的日常生活与仪式生活对照，如表 2-15 所示。

表 2-15　彝族日常生活与仪式生活对照

项目	日常生活	仪式生活
构成内容	日常的劳作生产与生活起居	人生礼仪、信仰精神、岁时节庆、特殊献祭（祈福、春祷、秋酬、求子、叫魂、禳解、净化、驱鬼、看风水、建材伐取等）、重大事件处理（家支大会、盟誓仪式、神判等）
时空场域	日出而作，日落而息 牧耕渔猎工 家屋、生产劳作地点等世俗空间 主要与自然农时节律关联	根据仪式与庆典的特定时间 献祭、娱乐、竞赛等 特定仪式的神圣空间与世俗娱乐空间 与自然节律关联，也与鬼神关联
社会规模	以个体家庭为基本单位 由长辈等世俗权威组织安排 私人领域 突出个体性	以家支（族）亲戚或村落为组织单位 由公共权威组织、神圣权威主持 公共领域 彰显集体性
角色构成	自然、人、社会	自然　神灵　祖先　鬼怪　人　社会

---

① 巴莫阿依：《凉山彝族山民的仪式生活》，《民族艺术》2003 年第 2 期。

续表

项目	日常生活	仪式生活
表现形式	日常生活与生产动作的循环 单调、宁静、平和 日常用品 世俗性	献祭仪式、巫术行为的展示 喧闹、兴奋、紧张 仪式法器 神圣性
服装规范	朴素，以个人喜好与行动方便为主	华丽，以具体仪式与角色要求为主
饮食讲究	相对节制，多在待客时杀牲 个体家庭共餐	食物丰富，杀牲规模相对较大 家支（族）或村落集体共食
交换消费	礼物流动频数相对较低、数额相对较少 小型消费 义务性弱	礼物流动频数相对较高，赠礼数额相对较大 大型消费 义务性强
生活体验	人们的角色固定单一 生活体验单纯、范围狭窄	人们的角色多样变化 生活体验丰富、范围广
文化感知	物质文化、制度文化、指导技艺 参与者无严格性别界限	精神文化、制度文化、法俗禁忌 特定空间与献祭仪式有明确性别禁忌

　　资料来源：巴莫阿依《凉山彝族山民的仪式生活》，民族艺术《民族艺术讲坛》2003年第2期。

2. 构建多元神秘信仰仪式

　　彝族的仪式类型多样、仪式程式繁杂。不管是日常生活中的洁净仪式、出门远行的祈福仪式、各种大会上的盟誓仪式、调解纠纷的神判仪式，还是人生命过程中的过渡礼仪，与劳动生产有关的禁伐森林仪式、祈雨仪式、除雹灾仪式及剪羊毛仪式等丰产仪式，与岁时节庆等有关的献祭仪式，关于山神、土地神等的社祭仪式及与身体健康有关的占卜招魂仪式等，诸如此类，都是彝族信仰文化的仪式表达。

　　（1）人类心理的慰藉功能

　　作为一种意义体系，仪式既源于信仰文化记忆，又是信仰文化的记忆形式和实践表达，针对不同对象，会伴随相应的仪式程式、时间周期、献祭牺牲、念诵祭词、配套器乐、毕摩法器、舞蹈动作等相关要求。即便如此，凡与信仰文化相关的仪式类型，大多伴随着各种献祭礼仪。无论春祷秋酬，还是其他献祭仪式，每举行一次仪式展演，既是一种心灵寄托，也是心理依赖的具体表达，目的大多是缓解心理焦虑、稳定生活秩序、祈求或感谢神灵护佑村寨无灾无祸、庄稼五谷丰登及人畜健康平安，化解生活困境，寻求心理意义上的慰藉、社会意义上的团结和观念意义上的崇敬。他们献祭的大多不是单一对象，在其信仰观念中，山神常被视为能庇佑人类与牲畜健康并共享安宁，他掌管着人世间的农、林、牧、渔等重要资源，兼有天、地、父、母等神灵的共同神性。[1] 在许多彝族乡村，举行祭祀仪式时，会邀请天、地、山、树、祖先及其他神灵等共同受祭。通过献祭情形，表现他们对受祭者的忠诚、爱戴与尊敬。[2] 这种信仰文化特征将中国传统信仰中天、地、人三者合一的最高信仰及文化与自然合一的终极理想表达得淋漓尽致。[3] 即是说，在其观念中，人与自然及其他物从来未分离，与人的关系也非征服与被征服，而是将自然视为与人类一样都有自己的"性格"。云南禄劝罗婺一带彝族"耐姆"仪式中砍伐制作"祖灵筒"时念诵的《祭山神经》就反映了这一点，其祭词内容如下：

> 一声叫朗朗，二声再呼唤。坝子的坝神，高山深箐神，风嗦嗦神灵，雨沙沙神灵，白云黑云神，远处背基咪（京城）山神，其后昭洛寞（曲靖）山神，远处根底古（昆明）山神，娄脑说卡紫（富民大营）山神，老台非说高（武定）山神，老好之腊己（禄劝）山神，纳烘佬（茂山乡娜雍村）山神。酒礼献山神，酒礼献祖灵。领祖来享祭，领妣来享祭。子孙祖养育，子孙妣守护。守卫得福禄，守护得吉祥。山神来享祭，祖呀来享祭，妣呀来享祭。[4]

《阿细的先基》里也描述了当地彝族关于每一种崇拜神灵的祭仪周期：

> 年头祭年神，月头祭月神，正月的时候，大家去祭大神，二月的时

---

[1] 街顺宝：《绿色象征——文化的植物志》，云南教育出版社，2000，第42页。

[2] 〔英〕A.R.拉德克利夫-布朗：《原始社会的结构与功能》，丁国勇译，中国社会科学出版社，2009，第161页。

[3] 钱穆：《中华文化十二讲》，贵州人民出版社，2019，第109~112页。

[4] 资料来源：（1）《影像民族志"耐姆"——中国彝族罗婺人祭祖大典》，载《昆明禄劝一源文化》抖音平台（KMLQYYWH），最后访问日期：2019年10月1日；（2）普忠良《彝族"祭祖大典"——"耐姆"祭祀习俗》，彝族人网，网址：http://www.yizuren.com/tradition/yzxyjjshd/19547.html，最后访问日期：2019年10月2日。

候，大家去祭二神，三岁的大肥猪，抬它去祭神。竹园的大白米，拿它去祭神……二月的时候，要祭密枝神，把胖胖的肥羊子，抬到坡头上，大家齐齐地站着，恭敬地献给密枝神……三月的时候，该祭龙神了……四月的时候，要祭山神了……五月的时候，要祭谭神（管理口角纠纷的神）了……六月的时候，火把节来了……七月的时候，要祭祖了……八月的时候，就要祭叶神了……九月的时候，要祭地神，要祭地气了……十月的时候，要祭石神了……冬月的时候，要祭树神了……腊月的时候，该祭天神了。①

（2）自然生态的保护功能

彝族信仰文化的产生与发展较大程度上建立在他们的生存自然空间基础上，其信仰文化中蕴含着关于森林树木、生活饮水、各类动植物等自然生态保护的地方性知识。他们常认为自然中的各种精灵、神灵在时刻保护着他们，为其带来平安的生活和发展的财富。对于自然崇拜，除以习惯法、乡规民约等制度规范约束人们关于林木资源的管理、分配和使用规范外，还利用系列祭祀仪式使自然"神圣化"，将对自然的敬畏内化于意识形态，在仪式过程中培育和铸牢自身关于自然的敬畏感。从这一层面来说，彝族信仰文化彰显着自然生态的保护功能。如在凉山喜德热柯依达乡汝洛村就曾发生这样一件事：该村由于"大炼钢铁"运动而大片自然林被砍，动物们因找不到食物而大批死亡和迁徙，一遇暴雨洪水就泛滥成灾，无雨时又风沙滚滚，耕地几乎沦为不毛之地。当时，村民们能搬走的搬走，没有搬走的百般无奈之下，强烈要求生产大队干部举行传统打鸡打狗等献祭仪式封山育林。最后大队支书同意生产队出一头羊、一只鸡，邀请毕摩举行了仪式。经此之后，砍树行为得到禁止，树林慢慢恢复，水土流失问题也得到一定改善。② 又如在凉山另一彝族村子色达村，地方政府曾为了控制当地烧山垦地问题，邀请毕摩举行"打牛"仪式进行封山育林防止此类问题继续发生，暂时起到一定作用。③ 再如云南石屏麻栗树村，该村花腰彝每年都要祭祀神树林。这一传统

① 云南民族民间文学红河调查队搜集整理《阿细的先基》，云南人民出版社，1959，第82~87页。
② 罗布合机：《凉山彝族的树木文化》，《大自然》2001年第4期。
③ 阿呷热哈莫：《彝族教育现代化的发展与困境——凉山彝族的个案研究》，科学出版社，2018，第125页。

经久不衰，使该村生态得到有效保护。① 还如刘爱忠等对云南楚雄彝族神树林的研究也表明神树林有利于当地生物多样性保护和管理。② 神树林的出现及相关仪式展演表现了彝族关于自然灾害的地方理解与认知——灾害的发生是因人类过度剥夺自然资源，神灵发威施怒于人类社会，因此需献祭神灵与自然，以期获得神灵的护佑，并以神灵诅咒制止和约束人类破坏自然生态的社会行为。这是一种尊重自然、尊重生命的鲜明表现，这种观念或记忆不仅表现于其仪式展演，还隐藏于创世史诗，关于此，后文再述。综上，从生态角度理解彝族信仰文化的社会意义，它有利于地方物种多样性的保护，能在一定程度上发挥水资源储存及防止水土流失与山体滑坡的作用。当下，"绿水青山就是金山银山"理念成为生态文明建设的基本原则，要求牢守生态底线，将自然与生命一样同等对待，尊重自然、顺应自然、保护自然。彝族信仰文化中天人合一、人神共祖、人地共生、敬畏自然等观念即是这种理念的文化表达。

（3）地方社群的团结功能

如格尔茨（Clifford Geertz）所言，仪式并不仅是一种意义模式，它还是一种社会互动形式。③ 人们常通过仪式促进人群聚合、社会团结，塑造秩序和培育团体意识。彝族自然崇拜及其相关仪式将自然神灵、祖先及平时分离的人们跨时空聚合，邀请信仰共同体人群、天上地下众神齐聚仪式场域，表现出历史文化与社会认同、社群聚合与社会团结的功能，彰显传统智慧中的"互惠文化逻辑"。简单地说，仪式是一种促进各民族交往交流交融、培育和铸牢共同体意识的文化机制。无论单一民族聚居村落，还是多民族杂居村落，都能从中看到与此相关的实证案例，他们在针对共同山神、土地神等的祭祀情境中，不断强化着村落社群的集体意识，加强村内外的相互信任、互相认同及交往互动。如在凉山越西县普雄镇 S 乡及喜德县 Y 乡，每年都会举行两次社祭仪式：其中一次是农历四月，祈求山神保护庄稼苗壮生长；另外一次是农历八月，祈求山神保护村落人畜健康，防止疾病传染。举行祭祀仪式时以村或社区为单位，所需物资由村民共筹，仪式结束之后会将剩下的牺

---

① 谷家荣、罗明军：《仪式与变迁——云南麻栗树村花腰彝祭龙调查》，《云南艺术学院学报》2009 年第 4 期。

② 刘爱忠、裴盛基、陈三阳等：《云南楚雄彝族的"神树林"与生物多样性保护》，《应用生态学报》2000 年第 4 期。

③ 〔美〕克利福德·格尔茨：《文化的解释》，韩莉译，译林出版社，2014，第 202 页。

牲均分共享。又如云南昆明撒尼人每年正月十五或农历三月十五都会举行祭天仪式,分"大祭"和"小祭"两种。其中,"大祭"为相邻村寨联合共祭,"小祭"则由各寨自祭。再如黔西北威宁 B 乡 B 村,每年农历三月初三,在寨老的组织下,全村集资购买羊、白鸡,每户各出一个鸡蛋、一碗酒,集体祭祀村寨树神。仪式结束之后,全寨也会飨宴共食。① 若为多民族杂居村落,在某些时间与空间,祭祀仪式可能就不是一个民族、一种文化的事情,而是村中不同民族的共同责任与义务。不同民族之间相互协作共同祭祀村落共同神灵,能促进族际交流交往交融,也能反映民族互嵌社会中的交互关系与共生状态。

以山神、土地神为例,关于他们的崇拜现象普遍存在于川、滇、黔等地彝族乡村。一般来说,共居同一村中的人群大多拥有同一山神、土地神,邻近村寨之间也可能拥有共同山神、土地神。无论上述哪一种,他们各自属于其崇拜山神、土地神的祭祀义务共同体。在这种场景中,要举行大型的神灵献祭仪式,通常以村寨集体为单位。于是,祭祀仪式参与权的享有与否构成了一种地方社会的认同边界。如在贵州盘州 J 乡 BL 村,该村的祭山仪式便是由苗、汉、彝三个民族共同进行。仪式结束之后,他们会选择一个宽敞的场合集体欢宴、共享美食。用美国人类学家维克多·特纳(Victor Witter Turner)的话来说,欢宴共食使人们进入了一种交融状态,这种状态存在的力量源于他们共同信奉的神灵与祖先。② 通过一个祭山仪式,涵括了不同族群、不同文化背景的人,基本超越了社会与文化的某些边界,构成了王铭铭先生所说的多族交互共生的"超社会体系"③。在这个"超社会体系"中,村民们平时交往中出现的矛盾,也可能会在这个场合提出来,并在大家的共同见证下得到化解。

以下两个案例呈现了彝族自然崇拜祭祀中的人群互动图景。

案例 2-7——云南阿细人的祭神树仪式:至农历二月初二清晨,两名村干部在村寨的公房院子里摆放好一张桌子,二人各有分工,一人负责收粮,一人负责收钱和记账。各家各户便会自发出一名代表拿着 2 炷香、1 捆柴、1

---

① 贵州民族事务委员会、贵州省民族研究所编《贵州"六山六水"民族调查资料选编·彝族卷》,贵州民族出版社,2008,第 53 页。
② 〔美〕维克多·特纳:《仪式过程:结构与反结构》,黄剑波、柳博赟译,中国人民大学出版社,2006,第 133~141 页。
③ 王铭铭:《超社会体系——对文明人类学的初步思考》,载王铭铭主编《中国人类学评论》(第 15 辑),世界图书出版公司,2010,第 1~53 页。

斤米以及 5 元钱至此，按照秩序将柴置于公房墙角，再从公房后门走到前院，把香放在桌子上，将米倒入提前准备好的袋子里，5 元钱交至一名村干部手中。交完之后，便又各自忙活着自己的事情。另一场合，毕摩与寨老在带领少年制作"寨门"、木刀与编草绳。木刀形制完成之后，会在上面相间涂上红、黄、黑三种颜色。仪式器具制作完成，午饭之后，便要开始拉猪祭祖，这头猪由毕摩事先选定并指定特定人家饲养，须为黑毛伢（公）猪。村民们先将这头猪拉到公房前在大家面前过秤称重，以便事后支付饲养开销给饲养者。之后，便将其拉到他们的神圣文化空间密枝山入口之处等待毕摩祭祀。到达密枝山之后，人们各自按照分工忙活着，有的架锅烧开水，有的准备食材。毕摩与寨老们则在村民称猪体重的同时带着仪式器具与香烛、酒水等前往密枝山做祭祖仪式的准备工作——准备清香叶与"圣水"。准备好之后，便开始换上毕摩服装。寨老们就把之前用竹子与草绳制作好的"寨门"竖立在密枝山入口处，2 名毕摩分别站在"寨门"的两边，1 名寨老与 2 名村民将猪慢慢赶着从"寨门"中过，毕摩便手拿松树枝从碗里蘸"圣水"往猪身上洒，表示祛除猪身上的污秽，一直将其赶至神树前。然后毕摩向天神、地神、山神以及寨神等告知："每年有一祭，今天是好节日到了，我们拉猪来献了，我们村子里的老老小小、牛马牲口都帮我们管好，保佑他们都平平安安。"一边念诵祭词一边洒"圣水"，之后几名以红黄黑白等几种颜色画满圆圈于上身、下身，以棕树叶包裹臀部的男子走向猪并将其按倒在地杀死，这便完成了祭祀的第一道程序——血祭。之后将猪毛刮干净，并割下猪头与四肢，开膛破肚将猪头、猪尾巴烤黄与肩胛骨一起交予毕摩，作为献给自然神灵与祖先们的牺牲。其他的肉则切成小块放到锅里面作为仪式结束后共餐之用。寨老们与毕摩将牺牲先拿到提前搭建好的祭台上祭祀公神树，然后再移至母神树旁祭祀母神树，一边献牲，一边洒"圣水"，祭文内容包括祭祀时间选择原因、牺牲类别、祭祀地点、参加人员、恩情表达以及期望目的。祭文念完之后，全村所有人一齐向自然神灵与祖先磕头，并燃放鞭炮，便完成第二道祭祀仪式程序——熟祭。熟祭仪式完成之后，全村老少会各自按照年龄层次而相约坐在一起，将携带的食物、酒水等与当天所杀猪肉摆在一起，大家共同享用。①

① 路芳：《火的祭礼：阿细人密祭摩仪式的人类学研究》，北京大学出版社，2012，第 4~10 页。

案例 2-8——贵州多民族杂居村落的祭山仪式：J 乡 BL 村是贵州省盘北地区的一个多民族杂居村落，共辖三个自然寨，有彝族、苗族与汉族三个民族杂居于这个村落中，共 30 多户人家。每年的农历三月第一个猴场天，村寨都要举行祭山仪式，有意思的是由于这个村寨是多民族杂居村落，所以这个村寨的祭山神仪式并没有以哪一个民族的文化模式进行，即与其他彝族村寨不一样，不是以民族作为祭祀单位，而是以村寨作为基本单位来组织祭祀，且没有毕摩来作为仪式的主持者，而是由村寨里的各家各户轮流担任祭祀的组织者，每年两名，他们称这两名组织者为"承头人"。每到濒临祭山仪式之际，这两名承头人便会提前准备好祭祀时需要用的香纸、酒水、火腿、粮食以及祭祀山神的牺牲，并请人推算好日期之后，将日期告知村里的每户人家，凡是居住于村寨里的人都要参加祭山仪式，每个家庭至少要派出 1 名成员参加。这里有两个例子反映了是否愿意参加或者是否被村里人接受参加祭山仪式，成为一个人在当地获得村寨合法身份及其在村寨中获取资源的权利的认同边界。第一个是当地采石场的例子。曾经有外地人在这个村寨的辖域范围内开设采石场，采石场的老板在当年也参加了这个村寨的祭山仪式。根据他们的解释，如果不参加这个仪式，这个采石场的老板就会被赶出村寨，因为没有参加仪式和不愿意参加仪式，那么他就不属于这个村寨中的一员。即使他持有当地政府颁发的合法的采石证明，设若没有通过这一融入仪式，那么采石场始终不会得到当地村民的认可。第二个例子与一名搬迁户有关：在这个村的村域范围内，由于他家房子的位置正好位于山脚下，有一年连续下了几天的大雨，造成了山体滑坡，这户人家的房屋被破坏无法居住，该村村两委原本打算在本村内找寻一片合适的土地给他家起房子，但是一直没有找到，后来便直接从村集体经济中资助其一笔钱，让他自己购买地基。这户人家拿着资助款在该村与另一个村的交界处购买了地基并起新房居住下来。第二年在举行祭山仪式的时候，BL 村祭山"承头人"为要不要通知这户人家参加祭祀而犯难，按照传统经验，这户人家目前已经不在自己村子的范围之内，不应该参加村寨的集体祭祀活动，但是这户人家又是从本村搬出去的，原本是属于村里的村民。于是"承头人"硬着头皮征询了那户人家的意见，那户人家作为处在两村交界的住户，既不能否认过去他的 BL 村村民身份，也不能否认他新落户村寨的村民身份，最后，他同时参加了两个村的祭山仪式。

J 乡 BL 村的祭山仪式包括扫火星与祭山神两个部分，两个"承头人"

各有分工，一人负责组织祭祀山神，一人负责组织扫火星。他们二人各自准备祭山与扫火星需要的物品。在仪式之前，他们互相商量好，规定好参加扫火星的人家和参加祭山的人家。仪式当天，两名"承头人"就带着各自的队伍开始祭祀活动。祭山一队前往该村后山一处称为"祭山角"的地方祭祀山神，为山神燃香烧纸，杀鸡将鸡血抹在"祭山角"石缝中，然后贡献牺牲，所用之鸡一般为公鸡。他们除了祭山神，还会一同邀请他们的祖先与他们的寨神一起享用牺牲。祭祀仪式完成之后，他们便在山上将祖先与山神享用过后的鸡架锅煮熟，由参加仪式的人共同享用。在这个过程中，根据约定俗成的规矩，如若谁吃到"鸡卦肉"（鸡胸肉，切得较大），那么他就是下一年的祭祀"承头人"，这便是当前这个多民族杂居村落山神祭祀"承头人"轮流担任的办法，至于之前的产生模式当地人也解释不清楚，只是表述为"按老辈人定下的规矩进行"。在共餐之时，当年的"承头人"便会公布他准备所有器材与食物的开销，在场的人就会平均将祭祀开销补偿给他。如图 2-2 所示。

图 2-2　盘州市 J 乡 BL 村祭山仪式之后的共餐

资料来源：由访谈对象 MW 提供。

负责扫火星的一队，由"承头人"带头，先准备好一个装满大米的"昇子"、一条"响把"①、一只公鸡、一斤玉米酒。负责扫寨的人一共有 5 名，其中 1 人抱着装满米的"昇子"走在最前面，其后 1 人提着公鸡，1 人用"响把"四处敲打，1 人负责向走过的地点洒酒水，最后 1 名充当助手角色，

---

①　用竹子破开而制成的一种日常生活用具，在敲打时它会发出喳喳响声，平时常用来驱赶鸡、鸭等家禽。

负责敲门、补充酒水以及其他物资。他们要走遍每家每户，包括人居房间以及牲畜圈，将酒水洒在走遍的每一个角落。每到一户人家，这家人都要拿一个鸡蛋放进装着米的那个"昇子"里，同时搜集各家破旧不要的衣物及其他垃圾拿给扫寨队伍，然后由扫寨队伍全部放到村子外面的河边销毁。另一些村民则在河边烧火架锅做饭。其间，不准任何人外出劳动，也不准任何外人进入本村，村民们不准在家生火做饭，而是集体到河边架锅共餐。同样，共餐过程中，"承头人"也会向大家公布此次扫寨的开销，大家会平均分摊补偿他。共餐结束之后，方可回村按照日常生活轨迹照常活动。①

再看祖先崇拜。彝族祖先崇拜的典型仪式非"祭祖送灵"莫属，由于彝族的自然崇拜与祖先崇拜常互相联系在一起甚至融为一体，所以祭祖仪式中同样也展演着自然崇拜的某些要素。"祭祖送灵"在各地彝族社会中普遍存在，但仪式的举行时间略有差异，如贵州盘北彝区常在逝者葬礼上"转场"进行祭祖送灵，即其为当地彝族葬礼的连续性仪程内容。在凉山彝区，"送灵归祖"常是"三代一送"。当地有"父欠子账给娶媳，子欠父账送祖灵"②的俗语。"送灵归祖"是当地彝族信仰文化中仪礼齐全、规模宏大、气氛隆重、程序复杂的仪式，文化价值极高，已被列入国家级非物质文化遗产名录。虽然各地祭祖仪式略有差别，但鉴于其为社会关系的联结纽带，血亲、姻亲、近亲、远亲及邻里等都会带上礼物与牺牲，共聚仪式场景参与活动。其间，还伴随经济互助、礼物馈赠及人情流动，强化彼此的情感认同。同时，还有各种娱神娱人的歌舞与体育竞技活动，如在凉山喜德有彝族俗语说："老人该去世的去世，年轻人该跳舞的跳舞、该唱歌的唱歌"，表达了他们的豁达生命观。可以说，整场仪式是社会关系的再现与重组，人们在仪式场合表达对共同祖先的缅怀与感激，履行生者对逝者的孝敬义务，也为亲友邻里的聚合往来、情感聚力构建空间，模塑并维持彝族群体内部的价值体系，起到社会整合与道德教化的作用。

（4）文化传承与教化功能

仪式既是一个民族历史记忆的传递系统与民族文化的储存容器，也是传统的生产与传播机制，还是民族文化表达的"社会文本"，包含着各种各样

---

① 访谈对象：J 乡 BL 村村民 MW，男，26 岁，彝族。访谈时间：2019 年 10 月 17 日。
② 吉克·尔达·则伙口述《我在神鬼之间——一个彝族祭司的自述》，吉克·则伙·史伙记录、刘尧汉整理，云南人民出版社，1990，第 71 页。

的地方知识。① 从仪式的参与社群来看，每次仪式展演既起到娱神娱人的心理作用，又重复表述着民族神话传说与祖先故事等记忆，促使这些记忆在仪式参与者的记忆系统中存递和巩固。从仪式的展演主体来看，在许多仪式场景中，通常为大毕摩带小毕摩，小毕摩在仪式场上获得学习与实践的机会，这些都是民族文化持续传承的表现，是仪式的文化传承与教化功能的具体呈现。下文以四川凉山、云南罗婺及贵州盘北等地彝族最隆重的祭祖仪式为例，呈现他们在祖先崇拜仪式场景中表现出来的历史记忆传递、文化展示传播、人群交流互动及社会整合团结等意义与功能。虽然这些案例展示的仪程相对复杂、内容相对冗长，但是尽量将其整体呈现可能更加有利于观察和理解其中表现出来的文化记忆传递功能及仪式行为背后的互惠文化逻辑。

案例2-9——凉山彝族的"尼木措毕"："尼木措毕"为凉山彝语，有"为亡人念经做灵牌仪式""用牛羊祭祀祖先""送灵归祖"等含义，是子女对逝世长辈必须履行的一项义务。其目的是火葬之后，让逝者灵魂回归祖灵之界，与祖先灵魂相聚。在他们的观念中，阿普笃慕生活之地便是祖灵的最初栖所，是"送灵归祖"的最终目的地。他们认为在这里，祖先有耕地可种，有猎场可以撵山，有土地可安居乐业，屋后有大院，房前有姑娘的纺织裁缝之地，是一片完美祥和的美丽家园。一般来说，如果逝者属于正常死亡则"三代一送"（指给逝去的三代祖先、祖妣一起举行送灵归祖仪式）。若逝者为非正常死亡，那么可能会将"送灵仪式"与"安灵仪式"不间断地举行完。其间，会针对其死亡原因而举行专门的"断凶死鬼路仪式"，以待逝者亡灵早日离开人间而不会变成"恶灵"。整场仪式构成主体多元，包括由逝者直系男性血缘后代组成的主祭方、由逝者姻缘后代构成的辅祭方、由主辅祭方亲友构成的与祭方、由"尼木毕摩""送灵毕摩"等组成的执祭方（少则七八人，多则二三十人，其中"尼木毕摩"为主祭毕摩，其他的为辅祭毕摩）。从事"送灵归祖"仪式的毕摩们一般要身体条件完美，行为高尚，禁食耕牛、虎、熊、狗及猫等掌足动物，属相与逝者相合及拥有深厚毕摩世家底蕴。仪式规模与周期不同，大型仪式周期为九天九夜，中型仪式为七天七夜，小型仪式为三天三夜。目前，最普遍的是小型"尼木措毕"，大中型仪式多见于传统社会中的"兹莫"群体。即使是小型仪式，其仪式程序也极其

---

① 彭兆荣：《人类学仪式的理论与实践》，民族出版社，2007，第5页。

复杂，大体包括祛除鬼魂、招魂制灵、制作"玛都"与祖灵除秽、宴灵仪式、送灵仪式等系列仪程。

在举行"尼木措毕"的前一两个月，事主就邀请毕摩占卜推算吉日。吉日确定之后，仪式前一天事主家支亲属及村寨邻居会根据关系亲疏远近不约而同地予以劳力和物资的支持，如酒水、粮食、糖果、牲畜（一般包括绵羊、猪及鸡。其中，若为父母祭祖送灵，女婿家每家要献祭绵羊4只，2只给父，2只给母）及经济能力承受范围内的钱币等礼物，亲友们到达事主家所在寨子时，会将带来的糖果及5~100元不等纸币撒给前来迎接他们的人。安顿好之后，就会帮着事主家砍"接种树"（有五至七层茂密树枝的杉柏）、找麦冬草制作招魂草、用柳条制作神枝神签、准备祭祀牺牲等，十分忙碌。

当一切准备工作就绪之后，第一天早上为迎接主人家的姻亲及亲朋好友。姻亲及亲朋好友通常带上祭祀的牺牲、礼物以及赠送主事家的礼金前来。下午迎接主持仪式的大小毕摩们。一般第一天傍晚就要开始仪式的第一个步骤——祛除鬼魂。彝族人认为逝者的灵魂与活着的人一样，都会受到鬼怪的侵袭，因此，一般都需要咒骂鬼魂，祛除附着于逝者灵魂上不干净的污秽。当毕摩将烧热的石头放于装有冷水的碗里面，冒起热气之后，将碎石倒进屋子外面烧燃的火堆里面，预示仪式正式开始。毕摩首先会念诵仪式主人家的谱系，完毕之后会叙述逝者的死亡原因及整场仪式是如何准备的。念完之后，杀猪献祭"天菩萨"，祈求"天菩萨"保佑将鬼赶走，并将猪尾巴、猪鼻子等挂在附有以血与黑锅烟画的鬼怪画像的神枝上，并制作草鬼，将各种病死之鬼召唤到草鬼之上，然后一边念诵驱鬼词一边用神枝扎草鬼，并将其从屋子内往外移，寓意着将鬼魂拉出去。

第二步为招魂仪式。第二天一早，要送的祖灵后代就要带着燕麦炒面、熟鸡蛋以及酒水等祭品前往茂密的竹林之中寻找枝叶繁茂的一年生左右的竹子，祭祀竹神之后，将其连根拔起，然后将其带到亡灵火葬场交给毕摩。毕摩绕石堆数圈（一般男性顺时针九圈，女性逆时针七圈）之后，在其火葬坟茔场撒一些草木灰，以示唤醒逝者守在此处的灵魂，然后用一只黄母鸡作为招灵鸡，将准备好的竹子、麻线、招魂兰草、羊毛等拴在这只鸡的脚上，再在坟茔上绕圈，边绕边敬酒边念诵咒语，如果这只鸡在毕摩的咒语中抖动，就说明所有逝者的灵魂已经附着于竹子之上，此时的这个竹子就表征着祖灵，称为"灵桩"。其间，除了招亡魂，还要为亡魂的所有男性亲属们做祈福仪式，让他们从毕摩手中的黄母鸡下走过，寓意他们不受冤魂鬼怪的侵袭，身体健康，多子多福。

第三步为制作灵牌"玛都"。当祖灵附着于"灵桩"之后，用仪式之后附灵的竹根中节再做仪式，毕摩边念经边将竹根削去，最终只留下谷粒体积大小作为竹灵，这象征着逝者灵魂的颅骨。然后取一根直径大约如拇指般粗的桃树枝，截为3~4寸长，将其顶端部分剖开，作为灵屋，然后将竹灵横向置于桃木枝所剖开的缝中，竹灵上的羊毛露于外边，然后用麻线将灵屋缠紧，就形成了灵牌"玛都"。

第四步为祭灵仪式。大约第二天中午开始，就要搭建青棚，挂剪纸幡，宴请姻亲。毕摩及送祖灵的子女在青棚下祝酒，转青棚，献祭祖灵，举行祭灵仪式，这一仪式会一直持续到第三天清晨。大致过程为：将所送之祖灵的灵牌挂在提前用树枝与瓦板搭建好的灵棚瓦板下，将接种树的下端去皮削为尖状，象征男性生殖器官，插在其旁边。然后各家各户的男子们头戴白巾，身着盛装，在毕摩的《献祭经》声中献祭他们带来的荞麦炒面、酒水、腊肉、鸡蛋、绵羊以及其他牺牲，并大声报上自己所献祭的物品种类与数量，祭祀祖灵，表示与祖灵告别。顺序由长及幼，先宗亲后姻亲，先姐后妹。最后，辅祭毕摩将献祭牺牲收入一口袋中。其间，会象征性地举行选美、赛马等活动，告知祖灵生者生活美满。祭灵完成之后，便会拆除青棚，并为祖灵子女挽魂，将祖灵的灵尸架及剪纸幡等火化。

第五步为净灵仪式。他们认为无论谁在世，都会欠下孽债，遭受疾病干扰，使灵魂不净。将亡灵送归祖界之前，须将其孽债及附着污秽净化。故而要先举行换灵仪式，即从事主家屋顶掀开瓦片将已经安置若干年的"老灵牌""偷出"，断开缠在其上的一切累赘与灰尘，换作白灵桩，由事主幼子全程用毡衣将灵桩小心包裹，与新灵牌一起抱于怀中。换灵之后，开始净灵。净灵仪式主要是为祖灵除秽。首先，毕摩插除秽神座，准备牺牲（一般为1头牛、1只绵羊、1只山羊、1头母猪、1头被砍掉尾巴的公猪、1只公鸡）、1碗水、少量荞麦及10多捆树枝、烟火。其次，告知祖灵参加此次仪式的人员，念诵祭词，再用烧烫石头放入装有冷水的碗中产生水汽，同时举行献药仪式，祛除祖灵上的污秽与疾病。再让事主家所有男性子弟带着献祭牺牲绕行神座，并从献祭牺牲下方穿过，也为生者除秽。

第六步是送灵仪式。送灵是"尼木措毕"的最后流程，依旧包括许多环节，如指路送灵、转场送灵、舞乐送灵、婚媾接种送灵及送灵棺入菁洞等。指路送灵即毕摩念诵《指路经》，为祖灵指明回归祖界的每一条道路、每一个地点，经过路线可能有所不同，不过指路终点几乎都是六祖分支始祖阿普笃慕的居住空间。他们认为祖灵回归祖界的途中会遇到各种艰难险阻，于是在完成献牲仪式之后，所有男性子孙手执木刀，全副武装，围着青棚转场3圈，为祖灵保驾护航，驱赶祖灵归祖途中一切妖魔鬼怪。在当地，他们对待生死十分坦然，常常丧事喜办。无论葬礼还是送灵，都会伴随各种娱乐活动。因此，仪式期间会通过唱诵挽歌、跳舞、骑马、赛马、摔跤、克智等形式娱乐祖灵，让它顺利回归。同时，也教育后代子孙孝亲敬长。婚媾接种送灵是凉山彝族生殖崇拜的仪式表达，即将一头猪与一只绵羊合在一起，表示交媾，以此动作寓意婚配成对的祖先会快乐幸福地双双回归祖界。同时，通过这一仪式与祖灵对话，将子孙繁衍的任务代代传承，寓意着祖灵之后代会人丁兴旺。

案例 2-10——云南罗婺地区彝族的"耐姆"①：罗婺彝族同样继承着与凉山彝族"尼木措毕"性质相同、形式相近、规模相当的祭祖仪式，当地彝语称"耐姆"——同宗子孙共同祭祀祖先，超度"祖灵"，使其升天化为"祖先神"。通常来说，主要包括两种形式：其一，单纯超度祖先灵魂；其二，超度祖先灵魂和举行分支仪式。在当地，一般每 3~5 年家支里就要举行一次"耐姆"，每 7~9 代或 9~11 代举行一次分支仪式。一场"耐姆"的周期多为 9 天。这里呈现的是阿宝矣弄家支（氏族）于 2001 年举行的"耐姆"的整体过程。

这场"耐姆"需要几十名大、小毕摩及该家支长、次、幼三支的共同努力和协调分工，才能有序开展。首先，"主祭毕摩"有 6 名。其中：大法师"毕莫"为总指挥；协调师"毕器"负责协调毕摩间的分工；事务师"毕导"指挥安排祭祀事务；拔除师"毕浩"负责为"祖灵"解罪、净化、除秽等；法师"扼毕"主持请神驱邪等仪式；工匠师"格毕"负责制作"祖灵筒"及其他祭祀器具。此外，他们每人都带着若干名副手毕摩，辅助他们完成各项仪式工作。其次，就家支（氏族）各支的分工来看，每个亚支系都承担着特定的工作职责。其中，长支作为老大哥，承担的是祭祀事宜的领导之职，负责发号施令、管理仪式所筹经费、各方应酬以及"祭场"纠察工作

---

① 资料来源：(1)《影像民族志"耐姆"——中国彝族罗婺人祭祖大典》，载《昆明禄劝一源文化》抖音平台（KMLQYYWH），最后访问日期：2019 年 10 月 1 日；(2) 普忠良《彝族"祭祖大典"——"耐姆"祭祀习俗》，彝族人网，2004 年 1 月 12 日，http://www.yizuren.com/tradition/yzxyjjshd/1954 7.html，最后访问日期：2019 年 10 月 2 日。

等。次支专门承担各种劳作工程，如备材料、搭"祭棚"等。幼支则负责管理献祭牺牲以及协助毕摩制作"祖灵筒""祖妣偶像"等。

大体看来，整场"耐姆"仪式主要由三大阶段的程序构成，即准备阶段、正祭阶段以及后续阶段，每一阶段包括很多复杂的祭仪程序。

首先，准备阶段。准备阶段的工作也相当繁杂，大体需要做以下五项准备工作。

其一，延请毕摩测算吉日。长支系头人倡导并与其他头人共商之后，就会邀请毕摩推算"耐姆"的吉日和地点。一般来说，他们多选择"虎日"。

其二，准备新"祖灵筒"制作原料。由于阿宝矣弄家支本次"耐姆"的另一目的为分支，因此需制作三个新"祖灵筒"。当毕摩测算好"耐姆"的吉日和地点之后，他们就会在"耐姆"前2~3个月内砍伐新"祖灵筒"制作原料。一般来说，各支包括女婿在内，大多乐于为"耐姆"提供人力、财力及物力上的支持。砍新"祖灵筒"制作原料当日，各支都要派2名代表随同毕摩上山劳作。到达山上之后，在毕摩的主持下，他们先祭祀山神。献祭仪式毕后，毕摩占卜所需砍伐的新"祖灵筒"原料方位。方位确定之后，家支成员便带着公鸡、砍伐工具及炊具等同毕摩一起向指定树林前进。选择了最佳原木之后，在树角撒上青松毛、插上香烛，摆放好米、酒、盐等献祭供品。然后，毕摩一手抓着公鸡，一边吟诵《迎祖灵筒经》祈祷山神护佑。经文诵毕后，就开始砍伐树木。树木砍倒后，需查看树木是否断损。若有断损，则不能用，需再占卜另伐他木。接着，将木材平均截为三段，长、次、幼三支各一段。取材完毕之后，将新"祖灵筒"制作原料运送至摆放旧"祖灵筒"的岩洞附近储存。待正式"耐姆"之时，将其与旧"祖灵筒"一起迎入公祭场加工制作和受祭。

其三，迎接主祭毕摩，制作"耐姆"所需器具。准备好新"祖灵筒"的制作原料之后，就要邀请和迎接主祭毕摩，制作仪式所需器具及布置祭场。毕摩到达之后，各支头人在门前跪迎。然后，依传统习俗给毕摩的法帽添加覆盖一层新毡片。在当地，每举行一次"耐姆"，事主都会延续此传统。这既是毕摩主持仪式的经验展现，也表达他们对毕摩的尊敬。然后，毕摩指导各支成员准备"耐姆"所需的祭牌、神箭筒、盟酒桶、鹰爪杯、锦鸡尾、野猫皮法器袋、油灯、茶（酒）壶、提篓、树叶披风、装取"福禄水"的容器、绵羊驮"福禄水"鞍子及鸟型的装山竹灵筒的灵棺等各种仪式器具。

其四，祭山神，搭祭棚，建祭场。准备好仪式器具之后，就要准备砍伐树木来搭建祭棚。不过，在搭建祭棚之前，也需要再次念诵《祭山神经》，并用一头猪、适量的青松毛、米、酒、香烛等来再次祭祀山神，方可砍伐祭场上的树木来搭建祭棚。通常来说，根据实际数量需求，他们会在祭场上搭建若干座祭棚和布棚，分别用于供奉"祖灵牌"（按照长支、次支和幼支等次序设置供置房间间数）、毕摩及其助手居住、厨房、食堂以及一些勤杂住棚等。

主祭场由五大片区构成，以祭场中部为中心，其上下、左右分别有两个片区（见图2-3）。祭场中部栽插着若干神枝、摆放神座，专用于祭天、正祭、驱邪及洁净等仪式。在祭场中部上方，从左到右，依次搭建有旧"祖灵筒"供奉棚、新"祖灵筒"供奉棚、总指挥（大法师）"毕莫"及其助手住棚、协调师"毕器"及其副手住棚、事务师"毕导"及其助手住棚、拔除师"毕浩"及其助手住棚、法师"扼毕"及其助手住棚、工匠师"格毕"及其助手住棚、新"祖灵筒"及筒内各类灵物的制作加工棚。在祭场中部下方，分四排。第一排由左及右分别为供奉长、次、幼等各支"祖灵牌"的祭台，其后中央栽立一棵"轰呛"（公平架）。第二排为对应第一排各支"祖灵牌"的守灵棚。第三排为对应第一、二排的各支火塘。第四排对应各支负责背"祖灵牌"的女婿住棚。棚后挖掘双口底部相通的"希舞斯朵"（鬼入、神出）土洞。同时，下方片区四角和女婿住棚后正中央各开通一道门。其中，右下角之门为"入场门"，为所有人员、牺牲及祭品进入之门。左下角之门为"出门"，为从该片区走出通道。右上角的门为"福禄水门"，专用于外出取"福禄水"队伍回来进入该片区之门。左上角的门为"五更门"，为夜里参加"绕场"之人所用之门。女婿住棚后中央之门为"阴阳门"，用于将"祖灵牌"从守灵棚中背出接受"鬼入、神出"的祭仪。在祭场中部左边片区，分上、中、下三部分。上部分用于搭建保管祭祖大典物品及族人住宿的布棚。中间部分靠左栽立一棵松树作为"戏木梓"（楗木），在松树下方支有一口油锅。同时，在油锅靠右一方用干柴草扎一小堵篱笆，为"超度祖灵升天"祭场。下部搭建炊事棚及勤杂住棚。在祭场中部右边片区，也分上、中、下三部。上部用于搭建乐班及族人住宿布棚，中部靠外一点竖立祭祀三牲栅栏，下部外侧搭建一道进入主祭场的"松柏门"，内侧搭建用于审查、登记和洁净"祖灵"的青棚。在公祭场上，会根据各个片区的功用，插立彝文标识牌。在主祭场外围会留出一片宽阔的场地用于燃放鞭炮和集体娱乐。

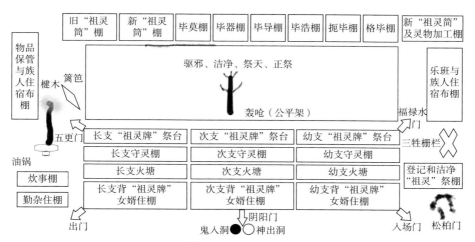

图2-3 罗婺彝族"耐姆"祭场的空间布局

资料来源：李宁阳绘。

其五，压"土邪"，去"邪气"。当地人认为，土有"熟土"和"生土"之分。"熟土"指农耕生产时耕作层面的土层，"生土"则是耕作土层之下的更深土层。在他们看来，"生土"上有邪气，搭建祭棚时挖掘较深的棚柱根洞，会释放邪气，破坏万物健康与安全。因此，在挖洞动土之前，要煮"良药"（药材包括钻地草、菜花、白生、绿豆、芝麻、樟木叶、鸭毛及鸭蛋壳等）压制"土邪"，消灭"邪气"。熬好之后，毕摩一边点洒药水，一边念《压土邪经》，其助手用栓有铁链的锄头及扁担勾等驱赶或压制"土邪"。结束之后，方可动土开挖搭建祭棚的柱子根洞。

其次，正祭阶段。仪式程序如下。

第1~2天，为正祭第一阶段——"家祭"。"家祭"分两个部分。

第一部分为"堂祭"，即在"耐姆"第1日白昼，参祭者身着盛装，在相应毕摩主持下于自家供奉"祖灵牌"的堂屋献祭自家"祖灵"。"堂祭"完成之后，当天午夜之时，将"祖灵牌"取下从堂屋顶"偷"出。"偷""祖灵牌"时，堂屋里老幼妇孺假装惊慌之举，齐喊"'祖灵'被'抢'啦"。此举寓意"祖灵"原被安详地供奉在家中，本不愿意离开，但因要举行"耐姆"和分支，不得不离开"居住"已久的栖所。"偷"出之后，依辈分次序由左及右地将其插在提前用绵羊毛制作好的彩色毡包之上，并以红绸子为背带，让女婿背着送至搭建在屋子后面的祭棚中供置。

第二部分为"棚祭"。即第2天之时，在屋后祭棚中为"祖灵"献牲，所献牺牲为白色公绵羊，包括"生祭""血祭""熟祭"三个环节。祭仪结束之后，到了晚上，继续由各家女婿背上"祖灵牌"，在天明前背到"家祭棚"至"公祭棚"之间的半路上提前搭建好的祭棚中继续供置，再次受祭。

第3天为正祭第二个阶段——"路祭"。"路祭"阶段，各家所献牺牲没有严格规定，一般根据实际经济情况而定，有的用公鸡，有的则用绵羊。至"路祭"祭棚之后，依次在毕摩的法铃声和经文声中献酒、撒米、献牲。当天，"祖灵牌"护送者不能返回家中，需在原位置"野宿"过夜，守护"祖灵牌"。待天亮之后（即第4天）与其他支系成员会合，一起前往公祭场。

第4天事情较多，祭仪内容和仪式程序繁杂。因此，为保障祭仪有序进行，各支成员各有分工。有的一早出发迎接主祭毕摩到公祭场，有的直接前往公祭场准备敬酒及其他准备工作，等待主祭毕摩到来。"路祭""野宿"的一行人则背着"祖灵牌"，带着献祭牺牲（鸡、鸭、猪、牛、羊），鸣放鞭炮，敲锣打鼓地一起前往公祭场。提前到场的人会在公祭场外路口用刺枝、松柏等搭建一道门，即图2-3中的"松柏门"。门下方燃有火堆，进入公祭场的人需从火堆上跨过。入此门的过程中，负责驱邪净化仪式的毕摩一边洒"洁净水"，一边念诵《驱邪经》，以示祛除路上沾染的邪秽。

跨过"松柏门"之后，各支将"祖灵牌"暂放于公祭场右下方的青棚中。然后，主祭毕摩在此对参祭"祖灵"进行审查和登记，将各支背来的"祖灵牌"按辈分大小依次排列，把"祖灵"名字用彝文写于白绸之上。"祖灵"名单用处有三：其一，用于此次"公祭"；其二，分别装进分支后的各支"祖灵筒"；其三，用于日后续谱。登记完成之后，毕摩用提前准备好的马缨花树枝蘸取"净水"点洒于"祖灵牌"上，念诵《洁净经》，为"祖灵"祛除污邪和秽气。其间，参祭"祖灵"的后人要向盛有"净水"的盆子中放入些许钱币或首饰物品，作为为"祖灵"除秽驱邪的毕摩之酬谢。

之后，他们就可以带着"祖灵牌"从"入场门"进入公祭场。在"入场门"正中，毕摩摆放着用青松毛盖着的滚烫鹅卵石，毕摩再次摇铃念诵《驱邪经》，并用清水浇在鹅卵石上，使其产生热气，作为洁净之"器"，当地彝语称为"打醋炭"。然后，参加公祭的各支按长幼顺序列队，背着"祖灵牌"的女婿走在最前面，其他成员紧随其后，依次从"入场门"中"打醋炭"通过，进入公祭场。接着，各支从左至右按照长幼顺序分别将"祖灵牌"以辈分大小安放在祭棚内的祭台上，燃香供酒，等待献祭。

在公祭场上，大法师"毕莫"指挥着其他主祭毕摩带领各自助手制作和摆放"神枝"和"神座",放置彝文"标识牌",栽立"轰呛",设立祭祀天地和公祭的祭台,布置公祭场。这些工作完成之后,法师"扼毕"念诵《祭天献牲经》,请天地神灵与祖先神一同受祭。诵经结束之后,几名毕摩助手和各支男性成员代表将祭天用的公牛拉进公祭场,在鼓乐声中用木棒将牛椎杀,并将牛头砍下,法师"扼毕"再诵《祭天献牲经》,对牛头举行"净化仪式"。然后,以牛嘴朝天、脖颈朝地的方向将牛头插在"轰呛"上,以此祭祀天地神灵。

祭完天地之后,参加公祭的各支头人齐跪于"轰呛"下的祭台前,使用獐牙尖将自己的手指刺破,往准备好的酒盆中滴入血滴。然后,在毕摩的主持下,饮下血酒,共同盟誓保证此届"耐姆"事项分配绝对公平。同时,承诺在此期间,不会有人私自逞强坏事,也不会偷奸耍滑,而会齐心协力保障"耐姆"圆满完成。仪式过程中,所有宰杀的牺牲都会放在"轰呛"之下,以便合理使用和均衡分配。

盟誓完成之后,开始"安灵祭"。各支参祭"祖灵"的族人分别在各自的守灵棚前燃烧起火塘,在乐班的鼓声和法师"扼毕"的经文声中,各自椎杀一头黑毛猪为"祖灵"献祭。椎杀之猪的毛只能火烧后浇水刮褪。然后,将猪头割下供于各支"祖灵牌"祭台前。剩下部位的猪肉全部送到"轰呛"下,交给协调师"毕器"统一管理和分配。

"安灵祭"完成之后,各支派出代表,分为两队,在工匠师"格毕"及其助手毕摩的组织下,带着米、酒等祭品,牵着祭牲绵羊,前往放置旧"祖灵筒"的岩洞及放置新"祖灵筒"制作原料的地方,将它们迎回公祭场。迎接旧"祖灵筒"的一队到达目的地之后,毕摩一边献酒、撒米和献祭绵羊,一边念诵《赞牲经》《开启祖灵岩洞门经》。诵经完毕之后,他们便架上梯子,攀爬进入岩洞,将旧"祖灵筒"取下来,用红布带包裹好背回公祭场。同样,取新"祖灵筒"制作原料的一队到达之后,毕摩也会供酒献牲,并念诵《迎接新祖灵筒经》,也分别用红布将其包裹背回公祭场。两队人会合后,以绵羊为先导,旧"祖灵筒"在前,新"祖灵筒"原料及相关随行人员在后。将要进入祭场时,公祭场齐鸣土炮,奏乐迎接他们。进入公祭场后,将它们供在祭台上。然后,依照传统为其敬酒,全体成员跪地叩拜,行"八阳礼"。法师"扼毕"一边吟诵《安置祖灵经》,一边向跪拜者撒祭米,并问道:"祖妣回来否?"家支成员答:"回来了!"又问:"粮魂、畜魂回来否?"又答:"回来了!"至此,第4天的祭仪就大体结束了。从这天开始,工匠师

"格毕"及其助手毕摩就要赶制新"祖灵筒"。其形制规格有一定讲究，需取直径 35~40 厘米、高 65~70 厘米的圆木凿制，筒内凿空深度为 53~68 厘米，筒底厚度约 4 厘米，底部锯开一个十字口，形成约 8 厘米的足长。此外，还需截取同直径 45~50 厘米的圆木，从其正中劈开，取一半来制作"祖灵筒"盖。制作完成之后，放入配套的灵物。

第 5~7 天，就要开始占卜吉凶、献三牲，举行献药、净化、驱邪、禳解等仪式，为参祭"祖灵"解除生前病痛和罪孽等。

其一，献三牲。三牲为猪、牛、绵羊，各 2 份。开始，长、次、幼各支头人及 3 名男性代表跪于祭台前，毕摩念诵《洁净经》为三牲洁净之后，然后将其活祭"祖灵"。活祭方式为：毕摩吟诵《毕摩谱系》及《阿宝矣弄氏族谱系》，家支代表牵着三牲绕神座转一圈之后，分别将 1 份牺牲给予毕摩作为酬劳。剩下的 1 份用于"耐姆"祭礼——三牲祭。三牲祭方式为：毕摩先手持树枝搭成的"光热神木梯"为正祭场地驱除火邪、雷电邪及弓箭邪，助手和各支男性代表合力将用于三牲祭的猪、牛椎杀，绵羊则以拧断脖颈的方式杀死，把猪、绵羊的尸首及牛头供在祭台前，并在猪、绵羊的尸身上及牛头上分别放置一双沾血的筷子，以树叶作碗，在其中放入少许盐、米及一青松毛结。沾血的筷子表示请诸神享用三牲，青松毛结表示将家支原来的各种烦恼与不吉拴住。正祭就此开始。各支头人和 3 名男性代表再次跪拜，毕摩吟诵《祭祖正经》。结束之后，将猪、绵羊尸身及牛头之上的三个青松毛结分别解开，表示过去的烦恼和不吉从此被天地神、日月神、北斗神等神灵收走了。

其二，绕祭场。献三牲结束之后，至"祖灵升天"前，各支成员每晚都要"绕场"。"绕场"人员顺序如下：背"祖灵牌"毡包的女婿在最前，其后是彩旗队和乐班，最后是按照长、次、幼顺序排列打着火把或手持燃香的各支成员。在毕摩的摇铃声和《祭祖绕场经》诵念声中"绕场"，目的有二：第一，向祖先们展示家支发达、人丁兴旺；第二，让祖先灵魂安心升天。

其三，献药祭。当地人认为，祖先在世时总在为生活奔波劳作，劳累过度，难免会沾染疾病。而且，女性祖先承担着生育风险，在生育时遭受怀孕与分娩之苦，严重之时甚至会因此丧命。因此，为表达他们对祖先的孝敬之心，解除祖先生前遭受的苦楚，他们要为祖先熬制良药，搭配三牲苦胆、酒水、米等，在毕摩念诵《献药经》的过程中，为祖先献药。与此同时，在场子孙每人都要饮用一口为祖先熬制的良药，表示同祖先一起用药和预防疾病。

其四，除淫邪。这项仪式主要针对男性祖先，因此举行时仅限男性在场。他们认为，男性祖先在世时可能发生淫乱行为，需为其举行被解淫邪仪式，这样他们才能清白无污地进入祖神行列。

其五，除经孕血邪。这项祭仪针对女性祖先举行，他们认为女性祖先因其特殊的生理周期、怀孕和生育等因素，身上难免带有血邪，因此要为她们除经孕血邪，解除她们身上的血邪和生前生育时遭受的痛苦，使其能毫无负担地与男性祖先一起进入祖列。

其六，解罪孽。他们认为人的一生难免会犯下些许罪过，如负誓违约、撒谎骗人、敲诈勒索、偷抢财物、破坏他人婚姻家庭、好吃懒做、道德败坏等。此外，还可能存在杀害和虐待牲畜、乱捕滥杀虫鸟走兽、滥伐树木、破坏花草、乱弃动物尸体、乱扔生活垃圾污染环境等行为。因此，只有将祖先生前所犯罪孽禳解，他才能清白顺利地升天化为"祖先神"。

至第8天，主要有两大核心仪式程序——换"祖灵筒"和取"福禄水"。

其一，换"祖灵筒"。新"祖灵筒"原料迎回之后，工匠师"格毕"就带领其助手赶制新"祖灵筒"及配套的"灵物"。"灵物"包括：1对祖妣偶像（以翠玉石或滑石为身，以银、金或铜为面，用金线将祖先和祖妣的脸、身子及颈部、肩部、腰部、肘部、膝部及踝部等关节连接）；1根三足直立的撑天铁柱（为祖先灵魂上下天地的"天梯"）；铁制刀剑等狩猎工具各1个；铁制的犁、铧、耙、锄、镰、千斤、砍刀及斧头等农耕用具各1个；铁制的磨、臼、杵等粮食加工工具各1个；铁制锅、碗、瓢、盆、勺、筷、锅庄、甑、水桶、扁担等生活用具各1份；苦荞、甜荞、谷、大麦、小麦、豆等五谷种子各1份；象征货币的贝币几枚、黄白铜片各1份；铜铃1个；祖先、祖妣名单1份。

装好"灵物"之后，还要将旧"祖灵筒"中的旧"灵物"清点出来，将其均分为3份，分别装进长、次、幼各支新"祖灵筒"，并将新、旧"祖灵筒"封闭严实，披上红布，放于祭台，继续受祭。

其二，取"福禄水"。先将1段红绸绑在1只公绵羊的身上，然后在羊背上分别捆绑1个马缨花木鞍子和装水葫芦，给羊喂一把盐后便出发寻找"福禄水"。队伍走到"福禄水门"时，毕摩念诵《洁净经》，为他们"打醋炭"和占卜取水方向。然后，取水队伍抱着一只公鸡、青松毛及相关祭品，按毕摩占卜的方向，让公绵羊在前领路，往既定方向随意行走。当羊找到水源饮水时，随行毕摩便在此处设祭，再次举行"洁净仪式"，并用带来的公鸡献祭山神、水神，叙说宗族谱系和念诵《献山神经》《取福禄水经》，其助手则将寻得之水装进羊身上的葫芦，驮回祭场。取回来的"福禄水"有两用：一是分给各支用于祭祖，二是掺入祭场上的祭祀用水中。"福禄水"水源地会被写进他们的族谱，被视为家支"圣地"。至晚上，继续"绕场"及举行篝火晚会等娱乐活动。

第9天是正祭的最后一天——"超度祖灵升天"仪式。这天天蒙蒙亮，各支头人就要带领家支成员为当天的仪式做准备工作。其中，长、幼两支负责竖立"楗木"和架油锅，并将其"祖灵牌"外壳及写有"祖灵"名的挂柱按照长、幼顺序挂在"楗木"上。次支则在"楗木"和油锅右侧方用干柴、松毛等扎一堵"篱笆墙"，并将本支"祖灵牌"外壳及写有"祖灵"名的挂柱挂在"篱笆墙"缝隙中，为"超度祖灵升天"做准备。之所以这样分工，是因为各支扮演着不同的社会角色，承担着特定的劳动分工。在他们看来，长子为父亲帮手，幼子独受父母宠爱，次子不当家，主要承担兵役、维安等工作。因此，在"超度祖灵升天"仪式上，他们各自的角色分工便受其角色属性支配。

准备工作做好之后，就要开始"播福禄"。在祭台上摆放五升斗、昇子、篾箩各1个，里面装满五谷，并在五谷上放有代表黄金的黄刺木片及代表白银的灯芯木蕊卷。在五升斗旁边放1个木盆，盆中盛满"福禄水"，水中浸有马缨花枝。祭仪开始时，各支后裔齐跪于祭台前，毕摩将祭台上的所有器件"打醋炭"后放回原位，然后一边念诵《播福禄经》，一边用马缨花枝向跪在地上的人洒"福禄水"和撒五谷，他们则拉开衣襟接毕摩撒过来的五谷和金银。毕摩会问他们："养畜一个成十个了没有？"他们回答："成了！"又问："大小粮仓溢了没有？"又答："溢了！"再问："金银进门了没有？"再答："进了！"最后，毕摩一边将小树枝插入他们的衣领或包头，一边发放一小把青松毛，这寓意着后代子孙枝叶繁茂，家支发展万年长青，祈求祖先赐福和接受毕摩的祝福。

福禄播完之后，他们会在油锅中倒入香油和猪油，点火将油烧滚。油烧滚后，毕摩向锅中洒酒水，使其燃烧产生巨大火焰，然后参祭各支成员又接着"绕场"。"绕场"结束，毕摩会把公祭的"祖灵"之名写在木牌之上，并将其置于锅中焚烧。此时，会有仪式性的要祖名活动，即后裔们向毕摩递送一些碎银或钱币，并将"祖灵牌"也放进锅中焚烧，表示此时祖先之魂已经通过巨大火焰升天化为"祖先神"，此即"超度祖先升天"。

由于阿宝矣弄家支此次为"耐姆"暨家支分支仪式，因此，还会再次盟誓。长、次、幼三支头人齐跪于祭台前，长支头人发言强调本次"耐姆"由三支为报答祖妣之情共同举行，祈求祖妣保佑子孙后代根基永固、人口兴旺。同时，他们向着天地神灵和祖先神盟誓，此次分支之后，各自都会孝敬祖先，仍会同姓相扶，有事相帮，请祖妣安心。盟誓之言发表完毕，各支头人共同用吸管吸饮血酒。

盟誓结束之后，要将"祖灵筒"送到"祖灵"岩洞。在鞭炮声和鼓乐声中，按"大毕摩及其助手—各支背负'祖灵筒'的女婿—主祭毕摩—乐班—彩旗队伍—各支头人—手拿青松枝丫的支系成员"这样的顺序走出公祭场，然后各支分别背着本支"祖灵筒"送到事先由毕摩占卜选择好的"祖灵"岩洞。其中，长支在毕摩带领下，携带一只公鸡，由两女婿各自背着新、旧"祖灵筒"，送到原集体"祖灵"岩洞。到达目的地之后，毕摩燃香、献酒、手持公鸡先进行一次生祭，念诵《防雷、防蜂、防鼠侵扰经》，献酒神灵，请求善神保护新"祖灵筒"无恙，告诉"祖灵"放心在此居住。诵毕，将公鸡杀死，再念《关闭祖灵岩洞经》，进行杀后祭（血祭）。最后，将新、旧"祖灵筒"稳固地安置在旧"祖灵筒"原位置。再次告知"祖灵"，他们会经常前来看望。

最后，后续阶段——共餐、清场及送别。

其一，共餐。每天的仪程结束后，他们都会在空旷草地上举行娱乐活动，白天踩高跷、磨磨秋、斗牛、斗羊、模拟斗鸡（公鸡舞）等，晚上聚集在祭棚和篝火边敬酒、歌舞。老人们吟唱民族史诗歌曲，青年们对歌跳脚，十分热闹。他们以歌抒情、以歌表意、以歌叙事、以歌教育。在这场"文化盛宴"中，几乎可以完整地呈现彝族传统文化的各个要素，文化传承与展示的意义极其丰富。

其二，清场。共餐结束次日（第10天），毕摩念诵《打扫祭场经》，助手毕摩及家支成员们一起将祭场内的神枝、神座、青棚等布置公祭场的材料拆除焚化，让燃烧树枝而升腾的青烟告知以往历届超度升天的先祖神灵，本届受祭超度的灵魂即将与他们聚合。同时，这也是防止搭建祭棚的树枝和神枝、神座等遗散在山野，遭受到人、畜的践踏亵渎，给子孙带来不利。

其三，送别。所有仪程结束之后，要送别毕摩及远道而来的亲戚们返程。长、次、幼各支成员夹道列队以歌唱、奏乐、敬酒的方式隆重送别主持祭祀的大、小毕摩及远道前来提供帮助的亲朋邻友。至此，阿宝矣弄家支此届"耐姆"圆满结束。

案例2-11——贵州盘州J乡BL村彝族祭祖仪式：该村的彝族祭祖仪式规模较小，一般作为丧葬仪式的仪程之一。我们并不全部呈现整个丧葬仪式，仅呈现报丧、转场、制灵及送灵等几个环节。这几个环节，同样能够反映其亲属网络及其之间的义务关系。在当地，称报丧为"赶水"，"赶水"之人需具丰富经验且有高度认真负责的意识，前来献牲转场的外家女眷的起居安排皆由他来负责。"赶水"之人到达哪个姻亲家，这家人就会杀鸡在"神龛"前祭祀逝者，烹饪给"赶水"之人食用。接到"赶水"消息之后，外家人及姑娘们就要按义务规定准备为逝者"转场"的牛羊。一般来说，义务如此：逝者"马郎家"①的女儿牵牛，后家（外侄家）牵羊，有的外侄牵猪，总之牛、羊、猪必须备全。简单地说，如果一个人去世，那么他的"马郎家"就要为其牵牛若干，其"后家"须牵一只绵羊，本家侄子侄女为他牵若干猪、羊。与牵牛之人同辈的亲友要一同头包白布，穿上白色孝服参加葬礼。

牵牛羊猪参加祭祀的人看似花了很多钱去购买牲口，被视为一种奢侈浪费，但实际上他们的亲戚朋友将自己也视为丧礼举办者，会为其送礼，在事实上为他们分担经济及人力负担。通常，他们所收到的礼金多半会与购买牲口的开销持平，有的则会超过自己开销。如J乡BL村M家岳父去世时，"马郎家"牵牛去给其岳父母家祭祀，购买了价值17500元的黄牛一头，烟酒、烟花爆竹、香蜡纸及其他礼信约10000元，但最终收到的礼金有3万多元，明显超过其开销。而且，有些物力与人力负担已被同去亲戚朋友分担。作为后家牵绵羊去祭祀其姑妈，羊价值3200元，烟酒杂物2000元，最终收到礼金12000元，还收到了主家的一条价值3000元左右的牛腿作为回礼，也超过了其开销。

在当地，并非所有仪式场合都会举行"转场"仪式，据田野报道人MW解释，一般要等儿女皆长大成家之后才能举行"转场"仪式，如果是逝者的子女尚未长大且未成家，那么则不举行转场仪式，要等待子女长大成家之后再为逝者补办"转场"仪式。通常来说，在举行"转场"仪式之前的白天，亲友邻里们帮助事主家先用冬青树、乔木、黄松以及香樟树等新鲜树枝混合

---

① "马郎家"一般是死者的女儿和女婿家。但是，如果没有女儿，为了完成仪式，侄女婿也属于"马郎家"的范围。在当地，这是一种舅家上辈与下辈之间必须履行的义务。

搭建"灵房"（又叫"嘎房"），用青竹挂引魂幡。"灵房"朝向一般坐北朝南。建好之后，将棺材转入其中。灵房的一旁则是毕摩房，离毕摩不远处是由几位长者及具有书写能力的人组成的财务小组。"转场"一般在晚上进行，当天下午，赶水要在灵房附近烧起火塘，等待外家与姑娘家来"转场"的人。火塘有顺序讲究，第一火塘为外家所烧，第二火塘为逝者大女儿家所烧，以此类推，逝者有多少个女儿就会有多少个火塘。转场之人陆续到来之后，每来一家人，就被赶水者引领到为其所烧的火塘旁，然后用餐。用餐完毕之后，孝子会拿着以白纸包裹和蘸有牲口血液的竹棍，来到火塘边跪请这家人前去"转场"。

所谓"转场"，即围着"灵房"转圈。转圈方向依性别而具有差异性，如逝者为男性则按照顺时针方向转，若是女性则反之。"转场"人员顺序一般孝子在前引领，孝媳在后洒水，前来参加"转场"的人则抬着礼物以及拉着牛羊紧随其后。同时，其中一个由女儿家带来的名为"野毕摩"的人一边转一边用脚在地上做搓地动作，并做跳跃状，边跳边搓，口中还会嗷嗷喊叫，此为"搓蛆舞"①。"转场"分为"小转"与"大转"两种类型。"小转"转三圈，前面描述的"转场"即为"小转"。"大转"一般是半夜12点之后，所有前来参加"转场"的人一起转，人数多达成百上千。孝子们点燃火把并给每家前来"转场"的人一个火把。其中，外家为大，女儿家们以长幼顺序排列。"转场"之后，主家便会倒酒给"野毕摩"喝，喝完酒便表示"转场"仪式结束，各家便可返回到自己的火塘边。然后将他们所牵来的牛羊等经过毕摩念诵《献牲经》后在"灵房"前打死作为逝者的牺牲。主家会将所宰杀的牛、羊、猪的大腿作为回赠礼物回馈给前来参加"转场"的每一户人家。

"制灵"与"送灵"，与凉山彝族及其他彝区一样，当地也是用竹子制作灵筒，以竹节草杆制作"灵偶"（死者灵魂的依附载体），并裹上外家拉来"转场"和献祭山羊的毛，用红绿色丝线将其缠好放在竹筒里，并放入盐米，用一片竹片在离竹筒口约一厘米之处横穿过去封好，如此便制作完成祖灵神筒。过去，举行"转场"仪式后经过祭祀的祖灵神筒一般会放进专门灵洞。现在，有的置于逝者长子家，有的置于继承逝者房产的儿子家。没有举行过

---

① 搓蛆舞，是乌蒙山一带的彝族祭祀仪式场景中的传统集体舞蹈类型，彝语称为"垦合呗"，又叫"铃铛舞""跳脚"。

"转场"仪式的逝者灵筒，不能进入神龛或者灵洞，一般置于堂屋外的屋子边等位置，如 J 乡 BL 村村民 M 的妻子 26 岁便病逝，他们夫妻二人的子女都还较小，并未长大成家，无法满足举行"转场"仪式的条件，于是她的葬礼上就没有举行转场仪式，其灵筒就不能被放在堂屋神龛中央位置，而放置于她家的厨房当中，每年祭祀时节都不能与其他举行过"转场"仪式的祖先神灵们一起祭祀，须单独进行。

当然，在其他彝族乡村中也有关于自然崇拜与祖先崇拜的仪式展演，规模有大有小。不过，上述案例已经证明一场祭祀仪式不仅呈现了一次"文化盛宴"，还表达了彝族社会中的"互惠文化逻辑"。无论是关于自然神灵的祭仪，还是关于祖先的祭仪，祭祀共同体中的所有亲属朋友、村落邻里等都聚在仪式空间下，表达着他们对神灵与祖先的崇敬，邀请各方神灵与祖先共享祭祀之后，又共享神灵与祖先享用过的牺牲，共同得到他们的庇佑，会表现得非常友好。① 除祭仪之后的共餐之外，还伴随各种歌舞娱乐及体育竞技等活动。而且，在当下民族文化旅游发展背景下，许多以文化旅游为发展契机的彝族乡村，祭仪不仅是一种神圣仪式生活中的互动机制，还成为日常生活中的世俗表演活动，成为族际共享文化。即使远在他乡的其他民族，只要当时来到表演场合，就都变成了仪式的共同参与者和文化的共享者。在此过程中，它还从"文化资源"转向"文化资本"，增添了与传统时期所不一样的经济意义。总之，对个体而言，信仰与仪式能够满足个人心理需求、缓解心理焦虑，对于群体与社会而言，具有强化社会秩序、实施社会控制和加强社会团结等功能。

3. 搭建多重神圣文化空间

一般来说，一个传统的彝族村寨通常由多维文化空间构成，无论是日常凡俗生活与生产实践，还是各种与信仰文化及礼俗礼仪相关的仪式展演，都需要在特定文化空间中发生。其中，与日常凡俗社会生活、生产实践、贸易往来、婚恋娱乐及聚会欢腾等有关的文化空间一般被视为世俗文化空间，如火塘、赛马场、磨秋场、对歌场、婚恋场、市集、土地稻田等，这些日常生活中的公共空间可能表现为一片宽阔平坦的草场，也可能在大树之下，又可能是一座公房，还可能是河流岸边。与信仰文化及祭祀仪式有关的文化空间

---

① 赵旭东：《文化的表达：人类学的视野》，中国人民大学出版社，2009，第 198 页。

与日常生活、娱乐场所的基本属性不同，通常表现为神圣文化空间。

首先，关于自然崇拜形成的神圣文化空间。滇、黔大多数彝族村寨及凉山部分彝族村落，通常会选择村寨旁边郁郁葱葱的茂密树林作为村寨的护寨神树林，还会在所选神山上挑选一块形状怪异的石头，通过仪式将其转化为护寨山神化身的物象实体，选择一个或一对树龄较高、树干粗壮及枝叶繁茂的古树作为护寨树神。在普通人看来，可能它们就是外形高大一点儿的树木，但在当地人看来它们是具有灵性、神性的"圣物"。有的彝族村寨，还会为山神、土地神等搭建庙宇，庙宇可能在山顶，也可能在神树旁，在每年春耕之际进行祈祷献祭，秋收之后进行酬谢献祭。同时，在特定节庆及有其他仪式生活需求时也会前往祭祀。这是大多数彝族社会中关于自然崇拜而形成的普遍神圣文化空间。从村寨整体空间布局来看，"神圣文化空间"几乎就是彝族传统村落的"宇宙中心"。许多时候，每逢重要节日盛典，"神圣文化空间"就构成了节日活动开始的起点和结束的终点。如在云南石林 YB 村背后的树林中就建造了一座山神庙，且集体推选了几位年龄较大、经验相对丰富的老人来做山神庙、土地庙的看护与管理者。除举行献祭仪式之际，严禁任何人畜践踏进入山神庙和土地庙。每逢年节，都要先到这里进行献祭。又如在贵州盘州 J 乡 BL 村选择了村后山上最高处的一块大石作为山神实体，每年都会轮流由两名"承头人"组织带领村民们共同祭祀。

其次，关于祖先崇拜形成的神圣文化空间。传统社会中，各地彝族有放置祖灵筒的洞箐——"岩祠"，后代子孙会定时到此举行祭祖大典。如明嘉靖年间纂修的《普安州志》中就描述："土俗相传，为土酋益智藏其祖先鬼筒于岩穴间，子孙十年一次登山祭之。"[①] 同时，凉山彝族逝者的"火葬场"及其他彝族的"土葬坟山"（如黔西北彝族"向天坟"）[②]，家中放置有祖灵筒的房间或设置了神龛的堂屋等，都附着有逝者灵魂，都是与其他世俗空间有所差别的神圣文化空间。在云南巍山彝区，受道教文化的影响，在巍宝山许多道观中都设立有土主庙，作为祭祀当地彝族集体记忆中的祖先——南诏王细奴逻及家中逝去祖先们的重要空间。可以说，凡与祭祀有关的核心仪式

---

① 六盘水市地方志编纂委员会编《六盘水旧志点校·明嘉靖普安州志》，贵州人民出版社，2006，第 15 页。

② "向天坟"是黔西北彝族的一种墓葬坟墓类型，坟顶向天，坟墓坐落方向多为南北走向，主要分布于黔西北威宁彝族回族苗族自治县与赫章县。余宏模对此有系统研究，详见余宏模：《黔西北乌蒙山区向天坟与彝族传统文化》，《贵州民族研究》1995 年第 4 期。

大多在神圣文化空间中完成。

4. 形成社会控制法俗禁忌

如布罗尼斯拉夫·马林诺夫斯基（Bronislaw Malinowski）所言："宗教在根本上是实用主义的……在面对危机时，它提供人类一套标准化的行动准则来指导最基本的人类学行动……服务于对永久性和标准化体系的渴望，表现在传统和语言中，指导人类行动并确立一个自然和超自然的秩序。"[1] 在彝族社会中，除日常生活中道德观念的约束，信仰文化作为一种社会控制的精神符号，为其地方社群提供了一整套建立在对超自然力量的绝对敬畏基础上的法俗禁忌，这些禁忌又通过人们的实践意识而成为约定俗成的习惯法，作为指导、约束、规范及惩处的重要指南和依据。如：禁止随意出入神圣空间；禁止孕妇在桃树上晾衣服；禁止不满百日孕妇串门与参加婚丧礼仪；禁止触摸灵牌；禁止任何人私自占有、侵犯、破坏神圣文化空间中的任何物品与资源；禁止将制作祖灵筒的木材用作他途；禁止在神圣文化空间中出现不干净行为与不文明语言；禁止猎捕与食用图腾动物及对祖先有恩的动物；禁止脚跨踢火塘与锅庄；禁止非火把节期间白天点火把到处走动；禁止随意触摸男子"天菩萨"；禁止长辈、晚辈在一起时唱山歌；禁止在祠堂背后砍柴捡柴；禁止将喝剩的水倒回水缸；禁止与毕摩和苏尼等神圣权威随意嬉笑。诸如此类，无论日常生活场景，还是仪式生活场景，都充斥着大量法俗禁忌。若有侵犯，侵犯者要自觉举行相关的净化仪式向神圣空间中的神灵们"谢罪"，向活着的亲友、邻里们致歉，还可能接受处罚。

5. 创造多样民族传统节日

在广西那坡及云南富宁等区域的彝族，基于对竹的崇拜而形成了独具特色的节日——"跳公节"（祭金竹）。节日期间，以村为单位，围绕金竹丛吹芦笙、打铜鼓、唱歌、跳舞、游行，演习彝族先民的生产活动，进行一系列的仪式活动，祈求金竹祖先保佑庄稼丰收、天下太平。又如在云南楚雄彝区，基于对马缨花的崇拜，形成了"马缨花节"（赶花山节）。每逢节庆，当地彝族身穿盛装，成群结队地来到开满马缨花的山坡上，采花佩戴，围着马缨花载歌载舞。老年人赶街聚会，年轻人便谈情说爱。再如在云南昆明寻甸彝区，当地彝族苏腊坡支系每年农历四月初四都会隆重举行"祭密枝"。基

---

① 〔英〕布罗尼斯拉夫·马林诺夫斯基：《自由与文明》，张帆译，世界图书出版公司，2009，第139页。

于对水的崇拜，黔西北至大方一带的彝族形成了每年农历三至五月举行的"祭水节"。基于对火的崇拜，更是形成了彝族所有节日类型中最隆重的"火把节"及云南弥勒彝区阿细人的"祭火节"。诸如此类，彝族乡村中基于信仰文化而形成的传统民族节日不胜枚举，如"虎节""祭龙节"等，后文辟有专门章节来分析彝族传统节日文化，故在此仅以上述几例为代表。

6. 催生多彩民族传统歌舞

彝族还是一个能歌善舞的民族，在表 1-2 中列出的彝族舞蹈类型中，就有许多娱神娱人的歌舞是基于信仰文化而生成的。首先，关于祖先崇拜，他们有特定的歌谣、丧葬舞、祭祖舞，通过舞蹈的动作与唱诵的歌谣来缅怀逝者，追忆祖先。如凉山彝族的"蒙莫居兹"舞蹈，贵州盘北彝族的搓蛆舞，黔西北彝族的铃铛舞、"撮泰吉"，黔西南彝族的海马舞，黔西北彝族的恋歌《曲谷》、嫁歌《阿买恳》、丧葬歌《恳洪》《细沓把》，云南巍山地区的彝族打歌，云南昭通新平地区的彝族磨皮花鼓舞等都是与祖先崇拜有关的歌舞类型。其次，关于自然崇拜，如凉山彝族的披毡舞是基于鹰崇拜而形成的舞蹈，其舞蹈动作一般以模仿鹰的翱翔姿态最为突出。再如凉山彝族的锅庄舞是与火崇拜有关的舞蹈、广西那坡与云南富宁的彝族金竹舞是与竹崇拜有关的舞蹈、云南双柏地区彝族的老虎笙与易门地区的虎掌舞是关于虎崇拜的舞蹈。万物有灵，广西那坡与云南富宁的彝族铜鼓舞都是此信仰观念的文化表达。

三 祭司毕摩与巫师苏尼：彝族社会的神圣权威支配类型

毕摩与苏尼是彝族信仰文化的核心表达主体，他们不仅参与人与人的纠纷调解，还扮演着后代与祖先、人与自然、人与神灵等之间沟通的媒介角色。在仪式场域，他们将隐藏于文化结构背后的民族精神、集体心态等通过仪式展演、文字表述、语言表达等方式传递给与之关联的人群，维护着地方文化生态的相对平衡。

（一）行走于凡俗世界与神圣空间的毕摩和苏尼

第一，毕摩与苏尼都是彝族信仰与仪式的核心表达主体。在日常生活中，他们不脱离劳动生产。在仪式生活中，他们都是与神鬼打交道的人。首先，就毕摩而言，由于方言发音不同，不同资料对其称呼略有差异，如布摩、呗耄、白马、溪婆、觋幡、西波、拜马等。① 毕摩扮演的角色性质属于祭司——包含政治与文化双重属性的社会角色。从历史上看，彝族毕摩历史悠久，大致父系氏族社会初期就已产生，源于当时的祭司与酋长。② 进入阶级社会之后，在"兹、莫、毕"（君、臣、师）三位一体的古代彝族地方政治体系中，毕摩既扮演着作为知识精英的"师"的角色，又在各种仪式场景中扮演祭司的角色。同时，他们还是统治集团成员，担任着"立典章、设律科"的掌簿、司仪等职责。③ 当时，毕摩在文化知识的占有权上具有严格的制度规定，普通百姓无收藏经书的权利，违规之人将会被依法严罚，在《夜郎君法规》中有明确描述："凡文字书契，传世经典与书籍，祭经和医书，各支史书等，全归呗耄管。平民和百姓，不得乱收藏。这样一来，百姓没有书，无法识文字。凡是平民中，有书不交者，严惩不宽容。"④ 他们精通彝文，书写流传彝文古籍经典，是彝族文化最关键的生产者、传承者与实践者，故常有"有知识的长者"之称。关于彝族信仰仪式的实践表达，毕摩常通过诵念经书的形式，加持特定法器，以特殊语言与器具来沟通人与神灵。在彝族社会中，存在不同级别的毕摩，有知识经验、德行威望较高的主持大型仪式的大毕摩，也有知识经验略缺只能主持小型仪式的小毕摩。不同仪式场合，所邀毕摩类型不一。其次，就苏尼而言，方言称为"苏额"，其角色属性更贴近类似"萨满"的巫师，被称为"驱鬼除邪的人"⑤。他们敲鼓摇铃，做出夸张的巫术舞蹈动作与特殊技巧来为人驱赶鬼怪邪祟，达到驱鬼治病的效果。需要注意，并非所有彝族群体中都存在这两种人物。一般来说，这两种神圣权威曾在大小凉山及黔西北彝区同时存在，而在贵州盘北及云南大部分彝族社会中，苏尼与毕摩呈现合二为一的状态，即巫术与祭祀仪式都是毕摩的职能范畴。

第二，二者都是彝族传统社会中的重要文化精英。特别是信仰文化方面，他们都具有突出社会威望，如在凉山彝区曾有这样的礼俗规定：若村上有毕摩与苏尼，逢年过节需宰杀牲畜时都要从他们家开始杀起。⑥ 相对而言，毕摩的地位与威望高于苏尼，这不仅由于二者行动场域有别，还与彝族本身

---

① 余宏模：《古代彝族布慕刍议》，《贵州文史丛刊》1981 年第 3 期。
② 余宏模：《贵州彝族毕摩文化与彝文典籍类例》，《贵州民族研究》1996 年第 4 期。
③ 余宏模：《古代彝族布慕刍议》，《贵州文史丛刊》1981 年第 3 期。
④ 王昌富：《凉山彝族礼俗》，四川民族出版社，1994，第 236 页。
⑤ 王子尧、刘金才主编《夜郎史传》，四川民族出版社，1998，第 76 页。
⑥ 王昌富：《凉山彝族礼俗》，四川民族出版社，1994，第 373 页。

历史阶段的社会结构及他们各自掌握的资本相关。无论哪一区域，毕摩都是百科全书式的彝族文化精英，既是彝族传统文化的核心生产主体，也是其传承、保护及创新发展的关键人物。他们学识渊博，掌握着丰富而渊博的民族文化知识，对彝族史诗、天文哲学、神话传说、民间故事、语言文字、信仰仪式、民族医疗等了然于胸，谙熟彝族社会中的各种礼仪规则、道德规范。彝族的人生礼仪、农事生产、节庆庆典、狩猎出行、建房及矛盾纠纷化解等活动都离不开毕摩。苏尼大多活动于巫术活动。在举行仪式之前，毕摩和苏尼都有严格禁忌：如在饮食上，忌贪吃和酗酒，以防止仪式上大小便频繁影响仪式的洁净性和神圣性；又如忌食牛肉与饮用牛肉汤；再如忌与他人一同进食，食前必先祭祀神灵；还如食用可吃的肉食时吃头不吃尾。

第三，二者都是彝族传统社会中的"医师"。在彝族的认知观念与知识体系中，灵魂常是影响人身体生理寿命与健康的关键因素。当出现某种疾病时，常将其与失魂或鬼魂侵害等联系在一起，举行叫魂与驱鬼仪式成为其治疗疾病的普遍方式。苏尼主要通过神秘的巫术行为来达到疾病治疗的最终效果。毕摩涉及的医治范围更加广泛，实施"熏疗法""蒸疗法""汗疗法""冷压法""热压法""针灸法"等医疗技术。他不仅掌握着关于心理疾病的"仪式医疗技术"，也具备关于身体生理疾病治疗的药物知识、治疗技术及"临床经验"，常通过仪式行为与药物治疗的并用来实施治疗。在其编写的彝文古籍经典中，就有不少属于医书，众所周知的云南白药便是根据彝族医药技术而创新发明的成果。

第四，二者的传承方式有别。苏尼的传承没有严格性别规定，男女皆可成为苏尼，且其形成与萨满相似，一般是经历过某种癫狂或经历大病之后而获得能力、技术与巫术知识。相对而言，要成为一名毕摩就没有那么容易。在彝族传统社会中，要成为一名受人尊敬的毕摩，有严格规定，如在凉山彝区，凡杀过长掌动物之人皆不能成为毕摩。[1] 要想成为一名毕摩，首先要热爱毕摩文化，有主动传承毕摩文化的责任感。其次，有高尚个人品质，能够秉承公心、尊师敬长、心地善良，公平对待所有邀请毕摩做仪式的事主。最后，具备超强吃苦耐劳的精神，学习毕摩文化需要背诵种类繁多且篇幅巨长的毕摩经书。据不完全统计，当前全国各地彝族毕摩经书种类大体分为祭祖

---

① 吉克·尔达·则伙口述《我在神鬼之间——一个彝族祭司的自述》，吉克·则伙·史伙记录、刘尧汉整理，云南人民出版社，1990，第 4 页。

类、丧葬类、祈福类、敬神类、驱鬼禳解类、占卜类、招魂类及其他类别共
20余种。就经书部数而言，仅凉山彝区就有300余部，经书卷数全国各地多
达1万余卷，内容包括谱牒、史诗、祭祀与占卜经书、民间故事、民间歌谣、
历史记录等。除背诵并理解、掌握卷帙浩繁的毕摩经书之外，毕摩文化还是
一门经世致用之学、实践之学，单靠背诵经书难以掌握这门学问，如不知经
文对应的具体仪式场景、仪式程序、法器排位、道具种类、制作方法、表征
意义及位置摆放等。因此，传承者通常要参与观察其师傅及其他前辈的仪式
实践并适当参与其中。成为毕摩之后，每次仪式期间都要严守相关饮食禁忌
及行为禁忌，这就要求毕摩要有严格的自律精神。

（二）毕摩社会角色的现代性转型及活动领域

随着社会结构的转型变迁，彝族毕摩的文化身份发生了本质嬗变，表现
在如下方面。

第一，身份角色属性转变。自"改流"后，毕摩的政治特权与正统权力
属性就逐渐弱化，仅保留了祭司的文化身份，从事各种祭祀、占卜及巫医
事业。

第二，社会资本累积转化。基于其自身符号资本与社会资本，在商品经
济的影响下，除在仪式活动中获得一定数额的经济报酬之外，他们还将自身
持有的文化资本转化为经济资本，作为谋取经济收入的重要渠道之一，尤其
是在滇、黔彝区都可看到当地毕摩自己经营的纸火店。同时，在民族文化旅
游发展背景下，他们成为与信仰文化有关的文化展演的核心演员，是乡村文
化产业与旅游业发展的重要力量。

第三，传承方式日新月异。在彝族传统社会中，毕摩传承方式虽也有师
传，但大多表现为父传子或叔传侄等形式，且以父传子为主，基本表现为家
支世袭。若一个毕摩世家出现失传现象，会被视为不孝之举，等同于丢失祖
先的根，损害了祖先与家支的面子与荣誉。因此，他们非常重视毕摩职业的
持续传承。若因不可抗拒性因素而造成传承危机，通常会从外面邀请其他毕
摩来代替逝者传授毕摩知识与技能，避免祖先世袭职业的中断。[①] 在现代社
会中，毕摩传承方式不再是家支世袭，家支外的其他人也可拜师学艺，有的

---

① 吉克·尔达·则伙口述《我在神鬼之间——一个彝族祭司的自述》，吉克·则伙·史伙记
　　录、刘尧汉整理，云南人民出版社，1990，第17页。

需缴纳学费，有的则免费拜师。一般来说，民间师传形式无固定学时和教程规定，亦无学历限制，出师也无烦琐程序，大多只要能独立从事某一类型的仪式，便可出师。[1] 毕摩经书数量多、类型广，仪式种类繁多，仪式程序复杂，毕摩传承人需经由系统训练、严格教育[2]及丰富实践，才能学得基本技能。如前文所述凉山彝族"尼木措毕"中大毕摩带小毕摩的场景，小毕摩既是学徒，也是助手。在贵州盘北彝区，大体为师传模式，无须缴纳学费，只要条件适合且乐意学习，当地毕摩都会倾囊相授。除民间自主传承之外，还存在专业毕摩培训组织与学校教育机构，如民国时就有毕摩开设过毕摩学堂，收徒授业。[3] 当前，在黔西北威宁县建立了一所公办的彝文双语职业学校，招生对象涉及黔东部彝族方言区、黔北部彝族方言区与黔南部彝族方言区，创新了彝族毕摩文化的传承模式与拓宽了彝族毕摩文化的传承空间。毕摩的传承方式虽然发生了转变，但不变的是无论哪种方式，彝文与彝语都是毕摩文化学习者必须掌握的技能。相对而言，苏尼的产生无须经历长期学习、背诵大量经书，也没有性别限制。

从田野资料来看，毕摩亦在日常生活中彰显权威。他们之于其社群成员思想与行为的约束、规范的影响力也可能如德古一样超出基层干部。在贵州盘州 Y 乡 M 村做田野调查期间，我们在该村的综治中心（村委会）遇到了如下案例。

案例 2-12：我们在 Y 乡 M 村综治中心与村干部接洽时，一位 60 多岁的男性老人跌跌撞撞地走了进来，一进来就喋喋不休地对我们说个不停，因为他喝了许多酒，口齿表达也不太清晰，我们并未听清他表达的内容，只是模模糊糊地听出了他对村干部的一些抱怨。当时村干部怎么劝他也不离开，甚至坐在地上撒泼，赖着不走。村干部见状无奈，于是就骑摩托到隔壁村请了毕摩前来劝解。毕摩来了之后，用彝语同那位老人交谈了十多分钟，他就起身离开了。当时我们并不知道毕摩到底对他说了什么他才答应离开。后来，我们从毕摩口中了解到，原来这位老人嗜酒严重，妻子很早就带着两个孩子离开了他，孩子长大以后偶尔会给他汇钱过来，村委会也给他落实了低保，

---

① 吉克·尔达·则伙口述《我在神鬼之间——一个彝族祭司的自述》，吉克·则伙·史伙记录、刘尧汉整理，云南人民出版社，1990，第23页。

② 林耀华：《凉山夷家》，云南人民出版社，2003，第85页。

③ 温春来：《从"异域"到"旧疆"：宋至清贵州西北部地区的制度、开发与认同》，社会科学文献出版社，2019，第288页。

将他纳入贫困户给予帮扶。可是，他每次一拿到钱就跑去买酒、打牌，没过几天就把钱挥霍殆尽，而后又跑到村委会耍赖。这次他以为我们是某个机关的领导，就想表达自己的诉求，获取更多补助。该毕摩是该乡唯一的毕摩，在当地享有较高威望，其凭借自身权威将老人劝走。

除上述案例，在部分资料中也有关于彝族毕摩参加民间纠纷调解的记录，如下发生在黔西北赫章县珠市乡彝族 A 家族与威宁县板底乡 B 家族之间的婚姻纠纷便是典型。

案例 2-13：在黔西北地区，赫章县珠市乡彝族 A 家族男子杨某与威宁县板底乡彝族 B 家族女方陈某之间发生了婚姻纠纷。纠纷几乎扩大成为群体性械斗事件。为避免发生群体性械斗，珠市乡党委、乡政府马上组织开展纠纷化解工作，组织当地乡政府干部和村干部组建了两个临时纠纷化解工作组，工作组组长由当地乡长与乡党委书记担任。小组成立之后，立即赶往纠纷现场，实施调解工作。工作小组先耐心细致给矛盾双方讲述械斗的利害关系，并积极向他们普及相关的法律、法规与政策，基本缓和了双方情绪，稳住了事态。为了更方便、更深入地了解纠纷发生的具体原因，两个家族分别推荐了各自所在区域具有较高威望的毕摩来进行深度调解。

毕摩经深入了解，弄清了纠纷缘由：A 家族的杨某与 B 家族的陈某经媒人介绍认识后，按彝族风俗定亲，杨某支付给了陈某家 8 万多元的礼金。双方在一起生活一段时间后，杨某才发现陈某在认识他之前就已经患有传染病，但没有告诉他，并传染给了自己。虽然经过治疗，但没有明显效果，于是杨某就提出退婚，并要求陈某家退还礼金，但依照黔西北彝族传统习俗规定，男方提出退婚、离婚，女方非但不用退还彩礼，男方还要设酒向女方家赔礼道歉，所以女方家不愿意退还。两家族经过多次协商未果之后，A 家族就召集了 30 余人前往 B 家族讨要说法。B 家族见 A 家族来人众多，也召集家族中的人且均手持棍棒。双方僵持不下，幸好双方情绪得到调解小组的及时平复。了解清楚事件本末之后，两乡镇干部及时沟通，邀请双方的毕摩参与调解工作，他们一边进行法制宣传，一边秉承尊重事实和民族风俗习惯的原则，互相协商。经过 10 多个小时的调解，最终达成协议，取消婚约，并退还了部分礼金。

总体来说，作为彝族传统社会中的神圣型权威，无论在仪式生活中，还是在日常生活中，毕摩都是彝族社会秩序构建与维系的重要力量。在仪式生活中，毕摩通过仪式实践给予其信仰文化控制作用圈内的社群以心灵慰藉与理疗，通过神性控诉力量规约他们的观念与行为，并根据其具体仪式操作情景补充新的仪式表述文本，把符合当代价值观的传统道德伦理以文本记叙、口传教化及仪式实践等方式传递延续，揭示了当地彝族信仰文化之于乡村治理的善治意义。其治理逻辑是通过仪式融入节点将现实生活与彝族的信仰世界联系起来，使人们明白自己与自然、与天地、与鬼神、与祖先及与邻里之间的关系。而且，彝族信仰文化大多与图腾制度及亲属制度联系在一起，这就显示了他们的信仰文化是以情感为基础的，这种情感或源于血缘关系，或体现于地缘关系。作为一种情感融入节点，仪式更容易以一种超自然力量塑化着信仰系统下族群成员意识，通过共同信仰记忆来告知人们如何遵守相应的规则，形成一种共同感，逐渐培育和铸牢一种强烈的集体意识。在日常生活中，他们可通过神话和民间故事来引经据典规劝和监督人们的行为。另外，要发掘信仰文化，其作为乡村文化旅游资源，同样扮演着不可或缺的核心角色。

四 他乡之客与家乡选择：外来信仰文化元素的本土融入

除传统原生信仰外，我国部分彝区人群的精神世界中还融入了外来信仰元素，经其文化实践而使大多数外来信仰元素本土化，融入了其社会生活，也成为其社会行动的逻辑机制。

（一）中华民族儒释道传统与彝族传统原生信仰的互嵌与交融

汉唐时期，道教传统就与彝族原生信仰产生联系，发生交融。刘尧汉研究认为，彝族的虎崇拜文化与道教及先秦道家诸学说有密切的渊源关系。[1]蔡华从历史渊源、信仰仪式、毕摩咒经、民俗节庆、传世经典文籍等维度更加系统深入地对道教与彝族文化之间的关系做了深入研究。[2] 从历史上来说，彝区盛行的道教、佛教等宗教现象并非其本土产物，而是国家（天下国家、王朝国家）在场的政治后果及与地方社会文化互嵌交融的结果。

---

① 刘尧汉：《中国文明源头新探——道家与彝族虎宇宙观》，云南人民出版社，1985。
② 蔡华：《道教与彝族传统文化研究》，四川大学博士学位论文，2003。

在贵州彝区，儒道文化对贵州彝族文化的影响既融合于其意识形态，也表现于文化实践场景。首先，意识形态层面，道教的"感应说""阴阳五行说"、佛教的"因果报应"及儒家的"纲常伦理"等思想被古代贵州彝族统治阶级接受、吸收并提倡，如明洪武年间，霭翠与奢香夫人都曾在水西境内永兴寺铸造佛像，并虔诚祈祷。彝文古籍《宇宙人文论》关于"人体"与"天体"相仿的描述及"天地混沌""浊清二气"等宇宙观、阴阳观与道教"阴阳学说"存在异曲同工之处。① 其次，文化实践场景，如丧葬仪式中，笔者在田野中了解到了与温春来描述的大方普底黄姓彝俗与汉俗并行②的相似个案，这个案例发生在贵州盘州 J 乡 BL 村。该村彝族丧葬仪式存在两套仪轨，即彝族传统丧葬仪式与汉式丧葬仪式。据田野报道人 MW 介绍，在其从小生长的 BL 村及附近其他彝村，有人去世时，先按彝族传统葬俗邀请毕摩主持"转场""洒水""制灵""驱鬼""送灵""祭祖"等仪程。涉及看风水选取墓地位置及最后下葬等相关仪程时，他们会另邀汉族民间先生主持。又如在黔西北威宁的一个彝汉杂居村落 Y 村，无论婚礼还是丧礼，该村彝族都与汉族礼俗无异。

在云南彝区，族际文化接触与交互现象明显，不少彝族也广泛盛行土主崇拜及与汉传佛教、道教等有关的非土主崇拜，形成了特定地域崇拜组织及相关仪式实践机制，如莲池会、洞经会、圣谕会等。尤其是在云南大理彝区，两汉时期就有孟获之兄孟优在巍宝山建庙传道，明清时期又不断有武当山、青城山的道士先后在此修建了准提阁、甘露亭、报恩殿等 20 多座道观殿宇。每年农历二月初一至十五，大理周边的许多少数民族都会前往巍宝山朝拜，举行朝山庙会。不仅如此，当地彝族还建立土主庙（又称为巡山殿），庙中竖立着南诏第一代王"细奴逻"的塑像，在其两旁分别竖立一个穿着彝族服饰的文武侍臣塑像，殿门上刻印着对联：新村流源远，始祖奴逻耕巍岭；彝族衍庆长，南诏发祥在巍山。在当地，道教与彝族的祖先崇拜巧妙融为一体，实现了道教在当地彝族社会中的本土转化。每年农历正月十五、二月初八和九月十四，当地彝族都会不约而同地聚集至此，在土主庙前宰牲祭祖，共同祭拜细奴逻，将近来逝世亲人的灵牌置于土主庙前焚烧，寓意着逝者亡魂回归祖庙，享受香火。祭仪完成之后，他们手拉手在此歌舞，与其祖

---

① 余宏模：《贵州彝族毕摩文化与彝文典籍类例》，《贵州民族研究》1996 年第 4 期。

② 温春来：《从"异域"到"旧疆"：宋至清贵州西北部地区的制度、开发与认同》，社会科学文献出版社，2019，第 385~386 页。

先及逝世亲人们一同享受美好生活。每年农历二月初八开始，大理一带的白族、彝族等群体都会身穿盛装，成群结队地前往巍宝山土主庙和三公主庙举行"接三公主（金姑）"祭祀仪式活动，活动内容相当丰富，既有白族的打霸王鞭，也有当地彝族的打歌。[①] 这种关于土主崇拜与非土主崇拜的信仰观念极大程度促进了当地各个少数民族之间的群体互动与文化交融。巍宝山文昌阁的殿宇之内文龙亭中描绘的清朝时期的壁画《松下踏歌图》（见图2-4），就是儒释道信仰文化之于当地民族交融与文化互嵌影响的生动图像表征。

图2-4　巍宝山文昌阁文龙亭中的《松下踏歌图》

资料来源：巍山彝族回族自治县彝学学会编《巍山彝族服饰》，云南人民出版社，2006，第148页。

（二）遥远的外来信仰文化与彝族传统信仰体系的接触和互动

在历史上，川、滇、黔三地彝区都曾有外来宗教的传播记忆。在四川凉山彝区，1863年，有法国天主教在会理彝汉杂居区域设立天主教堂，并以此为据点向冕宁、西昌及其他地区拓展。1893年时，会理和冕宁两地的基督教堂就多达20多处。目前，在西昌还存在1座基督教堂。当时，传教士并不满

---

① 梁永佳对该活动有深入调查和细致描述，具体参见其作《地域的等级：一个大理村镇的仪式与文化》，社会科学文献出版社，2005，第156~159页。

足在彝汉杂居区传教，也曾试图打开凉山腹心区域的大门，但最终失败。1903年，英国传教士柏格理（Samuel Pollard）就曾试图在四川凉山彝族腹心地区传教，但遭到当地官府及黑彝家支的强烈抗拒以失败告终。1908年，英国传教士巴尔克（Burke）（有的译为布洛克）进入美姑县境内测绘地图，与当地黑彝发生冲突而被杀死。① 1932年，又有传教士毕隆（Biron）在凉山彝区与当地人发生冲突被杀。②

在贵州地区，1884年时，柏格理活动于贵阳、安顺一带，后至黔西北威宁石门坎苗族地区创立基督教循道公会。起初，他在此地置办土地建立教堂时，与当地彝族土目发生了数十次纷争。在此地传教时，他与当地苗族同吃同住，建立药房，为他们治病，改善卫生条件。1905年，他与精通英语的汉族教友李斯提反、③ 苗族教徒杨雅各等人一起结合当地苗族服饰纹饰及拉丁字母，创制了"老苗文"，为当地苗族文化的文字传承做出突出贡献。1908年，他在此建立了石门坎小学，开展平民教育，为当地培养了许多少数民族现代知识精英。他的故事在当地流传甚广，他颇受当地苗族的尊敬。《用生命爱中国：柏格理传》④ 一书就记录了他的故事。1894年，党居仁（James R. Adam）接手安顺基督教会。1899年开始，他将传教重地转移至黔西北苗族、彝族等少数民族聚居区。初到黔西北时，他也遭遇重重阻力，被当地师生"黑打"。⑤ 1904年，他先后在黔西北纳雍、大方、赫章与威宁等地建立教堂。1906年，在威宁盐仓建立教堂。此后，在这些区域，越来越多的彝族人开始接受并信仰基督教，当地彝族人文亚当、罗马可及李保罗等人成为教堂管理者。至1910年，该区域彝族教徒超过了其他民族教徒，便直接划分出彝族教区。1933年，内地会分别在黔西北赫章县的部分乡镇、威宁县的板底与新官寨及水城等彝区设立南四部。⑥

在云南彝区，1887年，柏格里进入昭通，看到当时昭通地区的饥荒现象及社会问题。1892年，他向当地难民赠送食物和铜钱，得到他们的认可，随

---

① 魏治臻编《彝族史料集》，四川民族出版社，1989，第290页。
② 张澄宇：《传统的背后——凉山彝族音乐人文采风录》，商务印书馆，2015，第70页。
③ 参见阿信《用生命爱中国：柏格理传》，大象出版社，2009。在有的资料中，又记为"李斯蒂文"。
④ 阿信：《用生命爱中国：柏格理传》，大象出版社，2009。
⑤ 贵州民族事务委员会、贵州省民族研究所编《贵州"六山六水"民族调查资料选编·彝族卷》，贵州民族出版社，2008，第445页。
⑥ 贵州省地方志编纂委员会编《贵州省志·民族志》（上册），贵州民族出版社，2002，第491页。

后就在昭通建立教堂。在这里，他还通过文化力量引导当地人放弃鸦片种植，投身于社会风俗变革运动。1906 年，他与澳大利亚基督教内地会传教士郭秀峰在滇北武定洒普山一带活动。1923 年，他在此主持成立"基督教内地会滇北六族联合会"，并先后在武定、禄劝及寻甸等彝区建立教堂。①

　　基督教是西方国家构建"团体格局"的一种文化机制和特别象征。一方面，基督教强调"兼爱"与"平等"，这有利于乡村平等秩序的建构与维系；另一方面，基督教在一定程度上否定血缘关系，这与中国传统伦理极为冲突，与彝族传统制度文化、传统关系格局及传统信仰之间都存在矛盾，这种矛盾会在某些方面破坏彝族传统信仰文化、基本伦理关系及道德观念。如在教徒关系网中，在一些地区，人们对教友的认同强于对血缘关系的认同，教徒与非教徒之间出现关系淡漠现象，甚至在家庭关系、夫妻关系等方面都呈现紧张状态。② 不过，不能因此全面排斥和否定基督教作为一种社会文化机制的积极意义。它虽为外来文化，但事实上基于中国共产党民族宗教政策的规范指导和彝族乡村文化精英的能动实践，其受众在接受过程中，也在推动其本土转化，将其中蕴含的超越国家、民族、社会及文化等边界的人类美好普通特质与乡村社会生活嵌合在一起，塑造了乡村社会的另一种公共文化生活和价值观念体系，对其受众的日常社会生活产生影响。在黔西北威宁 B 乡B 村，就存在上述现象。

　　B 村是一个典型的彝族聚居村，于 2014 年被列入"中国少数民族特色村寨"名录。至 2019 年，全村共有 588 户 2389 人，彝族人口占 98%，以罗、李、文三个家族的人口数量为最多。③ B 村中存在两种信仰文化系统，其既传承着彝族传统信仰文化，也接受了西方基督教信仰文化。基于此，该村存在基督教徒与非基督教徒两类人群。虽然如此，但他们并未因信仰内容和观念的不同而发生过剧烈对抗与冲突事件，而处于互不干涉、互相尊重的和谐共存状态。这不仅体现在语言上，也存在于他们的观念中，还表现在其日常生活细节之中。目前，当地基督教众多为 40 岁以上的女性群体，占据了当地基督教众总人数的 80% 以上。当然，也有少数男性参与其中，多为 50 岁以上的中老年群体。每至周日 11：00 ~ 16：00，他们会穿着当地彝族传统服饰

---

① 杨学政主编《云南宗教史》，云南人民出版社，1999，第 497 页。
② 贵州民族事务委员会、贵州省民族研究所编《贵州"六山六水"民族调查资料选编·彝族卷》，贵州民族出版社，2008，第 25~26 页。
③ 数据资料由 B 村所在地乡政府文化站 L 主任提供。

集中到教堂中参加礼拜活动，如图 2-5 所示。

图 2-5 黔西北威宁 B 村身穿民族服饰参加礼拜活动的彝族村民（李宁阳/摄）

习近平总书记指出："要积极引导宗教与社会主义社会相适应，最大限度把广大信教和不信教群众团结起来，以社会主义核心价值观来引领和教育教界人士和信教群众，支持宗教界搞好人才队伍建设，深入挖掘教义教规中有利于社会和谐、时代进步、健康文明的内容……"① 作为一种精神文化，宗教信仰有着深厚历史基础，为人的精神世界提供终极关怀，影响和塑造着人们的价值观念和行为准则，尤其宗教教义教规，对现实生活起着重要的规范作用。② 基督教与当地彝族文化相互碰撞的同时，也在互相调适，特别是关于服饰文化传承、歌舞文化创新及乡风文明建设等方面相对明显。如规定参加礼拜的教徒须穿着彝族服饰，表示虔诚和正式，这在一定程度上促进了当地彝族服饰文化的传承。又如当地彝族综合《圣经》中的《赞美诗》与彝族传统音乐而创造了"灵歌""灵舞"。"灵歌"内容有悲有喜，多为表达为人处世之道。"灵舞"多是一种教众集体欢腾，发挥着情感凝聚和身份认同作用。

从现实意义来看，发掘好利用好当地宗教文化的积极因素，科学规范、合理引导其与主流意识形态相适应，是当下宗教渗透区域乡村治理需重点关注的内容。基督教已成为当地彝族文化和生活的既在事实，固然不能轻易使

---

① 新华社：《习近平：全面提高新形势下宗教工作水平》，《中国天主教》2016 年第 3 期。
② 吕思勉：《中国制度史》，上海教育出版社，1985，第 371 页。

182

用强硬手段来消解它们。基于国家关于宗教事务管理的相关政策，当地基层治理组织极其重视村民宗教信仰的引导问题，严格贯彻落实习近平总书记关于全国宗教工作的讲话精神。

第一，不断建立健全、规范监管机制，吸收各家族头人组合成立了专门的宗教监督管理体系，形成了"县—乡—村—家族"上下一体、左右联动的监管机制，强化职责意识，明确问责，极大程度强化了自觉监管，减少了政府行政监管成本。

第二，严格按照宗教事务管理条例来开展工作，制定了"爱国爱教，知法守法，团结稳定，活动规范，教风端正，管理有序，整洁安全，服务社会"八项标准，强化当地村民的国家意识与主流意识。调研期间，当地基督教徒与我们谈论时第一句话多是"我们爱国爱教"。简单的一句话，首先表达的是他们对国家的认同，其次才是对信仰宗教的认同。

第三，积极延伸和丰富原初教义，发掘当地基督教文化的积极性因素，引导基督教文化与当地彝族文化及社会主义核心价值观相适应和融合，将其作为乡村治理的重要资源，不断促进该村的秩序维系、乡风文明建设、移风易俗等。

第四，改变长老一人传道的传统局面，形成信教群众共同表达自我意识与诉求，将礼拜与当地群众日常生活密切联系在一起。

从具体案例来看，基督信仰对 B 村信教群众的思想观念和行为实践产生重要影响。除强化他们对党和国家的认同之外，其影响还表现在思想观念、价值取向、社会交往及生活方式上。

首先，在思想观念、价值取向和社会交往方面，培育并强化着爱国守法、团结友爱、互助和谐、诚信友善、尊老爱幼、孝敬父母、勤俭节约等与社会主义核心价值观相符合的观念意识。B 村一名女性教徒 LWY 讲述了她的感受。

案例 2-14：今年我 55（岁）了，我从龙街（威宁县的另外一个乡镇）那边嫁过来，原来没信（基督），嫁到这边来因为这边（夫家）信（基督），我就跟着信了。我感觉信的人比不信的人好些，不会随便吵架、打架，不像有些（非信徒）特别小气，动不动就要打就要吵，信的人要宽容、善良多了。

一位男性教徒 LW 也讲述了他的看法。

案例2-15：我们是爱国爱教嘛，什么事做不做，一般都要先翻书，看规定，里面说我们要做好公民，讲诚信，讲团结，孝敬老人，要和亲戚朋友搞好关系，不偷东西，不能杀生，不能骂人，不能乱说话，不能做所有伤害天理的事情。

在黔西北另一个彝族人口较多的民族杂居村寨Y村，也有相似情况。当地一位彝族老人CL向我们讲述了这么一个事迹。

案例2-16：有天晚上有一个小偷跑我们院子里，先头（刚开始）我们没注意他来做什么，以为找哪个亲戚。后来，我们都睡了，大半夜听到狗咬得老火（厉害），那哈（时）已经半夜两点多钟了，我一听到狗咬我就起来看，看到有个人在我家牛圈那儿一伸一缩的（探头探脑），我就把我家人都喊起来，抓那个人，他发觉我们起来了就想跑，哪个晓得躁到（踩着）牛屎倒在地上，我们就把他拉起到屋头，锁起来。天亮以后我就放他走了。

听到这个事迹时，我们还有些困惑。从本书第二作者的个人记忆来看，其自小生活的周边村子，经常发生类似偷盗案件，每当抓到小偷时，小偷都会被失主家及参与抓捕的亲友邻里们教训一下，然后再将其送到派出所。这位老人家讲述的故事反映的前后做法确实不太一样，他是这样解释的：

案例2-17：我们听福音，说是要我们宽容每个人，没有哪个（谁）是没有犯过错的人，我们都有好多罪要赎，要是打他一顿再送到派出所去，那我们的罪就更深了，所以要宽恕他，而且他还是个小娃娃。要是没信这个，估计他早就被我们打个半死了。

其次，在他们的社会生活中，它也起到了一定意义的社会风俗改良效果。

一是一定程度上改变了B村的酗酒问题。B村作为一个彝族村落，酒文化浓厚。在基督教渗透之前，无论婚丧嫁娶还是日常待客、走亲访友，酒都是当地彝族生活中必不可少的东西。B村彝族酿造的酒以"咂酒"最出名，这种酒为纯发酵酒，酒精浓度不高，不易醉人，尤受欢迎。随着高酒精度蒸馏瓶装酒的普及，不少彝族民众开始饮用高度酒，不断出现由酗酒引起的连锁问题。时任村长LGY说：

案例2-18：我们基本上每家都会烤酒，我们喊咂酒，不过那个酒一般放（存）不了多久，不够喝，好些就去小卖铺里买瓶瓶酒嘛，早上喝，中午喝，晚上喝，以前有好几个就因为喝酒把身体喝垮掉。有一些以前也是好喜欢喝的嘛，也是怪得很，他们信基督后就没喝了，因为信教就不准喝酒，也不准咂（吸）烟，就变好一些，不然以前喝醉了就发酒疯，打媳妇、打娃娃、打老人，哎哟，怕得很。

二是，促进了婚丧仪式的简化。在B村几乎看不到任何滥办酒席的现象，构建起良好的乡风文明秩序，促进B村的移风易俗。村民LMH描述了婚丧礼仪的变化过程。

案例2-19：如果按我们这里的古老古代习俗来办，一个老人不在了，他所有的亲戚都要牵羊来，要请布摩念经，请人吹唢呐、跳舞、扎纸灯、纸马、花圈那些，后来还有放烟花，这些加起来费用高得很，再加上办酒席请客吃饭就更多了，一次下来全部加起来起码要上万才办得下来。现在好多都是信基督的，他们就不按原来的习俗办，就比较简单了，没那么麻烦，花销又不大，还用不到原来的一半，哪个不喜欢。结婚以前也是很麻烦，办一台结婚酒至少三天以上。现在如果按照基督教规定就简单多了，一天就可以办好了。

综上所述，无论彝族传统原生信仰，还是外来宗教，在与社会主义核心价值观相适应和融合之后，都有其积极之面，对当地社会秩序起到维护、监督和保证的作用。它们不仅使彝族人的生活和行为神圣化，还将其转化为社会控制力量。[①] 可正确引导其与新时代社会主义核心价值观相符合的部分，将这部分具有积极意义的信仰文化作为乡村治理的活态资源。

第三节　节日文化：彝族乡村社群的聚合机制

节日文化也是彝族传统治理资源的核心类别之一。首先，作为一种时空结合体，节日是社会活力恢复的必要保证和民族团结的黏合机制。它不仅是

---

① 〔英〕马林诺夫斯基：《文化论》，费孝通等译，中国民间文艺出版社，1987，第78页。

个人意愿的表达"场所",更是集体欢腾与献祭时空的公共表征,承载着现世之人与其观念中的神灵和记忆中的祖先的共同精神与集体情感。其次,节日还是一套特殊"图像纪念册"和一场"文化大讲堂"。人们通过节庆祭仪安排着他们对于特殊历史人物、神灵及事件的纪念,强化着社群交流。这种交流可能发生于社群内部,也可能存在于社群之间,还可能表现于人神之间。他们在各种接触、交流与互动的过程中记录并传递着社会记忆。最后,节日可能是地方群体和区域贸易的"集市空间",能够促进地方市场贸易的发展。总之,节日文化的内涵丰富,通过一个节庆仪式的全部展演程序,大体可以了解和观察其文化主体的历史记忆、生计特点、饮食习俗、服饰文化、信仰传统、道德伦理、长幼秩序、性别文化、歌舞文化及权力关系。

一 彝族传统节日的主要类型与区域差异

彝族节日类型,在不同地区,同一节日类型的来源传说、活动内容及参与群体各有差异。表2-16依据性质将彝族节日分为庆贺性、祭祀性、农事性、纪念性及社交性等几种。大体看来,每种节日的发生时间大体与当地自然节律相关及基于此形成的生产周期与社会生活节奏紧密联系在一起。用葛兰言(Marcel Granet)的话来说,这些自然节令与个人和小群体的社会生活时间大体吻合,在这种共同的时间点,他们集合到一起构成了与他们休戚相关的共同体。[①] 在彝族的传统观念中,山川、河流、树木等都具有某种神秘力量,由茂盛草木、繁茂树林及川流不息的河流构成了他们的节日"圣地",其大多节日活动都会在这些"圣地"中举行。本书根据现有资料对彝族节日进行了系统分类统计,如表2-16所示。

彝族不仅是重视仪式感的民族,还是诗性的浪漫民族,他们的节日类型多元、节庆内容丰富。在各种节庆中,他们通过歌唱、舞蹈、游戏、社交等方式暂时性地远离日常劳苦。从表2-16统计的节日分布来看有以下几点特征。第一,节日类型与数量分布地域性比较强,以云南彝族的节日类型与数量最多,其次为四川彝族,贵州与广西地区的相对较少。第二,存在跨区域共同节日的社会记忆,如火把节与彝族年,这两种节日普遍存在于大多数彝

---

① 〔法〕葛兰言:《古代中国的节庆与歌谣》,赵丙祥、张宏明译,广西师范大学出版社,2005,第161页。

表 2-16　彝族的主要传统节日统计

节日属性	节日名称	节日时间	主要分布
庆贺性	哑巴节	农历正月初八	云南大理祥云彝区
	火把节	主要为农历六月二十三至二十五，节期有的一天，有的三天	各地彝区
	彝族年	云南巍山彝族在农历二月初八；贵州威宁彝族在十月初一；四川凉山彝族在农历十月或十一月择吉日	各地彝区
祭祀性	祭山节	农历正月初二	云南弥勒、泸西、路南等
	祭神树节	农历正月初八	云南巍山彝区
	巴乌节	农历正月十五	云南大理鹤庆彝区
	祭罗节	春节后第一个马日	云南石屏一带花腰彝
	祭石神	农历二月初六	云南峨山彝区
	二月七	农历二月初七	云南峨山彝区
	马缨花节	农历二月初八	云南楚雄彝区
	山神会	农历二月初八	云南巍山、景东彝区
	插花节	农历二月初八、三月二十八	云南楚雄、贵州大方等彝区
	拜主会	农历二月初八或十四	云南巍山、景东彝区
	祭猓节	农历二月第一个子丑日	云南元江彝区
	观音会	农历二月十九	云南巍山彝区
	清明节	农历三月	各地彝区
	祭龙节	农历一至四月每月首个牛日	云南峨山、石屏、景东等彝区
	祭水节	农历三至五月间	贵州大方彝区
	祭白龙	农历四至五月间	云南富民、武定彝区
	跳公节	农历四月初三至十二不定	广西那坡彝区
	祭密枝	农历四月初四	云南寻甸彝区
	都阳节	农历五月初五	大小凉山彝区
	祭秋架（祭星星）	农历五月初五	云南昆明彝区
	底拉节	农历六月初六	云南元江彝区
	祭荞地	农历六月初六	云南富民、武定彝区

续表

节日属性	节日名称	节日时间	主要分布
祭祀性	火把节	主要为农历六月二十三至二十五，节期有的一天，有的三天	各地彝区
	祭族树节	农历六月二十四或八月十五	云南富民、武定一带彝区
	密库节	农历六月二十六	云南巍山彝区
	祭中柱	农历八月中旬	云南弥勒彝区
	拜祖节	农历九月初九	云南巍山彝区
	祭山神	农历十月初四	云南弥勒彝区
	密枝节	撒尼人在农历冬中旬鼠日至马日；阿细人在立冬后第一个虎日	云南路南撒尼人、弥勒阿细人
	太阳会	农历冬月二十九	云南昆明彝区
	密士咕	农历腊月二十七、二十八	云南大部彝区
	白兴诺节（祭山神）	农历腊月三十	云南富民、武定彝区
农事性	羊年	农历除夕晚上和初一	云南牟定彝区
	春节	农历正月初一至十五	各地彝汉杂居区
	请雨水	农历二至三月择日举行	云南弥勒彝区
	叫五谷魂	农历三月初三日	云南弥勒彝区
	护山节	农历三月初三至初四	广西隆林彝区
	采药日	农历五月初五	云南宁蒗彝区
	尼姆·约纱茨	农历七至八月之间	四川凉山美姑
	祭稻田	农历六月二十四	云南昆明彝区
	火把节	主要为农历六月二十三至二十五，节期有的一天，有的三天	各地彝区
	拉麻节	农历七月初七	云南鹤庆、剑川彝区
	沙户比节（尝新节）	农历八月十五	云南祥云彝区
	颂牛节	农历立冬之日	滇西北彝区
	新米节	十月秋收后择吉日	云南峨山、巍山彝区
	芝固（祈丰节）	春耕和秋收时节	大小凉山彝区
	尼遮西（丰收节）	农历冬月二十四	凉山彝区
	封工具节	腊月最后一晚	云南富民、武定彝区

续表

节日属性	节日名称	节日时间	主要分布
纪念性	老年节	春节除夕夜	云南巍山彝区
	阿依蒙格（儿童节）	开春后毕摩选定的鼠日	凉山彝区
	果玛节	农历二月首个龙日	云南金平彝区
	娃娃节	农历三月初三	云南漾濞雀山彝区
	跳宫节	农历四月初七	云南富宁彝区
	神仙坡节	农历五月初五	贵州纳雍、水城彝区
	阿嫫杂尔（凉山彝族母亲节）	秋收后择日举行	大凉山彝区
社交性	拜姑爷节	农历正月初二	云南峨山彝区
	开新街	农历正月后首赶集日	云南峨山彝区
	姑娘节	春节后第一个赶集日	云南金平彝区
	五印朝山会	农历正月十四、九月初九	云南巍山彝区
	赶地母会	农历正月十五	云南漾濞彝区
	黑井灯会	农历正月十五	云南牟定彝区
	赛装节	永仁地区在农历正月十五、大姚一带在三月二十八	云南大姚彝区
	赛歌会	农历二月首个牛日	云南元江彝区
	歌圩节	农历三月	广西那坡彝区
	搭清节	农历三月的首个马日	云南曲靖彝区
	采茶节	农历三月初三	贵州黔西彝区
	三月花会	农历三月十三	云南禄丰彝区
	牟定三月会	农历三月二十四至二十八	云南楚雄彝区
	串会节	农历三月二十九	云南漾濞彝区
	杨梅会	农历五月初五	云南南涧新民彝区
	赛马节	农历五月初五	贵州威宁彝区
	赶花街	农历六月二十四、七月十五	云南峨山、新平、双柏三县交界

说明：由于有的节日可能同时具备多种文化特性，所以表中会有不同类别栏目列录同一节日的情况。

区，仅在时间安排上略有差异。第三，节庆目的与献祭对象清晰、节日属性层次分明、节日文化内涵丰富。其中，以祭祀性节日数量居多，其次是社交性节日，再次是农事性节日，接着是纪念性节日，庆贺性节日较少。过节期间，既献祭祖先，也献祭龙神、山神、石神、树神、马缨花神、观音、星星、太阳、火神、雨神、雷神、五谷神等。在纪念性节日中，他们有本民族的儿童节、母亲节、老人节等，反映了彝族也是一个提倡尊老爱幼和知恩图报的民族。从社交性节日上看，节日是一种社会关系的展示场所，给青年男女提供了恋爱的时空场域，展示了他们善于社交、重视爱情的热情浪漫性格。第四，节日周期分明，具有明显季节性周期特征，大部分节日都集中于春耕之前和秋收之后，仅有少数节日在其他时段。第五，祭祀、摔跤、选美、赛马等是大多数彝族节庆的共同内容。其中，选美并非针对长相出众的女性，而是基于外貌长相、才艺表现及服饰精美等几个维度综合评比。因此，有时会看到中老年女性在众多竞选者中表现突出而获奖。下文以火把节为例，阐述节日文化彰显的现实社会功能。

二　从彝族火把节看节日文化的治理功能

火把节之于彝族如同春节之于汉族。不过，它并非彝族独有，而是西南同属藏缅语族彝语支的哈尼族、傈僳族、纳西族、基诺族、拉祜族及白族等多民族的共享节日。

（一）彝族火把节的起源及火文化探讨

彝族火把节的起源故事母题大体有"纪念英雄说""祭祀神灵说""对抗恶魔说""反抗强权说"等，如下是流传最广的一个神话传说，这个传说既表达了他们对英雄祖先的纪念之情，也叙述了彝族先民对抗强权、祛除灾祸、消解灾难的历史记忆与文化意义。

> 传说在远古时候，天上有一个名为斯惹阿比的大力士，在地上也有一个名为阿体拉巴的彝族大力士，两人的力气都非常之大。有一天天上的斯惹阿比来到地上，要与阿体拉巴比赛摔跤，结果被阿体拉巴给摔死。天神知道这件事情之后十分生气，就放出大批蝗虫来到人间。密密麻麻的蝗虫扑向人们的庄稼地。在彝历猪月下半月的第九天（汉族农历

六月二十四），阿体拉巴砍下许多松树枝和野蒿草，用它们祭成火把，领着彝族先民们一起到庄稼地里，用火把消灭了天神放出来的所有蝗虫。彝族先民们为了纪念英雄阿体拉巴，祈祷五谷丰登，每年到稻谷含苞、荞麦成熟之际，就会点上火把到田间地头灭除害虫，于是就代代传递，形成了火把节这个节庆。

有学者指出彝族火把节的起源与其太阳崇拜有关①，这种解释固然有其道理，不过也不是完全如此。笔者认为彝族火把节的产生与发展必然与彝族的火崇拜有关系，而这种崇拜是一种历史的、实践的产物，即与人们最初发现火时人类能力对于它的不可掌控性及后来广泛使用之后其之于彝族人生产生活的重要帮助和社会发展产生的重要推动有关。就火在人类社会中的最初出现形式而言，绝大多数都认为源于自然火，并非人类一开始的自我发明，人类只是在自然火出现之后而逐渐掌握了对火的使用技术及发明人造火技术。如在彝族北部方言区及盘北次方言区，他们都称火为"姆都"，"姆"即雷电之意，"都"为引燃之意，"姆都"就是由雷电引燃的东西。② 这反映了火与其自然崇拜关联在一起，但这种关联可能并非完全是太阳崇拜，还可能与雷神崇拜有关。可以说，在所有人类社会中，火不仅作为人们驱赶野兽、祛除害虫的重要斗争武器，还是粗放型刀耕火种生产时期肥沃土地的重要生产工具，同时也是自其产生之后人们取暖防寒的常态性生活工具，是人们获得熟食的一种原动力。火的出现使人类社会从"生食时代"转向"熟食时代"，从"冷生活"走向"热生活"，较大程度上推动了人类文明的整体进步。在《古代社会》中，摩尔根（Lewis Henry Morgan）就曾将火的使用知识的获得与掌握作为人类社会进化发展的分界标志，即用火知识的获得与掌握使人类社会从低级蒙昧阶段转向了中级蒙昧阶段。③

在彝族社会中，除了日常生活中的生存发展功能，火还是一种仪式生活中的"净化器"，是民族精神与民族性格的象征符号表达。日常生产生活、节庆庆典、人生过渡礼仪、神圣祭祀仪式、矛盾纠纷调解处处都离不开火。

首先，在日常生产生活中，凉山彝区，每逢过节需要杀猪、杀鸡以及宰

---

① 朱文旭：《彝族火把节》，四川民族出版社，1999，第32页。
② 王昌富：《凉山彝族礼俗》，四川民族出版社，1994，第31页。
③ 〔美〕摩尔根：《古代社会》（第一册），杨东莼、张栗原、冯汉骥译，商务印书馆，1971，第17页。

羊等，他们处理所杀牲畜的方法与汉族的水烫刀刮不一样，而必须以火来烧，再用清水清洗干净。而且，在大多数彝族的传统民居建筑中，火塘是一个集世俗空间与神圣空间于一体的特殊文化场域，是彝族家庭的文化中心和圣物。一般而言，严禁在火塘旁边说任何污秽之词、吐痰以及用脚蹬火塘上的锅庄和用脚搓灭火塘中的火。在传统习惯法中，任何不尊重或触犯火塘禁忌者都会受到严厉的惩罚，这种观念在凉山彝族社会中最为浓烈。在贵州、云南等地，一般会在火塘左方靠墙之处安放一块石头作为火塘神，每逢过节之际，都会进行献祭；有的还在火塘左上方设置祖先神龛。其次，在节庆庆典中，如前列举的云南弥勒的阿细人，除了火把节，每年的农历二月初二完成祭祖仪式之后，第二天即二月初三还要举行隆重的密祭摩（祭火神）活动。再次，在人生过渡礼仪中，订婚时一般围绕在自家火塘边唱歌敬酒，以表示在火塘的照耀下婚后光明无邪。① 婚礼时，新娘进入夫家大门之前需要跨过火堆祛除路上沾染的一切邪秽之后方可入门。葬礼中，凉山彝族以火葬为主，认为：只有通过火葬其灵魂才能进入祖灵之界；不实行火葬，灵魂就得不到净化，可能变成害人的恶鬼。最后，不仅如此，在凉山彝族仪式生活中，在祭祖、净灵、驱鬼等祭祀仪式中，都要用火来驱赶恶鬼和净化灵魂。如每次举行仪式活动前，都要在屋内火塘中或者屋外点燃火唤醒火神，他们还会将祭品在火上环绕固定圈数，或者用火烧红一块石头置于水中，通过高温产生蒸汽，将祭品或者需要净化的物件在蒸汽上方绕圈，表示净化。如果有人经过野外某些地段而感觉身上不舒服出现奇怪病症，毕摩便会到其所经过之地点火举行招魂仪式。可以说，在彝族人的观念中，火既是生命的起点，也是生命的终点。彝族的民族精神与民族性格如同其所崇拜的火一样是阳刚的、壮美的，这种精神是整合民族传统的文化轴心。

四川凉山的彝族《指路经》中鲜明揭示了火在当地彝族群体生活中的崇高地位。

> 熊熊的火焰，如参天大树，如开放的花朵，如茂密的青松。血肉源于母，人的一生，在生不离火，死了要火葬。舅家点把火，外甥点把火，家族点把火，族邻点把火，火炬如流星，照亮火葬场。男男女女，都是亲和戚，火焰黑又红，点燃柴火堆。木柴架九层，一层不错乱，遗

① 王昌富：《凉山彝族礼俗》，四川民族出版社，1994，第122页。

体放中间，都是这样的。眼看四把火，照亮你遗容，你要坐端正，不要有害怕。家春阳光，烧红了头饰，烧红了身躯，烧红了裹尸布，烧红了四肢，烧红了寿衣，烧红了正面，烧红了背面，全都烧红了。躯体融化了，心脏烧化了，火葬人消失，并非真消失，人死有三魂，一魂守火化场，一魂守灵房，一魂去翁阻。①

在云南阿细人的史诗《阿细的先基》中也有其关于火的发现、发明与使用的族群记忆。

> 天上打起雷来，有一样红通通的东西，从天上掉下来，一直钻到老树里去。这样好看的东西，人们从来没看过……姑娘和儿子们，在旁边的树蓬里，折了些小树枝，拿来撬老树。撬着撬着嘛，撬出火来了。人们有了火，会把生的肉，烤成熟的吃；会把生的东西，烧成熟的了。有了火以后，聪明的人们，什么都不造，先去造风箱，风箱造好打起铁……②

火不仅对人类社会的发展产生积极作用，同时也是带给人类社会灾难的一个巨大的隐患。它成为人类的生产工具的同时，也成为烧毁森林、焚尽人类木质建筑、损害人类生命与财产安全的源头灾难，即使是当下消防技术先进、消防设施完备的时代，也会引起一些难以避免的生命和财产损失。从这个角度去思考，彝族人关于火的崇拜可能也有敬畏的成分掺杂其中。在前工业社会时期的传统社会中，彝族先民关于许多自然灾害发生的预测与抵抗并没有所谓的现代科学思维（逻辑思维），而是一种"原始思维"（前逻辑思维），需要强调的是这里的"原始思维"并没有任何贬义之意，旨在强调传统社会中的彝族先民对自然现象的认知与科学技术出现后的"现代思维"有所不同。在现代社会中，闪电、雷火、冰雹、地震、暴雪、狂风等都有明确的科学解释，但是在当时他们对诸如此类的很多自然现象的理解只能归结为"神灵"之力，当灾害发生时，便会将其联想到是某位"神灵"在发怒，对其产生敬畏之感。从这个角度去看，火既是善良的"天使"，也是凶狠的"恶魔"，它能守护人类，也能伤害甚至消灭人类，在这种前逻辑思维时代，

---

① 朱文旭：《彝族火把节》，四川民族出版社，1999，第11~12页。
② 云南省民族民间文学红河调查队搜集翻译整理《阿细的先基》，云南人民出版社，1959，第39~40页。

火灾的产生可能就会被彝族人认为是火神在发怒，因为人们触及了它在宇宙中的平衡点，于是一系列的信仰观念与祭祀仪式可能就由此而生。这种信仰观念自衍生之后，可能就会有占据统治地位的传统权威和知识精英为彰显某种价值需求和传递当时所需的主流意识实现群体引领而不断根据相关历史记忆进行想象、加工和构建，创造了精彩的神话世界与神秘的信仰世界，通过集体认同转化为日常生活中的文化自觉。这种自觉意识指引着他们敬火、畏火的文化实践，这或许是同一神话母题和民间故事母题在许多民族神话中产生不同演绎版本的原因之一。

（二）彝族火把节的组织运作及程式变迁

彝族火把节多从农历六月二十三开始至二十五结束，大多为期三天。不过，也有部分彝区只过一天，如贵州盘北及黔西北、云南石林等地多集中于农历六月二十四。为期三天的，一般包括祭火日、玩火日和送火日三个阶段。不同时空，节日性质、时间周期、行动目的、组织主体、参与群体、活动场所、活动内容、规模大小及节庆功能等都会呈现差异。下文分别从传统民间自我组织类与现代国家在场组织类两个角度来展现彝族火把节的组织管理、程式结构及变迁表现，并分析节日文化的治理价值与功能。

1. 传统民间自我组织类

传统时期，彝族社会中的主要权力文化网络由家支组织及塑造权威运作的多重制度规范、关系网络、信仰习俗等构成，作为世俗性权威的家支长老及作为神圣性权威的毕摩等是权力文化网络中的核心主体。在较长历史时期，他们都是彝族乡村治理的核心力量，是各种日常活动与仪式活动的组织主体。传统民间自我组织类的火把节活动，便多在各家男性长辈及毕摩的组织之下开展。在传统文化语境中，彝族火把节是一种集合了祭祀性与农事性两种属性的传统节日。祭祀祖先与神灵是节庆核心内容，感念祖先与神灵恩德、祈求人畜平安和庄稼丰产及传递伦理道德是其主要目的。作为一种自发遵循和延续继承的民族节日，彝族火把节的参与群体通常为其文化主体，活动内容与规模则因地而异。

火把节将至，人们会提前几天购置节庆所需用品。一般而言，彝族火把节第一阶段的主要活动是迎火、杀牲祭祖，其形式与规模则因地而异。有的十分简单，除了杀鸡或杀猪祭祖之外，仅在饮食安排上比日常丰盛一些，再无其他特殊活动。不过，在大多数彝区，节庆活动内容都相对丰富，节日气氛也比较隆重。如前所述，大多数的彝族传统节庆都会在草木植被茂密的山川与河谷边举行，火把节亦如此。如在云南楚雄双柏彝区罗婺支系居住的柯哨村，火把节期间，周边村子都会聚集到宽敞的山坡草场，举行集体杀牲献祭活动。宰杀牲畜之前，会举行斗牛比赛，赛事由当地两名寨老主持。赛事过程中男女青年还可选择自己的倾心之人。比赛结束之后，便在此杀牛祭祀，并将牛肉平均分配给在场各户，然后他们回家祭祀自家祖先。① 又如在云南石林彝区，每逢火把节，当地村民一般会集体筹资购买牛羊猪等，宰杀之后由寨老主持平均分配给全寨各户。分到肉之后，与双柏县柯哨村一样，他们也各自在家祭祖享受节日盛宴，但傍晚时会全部聚集在村寨中宽敞空间搭建祭台，在毕摩的主持下集体祭火，并点燃火把环绕村寨与田间地头，并伴随着歌舞文化活动。② 与石林彝区不同，在云南永胜彝区，他们在村寨公共空间集体用餐之后，才各自将均分的生猪肉带回家中。③ 在凉山彝区，每逢火把节或彝族年等重大节日时，也有不少村落以村寨为单位，集资购买猪羊宰杀，宰杀之后会将猪羊肉平均分给村寨每户，然后各户自主在家由男性家长烧（杀）鸡，女性家长准备苦荞粑与燕麦等作为祭品之一。所有祭品备毕，由男性家长负责举行祭祖先与火神，祈求祖先与神灵保佑人畜平安、庄稼丰收。其间会伴随"尔擦苏"仪式（除秽净化仪式）。仪式完成之后，便是晚宴。在这期间，他们不会随意串门，主要是避免打扰祖先与神灵。如若意外出现有人上门做客的情况，客人一般会带上礼物，主人家设宴隆重招待客人，将当天所杀鸡的鸡头等作为珍贵食物给予客人享用。晚宴之后，各户先用一只黄母鸡祭祀火神，然后从自家火塘中点燃火把，并举着火把绕过屋子的各个角落、空间，在房前屋后及牲畜圈房游走一圈，表示祛除邪祟。最后举着火把走出家门，走到田间地头，模拟驱赶害虫的动作，口中念念有词，大体是用火把驱赶净化所有的污秽、疾病与危险。

第二阶段为玩（娱、庆）火，不同区域、不同彝族支系的活动也不一样，如在只过六月二十四这一天的地方当天晚上玩（娱）火与送火仪式大多一起完成。在节期为三天的区域也各有不同，如有的地方这一天会熄灭所有

---

① 陈永香、马红惠、李得梅等：《非物质文化遗产保护视野中的彝族火把节》，《楚雄师范学院学报》2018年第1期。
② 许丽青：《试论石林彝族火把节的文化内涵及现代变迁》，《文山学院学报》2019年第4期。
③ 云南省永胜县志编纂委员会编《永胜县志》，云南人民出版社，1989，第641页。

的火，不举行任何娱乐活动，云南楚雄双柏一带罗婺支系就如此。这天不举行活动的缘由与当地一个民间传说有关，故事如下。

> 以前在这个地方，有一名为喜鹊的姑娘长得非常漂亮，名誉四方。她与少年阿龙青梅竹马，却有十二个部落头领都来为其子提亲，声称如若喜鹊姑娘不答应，就要抢亲。为避免这些部落头人们杀害自己的父母和村寨邻里，喜鹊姑娘咬牙答应，决定于农历六月二十四这天与他们在山头相亲。到了约定日期，喜鹊姑娘来到山上，纵身跳进那些人提前烧好的火堆中。阿龙知道此事后马不停蹄地赶到山上，想抓住喜鹊姑娘，但他只抓下了她衣服上的一条布带。阿龙失去恋人，也不想苟活，于是也跳进火海，为喜鹊姑娘殉情。后来，为纪念他们，便决定在这一天不举行任何娱乐活动，以免打扰他们。[①]

在有的地方，这天正是村寨的集体欢腾时间，他们身穿盛装，聚集到地形平坦、空间宽敞且草木植被茂盛的野外之地，举行摔跤、赛马、荡秋千、打磨秋、吟唱"都洛荷"、赛克智、斗牛、斗羊、斗鸡等各种娱乐与竞技活动，极其热闹。可以说，这天既是展现彝族男子英雄气概、展示彝族女子精湛女工与精美服饰的重要时机，也是彝族男女青年相亲寻找爱慕之人的良好机会，还是彝族人民走亲访友亲朋聚会的重要时日。到了傍晚，他们同样会举着火把，唱着歌曲，一起到寨子的空地中嬉耍火把，将它们堆在一起，组成大火堆，围着火堆手牵手地跳着达体舞，共享节日欢愉。

第三阶段为送火仪式。送火是彝族火把节的最后仪程。在凉山彝区，白天与第二阶段的活动内容大体一致。到了傍晚，各户依旧要从家里点着火把出门，在村寨中环绕，最后来到村寨中宽阔平坦之地，将点燃的火把堆拢在一起，大家围绕着火堆，载歌载舞，再度举行篝火晚会。各自回家之后，还要举行送火仪程，即在自家房子旁边找一个位置，用三块石头搭建成火塘锅庄形态，在其上覆盖一层石板，并于石板上放置第一阶段祭祖所杀之鸡的鸡毛及作为祭品之一的苦荞粑，再在它们的上面压覆一块石头作为锅庄盖子，将未燃尽的放在这个新搭建的火塘中燃烧。不仅如此，还会在火塘旁边用苦蒿草秆及竹片模仿牛、羊等的盐水槽，并在盐水槽旁挂上一些青草，呼唤家

---

① 陈永香、马红惠、李得梅等：《非物质文化遗产保护视野中的彝族火把节》，《楚雄师范学院学报》2018 年第 1 期。

禽、家畜等过来食用。寓意来年庄稼苗壮成长，家禽家畜等平安健康。[①] 至此，凉山彝族的传统火把节仪程全部结束。在云南楚雄双柏一带，送火仪式阶段与凉山彝族大体相近，同样会举行祛除污秽仪式。此外，还伴随着传统道德教育的传递与道德教化。白天，一般先由毕摩为大家唱诵彝族六祖分支历史。唱完之后，举着一个草人到人群中间唱诵《哭母调》，主要是赞颂母亲对生养子女的艰辛付出，教导在场的后代子孙要孝敬父母、尊重长辈，一唱就是一整天。《哭母调》唱完之后，毕摩再主持驱鬼仪式，带领村民送火把上山，在宽敞的半山腰将火把放在一起堆成大火堆，围着火堆载歌载舞。[②] 这时候，寨老会拿出提前扎好的草人，边摇动边唱诵彝族古歌，并将草人放入草堆中烧掉。最后，商议下一年火把节的举办事宜，当年的火把节程序结束。[③]

2. 现代国家在场组织类

如杨正文所言："国家在场的民族节日是一种官方与民间等多元主体共谋的民族文化展示"[④]，现代国家在场组织类的彝族火把节同样如此。高丙中曾对国家在场与民间仪式的关系做了相关探讨，他指出民间仪式中的国家在场主要表现为两种形式：第一，国家意识在民间仪式过程中的主动作用，即相关党政部门或国家各级代表利用其行政权力对民间仪式的组织、运行及监督管理直接操作；第二，国家意识在民间仪式中的被动反映，即通过文字符号的形式出现于民间仪式的相关空间与器具，凸显国家意志的传递及仪式主体对于国家意志的主动遵守。[⑤] 从我们搜集的田野资料来看，民间仪式中的国家在场表现形式除上述两种以外，还可能通过集体的文化项目展演或竞技活动形式而以一种活态记忆方式直接表现于具体民间仪式活动中。我们搜集了 2018 年、2019 年及 2020 年这三年间川、滇、黔等各地不同行政级别地区国家在场下彝族火把节的活动方案，并以表格形式呈现其活动的时间、主题、内容及地点，具体参见附录中附件 4。研究发现，大多数彝区火把节的举

① 李锦：《凉山彝族火把节整体性保护路径研究》，《重庆文理学院学报》（社会科学版）2017 年第 3 期。

② 杨知勇：《火把节源头的新材料和新思考》，《民俗研究》1993 年第 4 期。

③ 陈永香、马红惠、李得梅等：《非物质文化遗产保护视野中的彝族火把节》，《楚雄师范学院学报》2018 年第 1 期。

④ 杨正文：《政府与民间共谋的民族文化展示——以西江苗族鼓藏节祭仪式为例》，载杨正文、张原、汤芸《边缘社会的文化展示——田野实践与释读》，四川民族出版社，2007，第 20 页。

⑤ 高丙中：《民间的仪式与国家的在场》，《北京大学学报》（哲学社会科学版）2001 年第 1 期。

办都在不同程度上嵌入了上述三种表现形式，成为推动彝族火把节变迁的重要动力。

第一，组织主体不一。传统民间组织类大多由乡村传统权威人士组织，由同一村寨内部成员或邻近村寨的文化共享者共同参与。国家在场下的彝族火把节大多由代表国家意志的政府部门及基层干部牵头规划与组织开展。在文化遗产旅游场景中，旅游开发企业也加入其中，地方政府、企业及地方民众共谋文化展示与地方旅游发展。作为地方民众成员的传统权威人士大多作为辅助性力量，扮演相关景观文化展演者的角色。虽然传统权威不是核心组织者，但是与传统民间自我组织类相比，国家在场与旅游开发公司共同参与组织的彝族火把节活动的顺利开展有了更坚实的政策保护、资金支持、技术设备保证及人力保障。

第二，参与群体类型与规模不同。传统彝族火把节的主要参与人的身份多为藏缅语族彝语支民族，且一般只要是祭祖类的节日仪式活动，基本在其民族内部进行。随着社会结构转型，族际的空间边界、政治边界及文化边界等大多不同于传统时期，尤其是乡村民族文化旅游的兴起与繁荣发展，更加推动乡村民族文化的多民族乃至世界性共享。基于此，现代型彝族火把节已经成为无固定民族社会边界和无民族文化身份规定的多民族共享节日，只要亲临现场或通过信息技术媒体都能参与其中。因此，彝族火把节不仅能够强化民族内部的交往、团结与认同，也成为文化接触与民族交融的特殊机制。从现有数据来看，无论哪一省份，彝族火把节期间，参与人数呈现不断增长趋势，参与人群身份类型日益多元，既有代表官方力量的各级政府官员和乡村基层组织干部，也有代表民间力量的学者、媒体记者、商人、歌舞演员及其他类型的国内外游客等。表 2-17 收录了凉山州 2014～2019 年彝族火把节期间游客数量及相关旅游收入的变化状况。

表 2-17　2014~2019 年凉山州火把节期间游客数量及旅游收入情况

单位：万人次、亿元

年份	参与游客	旅游收入
2014	176.98	5.32
2015	302.28	8.84
2016	326.39	10.08
2017	365.89	12.09
2018	379.32	15.34
2019	390.69	18.87

资料来源：历年凉山彝族火把节期间的《凉山日报》相关报道。

第三，节日性质、内涵与文化展示多样。传统火把节是一个祭祀神灵、纪念祖先及集体欢腾的节日，民族性极为明显。国家在场及民族文化旅游产业化进程中，火把节成为各地发展经济的重要资源。由此，火把节不仅延续着传统元素，还会注入新的文化元素，增添新的文化活动，使其内容、形式及内涵不断丰富。基于此，它不仅是一种地方文化资源，还是一种宝贵文化资本，彰显特定的经济价值、文化价值与社会价值。因此，每年火把节都为传统文化展示、国家政策宣传、各地政府招商引资与学者学术交流搭建了平台。从附录中附件4展示的资料来看，除了祭祀仪式、体育活动与歌舞等核心内容延续之外，还在传统的基础上增加了许多内容，如添加了多民族民歌竞演、美食节、现代歌舞晚会、现代音乐会、学术交流论坛、大型选美活动、民族服装设计与展示大赛、马拉松竞跑、锦标赛、现代微信游戏、抖音创作大赛、招商推介会、民族文化旅游产品与民族特色农产品促销等新的内容，推动着民族文化的创新性发展与创造性转化。此外，各地举办火把节时都在不同程度上结合国家政策与时代主题，宣传国家话语，贯彻国家意识，培育和铸牢国家认同意识。

第四，文化活动的空间场所不断扩展。葛兰言曾指出，古代中国节庆文化活动大多在草木丰盛的山川场景，自然山水、林木及草场构成了一种"文化圣境"，它们不仅拥有一种神圣的力量，还是生命的延续象征。[1] 如前所述，传统民间自我组织类节庆活动正是选择了这种场景。在变迁过程中，无论是为了发展旅游，还是为了构建美好家园，除传统活动景观空间的保留与延续，当下大多数彝族聚居的乡村、县城及州城都修建了火把广场、体育广场等公共空间，并配置相应的活动器材，火把节的相关文化活动大多在这些规定场所，按照代表国家意志的相关部门与基层干部的安排有条不紊地进行。从附录中附件4就可看出这一变化特征。

第五，举办时间与活动周期有所变动。传统彝族火把节的举办时间及活动周期存在地域差异，变迁之后同样如此。与民间自我组织类别不同的是，国家在场下的彝族火把节的举办时间有了制度保障，如云南楚雄州及四川凉山州分别于1986年和1987年根据《民族区域自治法》将彝族火把节正式列为当地州法定假日，在政策上保障两地彝族的节假权利。同时，由于活动内

---

① 〔法〕葛兰言：《古代中国的节庆和歌谣》，赵丙祥、张宏明译，广西师范大学出版社，2005，第161~168页。

容与娱乐形式的不断丰富，火把节的活动周期也有所增加，具体参见附录中附件4-1~4-8。

（三）彝族节日文化的乡村治理功能分析

除了火把节之外，彝族的众多节日类型也一样可作为当下乡村治理的重要资源，它们嵌入其文化主体的日常生活与仪式生活，凝结着他们的特殊情感。透过它们，可清晰地观察他们的生活逻辑和精神世界，把握乡村内部的文化逻辑和社会关联，寻找民族乡村治理窍门。通过前文分析，本书认为彝族节日文化与具有外化社会控制功能的制度文化和以神秘权威塑造民族精神世界的信仰文化不同，它是彝族社会的一种柔性内力，具有横向的聚合认同功能和纵向的记忆传递作用。一场节庆活动可制造出轻松快乐的欢腾氛围，将参加活动的社群聚合起来，通过各种盛典、祭仪、游艺、竞技等将人们最大限度地聚集在一个特定空间，通过不同方式叙说故事，传递经验与知识，强化社群认同，培育共同体意识。

下文以贵州盘北彝区Y乡M村一年之间的节日活动安排为例，阐述节日文化的具体治理功能。至2019年，M村辖3个网格小组6个自然寨13个村民小组，共计271户家庭820多人口，民族构成皆为彝族，主要有柳、杜、沙、甘、王、吴、谢、黄、金及李等姓氏"群体"居住于此。其中，以柳氏家族人口居多，共有50余户人家，其次为杜氏与沙氏，各有30余户，余下其他姓氏各有10余户。M村是一个"明星村"，不仅享有"中国少数民族特色村寨"荣誉，还享有"贵州省民主法制示范村""全国民主法制示范村""党建综合示范点""示范妇女之家""人民调解工作先进单位""敬老模范村""乡村振兴示范点"等共计40余项称号。该村非常重视传统文化的传承与保护，关注村民的精神文化生活需求，修建了面积约30平方米的用于展示村寨寨情、村寨历史成就的展览室及民族文化陈列室。每年1~12月，该村都会举行各种文化展演活动，如2019年放映乡村电影12次，举行民族文化活动8次、法定节假日文化活动8次。[①] M村全年节庆活动大体如表2-18所示。

---

① 相关数据资料由M村委会主任YEL提供，在此表示衷心感谢。

表2-18　盘州市Y乡M村全年节庆文化活动

时间	活动	奖励
1月	元旦节：拔河比赛、民族政策知识抢答竞赛、民歌大赛	奖品（红包、香烟、饲料、核桃、牛奶、洗洁精、毛巾、香皂、扫帚、拖把、矿泉水、饮料等，后同）+奖金（一等奖600元、二等奖400元、三等奖200元）
2月	春节：民族文化会演、彝族山歌大赛、传统体育竞赛、游园游戏（幸运转转转、拔河、夹弹珠、斗地主、微信跳一跳等）、相关政策知识抢答竞赛、篝火晚会	
3月	"三八"妇女节：民族文化展演、妇女拔河比赛、歌唱大赛、厨艺大赛、民族刺绣、剪纸比赛	
4月	放电影活动：文化送万家，全寨观电影	—
5月	"五一"劳动节、"五四"青年节：体育竞赛、优秀劳动模范推选奖励、"五四"青年精神学习教育	奖品+奖金
6月	"六一"儿童节：儿童体育竞赛、彝族民歌比赛、微信跳一跳游戏比赛、夹弹珠比赛等	奖品（文具、玩具、饮料等）
7~8月	彝族火把节：传统体育活动（斗羊、斗鸡、斗鸟、打秋千、赛马等）、祭祀仪式、民族歌舞比赛、篝火晚会	奖品+奖金
9月	农历九月初九重阳节：关爱老年人，组织老年人向中青少年群体传教彝族传统文化（传统民族工艺、口头传统、祭祀仪式、民族美德等）	奖品
10月	国庆节：民族文化展演、歌唱祖国民歌大赛、祭祀仪式、长桌宴、篝火晚会等	
11月	农历十月初一彝族年：祭祖仪式、千人彝族飨宴、民族歌舞文化表演、传统体育活动、篝火晚会、放电影	奖品+奖金
12月	M村自定传统文化节：传统文化学习、民族文化会演、民族歌舞比赛、民族体育比赛等	

　　注：凡涉及民族文化会演，M村规定每个小组自行排练两个及以上节目参加。每次活动由各级部门协作，组织分工有序，职责明确。活动协调组织机制主要由统一领导小组、联络组、接待迎宾组、交通秩序与安全保障组、文化活动筹备与氛围营造组、伙食组、医疗卫生组、舆论宣传报道组、器材运输组、电力保障组、通信保障组、资料采集组以及预备小组等构成。活动期间，予以每名劳务者80元/天劳务补贴，提供交通运输便利的村民予以120元/天补贴。

在 M 村，村民们不仅传承着彝族传统节日，也共享着重阳节、春节等中华民族共有节日。他们的村寨节日活动内容丰富，形式灵活有趣。在活动中，他们以自由组合方式表演文艺节目，以给予各种奖励方式将村寨中不同年龄层次、不同性别及不同兴趣爱好的人吸引、聚合到暂时性节庆空间，不仅丰富了他们的文化生活，也在此过程中潜移默化地激发他们参与村寨公共生活的积极性与主动性，并在适宜场景中以当地村民喜闻乐见的方式将国家礼仪与村寨生活相融合，强化其国家认同。如下案例就呈现了节庆期间当地人的喜悦心理。

案例 2-20：我们最热闹的有火把节和过年，这个是传统嘛。一到过节，下面村两委组织活动，热闹得很，有唱歌比赛、玩游戏，赢得些奖励，肯定喜欢了……平时庄稼薅完了，闲着就无聊，参加这些有热闹，总比一天天打麻将打牌好多了。我们老两口不像他们年轻的跳得起，我们就喜欢坐在那儿看他们跳、听他们唱。反正那时候心里面是很开心的。①

案例 2-21：我们几个不想跑远，都是在城里（盘县县城）做临时工，会经常往家里跑。他唱歌好，喜欢唱我们彝族的山歌，还经常和一些姑娘对歌，每年村里举办活动的时候，他都会去报名参加，每次都能拿奖，厉害得很。我们几个不会唱，一般都是做点执勤工作，帮忙维持秩序这些，也能得到点点钱，比我们去做工划算嘛，然后报名坐磨磨秋、打秋千这些，赢了也有些奖品。②

案例 2-22：我平时也喜欢唱山歌，我们建了一些山歌群，都是我们几个周边村子的人在里面，一个加一个就加进去了，没事的时候在里面对哈歌。搞活动的时候我们这种喜欢唱歌的人更喜欢了，我都赢了好多洗衣粉、洗洁精、拖把、扫把，活动多的时候基本不用再花钱买，唱歌比赛赢来的都用不完……也是政策好啊，以前这点没那么热闹，都是自家在屋头打扫房前屋后，点香烧纸祭老祖宗，充裕点时候一大家子（房族）买两只羊来杀，没搞那么多活动，这哈（现在）好多……③

---

① 访谈对象：Y 乡 M 村村民 DGY（该村老人协会、红白理事协会成员），男，彝族，65 岁。访谈地点：M 村 DGY 家；访谈时间：2019 年 7 月 3 日。
② 访谈对象：Y 乡 M 村村民 WYL，男，彝族，19 岁。访谈地点：M 村 WYL 家；访谈时间：2019 年 7 月 5 日。
③ 访谈对象：Y 乡 M 村村民 WXY，女，彝族，43 岁。访谈地点：M 村 WXY 家；访谈时间：2019 年 7 月 5 日。

前文对川、滇、黔等多地彝族火把节活动进行了横向比较分析，同时呈现了具体彝族村落一个生产周期的节庆安排。无论是州、县级等大型节庆，还是乡、村级等小型节日活动，彝族节日文化作为一种活态文化，的确彰显了其特有的乡村治理功能，总体表现为如下六个方面。

1. **民族认同与族际关系的构建维系功能**

仪式具有关系整合与社会团结的功能，人们常用庆典仪式来构建地方社会团结机制、人群互动网络和社会交往空间。抛开大型节庆活动不谈，单以 M 村这一个小型乡村来看，他们组织开展的多元节庆文化活动，既在一定程度上满足了村民日常生活的基础物质资料需求，也丰富了他们的文化生活，满足了他们的精神追求，培育和铸牢他们参与公共活动的积极性与主动性。作为一种特殊文化机制，节日承载着深厚的民族情感，寄托着人们关于家乡、神灵、祖先及亲友的各种感情。① 节庆期间，将寨内不同年龄群体、性别结构及身份职业的村民聚合在相对固定的活动空间，这种情景与平时相对隔离的私人生活不同，在互动环节、竞赛项目、仪式展演及其他文化活动过程中，他们以具体的、持续性的多元活动潜移默化地进入并活跃在乡村公共生活中。基于此，一是能加强乡村内部社群的互动与内聚，提升他们的组织协作能力与团结意识，培育和铸牢其乡村共同体意识。二是在一定程度上构建了一种人际交往空间，将来自不同区域、不同民族、不同职业及不同性别的人聚合起来，共同参与节日文化互动，加强人们之间的熟识感，促进各民族交往交流交融。三是有利于构建广阔关系网络与资源互惠交换的平台与机制。可见，节日文化是乡村社会中的一种稳定而有力的民族交往交流交融的特殊文化机制。

2. **集体精神与道德观念的教化传递功能**

作为一种文化传承机制和道德教育讲堂，节日文化是实施社会教育的特殊手段和有效方式。节日期间，通过唱述民族歌曲、展演民族舞蹈、践行祭祀仪式等文化实践方式，传递着日常生活与劳作生产经验，宣扬着乡村集体精神、道德观念及为人处世之道，生产精神食粮、表达民族精神、塑造民族性格、培育乡愁情感、再现集体规范，表现创作者、唱述者、聆听者及仪式践行者的乡村集体认同与国家认同。如在黔西北 B 村，当地彝族传统民歌分为"出嫁歌""娶亲歌""丧歌""情歌""儿歌""生产劳动歌""新民歌"

---

① 王娟：《民俗学概论》（第二版），北京大学出版社，2011，第 7 页。

等。其中：广为流传的民歌《阿西里西》唱述了民族团结之情；婚事歌《阿卖恩》唱述了家庭责任与社会义务；丧事歌《孝敬父母》讲述了孝道伦理；儿歌《种麦谣》《撒荞歌》与舞蹈《撒麻舞》传递了山地农耕生产经验，教育子女要珍惜衣食；20世纪六七十年代创作的新民歌《芦虹高原之歌》《不管山有多高》《彝家儿女紧跟党》等表达了彝汉相亲之情及他们对中国共产党、中华民族及中华人民共和国的认同之情。在当地的节庆活动中，新民歌与其他传统民歌一同成为常见表演内容。如下两首歌谣就包含有关道德教化与国家认同等的叙事内容。

　　《伤心哭嫁女》：嫁女女不哭，嫁女阿爸哭。别哭了阿爸，炒面和白酒，送来给阿爸，若条件允许，一年送一回，条件不允许，三年送一回。嫁女女不哭，嫁女阿妈哭。别哭了阿妈，炒面拌凉水，送来给阿妈，若条件允许，一年送一回，条件不允许，三年送一回。嫁女女不哭，嫁女阿哥哭。阿哥别哭了，马镫马龙头，妹妹给哥哥，若条件允许，一年送一回，条件不允许，三年送一回。嫁女女不哭，嫁女阿嫂哭。别哭了阿嫂，线头呀布角，送来给阿嫂，若条件允许，一年送一回，条件不允许，三年送一回。嫁女女不哭，嫁女伙伴哭。别哭了伙伴，大针呀小针，送来给伙伴，若条件允许，一年送一次，条件不允许，三年送一次。①

　　《芦虹高原之歌》：芦虹高原上，青竹绿油油，山脚是彝寨，山腰白云飘，啊家乡，美丽富饶，啊芦虹，彝家的天堂，白云当披毡，狂风当马骑。往日的青竹山，鸟雀不见飞，往日的青竹山，野兽不来游，如今变了样，欢笑遍山岗，肥猪关满圈，骏马在奔驰。芦虹高原上，彝家日夜忙，坚决跟党走，幸福乐无疆。啊！家乡美丽富饶。啊！芦虹彝家的天堂。感谢毛主席！感谢共产党！②

　　流行于彝族北部方言区的"阿依蒙格"是专以儿童为核心主体、以村寨为基本单位的长幼群体共同参与的一种彝族传统节日，该节日已于2007年被列入四川省非物质文化遗产名录。作为一种"地方儿童节"，"阿依蒙格"的主要目的是通过仪式实践帮助孩子们抵御疾病与恶魔的侵害，祈求他们能够

---

① 李家委主编《阿西里西之声》，贵州民族出版社，2017，第39~40页。
② 李家委主编《阿西里西之声》，贵州民族出版社，2017，第207~208页。

消灾避祸、健康平安地成长。同时，培育他们对恶势力的反抗意识和团结友爱、男女平等的观念。该节日源于如下说法。

据说在远古时期，一名为"普兹普阿莫"的恶鬼为了祭祀其逝去之子，便前往人间偷小孩作为祭品，后来这个事情被孩子们知晓，他们便奋起反抗，在"实诺日"的这一天放火烧掉恶鬼的家，将它困在它的故乡"德布罗莫"，无法再出来害人。①

"阿依蒙格"节日活动程序如此：毕摩推算出吉祥日"实诺"之后，村中各户就开始做节日准备，妇女主要负责磨玉米面和酿造玉米酒（有的为糯米酒）、熬制白米稀饭粥，并准备燕麦粒、苎麻籽或荞麦籽炒成干粮。男人带着村中男孩子用竹竿、玉米皮及玉米穗等材料制作打鬼武器。节日当天，在成年男性带领下，孩子们身穿盛装，手拿打鬼武器，身背食物和酒水，前往仪式场。在场上，有一些成年男性与毕摩用茅草、蒿草、树枝等搭建"鬼屋"，"鬼屋"里扎一个草人——"鬼"的象征实物。仪式开始时，孩子们先席地而坐，由毕摩为其诵经祈福。在"鬼屋"前由一长者扮演守护"鬼屋"的"小鬼"，另一长者手拿2个鸡蛋，手持1根剥皮木条、1把刷把和1只烂草鞋，围绕孩子们转圈，并面向东北方向妖魔鬼怪大声宣誓，表示要征服它。接着，这位长者将手中鸡蛋、木条、刷把及草鞋朝所喊方向扔出。此时，守在"鬼屋"前的"小鬼"会象征性示弱，表示不敢再散发瘟疫与其他疾病。再者，长者带着孩子们将"小鬼"赶走，并用火把点燃"鬼屋"，孩子们跟在其后枪刺、刀砍和箭射"鬼屋"，合力摧毁"鬼屋"，赶走恶鬼，让它无法再作恶人间。最后，共食带来的食物并举行摔跤等娱乐活动。

3. 经济消费与产业辐射的经济建设功能

消费社会时代，除了传统文化价值之外，节日文化还被赋予了经济价值，主要表现在两个方面。首先，无论州、县级，还是乡、村级，通过举办节庆活动，一般都能直接或间接地带动活动举办中心地区及周边区域的交通、住宿、饮食及文创产品等经济效益的增长。从州、县级活动来看，除前文所列凉山州2014~2019年火把节期间的旅游收入之外，其他彝区的火把节期间也同样能够产生明显的经济效益。如云南楚雄州每年火把节期间的参与

---

① 王美英：《彝族"阿依蒙格"节活态仪式表达与文化功能研究——基于凉山雷波大谷堆村的实践调查》，《西南民族大学学报》（人文社科版）2020年第2期。

人数及旅游收入也呈上升趋势，2013 年旅游收入为 1.68 亿元，2015 年为 10.14 亿元。除直接经济收入之外，每年火把节还成为各地政府招商引资的重要契机，如 2018 年云南楚雄州火把节期间签约了 31 个投资项目，协议引资高达 207.81 亿元。[①] 同年，凉山州火把节期间招商引资项目数量为云南楚雄州的 8.5 倍，有 264 个。[②] 从乡、村级的节庆活动带来的经济效益来看，如在四川凉山西昌 H 村，基于对彝族火把节的持续开发，该村人均年收入从 2013 年的 8656 元增长至 2018 年的 15657 元，增长了 80.9%。[③] 又如在贵州盘北 Y 乡 M 村，2018～2020 年，前往该村参加彝族节日活动的人数共计 10 余万人，为该村带来 60 余万元的经济收入，集体固定资产值 500 多万元。其中，有一半以上集体经济收入源于各年节庆活动期间的综合收入。[④] 此外，举办节庆活动，当地村民积极主动参与，还能获得各种劳动补贴。其次，能够在一定程度上带动乡村文化旅游及相关服务业、娱乐业及文化产业等的兴起、兴盛及发展，助力乡村产业兴旺和经济振兴。

4. 传统文化活态传承保护与再生产功能

节日文化本身就是一套文化传承保护与文化展示机制。在节庆仪式展演中，通常会融合民族文化展演者及配套的传统服饰、仪式展演、民族歌谣、舞蹈、体育竞技、美术等文化要素及道德伦理与团结友爱等民族精神或观念意识于一体。物质文化、精神文化、制度文化及知识与技术层面行为文化都会在节庆活动中得以展现与传承。此外，还可能造就一批新型节日文化展演人才，推动传统文化的活态传承。特别是在文体传统方面，既保留了原生形貌，又增添新的内涵，赋予其新的生命，催生新的组织。如一些州县拥有许多非遗名录体系的非遗传承人及民族歌舞团队，他们享有的专业培训与物资支持是大多数普通民众所没有的。再看乡村情况，如 Y 乡 M 村所在乡政府每年都会投入资金作为乡民俗文化展演活动资金。这些资金除用作节日文化活动开销之外，还用于地方文化传承队伍的组建与发展。M 村成立了 40 余人组成的地方民族歌舞团，每月给予民族歌舞团团员 3000 元左右的固定工资，为该村民族歌舞文化的传承提供了动力。在黔西北 B 村，在县、乡镇政府的

---

① 相关数据源于楚雄彝族自治州人民政府网官网，http://www.cxz.gov.cn/info/1025/15266.htm，最后访问日期：2019 年 11 月 2 日。

② 中国民族年鉴编辑部编《中国民族年鉴（2019）》，中国统计出版社，2019，第 309 页。

③ 程宗萍、沙马石作：《海南民俗客栈 火把节"绽放"》，《凉山日报》2019 年 8 月 3 日，第 A01 版。

④ 相关数据由 M 村村委会 YEL 提供。

牵头组织下，成立了"阿西里西艺术表演团"。此外，国家级非物质文化遗产"撮泰吉"、彝族民歌《阿西里西》及舞蹈"撒麻舞""点荞舞""铃铛舞"等都是节庆期间的展演重头戏。此外，该村还先后出现了许多新型文化精英，如该村 LTC 是新中国成立后贵州省首位尝试新民歌创作的彝族人，他创作的大部分歌曲被选入当地中小学民族音乐教材，还被收录于各类音乐编著。当地新一代音乐文化传承者 WYJ、LJH、CJ 等组成了"阿西里西组合"，LHY、WQ、LY、LT 等组成了"阿姿阿巴组合"，他们参加过"星光大道"、"民歌中国"、"中国农民歌会"及"中国彝族原创音乐大赛"等电视节目，将 B 村彝族文化以歌舞形式展现在更广阔的舞台，既传承发扬传统民族文化，又为其开拓了广阔发展空间。

5. 制度安排与国家认同意识的铸牢功能

习近平总书记在 2019 年全国民族团结进步表彰大会上强调："要不断加强党的民族理论和民族政策学习以及民族团结教育，以铸牢中华民族共同体意识为主线做好各项工作，把各族干部群众的思想和行动统一到党中央决策部署上来，不断增强各族群众对伟大祖国、中华民族、中华文化、中国共产党、中国特色社会主义的认同。"[1] 节日文化还具有国家意识与跨民族文化的输入功能，践行着党和国家的民族理论、民族政策及民族团结教育精神，强化节庆活动共同参与者的"五个认同"。国家意志与国家符号在节庆活动中的三种表现形式都是贯彻习近平总书记在全国民族团结进步表彰大会上讲话精神的反映。

当下大多数节庆活动的组织开展都在代表国家意志的相关行政部门与基层自治组织力量的合作下进行，且在活动的各个环节都可能会列有与国家意志相关的活动主题，如通过节目展演、竞技项目、娱乐活动、宣传资料发放及展板展示等方式宣扬民族政策与讲述中华故事。如在 M 村，每次活动都以竞赛奖励的互动形式激发村民学习诸如脱贫攻坚政策与党的十九大会议精神的积极性、主动性和自觉性，强化国家意志的输入。每次活动开展前，该村都成立由县、乡及村各级干部组成的领导小组，划分了 10 多个由村民与村干部共同构成的分工小组，在一定程度上推动着县、乡党委及村党支部、县、乡政府机关、基层自治组织及村民等治理行为体间的耦合联动共商。又

---

① 《习近平：在全国民族团结进步表彰大会上的讲话》，新华网，2019 年 9 月 27 日，http://www.xinhuanet.com/politics/leaders/2019-09/27/c_1125049000.htm，最后访问日期：2019 年 11 月 2 日。

如凉山州 2018 年彝族火把节期间，为在场参与者发放民族团结进步主题明信片与宣传册各 10000 余册、宣传单 5000 多份，利用 20 多辆邮政车与 66 个营业厅 LED 张贴或播放民族团结进步教育宣传标语。同时，针对州内各乡镇村落发放《民族知识宣传册》11000 册、《民族杂志》13395 册、《民族团结一家亲》画册 4605 册、民族团结主题文化衫和文化帽等共 4000 余份，制作宣传展板 50 多块。① 再如凉山州甘洛县 T 乡 S 村 2019 年火把节期间，该村节庆展演节目都由本村村民自主编排，且邻近的其他 8 个村寨也共同参与。活动结束之后，有 12 户家庭得到"民族团结示范家庭"的荣誉奖励。② 还如在云南省牟定一带，流传着 300 多支融入了国家政策、法治理念及法律知识的彝族左脚舞歌舞，每逢节庆盛典时这种左脚舞都会成为必不可少的展演项目。③ 综上所述，作为一种活态文化，节日文化能够搭建起一个活跃的公共治理空间，是一种能够促进民族团结进步教育的乡村治理资源。

6. 日常纠纷化解与共同体情感修复功能

某种程度上可以说节庆中既蕴含着一些神圣性因素，也有凡俗性机制在运行，在特定时空，可将其视为一种特殊的纠纷化解机制。葛兰言、特纳等人都曾表达过相似的观点。如葛兰言曾指出庆典仪式竞赛常常会被用来作为黏合个体间的和集团间的友谊的一种手段。④ 又如特纳指出民间庆典在有限的时间范围内能够将其特定社会中的大多数成员带进一个单一的社会文化空间，将那些彼此存在暂时或长久利害冲突的人或集团带入一种相似性之中，使他们暂时处于"重归于好"的状态中。⑤ 田野调查时，笔者发现了与上文相近的案例，即基于节庆契机而创设了一个暂时性的公共治理空间，以文体活动互动的方式，尽可能地将具有矛盾的两个人置于同一分工小组，使其在同一活动中互相配合，以期培养双方之间的默契，以委婉含蓄的形式将纠纷化解于无形之中。在 M 村就有这样的经验，当举行节庆活动时，M 村规定每个小组自行排练两个以上会演节目。村支书 DSQ 告诉笔者：

---

① 中国民族年鉴编辑部编《中国民族年鉴（2019）》，中国统计出版社，2019，第 309 页。

② 《凉山：让民族团结进步根植各族群众心中》，《凉山日报》2019 年 8 月 9 日，第 3 版。

③ 中共云南省委政法委员会：《彝族左脚舞宣传〈民法典〉普法跳出牟定 style》，中共云南省委政法委员会官网，2020 年 9 月 18 日，http：//www. zfw. yn. gov. cn/dfd/202009/t20200918_1025964. htm，最后访问日期：2020 年 12 月 22 日。

④ 〔法〕葛兰言：《古代中国的节庆与歌谣》，赵丙祥、张宏明译，广西师范大学出版社，2005，第 8（导论）页。

⑤ 〔美〕维克多·特纳编《庆典》，方永德等译，上海文艺出版社，1993，第 16 页。

案例 2-23：以前三组有两个小伙曾经因为感情问题发生过矛盾，很长时间两人之间不说话。2018 年火把节要出节目时，因为他俩唱歌好，他们小组长就去商量他们一起组合一个节目，也想通过这样的方式让他们和解下。后来好不容易说通了，果然矛盾就慢慢没有了，原来的事情也讲清楚了，现在好得很，出门打工都一起，每年回家过节杀猪也一家帮一家，根本就看不出他们以前不和（气）。①

综上所述，彝族节日文化内涵深邃，功能丰富。首先，其为彝族乡村人群聚合与民族团结的社会机制，同时，发挥着国家意志与族际文化的输入功能及纠纷化解功能。其次，发挥地方暂时性集市空间的作用，具有经济消费与产业辐射的经济功能，为乡村文化产业的构建与发展提供条件。再次，其作为特殊的文化传承机制和道德教育讲堂，发挥着文化的活态传承及再生产、集体精神与道德观念的教化传递的功能。最后，作为一部社会戏剧，其与彝族及周边社群的日常生活与仪式生活紧密相关，具有广泛的群众基础和坚实的社会基础，展现其凡俗生活与神圣生活的整体面貌与文化图式，是一种活态乡村文化资源和乡村治理资源。节庆期间，活动的组织权力主体以乡村民众喜闻乐见的形式，以丰富多彩的文化活动形式将其治理辖域内的村民及周边乡村社群黏合在一个暂时性的固定场合，强化着他们的相互合作、相互交往交流交融，培育和铸牢他们的共同体意识，绘制形成一幅理想的乡村善治图景。

第四节　史诗经典：传统道德的记忆诠释机制

彝族是一个诗性的民族，他们不仅口耳相传留下丰富的口述传统，也利用文字书写了卷帙浩繁的史诗经典，承载并传递着他们关于自然宇宙的认知哲学思想、以人为本的人本精神、艰苦奋斗的劳动精神、孝老爱亲的仁爱精神、团结互助的友爱精神及长幼有序的道德精神。史诗经典既是其思想价值、社会集体意识、信仰仪轨的记忆空间，也是一种时间上的连续建构过程，又是一种独具匠心的社会文化诠释系统与实践行为的基本宪章，更是他们实施家庭教育与社会教育的传统教材。马林诺夫斯基指出："神话论述了

---

① 访谈对象：Y 乡 M 村支书 DSQ，男，57 岁，彝族。访谈地点：Y 乡 M 村村委会；访谈时间：2019 年 7 月 4 日。

属于社会群体的制度与活动中的根本事实，它论证了现实制度的来龙去脉，提供了道德的价值、社会差别与社会责任，以及巫术信仰可追寻的模式。"① "神话具有调整习俗、约束行为模式、赋予一种风俗尊严和重要地位的规范力量。"② 在彝族史诗经典中，我们可以发现马林诺夫斯基关于神话（史诗）的社会功能的阐释，发掘其中蕴含的思想精华、道德精髓及其他形式的文化精神。

一 彝族史诗与经典的构成类型

在传统社会中，彝族的社会记忆至少以如下五种形式传递。第一，依附于客观物质，以具象物质作为基本载体与贮存空间，如服饰、建筑、美术、手工艺品、特定塑像、场所等器物及文化感知场景中的物化展示；第二，以父子连名制为基本特征的谱系传承方式；第三，以仪式展演与民俗节日为基本形式的身体展演实践；第四，以口耳相传的神话传说、民间故事、民间谚语、彝族克智等为主的口述传统；第五，以毕摩彝文经典为主的文本书写形式。前四种是彝族社会的普遍共享技能与常见记忆形式，第五种则大多表现为某类特殊个体的特有技能与特殊形式。时至今日，彝族文字的掌握者和理解者也由于历史原因而依旧以毕摩群体为主，普通彝民几乎不认识。无论哪种形式，都在不同程度上彰显着其积极的意义价值与社会功能。前文实际上已经论述了前三种记忆形式的意义，下文主要集中讨论后两种。

彝族的史诗与传世经典主要由两种类型构成。其一，口述传统的创世史诗、叙事长诗、英雄史诗等。③ 创世史诗以《勒俄特依》《梅葛》《查姆》《阿细的先基》最为著名，上述史诗之名对应的都是口头描述或传唱历史与过去之意，如"梅葛"为"口头传唱过去"，"查姆"之意为"合起来传唱的起源传说"。叙事长诗以《阿诗玛》闻名全国。英雄史诗以《支格阿鲁》流传最广。其他类型的口述传统则因地区和支系而各有内涵与特色。其二，文字书写的彝文古籍与传世经典，如《西南彝志》《彝族源流》《物始纪略》《宇宙人文论》等享有盛誉，内容涉及彝族历史、自然地理、哲学思想、政

---

① 〔英〕布罗尼斯拉夫·马林诺夫斯基：《巫术、科学、宗教与神话》，李安宅编译，上海文艺出版社，1987，第131~132页。

② 〔英〕布罗尼斯拉夫·马林诺夫斯基：《西太平洋上的航海者》，张云江译，中国社会科学出版社，2009，第259页。

③ 创世史诗大多是通过神话传说的形式表述出来，故而有时又被表述为神话史诗。

治军事、经济生产、文化教育、语言文字、民间文学、民间艺术、天文知识、医药知识、农牧业知识、工艺技术、民俗传统等，几乎每一部都是一本地方百科全书。具体来说，彝族史诗与经典的作用包括记录婚姻、祭祀、献酒、百解、福禄、作斋等民俗文化，传递氏族谱系、指路线索以及铭文等文化记忆。① 全国各地流传有数百部上万卷毕摩经书。目前，许多原义口耳相传的史诗与传说等都出现了新的呈现方式和表征形式——经由彝学研究专长者及各地毕摩、歌师的共同努力，整理并公开出版。同时，还通过利用数字技术建立数据库的形式创新其传承保护方式，使其传承的稳定性和科学性更有保障。根据现有资料，我们将当下具有代表性的彝族史诗、古籍及毕摩传世经典整理如表 2-19 所示。

表 2-19　中国彝族主要史诗与经典举要

类型	史诗名称	流传地区
创世史诗	《勒俄特依》	大小凉山彝区
	《梅葛》	云南楚雄彝区
	《查姆》	云南双柏彝区
	《阿黑西尼摩》	滇南哀牢山一带彝区
	《阿细的先基》	云南弥勒一带彝区
	《天地祖先歌》（《天地论》）	贵州彝区
	《洪水滔天史》《洪水泛滥史》《洪水纪略》	云贵川彝区
	《万物的起源》	贵州彝区
	《阿文敬兹图》	云南彝区
	《门咪问扎节》	云南楚雄彝区
	《居次勒俄》	云南小凉山彝区
	《罗泼古歌》	云南彝族罗泼支系
	《阿普多莫》（《阿普多莫若》）	云南彝区
	《古侯阿补》	四川凉山彝区
	《武哲史》	四川凉山彝区
	《来源歌》	广西那坡彝区
	《彝族古歌》	贵州彝区

---

① 余宏模：《贵州彝族毕摩文化与彝文典籍类例》，《贵州民族研究》1996 年第 4 期。

续表

类型	史诗名称		流传地区
叙事长诗	《爱佐与爱莎》		云南弥勒彝区
	《阿诗玛》		云南石林彝区
	《甘嫫阿妞》		四川凉山彝区
	《博葩》		四川凉山彝区
	《戈阿娄》		贵州彝区
	《阿左分家》		云南彝区
	《赛玻嫫》		云南彝区
	《彝汉教典》		云南彝区
英雄史诗	《支格阿鲁》《支格阿鲁王》《支格阿龙》		云贵川彝区
	《阿鲁举热》		云南元谋彝区
	《铜鼓王》		云南富宁、广西那坡
	《哈依跌古》		云南彝区
	《俄索折怒王》		贵州彝区
彝文经典	哲学类彝文古籍	《论天地》《通书》《宇宙人文论》《命理》《天地人源论》《宇宙八卦》《哎哺的变化》《天地的产生》《宇宙根源》	贵州彝区
		《尼苏夺节》《苏巨黎咪》	云南彝区
	政治经济类彝文古籍	《十三则溪》《君主根源》《婚姻制》《阿哲制度》《祖摩布硕》《恒署数》《恒投数》等	贵州彝区
	军事类	《阿哲乌撒战争》《乌撒与阿哲之战》《阿哲乌撒兴兵》《播勒军制》《阿武记数》《水西传》	贵州彝区
	文化教育类	《尊敬父母》《师箴文集》《作斋礼仪》《慕史数》《哼摩数》《土鲁黎咪数》《柞数》等	贵州彝区
		《玛牧特依》	四川凉山彝区
	民间文学类	《水西故事》《彝族婚礼》《凤凰记》《播勒故事》《彝汉混唱词》《婚姻歌》《嫁娶歌》等	贵州彝区

类型		史诗名称	流传地区
彝文经典	民间艺术类	《设神位图集》《祭祖神位图》《那画》《纳史画》《物始纪略》《献山书》《哪史纪透》等	贵州彝区
	民族历史类	《彝族源流》《彝族创世志》《夜郎史传》《彝家宗谱》《西南彝志》《爨文丛刻》《乌撒根源》《六祖发展史》《笃慕纪略》《海腮毫启》	贵州彝区
		《彝汉史诗》	云南彝区
	彝族医药类	《寻药》《药的产生》《药的配伍》《献药书》《治病书》《疾病的根源》《诸谷数》《投确数》	贵州彝区
	农牧业类	《耕牧》《基业记》《牧马记》《创业》《相马》等	贵州彝区
	工艺类	《宴桌根源》《铸铜织锦》《制造器具》《建房》《造灯造床》《马鞍的根源》《播勒造坛》《酒坛顺杆史》《手工书》	云南和贵州彝区

表 2-19 所列的彝族史诗与彝文传世经典是研究彝族先民的哲学思想、探寻彝族历史文化、分析彝族生存伦理之道、理解彝族的民族性格与文化精神及寻找民族交往交流交融历史记忆等的重要资源。它们都是彝族历史根基记忆的重要表述与传递形式，一部史诗，一本经典，将地方小历史、国家大历史及民族精神通过诗性表达而代代传递，并在不同时代不断进行再创作。下文将以具体案例来阐述彝族史诗与传世经典的当代乡村治理功能。

二 彝族史诗与经典的治理功能

彝族史诗经典数量庞杂，要想在此穷尽所有几乎是不可能的事情，故我们仅基于研究需要而列举《查姆》《梅葛》《阿细的先基》《阿黑西尼摩》《勒俄特依》这五大彝族创世史诗以及流传于四川凉山彝区的教育经典《玛牧特依》、流传于贵州彝区的《土鲁黎咪数》等文本分析彝族史诗中蕴含的文化意义及显示的治理功能。这些文本也被整理出了许多版本，故需强调我们所参照的文本版本。其中,《查姆》①《梅葛》②《阿黑西尼摩》③《勒俄特依》④ 都是由中国国际广播出版社于 2016 年出版,《阿细的先基》⑤ 为云南省民族民间文学红河调查队搜集翻译整理的版本,《玛牧特依》则为《彝族传世经典》编委会整理出版的版本⑥,《土鲁黎咪数》⑦ 为贵州省民族古籍整理办公室 2015 年整理的版本。通过分析,我们认为彝族史诗经典的文化意义和治理功能主要表现在如下方面。

（一）民族历史记忆与社会文化记叙传承及深度诠释功能

民族历史记忆与文化的记叙传承与深度诠释是彝族史诗经典首要的也是最基础的功能。德国学者扬·阿斯曼（Jan Assmann）曾说:"在希腊,荷马史诗传承的过程就是希腊民族形成的过程,正如《托拉》的传承与以色列民族的诞生是同时,因为文本的确立与民族同属感的增强相辅相成。"⑧ 又如罗纳托·罗萨尔多（Renato Rosaldo）曾指出史诗故事等口述传统的意义,即评估他们的生活价值观和表示文化的意义。只有通过洞察他们的生活与文化表述形式,才能理解他们的生活方式。⑨ 就彝族史诗经典而言,意义同样如此。彝族史诗经典呈现的是彝族的社会生活面貌和精神生活风貌,诠释的是他们对自我历史、自然空间、社会文化及祖先规矩的认知与理解。其史诗的形成也是彝族的发展过程,彝族毕摩及歌师等文化精英将民族历史记忆以文本与口述的形式记录下来,又以此形式记叙与诠释着他们的文化,强化着他们的民族认同。这种功能主要表现在两个维度。

首先,历史记忆、制度文化与精神文化的记叙传承。作为创世史诗,《查姆》《梅葛》《阿细的先基》《阿黑西尼摩》《勒俄特依》等都是反映彝族

① 郭思九、陶学良整理《查姆》,中国国际广播出版社,2016。
② 云南省民族民间文学楚雄调查队整理《梅葛》,中国国际广播出版社,2016。
③ 施文科、李亮文唱述,普学旺、罗希吾戈翻译整理《阿黑西尼摩》,中国国际广播出版社,2016。
④ 《勒俄特依》,冯元蔚译,中国国际广播出版社,2016。
⑤ 云南省民族民间文学红河调查队搜集翻译整理《阿细的先基》,云南人民出版社,1959。
⑥ 《彝族传世经典》编委会编《玛牧特依》,四川民族出版社,2016。
⑦ 贵州省民族古籍整理办公室编《土鲁黎咪数》,贵州民族出版社,2015。
⑧ 〔德〕扬·阿斯曼:《文化记忆:早期高级文化中的文字、回忆和政治身份》,金寿福、黄晓晨译,北京大学出版社,2015,第 303 页。
⑨ 〔美〕罗纳托·罗萨尔多:《伊隆戈人的猎头:一项社会与历史的研究（1883—1974）》,张经纬、黄向春、黄瑜译,北京大学出版社,2012,第 18 页。

历史乃至人类历史的叙事长诗，本身就是一套系统的文化存贮载体与表述诠释媒介，是彝族生存智慧的缩影。彝族创世史诗描述了人类世界及彝族社会如何形成，即从无天地万物无人类到开天辟地、万物形成、人类产生、洪水灾难、人类再生、祖先业绩、地方风物、民族形成并创造文化及民族迁徙发展的整体历史脉络，建构了彝族社会文明的发展秩序，维护了彝族社会文化的发展与延续，展现了他们丰富的超人想象力、文化认知、族际交往、民族认同及国家认同观念，建立起特定的认同感与归属感，树立起对传统合法性、权威性的认可及公共信任。它们既是各地彝族社会记忆的承载工具，也是人们传承、表述社会记忆并强化身份认同的重要方式。通过史诗表述，可以探寻彝族的历史发展变迁及彝族文化传统的形成演变，观察史诗中的神话传说是如何诠释和塑造彝族的传统社会结构及结构系统下人们的思维方式与行为模式的。如凉山彝族创世史诗《勒俄特依》中"兹的住地""合侯赛变""古侯主系""曲涅主系"就是关于当地彝族先民的居住格局、等级社会结构的形成和发展演变及习惯法内容的叙述。① 又如云南楚雄彝族创世史诗《梅葛》中"造物"部分描述了同一生活区域的彝族先民建筑房屋、从事生产的周期及活动安排②，"婚事与恋歌"及"丧葬"等部分描述了他们的人生礼仪习俗传统及节日文化活动。③ 再如《阿细的先基》中，除与上述相近内容之外，"男女说合成一家"部分还唱述了该史诗流传区域曾发生的贸易活动。④ 此外，前文已对各地彝族史诗中唱述的信仰文化来源及表现进行叙述，兹不赘述。

其次，传统知识与实践技术的传承与创新。创世史诗《查姆》中"纸和笔"部分描述了古法造纸造笔等技术的发明⑤，"书"的部分表述了始祖阿普笃慕获得书本、学习知识、创设十月历法及礼俗规矩的历史记忆。⑥《阿黑西尼摩》中"叽依定历法"部分也描述了彝族十月历法的创制及相关农事周

① 《勒俄特依》，冯元蔚译，中国国际广播出版社，2016，第90~134页。
② 云南省民族民间文学楚雄调查队整理《梅葛》，中国国际广播出版社，2016，第59~126页。
③ 云南省民族民间文学楚雄调查队整理《梅葛》，中国国际广播出版社，2016，第126~292页。
④ 云南省民族民间文学红河调查队搜集翻译整理《阿细的先基》，云南人民出版社，1959，第200~206页。
⑤ 郭思九、陶学良整理《查姆》，中国国际广播出版社，2016，第125~134页。
⑥ 郭思九、陶学良整理《查姆》，中国国际广播出版社，2016，第135~147页。

期的生产活动。① 此外，在其他毕摩经书中也传承着大量的传统规范、知识
与技术，如贵州彝区的彝文古籍《西南彝志》中汇编了大量彝族毕摩经书，
其中的《献药经》就记录了丰富的彝族传统医药知识，享有盛名的云南白药
就是曲焕章吸收了滇南彝族传统医药知识的经验而研究出来的。② 除《西南
彝志》之外，还存在大量彝族医药古籍，如《国家图书馆藏彝文典籍目录
（附图录）》中收录的彝医药古籍就有两百多种。③

综上所述，正是各类彝族史诗经典中记录、传承和表述的彝族历史文
化、社会记忆及文化记忆，让我们从另外一个角度清晰地知晓了系统的彝族
传统文化事项、传统知识与技艺技术及其他民俗文化活动的来龙去脉。这些
传统文化要素既是构建文化记忆场景及开发文化产业的重要前提和基础保
证，也是实现优秀传统文化创新性发展与创造性转化的珍贵资源。

（二）铸牢中华民族共同体意识与加强民族团结进步教育功能

作为一种民族集体记忆承载与表述的文化机制，彝族创世史诗具有铸牢
中华民族共同体意识和民族团结进步教育功能，其主要表现在三个方面。

首先，呈现了他们关于人类同源共祖的想象图景，隐喻和表达了他们关
于中华民族大家庭中各兄弟民族同源共生的根基历史记忆，培育和传递了
"中华民族是一家""中华民族一家亲"的文化基因。基于此，可以说作为一
种民族团结之根，彝族史诗经典是彝族铸牢中华民族共同体意识的内生动
力。从具体实例来看，前文列举的彝族创世史诗中都有关于多民族同源共
生、族类互变的相关叙事。在他们的叙事中，可以看出在彝族先民及大部分
后人的记忆中并无严格的族群边界，他们的族类观念明显具有包容性与开放
性。④ 这种叙事既符合人类起源发展的基本脉络，也体现了中华民族共同体
的普遍发展规律。如凉山彝族创世史诗《勒俄特依》中不仅描述了多民族同
源共生的历史记忆，还呈现了同源异流后的居住环境及和睦共处、友好往
来、文化交相辉映与兼收并蓄的和谐局面，内容如下。

---

① 施文科、李亮文唱述，普学旺、罗希吾戈翻译整理《阿黑西尼摩》，中国国际广播出版
　社，2016，第31~38页。
② 罗艳秋等：《彝族医药历史源流探讨》，《云南中医中药杂志》2015年第5期。
③ 国家图书馆古籍馆主编《国家图书馆藏彝文典籍目录（附图录）》，中华书局，2010。
④ 温春来：《从"异域"到"旧疆"：宋至清贵州西北部地区的制度、开发与认同》，社会
　科学文献出版社，2019，第355页。

居木三子啊，分住在三方：武吾拉叶是汉族，数他见识广，垒石做地界，所有平坝由他占，住在海湖池水边。武吾格是彝族，挽起草结做地界，住在高山峡谷间，内称古侯曲涅支，外称阿布阿尔支。武吾斯沙是藏族，插起木牌做地界，住在高原上，境内称藏族，境外称喇嘛。①

又如云南彝族创世史诗《梅葛》《查姆》《阿细的先基》中也有相近内容，且更详尽，不仅呈现了各民族的共生共存图景，还描述了他们的生产场景与民俗传统。同时，也表达了当地彝族的道德伦理和禁忌观念。虽然在我国大多数民族的古歌、神话及史诗中有洪水灾难后兄妹成婚的叙事，但从彝族创世史诗中，隐喻了具有血缘关系的兄妹严禁通婚的伦理禁忌，这一叙事在《梅葛》中尤为具体，内容如下。

洪水淹了七十七昼夜……人种没有了，人种死光了。格滋天神找人种，四面八方走……人种找到了，天神好喜欢，吩咐兄妹俩："世上人种子，只剩你两个，兄妹成亲传人间。"兄妹两个忙回答："我们两兄妹，同胞父母生，不能结成亲。"说了很多，比了很多，兄妹在高山顶上滚石磨，哥在这山滚上扇，妹在那山滚下扇，滚到山箐底，上扇下扇合拢来……人是人，磨是磨，我们兄妹俩，同胞父母生，怎能学磨成一家……人是人，鸟是鸟，不能学它成一家……人是人，树是树，不能学它成一家……人是人，鸭是鸭，鹅是鹅，不能学它成一家……兄妹不愿结成亲，世上怎能传人烟？"我们两兄妹，同胞父母生，成亲太害羞。要传人烟有办法，属猪那一天，哥哥河头洗身子，属狗那一天，妹妹河尾捧水吃，吃水来怀孕。"一月吃一次，吃了九个月，妹妹怀孕了，怀孕九个月，生下一个怪葫芦。哥哥不在家，妹妹好害怕，把葫芦丢在河里面。天神知道了，急忙顺着河水找，找到东洋大海边，葫芦飘在水里面……葫芦找到了，葫芦放好了，天神用金锥开葫芦，天神用银锥开葫芦。戳开第一道，出来是汉族，汉族是老大，住在坝子里，盘田种庄稼，读书学写字，聪明本事大。戳开第二道，出来是傣族，傣族办法好，种出白棉花。戳开第三道，出来是彝家，彝家住山里，开田种庄稼。戳开第四道，出来是傈僳，傈僳气力大，出力背盐巴。戳开第五道，出来是苗家，苗家人强壮，住在高山上。戳开第六道，出来是藏

---

① 《勒俄特依》，冯元蔚译，中国国际广播出版，2016，第84~85页。

族，藏族很勇敢，背弓打野兽。戳开第七道，出来是白族，白族人很巧，羊毛擀毡子，纺线弹棉花。戳开第八道，出来是回族，回族忌猪肉，养牛吃牛肉。戳开第九道，出来是傣族，傣族盖寺庙，念经信佛教。出来九种族，人烟兴旺了。①

兄妹成亲后，生下三十六个小娃娃……一个抢锄头往东跑，一个抢扁担往西跑，三十六个好儿女，各走一方成了家。"阿嗞嗞"是彝语，成了今天的彝家；"阿喳喳"是哈尼语，哈尼的祖先就是他；"啊呀呀"是汉语，他成了后来的汉家。抢锄头的是彝族，抢扁担的是傣族；彝族山头烧火地，傣家挑担住平坝。从此各人为一族，三十六族分天下，三十六族常往来，和睦相处是一家。②

上述所举例子，还体现了在洪水灾难后的人类再生叙事中，存在与汉族神话盘古开天辟地及兄妹滚磨盘合二为一而婚配再造人类等相同或相近的神话母题，这既是一种文化共享的表现，也再次证明了中华民族共同体意识在彝族根基历史记忆中的孕育与传递。

其次，强调了平等、团结、和谐、互助的民族关系。在历史发展过程中，彝族总是与其他兄弟民族保持着互助往来，历代国家政权在彝区实施的经济建设与社会治理始终在强调各民族共同进步与共同繁荣，保障各民族在政治权力及法律地位上的平等，促进各民族的情感相亲。在彝族史诗经典中，通过借物叙事与引经据典的方式教育人们不能嫌贫爱富、歧视弱者，表达了团结友爱、和谐共生的基本理念，培育和传递着各民族平等、团结、互助、和谐的精神与情感。如在流传于凉山彝族传世教育经典《玛牧特依》中就以各种动、植物间的平等比拟各族间的平等关系，内容如下。

居木的子孙，远路与近路，都是一条路；彝区与汉区，公鸡叫声同，大人与小人，都是一条心。世上的人们，莫重视杜鹃，莫轻视鹌鹑，杜鹃是鸟，鹌鹑也是鸟；莫看重绸缎，莫歧视麻布，绸缎是衣服，麻布也是衣服；莫看重大屋，莫歧视猪圈，大屋是木石，猪圈也是木石；莫看重花木盉，莫歧视烂木盉，花木盉是木头，烂木盉也是木头；莫轻视穷的，莫看重富的，穷的可变富，富的可变穷；莫轻视衰的，莫

---

① 云南省民族民间文学楚雄调查队整理《梅葛》，中国国际广播出版社，2016，第39～58页。

② 郭思九、陶学良整理《查姆》，中国国际广播出版社，2016，第88～90页。

看重旺的，旺的可变衰，衰的可变旺盛；莫轻视小的，莫看重大的，小的会长大，大的会变老；贫穷与富裕，好比一头母猪的一生；人丁旺与衰，好比一个妇人的一生；大人与小人，好比一头牯牛的一生。①

又如滇南彝族叙事史诗《彝汉教典》中以船与楫、舟与水的关系比拟彝族与汉族同源共生的亲密关系，内容如下。

彝族与汉族，古时同祖宗，同祖子裔多，后来举分支：老大迁东方，后来成汉族；老二迁南方，就是我彝族；老三留祖地，人们称"鲁司"。迁居各繁昌，分支时隔久，彝族与汉族，同祖互不识。只有语不同，人却一个样，彝可变汉人，汉也能成彝。两者的关系，犹如船与楫，有船没有楫，江舟不行水，漩涡难避行，江水吞小舟，两者落鱼腹；有楫若无船，木楫当柴烧；有船又有楫，众人用力划，九十九道湾，九十九漩溏，亦能平稳行。②

最后，彝族创世史诗中的许多叙事与意向在其他民族文献及神话传说中也存在，这反映了彝族创世史诗并非只是彝族本土环境与经验知识的集合，还是族际互动以及与文化接触的产物。如《查姆》《梅葛》中关于"月中有树"的叙事在《山海经》《淮南子》等中国传统经典中都有相似内容。对此，李世武做了系统分析，兹不赘述，可参阅其文《神话在铸牢中华民族共同体意识过程中的作用——以彝族史诗中的"月中有树"神话为例》③。

综上所述，在彝族史诗与经典中，深度记叙了"中华民族是一家"的源头记忆，深刻诠释了"中华民族是一家"的本质内涵，彰显了中华民族大家庭中各民族共生、共融、共荣的历史，体现了彝族合和包容的民族品质，表达了各民族平等、团结、互助、和谐的民族精神，是当下铸牢中华民族共同体意识和加强民族团结进步教育的重要文化资源。

（三）民族传统道德教育与社会行为规范功能

彝族史诗与经典不仅是其集体记忆的承载与诠释机制，也是其实施家庭

---

① 《彝族传世经典》编委会编《玛牧特依》，四川民族出版社，2016，第216~219页。
② 转引自易谋远《彝族史要》，社会科学文献出版社，2000，第228~229页。
③ 李世武：《神话在铸牢中华民族共同体意识过程中的作用——以彝族史诗中的"月中有树"神话为例》，《思想战线》2021年第2期。

教育与社会教育的重要"教材",还是其维系社会良性运作的一种"活法"。① 它们由其文化主体从历史和生活本身出发而创作,是其民间智慧结晶和本土文化精华。除了叙述民族历史之外,彝族史诗与经典中还传承着彝族人先后形成的思想道德、伦理观念与行为规范,通过言传身教、代代濡化的方式,教化后代子孙正心、诚意、修身、立德、立功、立言、慎独、明礼、守信、仁爱、勤勉、勤俭、谦虚、好学、自律、自强、担当、勇敢、感恩、孝顺、敬老、家和、睦邻、平等、公正、团结、忠善、仁爱等,培养他们的个人品德、家庭美德、社会公德及职业道德等,塑造健康的世界观、人生观、价值观、生命观、金钱观、善恶观及道德观等,促进他们自我修养的提升与自我品格的完善,规范他们的社会行为,巩固和维系着社会秩序的和谐稳定。这些道德品质都是乡风文明的重要构成内容和实现彝族乡村善治的重要着力点。

彝族是一个农耕与畜牧并重的民族,他们特别看重一个人的劳动能力,评判一个人是否能干、是否勤劳,常会以其种植土地是否杂草丛生、庄稼是否苗壮成长、牛羊是否膘肥体壮等作为基本参考。因此,彝族先辈尤其注重后代子孙在生产方面的教育。我们可从具体的史诗经典来看其中蕴含的传统美德,如在云南彝族创世史诗《梅葛》《查姆》《阿黑尼西摩》《阿细的先基》等中,都描述了人类社会经历了"独眼人时代—竖眼人时代—横眼人时代"这三代人之后才形成当下的一代人。在独眼人时代与竖眼人时代,天上有九个太阳、九个月亮,他们不遵天规和地理,都被太阳晒死了。格滋天神为他们解决了多余的太阳和月亮,分别只留下一个。天神又撒下第三把雪,创造了横眼人,并给予他们火种和粮食种子,教会他们用火和耕作,但这代人品质不端,不讲诚信,不顾礼节,不讲道理,不讲团结,不勤劳耕地生产,不祭祖宗与神灵,于是天神发怒,收回了赐予他们的粮食种子,并施法泄放洪水或燃烧大火将他们毁灭。只有心地善良的两兄妹在天神授意下躲进葫芦里幸存下来。通过这种神话叙事教化后代遵守规矩,信守承诺,行善积德,崇尚道德。

如《阿黑西尼摩》中说:

> 人间乱如麻,天下不安宁,大人欺小孩,小孩骗大人。杀猪不祭

---

① 张晓辉:《法律人类学的理论与方法》,北京大学出版社,2019,第 344 页。

祖，杀鸡不祭神。不把青香烧，也不把烛点。道理全不要，礼节都丢光。道理如蛛丝，牛车拉不断，怎能不要道，哪能不讲理。地神额阿姒，收回粮食种，背回天宫去。自从这时起，竖眼这代人，从此子种绝。理似蜘蛛丝，牛车拉不断，怎能不要理，不可不要德。那代竖眼人，不要理和德，怪事频繁生。①

又如《梅葛》中说：

（格滋天神）撒下第三把，人的两只眼睛朝上升生……这代人的心不好，他们不耕田不种地，他们不薅草不拔草。看见田里没有牙齿草，铲铲地皮就放水，白天睡在田边，夜晚睡在地角，一天到晚，吃饭睡觉，睡觉吃饭……这代人的心不好，糟蹋五谷粮食，谷子拿去打埂子，麦粑粑拿去堵水口，用苦荞面、甜荞面糊墙。格滋天神看不过："不该这样来糟蹋！这代人的心不好，这代人要换一换"……人心很不好，要换人种了，水要漫金山……②

再如《查姆》中说：

独眼这代人，不分男和女，不分长幼尊卑；不分白天黑夜，不分月大月小，不分秋夏冬春。怪事天天有，灾难月月生。马乱踢人，牛乱顶人，鸡乱啄人，到处乱纷纷……独眼人这代人，辜负了仙王一片心。他不过问昼夜，年月他不分；太阳月亮他不看，四季分不清；播种收割他不管，庄稼杂草遍地生。独眼睛这代人，道理也不讲，长幼也不分，儿子不养爹妈，爹妈不管儿孙。饿了就互相撕吃，吵嘴又打架，时时起纠纷。神仙之王涅侬倮佐颇，仙王入黄炸当地，龙王罗阿玛，水王罗塔纪，一起来商量，共同出主意："独眼睛这代心不好，要换掉这代人。要找好心人，重新繁衍子孙。"③

洪水灾难之后，人类灭亡，天神踏上寻找人类种子的征程。在此过

---

① 施文科、李亮文唱述，普学旺、罗希吾戈翻译整理《阿黑西尼摩》，中国国际广播出版社，2016，第21~22页。
② 云南省民族民间文学楚雄调查队整理《梅葛》，中国国际广播出版社，2016，第26~35页。
③ 郭思九、陶学良整理《查姆》，中国国际广播出版社，2016，第27~29页。

程中，他遇到了品德不端的"葫芦蜂"，并惩罚了它。同时，他遇到了品质优秀的"罗汉松""蜜蜂"等，表扬与奖励了它们。这些叙事表达的核心思想大体都是传递惩恶扬善、互助团结、信守承诺等基本美德，内容如下。

> 天神找人种，跑到山梁上，遇着罗汉松："罗汉松，罗汉松！你是好树子，你若有好心，请你告诉我，你看见人种没有?""刮了三场风，下了三场春雨，人种没看见，要是见了人，我的叶子密，给他来避风，替他来遮雨。"天神好喜欢，封赠罗汉松："罗汉松，是好树，等到人种找到了，人烟旺起来，砍你一棵发百棵"……遇着小蜜蜂："小蜜蜂，小蜜蜂！你看见人种没有?""人种没看见，葫芦见了：我去采花粉，看见葫芦飘在河里面。要是见了人，我要请他吃蜜糖。"天神好喜欢，封赠小蜜蜂："小蜜蜂，是好蜂，等到人种找着了，人烟旺起来，让你挨着人住家"……遇着小柳树……天神好喜欢，封赠小柳树："……倒栽你倒活，顺栽你顺活"……遇着老乌龟……天神好喜欢，封赠老乌龟："……房子随身带，顺河有吃的"……①

> 黄飞松树啊！如果我的柜子能在你头上歇一下，到过年的时候，我要扯你的松毛来过年；到过节的时候，我要扯你的松毛来过节……山腰有棵青干栗树，小儿子在柜子里叫道：老青干栗树呀，如果我的柜子，能在你的头上歇一下，我要用你的树叶来祭神。那棵青干栗树啊，让木柜在头上歇了一下。木柜慢慢随水落，快要落进洞里去。洞边有棵老野竹，小儿子在柜子里叫道："老野竹啊！救救我们的命。我们要是活下来，就认你作爹爹，认你作妈妈。"洞边的野竹，立刻把根子伸出来，遮住了洞口。聪明的兄妹俩，一齐对野竹说道："你救了我们的命，我俩认你作父母"……②

除了上述形式，彝族社会中还有许多彝文经典也传递着相近思想，如贵州彝文古籍《土鲁黎咪数》及四川凉山彝族传世经典《玛牧特依》就是代表。首先，这些彝文经典中有较大篇幅都在表达彝族的哲学观，阐述他们的

① 云南省民族民间文学楚雄调查队整理《梅葛》，中国国际广播出版社，2016，第42~46页。
② 云南省民族民间文学红河调查队搜集翻译整理《阿细的先基》，云南人民出版社，1959，第52~54页。

自然哲学唯物辩证思想。他们认为，宇宙世间任何事物都处于不断运动变化的过程中，这种基于自我祖先探索积累形成的核心哲学方法论有利于指导彝族后代子孙正确认识世界、理解世界和树立与时俱进的思想观念，这种思想对于乡村振兴过程中推行移风易俗、建设良好乡风文明极具指导意义。其次，以言说方式简洁明了地告诉彝族子孙应当遵守的基本行为规范和拥有的高尚道德情操。如《土鲁黎咪数》最后部分的内容直接展示了彝族子孙须遵守的十二项道德标准，根据相关资料，我们将其总结为：孝敬父母、听父母话、光耀门楣、兄友弟恭、遵守法律、姻亲和睦、君仁臣忠、敬宗法祖、男女平等、扶危济贫、乐善好学及诚实守信。具体内容如下。

　　把父母孝敬，穿着和吃香，要适时供饭，诚心给衣穿……孝敬父母者，脚迈出三步，敬爱语轻柔，孝敬显温顺，无时有新旧，无日冷或热，一世如一日。讨父母喜欢，父母如天地，说的都要听，做的都认可，承父志拓土，长母志守业，无一日错乱，宇宙平等般，父产生生命，既然如此，自身显威高，能惠顾自己，会动有命稳，寿命有保证……与兄弟友善，弟不顶兄长，兄问计于弟，志不分兄弟，兄财亦弟财，互相不保留，一句磋商话，如长锦展开，如清雨降下，法令有规律，子孙根本稳，弟兄的友善，是这样阐释。与姻亲和谐，在隔阂之间，为对方求富，与之招富贵，如空中起云，普天都灿烂，人间显昌盛，毕绰阻吉，不要分彼此，与姻亲和谐，是这样阐释。品行第二段，君臣的凝聚，为君的行为，君制定民约，如春暖融融，一日无错乱，君满足民欲，民愚君教诲，民忠诚于君，如日月经天，把王法完善，在大地四方，王令如飞鸟，政令传远方，臣民的规矩，千虑系于君，为君施仁政，为臣民施恩，臣民守王法，须战无不胜，君臣的凝聚，是这样阐释。喜欢布摩者，在神座周围，祭祀祖先，根显基业源，祖灵显祖源，有根子孙昌盛……人类产生后，语言各不同，成长过程里，与老的关系，把父母依靠，与青年关系，与弟兄为伍，与少的关系，在子女份上，不分轻重。杀牲招待人，学人家长处。把穷人接济，给寒者衣穿，给饿者饭食，给渴者水喝，会动有命者乐。与百姓和谐，是这样阐释。品行第三段，讲公正守法，令出一句话，九十马难追……钻研文化者，生子就学文，懂的超常人，从好上补充，居于好之冠，从美中追求，即便得不到，见识的高远，能到的实现……百姓培养者，开导民向善，即

使恶奴，也教成孝子……坚持大道理，并身体力行……①

《玛牧特依》是凉山彝区具有训世性质的道德教育经典，它以一个彝族男性的完整生命周期为叙事结构，阐述了一个彝族子孙从出生到死亡的每个人生阶段应遵守的道德秩序、具备的精神品质、拥有的社会网络及自身的综合素质等，深刻诠释和展现了道德至上的价值观念，表达了他们教育为先、以德树人、以德育人和以德铸魂的教育观念，展示了他们循序渐进、因材施教的教育原则，彰显了他们言传身教、根植日常、模范引领、舆论监督的教育方法，构建了一套系统的道德教育体系，描绘了一幅表达真善美的美丽图景。这部经典教化意义深长，为彝族后代子孙提供了一个社会行为规范的基本范本。

首先，关于个人品德。《玛牧特依》教导不同年龄段之人在日常生活与劳作生产场景中应勤恳劳动、勤俭节约和自强勇敢，在文化知识与技术技艺的学习上要虚心求教、勤奋好学，在社交上要谨言慎行、知书达礼、诚实守信、正直友善、长幼有序。内容如下。

天道酬勤：

> 居木的子孙，一人要富裕，手握长锄头，田间地头转；一人要贫穷，游手好闲逛，房前屋后转；一家要兴业，锄头扛肩上；一家要富裕，有三把锄头；一家要贫穷，有三根烟杆；一家要灭绝，笛子别腰间。偷盗又行窃，九日无饭食，所去都落伍，勤俭的人们，到哪里都得钱，文明礼貌者，到哪里都体面；能说会讲者，到哪里都有友；勤快的人们，到哪里都有粮。② 晚辈后生们，一生勤俭好……人只要勤俭，随时有希望，牲畜有盐喂，时时能肥壮。③

谨言慎行：

> 晚生后辈们，善于处人处事者，己嘴如同己幺儿；不善处人处事者，己嘴如同己敌人。能言善道者，己嘴是己友；拙言恶语者，己嘴成己敌；悟道能成人，愚钝做傻事。会处与人和，会牵犁得直，会种庄稼

---

① 贵州省民族古籍整理办公室编《土鲁黎咪数》，贵州民族出版社，2015，第263~275页。
② 《彝族传世经典》编委会编《玛牧特依》，四川民族出版社，2016，第61~63页。
③ 《彝族传世经典》编委会编《玛牧特依》，四川民族出版社，2016，第169页。

好，会存就富裕……①

知书达礼：

> 居木的子孙，出生五十五，各类知识都懂得……好汉不骄傲，河深无噪音，海阔无雾罩。女嫁好夫家，子女得幸福；君子言中听，良马蹄平稳；君子好说话，礼貌自随身；小人说坏话，不知自己丑。懂礼人说话，部分自己对，部分他人对，愚蠢人说话，全是自己对。②

诚实守信：

> 居木的子孙，对家门要守信用，对家族要守信用，兹失信兹丢脸，窦失信窦失魂，小伙失信惹祸，亲家不守信用，没证人媒人；案子不守信用，没有调解人，金银不守信用，戥子刻星花；天地不守信用，筑根大界桩；粮食不守信用，没一个量具……③

正直友善：

> 晚辈后生们，恶语莫说友，恶语若说友，一日弃朋友，十日没得友，灰尘入眼内，无友来取去……④

长幼有序：

> 长与幼同行，长者应坐上，幼者应坐下，长者应骑马，幼者应走路。⑤

其次，关于家庭美德。《玛牧特依》中传递了父母应当承担的责任和义务，即认真养育和教化子女，平等对待每一个子女，对子女的终身大事负责；子女应当尊亲敬长、孝敬父母、祭祀祖先、维护家支，培育夫妻和睦、父慈子孝的和谐亲子关系；兄弟姐妹之间应该长幼有序、兄友弟恭、兄妹和谐、妯娌和睦、互相帮助，构建和谐的兄弟姐妹与妯娌关系；姻亲应当保持

---

① 《彝族传世经典》编委会编《玛牧特依》，四川民族出版社，2016，第31页。
② 《彝族传世经典》编委会编《玛牧特依》，四川民族出版社，2016，第96~96页。
③ 《彝族传世经典》编委会编《玛牧特依》，四川民族出版社，2016，第65页。
④ 《彝族传世经典》编委会编《玛牧特依》，四川民族出版社，2016，第139页。
⑤ 《彝族传世经典》编委会编《玛牧特依》，四川民族出版社，2016，第245页。

亲密往来、其乐融融,维系友好团结的姻亲关系;邻居应当友好和睦、互相尊重,保持良好的睦邻关系。内容如下。

家庭和睦:

> 父母语言美,孩子心房暖,孩子言语善,父母就宽心。①

父慈子孝:

> 居木的子孙,若是真正的父母,要为儿孙立家业,给儿娶媳妇。若是真正的子孙,要为父母行好事,灵牌挂屋上。真正美的是,年景好就除灵……夜晚好就嫁女儿。……除灵要为己祈祷,祈祷亮堂堂;婚事要为己续后,续后子孙旺;三代超一次度,三年一大祭,三月一小祭,灵位亮堂堂,天地明晃晃……②

家支团结:

> 居木的子孙,所有妇女们,莫嫌弃娘家,娘家最能维护人;所有男儿们,莫得罪家族,家族最能庇护人……③

邻里友好:

> 居木的子孙,出生六七岁……成长莫使坏,成长若使坏,子孙无依靠,莫打邻居狗,打狗顾主面……④

最后,关于社会公德。《玛牧特依》教导后代子孙要重视社会公德的培育。要求他们在社会行为上遵守法规、规范行为,如不违法、不偷盗、不拐骗、不贪财、不酗酒等;面对贫弱群体要发扬乐善好施、扶贫济困的精神;在公共生活中不非议他人,勇于维护社会团结,维系社会安定;在公共事务上讲民主协商、共同协作、明辨是非、公正严明。内容如下。

遵守公德:

> 晚辈后生们,是男莫要偷,是女莫私奔,莫要去偷盗,偷盗便出

---

① 《彝族传世经典》编委会编《玛牧特依》,四川民族出版社,2016,第11页。
② 《彝族传世经典》编委会编《玛牧特依》,四川民族出版社,2016,第105~109页。
③ 《彝族传世经典》编委会编《玛牧特依》,四川民族出版社,2016,第33页。
④ 《彝族传世经典》编委会编《玛牧特依》,四川民族出版社,2016,第9页。

丑；莫去胡乱搞；乱搞便丢人，出丑丢人了，男儿失荣誉，女子背恶名。莫做偷盗事，偷盗害自己，偷家门赔和解饭，偷家族赔黑牛，贪财莫去偷，偷者嘴必馋，偷者最可耻，偷者不光彩，偷钱换的裤，裤子不牢实。好男不穿偷的衣，好女不吃偷的食，贪吃莫偷食，贪肉莫偷鸡，贪色莫奸幼女，好男莫荒淫，莫要学撒谎，妇女撒谎遭议论，姑娘撒谎遭非命，小伙撒谎不体面。①

严守规矩：

居木的子孙，人要依规莫毁规，桶因有箍不漏水，若要想兴旺，莫顶毕摩嘴；若要想发展，莫找母骡子；若要找田地，莫找陡坡地；因为陡坡地，冬天会冰冻，夏天会雨冲……②

扶贫济弱：

居木的子孙，收养穷弱家门，成为背灵的伙伴；收养孤傻家门，开会可以出美酒，打仗可以出盾牌。收养孤傻兄弟，成为找失物的伙伴；收养孤傻姐妹，成为攀亲的伙伴；收养孤傻亲家，成为开亲的伙伴。③

协商合作：

世上的人们，商议要周密……在除灵之时，毕主商议不周，灵位黑沉沉，子孙不昌盛，毕主商议若周密，一祭品当十个用，灵位亮堂堂，子孙依靠天。在开亲之时，亲家商议若不周，绵羊要散失，一言散十处，心里结疙瘩。亲家商议若周密，生育魂往回引，婚事办妥当，人口也发达，这就兴旺了。家门居住地，弟兄商议若不周，不能胜敌人，强家支来欺负。弟兄商议若周密，三代不分家，所到之处均齐整。④

规范饮酒：

晚辈后生们……酒醉不光彩，兹醉失魂，窦醉失魂，毕醉不光彩。⑤

① 《彝族传世经典》编委会编《玛牧特依》，四川民族出版社，2016，第42~43页。
② 《彝族传世经典》编委会编《玛牧特依》，四川民族出版社，2016，第59页。
③ 《彝族传世经典》编委会编《玛牧特依》，四川民族出版社，2016，第169~171页。
④ 《彝族传世经典》编委会编《玛牧特依》，四川民族出版社，2016，第195~199页。
⑤ 《彝族传世经典》编委会编《玛牧特依》，四川民族出版社，2016，第239页。

公正严明：

> 居木的子孙……所有的人，当调解人莫偏袒一方，莫在亲家前，议论家门事；莫在酒坛旁，相互来吹捧……①

（四）身体行为实践与民俗文化活动开展的方向指引功能

彝族史诗经典是一套系统的文化诠释、传承与传播机制，通过人们的唱述、书写等实践行为，发挥着关于道德伦理、价值观念等的塑造作用，模塑着社会行动宪章与社会行为规范。本章第一部分讨论的制度文化实际上大多是基于史诗经典及特定历史实践经验不断丰富而形成，如前文提到彝族史诗经典直接明了地叙述了作为彝族子孙什么该做、什么不该做、什么品质该拥有、什么恶习该摒弃等，各种道德标准与社会行动依据都在不断影响着他们的价值判断，指引其社会行为选择。就彝族毕摩而言，他们是彝族史诗经典及其他彝文古籍的生产和传承的核心主体，他们主持的祭仪大多需在史诗经典等文本的指导下进行。此外，在传统社会中，彝族创世史诗、叙事长诗及英雄史诗等多以口头唱述，这种传承方式也造就了许多民间歌师。在特定的仪式展演、文化活动场合及社交场景中，他们都会穿着仪式服、搭配特定配饰，唱诵着史诗或叙事长诗中与之相关的内容，以此表现他们的行为是在祖先规矩的指引下进行的，是符合其中要求的正确选择。如在《梅葛》的流传区域，当地彝族举行婚礼时一般都要邀请民间歌师唱诵其中的开亲歌、迎亲歌及送亲歌等婚礼词。如果没有歌师唱诵《梅葛》，当地人会认为婚礼不合乎礼仪规定和不完整，缔结的婚姻可能会不如按期完成规定仪礼那样幸福和美满。同时，每当有人产生纠纷时，调解人往往会从史诗经典中寻找根据，用祖先的规矩和成功的案例说服矛盾当事人，实现调解目的。诸如此类，都表明彝族史诗经典彰显着身体力行实践选择与民俗文化活动的指引功能。

当然，彝族史诗经典的价值与功能不止上述几点，如还具有前文未提及和描述的文学价值、艺术价值、历史价值及文化价值。不过，这些并非我们的关注重点，兹不再述。同时，前文也有说明，具有类似价值与功能的其他口传史诗、传世经典或彝文古籍不计其数，亦未穷尽，仅以文中几例为表。总的来说，彝族史诗经典中蕴含着科学的辩证哲学思想、丰富的优秀传统道

---

① 《彝族传世经典》编委会编《玛牧特依》，四川民族出版社，2016，第255页。

德资源及社会行为规范标准，它们都是中华民族传统美德不可或缺的重要成分，在引导彝族乡村社群的思想观念与思维模式适时合理地转变、规范彝族乡村社会的评价机制、指引彝族乡村社群的社会行为、诠释和传承彝族传统文化、加强民族团结进步教育、铸牢彝族乡村社群的中华民族共同体意识以及营造良好的彝族乡村社会文明风尚等方面都具有重要的现实意义。

第三章 彝族传统治理资源的总体
精神内涵与当代价值

前文论述了彝族传统治理资源的历史背景和类型结构，诠释了各类资源要素之间的大体关系及具体的意义与功能。本章将从整体性视角提炼和总结彝族传统治理资源的逻辑特性与道德精神，深化关于其整体意义价值与多重社会功能的认识与理解，并基于乡村振兴背景来讨论它能在乡村振兴与乡村治理过程中彰显的当代价值。

第一节 彝族传统治理资源的总体逻辑特性

作为彝族传统文化整体的构成部分，彝族传统治理资源同样表现出了其文化整体的存在逻辑与基本特质。经过系统梳理与比较分析，本书认为其总体逻辑特性主要表现在五个方面。

一 民族秉性与地域特性有机整合

任何文化的衍生和发展都离不开其文化生态，在历史发展过程中，彝族的各亚支族群既共享着其族团共同体的历史记忆、社会记忆及民俗传统，也基于其生长空间的自然生境与社会情境创造了亚支族群认同的特殊标识，形成了族团整体共性下亚支文化的多样性与多元化。

第一，从历史记忆来说，他们共享着共同祖源记忆。大多彝族支系都将"阿普笃慕"生活的地方视为祖灵之界，这在其史诗经典中皆有描述，虽然在祖先的名字表述上略有差异，但它们皆指同一文化意象或神话母题。在彝族《指路经》中，构筑了一幅古代彝族迁徙发展的路线图，描绘了一条穿越时空的生命线。这条生命线指向同一终点——"六祖分支"起点。他们通过这条生命线寻根问祖，个体生命以灵魂方式融入民族血脉记忆，与祖先保持连续不断的沟通，铸就根深蒂固的民族意识和血浓于水的亲近情感，强化不同区域彝族社群共同文化身份在心理与行为上的双重认同。[①] 同时，各支始祖、建寨始祖等祖先记忆及同他们聚合于同一区域或嵌入同一村寨中的族际交往记忆，都能在一定程度上发挥强化乡村社群认同与合作互助、促进区域社群团结友爱、铸牢各类社群共同体意识的作用。

第二，就生产方式而言，在交通技术与条件受限较重的传统社会时期，"六祖分支"之后，大多亚支系群体分别进入环境特征高度相近的山区中繁衍生息。在山川相间、沟壑纵横、峡谷幽深的环境中，各支间虽曾相对分离，出现文化地理的分隔，但其共同历史记忆与民族意识依旧持续传承。在不同空间中，他们与自然、国家及其他族群互动交流，模塑着文化生态，发展起相似的生计方式，生产地方性知识，如十月历法、物候知识、耕地知识、牛亲家、把尤（托养）制度及农事民俗节日等。在农作物品种上，荞麦是各地彝族历史悠久且长期延续的核心物种；在畜牧生产上，各地彝区所产之马匹、羊群及与之相关的物资风物，如羊毛擀毡、披肩、药物等，是彝族长期与中原地区及其他族群交换与贸易的重要资源。若脱离了对其传统生产方式的观察，就无法正确理解基于这种生产方式形成的制度组织、信仰文化、节日文化及史诗经典中描述的许多社会现象与文化意象。

第三，从语言上来看，彝族的语言系统属汉藏语系藏缅语族彝语支，分六个方言区二十多个土语区，其语言系统非常繁杂，语言分化程度高，不同方言区的语言词汇结构及语法表达各有地域差异。基于此，他们虽属同一民族语言系统，但存在沟通交流的鸿沟。研究期间，笔者观察了几位来自贵州盘北彝区及四川凉山彝区的彝族青年，他们都是具有博士学位的彝族文化精英，会熟练地使用本民族语言。他们看到对方身份证上的民族身份时，来自凉山彝区的两名彝族青年面带笑容地问候来自贵州盘北彝区的彝族青年，面对他们的热情招呼，他一脸茫然。原来虽然大家身份证上标记的民族身份都是彝族，但他们存在严重的语言交流障碍。于是，他们立即转换语言系统，采用汉语普通话来交流。这种案例非常普遍，它展现了同一民族不同支系间

---

① 温春来：《彝、汉文献所见之彝族认同问题——兼与郝瑞教授对话》，《民族研究》2007年第 5 期。

的语言差异。可能也是基于这种差异，在不同地区流传的彝族史诗经典中才出现了关于同一人物意象和神话母题名称与表述不同的情况。

第四，从文化习俗上来看，文化习俗是彰显民族特征的重要符号，无论是物质层面的衣食住行，还是精神层面的婚丧礼俗、歌舞艺术、信仰文化及节日文化，或是制度层面的制度组织、传统权威及法俗禁忌，再或是作为民族传统道德与行为规范诠释系统的史诗经典，这些文化习俗都是彝族传统治理资源的重要构成部分，都表现出了明显的民族性与地域性特征。

首先，在物质文化层面，一个最明显的标志就是彝族男性传统服饰上表现出来的共同特征——男性帽饰"英雄髻"及披毡等符号。这是川、滇、黔、桂等各地彝族男性传统服饰中的常见装束，也是他们文化认同的核心符号之一。此外，男性服饰的其他装饰或纹案及女性服饰特征因支系差异而不同，彝族传统服饰分为大小凉山型、滇西型、乌蒙山型、红河型、滇东南型、楚雄型等六种，不管属于何种类型，它们都是一种特殊的民族历史记忆、社会文化与精神民俗的物化展示载体，具有丰富的文化内涵、文化价值、艺术价值及经济价值。同样，饮食习俗、居住习俗及交通习俗上也表现出类似特性，如待客厚礼以酒为先的饮食习俗、必设火塘锅庄的居住习俗等都是各地彝族普遍共享的文化习俗。

其次，在精神文化层面，如在通婚规则上，曾普遍存在氏族外婚、等级内婚的婚姻制度。在婚恋习俗中，各地彝族接亲环节普遍盛行泼水习俗，这既是其关于水神崇拜与洪水灾难的集体记忆，也是其关于洗旧迎新观念的普遍反映，还是其集体娱乐方式。在丧葬习俗上，各地彝族普遍盛行以竹制灵、送灵归祖的献祭仪式，但仪程结构与规模大小因地而异。在歌舞艺术上，各地彝族既共享着流传最广的达体舞，也存在各种体态多姿的亚支系舞蹈。在信仰文化上，原生信仰内容大体相近，但基于历史与地域因素产生了地域性信仰体系差异，即黔西北、滇南、滇东北等彝区存在多重信仰，四川凉山彝族则以原生信仰为主。在节日文化上，各地彝族普遍流行火把节与彝族年，但也传承着具有支系与地域特色的节日，其成为各地彝族人凝聚民族情感、加强民族团结互助、强化族际互动往来、宣传国家意志及推动制度下乡的重要机制，也成为各地发展民族文化旅游的珍贵资源。

最后，在制度文化层面，彝族在较早时期就基本形成"兹""莫""毕"（君、臣、师）三位一体的以父系继嗣为核心纽带的集族权与政权于一体的家长制度体系与地方自治组织，深刻影响着他们的社会行为与文化生活。

"六祖分支"之后，各支迁徙进入不同地区，与国家及其他族群保持着不同程度的交往互动，传统秩序体系与社会组织在此过程中各自变迁而呈现不同的发展阶段和表现形态，如四川凉山腹心地区，由于闭塞的地理环境，当地彝族与其他族群之间的互嵌程度相对较低，外部力量与文化对其影响较弱。因此，他们长期保存着浓厚的家支意识、习惯法及家支组织。相对而言，滇、黔等非凉山彝区较早被纳入国家政治体系中，无论传统的彝族政治结构，还是社会文化系统，都具有内地化和国家化的趋势。基于这种历史背景、社会场景与文化语境，凉山彝族、贵州彝族及云南彝族虽在族属上同一，但在思想观念、文化系统及社会行为实践上依旧存在明显的区域差异与支系差别。

第五，从民族意识与民族心理素质来看，基于共同的历史渊源、相近的生产方式、共同的语言系统、共同的文化习俗习惯等民族特性，在共同语言、共同地域、共同风俗习惯的基础上，形成了稳定的民族意识与民族心理素质。一般而言，一个民族的心理素质与民族意识大体通过两种形式表现出来。其一，内化于其思想道德心智结构，即民族精神与民族个性。如崇拜火塑造了似火一般的热情奔放的民族性格，崇拜鹰、虎培育了一种勇往直前的无畏精神，崇拜自然神灵造就了一种敬畏之心与和谐共生理念，崇拜祖先营造了家和邻睦的和谐氛围和发扬了团结互助的家支精神，同源共生的历史根基记忆培育了中华民族是一家的中华民族共同体意识。其二，外化于具体的身体行为实践。如凉山彝区传统家支文化的影响根深蒂固，直至当下，发生纠纷时，他们中的不少人依旧优先考虑选择传统办法来调解，解决不了才会再择法律途径，这为德古搭建了生存空间。又如各地彝族的口述传统与文本经典，它们虽流传于各地，但并非相互独立的文化事项，而是紧密关联在一起，共享着严谨逻辑结构，如史诗的叙事结构及其中神话母题表达的相似性，这些都是民族心理素质与民族意识形成与表达的一种外在身体力行实践形式。再如在缤纷的民俗节日中，多姿多彩的彝族舞蹈与优美动听的彝族民歌等都是民族思想情感与民族意识的行为表达。

二　集体主义与民主精神和谐运行

传统彝族社会模式表现为家支社会，这种模式下生产和传承的治理资源既表现了传统中国基层社会中的集体意识，也凸显了传统彝族基层治理过程中的民主精神。在长期历史阶段，生活在高寒山区的彝族群体，其生存环境相对那些地势开阔平坦且土地肥沃的平原地区而言，不仅可能面临各种人力难以抵抗的自然灾害威胁，还可能存在由于有限资源的争夺而出现的暴力冲突。同时，获取资源的能力与技术条件也可能存在差异。不论是自然因素，还是社会因素，个体能力难以抵抗各种突如其来的灾难和应付其生存发展过程中的大小问题，生存压力迫使人们不得不团结一致、互相合作、相互依存。在彝族传统社会中，虽然其生活模式并非如西方团体生活模式一样，但是他们从来不缺乏集体意识，其文化体系及行为实践都显示出浓浓的集体主义。这种集体主义具有双重内涵：其一，家支社会结构下的集体；其二，文化心理的集体。一方面，在家支社会中，其家支社群的社会行动受家支习惯法、村寨规约及家支长老与寨老等权威的鼓励和限制；另一方面，家支集体下的个体具有能动性与实践意识。当权威出现不符合大多数个体利益取向和祖先规矩方向的行为时（如谋取私利、损害公共利益、不公平），他们会自觉发起一种集体动作——"罢免"丧失公共信任的支配权威。值得肯定的是，除了浓厚的集体意识，彝族传统治理资源还在一定程度上表现出民主协商精神，这两种特性成为调节彝族社群社会行动的标尺。

从制度文化来看，在传统社会中，家支社会是其社会基础结构，在历史演进过程中由于不同生境而逐渐表现出地域差异性，只是凉山彝区彝族家支文化形态传承相对完整和稳定。首先，凉山彝族习惯法的本质属性即家支习惯法，主要目的是维护家支整体利益不受侵犯、家支荣誉不受损害。家支集体是家支个体最基本、最重要的依存单位，家支集体的整体利益始终高于家支成员的个体利益。任何家支成员都不得做出任何有损家支整体利益与集体荣誉的行为。一旦发生，便会遭受严厉惩罚。其次，这种强烈的家支集体意识外化于其行为实践，每逢家支公共事务决策或处理纠纷时，通常由家支代表与家支头人召开家支会议协商处理。当地彝族传世教育经典《玛牧特依》中就有关于商议大小事务的详细描述。在此过程中，负责主持和组织的头人苏易、德古一般要基于维护家支集体荣誉与整体利益来组织安排会议。处理纠纷时，不会随意在私人领域悄悄处理，最终都要在公共领域公开商议处理、裁决，即便在引入"神判"的情境中，也多在公众监督之下。最后，如拉德克利夫-布朗（Alfred R. Radcliffe-Brown）所言："在文字社会中，一般涉及人命案、击伤、盗窃、通奸及欠债等行为，这些行为虽然对群体中的某一个成员造成了伤害，但是，对于整个社会来说也是一种要接受道德谴责的违反社会的行为。因此,对他们的裁定通常既具有赔偿性,又具有镇压性。"① 在彝族传统社会中,便是如此。一般来说,有家支成员发生"违法"行为时,除会受家支习惯法的惩罚外,还要赔偿受害者及其直系亲属,并摆酒设宴向受害者及其家支致歉。通常来说,若非严重违背社会公德,当事人家支也会主动承担一定连带责任,为当事人筹资赔偿,这便是当地彝族家支集体意识的具体表现。② 此外,日常生活中,家支成员间具有团结互助的责任与义务。再看多民族杂居村落的集体规范中,也强调村落的整体利益高于个体家户利益或个体家支利益,明确指出了关于村落集体公共财产的管理与保护规定,形成村落集体组织类型与集体权威,不分民族差别地由村中共居各户轮流担任监督与管理工作。综上,彝族传统治理资源中的各种制度规范、民间组织及支配权威等都在不同程度上表现出了其文化主体的集体意识与民主共商等基本精神。

从信仰文化来看,首先,在以传统信仰为主的村落,只要人们属于同一神灵崇拜圈,那么其献祭仪式大多以村落集体为行动单位。在行动过程中,集体主义与民主共商精神贯穿仪程始终。他们有自己的行动逻辑,每到献祭仪式时间节点,便由组织者主持开展,村民不约而同地贡献祭仪所需物资并参与其中。他们知道祭仪场景中的语言与行为禁忌。如云南阿细人的"密祭摩"及罗婺人的"耐姆"、贵州盘州 J 乡 BL 村彝族与其他民族共同合作的山神祭祀仪式、凉山彝族的"尼木措毕"等,每类祭仪都是在传统权威的组织主持下以共同协商的形式有序不紊地进行,其间多会伴随各种集体欢腾。其次,在受外来宗教影响的一些村落,如黔西北 B 村,他们的生活模式既有别于西方团体生活模式,也与以传统信仰为主的村落不同。其中既有彝族传统文化的延续,也有外来文化元素的杂糅。即便如此,在这样的村落中依旧传递着集体意识。这不仅体现在当地宗教团体意识上,还表现在当地村民关于民族认同和国家认同等观念上。在其观念中,作为中华民族共同体大家庭中的彝族处于第一重认同,其次才是关于宗教团体成员的认同。参加宗教活动时,他们也并非一味学习和聆听经典,而是聚合在一起共同分享身边的优秀道德模范事例、日常生活困扰及自身生活感悟等。

---

① 〔英〕A. R. 拉德克利夫-布朗:《原始社会的结构和功能》,丁国勇译,中国社会科学出版社,2009,第 221 页。

② 蔡富莲、米伍作:《当代凉山彝族血缘家支、传统习惯法研究》,民族出版社,2014,第 176~177 页。

从节日文化上看，无论基于信仰文化而形成的祭祀性、纪念性节日，还是因生产活动而形成的生产（农事）性、庆贺性节日，又或基于其他文化活动而形成的社交性节日，都是共有的、共享的传统文化。每次举行活动时，即便在自然地理与文化边界难以冲破的时期以及某一特定仪式环节有性别、民族或年龄等禁忌，也多在集体互动的过程中完成。作为某一节日文化主体，彝族民众或多或少都知道节日的相关程序和活动内容、需做什么、准备什么食材、穿着什么服饰、要到什么场所及参加什么项目等。节日前后的各种行为都能彰显其集体意识与民主精神，如节前彝族村民筹资购买猪、羊，然后平均分配给每户；节日中不约而同穿着盛装、贡献才艺、参与各种歌舞展演与体育竞技，并在寨老与毕摩领导下完成相关仪式。此外，无论是传统型还是现代型，在节日期间，都会有负责组织开展活动的核心主体。无论哪种形式，他们代表的多非个人意志，而是集体意志，如传统组织者代表的是地方之内的村民意志，国家在场下的组织主体除代表群众意志之外，还代表了国家意志。

综上所述，彝族传统治理资源具有鲜明的集体意识与民主精神，这既是彝族社群行动逻辑的基本反映，也是强化社会聚合与民族团结的原动力。

三　道德意识与法律精神混合并存

韦伯曾基于西方现代法律文化语境认为理想的法律是一种独立的、高度专业化的纯粹"形式主义理性"，而道德具有时空情景，难以通过逻辑证明的方式展现其普适性，因此指出法律不该掺杂"道德价值"和"主观意志"，应"去道德化"，这样能避免（基于道德价值和主观情感的）外部力量侵犯法律的权威和干预法律的运作。[①] 在中国文化语境中，虽然存在"天与地""神与人""阴与阳""上与下""左与右""黑与白""偏与正""高与低""动与静""好与坏""柔与刚""强与弱""洁与污""是与非""干与湿""冷与热""生与熟""君与臣""父与子""男与女"等分类观念，但是不像西方那样将其视为非此即彼的二元对立关系。它们之间并不存在牢不可破的边界，人们可以通过特定方式使其相互联通。即"二元合一"及"多元合

---

① 〔德〕马克斯·韦伯：《经济与社会》（第二卷上册），阎克文译，上海人民出版社，2019，第1230~1245页。

一"的互补逻辑才是中国文化思维的总体面向。① 就道德与法律而言，虽然两者难以实现彻底"合一"，但至少它们在某些方面混合并存，而非二元对立。在中国传统制度文化中，上至国法，下至民间法，处处充满道德意识和道义理性，它们是中华文明历久绵延的基础。这种道德意识、道义理性与法律规范、法律理性既有联系，也有区别。它们不应相互分离，应为互构、互补与混合并存的关系，主要表现在以下三个方面。

第一，从社会控制与乡村治理的角度看，法律与道德都是社会集体意识与公共价值观念的文化表达。其中，法律是具有强制性规范意义的社会外控机制，通常代表国家意志（政治权力），依靠特定组织化的立法、司法及执法机构实施法治功能。道德是内化于心智、表现为集体心理的抽象思想观念或精神现象，如费孝通先生所言："在社会里生活的人自觉应当遵守社会行为规范的信念，被称为道德观念。"② 通过教化得到普遍认可的公共德行及敬畏并自觉服膺的道德信念而发挥其德（礼）治功能，公共舆论是其有力的监督机制。

第二，从二者的本质意涵与文化精神来看，二者皆蕴含以人为本的"人本精神"。首先，在法学家看来法律代表国家意志并以某一特定组织化的立法、司法与执法机构具体实践，这种实践的出发点及最终落脚点都是为了维护多数人的利益。无论王朝国家时期，还是民族国家时期，都是为了尽可能地防止政治权力、社会权力及大众权力对普通公民基本利益的侵犯，实施制度化的权力约束，预防违法行为的发生和制裁已发生的违法行为，构建和谐有序的社会环境。在法人类学视域下，法律作为一种文化体系和地方知识，它与国家、政治、风土、人情、生活、文化及立法目的等各种错综因素关联。如马克思所言："个别公民服从国家的法律也就是服从自己本身理性的即人类理性的自然规律。"③ 即是说，法人类学理解的法律本质并非现代法学家们眼中国家实施统治的"横暴统治"工具，而是嵌入社会中的文化，是真实的人类社会及其发展规律的客观反映。它扎根于人类社会生活，其深层意涵是一种伦理性的、以道德为本位和以文化为力量的"文化（教化）权力"。其次，无论依法律"依法而治"，还是遵道德"依礼而治"，实质都是人治，

---

① 黄宗智：《国家与村社的二元合一治理：华北与江南地区的百年回顾与展望》，《开放时代》2019 年第 2 期。

② 费孝通：《乡土中国·乡土重建》，群言出版社，2016，第 33 页。

③ 《马克思恩格斯全集》（第 1 卷），人民出版社，1956，第 129 页。

治理对象也是人，目的是最大限度地保证人类社会的公平和正义，建设和谐社会秩序，保障人的生存安全与稳定发展。

第三，法律与道德是一种互相补充、相互影响、混合并存、耦合协作的亲密关系，在乡村共同体关系中，几乎属于同一意义范畴的礼俗内容。道德体系中的规则文化也是法律精神的反映，具有一定的法治功能。法律规范中也充斥着道德理念，如传统习惯法虽非"国法"，但作为一种"民间法"，其主要目的也是关于道德伦理与道义情感的重新修复。如涂尔干指出：作为一种集体意识，法律是一种看得见的社会道德符号①，具有道德属性的许多习俗正是法律存在的基础②。在中国传统社会中，大多表现为风俗政治，礼（道德）法并存、礼法互嵌，礼中有法、法中有礼。黄宗智对此有精辟总结："中国的法律是一种实用道德主义类型的法律体系。"③ 他的论述阐明了中国文化语境中道德与法律之间的互嵌关系。正是这种互嵌，使人与人的关系、人与社会的关系情理化而非概念化。④ 再者，法律反映的是一种社会性的多元诉求，而并非某一特定人群的专利或满足某一阶级的既定利益。

综上所述，本书认为不但法律精神中蕴含着道德意识，道德意识中也反映了法律精神。社会的良性运行既不能只依靠作为实用工具的法律观念和法律制度，也不能仅依赖作为意识形态的道德意识和道德舆论。既需要"律己"的道德意识、道德秩序，也需要"律他"的法律精神、法律规范；既要"文明有礼"，又要"遵法有度"：二者缺一不可。绝不能使"传统道德化正义体系"与"现代形式主义法治体系"相互脱离，这样很可能会带来市场化、个人主义及在此过程中所引起的道德真空化。⑤ 当下中国正努力构建和完善中国特色社会主义法治体系，推行具有中国特色的法治进路。既然是中国特色，就不能也不可能照搬西方法律与法则，应当探寻适合于中国文化传统和中国现实国情的路径。因此，发掘和利用中国传统制度文化中充满正向道德精神的制度规范，将其运用到当代中国的立法、执法和司法过程中，探索符合当代社会主义核心价值观的道德化法律道路可能是一个不错的选择。

---

① 〔法〕埃米尔·涂尔干：《社会分工论》，渠东译，生活·读书·新知三联书店，2000，第27页。
② 〔法〕埃米尔·涂尔干：《社会分工论》，渠东译，生活·读书·新知三联书店，2000，第29页。
③ 黄宗智：《道德与法律：中国的过去和现在》，《开放时代》2015年第1期。
④ 杜文忠：《法律与法俗——对法的民俗学解释》，人民出版社，2013，第51页。
⑤ 黄宗智：《道德与法律：中国的过去和现在》，《开放时代》2015年第1期。

彝族传统社会实际上也是一个礼法混合、德法并存的社会，充斥着各种"法令"、"法俗"及"礼俗"，姑且将其称为"法文化"。用陆益龙的话来说，这种礼法混合、德法并存的形态铸就了一种社会的"礼法秩序"①。他们的社会行动会以传统习惯法为参照指南，传统习惯法既属于"礼"的范畴，也具有"法"的属性，与"国家法"一样具有特定理性与规范价值，具备了现代法律的某些属性，规定了当地人享有的权利与应履行的义务，明确了应遵守的基本法令及违背法令的处罚规则。同时，有具体执行和保障的组织机构、机制、形式及实施主体，如在凉山彝区，家支是习惯法的依存单位，家支会议是执行习惯法、修补习惯法及依照习惯法对"违法"人员进行"审判"的"执法机构"。苏易、德古集调查取证、"法庭辩护"、"案件审理"及"最终宣判"等多重任务于一身，类似于现代法律系统中的法官、律师等角色。又如贵州彝族习惯法实际上是封建君权制度、宗法制度与地方彝制具有政治性和阶级性的融合产物，滇、黔等地民族杂居村落中的传统乡规也大多在国家意志指导下形成。凉山彝族教育经典《玛牧特依》从头到尾都在强调"居木的子孙"要"依规莫毁规"，当家支内部发生纠纷时，他们会按习惯法则调解，这也是践行"依规"的"法律精神"的表现。在黔西北彝区，当地彝族谚语也说："祖先制法，儿孙遵循。"由此可见，在彝族传统社会中，普遍存在遵纪守法的意识与精神。

法律与道德所发挥的社会控制作用各有差异，但它们有着互为基础、相互补充的关系，这种关系在彝族传统治理资源中体现得淋漓尽致。实际上，习惯法、盟誓仪式及神判等法俗作为一种彝族地方法律文化，也是彝族传统社会中的公共道德符号，处处体现着道德精神与伦理原则。首先，从表2-1所列习惯法内容来看，虽然其中充斥着不少暴力规则，但这种规则并非随意安排，其中蕴含着不少作为人应该遵守的基本伦理规范及作为彝族人应该遵守的传统道德与社会公德，如关于家庭秩序、邻里关系、家支互助、婚姻道德等内容，"老吾老以及人之老，幼吾幼以及人之幼"的彼此顾恤、互相负责的兼爱情感及道德精神在彝族传统制度规范中体现得淋漓尽致。其次，从各地彝族习惯法及相关礼俗的生存空间与传递形式来看，其多源于各种口头传统及彝文经典等载体中，又通过上述载体及民族歌谣、仪式展演等文化机制继续传递。这些载体本身就孕育着如父子有亲、君臣有义、夫妇相亲、长

---

① 陆益龙：《乡村民间纠纷的异化及其治理路径》，《中国社会科学》2019 年第 10 期。

幼有序、朋友有信等思想道德、伦理秩序与社会行为的教育资源，对于违背道德伦理的社会行为，都明确了惩治规定，其道德教化与行为规范的意义与功能突出。再次，通过调解的方式来解决纠纷是中国法律体系中道德主义存在的表现。[①] 从纠纷调解、盟誓仪式及神判等相关规则及具体过程来看，如费孝通先生所言，它们都是一种教育过程。[②] 以凉山彝区为例，发生纠纷或越轨行为时，大多数的纠纷调解、盟誓及神判等仲裁、矫正过程也是道德精神培育与传递的过程，依赖的都是道德准则。调解结果重在以赔偿方式补偿利益价值，调解目的在于减少纠纷双方在情感上的对抗，获得双方对调解结果的共同认可，以此修复感情，并以饮酒盟誓的形式使其达成共识，重新团结在一起。调解结果一旦宣布，双方永不结仇。这种解决方式不仅有利于建构与维系乡村和谐秩序，重塑乡村公共道德体系，也有利于降低国家机构在这方面需花费的综合成本。最后，从负责调解纠纷的"律师"德古及主持盟誓仪式、神判仪式的毕摩等实施主体来看，在彝族社会中，他们是公认道德模范，其因高尚道德情操加持超众能力与个人品格魅力，才成为社会中的支配权威。

总之，本书认为彝族传统治理资源彰显了道德意识与法律精神混合并存的逻辑特性，这种特性的表达是其坚韧社会生命与现实张力的重要呈现。把握这种特性，对于完善当下彝区乡村治理体系，无疑也具有积极意义。

四　世俗规范与神圣权威互嵌共治

世俗规范和神圣权威构成了彝族传统治理资源的基本形态。世俗规范是以国家正式制度、主流价值观、地方制度文化、公共道德伦理、礼仪习俗等社会力量为主的治理资源，神圣权威则是维系人与自然、人与社会及人与人等各种关系的超自然力量及传递或转换这种力量的主体等资源要素。世俗规范与神圣权威也是一种互嵌同构的关系，它们可能通过一些特定文化符码互相转换和交融，共同构成彝族传统社会中的集体规范。

第一，从制度文化来看，世俗规范与神圣权威的互嵌共治表现在习惯法的构成内容及实践形式上，如盟誓与神判是彝族传统习惯法的重要内容，具

---

① 黄宗智：《道德与法律：中国的过去和现在》，《开放时代》2015年第1期。
② 费孝通：《乡土中国·乡土重建》，群言出版社，2016，第62页。

有较强权威性，它与其他规范一同成为彝族传统纠纷调解机制与家支成员行为规范监督机制。发生纠纷时，若德古按照一般规矩调解成功，结案形式为饮酒盟誓，表示不再翻案，否则将会受到神灵的残酷惩罚，这是引入超自然力量来维持结果的表现。若家支成员发生如偷盗、吸毒等越轨行为，会以"打鸡"喝鸡血酒的盟誓形式来处理。如若再犯，就会如被"打"（杀）之鸡一样惨死。盟誓仪式不仅是彝族社会内部社会关系处理的重要手段，还是彝族先民与中央王朝关于民族关系处理的规则。如在宋朝时，宋廷常与成都府路、梓州路等地的少数民族以盟誓之法来处理民族问题。如《涑水记闻》中记载："与蛮和誓者，蛮先输货，谓之'抵兵'，又输求和物，官司乃籍所掠人畜财物使归之，不在者增其价。然后输誓牛羊豕棘末粗各一，乃缚剑门于誓声，酋豪皆集，人人引于剑门下过，刺牛羊豕血歃之；掘地为坎，反缚羌婢坎中，加末粗及棘于上，人投一石击婢，以土埋之，巫师诅云：有违誓者，当如此婢。"① 在凉山彝区，若调解无果，会邀请毕摩引入"神判"，邀请神灵裁判。诸如此类，都是世俗规范与神圣权威共同维护彝族传统制度文化权威的基本表现。

第二，从信仰文化来看，在传统社会中，彝族的仪式生活充满浓厚神性色彩，但实际上隐喻着他们对现实人生中幸福生活的追求。他们关心的是心灵的归宿与人生的价值实现，将无形的神秘世界作为他们生存的精神寄托空间。首先，基于彝族传统信仰文化内容的表达：有形的躯体与无形的灵魂构成了他们的万物有灵观与祖先崇拜意识，彰显了他们对于生命的终极理解；天地万物共生的神秘传说构成了他们的自然崇拜与图腾崇拜，表达了他们在现实生活中关于人与自然、人与人、人与神、人与物、物与神、物与物等之间共生共存的生态理念。在史诗经典中，他们将集体记忆中的共同始祖、英雄祖先及自然万物等神化，赋予他们高于凡人的神格，宣扬他们经历的光辉岁月和做过的光辉事迹，教化后世定期祭拜，使他们由俗入圣。在表述过程中，常与礼仪、信仰、社会组织等因素联系在一起，围绕着神话及其仪式活动，又会伴随着许多禁忌。② 不仅如此，彝族传统社会实际上是一个理性主义与经验主义交织互补的社会，他们并未如西方团体社会一样迷恋或崇拜某一单一的高高在上的神灵，而认为神灵具有人格，与人相亲。换句话说，彝

---

① （宋）司马光：《涑水记闻》（卷十三），中华书局，1989，第 254 页。
② 王娟：《民俗学概论》（第二版），北京大学出版社，2011，第 48~49 页。

族传统信仰文化中的神灵表达了一种人性化倾向，与现实社会中的人群分类一样，神灵也分善神与恶神，鬼也分善鬼与恶鬼，他们也有家庭，如许多彝族村寨神树林中"公神树"与"母神树"的区别及彝族史诗中男神"阿热"与女神"阿咪"共同创造人类的叙事等，都是基于上述逻辑的文化叙事表达。① 其次，仪式是世俗规范与神圣权威互相转换和交融的符码。如祭祀自然神灵、送灵归祖仪式等将世俗生活空间中的人聚集在同一个暂时性场景中，通过沟通人与神灵的祭司所展演的系列仪式行为，搭建与各类神灵、祖先等跨越时空交流的桥梁，让世俗生活中的人与神圣世界中的神灵互相感应。同时，通过互惠达成一种共识——神灵保佑社群，社群则定期祭拜神灵。在此过程中，关于敬畏自然、和谐共生的道德理念与伦理价值观念等便潜移默化地在参与者的意识中培育并铸牢。同时，强化着他们互相之间的情感认同，将忠孝、自律、团结、和谐等有利于构建良好乡风文明的传统美德不断延续传承。

五　传统延续与调适演变适时发生

作为某一人群社会对其内外部动作行为有所反应的一种动态系统，文化具有保证人类生活安定和种族延续，联结人类与自然环境、人类与人类两个关系维度的重要作用②，是一种满足人类需求的总体③。人的需求与特定时空背景及社会条件联系在一起，作为人类需求总体的文化，会在历史过程中随着社会结构的转型而发生一定程度的变迁。彝族传统治理资源的产生与发展是一个持续运动的动态过程，生产技术的进步、生产方式的更新、生活方式的转变、制度环境的改变、观念意识的转化、文化间的互动等都会不同程度地推动其变迁与转型，这种变迁与转型是与其地方基质、国家意识形态相契合的。总体来说，不管是承载传统行为规范与社会组织的制度文化，还是表达精神世界与多维关系的信仰文化，或是作为群体聚合与记忆传递机制的节日文化，再或是作为传统道德与行为规范诠释系统的史诗经典，它们都曾在

---

① 云南省民族民间文学红河调查队搜集翻译整理《阿细的先基》，云南人民出版社，1959，第33~35页。

② 〔美〕怀特：《文化科学——人和文明的研究》，曹锦清等译，浙江人民出版社，1988，第139~178页。

③ 〔美〕怀特：《文化科学——人和文明的研究》，曹锦清等译，浙江人民出版社，1988，第351页。

国家意志渗透及与其他文化的冲突、适应和交融的过程中，或涵化、或采借、或创新机制而在内容或结构上表现出不同程度的变迁与调适。

第一，在制度文化上，彝族先民在较早时期就建立集族权与政权于一体的地方政权、社会组织与制度体系，后来虽迁入不同地区发展，但是其地方传统与国家制度及其他社群之间从未完全割裂，仍在政治、经济、文化等方面间续互动，使其制度文化产生不同程度的变迁。首先，从地方权力结构上来说，在国家化进程中，其最高权力统摄从地方"统治者"转为受国家认可的"土司（君长）""甲长""里长""保长"等权威。新中国成立之后，彝族社会性质多次变动，村落组织结构多次转变，传统的家支、宗族界限在一定程度上被打破，由单一家支到多家支（家族）混居，村落组织走向行政化。在许多村落，传统世俗权威及神圣权威等的角色性质逐渐嬗变——曾一度被边缘化。改革开放以后，他们虽有复兴，但也是基于制度导向与意识形态话语下的调适，是作为辅助力量而非传统权威核心。其次，从彝族习惯法的构成来说，在性质上，彝族传统习惯法具有等级色彩，经社会主义改造之后，传统奴隶制土崩瓦解，等级色彩也逐渐消除。在内容上，彝族传统习惯法在与国家法的互动过程中有增有减，不同程度融合国家意志，以遵从国家宪法与法律为基本原则，与国家法相冲及与社会主义核心价值观相悖的过时内容逐渐退却，积极内容则通过传统权威的实践和改造而得以延续。

第二，在信仰文化上，也在具体内容、本质内涵、生存状态及仪式实践上表现出不同程度的涵化与重构。首先，在不同时空，信仰文化内容有所差别。儒、释、道文化分别于两汉、南诏等时期先后融入彝族信仰文化体系。清末，外来宗教渗入彝族乡村，在四川凉山、黔西北、滇东北、滇北及滇南等地部分村落中落地生根，潜移默化地影响当地人的观念与行为。其次，彝族传统信仰作为精神文化范畴，是其关于人与自然、人与人、人与社会、人与神、人与物、神与物、物与物等各层关系的认知展示及心灵归宿与情感寄托。当民族文化旅游介入之后，除传统内涵，它从神圣的精神世界中走出来，通过仪式展演而成为旅游场域下的旅游资本和景观文化，被赋予新的内涵，增添新的功能。最后，彝族传统信仰的生存发展可谓命运多舛，曾被当作"封建迷信"，与之相关的许多祭仪礼俗都因当时的"革命意识"与阶级斗争而基础松动。后来，它们虽重新活跃，但由于人们的生活方式转变，其生存基础已薄弱不少，其对于深受现代观念影响的年轻群体的作用大不如前。

第三，在民族节日上，每类节日都有特定的起源传说、组织规则、程序结构及活动内容。当下，在许多彝族乡村中并非只庆祝其传统节日，他们一样共享着春节、清明、端午、中元、中秋、重阳等中华民族共有节日。同时，作为中华民族共同体大家庭成员，他们也与其他兄弟民族一样享受着每年的元旦、五一、三八、国庆等现代法定节假日带来的福利与集体欢腾，这些都是彝族节日类型与内容不断增加的具体表现。此外，大多数彝族传统节日的程式结构及总体功能也在历时变迁，变迁表现与火把节大体相近，在此不再逐一描述。

第四，在史诗经典上，其中蕴含的道德资源与文化事实从来不是在某一时段就构成完整形态的。基于不同时代的人类生态与社会情境，毕摩、歌师等主要文化生产者与实践者会在传统的基础上添加新的内容和赋予新的内涵，不断进行再创作与再生产。如《勒俄特依》《查姆》《梅葛》等创世（神话）史诗中关于彝族与汉族、白族、藏族、傣族、苗族、回族、傈僳族等民族同源共祖的社会记忆显然不是文本形成之初就有的内容，在此不用深究这些记忆表述的真实性。不难看出，这些表述明显是文化再生产的结果。无论出于什么原因，可以肯定的是，其中描述的记忆是一种合理适时的价值取向，符合当代主流价值观与民族观。

第二节　彝族传统治理资源中孕育的总体道德精神

彝族是中华民族共同体的重要成员，彝族传统治理资源共享着超越地方的中华文明的总体道德精神特质。同时，传统与现代之间虽在国家体制、生产方式、生产技术、制度规范、秩序结构及其他生产关系上存在区别，但可以实现价值共享、知识互补、组织互构的机制关联。[①] 在现代化进程中，传统治理资源是乡村传统礼俗复兴、集体意识培育和公共道德建设的文化基因，之于道德观念的传递、民族精神的培育、民族性格的形成、社会行为的规范等有重要引领作用。现代社会中的价值理念与传统社会中的总体道德精神大体一脉相承，在现代乡村社会中，无论在帮助乡村民众认识和理解自身

---

① 方坤、梁宽：《乡村振兴背景下传统文化传承创新的整体趋势分析》，《广西民族大学学报》（哲学社会科学版）2020年第5期。

传统、重塑乡村公共道德、构建优良乡风文明方面，还是在强化乡村社会整合、建设和谐乡村秩序、加强乡村团结互助方面，或在是培育乡村集体精神、铸牢乡村共同体意识、重建乡村共同体方面，传统治理资源都能提供经验借鉴。

一　万物共生的自然生态观

尊重自然、敬畏自然、保护自然、适应自然、利用自然是人与自然和谐相处的基本原则。自然是万物之源、生命之根，人类诞生之后就利用自然馈赠的生产资料来促进自身发展。人类实践活动只有建立在适应自然规律及尊重自然规则的基础之上，与自然建立和谐统一的生态关系，并持续不断地将这种关系稳定和维系下去，人类社会才能永续发展。与其他社群一样，通过与自然的持续互动，彝族从自然中获取资源转化为自身生存发展的能量，创造文化与生产技术，模塑民族生境，如其住房材料、服饰材料、交通工具、生产工具、木竹制手工产品及其他物质资料归根结底皆源于自然馈赠。任何违背自然规律的行为，都会遭到人力难以抵抗的灾害惩罚。关于他们如何顺应和利用自然发展生产，已有学者系统研究。[1] 珠玉在前，在此没有必要赘述，仅从本书研究取向提炼其中有关人与自然和谐相处的价值观。

从彝族的文化实践行为来看，他们从不同维度以不同方式培育和践行着万物共生的宇宙人文观念、取舍有度的生态消费意识以及人与自然和谐共生的逻辑理念。在开发利用自然资源的实践活动中形成了维系生态平衡与生物多样性的村落集体规定，这些规定的驱动作用影响着彝族人的文化生活与实践行为。在彝族创世史诗中，用大量的篇幅来描述了天地初开的故事。在天地初开的故事中，人们或认为自然万物与人类具有同源关系，或认为自然万物与人类具有密切的恩泽关系。自然界中的不少动物与植物被视为与彝族祖先诞生或生存发展具有某种关联，然后将其拟人化，视为生命的一部分。同时，赋予其超脱世俗世界的神格，通过口耳相传及仪式展演等形式传承和巩固其神性权威。如教会人类开口说话的小鸟、村寨公共神树林、图腾植物"竹"、图腾动物"鹰""虎"及作为"救命恩人"的动植物类别产生的文化实践逻辑等都是显例。综上，彝族传统治理资源中蕴藏着的人与万物同源共

---

① 刘荣昆：《林人共生：彝族森林文化及变迁探究》，云南大学博士学位论文，2016。

生、和谐统一的宇宙观，表达了他们敬畏自然、师法自然、天人合一的传统自然观，这种看似"非理性的"关于自然生态的认知观念在较大程度上与社会主义生态文明建设理念相契合，是当下彝族地区建设美丽乡村文明风貌的活性资源。

二 团结互助的和谐民族观

平等、团结、互助、和谐、友爱的中国特色社会主义新型民族关系在彝族传统治理资源中表达得十分清晰。从主位视角来看，无论族际互动，还是族内往来，他们都极其注重群体互助与社会团结的重要性。

首先，在族际互动上。第一，在传统习惯法与乡规民约中，有关于破坏邻里关系的惩罚规定、轮流承担村落集体事务与公共资源管理的责任与义务规定。第二，在传统信仰的献祭仪式中，属于同一崇拜文化圈的不同民族会共同参与同一崇拜对象的献祭仪式，共享仪式后的集体盛宴。第三，在节日文化上，作为一种聚合认同的文化机制，它没有严格边界，各民族都可以超越文化边界嵌入同一节日空间，在节庆互动过程中强化情感，增强认同感。第四，在日常生活中，无论历史还是当下，都有不少彝人与其他兄弟民族结为干亲，保持友好往来。第五，在史诗经典及民间谚语等记忆载体中，都有关于彝族与其他民族和谐共处、友好往来的叙述，如凉山彝族创世史诗《勒俄特依》中说：

> 彝汉相交杂，出门在一起，分散各走各……彝人说汉话，汉人留彝髻。[①]

又如云南彝族创世史诗《查姆》中也说：

> 从此各人为一族，三十六族分天下，三十六族常往来，和睦相处是一家。[②]

再如《彝汉教典》中说：

> 彝族与汉族……两者的关系，犹如船与楫，有船没有楫，江舟不行

---

① 《勒俄特依》，冯元蔚译，中国国际广播出版社，2016，第 91~92 页。
② 郭思九、陶学良整理《查姆》，中国国际广播出版社，2016，第 88~90 页。

水，漩涡难避行，江水吞小舟，两者落鱼腹；有桨若无船，木桨当柴烧；有船又有桨，众人用力划，九十九道湾，九十九漩溏，亦能平稳行。①

还如黔西北威宁彝族谚语"是月亮，团聚着无数的星星；是星星，增加了月亮的光辉""两只手哟啊互相搓才能洗得干净""要学十个指头弯进来，莫学山羊双角往外分"等，四川凉山彝族谚语"汉人离不开彝人，彝人离不开汉人；彝人离不开盐巴铁货，汉人离不开毛皮山货"，诸如此类，都表达了族际团结、互通有无、唇齿相依的浓厚情感。

其次，在族内往来上。第一，从制度文化层面看，传统社会中，彝族家支观念浓厚，家支团结意识强烈。如在习惯法中，有家支互助的义务规定，当家支集体或家支个体面临困难和危机时，家支个体不能坐视不管，而应主动施以援手，共同应对困难。如他们关于"申请分喂牲畜"和"家支禁止出现乞讨行为"等规定，都是强调家支团结互助的具体表现。村民发生纠纷时，纠纷化解的最终目的在于最大限度地减少双方的情感对抗。第二，从信仰文化上看，举行相关集体祭仪时，他们会不约而同地将所需物品、资金、粮食等自觉送至规定场所，并主动参与各个仪式环节，贡献劳力、物力和财力，共同完成仪式。第三，从节日文化上看，每逢火把节、彝族年等重大节庆时，不少彝族村寨都会集体购买猪、羊等宰杀，并平均分配给每户人家，互相串门，共同分享节日喜悦。第四，在彝族史诗经典中，同样有大量教导后代子孙、家支、姻亲、邻里等都要团结互助的叙事内容。

不仅如此，在他们的人生礼仪及日常生产实践中，更能直接感受到彝族乡村内部的团结互助氛围。在人生礼仪方面，在凉山彝区部分村落中，有新生儿出生之时，产妇夫家与娘家会先后邀请毕摩测算吉日，杀猪设宴邀请亲友与村寨邻里共享喜悦，为新生儿举行诞生礼，村寨邻里会自觉前往帮忙。男女各有分工，男的杀猪宰鸡，女的清洗蔬菜餐具等。当举行婚礼时，女方出嫁前两日，其家支亲戚会带上酒水、礼物前来帮忙。发亲前往男方家之前，女方娘家寨上妇女会自带荞麦炒饭来到女方家，先一起为新娘梳妆打扮，穿着嫁衣和吟唱哭嫁歌，依次给新娘喂食炒饭，作为新娘戒食之后的第一餐，并向新娘赠送礼金。经过换装仪式，新娘由未婚女孩过渡为已婚妇

---

① 转引自易谋远《彝族史要》（上册），社会科学文献出版社，2000，第228~229页。

女。仪式结束之后，新娘的娘家人提前准备鸡蛋、糖果等分发，并将礼物或礼金回馈给为新娘梳妆打扮的妇女。在日常生产实践中，如部分彝区"把尤制度""牛亲家"等生产制度的形成，劳力、生产工具的互助等都是类似例子。总之，彝族传统治理资源整体表达着团结互助的和谐民族观，这种价值观念对于加强民族团结进步教育、构建和谐民族关系及创建优良乡风文明等都具有重要意义。

三　同源异流的民族一体观

　　通过前文的分析与解读，不难看出，彝族传统治理资源是彝族传统文化整体的结构要素，也是中华文化宝库的组成部分和中华文明的表征之一，集中表达了中华民族优秀传统文化的精髓，蕴含许多有利于铸牢中华民族共同体意识和各民族共享的中华文化符号与中华民族形象。第一，就中华民族共同体意识的历史记忆而言，无论分布于何地，作为一个民族共同体，各地彝族分支共享着一套系统的历史记忆与文化习俗，从整体文化结构与亚支系文化圈出发，以特殊的表述方式阐释着各民族同源异流、和谐共生、相互交融的历史叙事，表达着其意识形态中的中华民族一体观。虽然这种叙事与官方历史有一定区别，但其中的深层心智与彰显的民族意识是一致的，这是中华民族共同体意识在彝族根基记忆中的透彻表达。第二，就各民族共享的中华文化符号与中华民族形象而言，首先，中华民族是一个兼收并蓄的文化共同体，彝族史诗经典中的"开天辟地"、"万物初生"、"洪水灾难"及"再造人类"等叙事母题在中华民族共同体大家庭中的其他兄弟民族社会也普遍存在，且总体叙事结构大体相似，只是涉及的具体人物及其形象有所差别。同时，其中的"浊清二气""混沌一体"的宇宙结构认知观念也可以被视为中华民族传统"阴阳文化"符号在彝族社会中的共享表现。其次，在信仰文化资源中，彝族信仰文化融合了中华民族传统儒、释、道等文化元素，特别是在祖先崇拜与土主崇拜等方面最典型，这些都是中华民族共同体中各兄弟民族共享的中华文化符号。最后，彝族传统治理资源蕴含着各民族共享的传统中华民族形象。在中国传统文化语境中，虽然曾长期存在"君臣""父子""夫妇"等纲常伦理观念，但也强调"君仁臣忠""父慈子孝""兄友弟恭""夫唱妇随""朋友有信"等和合包容的观念，这种观念是中华民族传统道德形象的具体表达。当然，彝族传统文化中共享的中华文化符号与中华民族形象绝不止上述几例，但无必要全部列举。总的来说，彝族传统治理资源中孕育和表达的同源共生民族一体观是他们关于中华民族共同体认同与铸牢中华民族共同体意识的原生文化基因。

四　互惠道义的民族交往观

与其他乡村一样，彝族乡村也是一种经历了长年累月相互交换礼物的时空序列。在这个时空序列中充斥着各种文化规制、礼俗传统、情感因素及关系模式等，构成人们互动的社会资本与行动逻辑。人们在这个时空序列中低头不见抬头见，彼此没有太多陌生感。基于此，除了互惠原则之外，道德与正义的道义原则也是他们构成均衡社会关系的常见连续性交往机制。他们通过互惠和道义的双重原则来构建、维持和巩固彼此相对均衡的交换与互动关系。简单地说，互惠与道义是彝族乡村内部社会关系平衡与稳定的文化机制，这个机制以文化的作用构建了一种社会交往与互动的习俗规则与道德义务，从而影响和约束着特定情境中的人群的交互观念与社会交往行为。[1] 同时，将个人与个人、亲属群体与亲属群体、村与村及地区与地区等之间的联系统合起来，构成一种联系体系。[2]

关于此，同样可以从族际交往和族内互动两个层面观察和理解彝族乡村中的互惠原则与道义原则。

第一，在族际交往上。这一层面的交往形式主要表现为等价互惠，但也伴随少许慷慨互惠。等价互惠主要发生于长期的经济交往中，彝族先民曾与其他民族之间互通有无，开展过茶马互市、盐铁贸易、皮货交易、鸦片交易、土地租佃或购置及劳力交易等经济互动。他们非常重视信誉，无论物物交换还是货币交换，大多在相对平等的交换基础上满足各自物资需求。在日常礼仪时空，多民族杂居村落中邻里之间通常也会发生礼物交换行为。一般来说，基于人情、面子、道德等的影响，受礼者回馈之礼的价值至少不会低于所收之礼的价值，否则会被视为一件丢脸的事情。故而，他们通常会保持一个相对平衡的互惠状态，小心翼翼地维系彼此的关系。当然，也不否认不计价值大小的慷慨互惠及只顾私利的个别案例掺杂其中。

---

① 陆益龙：《后乡土中国》，商务印书馆，2017，第242~243页。
② 〔英〕布罗尼斯拉夫·马林诺夫斯基：《原始社会的犯罪与习俗》（修订译本），原江译，法律出版社，2007，第14页。

第二，在族内互动上。族内互动又分家支（族）内部的互惠、姻亲之间的互惠、邻里之间的互惠及朋友之间的互惠，不同的横向关系距离会表现出不同的互惠规则，他们的互惠交换在日常生活、人生礼仪及节日庆典等场景中都可能发生。慷慨互惠多发生在熟人与近亲属关系范围，作为一种"社会启动机制"，其规定了特定权利与义务。在彝族传统等级社会，在特定祭祀活动与人生礼仪场景中，百姓等级与奴隶等级有向土司与黑彝等级贡献"礼物"的义务。

在亲子、舅甥、姑侄及翁婿等之间大多表现为具有道德义务规定性的慷慨互惠及平衡互惠，在婚礼与葬礼上，礼物馈赠在这些关系间都有种类与数量上的特殊规定。除前文呈现的相关仪式场景中的礼物赠送规定，在其他彝区等也大体如此。如在凉山甘洛彝区：倘若家支内部老人逝世，子女与女婿要牵 3~4 头牛为他献祭；设若是舅舅或叔叔逝世，那么外甥或侄子要牵 1 头牛。① 此外，每逢葬礼，常可看到不少彝族村民身着盛装，举着粘有纸币的竹竿或牵着绑有密密麻麻百元大钞的麻线，抬着烟花爆竹、啤酒、糖果、零食等，这些东西都是逝者亲朋好友赠予逝者及事主的人情礼物，彰显着送礼者的慷慨与豪气。葬礼结束之后，事主还会向每位来客分发坨坨肉和荞粑等。同时，根据每位送礼者的亲属关系远近回赠特定部位和数量的牛、羊肉及食物作为答谢。又如在云南撒尼社会，若家族内部老人逝世，所有儿子每人各杀一只羊，女婿家每人要杀一头牛作为献给逝者的牺牲。村落邻里会主动赠送食物、柴火、现金及贡献劳力予以帮助，主人家如数登记在册，以作为日后回赠和回助的参考依据。费孝通先生在讨论类似上述的家庭礼仪开支时指出："礼仪开支不全然是浪费和奢侈的，这些开支在社会生活中起着重要的作用。"② 同样，在彝族乡村中，这些交换现象与仪式消费也不能简单视为"铺张浪费"，不能用经济人眼中的经济理性观点加以评价，而应该深刻理解这些行动背后的文化逻辑与社会机制，从文化实践理性的视角来辩证审视其背后的象征世界及其中所蕴含的积极道德价值与社会功能。当然，除了人与人、人与社会之间的互惠之外，还有人与自然的互惠。总的来说，上述互惠形式是彝族乡村中构建、维系和再生产社会关系的常态交互机制，除了物质的相互传递，还伴随着情感、道义与传统礼俗的互相转换。毋庸置疑，

---

① 阿呷热哈莫：《彝族教育现代化的发展与困境——凉山彝族的个案研究》，科学出版社，2018，第 87 页。
② 费孝通：《江村经济——中国农民的生活》，商务印书馆，2001，第 121 页。

这种机制有利于促进村落共同体的建构与稳定。

五 男女平等的性别角色观

自新文化运动开始，个性解放、女性解放以及男女平等的观念就逐渐增强并成为社会主流意识。何谓男女平等？《宪法》解释："中华人民共和国妇女在政治的、经济的、文化的、社会的和家庭的生活等各方面享有同男子平等的权利。"[①] 在传统社会中，"男主外女主内"是普遍的性别劳动分工观念，女性的活动领域多被限定于家庭私人领域，常受制于"父权"与"夫权"。在新文化运动之前的较长历史时期，她们不仅在政治、社会、文化、家庭等方面的权利弱于男性，还常因封建审美而遭受身体上的折磨与损伤，受到社会与生理的双重压迫。不过，研究发现，在彝族传统社会中，虽也存在部分关于束缚女性自由的文化习俗、制度规范及社会现象，但其文化在总体上表达的是男女平等的性别角色观。

第一，在政治上，传统社会中，彝族女性并非一味作为男性附庸，其同样可以参与公共事务，担任君长职位。[②] 纵观彝族历史，无论凉山彝族、贵州彝族，还是云南彝族，都曾出现不少女性政治精英，她们的贡献绝不亚于男性。如在凉山，家支头人之妻，与家支头人一起管理家支事务。家支间发生械斗时，一旦有女性举白旗立于械斗双方之间，械斗须立即停止。民国时，有雷波县乌角里区氏担任女土官，稳定了当地社会秩序。[③] 又如在贵州，温春来研究认为："（则溪官员）的权力分配并不完全符合层层分封的宗法制原则，许多女儿、母系亲属甚至其他支系的人都可以分享权力。"[④] 在此背景下，凸显出许多女性政治精英，如明朝洪武年间水西宣慰使霭翠之妻奢香夫人及水东贵州宣慰同知宋蒙古歹（宋钦）之妻刘淑贞便是当时最著名的两位彝族女政治家。霭翠去世后，奢香夫人于洪武二十一年（1388 年）正式担任贵州宣慰使。宋钦去世后，刘淑贞担任贵州宣慰同知。任职期间，二人都做出杰出贡献，主要表现在四个方面。首先，一同识破贵州都指挥同知马烨欲

---

① 《中华人民共和国宪法》第 48 条第 1 款。
② 温春来：《从"异域"到"旧疆"：宋至清贵州西北部地区的制度、开发与认同》，社会科学文献出版社，2019，第 370 页。
③ 林耀华：《凉山夷家》，云南人民出版社，2003，第 19 页。
④ 温春来：《从"异域"到"旧疆"：宋至清贵州西北部地区的制度、开发与认同》，社会科学文献出版社，2019，第 156 页。

挑拨水西民族纷争的阴谋诡计，维护了当时水西彝族与明朝的友好关系。其次，带领水西、水东彝族先民子弟开拓"黔蜀周道"，修建驿道，连通贵州、云南、四川及湖南四地的区域网络，改变水西交通状况，为王朝国家制度及汉儒文化在当地的渗透及移民的进入创造了条件，促进了西南各族间的互动交融与团结互助。再次，积极引进先进生产技术与儒家文化，如洪武二十六年（1393 年），明王朝在贵州修建了首所官学"贵州宣慰司学"后，二人积极协助，强化了水西、水东古代彝族文化与汉文化之间的融合发展，奢香夫人被称为"西部开发第一人"，留下了一段段历史佳话。最后，推动贵州古代彝文及文化向外传播。① 除了奢香夫人与刘淑贞之外，还有乌撒乌蒙宣慰使乌撒部君长鲁迁诺直之妻实卜、乌撒第六十代君长夫人圆和、普安首任女土司适恭、芒部的香佩等都是古代彝族社会中的女性政治精英。

第二，在社会上，虽然彝族传统社会中也存在性别劳动分工，但这并非永恒现象。彝族男女自幼儿至成年这段时期，各自的性别角色分工及活动领域大体分明。男孩子除学习农耕、畜牧、狩猎、擀毡等基本生存技能、生产技术，还会学习刀枪棍棒等武术技能，锻炼骑马之术，培育勇于冒险、敢于挑战的精神。女孩子多活动于家庭领域，除操持家务，还要学习刺绣、纺织等女红技艺。那时，女子女红技艺的好坏如同男子生产能力的高低一样重要，是否有一双巧手和一手精湛的女红是评价其优秀与否的重要标准。举行成人礼之后，女性便与男性一样可进入大多数社会公共领域参与各类公共活动，不再局限于家庭私人领域。若在婚丧仪式等公共场合，男性要为女性让座。在丧葬仪式尤其祭灵环节，女性是构成完整丧葬仪式不可缺少的一部分。无论传统时期，还是当下，在大多数彝族乡村，若有人去世，原则上须其女儿、女婿或侄女、侄女婿牵牛（羊）前来献祭，否则仪式就不完整。在社会关系网络中，母舅亲属关系在彝族亲属关系网络中占据的重要作用也体现了他们对于女性的重视程度。

第三，在家庭上，彝族谚语说："男人若是离家乡，女人也担一座山。"在传统社会中，彝族女性与男性共同经营家庭经济生活、管理家庭事务、参与家庭决策、共享平等地位。② 首先，在生产活动方面，彝族女性是家庭的核心生产力量，与男性一样从事着相当体量的生产活动。许多时候，还能看

---

① 王继超：《火耀布摩经：彝族》，贵州民族出版社，2014，第 56 页。
② 林耀华：《凉山夷家》，云南人民出版社，2003，第 43、53 页。

到她们从事犁耕、砍柴、放牧等活动。在黔西北一带，曾有女性带领族群从事农事生产的叙事："有的女人啊，她带领大家，她带领去烧坡……带领去播种……女的有知识，女的有智慧……"① 其次，在家庭财产继承方面，传统婚后财产继承权没有严格的性别差距观念，女儿也可继承现银、粮食、牛羊及土地等财产。② 如表2-1中就有女儿与儿子共同继承父母遗产的规定，同时也明确了丈夫欺负殴打妻子的惩罚措施。传世经典《玛牧特依》中也有关于夫妻互敬、男女平等的教育思想，如："居木的子孙，夫不好欺负妻，妻不好议论夫。"③ 再次，在家庭交往方面，若姐妹为兄弟倒酒，兄弟要站立行礼。最后，在谱系传承方面，传统社会中，女性与男性一样被记入谱系记忆。④ 诸如此类，不胜枚举。

第四，在文化上，缺少女性，彝族传统文化就等于丧失了持续传承的深厚基础，如服饰文化、饮食文化、歌舞文化等由女性传承的文化事项都可能面临失传危险。在仪式参与权力方面，女性也与男性一样扮演着重要角色。如在凉山彝区，当举行求雨等巫术仪式时，女子便要负责其中的烹饪取水工作。⑤ 又如在大多数彝区，无论出嫁与否，女性都是仪式能否成功和完整举行的关键人物。每逢祭祖送灵仪式，都要在事主既有儿子又有女儿的时候才能举行，且须由女儿牵牛才能完成。若无亲生女儿，也要由侄女代替执行。除文化传承之外，在口述传统中，还流传着各种有关美丽姑娘的故事。在这些故事中，大多叙说她们因敢于追求自由爱情、对爱情忠贞不渝及高超女红技艺和良好道德品质而受到广泛认可和喜爱。在各地，不乏纪念美丽善良的彝族女性的传统节日，如云南楚雄紫溪山一带的马缨花节、昙华山一带的插花节及哀牢山和大理一带的彝族火把节等的来源都与纪念某一伟大彝族女性的传说、故事母题有关。

综上所述，彝族传统治理资源蕴含丰富的男女平等道德思想，表达了男女平等的性别角色观，这种价值观是培育乡村和谐家庭美德的宝贵资源。

---

① 贵州民族研究所毕节地区彝文翻译组：《西南彝志选》，贵州人民出版社，1982，第470~472页。
② 林耀华：《凉山夷家》，云南人民出版社，2003，第52页。
③ 《彝族传世经典》编委会编《玛牧特依》，四川民族出版社，2016，第137页。
④ 温春来：《从"异域"到"旧疆"：宋至清贵州西北部地区的制度、开发与认同》，社会科学文献出版社，2019，第371~374页。
⑤ 林耀华：《凉山夷家》，云南人民出版社，2003，第54页。

六　天道酬勤的日常生活观

彝族是一个勤劳勇敢的民族，他们传承着艰苦奋斗的民族精神，并通过多元方式将其天道酬勤的日常生活观传递给后代子孙。大体看来，他们的勤劳主要表现在三个方面。

第一，勤于劳动生产。首先，表现在农耕、畜牧等农业生产上。从历史上看，大多彝族支系长期居住在高山地带，其生存环境相对恶劣，耕地质量相对薄弱。为了生存发展，他们基于其生存空间的资源禀赋，凭借自身努力，从逐水草而居的游牧状态到暂时性居住的游耕游牧阶段，再到定居式的精耕细作与畜牧并存，不断通过自己的双手努力奋斗，谋求生存与发展。土地中的庄稼照顾得好与否，家里养殖牛羊的肥与瘦，通常是他们评价一个人是否勤劳的重要标准。若庄稼长势旺，牛羊体壮膘肥，他们也会感到体面。他们会努力通过耕种庄稼和蓄养牲畜来积累家庭财富，因为在传统社会中，财富是他们向上流动和获得声誉、享有威望的基础，如凉山彝谚说："富豪为荣誉之首，德古为荣誉之腰，让阔（勇士、武士）为荣誉之足。"① 无论是为了生存发展，还是为了向上流动，维护自己的脸面、家庭及家支的荣誉，他们大多勤躬耕、勤维护和改善土地，勤蓄养家禽、勤畜牧。在此过程中，不仅满足了基本生存的物质需求，还为国家和其他地区输出生产资料，如两宋时期，川、滇、黔等彝区输出的马匹就占当时宋朝马市的较大比重。其次，表现在传统手工产品的生产与加工上，如大量羊毛纺织品、漆器、银饰、刺绣、建筑、甲胄及武器等的产生都是勤于手工产品生产的成果，在特殊时期，这些产品为彝族的生存安全保障、发展壮大和生活富裕奠定了厚实的基础。

第二，勤于学习与思考。勤于学习、勤于思考是不断自我提升、自我反省的过程。彝族是一个勤学习、善思考的民族，在生存发展过程中，形成了关于宇宙的哲学认知，关于世界万物衍生的判断，关于人与自然、人与社会、人与神、人与物、神与物、人与人、物与物等相互关系的理解及关于国家社会的认同思考。在学习与思考的过程中，他们学习祖先、学习长者、学

---

① 郑成军：《彝族志：血统与根——云南小凉山彝族的生活方式、社会结构与家支制度》，云南大学出版社，2006，第159页。

习他族，创造形成了丰富多彩的彝族传统文化，并将其所思所想承载于各种文化机制中。如《玛牧特依》中就有教化彝族后代子孙勤劳生产、勤奋学习、虚心求教的内容。又如其许多仪式行为、节日文化及史诗经典等也传达了勤劳动、勤学习、勤思考的教化理念，传递着其天道酬勤的日常生活观。

第三，勤于传承与创新。大多数彝族传统治理资源之所以历经久远、遭遇重重磨难而持续传承下来，在于其文化主体具有勤于传承与创新的精神。其中，尤以毕摩文化的传承最为艰辛，内容最为晦涩和繁杂，其传承者不仅需要过人的智慧，还需要坚韧的毅力和勤奋的精神。无论整体性的彝族传统文化，还是具有治理意义的治理资源要素，都是历史的先后绵延，其传承发展的过程本身也是传承保护与拓展创新的表现。在当下，这种勤于传承与创新的精神对于引领彝族群众推动思想观念变革和社会风俗革新具有极强的现实意义。

七　敬宗孝祖的伦理孝道观

百善孝为先，孝悌是中华民族的主导性道德理念。① 尊老、敬老、养老、送老、祭祖、祭天地等构成了中国传统孝文化体系的整体结构，它不仅规定着子女对父母、晚辈对长辈的义务与责任，塑造着中国人基本的伦理品格与道德准则，也表达着对天地神灵的敬畏之心，这是中华民族的一种基本社会文化追求。在中国传统社会中，孝是百行之先、德行之本、为人之根，是一个人生命历程中的永恒文化追求，是一个人德行品质的基本评价标准。人类孝道由个体家庭扩大至国家整体，无论上至作为王朝国家统治权力核心的天子和皇帝，中至诸侯王孙与世家贵族子弟，还是下至普通黎民百姓，都要由内而外、由近及远地践行孝道，将孝的道德伦理精神内化于心、外化于行。君王以孝治天下，百姓以孝齐其家，个人以孝修其身。在当下，传统孝文化在塑造个人品德、家庭美德、社会公德等基本道德精神及构建和谐社会、培育爱国主义家国情怀等方面依旧具有积极意义与现实价值。

彝族传统社会是一个"祖荫下"② 的武士型社会，杰出的德行、良好的家风及有序的伦常是他们获得个人脸面、家庭声誉、家支荣誉的关键，孝顺

---

① 黄宗智:《道德与法律:中国的过去和现在》,《开放时代》2015 年第 1 期。
② 〔美〕许烺光:《祖荫下:中国乡村的亲属、人格与社会流动》,王芃、徐隆德译,台北南天书局有限公司,2001。

是个人德行、家庭家风和社会伦常的基本展现。生活在"祖先权威"之下，他们具有严密的父子同一关系——父亲与儿子之间的责任与权益是相互的。如在凉山彝区，父亲有责任与义务为儿子娶妻成家，儿子有义务赡养父亲，并在父亲逝世后为其举行盛大丧葬典礼。与许烺光研究的喜洲人不同，彝族传统社会中并未因父子关系而形成明显的性别不平等观念，忽视夫妻关系及其他亲属关系。在他们的观念中，作为父代，为子代娶妻成家的责任与义务是他们关于家支祖先期望的努力实现，是家支祖先生活延续与家支世代繁衍的重要保证。作为子代，赡养父代与为父送终送灵的责任与义务同样也是祖先期望的一种满足，也是为了不受祖先权威形塑的社会习俗与道德舆论的谴责、攻击，是自己安全生活生产与得到祖先后代共同认可的基本。基于这种祖先权威塑造的严密父子同一关系，彝族与其他兄弟民族共同创造了中华民族博大精深的孝文化，形成了丰富深邃的孝悌精神，是中华民族培育孝悌伦理道德精神的重要传统教育资源。

第一，在制度文化上。首先，在传统习惯法中，孝是他们日常生活基本的行为规范，表现于其社会生活的各个方面。如饮食习俗上，有长幼座次秩序安排讲究，食物种类与年龄群体有特定联系等。一般来说，当宰杀牲畜时，牲畜的头、内脏等的首食群体大多是老年群体，除非老年群体将其给予晚辈，否则晚辈不能随意任性食用。可以说，在彝族传统社会中，长幼尊卑礼节十分严格，习惯法中明确规定了子女对于父母的赡养义务，对违背孝道、忤逆父母、虐待老人等背离孝道的不端行为，有严厉惩罚措施。其次，从制度文化运行的组织机制与执行主体来看，德古、苏易及其他寨老等都是彝族传统社会中具有较高威望的长者，除自身的杰出能力、道德威望及丰富人生阅历之外，一定程度上是由于蕴藏在社会成员深层意识中的"敬老精神"在发挥支配作用。

第二，在信仰文化上，自然崇拜与祖先崇拜是彝族敬宗孝祖的伦理孝道精神的神圣表达方式，深知天地神灵与自然万物赐予其深厚恩泽。他们忠孝的对象不局限于自己的祖先、父母及长辈，还包括天、地及帮助过其祖先的自然万物。其孝道精神直接从世俗日常礼俗转化为由超自然神力监督、规范和约束的道德性与仪式性的义务关系，并通过仪式展演付诸身体实践。如关于自然崇拜及祖先崇拜的各类献祭仪式等，应当献祭什么种类、需要多少数量的牺牲都有具体的规定，以此形式践行其卒亲之孝道精神。

第三，在节日文化上，彝族许多传统节日都是基于信仰文化而形成，或与其信仰文化密切相关。一般来说，凡与信仰文化相关的节日，都隐喻着特定孝道精神，如火把节、祭山节、马缨花节、祭神树节、祭石神、山神会、插花节、拜主会、跳公节、祭龙节、密库节等都是此类节日。这些节日传递着彝族人不忘神灵护佑村寨平安、人畜安康、五谷丰登的浓浓恩情，表达着他们感恩戴德、知恩图报的诚恳态度与反哺精神。除了中华民族共享的清明节、重阳节、中元节等缅怀祖先的节日，他们还有属于民族的、地方的敬老节日，如云南巍山、龙街一带彝族的老年节，凉山彝族的阿嫫杂尔（母亲节）等，都是感恩父母、铭记恩情的文化实践。

第四，在史诗经典上，各地彝族或以物喻事，或直接言教，叙述着彝族祖先经历的重重磨难、创下的光辉业绩及留下的英雄事迹，以此作为后代子孙的模范标准与行为导向指南。如《勒俄特依》《查姆》《梅葛》《阿细的先基》等各种版本的彝族创世史诗及《玛牧特依》《土鲁黎咪数》等经典中都有关于尊老、敬老、养老、安老、卒老及祭祖的谆谆教诲。

当然，彝族传统文化中也存在一些具有历史局限性的制度因素。不过，它们早已消弭，留下来的大多是与中华民族优秀传统、时代潮流及当代社会主义核心价值观相符的部分。

八　忠信至上的基本信誉观

同孝悌精神一样，忠信也是为人的基本道德要素，是社会纲常关系的组成部分。若孝悌是一个人的基本道德修养及在家庭、家族中与人交往的基本准则，那为人忠信就是在家庭、家族之外的更广阔的社会公共领域中的安身立命之本。所谓忠信，即为人坦诚、真实，与人交往信守承诺，这也是当代社会主义核心价值观的重要内容。彝族是一个非常重视诚信的民族，他们常将信誉与尊严、脸面等因素联系在一起，不讲诚信，就等于没有尊严与脸面。一般来说，只要做出承诺，达成某种协议，他们都会尽己所能实现诺言，以此维护自己的尊严与脸面。在传统社会中，彝族常将面子视为一项维系社会关系的惯例或一种重要的社会调节机制。诚信是让自己有面子、不丢失祖先荣誉的一个重要准则，若有人不讲诚信，通常会被视为"丢了祖先的脸"和"为家支抹了黑"。如此，轻者会受到公共舆论的道德谴责，重者会因想要讨回脸面而发生家支械斗，或丢脸面之人会因公共舆论压力及自身强烈面子观念而"死给"使其丢面之人。从前文相关内容可以看到，他们常将诚信作为自身基本道德修养与家庭、社会教育的重要内容，注重从不同维度培育和铸牢彝族社群的诚信意识，传递诚信道德观。

首先，从制度文化来看，讲诚信是习惯法的重要内容，在与他人的经济交易上，强调公平诚信为基本原则，对诈骗、欺骗等有明确惩治规定。这些规定通过强制性社会规范贯彻着诚信做事、诚信为人的基本原则与道德品质。如贵州彝族习惯法中有如下内容。

> 诈骗别人财物者，如若为初犯且情节较轻损失较小，只需退还所诈骗之物，并置酒设宴赔礼；如若为惯犯且情节严重损失较大，不仅要退还所诈骗之物，置酒设宴赔礼，还要按性质处以砍手、割舌、斩首等刑罚。

> 出于不良动机无中生有造谣者，严重影响族间、邻里关系者，要献酒道歉；造成重大损失，要处割舌之刑。①

其次，在彝族史诗经典中，有因不讲诚信、不讲道德的直眼人等遭受天神惩处的基本叙事。在洪水神话故事中，曾答应帮助天神寻找人类但最后没有履行承诺的物象也受到了严厉惩罚。在躲避洪水灾难的过程中，彝族祖先承诺若谁救了他们，就把谁当作再生父母。松树与竹枝等救了他们，他们便在史诗经典中留下教诲，教导后代每年按时祭祀这些"救命恩人"。虽然史诗叙事大多为神话传说，但传递的是他们讲诚信、重道德的正向核心价值观念。

九　慷慨热情的民族待客观

彝族还是一个热情好客、重义轻利的民族，热情、奔放、好客、真诚、慷慨构成了他们的精神品格和文化心态。无论幼年思想教育，还是成年人的实践表达，都普遍展示了这种精神品格与文化心态。② 他们将待客之礼视为重要的社会礼仪之一，这种礼仪的形成与其社会文化背景相关。在彝族家支社会中，家支成员与家支集体之间也表现为严密的同一关系，家支成员要紧

---

① 邹渊：《贵州彝族习惯法概略》，《贵州民族学院学报》（哲学社会科学版）2000 年第 S2 期。

② 郝彧、刘立策：《凉山彝族文化消费的区域特征研究》，《西南民族大学学报》（人文社科版）2019 年第 11 期。

紧依附家支集体才能更稳定、更安全地生存和发展。亲切友好的交往与互惠道义的交换成为家支内、家支间及姻亲间保持密切往来的重要方式。大多时候，在非市场经济时代，他们几乎不会将剩余产品或经济收入用于更广泛的经济再生产，更愿意将其用于维护社会关系网络所需的各种日常互助场合与仪式消费场景。如在衣、食、住、行及纠纷赔偿等活动及相关仪式消费行为中，他们会慷慨赠送礼物、予以劳力和物资上的支持与援助。从他们对待外来非本族或本村内部客人的态度来看，如在布拖县，只要有客人进门，即便素昧平生，他们也会盛情款待，让客人饱餐一顿，绝不会将客人赶走或让客人饿着肚子离开。当客人要离开时，他们还要再三挽留，如若实在挽留不住，也要陪同客人走一段路，热情地送客人离开，表示不舍之情。[1] 从各地彝族民谚、民歌、民谣中也可以感受到他们热情慷慨的民族待客观。如凉山彝族民谚"一斗不吃十天，难以度年；十斗不做一顿，难以待客""吝啬无友"就阐明了他们慷慨大方的待客之道。

实际生活中，在凉山彝区，不论吃什么食物，均不能独享，必须与在场的客人共享，吝啬之人会为社会鄙视。凡有贵客上门，他们会杀牛、宰羊、杀猪、杀鸡等设宴款待。当然，并非所有情况都一样，具体情形因时、因地、因人而异。如在 20 世纪 40 年代，虽然当时凉山彝区的生产力相对较弱，经济情况相对贫瘠，但是林耀华等人前往凉山彝区考察时，发现当地人十分纯朴，不善商业，热情好客，不费分文就能在当地彝人家中得到食宿招待。[2] 初访凉山时，当地相对富庶的黑彝贵族杀鸡宰羊招待他们，且采用彝族最高宰牲待客礼仪，通过火烧形式褪下所宰杀牲畜的毛，并清洗干净之后，切成大块的彝族特色"坨坨肉"招待他们。[3] 再访凉山时，当地人又立即杀猪宰羊设宴招待他们，让他们热泪盈眶，深感水乳交融的民族团结之情。[4] 彝族待客宴席有明确的礼仪规矩，以左和上为尊，有贵客到访设宴时都会让客人坐在左边或火塘上方，表示尊重。如 2000 年 10 月，美国人类学家斯蒂文·郝瑞（Stevan Harrell）和中国彝族学者巴莫阿依前往凉山喜德米市镇马多洛村、阿普村、且莫村等村寨做田野调查，每到达一个新村寨，当地人都会杀猪宰羊热情招待他们。当时郝瑞戏谑地笑道："再也不能住下来了，再待下

① 四川省布拖县志编纂委员会编《布拖县志》，中国建材工业出版社，1993，第 496~497 页。
② 林耀华：《社会人类学讲义》，鹭江出版社，2003，第 330 页。
③ 林耀华：《凉山夷家》，云南人民出版社，2003，第 60 页。
④ 林耀华：《社会人类学讲义》，鹭江出版社，2003，第 338 页。

去，猪羊要被杀光了。"① 这种现象不仅存在于历史时期和凉山彝区，热情好客的淳朴民族待客风俗在当下其他彝区依旧传递。

在贵州盘州 Y 乡 M 村做田野调查时，刚进入村子笔者就感受到了当地人的热情。当时笔者在村巷小道遇到三名女性，她们各自手中一边绣着红白相间的鞋垫，一边互相攀谈，脸上时不时露出笑容。走近她们之后，笔者向她们打听村委会位置，其中一人就带着笔者直奔村委会。不过，由于当天已是傍晚，村干部早已关门离开，于是她热情邀请笔者去往她家吃晚饭。盛情难却，笔者答应邀请。不过，当时距离晚饭还有一点时间，笔者想再了解一下 M 村的结构和范围。于是，知晓她家位置互记电话号码之后，她便回家准备晚餐。大约一个半小时，笔者接到电话后便赶往她家。她与其丈夫准备了九菜一汤招待我们。她的丈夫是一名泥水匠，主要在附近村寨承包简单工程。每年所得收入基本能维持家庭日常开销，所以他家无人外出打工。笔者一边吃饭，一边闲聊，了解到该村除几名村干部、老年人、幼儿及尚在读中小学的学生，大部分年轻人都在外打工。若家中老年人还有劳作力，年轻人会在春节后将庄稼（一般为玉米、土豆）种下后再外出打工，庄稼成熟之后由家中老人带着孩子收割。没有老人的年轻家庭则将土地转租给不外出或无法外出的亲戚邻里耕种。诸如此类，无不表明了彝族是一个热情好客的兄弟民族。

第三节　乡村振兴背景下彝族传统
治理资源的多重价值功能

《乡村振兴战略规划（2018—2022 年）》全面安排部署了我国乡村振兴的基本任务，提出要科学推动乡村产业、人才、文化、生态和组织振兴，为乡村的综合发展带来新的条件与机遇。彝族传统治理资源是与其文化主体的日常生活和生计方式密切关联的宝贵财富与精神产品，符合其现实生活与精神世界，具有鲜活社会生命，是乡村治理体系与治理能力现代化的稳定器与蓄水池。② 它不仅能对彝族乡村社群抽象层面的思想道德、价值观念、民

---

① 巴莫阿依：《萦绕在彝族聚居地的"汉嘎"幽灵——米市彝汉民族关系田野考察记》，《民俗研究》2000 年第 4 期。
② 贺雪峰：《大国之基：中国乡村振兴诸问题》，东方出版社，2019，第 110 页。

族精神及民族性格等起模塑作用，还以刚柔并济的方式组织协调着他们的生产实践与社会生活，维护其社会秩序的稳定。

一　产业兴旺与乡村经济振兴功能

乡村振兴的第一要务是发展壮大乡村产业，实现乡村的产业兴旺，加快乡村经济社会发展速度，提高乡村社会经济发展水平。这一要务是缩小城乡之间经济发展不平衡不充分差距、努力满足广大乡村农民群体美好生活需求的基础工程，是乡村留住更多人的根本途径。当下，不管是乡村，还是都市，社会分工相对明显，人口流动相对普遍。乡村中的许多人离开土地、离开家乡进入城市从事非农生产活动，他们有的可能永久离土但暂时离乡，有的可能永久离土离乡，有的可能永久离土但不离乡。无论暂时性离乡，还是永久性离乡，其主要收入和基本生活都是在乡村之外，对于乡村治理也就不会表现出太多的关心。在乡村，农耕与畜牧养殖是他们的传统生计方式，特别在农业生产上，通常有生产参差期——农忙与农闲。因此，村民通常有充裕时间参与社会组织、岁时节庆、文化习俗等公共集体活动。在工业社会，工业生产需求把工人们"绑在"各种大小生产机器上，不断地投入生产之中，创造更大的利润。基于此，离开乡村在城市中从事非农工作的乡村民众在城市中的生活节奏与在家乡的生活节奏的差距越来越大。久而久之，由于生活与生产的长期离乡，他们对乡村内生传统的认同度也就可能弱化，参与乡村公共事务的积极性、主动性和自觉性也就可能降低，甚至将自己作为乡村传统的"看客"而非"主人"，变成乡村中的"沉默大多数"。一旦长期如此，许多优秀传统文化就会面临严重的代际传承困境。因此，在乡村振兴过程中，要发掘和利用传统治理资源，首要前提就是为乡村留住文化主体，减少离乡人群数量，缓解人口大量外流问题。要解决这一问题，发展乡村产业，保证他们平等参与市场经济和公平享受社会福利是一种重要方式。只有让他们留在乡村，才更有可能培育更强烈的文化自觉与铸牢乡村主体意识。

如马克思所言，消费是拉动经济生产的驱动力量，只有在消费中产品才成为现实的产品。同时，消费又不断创造新的生产需要。[1] 人们对美好生活与精神文化等高情感消费的需求日益强烈，在乡村，除了促进提升粮食、果

---

① 《马克思恩格斯选集》（第二卷），人民出版社，1972，第94页。

实、矿产、水源、林木等物质资源产能之外，也带来了乡村饮食、服饰、银饰、书画、器具、器材等物质文化产品的多元开发。同时，许多非物质形态的文化的、意义的和符号的消费也成为人们在乡村中满足需求的消费方式和消费选择。在琳琅满目的消费产品中，在拥有与城市文化有明显差异的乡村特色文化（如乡村自然景观、历史文化、民族文化等）、未遭受太多工业污染、生态良好的乡村成为人们关于世外桃源、悠闲生活的美好向往之地、诗意栖居空间后，乡村消费产品具有了城市、都市等一般日常消费产品不具备的消费价值。在市场介入乡村之前，它们可能只是乡村人群日常生活所需的基本用品，而非市场交易所用的商品。市场介入之后，它们就不可避免地卷入了市场体系而从"日常生活用品"转化为"市场消费商品"，成为消费者关于美好生活需求的重要精神与意义符号的消费对象。当然，消费者在乡村里的消费目的是多元的，如旅游、体验、购置、研学等都可能是他们在乡村中的高情感消费目的。不过，不论基于何种消费目的，都表明当下乡村已然成为人们关于文化、精神与情感的国际性消费市场。人们可以在其中探寻差异、猎奇，实现着在乡村之外缺乏的消费价值与意义情感的融合。在此过程中，乡村传统文化资源能转化为构建多元乡村产业的特殊生产力，实现其价值的再创造，充分发挥其在社会生活与经济生活中的双重价值，推动其创新性发展与创造性转化。

彝族传统治理资源表达的是"治理"与"发展"的双重内涵。它不仅能塑造人文精神，还在经济生产要素聚集、乡村经济产业建设与发展等方面具有足够的作用空间。除服饰、饮食、建筑、民族手工业品（漆器、银饰、动物毛纺织）、体育器材等物质文化要素，彝族史诗、信仰文化、节日文化、民族歌舞等非物质的精神文化要素也具备相应经济价值与发展功能。它们不仅作为一种道德精神和制度规范影响和约束着人们的观念与行为，还可通过市场机制转化为民族文化特色产品，使其在彝族乡村中产生经济效益。前文说，民族性与地域性是彝族传统治理资源的逻辑特性之一，在乡村振兴过程中，这种特性的存在实质上是发掘其作为民族文化特色产品的优势。首先，可将彝族史诗中的各类宏大叙事场景以文化景观或身体展演等形式展示出来，作为民族文化旅游开发的资源。其次，可将史诗记忆、神话传说或民间故事等通过数字影视、音乐曲艺及舞台剧目等多元形式呈现出来，作为我国少数民族文化影视业、娱乐业等民族特色文化产业的本土叙事素材和彝族传统文化传承与向外传播的重要媒介。最后，以信仰文化为核心的毕摩文化和以节日文化为中心的娱乐庆典本身在现代乡村旅游场域中也可成为具有观看性、欣赏性的文化消费资源。

总的来说，在文化生活共创共享及民族文化旅游如火如荼发展等的背景下，无论"传统的延续"，还是"传统的发明"，非物质的、无形的传统治理资源早已与其他有形的物质文化一同作为民族文化产品研发与乡村特色旅游开发不可或缺的经济资本，成为各彝族自治州、县、乡等招商引资、形象推介的常见契机与渠道，与农业、畜牧业、矿产工业等一起成为彝族乡村产业融合、经济发展的强力抓手。同时，还能通过市场的力量强化彝族乡民的文化自觉，为彝族乡村文化振兴搭建合作桥梁和提供动力。

二　生态宜居与美丽乡村建设功能

和谐、绿色、美丽的生态环境是人类安全、稳定、健康发展的基本保障，是人类创造文化并永恒存续文明的根本前提。在乡村振兴的顶层设计中，建设生态宜居的绿色美丽乡村是乡村振兴的关键任务。除了发展产业，要振兴乡村，必须振兴乡村的自然生态，和谐的乡村生态环境既是乡村人民群体得以安全稳定生存与发展的基本保障，也是乡村建设的终极目标之一。《乡村振兴战略规划（2018—2022 年）》在乡村生态文明建设方面指出：首先，强化自然资源的保护与节约利用，推进农村清洁生产，集中处理农业突出环境问题；其次，建立长效环境治理机制，加强农村环境突出问题综合治理，健全乡村生态基础设施建设，整治乡村村容村貌，持续改善乡村人居环境；再次，实施国土绿化行动，草原、湿地等生态保护与修复重大工程，加强荒漠化、石漠化及水土流失等生态问题治理，强化生物多样性保护，实施兴林富民运动；最后，健全重要生态系统保护制度及多元生态保护补偿机制，发挥自然资源多重效益，增强乡村生态产品与服务供给。通过多重措施多维度重点整体推进乡村绿色发展，严格深入贯彻"两山"理念，努力建设成环境优美、生态稳定、青山绿水、和谐共生的美丽乡村。① 乡村生态要振兴，除依靠现代技术的支持外，还应从地方传统生态智慧中汲取经验。

基于传统生产实践及日常生活经验，彝族深谙自然生态平衡之于人类生

---

① 《中共中央　国务院印发〈乡村振兴战略规划（2018—2022 年）〉》，《中华人民共和国国务院公报》2018 年第 29 期。

存安全、生命繁荣、生产稳定及永续发展的重要性。他们尊重自然,依物候规律从事生产,开展各种与自然节奏相适应的农时活动。他们敬畏自然,对自然怀有感激之情,构建了人与自然互惠共生的文化机制。他们热爱自然,与自然中的许多动、植物保持友好依存关系,将其视为具有意义的符号体系,并赋予其深邃文化意涵,传达着他们关于人与自然间关系的深刻理解与深度阐释。他们保护自然,通过制度文化、技术知识、信仰禁忌及仪式行为等文化实践方式保护着其生存空间的自然资源,传承天人合一、和谐共生的生态理念。各类彝族传统治理资源中蕴含着深厚的道法自然、尊重生命、敬畏自然、尊重自然、保护自然、万物共生的生态伦理观念与绿色生态法则,生产并传递着丰富的传统耕地管理保护技术与地方生态知识、智慧经验、绿色生态价值观及科学发展观,在彝区生态环境保护与生物多样性维系等方面具有重要作用。无论四川凉山彝区,还是云南彝区,或是贵州彝区,他们生活区域的自然植被覆盖率相对较高,林木资源也相对丰富,生物多样性维系状况也相对较好,是绿水青山之地。这些绿水青山的形成不仅与国家生态保护与修复工程有关,也离不开传统治理资源的长期作用。要振兴乡村生态、构建美丽乡村,传统治理资源与现代治理技术都能彰显其特定的现实功能。

三 精神引领与公共道德重塑功能

乡村振兴不单是经济层面的振兴和物质生活的富裕,还包括公共道德精神、集体价值观及其他精神文明在内的乡风文明的整体振兴。乡风文明是乡村振兴的灵魂与保障,要建设良好乡风文明,必须要塑造一个和谐有序、健康向上的光明社会。要塑造这样的社会,必然要振兴乡村的传统美德与文化精神,使其与当代社会主义核心价值观相融合,引领乡村社群的观念更新与行为规范,构建自由、平等、团结、互助、文明、和谐、节俭、友爱、健康的乡村文明氛围,使个体的"我心光明"与集体的"健康有序"和谐统一。《乡村振兴战略规划(2018—2022年)》指出:要践行社会主义核心价值观、倡导诚信道德规范,培育文明乡风、良好家风、淳朴民风,建设邻里守望、诚信重礼、勤俭节约的文明乡村,加强农村思想道德建设。[①] 要构建良

---

① 《中共中央 国务院印发〈乡村振兴战略规划(2018—2022年)〉》,《中华人民共和国国务院公报》2018年第29期。

好乡风文明，重塑传统美德与文化精神，不能忽视优秀传统文化的作用。文化是一个民族的血脉与旗帜，包含着这个民族的人生理想、道德伦理、制度规范等内容，孕育着民族的气度、气节、信念、神韵与价值理念，积淀着民族的精神追求，是构筑民族精神家园的灵魂支柱。

彝族传统治理资源中蕴含着与当下社会主义核心价值观的基本内涵与本质精神相同或相近的内容，在培育健康社会心态、加强人文精神引领、塑造社会公共道德、建设向善道德体系、营造良好崇德氛围等方面都能发挥积极作用，是当下构建良好乡风文明与建设乡村积极思想阵地的重要资源。不过，众所周知，无论是都市社会，还是乡村社会，都已被卷入了强势的现代化潮流。现代化本质上就是一个不断祛魅的理性觉醒与个体性增强的过程。在此过程中，现代性因素不断进入乡村，影响甚至改变着乡村社会中的人类生态、社会结构、生活方式、价值观念、思维模式及行为逻辑等，经济理性、工具理性、个性凸显及个体化现象的频繁，难免会给传统的发展带来一定冲击，不可避免地会引起部分文化符号缺失、传统道德培育与传承机制的作用弱化、乡村共同体意识弱化及传统道德品质淡化等社会风险。当下，要重塑公共道德品质与向善人文精神，构建良好乡风文明，既需要发挥现代社会主义核心价值观的积极引导，也需要传统道德品质与人文精神的复兴助力。研究表明，彝族传统治理资源契合当下乡村振兴的乡风文明伦理向度，将其嵌入当下乡风文明建设工程，既是制度使然，也对其大有裨益。

四　组织振兴与乡村自治德治功能

组织振兴是乡村振兴的关键，是建立健全乡村治理体系的固本之基。要强化乡村社会动员能力、畅通乡村民众参与治理的渠道、增强乡民的集体行动能力、完善乡村民众公共意志表达机制、加强地方与国家的互动、强化乡村民众与干部精英互相信任、有序推进乡村全面振兴，就必须振兴乡村各类组织，打通乡村组织建设"最后一公里"。[①]　大体看来，当下我国乡村中主要存在基层党政组织、村民自治组织、专业合作组织、公司企业及其他社群组织。其中，党组织居乡村治理各项工作的领导地位，是中国共产党在乡村基层实施全面统筹与直接领导的表现。乡村治理是一项涉及政治、经济、文

---

① 贺雪峰：《最后一公里村庄：新乡土中国的区域观察》，中信出版社，2017，第306页。

化、社会与生态等多重维度的系统性工程，党组织不可能包揽全部乡村事务。只有多元共治，才能构建更加完善的治理体系。因此，除了建立健全乡村基层党组织机制，也不能忽略其他组织的振兴与创建。众所周知，乡村中存在各种有别于正式科层组织的非正式社会组织，在现代村民自治模式形成之前，大多靠它们实施治理。迄今，许多乡村传统组织依旧能发挥作用。若要实现乡村的组织振兴，势必协同推进各类具有积极意义的传统民间社会组织的整体复兴。

无论是作为传统文化的结构要素，还是表现为人的传统治理资源，乡村传统组织依旧活跃于当下彝族乡村社群的日常社会生活，它们都在不同层面表现了其之于乡村组织振兴的基本功能。当然，这类组织的振兴不是指基层党组织的振兴，而是具有积极治理作用的各类非正式组织的振兴。虽然这些非正式组织的振兴并非基层党组织的振兴，它们却能在一定程度上推动基层党组织的振兴。无论哪一种，其重要任务都要将作为乡村主体的村民凝聚、团聚和组织起来，调动其参与乡村集体活动的积极性、主动性与自觉性，培育和铸牢其乡村共同体意识。首先，无论何类乡村组织，都是由人构成的单位，其振兴都是在人的主体能动作用下发生，即人才是乡村组织振兴的核心要素。在他们的传统家支组织中，家支长老、寨老等支配权威都是发挥社会动员作用与激发组织活力的关键主体，当面临重大事务决策和突发重大事件时，一般都由他们组织召开家支会议协商解决。在多民族杂居村落，同样也有特定组织来组织、管理、决策村寨集体事务。通过他们，可以构建起国家与乡村之间的沟通机制，村民可凭此机制平等参与对话，反映其物质需求和精神诉求，协同参与乡村振兴与乡村治理。其次，他们常以集体献祭作为其与自然、与祖先及互相之间交流，构建、确认和强化彼此关系的重要方式，每次献祭活动都会将他们暂时性地聚合组织起来。同时，基于信仰文化衍生出一些公共神圣文化空间，形成了一些专门从事祭祀事务管理与公共神圣文化空间维护的组织。

综上，各类彝族传统治理资源不仅能发挥情感凝聚、文化教育、道德教化的作用，还能作为彝族乡村切实存在的社会组织运行机制。即使不断遭遇现代化冲击，仍有不少资源依旧充满活力，为彝族乡村的自治与德治提供经验。同时，还基于各种需要衍生了许多民间艺术组织、老人协会、乡贤协会及文化研究组织等，不断推动着彝族乡村组织形式的多元化。乡村振兴过程中，彝族传统治理资源能为彝族乡村组织振兴提供一些有效的地方实践经验。

五　文化振兴与传统文化传承功能

乡村振兴，既要塑形，也要铸魂。文化是乡村文明的精神基因，是为乡村塑形铸魂的根系符号与关键机制。《乡村振兴战略规划（2018—2022 年）》提出："健全公共文化服务体系，增加公共文化产品与服务供给，广泛开展群众文化活动，丰富乡村文化生活。"① 传统文化是乡村社群的精神支柱，它寄托着其乡愁情感与精神追求，是建筑其精神家园的根基，是乡村振兴的力量"凝聚枢"和发展"风向标"。② 文化振兴是乡村振兴的重中之重，振兴文化需要政策指引、制度规划、组织基础及人才智库。同样，要实现乡村的产业兴旺、生态宜居、乡风文明、治理有效、组织振兴、人才振兴，丰富乡村社群的文化生活与精神世界，提升其人文素养与道德情操，这些目标的实现无不与具有深厚历史底蕴与广阔社会基础的传统文化息息相关。只有振兴了文化，才能刺激乡村社群的文化自觉与文化自信，重建乡村的健美骨架，留住乡村的浓厚血脉，重塑乡村的基本灵魂，早日促进中华文化的全面振兴与中华民族的伟大复兴。

在乡村文化振兴方面，彝族传统治理资源的功能表现在两大方面。

第一，彝族传统治理资源本身既是彝族传统文化的构成部分，也是其诠释表述与传承机制。无论作为制度文化的习惯法、社会组织、纠纷调解机制及世俗权威等，还是作为信仰文化的信仰对象、展演仪式及信仰文化表达与仪式实践者的神圣权威，或是彝族传统节日，再或是作为历史记忆与社会文化承载与诠释文本的史诗经典等，它们都是彝族传统文化不可分割的组成部分，至于它们如何表现其具体的文化传承功能，前文已述，兹不赘述。

第二，文化振兴需要优秀的人才队伍与坚实的组织基础，德古、苏易、毕摩、苏尼及掌握精湛民族传统技艺、丰富地方知识的文化精英等，都是彝族传统文化生产实践、创新发展与创造转化的核心主体。他们会根据外部环境及自身发展需求，在顺应社会发展规律、时代需求及族际互动过程中不断组合、重构与创新，丰富其文化内容与内涵，使其保持持续性的前进动力。

---

① 《中共中央　国务院印发〈乡村振兴战略规划（2018—2022 年）〉》，《中华人民共和国国务院公报》2018 年第 29 期。

② 徐苑琳：《乡村振兴 文化先行》，《人民论坛》2018 年第 16 期。

即使在特殊时期，他们也可能让其文化以新的形式重现。可能他们的文化会在形式与内容上发生某种变迁，但绝不至于完全断裂。如在凉山彝区，德古是当地构建大调解机制的重要成员、移风易俗及毒品治理的重要力量，他们发挥着传统习惯法与国家法有效衔接的纽带作用。又如彝族史诗中的内容多在与时俱进过程中被各阶段的传承主体不断丰富和创造。市场机制与遗产运动介入后，许多资源要素又被资源化和遗产化，得到国家的制度保障、地方单位的支持、科研机构及其他组织的协同保护与传承。

六　人才振兴与内生活力激发功能

人才之于乡村振兴与乡村治理而言极为关键，人才缺位的乡村振兴与乡村治理如同无源之水、无本之木。《乡村振兴战略规划（2018—2022 年）》提出："把人力资本开发放在首要位置，畅通智力、技术、管理下乡通道，造就更多乡土人才，聚天下人才而用之。"① 乡村要振兴，治理要有效，人才必先兴，人才必先强，人才必先行。

首先，人才是乡村振兴与乡村治理的第一资源与关键条件，是实现产业振兴、生态振兴、组织振兴、文化振兴的前提基础与根本动力，离开了人才，一切都是空谈。土生土长的乡村社群是乡村的主体单元，是乡村振兴与乡村治理的核心主体。在发展乡村产业上，他们更加了解乡村的产业发展基础，有充沛的时间与精力来参与乡村的产业建设。若没有他们的积极参与，即便制定再完善的制度政策和投入再先进的产业技术、再丰厚的财政支持，乡村恐难实现全面的产业振兴。在乡村组织建设上，无论是乡镇党委、乡镇政府、村党支部与村委会等正式组织，还是家族组织、民间协会等其他组织，皆是由活生生之人组成的社会单位。在这些人中，有不少生长于乡村的民间权威和精英阶层，其自身可能具备普通村民缺乏的社会关联性，这种社会关联性在乡村人力资源整合、群体力量聚合、乡村组织构建及乡村事务管理等方面具有举足轻重的作用。在文化的传承与保护上，乡村文化的生产者、传承者与实践者大多是世代生长于乡村大地上的人，幸好有一群人在坚守传统文化阵地，乡村传统文化即使曾遭遇风险，也能在这群人的自觉实践

---

① 《中共中央　国务院印发〈乡村振兴战略规划（2018—2022 年）〉》，《中华人民共和国国务院公报》2018 年第 29 期。

中继续复兴和传承。

其次，乡村精英的参与是实现乡村振兴和治理有效的重要保证。在乡村社群中，不乏具有丰富社会资本、资源、技术、能力且懂乡村、爱乡村、惜乡村的乡村精英，他们能发挥普通村民及乡村以外之人无法替代的作用。若只有乡村外力的单向度规划，没有乡村社群的主动参与，规划出来的乡村等于一具没有灵魂与血脉的空心骨架。只有正确认识乡村社群的主体位置与能动作用，充分调动其积极性、自觉性与主动性，乡村振兴与治理有效才有可能。

最后，乡村振兴与治理有效的最终成果属于乡村民众。乡村振兴与乡村治理的基本出发点与根本落脚点都是他们，都是为了解决他们遇到的各种问题与难题，保护其根本利益，满足他们对美好生活的各种需求，为他们建设一个安全稳定、和谐有序、生活富裕、文化灿烂、绿色美丽的乡村家园，让他们共享乡村振兴与乡村治理的最终成果，实现他们的全面发展。

在彝族乡村中，无论制度文化、信仰文化，还是节日文化、史诗经典，它们能够形成且发生作用都因其深厚社会基础，如那些活生生的彝族传统权威及乡村精英是其根本实践动力，广泛的彝族民众对它们拥有强烈的认同意识。他们既创造了它们，它们也在不断塑造着他们持续存在的社会环境氛围与社会文化机制。在开展乡村治理的过程中，无论要实现作为制度的、组织的、意识的、民俗的及记忆的等治理资源的现实价值，还是要发挥作为主体的人的能动作用，都在不同程度地推动传统权威及其他精英的振兴，激活着乡村的内生人才活力。

第一，从制度文化来看，无论作为制度规范的习惯法、乡规民约，还是作为支配权威机制的家支组织、村落集体组织，类似德古的"传统律师"及其他长老等，都是彝族传统制度文化及组织机制的实践主体，在现代国家法律与传统地方规范的有机契合方面能发挥特殊作用。通过国家的管理畅通与技术指导，他们可能成为现代彝族乡村中的"法律中间人"，成为降低国家在乡村的司法成本及国家法律在乡村宣讲渗透的关键人才。第二，从信仰文化来说，彝族毕摩不仅能通过信仰要素与仪式实践从意识形态层面影响彝族社群的价值观念，还能通过与之相关的史诗传唱、经典书写、授业解惑等社会教育途径传达与社会主义核心价值观相符合的教育思想，传递优秀传统道德教育思想，教化规训人们的思想观念与社会行为。也就是说，他们是彝族乡村中构建良好家风与树立文明乡风、实施乡村德治的本土人才。不仅如此，乡村旅游背景下，他们既是乡村旅游景区的东道主，又是乡村旅游开发的主力军，还是旅游景观设计与文化展演的核心主体。第三，除上述比较典型的传统权威及乡村精英之外，还存在其他人才类型，如歌舞大师、工艺大师、经济能人等，他们也是乡村振兴与治理的不可多得且不可忽略的人才，都可能发挥难以想象的关键作用。

综上所述，若正确认识和充分盘活彝族乡村各类精英，可在一定程度上铸牢其主体意识与自觉意识，推动乡村优秀人才的继续培育与不断再生产。

七　共同体意识的培育与铸牢功能

培育和铸牢共同体意识是强化乡村整合、倡导民族团结的重要途径，是乡村治理的重要任务。"共同体"由斐迪南·滕尼斯（Ferdinand Tönnies）提出，是指一个真实的、亲密的有机生命体。这一有机生命体表现出六项基本特征：第一，以情感为基础的本质/自然意志；第二，以整体/共同的意愿/法则为核心的意志取向；第三，以血缘的家庭、宗族及地缘的乡村或城镇等为基本生活范围；第四，以默认一致的历史记忆、伦理观念、风俗习惯、宗教信仰、节庆仪式等为共同意识的表达及维系共同体意识延续的实践手段；第五，以传统的非个体性的行动为主要行动取向或行动方式；第六，以本地网络作为主要的互动方式①。后来，吉登斯等指出共同体绝非指代一种个体的简单集合或汇总②，而是指"生活在特定区域内，共享着某种利益的一群人，他们彼此之间有全面的人际互动"③。换句话说，共同体即自然地生长在一起的而并非基于特定分工和为了完成某项任务才组织起来的行动单位，在其内部有自身组织之法和行动之法——约定俗成的惯例与机制。由此看来，共同体表现出功能的和精神的双重属性。首先，功能层面，共同体中稳定的熟人关系结构、习俗惯例系统、道德情感纽带及道义精神品质等作为社会机制为共同体及其内部个体提供发展的保障。其次，精神层面，共同体有特别属于自身的文化传统与象征符号、地方知识与生活经验、集体道德与伦理精

① 〔德〕斐迪南·滕尼斯：《共同体与社会》，张巍卓译，商务印书馆，2019，第445~468页。
② 〔英〕安东尼·吉登斯、〔英〕菲利普·萨顿：《社会学基本概念》，王修晓译，北京大学出版社，2019，第28页。
③ 〔英〕安东尼·吉登斯、〔英〕菲利普·萨顿：《社会学基本概念》，王修晓译，北京大学出版社，2019，第165页。

神、地方规范与法则体系。共同体成员对共同体保持高度的认同感、归属感和依赖感，为共同体的存续提供动力。共同体为共同体成员提供安全保障、情感依赖与精神归宿。

在我国的传统社会中，无论汉人乡村，还是少数民族乡村，其社群都是依附土地聚村而居，生于斯、长于斯、死于斯。这类乡村通常包含了滕尼斯描述的共同体基本要素。本质上说，传统的中国乡村是一种表现为"自然—社会—文化"闭合关系的真实存在，它以血缘、姻缘、地缘等社会关系网为核心情感纽带，以土地、牲畜、河流为传统生计基础，以家庭、家族、房族、宗族等为基本认同和行动单位，以基于这类单位衍生形成的道德观念、合作意识、集体精神、伦理秩序、礼俗传统等为灵魂与血脉。简单地说，它既是一种地域共同体①，也是一种经济生活共同体②，还是一种文化共同体③，具有物理基础、社会基础以及文化基础三重边界，即自然边界、社会边界及文化边界。就当前行政化的乡村单位而言，最清晰的边界便是行政区划界限，社会边界表现为社会（文化）确认、法律及户籍制度，文化边界则是一种共同的心态，表现在生活价值及生活面向等方面。④ 一般而言，个体成员在行动选择上通常不会违背乡村共同体的规范体系和整体利益，而通常会依附共同体生活。除行政化的区域边界和共同村籍身份之外，他们还具备相似的乡村生活价值与乡村生活面向。乡村共同体能为他们提供正常生存发展所需的相互依赖保障，将他们紧密团聚在一起，强化其内聚力。无论村民自治与生产互助，还是道德教化与社会教育，一般都要在共同体内部的规则体系和文化网络的规定范围内开展才具有现实意义。

当下，我国大多数乡村正处于转型与变迁的过程。这个过程既带来了让人欣慰的发展，也引起了使人忧心的问题。产生的问题因时间与空间各有不同，就乡村治理问题而言，如 20 世纪三四十年代之前主要是土地制度问题和基层秩序混乱问题。⑤ 20 世纪 40~80 年代，主要是现代国家政权建设与传统乡村制度变革之间的问题，即国家推动的系列政治运动、经济改革与文化

---

① 文军、吴越菲：《流失"村民"的村落：传统村落的转型及其乡村性反思——基于 15 个典型村落的经验研究》，《社会学研究》2017 年第 4 期。
② 项继权：《中国农村社区及共同体的转型与重建》，《华中师范大学学报》（人文社会科学版）2009 年第 3 期。
③ 季中扬、李静：《论城乡文化共同体的可能性及其建构路径》，《学海》2014 年第 6 期。
④ 贺雪峰：《新乡土中国》，北京大学出版社，2013，第 56~57 页。
⑤ 费孝通：《乡土重建》，岳麓书社，2012，第 35~44 页。

变革在较大程度上改变了乡村传统文化生存的物理基础和社会空间。80 年代以来，主要是流动性、市场、技术、城镇化、城市化引起的文化主体流失、乡村个体性与异质性增强、经济理性和契约精神的增长、乡村留守人群老龄化与幼儿化、熟人关系向半熟人关系转化、多元文化价值与原则的冲突①及传统村落的消失与终结②等问题。这些问题的出现，都表现出了一种共同倾向——传统遭遇破坏，但又未能建立起能够完全替代传统的新型机制。这些经验与教训警示我们，乡村建设不是"拆村"与"消村"，而是"改村"和"美村"。乡村治理的核心任务不是割裂乡村传统与现代技术的关系，而是构建能将传统结构与现实场景巧妙结合起来的文化衔接与整合机制。

就上述问题的改善或解决而言，前文所列各类彝族传统治理资源都能在不同层面发挥作用。首先，作为制度文化的家支组织在本质上就是以祖先崇拜为中心、以家支整体利益为意识取向核心、以血缘与姻缘等感情为基础、以毕摩文化为传统的情感共同体。又如德古、家支头人、其他长老及毕摩等土生土长的具有较强社会关联的传统权威，他们凭借自身拥有的德行威望与技术经验，发挥着一般村民不具备的自组织活力激发与资源调动配置作用。其次，信仰文化、节日文化、史诗经典等治理资源也各自通过神圣权威、集体欢腾、集体记忆及其他传统风俗等形式，丰富他们的文化生活内容与文化活动形式，传递着情感的、道德的、伦理的、义务的、友好的、团结的、集体的及互惠的价值观念与情感因素，能营造浓厚的文化生活氛围与和谐文明环境，强化以家支（家族）情感共同体为基础的地域共同体、文化共同体的形成与发展，激发乡村内生动能，助力新时代乡村的产业、文化、人才、生态及组织"五位一体"的全面振兴。而且，在大流动、大融合、大数据的开放时代，文化保持着交相融合、兼收并蓄、和谐共享的包容状态，以文化作为族际交互机制，能促进各民族交流交往交融的频繁和深入。即文化不仅是乡村共同体构建的纽带和机制，还是铸牢中华民族共同体意识的思想基础。

---

① 陆益龙：《后乡土中国》，商务印书馆，2017，第 7~10 页。
② 参见：李培林《巨变：村落的终结——都市里的村庄研究》，《中国社会科学》2002 年第1 期；李培林《村落的终结——羊城村的故事》，商务印书馆，2003；刘梦琴《村庄的终结：城中村及其改造研究》，中国农业出版社，2010；田毅鹏、韩丹《城市化与"村落终结"》，《吉林大学社会科学学报》2011 年第 2 期；刘杰《城乡结合部"村落终结"的难题》，《人文杂志》2012 年第 1 期；田毅鹏、张帆《城乡结合部"村落终结"体制性影响因素新探》，《社会科学战线》2016 年第 10 期；张勇、冯健《村落终结：快速城镇化进程中村庄的空心化与乡村性演化》，《城市发展研究》2017 年第 9 期。

第四章　创造性转化彝族传统治理资源的地方实践观察

虽然彝族传统治理资源曾遭遇过传承困境与延续危机，但是它并未因此全部被淘汰或完全消解，仍有许多生命力强大的经典元素没有完全被现代制度、社会机制、知识体系及技术手段替代。它们要么转化形态以新的形式呈现，要么从"公开剧本"转为"潜隐剧本"，其本身具有的道德精神及基本治理功能并未消失，而是基于其生存空间中人群的实践将其尽可能地与现代制度文本、价值理念、知识体系和技术手段嵌合，被纳入常规政治经济轨道，转向正式渠道，合理运用于地方自治组织的建设、乡村主体意识的培育、乡村治理机制的健全、良好乡风文明的创建及乡村经济产业的发展等领域，协同推进乡村治理体系与治理能力现代化。

第一节　辩证审视传统治理资源价值，重视传统与现代的耦合协作

彝族传统治理资源共享着中华民族的共有精神和中华文化的普遍特质，蕴含着与当代社会主义核心价值观相符的中华文明总体道德、集体意识、民主观念、礼制传统和法律精神。乡村振兴背景下，要贯彻"三治"融合的乡村治理理念，构建"三共"协同的乡村治理格局，它依旧存在彰显社会生命的广阔空间与深厚的现实社会基础。

一　彝族传统治理资源治理价值的认知共识

乡村治理行为体的权力保障和稳定需要系统的制度、机制和组织作为基

础，这种基础既包括国家宪法与法律允许范围内的自上而下的基层党政组织与村民自治组织，也包括构建地方文化网络的规范体系和民间组织。彝族传统治理资源由无形的伦理精神、道德意识、规范体系、信仰观念与有形的社会组织和组织化社群等构成。它是社会经验的长期积淀、集体选择和世代绵延的结果，符合本民族社会成员的基本生活方式，包含许多经典的模式化文化元素，凝聚着本民族社群的集体共识，既表达着他们的传统道德意识，也孕育着一定的传统法律精神与相对民主精神，对其本族社会成员的思想观念、道德修养、价值取向及行为选择等具有潜移默化的指引导向与规范作用。通常来说，优秀传统文化的价值、意义与功能没有严格的时间、空间来限定其边界，它孕育及表达的正向价值与社会功能并非只在传统社会发生作用。在当下，它们依旧具有不可替代或一时难以替代的优越之处。

无论学术研究层面，还是各地实践层面，皆呈现了彝族传统治理资源的特殊价值禀赋与现实社会功能。当然，其影响既有积极的，也有消极的。就前者而言，有利于弥补国家宏观顶层设计的不足，有利于超越跨文化鸿沟而避免更多不必要的社会对抗，有利于降低因政策下乡、制度下乡、法律下乡、项目下乡、人才下乡及文化下乡等制度安排与技术治理方式而产生的时间、人力、经济等成本。基于此，提倡尊重彝族传统治理资源的现实存在，在国家顶层设计与法律制度的指导、支持下，选择性地吸收其积极因素，以国家正式制度为指导与最终保障，地方政府、村民自治组织、传统精英及其他民间组织协同努力，推动其创造性转化与创新性发展，促进其与国家制度、治理技术的互动融通与耦合协作。关于后者，后文再述。此处主要呈现创造性转化与创新性发展彝族传统治理资源的地方实践经验。

二　彝族传统治理资源释放活力的社会基础

彝族传统治理资源存在释放活力的基本空间和发挥作用的社会基础，这是创新利用其助力乡村振兴与治理的基本前提。乡村振兴战略明确指出要积极发掘乡村优秀传统文化，激活乡村传统治理资源的内生活力，增强乡村内部的造血功能。这不仅是基于国家顶层设计难以针对我国各个乡村角落里的具体细节和可能出现的社会问题做出及时、全面和准确的研判，还与乡村传统治理资源不易受时空边界限制而表现出来的强韧社会生命、丰富价值及多元社会功能有关。以制度文化为例，作为一种既存社会事实，这是国家制度尚未全面进入之前彝族乡村社群集体意识的反映，是约束、监督其思想观念与社会行为的外在规范与行为准则。当下，仍属可以继续开发和创新利用的本土治理资源。传统制度文化体系中具有行为指导与规范作用的习惯法，对其社群成员具有潜移默化且深远持久的影响，他们对它具有强烈的认同感和自觉的依赖感。在中国社会的整体转型过程中，彝族乡村形态也不断发生转型与变迁，那些有悖于现代法治社会与现代人权人道主义精神的残酷暴力奖惩规定和观念早已退场，被选择留下来的多为和谐的、积极性的，仍然在其日常生活中发挥作用的部分。

以凉山彝族为例，其家支习惯法之于当地彝族社群的影响依旧不容小觑。目前，虽然我国不少乡村社会关系结构已从熟人模式走向半熟人模式甚至陌生模式，异质性色彩日益加重，但在许多彝族乡村尤其凉山彝区并非全部如此。实际上，凉山彝区大多乡村在较大程度上仍属相对传统的熟人关系模式，村庄社群仍是低头不见抬头见的熟人。在这种关系模式下，人情、面子及舆论等文化机制的影响力一如既往地深厚。当他们遇到一般纠纷时，往往不会轻易撕破脸皮去打官司。这既可能受传统的影响，也可能与乡村中的现代国家法治体系建设不健全和法治环境较差有关。如纠纷调解者与纠纷当事人的法治观念、法律意识、法律常识薄弱以及可能存在文化差异、语言鸿沟及司法成本高等。基于各种因素，他们通常会先选择传统纠纷调解方式来解决问题。只有这种方式无法及时有效地满足他们的诉求时，他们才会继续寻求法律援助。也就是说，即便现代法治正不断向乡村推进，传统纠纷调解机制仍旧存在作用基础。

无论乡民自身，还是基层部门，或是司法部门，优先选择传统纠纷调解机制实行自我调解，都能反映这种方式在整体意义上带来的积极效益，即在某种程度上降低解决纠纷需要消耗的时间成本、人力成本、经济成本。本书第二章呈现的相关数据与案例就显示，即使由各地法院审理的案件，也并非全部以国家法为唯一判定标准，而是在法律及制度的指导下，充分尊重当地民族风俗，寻求地方与国家之间交互链接的新型方式，探索既符合国家认同、主流价值及公共道德，又贴近地方传统的最佳路径。其逻辑进路有二：首先，将传统习惯法中的积极因素与国家法律互相结合，融入现代村民自治的村规民约，以新的形式呈现；其次，习惯法与国家法律的综合考量与有机结合，使纠纷的最终调解结果既不违背国家法，也贴近于当地传统，保证它在两种语境中的合法性与合理性都得到彰显。基于此，更鲜活地释放传统制度文化的现实活力，将坚守和实践传统制度文化的传统权威吸收纳入地方政府与基层自治组织，使其成为当下乡村治理行为体的关键构成要素。

第二节　上下合力重构乡村治理组织，
　　　　内外共联夯实乡村自治基础

要实现乡村振兴和治理有效，除基层党组织的统一领导和村"两委"的主体实践外，还需要其他社会组织类型的合力共谋、协同共治。在彝区，除了以血缘纽带为基础的家支（宗族）等核心认同与行动单位的长期延续之外，还产生了"民间德古协会""毕摩文化协会""老人协会""民间文艺表演队""民间歌舞艺术团"等延续传统制度与文化精神的新型民间组织。这里暂以凉山彝族家支组织及以其为基础形成的民间协会的创新利用为例，展示当地重构乡村传统组织的逻辑进路，其他类型后文再述。选取凉山彝族为阐述代表，主要源于当地彝族家支意识相对强烈。某种程度上，它能影响甚至决定着当地的基层政治生态。①

一　川、滇凉山彝族家支组织的结构变迁与现代转型

不同时空场景中的社会形态、国家制度安排与政策设计，总会在某种程度上推动或影响地方传统的变迁。作为一种历史悠久且具有鲜明地域特色的地方社群认同与行动单位，凉山彝族家支组织在国家政权更迭与社会结构转型的过程中处于不断变化调整的动态过程，其基本属性和结构形态随之呈现出某种程度上的时空差异性。在凉山彝区，直至当地彝族奴隶制度的破除才使其社会实现彻底的文明变革，开始向现代意义上的民主、平等、自治过渡和转型。就本书讨论的家支集体与家支个体之间的关系而言，其也在文明变革过程中不断调整状态。新中国成立以来，经历国家系列运动的整合之后，

---

① 相对而言，与贵州、云南地区相比，凉山彝族血缘家支的整体组织形态相对完整，文化特质格外突出，在现代乡村治理过程中的作用最为明显，案例也相对较多。基于此，在此关于彝族血缘家支组织创新利用实践案例的讨论大多以凉山彝族为主。

凉山彝族家支的社会功能在一定程度上被压缩和割裂。① 就其传统权威来说，他们受现代法理型支配权威的冲击而从乡村权力和权威的"中心位置"走向乡村自治的"辅助角色"。当地各大小家支间的来往及家支集体活动曾一度减少甚至停滞。改革开放以后，家庭联产承包责任制的出现为家支个体重新回归家支提供了契机，彼此间的依附关系又重新强化，家支的功能得以重组。与此同时，改革开放带来相对自由的社会流动及传统武士型社会塑造的勇于冒险的精神气质的双重作用，为凉山彝族青年带来前所未有的走出乡村、探寻新世界的现代机遇。

按理说，彝族青年能走出大山是一件值得欣慰的好事。不过，开放时代的社会流动也给他们中的不少人带来了难以预测的现代融入障碍与生存风险。作为都市"异乡人"，他们虽有敢于冒险的精神和勇气，但在这个新世界，其固有知识体系、思想观念、生产技术等并不足以作为其都市生活的资本，有时还可能成为其融入都市社会的障碍。由于缺乏现代文化知识与传统农耕生产之外的劳动技能，他们中的不少人一开始只能从事一些劳动技能相对粗糙且单一的工作。由于一时难以适应都市生活，无法享受与都市居民同等的权利、利益与福利，他们曾在一定时期处于现代都市社会的边缘位置。在此过程中，又因存在传统与现代之间的认知差异和缓解生活压力等多重因素，不少人沾染了毒品、感染艾滋病等。虽然如此，他们返乡后非但不会遭受歧视，反而会得到家支的集体援助。当然，这种援助并非给他们提供毒品，而是给予其精神回归与情感支持，帮助他们摆脱恶习、疾病与越轨行为。在此过程中，变迁中的家支集体与家支个体间的依附关系虽非持续增强状态，家支集体也不像传统时期对家支个体具有绝对操纵力，但其之间的关系并未断裂。综上，本书认为凉山彝族家支集体与个体间的关系经历了"依附—脱嵌—回归—互嵌"的历程。与李戬前些年的研究结论一样，即当下凉山彝族依旧保持着强烈的家支认同意识②，这是当地彝族代代相传的精神基础，不会轻易因国家化、现代化、城镇化及市场化等外力因素的渗透而消亡，它将家支成员紧紧凝聚在一起，仍是当地团结型乡村聚落结构的形塑机制及最有力的社会整合与群体团结机制。

① 毛呷呷：《凉山彝族家支与乡村治理研究——以凉山州昭觉县洒瓦洛且博村为个案》，西南民族大学博士学位论文，2019，第 1 页。
② 李戬：《传统与现代的协同：凉山彝族家支道德文化反毒品教育研究》，人民出版社，2018，第 47 页。

二 川、滇凉山彝族多元主体协同共治模式的探索与实践

传统乡村组织（如家支、家族、宗族等）也是当代乡村治理行为体的常见类型。在地方党政部门领导下，凉山彝区从当地人的社会生活与文化传统出发，通过国家治理技术加以改造，重塑着当地彝族乡村传统组织的基本功能，推动其结构与形态的现代转向，将其作为当代乡村治理的关键主体，不断夯实当地乡村自治基础。其中，关于彝族家支组织及其功能的整合重构与创新利用是当地的一项特色经验。在当地，形成了"支部+家支+协会"（传统+现代）的"一核三元多层"的乡村共治模式。该模式形成之初主要针对凉山彝区的毒品贩吸与艾滋病病毒感染等社会问题，后来也运用到对其他问题的治理上。

（一）川、滇凉山彝区的毒品与艾滋病问题

毒品与艾滋病曾是凉山彝区棘手又复杂的治理难题，其出现与形成是自然、历史、文化及社会等多重因素交织的结果。在清中后期，凉山彝区就开始沦为毒品重灾地。当时，鸦片曾成为当地黑彝奴隶主权贵享用的"奢侈品"，被赋予了与现代知识体系和认知分类不同的文化意义，将其与地位、尊严、面子、荣誉等符号联系在一起。他们曾将鸦片作为招待亲朋好友的"最佳物品"及表达酬谢的"珍贵礼品"，社会性地扩大了其渗透力度和传播范围。新中国成立之后，曾彻底消除了当地鸦片种植与吸食现象，但改革开放之后，当地又变成了海洛因等新型毒品贩运的"中转站"与"集散地"。如刘绍华的研究发现，由于海洛因与鸦片外形和当地历史命名相似，接触到海洛因的彝族青年赋予了其与鸦片同样的文化意义。[①]

起初由于流动的凉山彝族青年群体缺乏城市生存技能，无法获取充裕经济收入，涉毒之人常选择注射方式，且存在多人共用一支注射器的情况，因此引起了严重的艾滋病病毒感染问题。如 1995 年 6 月，凉山州在由云南遣返的吸毒人群中发现首例 HIV 感染者。不过，由于历史记忆与文化认知，他们并不因此觉得耻辱，有时还会将这段"冒险经历"视为具有"男子气概"的

---

① 刘绍华：《我的凉山兄弟：毒品、艾滋与流动青年》，中央编译出版社，2015，第84~85 页。

"勇敢行为",刘绍华将其喻为凉山彝族流动青年们的"扭曲新兴成年礼"①。也就是说,凉山彝区不少彝族青年的最初涉毒原因与其特殊的文化认知和城市经验相关联。② 2004 年开始,凉山州布拖、昭觉等地被国家禁毒委挂牌列为毒品重灾县。③ 近年来,通过中央政府、地方政府及民间力量的协同共治,昭觉、布拖等地脱下"毒帽"④。不过,部分地方毒情依旧严重。⑤ 图 4-1 中的相关数据及后文相关案例、研究成果就反映了凉山彝区长期存在的毒品与艾滋问题。

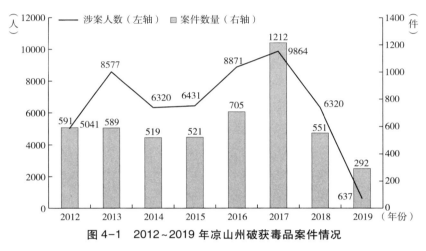

图 4-1　2012~2019 年凉山州破获毒品案件情况

资料来源:笔者根据相关报道和研究成果整理而成。

图 4-1 的数据显示:近年来,无论破获的毒品案件数量,还是抓获的涉案人数都呈波动趋势,数量偶加偶减,问题一直存在。其中,毒品案件以制造、走私、贩卖及运输毒品为主,吸食现象相对较少。据 2018 年的统计数据,此类案件约占据凉山全州毒品案件总数的 90%。贩运方式以网络贩卖和走私带货为主。除健硕青壮年外,孕妇、哺乳期妇女、残障人群、未成年人

① 刘绍华:《我的凉山兄弟:毒品、艾滋与流动青年》,中央编译出版社,2015,第 95 页。

② 李戬:《传统与现代的协同:凉山彝族家支道德文化反毒品教育研究》,人民出版社,2018,第 169 页。

③ 布拖为外流贩毒整治、昭觉为外流贩毒通报警示、越西为外流贩毒重点关注、雷波为非法种植毒品原植物重点关注地区。

④ 资料源于《凉山州政府工作报告(2021 年)》。

⑤ 聂敏宁、姜郑勇等:《凉山:严打毒品犯罪　开创禁毒新局面》,《人民法院报》2017 年 7 月 25 日,第 7 版。

及患有艾滋病等重大传染病和严重疾病的人等特殊人群也在贩毒行列。在有的村落，还形成了家庭化、家族化和网络化的毒品贩运规模与形式。①

在凉山彝区，毒品与艾滋往往相伴而行，绝大部分艾滋病患者都与毒品吸食有关。有研究数据显示，2005～2010年，当地HIV/AIDS发病例与死亡例不断上升，这种现象除与不卫生性行为有关，有64.1%的病例皆由共用毒品注射器引起。②数据如表4-1所示。

表4-1　2005～2010年凉山州艾滋病疫情变化趋势

单位：人

年份	发病例	死亡例
2005	352	2
2006	709	3
2007	1404	46
2008	1377	72
2009	3320	212
2010	2855	205

资料来源：周文瑞、孙雪《2010年凉山州艾滋病流行情况及防治现状调查》，《亚太传统医药》2011年第8期。

除了这组数据外，王科、余刚等人通过临床医学观察数据得出，2008～2014年凉山彝区的彝族艾滋病感染病例也处于上升趋势，病例构成特性如下：年龄特征上，20岁以下为母婴传播，20～50岁多为注射毒品感染，50岁以上多为性行为传播感染；性别特征上，男性多为毒品注射感染，女性多为异性传播。③2017年，杨淑娟等人对2011～2014年15～24岁凉山彝族青少

<hr>

① 廖天虎：《凉山彝族地区外流贩毒治理对策探究》，《四川警察学院学报》2019年第3期。
② 受传统文化观念的影响，凉山地区的彝族常常将"冒险"行为视为具有"男子气质"的"勇敢"和"英雄"行为，尤其在关于性生活上，不愿意使用安全套，安全套的使用率非常低，这就在一定程度上带来了性安全问题。杨义等与周如南研究发现，15～35岁年龄段人群中有多位性伴侣的人占66.7%，发生过偶遇性行为的人占75%，这些人中又常常认为使用安全套有悖于传统社会中"勇敢""冒险""强大"等彝族男子价值取向，这成为艾滋病毒毒品传播的一个重要途径。参见：杨义、吴春霖、刘鹏等《凉山州某县彝族村民偶遇性行为现状及其地理网络分析》，《预防医学情报杂志》2012年第3期；周如南《民族地区的艾滋病传播与防控——以凉山彝族地区艾滋病与地方社会文化调查为例》，《南京医科大学学报》（社会科学版）2012年第1期。
③ 王科等：《凉山州艾滋病感染相关特征随时间变化趋势》，《现代预防医学》2016年第16期。

年 HIV 新发感染监测分析，也发现了注射毒品是凉山州彝族青少年人群感染 HIV 的主要途径。[①] 同年，西昌市 HIV 病患主治医师肖琳等通过对 2009～2015 年凉山州彝族 HIV 病患率的分析得出相同结论，且概率高于其他彝区 6.38 倍之多，彝族感染者占全部病例 85% 以上。[②] 2019 年，王科等人又以布拖、甘洛、美姑、昭觉、金阳、西昌、越西等 7 个县 1900 名彝族 HIV 感染者为样本，研究发现共用针具注射和吸毒后性行为是感染 HIV 的主要因素。[③] 2020 年，杨琴等人通过对 496 例彝族 HIV 感染者的研究，发现男性感染者数量远高于女性，感染者多为年龄 30～40 岁的青壮年男性，且这些感染者大多有毒品注射史。[④] 同年，吴君梅等人以 2016～2017 年的 948 名 HIV 感染孕产妇为样本，发现有 908 例为彝族，占病例总人数的 95% 以上。[⑤] 至 2018 年底，凉山州还存有 HIV/AIDS 感染者 38345 例，为四川全省首位。[⑥] 2020 年，中国疾病预防控制中心的刘磊以 2018～2019 年凉山州 1325 例 HIV 患者为研究样本，发现仅有 32 例源于凉山州外，其他病例均源于本土。[⑦] 上述研究数据充分证明凉山彝族艾滋病高患病率与毒品注射有直接关系。此外，我们还了解到艾滋病感染的其他途径。若上述途径属于"无计划感染行为"，以下这个案例便属于"有计划感染行为"。该行为的发生主要源于当事人一味依赖国家提供给特殊群体的社会福利而不想通过自我劳动获取正当收入。这虽并非普遍现象，但也值得重视。

案例 4-1：我们在甘洛做工的时候，那边村子头（里）有些人不去做工，他们悄悄用注射器将得艾滋病的那些人的血传给自己，这样整（做）因

① 杨淑娟等：《四川省凉山彝族自治州 2011—2014 年 15～24 岁人群 HIV 新发感染监测分析》，《中国艾滋病性病》2017 年第 9 期。
② 肖琳等：《2009—2015 年凉山彝族自治州暗娼人群艾滋病哨点监测结果分析》，《中国艾滋病性病》2017 年第 12 期。
③ 王科等：《2017 年凉山州吸毒人群艾滋病等血源性疾病哨点监测结果分析》，《职业卫生与病伤》2019 年第 3 期。
④ 杨琴等：《凉山州某县彝族人群 HIV 与 HBV、HCV、TP 合并感染现状分析》，《检验医学与临床》2020 年第 8 期。
⑤ 吴君梅：《凉山州 2016—2017 年度 HIV 感染孕产妇孕期抗病毒治疗管理现状及影响因素》，《中国艾滋病性病》2020 年第 8 期。
⑥ 吉克春农等：《四川省凉山州彝族社区人群艾滋病哨点监测 HIV 感染情况及其影响因素分析》，《现代预防医学》2018 年第 8 期。
⑦ 刘磊：《四川凉山 HIV 传播来源和耐药毒株流行状况及分子传播网络调查研究》，中国疾病预防控制中心博士学位论文，2020。

为在那点（那里）得了这种病没法（能力）做活的人，每个月起码会得到政府的一两千（元）补贴，有些人就不想做工挣钱，就故意这样整（做）了嘛。①

毒品与艾滋病给人们带来的不仅是身体上的伤害，还可能引起土地撂荒、家庭经济消耗、社会越轨频发、家庭破败、道德观念弱化、伦理秩序丧失、空巢老人与留守儿童问题、代际教育问题及乡村整体社会秩序的和谐安全稳定隐患等社会问题。

（二）彝族"支部+家支+协会"治理模式的自主探索

毒品与艾滋病问题在凉山彝族乡村愈加严重，使其乡村"患了重病"。自 20 世纪 90 年代开始，不少具有反思意识与探索精神的乡村精英深谙其中苦楚。他们积极探索，制造抵抗"毒品恶魔"的"尖锐武器"，形成了具有当地特色的"抵抗艺术"和"治理智慧"。他们以家支为基本行动单位，自发成立了民间禁毒协会、民间德古协会等自治组织，与家支组织协同作用，共同铺设凉山彝区禁毒防艾之路，形成具有地域特色的以家支亲属关系为主轴的制度文化体系，"家支+协会"（或"家支+德古"，后同）模式就是当地禁毒防艾自觉行动与自救措施的初步探索。这种方式主要是利用彝族家支的强力控制作用、传统信仰文化的神性权威震慑及集体道德情感、荣誉感等精神力量来实施治理。

首先，家支是凉山彝族对吸毒者的集体戒毒监督机构和对贩毒者的强力惩治组织。在毒品侵袭严重的彝族乡村，他们常自发定期召开家支会议，通过家支成员的共同监督，在家支头人与毕摩的协力主持和组织下，为吸毒人员举行戒毒仪式，并以此为契机宣传毒品、艾滋病的危害，传递国家的禁毒防艾政策与法律知识。1997 年，昭觉县竹核乡大温泉村的阿牛看到村中不少人因注射毒品而感染艾滋病病毒，要么因此丧命，要么因此丧失劳力。此外，许多中青年女性也随夫涉毒，村里遗留的大多是劳动力弱和缺乏劳动力的老幼群体，造成许多土地无人耕种、病患无人照顾，甚至老人逝世无人埋葬的惨象，给村落卫生安全、经济生产、道德存续、伦理维系及秩序稳定等带来威胁。于是，他组织了 70 多名家支成员召开家支大会，制定家支规章，

---

① 访谈对象：MYF，男，彝族，45 岁。访谈地点：J 乡 BL 村。访谈时间：2019 年 10 月 18 日。

以开除家支作为对家支涉毒成员的惩罚，让所有在吸人员集体戒毒。① 他们在家支中挑选德高望重的长老、德古，与吸毒者的直系亲属共同作为其监督担保人，并签订担保责任协议书，及时为戒毒人员提供帮助。基于当地彝族的家支道德意识、集体荣誉及个体信誉等精神文化的影响，涉毒者为了维护家支荣誉、担保人的面子及自身信誉，也会极力配合家支戒毒工作。经过基层党组织的统一指导与村"两委"的组织实施，他们形成了"一对一""三帮一"② 的帮教责任制度，即通过签订责任书、明确帮教关系的形式，帮助、教育和监督三年之内经戒毒所、劳教所等机构教育和强制戒毒的吸毒人员，及时将其行动轨迹与相关情况上报，通过制度教育与地方帮教的协同共治形式，使其快速回归正常生活。③

其次，盟誓仪式是凉山彝族以神圣权威帮助吸毒人员坚定戒毒决心的重要方式。此仪式主要在德古与毕摩的协作下，通过家支习惯法、家支公共舆论与道德观念、信仰文化等制度的、情感的、道德的和精神的力量培育和铸牢涉毒人员自觉的责任意识，坚定其戒毒决心。各家支盟誓仪式大同小异，大体程序如下。第一，宣战环节，家支成员聚集在空旷之地，德古先向家支成员阐释毒品危害，表示要带领家支成员与毒品"恶魔"斗争到底。第二，献祭环节，由毕摩主持祭祖仪式，祈求家支祖先庇佑，邀请他们与后代一同监督和帮助涉毒人员早日戒毒。第三，立誓环节，现场宰杀猪、鸡，将其血滴进盛有酒水的碗里，称为"黑血酒"，让涉毒者饮下。他们一边喝酒，毕摩一边念经："喝了这碗神圣的酒，如果你要是再吸，你就会像我手中的鸡一样死去，永远不得回归祖灵之处。我们的祖先，让你孩子的眼睛比太阳亮，脑袋比石头硬吧。"饮毕，将碗摔碎，表示彻底告别毒品。第四，盟刻环节，德古在石头上刻一"十"字，代表永恒不变的承诺。举行这一盟誓仪式，不仅是让涉毒者坚定戒毒决心，还是祈求祖先与家支成员共同惩罚贩毒者、监督吸毒者。第五，转头环节，这是一种集诅咒、招魂及祈祷于一体的

---

① 李戬：《传统与现代的协同：凉山彝族家支道德文化反毒品教育研究》，人民出版社，2018，第97~98页。

② 所谓"一对一"即由家支中威望较高的老人或者党员监督戒毒者每月按时进行尿检复查；所谓"三帮一"即由一名共产党员、一名村干部以及一名家属共同帮助一名吸毒人员。

③ 李戬：《传统与现代的协同：凉山彝族家支道德文化反毒品教育研究》，人民出版社，2018，第106页。

仪式环节，目的是强化家支对吸毒者家庭的责任与义务。① 上述即凉山彝族禁毒盟誓仪式的大概程序。

最后，组建家支禁毒巡逻队、民间禁毒协会及家支联盟。随着毒品、艾滋病问题的愈加严峻及一些区域性新问题的出现，单靠传统的家支会议、盟誓仪式及单一家支力量已不足以应对新近出现的各种问题，于是当地又不断探索新的治理途径。组建家支禁毒巡逻队、民间禁毒协会及家支联盟便是重要创举。1995 年，四川凉山州昭觉县木哈村（化名）的 51 名家支头人商议，组建家支禁毒巡逻队，制定队伍工作制度，并签订禁毒防艾监督责任书，规定各家支每月及时向巡逻队汇报本家支具体状况。② 1997 年，昭觉县竹核乡、尔古乡两个乡组建了各自家支禁毒巡逻小队，实施 24 小时轮流巡逻监控，并在家支巡逻小队基础上联合两乡不同家支，组建了联乡民间禁毒协会。协会的成立超越了家支与村落边界，扩大了禁毒防控范围。本质上仍以家支关系为核心监督机制。1999 年 11 月 30 日，云南宁蒗县彝族学者嘉日姆几怀联合一名家支头人吉伙体子组建了由 9 名家支成员组成的民间禁毒协会，协会工作开销由家支筹资支持。协会会员有权追踪每位吸毒者，并走访提供帮助，对检举涉毒者予以 500 元的现金奖励。次日，他又邀请多名德古，为家支中的 20 多名吸毒者举行戒毒仪式，将其安置于家支指定戒毒场所集体戒毒，最终有 10 余人成功戒毒。2001 年 3 月 20 日，昭觉县尔古乡吾合村马曲家支头人联合尔古乡与竹核乡的乐伍、吉克、马海、尔几、加巴等几大家支共同组建了四川省首个经官方批准的民间禁毒组织，真正开创了"家支+协会"的模式。当天，共计 2000 多人在乡中心坝子召开大会，下至 10 多岁上至 50 多岁的与会村民在禁毒倡议书上签字按红手印。③ 2016 年，凉山州开始探索网格化家支联盟，即以地域紧连的数个乡村作为基本单位设置管理网格，每一网格中的各家支推选数十名能力突出和权威较高的代表，由他们组成家支联盟工作委员会。为强化家支联盟的监督管理，在每个网格内成立由各乡镇民政员担任主任的家支联盟工作监督办及由各村支书、村主任及村会计共同组成的家支共建工作协调小组，并制定相应工作章程，规范家支联盟

---

① 李戬：《传统与现代的协同：凉山彝族家支道德文化反毒品教育研究》，人民出版社，2018，第 112~113 页。

② 刘绍华：《我的凉山兄弟：艾滋、毒品与流动青年》，中央编译出版社，2015，第 116 页。

③ 拉姆：《凉山，正在远离毒品》，《中国民族》2015 年第 2 期。

的治理行为。同时，当地政府还为他们购买社会服务，予以制度和物质支持。① 可以说，凉山彝区关于传统乡村组织的创新利用实践，形成了以家支为纽带，村与村、家支与家支及地域与地域之间互相联盟、彼此监督和相互制约的协同共治模式。这种模式使毒品、艾滋病及其他问题的防治队伍不断扩充，防控治理范围也不断扩大。与作为乡村外力系统的政府部门相比，从内部联合发力更有利于第一时间发现和处理问题，尤其针对在乡与在村社群日常行为的监管效力强于乡村外力系统。

（三）川、滇彝族"支部+家支+协会"治理模式的官方推广

"家支+协会"模式在具体实践中取得了明显绩效。如竹核乡阿牛家支禁毒巡逻小队 1997 年成立，当年吸毒人员从 90 多人减至 4 人。又如庄孔韶也研究发现凉山彝族家支禁毒方式作用显著，他调查村落彝族在家支集体戒毒的作用下，成功率从 1999 年的 64% 提高到 2002 年的 87%。② 大体来说，2003 年以前四川凉山彝族乡村民间禁毒多属地方行动，其活动本身存在规范性及经费支持不足等问题，发展也曾遭遇挫折，甚至面临民间禁毒组织解散的危机。在云南，宁蒗彝区民间禁毒协会得到地方政府在制度上的认可和经济上的扶持，运行情况相对稳定，效果相对显著，受到官方肯定与重视。2003 年，时任中央社会治安综合治理委员会主任的罗干指出，要高度重视民间禁毒组织的成效，加以规范指导和积极推广。③ 这表明，作为地方自主行为结果的民间禁毒防艾组织是一种积极的进步创造。于是，自 2005 年开始，四川凉山彝区地方政府又重新认识到当地彝族家支组织与民间禁毒组织（巡逻小队、禁毒协会）的积极意义与重要价值。在当地各级党政部门支持下，"家支+协会"模式开始从地方性"民间行动"走向制度化"官方引导"，构成了彝族乡村中"民组官控"现代乡村治理行为体结构。通过民间力量与官方行政的耦合协作，发掘传统制度文化与精神文化的治理功能，规范队伍结构，完善组织形态，制定工作章程，健全制度体系，形成了"支部+家支+协

---

① 顾强：《深化彝区基层治理 凉山组建"家支联盟"机构11个》，《四川日报》2016年8月11日，第01版。

② 庄孔韶：《"虎日"的人类学发现与实践——兼论〈虎日〉影视人类学片的应用新方向》，《广西民族研究》2005年第2期。

③ 《凉山禁毒："支部加协会模式"禁毒好帮手》，四川新闻网，2007年6月26日，http://scnews.newssc.org/system/2007/06/26/010388121.shtml，最后访问日期：2020年11月25日。

会"（或"支部+家支+德古""支部+协会+德古"，后同）的"一核三元多层"协同共治模式。该模式的形成和完善强化了当地禁毒防艾监管防控，调动了当地彝族精英、普通社群参与禁毒防艾的自觉性、主动性与积极性。同时，重构了凉山彝族传统乡村组织的基本功能，弥补了民间力量单向度行动的不足，优化了当地乡村治理组织结构，夯实了乡村自治基础。

经过官方与民间合力共谋后的彝族乡村禁毒防艾组织变得更加组织化、制度化、规范化、标准化和纪律化。第一，组织成员有所扩充，在原来的彝族家支成员代表、德古、毕摩等自由联合体基础上增加了基层党政干部、工作带头人及社会积极分子（如退休干部、热心人士等）等。禁毒工作小组的组长为村支书，副组长为村主任，禁毒协会的会长由各家支长老继续担任。经过扩充，村民个体、小户家庭、权威主体、家支组织、党政部门、村委组织及社会力量等各类行为体间的协同性得到了一定强化。第二，组织领导核心发生转变，即从自组织转向以基层党组织为领导核心。基于成员的扩充，禁毒防艾工作小组成员的角色也多元化，层次结构和角色分工更加分明和清晰，协会开展的治理行动更具纪律性与组织性。[①] 第三，组织规章更加规范，重构后的组织以国家宪法、法律及禁毒条例等作为工作指导依据，明确了工作小组领导的产生办法和工作方法，规范了相关问题的处理办法，如除家支会议、神判仪式及盟誓仪式等传统监管机制之外，处理结果从"以言为据"到"以书为据"，即以协议合同形式作为最终确立结果。第四，工作任务更新拓展，除了加强对吸毒人员的监管与帮扶、对贩毒人员的惩治之外，还要在第一时间学习、了解并以彝汉双语形式灵活宣传与禁毒防艾相关的国家政策、法律规范，增强家支成员的禁毒防艾意识、法律知识、法制观念及法治意识。第五，与村一级组织协同指导彝族乡村特色经济产业发展，拓展村民经济收入渠道，增加村民总体经济收入，实施产业脱毒工作思路，减少因贫而涉险贩毒现象与问题的继续增加。

以昭觉县洒瓦洛且博村为例，该村于 2014 年 5 月成立了"支部+家支+协会"禁毒工作小组，组长为村支书莫色木支，副组长由村主任和文书共同担任，协会会长由该村所在行政乡四开乡的土比吉木、阿皮、吉史、莫色、孙子、布格、列来、吉克、沙马、阿车等各家支长老共同担任，监控范围覆

---

① 李戬：《传统与现代的协同：凉山彝族家支道德文化反毒品教育研究》，人民出版社，2018，第 120~121 页。

盖该乡 384 户人家 1586 人。同年 9 月，该村制定了禁毒小组工作章程（见表
4-2）。章程中指明了小组成员的职责分工，如乡党委与乡政府为指导核心与
战斗堡垒、党支部党员干部为骨干先锋、各家支与民间禁毒协会为基本依托
与主力军。此外，章程明确了小组成员的权利与义务，规定除监督家支涉毒
者之外，还要积极宣传国家政策与法律知识。依托这一协同共治机制，该村
在禁毒工作上取得了明显成效，2014～2016 年非但无新增涉毒人员，原有涉
毒人员数量也减少了 50%。[①]

表 4-2　昭觉县洒瓦洛且博村"支部+家支+协会"禁毒防艾工作章程

	第一章　总则
第 1 条	"支部+家支+协会"禁毒防艾工作模式，是在乡党委、政府的领导下，民众自发组织参与的民间行为。以乡村党员干部为骨干、各家支为依托，以抵制毒品、拒绝毒品、远离艾滋病为目的。家支管理和督促成员，形成全员参与、全民防毒抵制毒品的态势，开创彝区禁毒防艾新局面
第 2 条	"家支"禁毒防艾工作模式以宪法、法律的规定为准绳，活动开展必须依法依规，并贯彻执行各级政府禁毒防艾工作的决定
第 3 条	行动宗旨是依靠家族、服务民众，积极开展宣传教育活动，以构建全员、全天候的禁毒防艾格局。实现自我监督、自我约束、自我遵守的目标，在家族中开展"全民动员、铲除毒害、洁身自爱、远离艾滋"的家族禁毒防艾行动
	第二章　会员
第 4 条	家支成员，自愿参加本协会，承认本章程，拥护国家禁毒方针、政策，积极进行禁毒防艾，支持禁毒防艾工作，参与组织活动
第 5 条	会员权利：1. 选举权、被选举权和表决权；2. 参与禁毒防艾协会开展的各项禁毒防艾活动的权利；3. 对协会工作和活动的建议和批评权利，以及民主评议罢免或撤销不合格和失职的成员和协会领导的权利
第 6 条	会员义务：1. 遵守章程，尊重民间风俗，承担和进行禁毒防艾工作的义务；2. 主动学习法律法规、贯彻执行国家方针与政策的义务；3. 会员有退会自由
第 7 条	会员受到司法行政机关行政处罚，因犯罪被法律惩处或刑事处罚的，协会将取消其会员资格

[①]　毛呷呷：《凉山彝族家支与乡村治理研究——以凉山州昭觉县洒瓦洛且博村为例》，西南民族大学博士学位论文，2019。

续表

第三章	目标
第 8 条	在村落全域进行禁毒防艾宣传教育,传达宣传国家和职能部门的禁毒防艾决定。让家支充分认识毒品与艾滋病的危害性,充分利用彝族民间风俗传统,开展形式多样的禁毒防艾管控、预防活动
第 9 条	配合公安和司法部门,开展好禁毒防艾社会帮教管控工作,形成成员关注、家支参与的人民战争良好社会氛围
第 10 条	村民若了解或发现毒品交易或相关信息,及时报告协会,再报警处置。家支在掌握情况的基础上,严防外来毒品渗入,严禁家支成员涉毒。在家支内部形成拒毒整体态势,对吸毒的家支成员责令其戒毒,防止新吸毒人员产生,严控家支成员参与贩毒、吸毒、制毒
第 11 条	承担村"两委"和协会的其他社会性工作

第四章	任 务
第 12 条	如发现本家支内新产生吸毒、贩毒的,协会将报告村"两委",提请扣除该户所享受的低保、粮食直补、退耕还林等国家发放的补助资金及各项惠民政策,扣费作为"支部+协会"开展协会活动的经费,经费使用情况按月公示,接受村民监督。原有吸毒人员,一个月内自愿接受社区戒毒,并接受美沙酮维持治疗,将不会扣除所享受的任何惠民等政策。协会将对涉毒家庭考察评估 1~2 次/年,确已戒毒和无违法犯罪情况,经村"两委"审核同意,次年可发放各项补助等
第 13 条	对吸毒成瘾人员,家支协会将扭送戒毒所强制隔离戒毒。原有吸毒人员不接受社区戒毒,或继续吸毒被公安机关抓获,按"村规民约"扣除其家庭所享受的国家给予的各项惠民政策
第 14 条	家支成员有艾滋病病毒感染者,本人及其配偶、子女要及时接受医疗随访、抗病毒治疗、CD4 检测等关怀治疗。否则,将按"村规民约"扣除其家庭所享受的国家给予的各项惠民政策
第 15 条	家支参与贩毒的,由村"两委"扣除公安机关查证属实家庭的各项惠民政策,协会将依照家支习惯法,拒绝相关成员参与家支内社会活动,直至开除出家支
第 16 条	采用殴打、辱骂等形式对禁毒防艾协会及成员进行打击报复的,视违法情节移交公安机关、司法机关进行处理。情节严重的,开除出家支
第 17 条	作为协会成员违反本章程,知法犯法者,协会将依据本章程,对违反章程的会员采取强制措施

第五章	协会组织制度
第 18 条	"家族"禁毒防艾协会实行理事会负责制
第 19 条	理事会由家支头人、德古或家支内部推荐产生,设会长一名、副会长两名,任期三年
第 20 条	协会根据工作需要组织召开全体会议,对工作进行总结,安排部署新的禁毒防艾工作

续表

	第六章 经 费
第 21 条	协会经费来源为收取会员费，以及向家支和社会筹集
	第七章 附 则
第 22 条	本章程由"家族"禁毒防艾协会全体会员大会通过后生效
第 23 条	本章程未尽事宜由家族理事会负责解释

资料来源：毛呷呷《凉山彝族家支与乡村治理研究——以凉山州昭觉县洒瓦洛且博村为例》，西南民族大学博士学位论文，2019。

综上所述，川、滇彝区开创的"支部+家支+协会"（"传统+现代""国家+社会""正式制度+非正式制度""外化社会规范+内化精神意志"）的协同共治模式是一种具有地域特色与民族特性的关于彝族传统治理资源的创新利用实践。若要对其构成主体及其各自角色性质进行总体概括的话，主要表现为两个层面。第一，以基层党支部作为指导核心与坚强堡垒，代表的是党和国家意志，在其统一指导和带领下，充分调动彝族乡村的组织机构、制度机制、权威类型及精神文化等具有正向治理功能的传统治理资源要素，强化治理主体与治理机制的协同发力。第二，以国家政策、宪法、法律及相关制度文件等正式制度为彝族乡村治理行动的领航标，基于其引领和支持，不断激活非正式制度的社会生命，推动传统与现代两类治理资源的耦合协作。简单地说，这是一种由点到面、上下联动、内外合力、共同发力的协同共治模式，其实践思路构架大体如图 4-2 所示。

（四）川、滇彝族"支部+家支+协会"治理模式的实践成效

"支部+家支+协会"治理模式形成推广之后，与当地各级党政机构、司法机关、执法部门、治安体系等先后推行的"1+15+N 绿色家园建设工程"①、"2+3+X 社区禁毒模式"②、"1+M+N 人盯人送药到户，面对面看服下

---

① "1+15+N"，指依托州"绿色家园"建立 1 个综合性的州级过渡安置帮教基地，依托县市"小绿色家园"建立 15 个县级过渡安置帮教基地（盐源、木里除外）以及 N 个乡镇、街道办事处社区康复工作站，整体为戒毒康复人员提供法治宣传、法律咨询、法律援助、困难帮扶、心理辅导、就业支持等多类服务，帮助戒毒康复人员实现就业、正常回归社会生活。
② "2+3+X"：实行两年强制隔离戒毒，三年集中社区戒毒康复，X 年循环闭合。

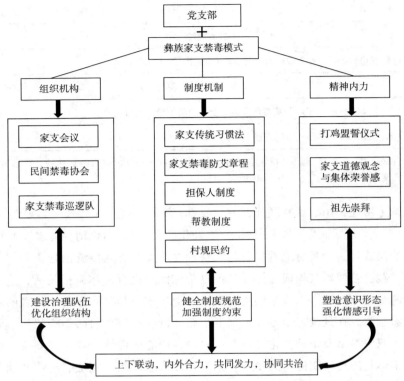

图4-2 凉山彝区"支部+家支+协会"协同共治模式构架示意

肚工作体系"①、"索玛花工程"②及"向阳花工程"③等构成了当地禁毒防艾工作机制和治理体系。如此,将传统秩序机制和现代治理技术有机结合,实现了官方行动与民间力量的共同发力,群防群控、协同共治,合力强化当地禁毒防艾工作的有效开展及其他治理活动的有序组织,实践效果显著。攀

---

① "1+M+N":"1"指各乡镇党委、政府主要领导、分管领导、艾防专职副书记等至少每个季度要与感染者见面一次;"M"指各乡镇卫生院负责人、艾防专职人员至少每两个月要与感染者见面一次;"N"指村医、艾防员、母婴员、村组干部、驻村工作队员等至少每个月要与感染者见面一次。

② "索玛花工程"是凉山彝族自治州公安局自主研发的一个关于外流犯罪监管的手机 App 软件平台。这个软件平台由用户注册、高危人员认领、走访记录采集、人员状态变更等几个模块构成。主要功能是通过对重点人员的摸排走访,对高危人员进行电子建档,形成定期走访、按时报告、随机尿检等记录,对脱管失控高危人员还可以实行轨迹分析,是加强对社区戒毒(康复)人员管控的有力手段。

③ "向阳花工程"是凉山地区自主研发的一个关于禁毒宣传教育的手机 App 平台,上线于 2019 年 9 月。

枝花市盐边县温泉乡曾是四川彝区禁毒重地，2017 年，该乡举行了家支聚会 30 余次，每次参会人数有 300 余人，共帮助 120 多人成功戒毒。至 2018 年，盐边县共有 47 个行政村推广了"支部+家支+协会"治理模式。[①] 其中，格萨拉彝族乡当年召开了家支会议 20 余次，累计 1000 余人次参加，帮教涉毒人员 100 余人。[②] 至 2020 年，昭觉共 271 个行政村 1753 个彝族家支组建了禁毒协会，涉及规模达 9.6 万户 15.2 万人之多。[③] 2018～2020 年，该县吸毒人数下降 40%以上，吸毒人员管控率达 98%以上。[④] 同时，该县建立了"绿色家园"戒毒康复社区 1 个、禁毒防艾教育基地 1 个、校园禁毒防艾微基地 66 个、乡村禁毒宣传阵地 265 个。经此实践，当地艾滋病抗病毒治疗覆盖率、检测率及有效率不断上升，母婴传播率不断下降。[⑤]

此外，凉山彝区常态化地将"支部+家支+协会"治理模式作为地方各级行政部门和基层组织开展禁毒防艾宣传教育及国家政策法律宣讲等活动的重要方法。凉山部分彝区实践该治理模式简要情况如表 4-3 所示。

表 4-3　2015～2020 年凉山部分彝区"支部+家支+协会"治理模式实践情况

地点		时间	活动情况
越西县	县文化广场	2015 年 12 月 17 日	召开禁毒防艾大会、举行盟誓仪式，动员其他社会力量共同参与毒品治理和防艾工作
	普雄镇贸易市场	2018 年 11 月	政府代表、公安机关代表、德古、家支长老及村民代表共同参加
昭觉县	玛增依乌乡石节子村	2015 年 8 月 3 日	全村 182 户 364 名村民共同参加禁毒防艾大会、盟誓仪式并签订《家庭禁毒承诺书》
	树坪乡	2016 年 8 月 5 日	召开禁毒防艾大会、举行盟誓仪式
	塘且乡	2016 年 12 月 1 日	召开禁毒防艾大会、举行盟誓仪式

① 钟振宇、李丹：《让村规民约更具生命力》，《四川日报》2019 年 1 月 14 日，第 9~11 版。
② 钱满：《格萨拉彝族乡：构建"支部+家族"禁毒模式，打赢这场"人民禁毒战役"》，盐边融媒微信公众号，https：//mp. weixin. qq. com/s/c2W_CB4yfMsUZHSoU4Aqmg? search_click_id=18406231724462115520-1709298553037-7674547265，最后访问日期：2020 年 11 月 25 日。
③ 蒋作平、肖林：《走进真实的四川凉山》，《小康》2018 年第 11 期。
④ 张崇宁：《昭觉：铁腕禁毒去标签　确保禁毒脱贫双"摘帽"》，《凉山日报》2020 年 10 月 21 日，第 A02 版。
⑤ 相关数据源于《2020 年昭觉县人民政府工作报告》。

续表

地点		时间	活动情况
昭觉县	特布洛乡谷莫村	2016 年 12 月 20 日	学习"昭觉县禁毒二十条"、落实 10 户联户网格化管理制度、举行念咒打鸡盟誓仪式、签订《拒毒承诺书》，共 300 多人参加
	比尔乡	2016 年 12 月 1～8 日	包括县乡党政干部代表、村一级干部、乡派出所干警、德古、家支长老及村民共 2200 多人共同参加禁毒防艾大会、举行盟誓仪式
	支尔莫乡	2017 年 11 月 14～16 日	5 村联合召开禁毒防艾大会、举行盟誓仪式
	谷曲乡	2018 年 6 月 26 日	乡党委书记、县法院院长，两村村干部、第一书记以及觉莫村和拉哈村的 200 多名家支代表参加禁毒防艾大会、盟誓仪式
	补约乡	2019 年 12 月 19 日	召开禁毒防艾大会、举行盟誓仪式
	宜牧地乡	2020 年 1 月 17 日	乡政府干部、县公安分局负责人及家支长老共同召开禁毒防艾大会、举行盟誓仪式
美姑县	县民族中学	2017 年 7 月 9 日	举行德古禁毒知识培训会暨禁毒防艾大会，县委政法委、宣传部、卫计局、司法局、民间德古文化协会、中国彝族谱系研究与传播中心负责人等共 300 余人参加
	牛牛坝乡阿波觉村	2018 年 4 月 12 日	包括村党支部、德古协会成员、毕摩以及村民代表在内的 400 多人，举行民间禁毒仪式
	牛牛坝乡四比齐村	2018 年 5 月 1 日	当地毕摩、德古、苏尼、村干部以及 416 户村民自发组织了禁毒防艾大会、盟誓仪式
	子威乡	2020 年 6 月 26 日	副县长、乡党委书记、子威乡党政领导班子、乡卫生院负责人、乡中学全校师生、各村村干部、村民代表等共计 1000 余人参加禁毒防艾宣讲活动

资料来源：凉山州各县人民政府官网、《凉山日报》。

当然，上述案例与数据并非实际发生事件的完全统计结果。不过，上述资料已经证明彝族传统治理资源的独特性与创造力能使其发挥特有功能。在地方党委机关的统筹指导、各级政府的组织安排及村民自治组织的具体实践下，凉山彝族传统社会组织的基本属性与结构形态发生了不同层面的变迁。

当下，它们仍旧不容轻视且是不可或缺的乡村治理行为体主力。

第三节　重塑乡村传统权威社会关联，创新优化彝族乡村共治机制

在当下中国乡村治理语境中，活动于不同领域、具有不同能力和掌握不同技术与资本的人是实现乡村治理有效的关键力量。习近平总书记曾提出："培养造就一支懂农业、爱农村、爱农民的'三农'工作队伍。"[①] 优秀的"三农"队伍不仅要懂农业、爱农村、爱农民，还要懂农村的文化网络、风俗习惯、规则体系，懂农民的基本诉求。要培养一支优秀的"三农"队伍，除了依靠科层干部及现代经济能人、知识分子、文化精英、法律明白人、退休干部等各类人才，还需要情感在乡、责任在乡及身体在乡的传统权威的积极参与，他们也是"三农"队伍建设不可或缺的人才类型。在彝族乡村，他们存在较强的社会关联，一般村民难以取代其地位、权威。在各地治理实践行动中，传统权威也不断得到重塑，成为当代彝族乡村治理人才队伍中的核心成员，与其他治理行为体互补，合力创建现代彝族乡村共治机制。

一　重塑乡村传统权威社会关联的社会基础

要在现代乡村治理语境下重塑乡村传统权威的社会关联，必然要有重塑的社会基础。它包括两个层面。首先，乡村中的内在基础，即他们在乡村内部的社会关系好坏与联结程度、关系构成的行动能力、公共生活的号召引领与凝聚组织作用、与科层干部群体的关系质量、沟通上下的联动能力。其次，乡村之外的社会基础，指党和国家的路线方针、政策规定、法律体系及其他制度规范对传统权威的态度、其社会行动的合法性与合理性基础等。

第一，就内在社会基础而言，无论乡村社会结构如何变迁，其乡土特性始终没有消失，传统的社会构架并未因现代性因素的介入而解体。如家支关系并未简单理性化，没有产生特别明显的疏离感。又如人们依旧关注德行、

---

① 习近平：《决胜全面建成小康社会 夺取新时代中国特色社会主义伟大胜利——在中国共产党第十九次全国代表大会上的报告》，《人民日报》2017年10月18日，第1版。

权威、贤能，重视人情、面子，强调大事化小、小事化了的理念。在这种社会环境中，传统权威依旧有生存空间和社会关联基础。

首先，作为传统支配权威的德古和毕摩，他们本身的角色性质与基本职能被其所在社群共同认可，他们凭借其传统身份角色位置、道德品质、人格魅力、实践经验、专业技术、文化知识及社会关系等获得社会威望与公信力，如德古熟悉习惯法，毕摩掌握传统信仰知识、技术与文化。他们掌握的知识与技能是普通村民缺乏的，当举行相关仪式或解决某种纠纷时，他们是仪式主持和问题处理的核心人物。同时，他们都是土生土长的乡村主体，熟悉乡村中的一草一木、人情世故、文化传统，理解自我文化群体的基本心态与行动逻辑，发挥着普通村民所不具备的社会关联作用，具备更突出的调动彝族乡村社群统一行动应对乡村公共问题的社会动员能力。具体来说，在参与乡村公共生活与公共事务管理、维护乡村公共利益与集体荣誉、带动乡村文化现代转型、重塑乡村公共道德与共享价值规范体系、增强乡村内生动力及实现乡村共同体团结等方面，他们都是关键主体和中间纽带。

其次，从其现实生境来看，在现代化进程中，围绕土地进行耕作的传统生产方式已不足以满足乡村民众的基本生活需求，他们对于新兴技术、新的物质需求、经济收入渠道及精神文化满怀憧憬，因而会带着多元诉求走出乡村。他们虽然并非永久离开，但也在事实上引起了部分传统精英流失、文化传承主体缺场、文化传承机制受到冲击、传统文化传承代际中断、传统道德精神淡化及乡村共同体秩序弱化等问题。在这些问题不断凸显的过程中，又没有在乡村中建立起能完全代替传统权威的治理机制，就会催生各种连锁问题。因此，这就需要重新审视并激活传统权威的社会关联与整合作用。

最后，在部分村落中，干群之间可能因某些误解和利益关系而存在某种隔阂，科层干部无法完全取代传统权威。在遇到纠纷时，依旧会有不少人愿意选择德古调解。在信仰仪式实践上，他们更加替代不了毕摩。在处理某些问题尤其是涉及土地等财产的时候，村民对于村干部的信任度可能不如对传统权威的信任度，作为科层权威的基层干部们有时可能还要求助于传统权威，在他们的协助下才能更妥善地处理好相应问题。在黔西北威宁 Y 镇 Y 村、F 乡 F 村和 B 乡 B 村调查时就发现了这种现象。在这几个村子中，村干部几乎都在短短两三年之内盖起新房，买了新车。村民们对此产生怀疑，猜测或直接认为他们"吃了"国家下拨"公款"。此外，在精准扶贫期间，这几个村都有产业扶贫资助款，大多通过无偿贷款形式资助贫困户养殖牛羊。

由于指标有限，并非所有人都能享受贷款。各种问题累积之下，他们认为村干部不公平，对其不信任。产生纠纷或遇到其他困难须与村委会交涉时，他们不愿与村干部直接沟通，而是请求村上老人为中间调解人或传话人。在此场景下，扎根乡土的传统权威便是科层权威的得力帮手。

第二，从乡村之外的社会基础来看，发挥传统权威关于乡村共同体建设与维系的功能具有国家层面的制度基础与政策支持。如 2014 年 9 月，中共中央就提倡要继承和弘扬乡贤文化，发挥乡贤的示范引领作用①。2015 年的中央一号文件明确指出要"创新乡贤文化，弘扬善行义举，以乡情乡愁为纽带吸引和凝聚各方人士支持家乡建设，传承乡村文明"②。2016 年全国两会发布的《国民经济和社会发展第十三个五年规划纲要》又提出要"培育文明乡风、优良家风、新乡贤文化"③。2018 年发布的《中共中央　国务院关于实施乡村振兴战略的意见》及《乡村振兴战略规划（2018—2022 年）》继续强调乡贤文化的全面盘活与创新利用。传统权威便是上述文件中指代的乡贤类型之一。在具体治理活动中，无论通过传统节日发挥人群凝聚与社会整合的作用，还是以传统文化作为乡村文化产业和旅游业等的开发资源，传统权威都是重要力量。

综上，无论从哪个层面，都表明彝族乡村传统权威依旧存在可重塑的社会基础。基于此，通过多元途径重塑传统权威的社会关联，对其加以创新性引导和创造性转化，将其吸收纳入现代乡村治理组织体系，可促进各地乡村治理人才组织结构的优化。

二　多元途径推进毕摩传承与培养，搭建毕摩参与乡村共治平台

毕摩不仅延续着其传统祭司角色，还是彝族文化生产创造、传承保护、诠释传播、创造性转化和创新性发展的精英代表。当前，我国各地以四川凉山美姑地区的毕摩数量最多，据 2007 年的统计数据，当时当地还有各种能力

---

① 《刘奇葆：创新发展乡贤文化》，人民网，http：//politics. people. com. cn/n/2014/0916/c1001-25673056. html，最后访问日期：2020 年 12 月 10 日。
② 《中共中央国务院印发〈关于加大改革创新力度加快农业现代化建设的若干意见〉》，《中华人民共和国国务院公报》2015 年第 5 期。
③ 《中华人民共和国国民经济和社会发展第十三个五年规划纲要》，《人民日报》2016 年 3 月 18 日，第 1 版。

层次的毕摩 8000 余名。^① 其中，仅有少数毕摩有能力从事大中型仪式。云南彝区毕摩现存数量次之，据 2017 年不完全统计数据，楚雄双柏一带仅有 480 余名。^② 玉溪市峨山一带仅 20 余名。^③ 贵州彝区毕摩数量最少，黔西北一带能独立从事完整仪式活动的彝族毕摩不足 50 人。^④ 由此可见，我国各地彝区都不同程度面临毕摩的代际衔接不足问题。基于此，加强彝族毕摩的培育保护与毕摩文化的传承发展成为各地创新利用彝族传统治理资源的基本前提。

（一）抢救保护毕摩文化遗产，申报毕摩文化非遗名录

"文化遗产保护运动"是拯救人类濒危文化遗产和探索多元文化并存的一种自觉实践行动，是国家和地方进行特殊文化资源展示及文化资本构建的重要方式。^⑤ 在"文化遗产保护运动"过程中，彝族传统文化也成为各地行政部门与民间精英进行特色文化展示与地方文化资本构建的重要资源，不断推动其"遗产化"。在关于彝族毕摩文化的保护上，上至国家文化部门，中至地方政府机构，下至学术研究组织及地方精英群体，他们协作普查、系统分析、层层申报，建立彝族毕摩文化遗产名录，给理论知识扎实、实践经验丰富、专业能力较强的毕摩授予相应的非物质文化遗产传承人级别资格。"毕摩诵经""毕摩音乐""彝族烟盒舞""十二兽舞""毕摩绘画""凉山彝族尼木措毕祭祀""彝族毕摩祭祀文化""大屯三官寨彝族祭祀""彝族毕摩习俗""阿细祭火""彝族祭祖灵""彝族祭山神""彝族祭龙""传统彝医药"等先后被申报为国家级、省级、州级、县级等非遗名录，每项名录都有相应传承人。某种程度上，虽然将传统"遗产化"难免会使其"成为一种标签化摆设"^⑥，但不可否认的是这能为非遗传承人及其他利益相关者带来特有的文化权利及无形荣誉称号，丰富其社会资本、文化资本和符号资本。

---

① 邓平模：《大凉山的毕摩故事》，《中国国家地理》，2007 年第 8 期。

② 苏轼冰：《双柏县大力传承彝族毕摩文化》，云南楚雄网，http：//www. chuxiong. cn/lyylpd/lyzx/850331. shtml，最后访问日期：2020 年 12 月 10 日。

③ 阿爵鸿州：《贵州毕摩学校滇南毕摩走访纪实》，彝族布摩学校微信公众号（yizubmxx），ht-tps：//mp. weixin. qq. com/s/Cz_Aun5ecPlOR5Ca03PYWg，最后访问日期：2020 年 12 月 13 日。

④ 数据资料源于田野访谈资料。访谈对象：威宁县 B 乡文化站 C 主任，男，36 岁，彝族。访谈地点：B 乡乡政府办公室。访谈时间：2019 年 6 月 18 日。

⑤ 杨正文：《文化遗产保护中民族与国家的诉求表述》，《西南民族大学学报》（人文社会科学版）2011 年第 6 期。

⑥ 赵旭东：《文化互惠与遗产观念——回到一种人群互动与自主的文化遗产观》，《民族艺术》2019 年第 2 期。

资本与符号的层叠附加不仅让他们继续保持传统权威和文化权利，还在一定程度上使其获得国家层面的资格认证与社会层面的尊敬推崇。在民族文化旅游及其他民族文化产业等市场空间，他们还能将其社会资本、文化资本及符号资本转化为经济资本，获取经济收益。此外，国家与社会赋予其符号资本与特殊权利，使其成为非遗传承人，意味着其肩负了更重的责任与更多的义务，有利于激发其传承保护与创新转化毕摩文化的积极性、自觉性与主动性。如国家级彝族毕摩非遗传承人普顺发、徐正权、曲比拉火和吉克伍沙等除从事仪式活动外，还长期致力于彝族古籍文献、毕摩经典及其他口头传统的收集、整理及翻译，坚持彝族传统文化的传承阵地。此外，省级、州级及县级的毕摩非遗传承人更不计其数。他们既是推动彝族传统文化传承保护与创新转化的核心主体，也是促进毕摩文化交流互动的关键媒介。

（二）强化毕摩职业技能培训，拓展毕摩文化传承路径

目前，彝族毕摩文化以多种路径进行传承。大体看来，主要表现为传统的父子传承、师徒传授及现代的组织培训及自媒体传播形式。前文已述传统形式，在此主要介绍现代方法。

现代组织培训主要表现为四种形式。

第一，由官方正式机构（如文旅厅、文旅局、民宗局、文化馆、文化办、非遗中心等文化部门）牵头组建的培训组织，如彝族毕摩文化传习所（基地、基站）、彝族毕摩协会等单位，由其常态性地开展彝族毕摩文化传承活动。1996年，美姑县成立"毕摩文化研究中心"（2004年改名为"中国彝族毕摩文化研究中心"），聘请了20位毕摩构成专家组，坚持"宣传和贯彻落实国家语言文字政策"、"抢救、保护、研究、开发彝族传统文化"及"弘扬彝族毕摩文化"的基本职责。研究中心定期召开彝族毕摩文化研讨会和举行毕摩技能培训活动。专家组成员承担着毕摩培养和毕摩文化传承的基本义务和责任，除履行职责内工作任务外，还以个人名义进行彝族毕摩文化的传承保护实践。曲比达戈就是典型代表，他在家开办彝文学校，培养了20余名学徒，积极向村里的不同年龄层次的人传授彝文。[1] 2000年3月，云南楚雄

---

① 邓平模：《大凉山的毕摩故事》，《中国国家地理》2007年第8期。

成立"彝族习俗传习所"。① 同年 12 月，又成立了以培养青年彝族毕摩为主要任务的市级"彝族毕摩协会"。2019 年 4 月，楚雄州文化馆非遗中心成立了云南首个公办"彝族毕摩文化传习所"，目的为加强彝族毕摩文化的系统研究和保障彝族毕摩传承人的后续培养与职业培训的常态化。② 当然，在其他彝区也有相应规模的文化传习所、传习班，其功能大体相似，兹不逐一列举。

第二，公办职业学校开展的职业技术教育。贵州是这种教育模式的主要阵地。2012 年，毕节市委、市政府和教育主管部门联合创办了"贵州省毕节彝文双语职业学校"。该学校起初由贵州省毕节市人大常委会主任、毕节市彝学会会长禄绍康自费创办，后改为公办职业学校，校址位于今贵州省威宁县滨海大道 777 号，为贵州暨全国唯一专业从事彝文古籍文献和毕摩经典教学与研究的中等职业学校。学校以"救书、救人、救学科"为基本宗旨，办学形式为公益办学。教学内容以彝族毕摩经文和彝文古籍的识别、整理、翻译和出版，彝族乐器、彝族歌舞艺术、彝族语言文字等为主，同时也开设国学教育、思想政治、计算机、汉语写作、景区导游、经营管理、酒店服务等课程。③ 教学方式以课堂理论教学与田野实践操作相结合。课堂之余，任课教师经常组织学生搜集彝文古籍经典，拯救濒危彝文古籍文献资料。三年学习考核成绩合格之后，便可颁授"中等职业教育毕业证书"和"布摩证书"，证书如图 4-3 所示。

图 4-3　贵州省毕节彝文双语职业学校颁发的"中等职业教育毕业证书"和"布摩证书"

资料来源：贵州省毕节彝文双语职业学校微信公众号"彝族布摩学校"，https：//mp. weixin. qq. com/s/A77eTbQV9OIUsvW9QJWOaQ。

---

① 《毕摩》，楚雄彝族自治州人民政府网，2015 年 4 月 8 日，http：//www. cxz. gov. cn/info/1231/9803. htm，最后访问日期：2020 年 12 月 13 日。
② 吕谨：《楚雄彝族毕摩文化传习所成立》，《云南日报》2019 年 4 月 4 日，第 6 版。
③ 相关资料源于《贵州省毕节彝文双语职业学校 2020 年招生简章》。

虽然这种教育形式的学习周期不短，但也存在弊端，如难让学生在具体仪式中参与观察和深度体验，难以真正学到精湛的仪式法器、道具的制作技术和具备轻松应对各种仪式的丰富经验、深厚功底和足够能力。不过，它确实培养了一批具有彝文的识别与使用，彝文古籍的翻译解读、整理分析和系统研究等基本理论素养和文化实践能力的彝族文化精英，为彝族传统文化的传承保护、创新性利用和创造性转化培育了后备力量，他们掌握了传统毕摩缺乏的现代技术与文化知识。此外，学校还承担着国家政策宣传、法律宣讲、地方乡村振兴人才培养等重要任务。如自 2016 年开始，每年寒暑假期间，学校都会举行"威宁县贫困村致富带头人培训工作"。每个假期培训 4 期，每期培训人数为 200 人左右。

图 4-4　贵州省毕节彝文双语职业学校 2019 年获得"布摩证书"的毕业生

资料来源：贵州省毕节彝文双语职业学校官方微信公众号"彝族布摩学校"，https：//mp. weixin. qq. com/s/D8CZq8Pppi3_pu3XZPuE4g。

第三，由地方文化部门，各级别、各类型的彝族毕摩文化研究组织及学术研究机构（如各省、市、县级的彝学会、毕摩文化协会、高校单位等）定期举行的常态化但短期性的毕摩文化水平测试、彝语测试、彝文学习培训专班及毕摩专题文化研讨班等。1982 年，云南楚雄州召开首届彝族毕摩座谈会，将彝族毕摩认定为"彝族古文化知识分子"，其间成立了"楚雄彝族毕摩文化研究所"。1988 年 11 月、2003 年 12 月、2008 年 12 月又分别举行了三次毕摩座谈会，并从第三次座谈会开始决定给参加座谈和培训的毕摩发放结业资格证书。第四次时，来自全州 10 个县的 260 多名毕摩参加了座谈会，有

211 人获得了官方"专业资格认证",成为"持证上岗"的"职业祭司"。同时,还联合中央民族大学、云南民族大学、西南民族大学等高校开设彝文学习专班,在楚雄各地开办彝汉双语教学试点班,推进彝文的可持续传承和传承群体年轻化。① 2014 年 11 月,楚雄武定县举办彝族毕摩文化培训专班,共有 16 名毕摩参加了此次培训。同年,云南楚雄双柏县又举行了毕摩培训专班,并成立了"双柏县彝族毕摩文化协会"。自 2016 年开始,乐山市峨边县定期开展每年一次的彝族毕摩联谊座谈会暨彝文化培训会。2017 年 4 月 22 日,四川省首届彝族毕摩测试培训专班在西昌市举办,来自黔西北及凉山本地的 20 余名毕摩参加了此次培训。培训结束之后,也为他们发放了"毕摩资格证书",予以其专业等级认定。② 虽然理论上彝族毕摩文化不能如同一般语言水平测评和能力考试那样予以专业等级认定,但是事实上举办彝族毕摩文化培训专班有利于整合各地彝族毕摩文化精英,加强对他们的了解、保护及数据化、科学化管理、监督。

第四,由被列为非遗传承人的毕摩开设的毕摩文化传习所,该形式不同于官方开设的传习所(基地、基站)及传统"师徒授受"模式,具有"半官方性"和"半民间性"。"半官方性"指毕摩被官方认定为非遗传承人后,他们不仅享有传统毕摩缺乏的符号资本,还能得到相应补贴,如相关部门可能会在其开办传习所时提供物力、财力、人力及技术等支持。因此,他们履行的义务和承担的责任的面向范围就不仅在"地方",还包括赋予其符号、技术与物资的"官方"。他们培养传承人的意愿不仅出于个体自觉,还在一定程度上表现为强制性和制度性的责任。未进入非遗名录体系的毕摩收徒传授则多源于个体自觉。"半民间性"指作为非遗传承人的毕摩虽然承担着一定责任和义务,但他们在传承和创新毕摩文化之时一般不会受到官方的强制性干预和限制,因此具有"半民间"性质。

自媒体传播主要表现为个体行为。这种行为的发生有时源于自觉行为,有时基于官方激励。2021 年春节期间,贵州省文化和旅游厅与非遗中心联合开展"贵州非遗抖起来"短视频话题挑战赛,鼓励使用抖音 App 拍摄短视频

① 《毕摩》,楚雄彝族自治州人民政府网,http://www.cxz.gov.cn/info/1231/9803.htm,最后访问日期:2020 年 12 月 13 日。

② 米赢:《我省首届毕摩测试培训班开班,毕摩要"持证上岗"》,凉山州人民政府官网,http://lsz.gov.cn/jrls/gzdt/bmdt/201704/t/20170426_567653.html,最后访问日期:2020 年 12 月 13 日。

参加比赛。该比赛设置了四类奖项，包括一等奖（奖杯+奖金5000元+奖证）、二等奖（奖杯+奖金3000元+奖证）、三等奖（奖杯+奖金2000元+奖证）和优秀奖（价值500元纪念品+奖证）。①毫无疑问，有奖竞赛形式能有效激励人们自觉参与传统文化的自媒体传承与传播行动。可以说，自媒体时代人人都是信息的生产者与传递者、文化的展示者和传播者，人与人之间的线上互动与信息传递实现了跨越时间和空间的转变。即使是普通村民，他们皆可通过具备连接网络数据功能的自媒体机器接触乡村之外的多元文化。

在彝族乡村，就有一些毕摩利用自媒体工具传承和传播彝族毕摩文化。在抖音平台，"查尔木嘎"（网名）以短视频形式将自己主持的人生礼仪、祈福仪式等拍摄展示出来，拥有了4500余名粉丝，这些粉丝既有彝族网友，也有其他民族身份之人。又如"吉克毕摩十三代"也经常通过抖音App分享他所在区域的彝族毕摩文化，拥有3100余名粉丝。再如"毕摩神医起富荣"也将其掌握的各种毕摩经书、法器及从事的仪式活动以短视频形式呈现出来，拥有了1800余名粉丝。②相似案例不胜枚举，与大网红相比，他们的粉丝数并不算多，但与传统时期相比，他们之于彝族毕摩文化的传播范围与接触对象的拓展都是空前的。即使短视频形式无法完整呈现毕摩文化的整体形态，但至少开辟了其传承延续和展示传播的新空间。

综上所述，关于彝族毕摩及其文化传承保护的当下实践表现出如下特征。

第一，"官方"与"民间"的共谋行动。上至官方部门，中至地方组织，下至地方个体，都在时空允许条件下利用现有资源、技术等探索彝族毕摩的培养培训及毕摩文化的持续传承、创新发展的多元途径和多样方式。特别是官方部门、地方组织推行的制度化手段赋予了彝族毕摩及其从事仪式活动在现代语境中的合法化、规范化、专业化和职业化。

第二，跨区域的文化整合和文化交融。各地通过定期召开毕摩文化座谈会、研讨会和成立毕摩文化协会等民间组织的方式，促进了不同彝族支系毕摩之间的交流、互动与合作，共同致力于毕摩经典及彝文古籍的广泛搜集、准确翻译、系统整理、深度诠释和公开出版等，强化彝族毕摩文化的可持续传承、有效保护、创造性转化及创新性发展。同时，也直接或间接地推动不

---

① 资料源于"非遗过大年，文化进万家"——首届"贵州非遗抖起来"短视频话题挑战赛宣传海报。

② 上述数据资料源于抖音App平台，最后访问日期：2019年12月26日。

同彝族支系群体间的交往交流交融。

第三，推动毕摩传统职能的现代转化。每次座谈、研讨及培训等大多是在各地各级党委、政府部门的指导下开展，宣传国家大政方针、民族理论、民族政策、社会主义法治观念及法律知识等都是活动的重要内容，一定程度上潜移默化地培育和铸牢参加者对祖国、中华民族、中华文化、中国共产党及中国特色社会主义的认同意识。在活动结束后，他们"持证上岗"，可能也会将其学到的新技能、新感受、新思想、新价值观等传递给仪式参与者。

（三）吸收毕摩参与乡村治理，搭建毕摩共治参与平台

毕摩不仅在"支部+家支+协会"共治模式中发挥其特有的乡村治理价值，还可能是各地老人协会、红白理事协会、乡贤理事会、农民夜校、乡村道德讲堂、民间艺术表演队、乡村法治宣讲团等现代乡村组织的核心成员。如在贵州盘州 Y 乡 M 村和黔西北 B 乡 B 村，毕摩就是当地老人协会及红白理事协会的组织成员。除了在特定仪式场景中从事仪式实践和文化展演之外，他们还经常参与乡村民事纠纷化解事务，案例 2-12、案例 2-13 就是例证。又如云南牟定县依托当地包括毕摩在内的 200 多名民间文化精英、70 多个老年协会、140 多个彝族左脚舞文艺表演队，成立了 69 个少数民族乡村法治宣讲团，其中县级 1 个、乡级 7 个、村级 61 个。他们与当地法律能人、公安人员、基层干部等多次协同开展送法下乡活动。① 他们在宣讲团扮演着语言的翻译者、经典的诠释者、史诗的传唱者、仪式的主持者等角色，能从彝族史诗、神话传说、传世经典、民间故事等传统治理资源中发掘与所宣讲内容的思想观念与本质内涵相近的族群记忆，传递给缺乏汉语言听说能力或汉语能力较弱的彝族村民，充当族际文化的翻译者和诠释者、法治思想的解释者和传递者。再如在川、滇凉山彝区，毕摩在盟誓仪式和神判仪式中发挥纠纷调解作用，这种作用被延续到"支部+家支+协会"治理模式。此外，他们还在地方政府的领导组织下参与地方思想宣传与文化展示等的阵地建设，如参与彝汉双语宣传展板的设计与使用、搜集彝文传世经典及编写农民教育读本等。

不仅如此，毕摩还是当下彝族乡村文化产业发展的重要参与主体，尤其

---

① 中共云南省委政法委员会：《彝族左脚舞宣传〈民法典〉普法跳出牟定 style》，云南政法网，http://www.zfw.yn.gov.cn/dfpd/202009/t20200918_1025964.htm，最后访问日期：2020 年 12 月 22 日。

在乡村旅游、文化产业、传统医药等方面。他们既是开发参与者，也是被开发的资源和资本。在"官方"与"民间"共谋的产业开发与文化展示活动中，缺少不了他们的积极参与。如 2014 年 11 月 17~18 日，美姑县以"毕摩文化"为主题举办了"中国·美姑首届毕摩文化节"，将毕摩文化资源转化为旅游开发资本。又如 2019 年"尼姆·约纱茨"活动期间，有 200 多名毕摩参加了此次活动。① 诸如此类，都是毕摩参与彝族乡村产业发展与文化展示的重要实践表现。

三 多种方式强化德古规范与转型，构建德古参与乡村共治机制

以最低成本、最高效率化解纠纷是稳定乡村秩序的关键。在中国乡村治理实践中，整合道德意识与法律精神于一体的民间纠纷调解制度长期受到人们的关注和讨论。陆益龙通过对 G 省一个乡村邻里由房屋排水沟等问题引发纠纷及解决完整过程的观察指出："多元与增效之间有时并不存在必然联系，甚至多种不同纠纷解决机制之间有时会相互冲突。"② 于是，他提出要在结构上使多种主体、多方力量、多种资源、多种方法整合在一起，形成一种合力机制。也就是要广泛动员社会各方力量，协同参与、一致应对公共问题，构建共建共治的治理机制，弥补单一治理机制的不足，防范民间纠纷的异化现象和秩序风险等加剧。③ 事实上，这一倡议在许多民族地区已在广泛实践。就彝族乡村而言，以四川凉山彝区的实践案例最具代表性。当然，滇、黔等地彝区也有类似做法。因此，本节主要论述四川凉山彝区经验，也兼述滇、黔等地的类似做法。

在凉山彝区，除了组建政策宣传队、法律宣讲团等开展政策下乡、送法下乡等工作外，还延续着当地彝族传统纠纷调解机制。这种选择既有国家政策的指导，也有社会环境的支持，还符合地方社群的需求。在乡村，人们通常会因为建房、土地、作物、蔬菜、家禽、家畜、环境、交通、婚姻家庭等日常琐事而发生各种口角与纠纷。在凉山彝区，当地彝族产生纠纷时，多乐

① 龙雪琴：《"尼姆·约沙茨"：高山彝人的另一个狂欢节，大美彝风——美姑 2019 年诺苏文化旅游节暨第六届"尼姆·约纱茨"民俗活动盛大举行》，《凉山日报》2019 年 7 月 24 日，第 A08 版。
② 陆益龙：《乡村民间纠纷的异化及其治理路径》，《中国社会科学》2019 年第 10 期。
③ 陆益龙：《乡村民间纠纷的异化及其治理路径》，《中国社会科学》2019 年第 10 期。

意首选传统方式解决，只有少数人会直接诉诸法律。在传统纠纷调解机制中，德古是纠纷调解的主体角色。不管是过去还是当下，除严重的刑事案件之外，在一般民事纠纷的处理上，他们依旧是当地纠纷化解的主力。① 不可否认，若完全按传统形式解决，难免会引发某些问题，如可能会出现不加区分地依赖习惯法规定而忽略国家法的现象。又如不少德古缺乏现代法律知识、法治意识与法治思维，在调解过程中出现与法律规定不符的行为和调解结果。再如德古的综合素质参差不齐，可能会出现部分德古只顾自身及地方利益而偏袒一方，或出现同地方行政、司法、执法等力量相互对抗的现象。② 基于此，当地官方部门在加强对彝族德古摸底调查与吸收利用的同时，也不断强化关于他们的制度化规范和法治化引导。这有利于促进传统道德意识与现代法律精神的互嵌共融、传统制度文化与现代法治体系的良性互动以及凉山彝族传统制度文化的现代转型。

（一）加强彝族德古调查发掘，强化德古人力资源整合

要盘活彝族乡村传统权威，优化乡村治理人才队伍，就要先对现存传统权威进行发掘整合和统筹规划。这是对其开展现代化培训、组织化管理的前提基础。1995 年，凉山州越西县较早开始了对当地彝族德古的普查工作，针对熟悉习惯法与地方知识、胆量与见识过人、聪明灵活、公正无私、调解经验丰富、思维逻辑清晰、辩解能力强且具有较高威望的彝族德古进行摸底调查，系统搜集与分析整理他们的有效调解案例。之后，这项工作在四川彝区各市、县及乡村先后推广开展，如昭觉县（2002 年）、布拖县（2004 年）、石棉县（2006 年）、峨边县（2007 年）及冕宁县（2011 年）都先后开展了这项工作。经过系统深入的调查，将所调查的彝族德古登记造册，为将其纳入统一管理规范体系，使其组织化、有序化做准备。

（二）组建专业德古联合组织，加强德古职业素养教育

首先，组建一批相对专业的现代彝族德古联合组织是川、滇彝区彝族德古创新利用的普遍方式。在相关党政部门的统一指导下，自州、市、县、乡（镇）至村，纷纷成立各个级别的民间德古协会、民间德古工作室、德古宣

---

① 张邦铺：《彝族习惯法及调解机制研究》，法律出版社，2016，第 143 页。
② 张邦铺：《彝族习惯法及调解机制研究》，法律出版社，2016，第 172 页。

讲团、德古大讲堂等现代彝族德古联合组织。在有的地区，除德古之外，联合组织还加入了现代法律精英，如雷波县彝族德古协会就有 5 名专职律师、1 名法律援助及 1 名仲裁员。① 以此方式将传统权威与现代法律精英集合于一个联合组织，有利于推动各地彝族德古资源的有效整合、强化他们与其他治理行为体的经验交流与文化互动。如马边县（2013 年）、峨边县（2015 年）、西昌市（2016 年）、雷波县（2017 年）、昭觉县（2017 年）、美姑县（2017 年）及石棉县（2018 年）等地先后成立了民间德古文化协会及德古工作室，并系统收集整理了他们的有效调解案例，总结其成功经验，形成了具有彝族特色的如"隔离调解法"（与传统背对背方式相似）及"依法依俗调解法"等民间纠纷调解方法。

其次，强化彝族德古的规范管理和加强德古职业素养教育。组建了一个组织，必然要有与之相关的制度规范体系与监督管理机制，以此加强组织的再组织化、规范化、有序化及专业化。同时，还要通过系统的法制教育与业务培训来强化组织工作的程序化、标准化、制度化与合法化。各地德古文化协会和德古工作室自成立之后，就不断建立健全与德古的产生考核、管理监督、进入退出、工作职能、工作方法等有关的制度规章、纪律条例及工作办法等。如凉山州在《中华人民共和国宪法》和《中华人民共和国民族区域自治法》的规定范围内，科学分析和发掘传统习惯法中的积极因素，制定了系列州、县、乡级关于德古及其工作规范的制度文本，严格规范着彝族德古协会、讲堂、宣讲团等组织的管理，促进彝族习惯法与国家法、传统权威与现代精英的良性互动，保证他们在开展纠纷调解时有法可依、有章可循，保障其调解行为、程序与结果的合法性、科学性与合理性。同时，依托农民夜校、道德讲堂、节日庆典等机制或平台，定期开展各种规模和特定形式的职业教育与培训活动，实施法律法规、政治理论、形势政策、纠纷调解文书制作、德古调解知识与技能等专项培训，更新他们的调解观念，增强其现代法律知识、法治观念及法律意识，强化其依法调解原则意识，规定其调解范围、保障其基本资格、明确其权利义务、规范其调解程序及提升其职业素养、调解技术、道德素养和调解能力等（详见附录中附件 2-1）。笔者将昭觉、雷波、美姑、越西、会理、喜德及布拖等地近年关于彝族德古的部分职

① 韩以瓦、韩朝春：《雷波县加强矛盾纠纷调处工作》，凉山新闻网，https://www.ls666.com/html/2021-06/20/content_80241.html，最后访问日期：2021 年 7 月 23 日。

业培训活动的简要情况整理如表 4-4 所示。

表 4-4　近年四川凉山部分彝区的德古职业培训活动

单位：人

培训地点		时间	人数	培训内容
昭觉县	县人民法院	2015 年 10 月 16～17 日	60	《人民调解法》、德古工作职能
	比尔乡、竹核乡、四开乡、解放乡、古里乡、俄尔乡等	2017 年 3 月 20 日至 4 月 28 日	2123	《人民调解法》《德古调解工作守则》《德古管理制度》《德古考核实施办法》《德古星级评定实施办法》
	县司法局	2017 年 12 月 26 日	51	《德古管理制度》《德古调解工作守则》《德古协会章程》《德古协会选举办法》
	新城镇、竹核乡、比尔乡、四开乡、解放乡、且莫乡等	2018 年 5 月 7 日至 6 月 12 日	643	《人民调解法》《德古管理制度》《德古调解工作守则》以及国家政策、法律和德古调解业务知识
	四开乡	2018 年 8 月 13 日	——	强调德古标准、德古调解工作方法
	县司法局	2019 年 4 月 26 日	21	交通事故纠纷调解培训
雷波县	帝祥酒店	2018 年 11 月 12 日	100	《宪法》《凉山州自治条例》《德古调解协会选举办法（草案）》
	县司法局	2016 年 12 月 18 日	180	《人民调解法》《民法通则》以及民间德古调解技能与业务培训
美姑县	县人民法院	2020 年 7 月 28 日	20	《民法典》、德古调解工作职能
	县卫生健康局	2020 年 12 月 17 日	100	艾滋病传染途径与防控知识、国家法律法规和政策等
越西县	县司法局	2018 年 12 月 10 日	30	《人民调解法》
会理县	县人民法院	2015 年 11 月 11 日	71	德古作为人民陪审员的工作职能
喜德县	县人民法院和县司法局	2014 年	160	《民事诉讼法》《婚姻法》《人民调解法》《民法典》《侵权责任法》《物权法》等

培训地点		时间	人数	培训内容
布拖县	布拖中学	2018 年 5 月 11 日	—	德古业务培训，发放人民调解员证书，讨论乡风文明建设等
	各乡镇	2019 年	570	德古参与纠纷调解、开展移风易俗、倡导现代文明新风尚等

资料来源：凉山州各县人民政府官网、《凉山日报》、《四川日报》。

（三）健全德古工作激励机制，激发德古共治参与热情

除了加强彝族德古的监督管理、工作规范及职业素养教育，培育其参与乡村治理的自觉意识与主体意识，激发其参与乡村治理的实践热情，增强其乡村自治活力外，还需要系统的、科学的鼓励措施和奖励机制。在凉山彝区，大体实施着三种关于彝族德古参与乡村治理的奖励措施。第一，"固定收入"的保障形式，即每月给予被聘请为人民调解员的彝族德古固定报酬，这相当于他们的"月薪"，如美姑县就在本县 27 个乡镇聘请了彝族德古作为综治调解员，将其纳入村级第四职干部管理，每月给予其 980 元的固定薪金。第二，"以奖代补"的个案补贴。即按照德古参与调解的个案数量予以现金奖励。事实上彝族德古并不像编制内的工作人员一样享有丰富的福利待遇，也不是所有地区的德古都会像美姑县那样有固定收入。要激发其热情，需要有一定的利益吸引。对参与并成功调解纠纷的德古予以现金奖励，实行个案补贴，保证他们参与纠纷调解应享有的基本福利。这既是对他们的奖励，也是其务工补贴。西昌市 2020 年上半年的数据显示，符合凉山州制定的德古参与民间纠纷调解补贴条件的有 1336 件纠纷，参与调解的德古有 146 名，为其发放的奖补金额共计 17.475 万元人民币。[①] 第三，"评优评级"，即通过评分考核的方式来进行"调委会评星"评选和"调解员定级"等，从"服务态度、仪容仪表、责任意识、专业素质、调解水平、廉洁程度"等维度对德古进行定级评选，有的以分数为标准，有的以星级为依据。前者，每次案件结束之后德古协会的打分占 80%，当事人的打分占 20%，分三个等级，80 分以

---

① 西昌市政法委：《落实"以奖代补"机制 夯实人民调解基础》，四川凉山长安网，http://www.liangshanpeace.gov.cn/dtj/20200929/2328265.html，2020 年 9 月 29 日，最后访问日期：2021 年 7 月 23 日。

上为优秀，60~80分为合格，60分以下为不合格，若调解过程中引发不良现象，每次扣10分，连续三次不合格便开除协会。后者，三星级为最高评价，一星级为最低评价，并根据其星级评定予以荣誉和物质奖励。如甘洛县尼尔觉乡的木乃以布凭借其调解能力和成果，被授予"全国模范人民调解员"荣誉称号。又如表4-4反映了四川凉山彝族自治州部分地区每年德古职业培训期间或德古参与治理活动过程中都会公开评选，评定"德古先进个人"，给予其物质和荣誉奖励。

（四）搭建德古参与治理平台，创建彝族乡村共治模式

无论是关于德古的广泛调查与系统整合，还是关于其组织化与规范化，或是监督管理与鼓励奖励，目的都是将其合理、合法、合情地吸纳到当地乡村共治机制中，发挥其特有治理价值。在实施上述实践过程中，各地也在搭建彝族德古等传统权威的乡村共治参与平台。在凉山彝区，主要表现为两个方面：参与彝族乡村纠纷共治机制建设和参与彝族乡村乡风文明与法治建设。

1. 参与彝族乡村纠纷共治机制建设

第一，构建"三方联动机制"，实施检调对接①，创建乡村纠纷共治模式，创新乡村纠纷调解方式。这一举措主要是关于彝族乡村"德古+法律"（"德治+法治"）法治建设思路的具体落实。"三方联动机制"指基于"法律顾问+德古调解+法律明白人"这一主体结构形成的"司法仲裁+人民调解+行政调解"的对接联动调解机制。大概从2004年开始，四川彝区各级人民法院就开始探索"德古+法律"的乡村法治建设思路，经过"民主推荐、角色认定、资质再造、组织定位、依法调解、定期考核"的程序挑选出彝汉双语能力强、社会权威高、法律知识水平高、法治意识强的德古，聘请他们为"人民调解员"或各级法院"特邀人民陪审员"。以此形式，将其融入彝族乡村法治体系，与现代法律精英、党政干部一同构成彝族乡村三方联动的大调解机制。如至2020年1月，雷波县、昭觉县、峨边县分别有291名、118名、54名彝族德古被聘为当地人民调解员。总的来说，这种方式既是从技术层面

---

① 所谓"检调对接"就是监察机关在依法履行法律监督职能的同时，注重诉讼与调解两种纠纷解决的途径与方法上的沟通、衔接与互动；在法律规定的框架内，以法院为主导，多元主体共同参与诉讼与调解，依托社会矛盾纠纷大调解机制，有效化解检察环节各类矛盾纠纷的工作机制，其强调和谐司法的理念。

强化彝族传统制度文化与现代国家法律文化、传统纠纷调解手段与现代法律
仲裁技术等互动合作的具体过程，也是其最终结果。

第二，创建"四级调解网络"，建设"四级预警机制"，扩大人民调解覆
盖面，形成上下互通、左右互联的预警机制和调解格局。"四级调解网络"
指以乡镇和社区为中心，由县、乡（镇）、村及小组等各级行政单位构成县
司法局主管、乡镇司法所协管、村"两委"监督及彝族德古调解小组具体负
责的四级调解网络。每级调解网络设立了调解中心，调解中心设有彝族德古
调解员。"四级预警机制"是由乡人民调解中心、乡镇德古联络员、村调解
委员会及村民小组构成，每月一次及重大节庆和敏感时期进行纠纷排查，一
旦发现纠纷，乡镇德古联络员就要第一时间赶到现场调解，并将具体情况上
报至德古协会，防止事态扩大。德古协会成员需定期进入乡村了解情况。这
种举措，有利于最大限度扩大人民调解组织的覆盖面，以最快速度和最高效
率解决纠纷。至 2014 年，凉山州就已建立了县级调解委员会及乡镇德古调解
委员会 1083 个，当年纠纷调解成功率达 96.9%。① 在这个体系中，德古不仅
是各类纠纷调解小组成员，还是彝族乡村民生保障与政策落实的"生活明白
人"。他们践行小事不出组、矛盾不出村、问题不上交和有事先商量、有事
好商量、有事多商量的"枫桥经验"。

2. 参与彝族乡村乡风文明与法治建设

第一，关于移风易俗乡规民约的制定与落实。德古在彝族乡村中具有超
众的社会关联性与社会动员力，他们不仅参与乡村纠纷共治机制建设，还是
彝族乡村移风易俗的主力军，扮演着乡风文明建设监督员的重要角色。高价
彩礼、高额仪式消费、人情铺张、酗酒等问题是四川彝区长期存在的普遍问
题，是当下当地开展移风易俗、建设良好乡风文明要重点解决的问题。这些
问题若没有得到有效解决，就可能带来姻亲情感的弱化、婚姻缔结的市场
化、人际关系的契约化、人际往来的功利化、为取得高额彩礼而冒险从事非
法高收益工作及加剧婚姻家庭矛盾等社会问题。针对四川彝区存在的高价彩
礼和人情铺张等问题，除了相关的制度引导之外，还要发挥地方力量推行本
土化治理，保持其基本生活秩序。基于此，四川彝区各地彝族德古协会组
织，融合彝族传统习惯法与"国家软法"（国家相关文件或意见等），制定符

---

① 邓军、唐万贵：《凉山：今年调解纠纷 7585 件化解率 96.9%》，四川凉山长安网，http：//
www. liangshanpeace. gov. cn/dtj/20141128/991518. html，最后访问日期：2020 年 12 月
13 日。

合地方情况的关于移风易俗的乡规民约，作为其有序开展移风易俗工作的制度性基础，也为当地惩罚违反相关乡规民约者提供处罚依据。

2012年3月8日，来自美姑与昭觉的300多名德古与家支代表在美姑巴普镇环城路旁，针对两县彝族高价彩礼问题进行商讨，签订了一份关于婚嫁礼金的协议，规定"女儿出嫁所有礼金在2万元之内，外甥女出嫁，舅舅礼金不得超过3500元"①。会议结束之后，与会德古和家支代表便回村将协议规定落实。2018年5月24日，美姑德古文化协会针对该县近年彝族彩礼与仪式消费等的数额变迁情况，研究制定了《美姑县德古文化协会关于在婚丧习俗中习惯的规定》（见表4-5）。2019年1月3日，协会根据《中共中央国务院关于坚持农业农村优先发展做好"三农"工作的若干意见》② 中关于乡村风俗变革等规定，制定了《美姑县德古文化协会关于婚姻彩礼和丧事赶礼限额的决议》（见表4-6）。

表4-5　美姑县德古文化协会关于在婚丧习俗中习惯的规定

款序	条款内容
第一条	丧葬场所禁止燃放烟花，违者处以五千元罚款 。
第二条	岳父母去世时，女婿家带牛不得超过两头，违者处以一万元罚款。
第三条	关于婚姻身价钱，没有工作的限在十万元以内，有工作的限在二十万元以内。违者，男、女双方各处一万元罚款。
第四条	出现违反以上规定的情况时，由古候曲涅管理小组派监督人员处理落实，如处理过程中出现有人死给监督人员情况，监督人员不赔偿人命金，但违反本规定的当事者该处罚的照样处罚，绝不迁就。
第五条	以上规定由二〇一八年五月二十四日古候曲涅管理小组共同研究决定，二〇一八年六月十七日起正式生效，大家都要按规定办事。

资料来源：笔者根据田野调查资料整理所得。

表4-6　美姑县德古文化协会关于婚姻彩礼和丧事赶礼限额的决议

款序	条款内容
第一条	婚姻彩礼金定为农村6万~10万元，机关单位10万~20万元 。

---

① 蔡富莲、米伍作：《当代凉山彝族血缘家支与传统习惯法研究》，民族出版社，2014，第289~290页。

② 《中共中央 国务院关于坚持农业农村优先发展做好"三农"工作的若干意见》，《中华人民共和国国务院公报》2019年第7期。

款序	条款内容
第二条	结婚时给礼金 2.3 万元，包括舅家礼金 3500 元。舅家伴友礼金 500 元，伯叔礼金 3000 元，管家礼金 2500 元，姨表兄弟礼金 1000 元，伴郎礼金 500 元，报喜礼金 1000 元，娘家哥礼金 1000 元。二回门礼金 3000 元，姊妹礼金 2000 元，其他礼金 2000 元，家族礼金 3000 元。
第三条	再婚女儿出嫁时礼金定为 3000 元。
第四条	媒人介绍费 2000 元。媒人需在婚前带男女双方去婚检，不婚检不能结婚。如婚后发现女方有艾滋病，女方不得再以任何理由找男方赔偿，互不赔偿，自动解除婚姻。如婚后发现男方有艾滋病，女方家退还婚姻彩礼金后，男方不能找女方任何麻烦，女方自由嫁人。
第五条	男方送给女方的婚服钱 5000 元。
第六条	男方送给新娘回去时约拉古约①2 只大阉绵羊或者现金 5000 元。
第七条	男方结婚时所需一切费用（如餐费、车费、住宿费、酒水钱、做豆腐等）定为 2 万元。
第八条	离婚，农村女方赔给男方所需费用不得超过 15 万元，如果调解超过 15 万元，超过部分由调解者赔偿，并从本协会中除名，取消案件调解资格，拐妻、弃妻另作处理。
第九条	以上决议各家支必须认真宣传，严格遵守，如有违反者严肃处理。

注："约拉古约"为四川凉山彝族语言的汉字谐音，"约拉古"的汉译之意为"回门"，"约"的汉译之意为"羊"，合起来的"约拉古约"即"羊回门"之意。这是当地彝族婚礼的最后一个仪式程序，即在新娘回门之时，男方要带两只羊前往新娘家送给新娘的父母当作礼物。

资料来源：笔者根据田野调查资料整理所得。

2012 年时，马边县彝族德古文化协会对该县彝族人口较多的 15 个乡 60 多个行政村的 80 多名村干部、3 万多名村民调查了解之后，经由全县 380 多名德古代表的讨论，制定通过了《马边彝族自治县彝族民间习俗传承规范标准》（以下简称《标准》），该标准对当地彝族葬礼中的"赶牛"数量、婚姻聘礼嫁妆、媒人介绍费、人情礼金数额、身体伤害与死给命案赔偿金及该德古文化协会的组织构架和职责分工做了具体规定，详见附录中附件 2-2。

就婚嫁彩礼而言，《标准》中提出要将马边彝族彩礼数额限定于 7 万元人民币以内，提出了违反规定的惩罚规则，如第四条第 4 款："如果任何一方违背本规定项目和标准给付或收取礼金，必须承担以下责任：（1）协会将由违规者承担赔偿举办高石头会议的所有开支，共计人民币 10 万元；（2）将由违规者赔偿在同一时段内举办婚礼的全县所有遵守本规定的家庭因其违规所造成的损失。每户按损失人民币 5 万元计算，有多少户就由违规者赔偿多少户。"① 虽然当时并未严格按预期控制在 6 万~7 万元，但也在事实

① 《马边彝族自治县彝族民间习俗传承规范标准》第四条第 4 款，详见附录中附件 2-2。

上取得了一定成效，如在 2012~2018 年，马边县彝族葬礼上的"赶牛"数量就有明显减少，彩礼平均数额大体维持在 8 万元以内。不过，2018 年之后，又逐渐飙升到了 10 万元以上。① 为防止彩礼数额继续不健康地上涨，马边县彝族德古文化协会于 2019 年 3 月 8 日至 4 月 8 日，对全县彝族人口最多的 18 个乡镇开展了为期 1 个月的社会调查。调查结束之后，再次召开德古会议，在 2012 年所制定的《标准》基础之上对其做了更新和调整，于 2019 年 4 月 13 日重新制定了《凉山州马边县彝族民间德古协会关于控制民间婚姻聘金规定》，内容如表 4-7 所列。

表 4-7　《凉山州马边县彝族民间德古协会关于控制民间婚姻聘金规定》

款序	条款内容
第一条	凡学历在高中以下（含高中）的女子，出嫁的礼金不得超过 7 万元。媒人钱 1200 元、舅舅钱 4800 元、幺爸钱 4700 元、族叔钱 4600 元、伴娘钱 1200 元、步行钱 300 元、家族代表 300 元、伴郎 200 元、夫弟 100 元、定亲 2000 元、嫁妆 1500 元、回门金 900 元。
第二条	媒人不得为学历在高中（含高中）以下、礼金超过 7 万元的女子做媒人。
第三条	如果媒人参与介绍学历为高中（含高中）以下、礼金超过 7 万元的女子，所造成的一切后果由媒人负责。
第四条	如果嫁娶双方邀请县外人士参与介绍学历在高中（含高中）以下、礼金超过 7 万元的女子，则由娶方家庭承担应负的一切责任。
第五条	礼金低于 7 万元的婚姻不限制底数，提倡越低越好；低聘金是对出嫁女孩群体的最好保护，是全民共同的愿望。
第六条	学历在高中以上的女子的出嫁聘金标准，等待上级有关部门进行规范，上级部门的规范我们将全力支持和服从。
第七条	没有媒人介入的婚姻嫁娶，其聘金给予情况，不属于协会干涉的范畴。
第八条	本县范围内的彝族与外县的通婚嫁娶，一律统一按本县规范的标准履行，绝不允许特殊化。
第九条	本规范执行期间，如有隐瞒、欺骗现象，一旦发现，必须从重处理，欺骗者就要承担其隐瞒事件的翻倍的赔付责任。
第十条	执行时间施行后，无论有什么因素，在规范执行时间内统一都按规范标准执行，没有特殊。

资料来源：笔者根据田野调查资料整理所得。

---

① 马边彝族民间德古文化协会：《规范控制彝区婚姻高聘金调查报告（2019-4-13）》，央古书布微信公众号（yanggushubu），https：//mp. weixin. qq. com/s/7UewnwxfyF mPMjH-MXXJfQw，最后访问日期：2020 年 12 月 20 日。

2016 年时，乐山市峨边县成立了"民间社会管理创新联盟"，彝族德古也是该联盟的核心成员，他们在其中承担着联合当地各家支代表共同监督村落风俗变革的责任，负责纠正各种高价彩礼及其他仪式性消费等问题。[1] 为了减少移风易俗过程中村民群体与实施者之间的情感对抗，增强彼此间的信任和维护友好情感，当地实施了"德古 + 亲情"的"亲情工作法"。同时，为支持当地彝族德古开展亲情式移风易俗工作，县政府设立了"亲情工作基金"，每年下拨 100 万元的资金作为当地各村移风易俗的保障经费。当年，该县觉莫乡马鞍村的彝族德古兼村支书利用县政府下拨的亲情工作基金购买了 100 套桌椅，免费用作村民举行婚丧大事时的公共餐桌，以此方式引导该村彝族饮食习惯从传统的"坐地而食"向"围桌而坐"转变。同时，该村的村规民约倡导村民在举办婚丧等重大人生礼仪庆典时，乡、村干部需代表乡政府、村"两委""赶礼"（送礼金）慰问，以此拉近村干部与村民之间的距离。不过，"赶礼"数额须在 50~200 元，其他村民也要尽量在此范围之内"赶礼"，引导该村仪式消费场合中人情往来的正常化转变。[2]

在贵州盘州 Y 乡 M 村，虽没有与凉山彝族德古一样称呼的人，但也存在类似德古这种传统权威的家族长老，他们是当下 M 村"老人协会"和"红白理事协会"的主要成员。在该村，他们同样比大多数年轻基层干部们具有更强的社会关联性和社会动员力，也时常参与该村公共事务决策、公共事务管理与公共秩序维护等活动。正因为有了他们的拥护支持和主动发挥带头作用，该村的移风易俗才从遭遇群体性抵抗转为被大多数村民理解和接受。在移风易俗实施之前，与川、滇等地彝族一样，M 村及其周边的彝族丧葬习俗规定逝者的每个女儿及外甥一家都要"拉牛"为其献祭，且献祭牺牲数量多，规模庞大。虽然这是他们互惠文化逻辑的实践表达，有利于其群体情感凝聚，但对于一些经济贫困的家庭来说，这种消费难免会成为一笔沉重负担。为落实关于移风易俗的国家政策，改良传统风俗、革除弊端，该村的村规民约第七条第 2 款中规定："不准操办婚丧嫁娶酒以外的酒席。符合操办的民约提倡节俭，禁止燃放烟花，反对大操大办。"第七条第 3 款规定："家

---

[1] 峨边县纪委：《峨边：移旧俗换新约 寓廉洁于新风》，峨边彝族自治县纪委官网，http://www.jlh.gov.cn/news/showat/article_5298.html，最后访问日期：2020 年 12 月 20 日。

[2] 吴亚飞、刘若辰：《彝区新风从这里吹来》，原载《四川日报》，转引自四川省人民政府官网，https://www.sc.gov.cn/10462/10778/10876/2016/11/11/10403705.shtml，最后访问日期：2020 年 12 月 21 日。

中老人去世，不能大操大办，一般第一个老人去世一切从简，不办酒席，只准招待帮忙邻里与亲友。第二个老人去世时才能一起办理酒席。"①。这一规定刚提出时，村民们对此并不理解，一时难以接受，在推行过程中，曾一度遭遇他们的反对和抵抗。经各家族长老、村干部、老人协会、红白理事协会等治理行为体的协同努力，他们小心走访、积极宣讲、细心解释、带头示范，最终才有序、有效施行。

案例 4-2：我们规定了办酒（席）的桌数和人数。像我们彝族习俗是有老人不在（去世）了就会有姑娘、儿子还有外甥这些拉牛来，每家拉一头，有时候还相互攀比，最后有些吃也吃不完，有些浪费。现在就是哪个最亲哪个拉，好了很多。还有以前办酒（席）比现在多一些，现在规定了办得少了，只有结婚的时候和老人去世的时候有。像一家有两个老人，只准办一台酒（席），要等第二个老人去世了才一起办。一开始村民不太愿意按照协会规定的来办，说是违背孝道，就不太认同，不过时间长了大家也晓得这样很浪费，条件不好的家庭也负担重，后来嘛村里好多老人就自己带头交接（交代）他们儿子姑娘要这样搞，慢慢地大家就开始认识到规定的好处了。现在基本形成常规，大家认同了。②

案例 4-3：像白喜（丧事）老人不在了，他们给我们讲是这样子，六七十岁的老人去世，不能在当年搞（办丧事），要两个人（都去世了）才准办一次，第二个老人去的时候才可以，不然是要罚款的，这个是合理的。我们参加了老年人协会（老人协会）和红白喜会（红白理事会），和他们（老人协会、红白理事会成员）的不一样，我们要带头，不然他们不服。我们看到，之前有些办的是劳民伤财，经济浪费多，又耽搁人家忙事情，做一场法事要耽搁几百个工，麻烦啊，之前好多人就是罚款也挡不住，后来慢慢就好了。③

上述案例都是彝族乡村传统权威参与重塑乡村道德价值、建设良好乡风文明的实践展示。这种实践方式，为当下我国彝族乡村治理体系的健全稳定提供了历史养分和社会基础。

---

① 《盘州市 Y 乡 M 村村规民约》，参见附录中附件 3-1。
② 访谈对象：Y 乡 M 村村主任 YEL，男，34 岁，彝族。访谈地点：M 村村委会。访谈时间：2019 年 7 月 3 日。
③ 访谈对象：Y 乡 M 村村民 DGY（该村老人协会、红白理事协会成员），男，65 岁，彝族。访谈地点：M 村 DGY 家。访谈时间：2019 年 7 月 3 日。

第二，参与彝族乡村移风易俗、法律培训和政策宣讲等活动。在川、滇、黔各彝区，德古及与之角色性质相近的寨老、家族长老等除了参与相关制度规约的制定与落实之外，在接受了系统性的培训教育之后，他们还积极参与禁毒防艾、婚丧消费、卫生健康等移风易俗宣讲活动。他们参与的宣讲活动既有官方的，也有民间的，不过总体以官方行动为主，也有少数民间自觉行为。官方形式指州、市、乡等各级党政和行政部门组织开展的由相关科层干部、专业精英及德古等传统权威共同参加的关于国家政策、法律知识及主流价值观的集体宣讲活动。民间自觉行为则是由彝族德古及其他乡村权威、现代精英等自发举行的宣传活动。总体来说，中小学校、农民夜校、专题讲座、乡规宣讲队、法治宣讲团、道德讲堂、乡村文化艺术团、乡村文艺表演队、院坝会、座谈会等是各地彝族乡村移风易俗宣讲的常见平台或机制，宣讲形式包括乡村广播宣传、面对面围坐宣讲、歌舞文艺表演、小品和戏剧形式表达、主题电影放映及自媒体短视频等，灵活、有趣且形式多样。

在"支部+家支+协会"模式中，德古不仅延续着他们的传统社会功能，还被赋予了新的价值内涵与存在意义，与各级党政干部、传统权威毕摩、现代经济能人、乡村文化精英及其他社会力量共同构建了当下当地彝族乡村共治机制。在表4-3中就呈现了当地彝族德古参加禁毒防艾政策与知识宣讲时的大致情况。在此，再简单列举几个近年当地彝族德古所参与的其他宣讲活动，如表4-8所示。他们不仅通过各种灵活方式宣传与近期国家移风易俗政策、相关会议精神、法律条文有关的内容，还对彝族德古先进个人予以表彰，并发放彝汉双语宣传资料及生活用品等，从思想教育、精神引领及物质激励等多维度增强彝族乡民的移风易俗意识。如2017年1~11月，甘洛县历次移风易俗宣讲活动累积组织各乡彝族家支头人观看教育影片600余次。[1]又如2016年7月9日，美姑县德古文化协会在该县民族中学开展移风易俗培训宣讲会时，发放了350份彝汉双语《彝族训世经》。再如2017年3月2~5日，美姑县德古文化协会、禁毒防艾协会及民族歌舞艺术团先后在该县其中8个乡镇开展了移风易俗宣讲活动，发放宣传资料及生活用品1万余份。[2]

---

① 吉乃衣布子：《甘洛：廉洁文化进"家支"清风正气拂彝乡》，《凉山日报》2017年11月7日，第A03版。

② 美姑县卫生和计划生育局：《美姑县民间"德古"协会开展禁毒防艾、彝族习惯法宣传活动》，凉山彝族自治州卫生健康委员会官网，https://wjw.lsz.gov.cn/xwzx/xsdt/201703/t20170306_902306.html，2017年3月6日，最后访问日期：2020年12月21日。

表4-8　四川凉山部分彝区彝族德古参与的相关治理活动

地区		时间	规模	内容
西昌市	磨盘乡	2016 年 6~12 月	德古宣讲团共在 7 个村、4 所学校开展 22 次移风易俗宣讲会，与会 8000 余人	婚嫁聘礼及丧葬赶礼数额规定
	马鞍乡	2017 年 8 月 24 日	德古、基层干部等构成 100 余人的宣讲团及乡小学师生	婚丧消费变革、个人道德品质、禁毒防艾知识
雷波县	山棱岗乡	2017 年 11 月 9 日	县德古协会成员、乡镇基层干部代表，与会人数 52 人	讨论纠纷调解事宜，制定协会章程，表彰 7 名优秀德古
美姑县	巴普镇巴普村	2012 年 3 月 12 日	德古和当地 944 户家庭代表，共 200 余人	签订婚姻彩礼约定协议
	巴普镇	2012 年 3 月 17 日	德古与 12 个家支头人代表，共 150 余人	商定《美姑县各家支德古会议关于婚嫁、死给问题的决议》
	俄普村	2012 年 3 月 21 日	德古与的日家支，500 余人	制定的日家支的婚姻礼金标准
	合姑洛乡	2015 年 12 月 18 日	德古与乡镇干部、基层医生	以格言形式进行法律宣讲
	民族中学	2016 年 7 月 9 日	36 个乡的 285 名彝族德古	宣讲婚丧公约、禁毒防艾办法、习惯法等，并表彰了优秀德古，发放彝汉双语《彝族训世经》
	该县 8 个乡	2017 年 3 月 2~5 日	民间德古文化协会骨干、民族歌舞艺术团、禁毒防艾协会代表等，辐射人数 2100 余人	利用节日契机，以歌舞文艺会演形式宣讲禁毒防艾政策、法律知识、婚丧嫁娶公约及彝族习惯法等，发放宣传资料、生活用品等
昭觉县	四开乡	2018 年 8 月 13 日	人数不详	婚嫁彩礼、丧葬赶礼的基本规则；德古调解工作准则
甘洛县	—	2017 年 1~11 月	邀请彝族德古在各乡开展了 64 次"面对面座谈会"	宣讲诠释国家惠农政策与移风易俗规定

地区		时间	规模	内容
布拖县	各乡镇	2019 年 1 ~ 12 月	举行了 69 期宣讲会，参加人数累计 2 万余人次	聘请专业法律从业者、家庭教育研究学者、民间德古文化协会成员等到该县各乡村中，开展宣讲培训活动

资料来源：各县人民政府官网、《凉山日报》、《四川日报》；蔡富莲、米伍作《当代凉山彝族血缘家支与传统习惯法研究》，民族出版社，2014，第 289 ~ 299 页。

上述四川彝区的各类宣讲活动大多属于按既定日期、特定内容和程序规定进行的有组织、有目的的群体性活动。无论以讲堂培训形式，还是以文艺会演方式，都是宣讲人员与宣讲对象之间以面对面的方式进行。除了这种方式之外，在四川部分彝区，无论作为国家正式组织的司法部门，还是作为民间权威的德古个人，都在充分利用现代自媒体技术，积极发挥其优势，在自媒体平台宣传法律知识和开展法治教育。

就相关司法部门而言，如雅安市石棉县人民法院分别于 2020 年 11 月 17 ~ 19 日、2020 年 12 月 22 ~ 23 日在抖音 App 上发布了根据真实事件改编的普法短剧——《寻牛记》《法暖彝乡》。两个短剧展现的都是当地"法律+德古"的乡村纠纷治理模式。《寻牛记》呈现了 2 名法院工作者与 2 名彝族德古共同成功解决了两个彝族家支之间由偷牛引起的纠纷。《法暖彝乡》中的案例同样发生在乡村，这是由 4 名法院工作人员、1 名村干部及 2 名彝族德古共同成功解决的离婚纠纷。每个普法短剧结束之后，都通过司法人员与彝族德古的对话来呈现现代法律与传统习惯法之间的互动情况，呈现传统习惯法的裨益与弊端，倡议德古发挥带头作用，引领彝族群众思想观念与时俱进。

从彝族德古个人来说，"彝人律师"阿佳尔郭为典型代表。阿佳尔郭的父亲是一名德高望重的德古，在父亲的影响下，他从小耳濡目染身边的传统制度文化，非常熟悉彝族传统习惯法且对其有深刻理解。他不仅与父亲一样成为一名受人赞誉的德古，还是一名就职于四川攀西律师事务所的现代律师，掌握着系统的现代法律知识，对彝族习惯法与国家法之间的张力、共通及矛盾之处有着清晰认知，俨然是一名不同于传统德古的新型德古。他一直在尝试突破彝族习惯法与国家法设置的"二重框架"，制造传统与现代之间的"平衡器"。他不断向其他传统德古灌输现代法律知识，引领他们思想观念的转变。2020年6月，他以"彝人律师"为网名，利用快手App，以彝汉双语相互结合的方法拍摄短视频，向包括彝族村民在内的所有快手App用户群体普及现代法律知识，其短视频内容包括合法缔结婚姻与离婚的形式、夫妻矛盾纠纷、债务关系的处理、涉毒涉艾的法律规定、高价彩礼问题的处理、交通事故纠纷解决、工伤认定与赔偿、子女义务教育规定、家庭财产继承等。同时，每天20：30在快手App开设直播，通过彝汉双语形式为人们解答生活中遇到的纠纷问题，向他们普及法律知识，广受好评，拥有23万多名粉丝。虽然上述案例并非普遍现象，但确实也是多元主体参与乡村共治的一种表现，为自媒体时代治理行为体更新治理理念、创新治理方法，利用互联网、自媒体等数字技术参与乡村治理提供了一种可能性尝试。

滇、黔彝区开展宣讲活动的形式与四川彝区的线下活动大体相近，也是将类似于德古性质的家族长老整合起来，组建老人协会，将乡村文化精英团结起来，组建民族歌舞艺术团队，协同参与到彝族乡村的法治宣讲、纠纷调解以及移风易俗等乡村治理实践活动中。同时，建立相关的奖励机制，激发他们的参与热情。在云南彝区，如前文所述牟定县将该县200多名民间艺人、70多个老人协会及140多个民间文艺表演队等整合在一起，推动乡村传统权威和现代文化精英、法律精英间的优势互补，组建各级地方法治宣讲团，定期进入乡村宣传法治思想。据2020年9月的统计数据，自县至乡的各级宣讲团在该县7个乡镇89个行政村开展了法治宣讲活动，带动当地民众学法、普法和用法，总计25万人次参与了宣讲活动。① 又如在云南泸西小河边村，除了发掘男性传统权威之外，也重视女性精英的作用。该村不仅有男性传统权威组成的老人协会、红白理事协会，还有女性精英构成的巾帼志愿服务队。她们每周开展一次志愿活动，与男性权威构成的乡村组织一起参与各种乡村治理活动。

在贵州纳雍县S乡T村，由传统权威及现代村干部构成的老人协会在该村的产业发展、自治组织建设、道德教育、乡规宣讲、移风易俗等方面都发挥重要作用。

首先，在产业发展上，T村以"玛瑙红樱桃"产业而闻名，一颗小樱桃养活了一个大村落，他们围绕"一颗樱桃"实现了"四卖"愿景——"卖

---

① 中共云南省委政法委员会：《彝族左脚舞宣传〈民法典〉普法跳出牟定style》，云南政法网，http://www.zfw.yn.gov.cn/dfpd/202009/t20200918_1025964.htm，最后访问日期：2020年12月22日。

花""卖果""卖树""卖景",探索出一条以村民群体为核心主体的"农旅一体化"乡村产业发展路径。但是,推广"玛瑙红樱桃"种植之初(1996~2002年),基于传统农民的道义经济理性①,村民们无法预估这一作物推广之后可能面临的风险,对之缺乏安全感,不愿放弃玉米、马铃薯等传统粮食作物的耕种。后来,村支书及村干部们邀请各族家族长老到村委会开会,动员他们带头种植,他们欣然同意。在接受了乡政府及村委会邀请的农业技术专家培训之后,他们便开始带头种植。至2010年前后,初见成效,带头种植的人家获得了明显效益,其他村民才开始接受。如今,"玛瑙红樱桃"已成为该乡乃至全县的文化符号。

其次,在自治组织建设上,T村创建联户体监督模式与多元议事机制,以此培育和铸牢村民的乡村共同体意识。联户体监督模式即以5~10户家庭组成一个联户体,全村共有139个联户体,每个联户体各选一名联户长。同时,从每个联户体推举联户代表,将推选出来的联户代表联合起来组建村民议事组织和专业工作小组,如乡贤参事会、红白理事会、监事会、百姓评说会、产业众筹小组、政策解读小组、矛盾调解小组、公益服务小组、卫生管理小组及巾帼行动小组等。作为传统权威的家族长老、寨老等都是上述大多数组织中的重要成员。

最后,在道德教育、乡规宣讲等方面,T村依托农民夜校、道德讲堂、院坝会、地头会等平台,组织宣讲活动。除了从省、市、县等地邀请专业行业精英如农学专家、法律从业者为该村村民培训国家相关政策、法律及生产技能等之外,还邀请本乡熟悉民族文化和生产经验丰富的长者、道德模范、各类乡村精英等作为农民讲师、百姓讲评员,向村民传递传统美德及传播传统文化,并对村民日常言行进行评议,宣传推广正面模范,教育纠正负面言行。

除组建乡村自治组织之外,该村还不断健全完善奖励机制,以激活村民主体责任意识与协同治理意识,激发典型个体与村民群体参与乡村治理的积极性、主动性与创造性。

其一,关于群体奖励,制定日常治理活动参与的积分标准,每户积分以100分为基准,依据他们的表现递增或递减,超过100分的部分,按照每分1

① 〔美〕詹姆斯·C.斯科特:《农民的道义经济学:东南亚的反叛与生存》,程立显、刘建等译,译林出版社,2013。

元进行量化计算，村民可到积分超市兑换同等价值的生活用品。积分兑换之后扣除相应积分，未兑换或剩余积分可保留累计至下一次再进行兑换。具体的加减积分标准如附录中附件 3-3 所示。

其二，关于个体奖励，主要是针对联户长及各类工作小组中的先进个人而进行的评比。其中，就联户长来说，每月评比一次，分三个奖励等次：一等奖 1 名，奖金 500 元；二等奖 2 名，奖金 200 元；三等奖 3 名，奖金 100 元。就各类工作小组中的先进个人而言，每个季度进行一次评选，评选出来的先进个人会得到 200 元人民币或等价物质奖励，以此增强他们参与乡村治理活动的积极性和主动性。①

综上所述，虽然各地彝族乡村中的传统权威称呼不一，但其社会角色性质大同小异。不管在传统时期，还是现代社会，他们都具有较强社会关联性和较高社会动员力，在乡村纠纷化解与乡风文明建设、乡村产业发展与经济振兴、乡村社会动员与组织振兴、传统文化传承与乡村文化振兴及政策下乡与法律下乡等方面都能发挥特定作用。基于此，各地官方治理行为体都比较注重强化关于其调查整合与规范引导，延续其积极价值，赋予其新的时代内涵，推动其现代转型。同时，搭建他们参与当代乡村治理的平台，充分发挥其优势，将其运用于具体乡村治理实践。在此模式下，他们不仅是乡规民约的制定参与者和宣讲诠释者，也是乡村纠纷化解及良好乡风文明建设的根本主体，还是国家政策、法律知识与法治思想的宣传员、翻译官及诠释者。

第四节　多方技术推进乡村文化建设，营造良好彝族乡村德治氛围

彝族传统文化是彝族人满足其文化生活的精神命脉和动力根源，也是中华文化宝库的重要因子和构成中华民族文化软实力不可缺少的一部分。然而，在全球化、现代化、城镇化的过程中，由于政治话语、生计变迁、人口流动、文化碰撞、观念变革等多种逻辑因素的推动，彝族传统文化的总体文化生态、基本生存空间及传统传承机制等都发生了一些变化，许多具有教化意义的道德精神、惯例理念对现代幼、青、中等年龄群体的观念与行为的指

---

① 相关资料源于纳雍县 S 乡 T 村村委会。

导性和约束性明显弱化。丢失了它们，相当于割断了精神命脉。基于此，乡村治理不仅要解决各种生活问题，还要协同推进文化建设。通过传统机制与现代技术相结合，"文化下乡"政策与"文化出村"理念协同发力，"文化惠民"工程与"文化阵地"建设合力推进，"文化输入"资源与"乡土特性"需求有效衔接，公共文化服务供给与乡村内生文化开发同步进行。同时，搭建彝族传统文化的展示平台，健全彝族乡村文化的表达机制，丰富乡村人群的精神文化需求，让那些观念类、记忆类和情感类的信仰文化和道德文化尽可能地展现于当下彝族乡村的各类公共文化空间中。既要让自上而下、由外而内的"文化输入"落地生根，也要使乡村内生文化资源活色生香。让"输入的"和"内生的"文化资源都能内化于当代彝族人的深层意识，活跃于其日常生活，激活和培育他们参与乡村治理的主体意识，塑造其集体公共精神和乡村共同体意识。这既是充分实现彝族乡村自治的需要，也是营造乡村德治氛围的基础条件。

一 绘制乡村民俗文化墙，构筑道德教育新阵地

将中华民族传统美德与社会主义核心价值观嵌合在一起，以色彩鲜艳、生动形象的民俗文化墙画的形式展现，这是当下我国许多乡村开展文化建设、外化乡村传统记忆、传递正向道德精神、构筑道德教育阵地、构建良好乡风文明、建设美丽家园、发挥文化治理功能的常见形式。在少数民族乡村，当地人以绘制民俗文化墙的形式，创造了一种不同于结绳标记、文字书写、口头传承、仪式展演等传统文化的记忆形式和展示空间，又开创了当代乡村道德教育和思想宣传的新阵地，还是美丽家园的精彩点缀和精美装饰。

以贵州盘州 Y 乡 M 村和威宁 B 乡 B 村为例。当我们进入两个村子时，最先抓住我们眼球的便是嵌合了彝族传统文化元素与中华民族传统美德的图文并茂的民俗文化墙画，如图 4-5 所示就是两村的部分墙画。这些墙画展示的彝族传统文化元素，既有物质文化（如服饰文化、建筑文化、生活器具、生产工具等），也有精神文化（如彝族戏剧、音乐舞蹈、民间信仰、婚恋礼俗、道德思想等）。同时，还融入了当代社会主义核心价值观、中华民族传统美德、相关法律知识及制度条例等内容。除图 4-5 中呈现的墙画外，还有许多关于乡村基层干部工作作风建设与纪律规定、禁毒防艾与卫生健康等主题的墙画没有展示出来，不再逐一罗列。

图 4-5　Y 乡 M 村、B 乡 B 村的民俗文化墙画（部分）

资料来源：李宁阳摄。

　　两村并不只是利用民俗文化墙画来装饰村落整体面貌，更重要的是将其作为地方文化展示机制、公共政策宣传平台及传统美德教育载体。他们以传统文化为底色，融入国家意志元素、现代法律法规、中华传统美德及公共卫生安全等基本知识，传达爱国守法、家庭和合、妯娌和谐、邻里和睦、孝亲敬长、诚信友善、勤劳勇敢、团结互助、讲究卫生、关注健康及保护环境等价值理念，强化当地村民的族群认同、村落认同、国家认同及对中国共产党、中华民族、中国特色社会主义制度等的总体认同。

　　在两村都有相关田野资料证明前文表述的观点。

　　案例 4-4：我们这点不同（于）别的寨子，基督教很早就在了，好多彝族文化都影响了，信基督教的很多人和不信基督教的年轻人都记不清传统文化是什么样了，只有不信的一些老人家比较清楚。我们把文化画在墙上，有个目的就是提醒他们保护文化，而且现在这点在搞旅游，没有文化就搞不起来。我们这里以彝族为主，最有特色的就是彝族文化了，就按照彝族漆器的颜色搭配，把他们崇拜的老虎、火、雄鹰这些画在上面，凸显出特色。掉漆的那些画要早些，都是好几年前画的了，撮泰吉、青年男女恋爱、跳舞唱歌、玩游戏、放牛这些都画在上面了。在乡政府那点还画了些穿彝族衣服的干部，教他们不要搞形式主义，不要贪腐这些。卫生院那点画的是教他们防各种传染病的方法。你们要注意的话，从乡政府一直到我们搞火把节那个广场的这条路边，有围墙的地方都将仁义道德、诚信友爱的思想画在上面。不过可能时间太早了，好多都脱漆了。等搞完扶贫，我们打算再请人重新画。①

案例4-5：画这个一方面为了美化环境和彰显特色，我们是少数民族特色村寨，把文化画在墙上，外人来不会第一眼就说没有民族特色；（另）一方面国家现在号召建设乡风文明，搞乡村治理，我们把彝族文化和中华传统美德融合画在墙上，村民一看就晓得该做什么不该做什么，有时比苦口婆心讲效果还要好。②

民俗文化墙是否能发挥绘制主体期待的作用，还需走进乡村民众的世界来寻找答案。于是，除了访谈基层干部之外，笔者也针对两村村民做了一些随机访谈，以此观察民俗文化墙的实际作用。2019年6月18日，这是笔者进入B村的第三天，当天中午，笔者欲从B村前往X村观察当天傍晚要举行的一场毕摩喊魂仪式。刚出住处没多远，笔者就看到一男性老人带着俩孩子在一幅墙画下站着，即图4-5的第9幅，上面展示的内容是被列为第一批国家级非物质文化遗产名录传统戏剧类的"彝族撮泰吉"。经过了解，原来老人正在给俩孩子解释图画内容。

案例4-6：我带两个娃娃出来逛一下（散步），走到这点的时候，大孙孙看到上面画着戴面具的，拿着拐杖的，说看起来觉得好玩，就问我他们在做什么。我就给他们讲画上的故事。这里虽然都是彝族多嘛，不过也不是哪个（谁）都全部懂古老古代（传统）的东西，特别是年轻娃儿，有些因为自家爹妈信上帝（基督教）了，就丢了自家（自己）的东西（传统），自家都不会更不要讲娃儿些了。还有经常出去打工的，读书的，这些年轻娃儿都不懂了。给他们讲一下，不管记得好多（多少），都算记得点嘛。如果我们老辈子（老人）不给他们讲的话，怕以后就真的没人懂这些了。③

---

① 访谈对象：B乡文化站C主任，男，36岁，彝族。访谈地点：B乡乡政府办公室；访谈时间：2019年6月18日。

② 访谈对象：Y乡M村主任YEL，男，34岁，彝族。访谈地点：M村村委会大厅；访谈时间：2019年7月3日。

③ 访谈对象：B乡B村村民LWY，男，62岁，彝族。访谈地点：B乡乡政府大门口对面的墙画下，访谈时间：2019年6月18日。

从老人的话里，笔者能够感觉到他对当地彝族传统文化生存发展的严重焦虑，他的焦虑既与当地人口流动带来的文化传承代际中断有关，也与不同信仰文化体系在当地发生的文化碰撞与文化冲突有关。不过，他的表述在一定程度上反映了前文阐释的民俗文化墙的基本意义。

在 Y 乡 M 村，同样反映了相似情况。2019 年 7 月 5 日傍晚，笔者刚从村综治中心（村委会）出来，准备前往路边等待接送笔者的三轮摩的送笔者回乡里的住所。在出村的路上，笔者在一个茅草亭中遇到 6 名男青年。因为来接笔者的摩的要先送一位乘客到隔壁村，要半个小时才能赶过来。于是，笔者就在亭子里和那几名男青年闲聊。通过聊天，笔者知道了他们都已经没有上学，原因各异，他们之中有 3 人初中毕业、2 人小学毕业、1 人高一中途辍学。在聊天过程中，问及民俗文化墙时，他们既肯定了它对于美化乡村风貌的装饰作用，也认可了其文化传承功能。

案例 4-7：我们年轻点的很多都出外打工了，我们几个没走远，就在周围做点活路，跑点车。像我们这（个）年纪留在这点的没几个了，经常在外面哪有时间学（彝族传统）文化？我们几个除了会说彝语，只有他会唱彝歌，其他好多都不晓得了，偶尔晓得些除了听老人们讲的和参加活动，就是在你说的那些画上看到的了。①

色彩鲜艳的图画在人脑中传递信息和留存记忆可能会比文字更直接和快速，受众面也更广，更易被人们接受和理解。无论彝族传统文化，还是国家制度文本，若仅以文字形式输入，那么缺乏文字识别和理解能力的人群便等于脱离了文字规范的灌输范围。以生动形象的图画展示传统文化、传达政策精神和传输教育思想，就能在一定程度上跨越这种障碍。M 村和 B 村通过这种方式将传统文化元素、中华民族传统美德、国家意志及社会主义核心价值观融合展示于各类墙画中，在一定意义上使彝族传统文化的当代乡村治理价值得到再现与传承。

二 创建乡村文化博物馆，更新乡村记忆存储器

博物馆在珍贵文物的保存与展示、公共文化的传承与表达、社会记忆的

---

① 访谈对象：Y 乡 M 村村民 DY，男，彝族，21 岁。访谈地点：M 村民俗文化活动广场旁边的凉亭中；访谈时间：2019 年 7 月 5 日。

传递与展现等方面具有特殊价值，能激发被展示文化的主体的回应意识、社会记忆及情感体验。川、滇、黔都建立了相应文化主题的彝族文化博物馆，成为彝族历史与文化的记忆存储器和表达机制。在四川彝区，1985 年 8 月 4 日，四川凉山州在州府西昌市建立了中国首个民族博物馆——凉山彝族奴隶社会博物馆，存储和展示了凉山彝族奴隶社会历史文化。2013 年 9 月 16 日，该州又在美姑县建立了全州文物等级最高、文物数量最多的美姑彝族文化博物馆，分别有国家一级民族文物 4 件、二级民族文物 11 件、三级民族文物 36 件，一般民族文物 206 件。在云南彝区，1995 年 7 月，建立了楚雄州彝族博物馆。在贵州彝区，1994 年 4 月 16 日，在大方县云龙山下洗马塘畔建立了彝族历史文化专题博物馆——奢香博物馆。2016 年 11 月 13 日，威宁县提出要在该县板底彝族乡建立彝族文化博物馆，但尚在推进中。2017 年 8 月 15 日，六盘水市水城县也建立了彝族历史文化博物馆（九重宫殿）。当然，上述几个不同主题的彝族博物馆都是建立在县城或州城，文物数量较多、规模较大。它们基本是由地方政府相关部门创办，具有官方性质，其中保存和展示的文化遗产被赋予了某种官方意识形态。在基本功能上，它们仍是彝族文物的重要保存基地、彝族传统历史文化的"记忆存储器"和展示窗口，承担着彝族传统文化的学术研究、人才培训等文化工作。

基于地方文化精英、政治精英的文化自觉，乡村文化旅游开发及乡村文化建设的需要，川、滇、黔彝区乡村也建立了一些乡村彝族民俗博物馆。与州、县的官办公益性博物馆不同，乡村彝族民俗博物馆既有个人创办的家庭博物馆，也有村集体创办的村寨博物馆。既有收费性质的，也有免费性质的。如在四川彝区，有峨边县黑竹沟镇底底古村的彝族民俗文化博物馆，展示了该村的历史文化、农耕文化、彝族服饰文化、饮食民俗。又如在云南彝区，在武定县环洲村有"罗婺彝族博物馆"，在弥渡县寅街镇朵祜村，建有"朵祜村彝族传统文化传习所"及"彝族文化展示室"，它们成为该村彝族传统文化展示和开展文化传承活动的重要基地。在巍山有"巍山民俗博物馆"。在晋宁双河乡有"民族文化陈列馆"及"民族文化传习所"。再如在贵州彝区，赫章县株市乡韭菜坪村村民苏万朝利用自家房屋，自费创办了一个家庭彝族民俗博物馆，收集了 400 余件彝族珍贵文化遗产。同时，他还积极向当地彝族青年群体传授彝族传统文化。盘州 Y 乡 M 村专门利用村综治中心一楼开设了彝族传统文化陈列室暨当地彝族民俗博物馆，展示了当地彝族传统服饰、纺织工具、农耕生产工具、毕摩法器与经书、彝族剪纸、饮食器具、日常生活用具、乐器、酒文化、体育文化及节日文化等。另外，还有其他彝族乡村也建立有当地类似彝族文化博物馆之类的彝族传统文化展示平台。不论其性质属公益还是收费，不论是个人创办还是集体建设，都是当地彝族文化传承、乡村记忆传递及乡村文化建设的不同实践表现，是当地彝族传统文化的创新传承和创新发展的重要基地，是培育彝族乡村民众文化自觉和乡愁情感、重塑传统道德精神的重要机制。

三　建设乡村民俗文化广场，塑造乡村公共文化空间

除了绘制民俗文化墙和创建村寨民俗博物馆之外，建设乡村文化广场也是各地彝族乡村文化建设的普遍做法。乡村文化广场是村民日常休闲娱乐、举办公共庆典活动（如节日盛典、婚丧典礼）、召开村寨大型会议与体育运动、缓解紧张精神、人群聚合交往及乡村舆论与信息传递共享的公共活动空间。这里的乡村文化广场指乡村在建设过程中基于开展乡村公共活动、提供公共文化服务，为融入乡村传统文化符号和现代服务设施而塑造的乡村公共活动空间。为了方便管理和开展村集体活动，建设文化广场时，其位置一般都会选择在村委会旁或其附近。在日常生活中，乡村文化广场是村民们生产劳作后和饭前饭后等闲暇之余的休闲娱乐空间，他们可以在此闲坐畅谈、摆谈家长里短、分享乡村舆论和信息；也可以在此唱歌跳舞、锻炼身体，制造其乐融融的和谐氛围，强化乡民之间的浓浓情感，一定程度上推动了传统文化的传承、传统道德的重塑等。在集体性的公共生活中，如召开村民大会、村民代表大会，举行公共庆典及公共活动时，一般都会在此进行。在个体性的仪式生活中，它还可能是个体家庭人生礼仪的活动场所。如在有的乡村，在举办婚礼和葬礼等重大礼仪活动时，村民可向村委会提出申请，经其同意之后可在乡村文化广场设宴待客。又如在有的乡村，村集体还出资购置了一批桌椅、碗筷等工具。当村民们要置办酒席时同样可以向村委会申请使用这些工具。这在一定程度上为那些住宅空间和饮食炊具等有限的家庭提供了仪式活动空间和缓解了办事压力。在当下许多彝族乡村里我们都可以看到相关实例。

在四川彝区乡村，曾陆续开展过"彝区健康文明新生活运动"①"彝家

---

① 王云：《凉山启动彝区健康文明新生活运动》，《四川日报》2010年4月21日，第1版。

新寨""四好村建设工程"①"三建、四改、五洗、六化""文明村""五好家庭""星级文明户"② 等乡风文明建设工程,建设乡村文化广场是这些工程中的一项重要任务。如会理县 H 村建设了面积约为 400 平方米的村文化广场,广场周围绘制了 80 平方米的民俗文化墙画。同时,还建造了一间面积为 15 平方米的管理办公室和一间 15 平方米的公共厕所,配置了 9 盏路灯和一些体育运动器材。又如会东县 X 村的文化广场比 H 村的稍大一些,面积为 608 平方米,与 H 村一样配置有相应的管理室、体育器材、照明路灯、公共厕所及民俗文化墙。此外,X 村还专门修建了一个 70 平方米的公共厨房,购置桌椅家具和碗筷餐具放置于公共厨房。当有村民要置办村规允许范围内的酒席时,可向村委会提交申请使用这些用具。通过这种方式,在一定程度上推动了当地彝族"坐地而席"饮食习惯的改变,有利于促进当地饮食卫生条件的改善和乡风文明的建设。在云南彝区乡村,如大理州普溂镇 BJ 村建立了 500 平方米的村文化广场,配套基础设施与 H 村及 X 村大体相近。在贵州彝区,如盘州 Y 乡 M 村,除了 480 平方米的文化广场之外,该村还搭建了 210 平方米的活动舞台和 270 平方米的祭祀场。同时,在祭祀场上利用当地彝族信仰文化元素雕刻了如灵筒、神斗等雕塑,将其祖先崇拜、神灵崇拜等信仰观念具象化地展示出来。再如六盘水水城 S 乡 H 村建造有 600 平方米的文化广场,如无特殊情况,每年火把节期间都会在此举行节庆盛典。又如威宁县 B 村建造了两个文化广场,其配置相对简单。其中一个建成多年,已在此举办了多次大型文化活动,其设置仅用青石砖将地面铺平硬化,并在广场周围画了一些简单的民俗文化墙画。笔者进入田野之时,该村的另外一个民俗文化广场尚未完全建成,这个广场位于乡政府旁。当时虽还处于建设进行中,不过也能看到其大体雏形。广场四周竖立着六根火把形状的雕塑柱子,中央竖立一老虎雕像,广场前方墙壁有一幅与彝族太阳崇拜、农耕生产、"撮泰吉"及虎文化等相关的浮雕。当然,类似实例还有很多,不再逐一呈现。总的来说,建设文化广场不仅是为了完善乡村基础设施,也是为了塑造乡村公共庆典空间,为开展乡村公共活动提供基本保障和必要条件。

---

① 李森:《将创建活动作为"三农"工作和脱贫攻坚重要载体》,《四川日报》2016 年 9 月 26 日,第 2 版。
② 苏嘎尔布:《凉山彝族自治州第十一届人民代表大会第四次会议政府工作报告》,《凉山日报》2019 年 2 月 14 日,第 A02 版。

四 健全乡民参与建设机制，丰富乡民精神文化生活

其一，文化下乡政策与文化出村理念互相结合，公共文化服务供给与乡村内部文化开发协同发力，依托彝族传统节日文化，引入中华民族共享节日庆典，组织开展公共文化活动，丰富乡村民众的精神娱乐方式。在此过程中，可以通过设计多类娱乐竞赛项目的形式，制造乡村民众参与文化建设的契机，发挥其参与文化建设的作用。彝族传统节日文化能在较大程度上吸引乡村民众的积极参与，保证乡村社会的文化活力，使村民们既能在节日文化活动中获得精神上的愉悦，也能在游戏竞技中获得物质上的奖励。如果没有作为乡村主力军的村民群体的参与，许多节日文化活动就难以顺利开展。首先，要举行乡村节日文化活动，需要他们参与其中作为各种文化展演项目的主要演员。其次，在各级党政部门或乡村基层组织等举办的节日文化活动中，村民群体更不可缺少，他们既是乡村文化的"代言人"，也是活动过程中的重要"后勤保障者"。如活动期间的饮食、居住、卫生等系列配套服务都离不开他们的参与。同时，与其他时间节点相比，若要开展政策宣讲、法律宣传或其他国家意识培育和铸牢等活动，节日文化活动期间都是能较大限度将乡村社群聚合起来的珍贵契机。基于此，无论在乡村彝区，还是在城镇彝区，各类治理行为体都较重视也乐于举办传统节日文化活动，以此调动乡村民众参与乡村治理和文化建设的积极性和主动性。活动规模越来越庞大，活动内容越来越丰富，活动方式越来越多样，活动氛围越来越热闹。

其二，发掘和整合擅长传统歌舞艺术的乡村文化精英，组建乡村艺术团队，创建现代乡村群体组织，培育村民集体意识。以此方式，既有利于彝族乡村传统文化的延续传承，让乡村文化精英们有机会参加各类乡村文艺会演和文化宣讲活动，也有利于强化乡村民众间的互动往来，增强乡村内部凝聚和团结认同。在贵州彝区乡村，如盘州 Y 乡 M 村成立了 40 余人规模的乡村民族歌舞团。再如六盘水水城 S 乡 H 村也建立了一支 40 人组成的彝族歌舞队。又如在威宁县 B 乡 B 村，在县、乡政府的牵头组织下，组建了"阿西里西艺术团"。在云南彝区乡村，如石林 G 镇 N 村，村民自发成立了 80 多人组成的文艺表演队，每逢春节等重大节日，他们会受邀前往县城及更广阔的舞台空间参加文艺会演。又如在牟定彝区，共成立了 140 多支牟定彝族左脚舞文艺表演队，除了参加文化展演，他们还经常与老人协会、法律工作人员等

一起参加乡村普法宣传工作。还如在石屏 BX 镇 BK 村，在非遗传承人的倡导组织下，该村成立了一支由 50 余人组成的彝族烟盒舞表演队。诸如上述各类乡村文艺表演团队普遍存在于各地彝族乡村中，团队成员都是彝族乡村艺术文化的关键传承主体，是保证彝族乡村文化活力延续不衰及丰富乡村民众精神文化生活的主力军。

五 发挥传统与现代双重技术，释放传统道德文化活力

将彝族传统治理资源中孕育和表达的精神特质发掘和展示出来，拉近它们与当代彝族群体的距离，深化彝族群体对它们的认知和理解，这是引领它们释放道德活力的前提基础和基本要求。从现有资料来看，各地彝区治理行为体（如政府、基层组织、社会媒体、学校机构、乡村精英等）都在努力推动传统与现代双重技术的耦合协作，努力拓展传统文化的表达渠道，健全传统文化的展示机制，扩大传统道德精神的现实影响，释放传统道德文化的教化活力，深化传统道德文化之于当代乡村人群的精神与心灵的形塑。

第一，以双语形式推进文化展示阵地的建设与道德教化机制的健全。语言对一个民族的认知方式和思维模式具有至关重要的影响，作为一种沟通交流的互动工具，语言不通，互动就会存在障碍。文字作为语言的表达机制，当面临文字识读和使用能力层次不一的问题时，也会存在与语言交流类似的障碍。虽然人们可以通过肢体语言来理解对方的某些意图，但是肢体语言并不能实现所有的互动意图。在彝区尤其是偏远乡村，可以说绝大多数老年人的汉语能力都较弱甚至缺乏汉语听说表达的基本能力，基于这种情况，不管是"政策下乡"，还是"法律下乡"，抑或干群间的日常交往，都需要寻找减小互动阻力的最佳方法。在语言系统差异较大之时，双语形式就是彝族乡村文化建设过程中减少沟通障碍的一种方法，至今，这种方法在大多数存在双语系统的地方仍在推行。蔡富莲等人曾研究发现凉山彝区在法律宣传及文化建设等方面缺乏系统的双语措施，缺乏灵活性和针对性。[①] 近年来，当地正逐步解决这种问题，包括如邀请彝族德古参与国家政策、法律制度、地方条例等宣传时以双语进行。对德古而言，包括文字与语言的双语；对宣讲对象

---

① 蔡富莲、米伍作：《当代凉山彝族血缘家支与传统习惯法研究》，民族出版社，2014，第279~283 页。

来说，大多为语言的双语而非文字的双语。在彝族乡村中，语言的双语往往比文字的双语更重要，文字的适用范围只是具备文字识读与书写能力的少数群体，语言的覆盖面更广。德古将汉语表达和汉字书写的国家政策、法律制度及地方条例以彝语形式翻译出来向彝族村民诠释，无论识字与否，都能成为受众群体。

除了语言层面的双语推广之外，川、滇、黔各地彝区治理行为体也在努力完善彝族乡村文字层面的双语宣传机制，具体做法大同小异。在政府行政层面：其一，定期开展基层干部双语培训，加强基层干部双语工作能力、提高双语干部乡村配置率，减少基层干部工作过程中的语言文字阻力；其二，健全双语展示机制、丰富双语宣传载体、扩大双语承载内容、完善双语展示方式、提升双语服务水平，如以图文并茂的形式印制与彝区人民生产生活密切相关的彝汉双语政策解读报告、国家法律和地方条例双语宣传手册与读本，制作彝汉双语横幅、展板、路牌、标识牌、宣传栏等。在学校教育层面：其一，与地方政府部门合作，定期举行彝文、彝语培训活动，强化乡村基层民族干部和教师双语能力的提升，扩大具备双语能力的乡村学校师资队伍，降低教学过程中师生交流障碍和缩小理解差异；其二，建设彝文职业教育学校和开设彝语文培训专班，编写彝语文乡土教材，如黔西北、凉山州等乡村中小学分别于 1982 年、1984 年推广使用彝语文教材，开展彝语文教育。同时，培养从事彝文古籍与经典整理、翻译与研究的专业人才。在社会媒体层面，通过线上、线下双维空间协同开设彝汉双语宣传渠道与教育平台，这种形式在四川和云南彝区相对普遍。其一，作为线上媒体的电视台、广播电台都开设了彝语频道，如 2009 年凉山州电视台就开设了彝语电视频道，设置了《彝语新闻》《彝乡风》《彝学访谈》《彝语电影》《彝州艺苑》《彝语先锋》《跟我学彝语》《中国彝歌会》《法治之窗》等特色双语栏目。云南楚雄州广播电视台虽然没有设置专门的彝语频道，但也开设了《彝州万象》《彝语新闻》《文化大观》《彝乡·彝韵》等地方栏目。通过这种形式向能接收到电视广播信号并乐于观看的包括乡村民众在内的所有受众群体翻译、传达国家政策、意识形态和新闻事件，译制、转播各种题材的影视剧，展示、教授彝族歌舞、语言等传统文化。因此，它不仅发挥了媒体的传播功能，也彰显了一定的思想教育和社会教化功能。其二，作为线下媒体的《凉山日报》既有彝语版本，也有汉语版本。上述措施不仅推进了彝族传统文化展示阵地的建设与道德教化机制的健全，还充分发挥德古、毕摩等精通彝族语言文字的传统文化精英的现实价值。同时，也培养了一些具有彝文经典识读能力的新型文化精英，推动了彝族乡村人才智库的建立和健全。

第二，以现代数字传媒技术创新彝族文化的记忆形式与传统道德的重塑方法及传播路径。这种形式主要指治理行为体通过现代数字技术手段将孕育着中华民族共有传统美德和共享精神品质的彝族史诗、神话传说、民间故事等根基历史记忆，与其他民族的交往历史记忆及他们在发展过程中产生的文化焦虑和遇到的各种社会问题等以跨越群体边界的影视化（图像化）形式呈现出来，并通过互联网、电视台及自媒体等现代传媒平台播放，或以录像带、光盘、磁盘形式刻录出来发放、销售、播放及传播，推动着彝族乡村社会、文化及历史记忆之术的创新和传统道德重塑路径的开拓。影视既是文化输出和展示的一个重要窗口，也是道德精神传递和价值观念形塑的一项社会媒介，又是激发地方主体文化自觉与文化反思意识的特殊机制，还是拉近现代人群与传统之间距离的联结纽带，更成为地方文化资源向市场获取经济资本的表达方式。自20世纪60年代开始，就有国内各地影视制作单位与彝区地方政府部门联合摄制影视作品，以电影、电视剧等影视艺术形式将彝族传统文化进行文学性、艺术性加工，也通过拍摄纪录片的形式尽量将其真实文化面貌展示出来。不论哪种形式，都取景于特定彝族乡村。在创作过程中虽难免会附有创作者和生产者的文化想象和艺术书写，但在各类影视作品中或多或少都会宣扬彝族传统文化中孕育的积极道德精神和传递超越时空和社会边界的中华民族共有美德，也会深刻揭示彝族传统文化中存在的负面因子。本书将展示彝族传统文化和传递中华民族共有美德的具有代表性的部分影视作品整理如表4-9所示。

表4-9　展示彝族传统文化和传递中华民族传统美德的影视作品举要

类别	名称	语言	年份	对象	主旨	摄制单位
电影	《达吉和她的父亲》	汉语	1961	四川凉山彝族	破除民族恩怨，倡导民族团结	峨眉电影制片厂
	《阿诗玛》	汉语	1964	云南彝族撒尼人	反对强权势力，倡导自由婚姻	上海电影制片厂
	《奢香夫人》	汉语	1985	贵州彝族	倡导民族团结，维护国家统一	浙江电影制片厂

彝族/传/统/治/理/资/源/的/创/新/利/用

续表

类别	名称	语言	年份	对象	主旨	摄制单位
电影	《彝海结盟》	汉语	1996	四川凉山彝族	倡导民族团结，维护国家统一	云南民族电影制片厂
	《花腰新娘》	汉语	2005	云南花腰彝族	花腰彝的婚俗、服饰、体育、歌舞以及传统信仰	云南红河影业有限公司等
	《毕摩纪》	彝语	2006	四川凉山彝族	凉山彝族信仰与毕摩文化	北京电影学院青年电影制片厂
	《偲·恋》	汉语	2010	云南花偲人	花偲彝族葫芦笙舞文化传承问题	文山新影文化传媒有限公司、文山州委宣传部
	《彝寨天使》	汉语	2011	四川峨边彝族	现代医疗与彝族传统疾病观念之间的矛盾	中央新闻纪录电影制片厂、乐山市委组织部
	《梅葛》	彝汉双语	2012	云南楚雄彝族	彝族创世史诗《梅葛》传承与婚姻文化	昆明花漫云岭影视策划有限责任公司等
	《走山人》	汉语四川方言	2013	四川凉山彝族	保护自然环境，维护生态平衡	河南电影制片厂
	《支格阿鲁》	彝语	2013	四川凉山彝族	维护民族尊严，反抗邪恶势力	云南星拓文化传播有限公司
	《阿依的等待》	彝语	2015	四川凉山彝族	抵制毒品、预防艾滋病，构建幸福家庭	凉山州公安局
	《我的圣途》	彝语	2016	四川凉山彝族	传承毕摩文化，倡导观念更新	凉山文化广播影视传媒集团有限公司等
	《花落》	彝语	2017	四川凉山彝族	远离毒品、预防艾滋病，珍爱美好生命	成都吉杰影视制作有限责任公司

续表

类别	名称	语言	年份	对象	主旨	摄制单位
电影	《觉醒》	彝语	2017	四川凉山彝族	远离毒品、预防艾滋病，维护家庭和谐	昭觉县禁毒委员会
	《尝失》	彝语	2018	四川凉山彝族	远离毒品、预防艾滋病，珍惜美好家庭	华彝文化影视团队
	《远方》	彝语	2019	四川凉山彝族	反抗封建婚姻，追求自由婚姻	华彝文化影视团队等
	《梦回远山》	彝汉双语	2019	四川凉山彝族	远离毒品、预防艾滋病，维护家庭和谐	四川纳佳民族影视文化传媒有限公司等
	《大山走出的玛薇》	彝汉双语	2020	四川凉山彝族	反对性别歧视，提倡男女平等	彝品青年文化传媒有限公司、途彬彝语工作室等
电视剧	《奢香夫人》	汉语	2011	贵州彝族	倡导民族团结，维护国家统一	中共贵州省委宣传部、八一电影制片厂等
	《彝海结盟》	汉语	2016	四川凉山彝族	倡导民族团结，维护国家统一	凉山文化广播影视传媒集团有限公司
	《索玛花开》	彝汉双语	2017	四川凉山彝族	彝区脱贫攻坚，民族共同繁荣	中央电视台、凉山文化广播影视传媒集团有限公司
	《最后的窝棚》	汉语	2020	云南昌宁彝族	彝区脱贫攻坚，民族共同繁荣	云南皓月文化传播有限公司
	《金色索玛花》	汉语	2020	四川凉山彝族	彝区脱贫攻坚，民族共同繁荣	中央广播电视总台

类别	名称	语言	年份	对象	主旨	摄制单位
纪录片	《彝族戏剧资料》	汉语	1986	贵州威宁彝族	介绍威宁彝族戏剧"撮泰吉"	贵州省文化出版厅
	《凉山风》	汉语	1990	四川凉山彝族	反映凉山彝族传统民间信仰文化	中共凉山州委宣传部、西昌广播电视局
	《撒尼跤王》	汉语	2015	云南彝族撒尼人	反映云南彝族体育文化	中央电视台
	《"查姆":一部彝族的创世史诗》	汉语	2015	云南彝族	介绍云南彝族创世史诗《查姆》	中国经济网城市频道
	《凉山彝族送灵归祖》	彝汉双语	2018	四川凉山彝族	阐释凉山彝族祭祖仪式	凉山州非遗保护中心、美姑县文化馆、中国毕摩文化研究中心等
	《信仰寻根》	彝汉双语	2020	四川凉山彝族	阐释凉山彝族信仰文化	四川大学

资料来源：笔者根据相关资料整理而成。

如果说，表4-9所示影视作品的受众对象大多是青、中、老这三种年龄群体的话，那么表4-10中的动漫作品的受众对象就可能将幼儿、儿童群体也包括了。自2018年开始，中国西南民族研究学会彝族与周边民族研究专业委员会、云南楚雄彝族文化研究院、楚雄州政府、人民日报媒体技术股份有限公司协同联合制作了彝汉双语版本的《中国彝族古训文化微动漫作品》。这部微动漫作品中的彝族古训文化源于西南各地彝族口述传统，如楚雄彝族创世史诗、凉山彝族创世史诗及各地彝族口耳相传的民间谚语，其展示的内容既包括个人层面的道德品质修养，也有家庭层面的良好家风建设，又有社会层面的团结友爱精神，还有国家层面的君亲民善思想。这部微动漫作品目前共摄制了三季内容，每年生产一季，每季时长约1小时，共包括12个篇章，每个篇章的内容简要整理如表4-10所示。

表4-10 《中国彝族古训文化微动漫作品》中的传统精神品质与中华传统美德

季数	篇目	训语	出处
1	《创世篇》	远古没有天，五男来造天；远古没有地，四女来造地	《梅葛》
	《创业篇》	人勤庄稼好，人懒地生草	《彝族格言选》
	《家风篇》	家人和睦凉水也像美酒，家人反目蜜汁也会苦口	《彝族格言谚语》
	《廉洁篇》	莫贪一日财，用财为一生	《玛牧特依》
	《知耻篇》	生死只一日，蒙羞是一生	《玛牧特依》
	《惩戒篇》	不贪不义财，贪财必被惩	《爱佐与爱莎》
	《欲望篇》	鸟贪吃落网，人贪财落难	《彝族格言谚语》
	《诱惑篇》	最毒的菌子最好看，最苦的黄连是良药	《彝族格言谚语》
	《公正篇》	管粮不留一碗米，分肉不多半刀皮	《彝族格言谚语》
	《规矩篇》	做人依规矩，牲畜靠圈关	《彝族格言谚语》
	《自律篇》	不是自家羊，不关自家圈	《彝族格言谚语》
	《清白篇》	门前狗叫客人到，房后狗咬有贼盗	《彝族格言谚语》
2	《立德篇》	善良的人，天上的飞鸟也知赞誉。狠毒的人，地下的毒蛇都会躲避。正直的人，山中的老虎也懂敬重。邪恶的人，狂野的豺狼都会害怕	《彝族克哲》
	《初心篇》	莫学懒狗，心思只在主人碗里的骨头。莫做贪官，心思只在百姓兜里的钱财	《彝族谚语》
	《修本篇》	藤子爬到高处，不能忘了大树。小溪混入泥沙，失去清澈本源	《彝族格言》
	《知足篇》	喂不饱的恶豺狼，填不满的欲望坑。仗势把人踩，死后无人埋	《彝族谚语》
	《敬畏篇》	宁可不吃肉，春夏不打猎。哪怕身无钱，不动千年林。安分守己的人，福报朝夕相伴。为非作歹的人，祸害如影随形	《劝善经》
	《戒恶篇》	千琢万磨，自搬石头自砸脚。上戳天下捣地，多行不义必自毙	《彝族谚语》
	《明察篇》	长翅膀未必都是鸟，四只脚未必都是兽。石头当不了枕头，坏人做不得朋友	《彝族谚语》
	《用人篇》	哑巴不唱调，双脚不打跳。莫逼铁匠做豆腐，莫让乐师当军师	《彝族谚语》

季数	篇目	训语	出处
2	《补救篇》	山野的狼看见牧犬摇头摆尾，为的是混入羊群。丢羊的人及时补好残破畜厩，为的是减少损失	《彝族谚语》
	《自强篇》	长满荆棘的地方，也能开挖出好田地。男人若是离家乡，女人也担得一座山	《彝族谚语》
	《同心篇》	钉锤和錾子在一起，石头也能说话。钉锤和凿子在一起，木头就会生花	《彝族谚语》
	《感恩篇》	烧柴莫忘栽树，吃水莫忘修沟。你把别人装在心上，别人把你捧在头上	《彝族谚语》
3	《祖训篇》	面对太阳，紧抱属于自己的日子。背对太阳，只能看到自己的影子	《彝族格言》
	《家道篇》	尊长上，孝双亲；老爱幼，教子孙。为公民，守本分；做好官，清白身	《迪孙》
	《循规篇》	牛羊不循道，虎豹会跟随。人类不守规，祸事会降临	《彝族格言》
	《济世篇》	寻医找良药，济世有大爱	《查姆》
	《民心篇》	乌云压不垮高山，岩石挡不住河江。巴掌遮不了太阳，暴政终将失民心	《彝族格言》
	《除恶篇》	最美的花是马缨花，最毒的酒是草乌酒	《彝族谚语》
	《信念篇》	只要人心齐，火把除魔换新天。只要情义真，找回太阳在人间	《彝族格言》
	《专注篇》	一个人不能同时骑两匹马，一双手不能同时做两件事	《彝族谚语》
	《笃行篇》	不敢涉小河怎能渡大江，不能做小事怎能成大业	《彝族谚语》
	《境界篇》	老鹰在天上飞，看的东西多；青蛙在井里跳，想的事情多	《彝族谚语》
	《美德篇》	世间什么最亮？眼睛最亮。没有眼睛什么都看不见。世间什么最咸？舌头最咸。没有舌头什么味道都没有	《彝族民谣》
	《和美篇》	草木鸟兽都是朋友，天地河山共为家园	《彝族格言》

资料来源：笔者通过 bilibili 影视频网站发布的视频整理而成。

　　除了表4-9、表4-10中列举的以专业文化团体组织、影视制作公司及地方政府文化部门为单位摄制的影视作品之外，还有很多个人拍摄的与彝族婚礼仪式、饮食习俗、丧葬仪式、祭祖仪式、节日庆典及其他日常生活细节等相关的影像资料，不少人将其剪辑上传至优酷、腾讯视频、爱奇艺、西瓜视频、bilibili（B 站）等互联网播放平台或抖音、快手等自媒体平台。在这些平台上，只要输入与彝族传统文化事项相关的关键词进行检索，就可检索出大量长、短视频资料。表 4-11 列出了一些具有代表性的个人自媒体视频资料。

表 4-11　自媒体中的彝族文化个体自觉的文化表达与文化展示举要

网名/昵称	平台	展示内容
彝族歌手：曲木阿依	抖音	凉山彝族女性服饰
彝族❀果果	抖音	凉山彝族饮食与乡村日常生活
吉木阿秀	抖音	凉山地区彝族婚俗与歌舞文化
彝族文化	抖音	彝族饮食、婚俗、歌舞及工艺
日古阿妞	抖音	彝族婚俗、酒礼
大凉山彝族生活记录者	抖音	凉山彝族乡村日常生活
悬崖村陈东	抖音	凉山彝族悬崖村日常生活
太阳女组合	抖音	贵州彝族歌舞文化
大凉山的孩子们	抖音	凉山彝族山区驻村干部见闻
大凉山乡村教师英子	抖音	凉山儿童生活状况
彝之＊微爱	抖音	凉山彝族饮食、服饰与婚俗
查尔木嘎	抖音	凉山彝族毕摩文化、婚丧习俗、彝族克智、谚语等
冷曲美食	抖音	凉山彝族饮食文化
《吉克毕摩》十三代	抖音	凉山彝族歌舞文化
毕摩神医起富荣	抖音	云南楚雄毕摩文化
黔彝农品	抖音	贵州彝族文化
彝术摄影	抖音	彝族美术
彝族【尼索颇】	抖音	云南彝族歌舞文化
三漂亮	抖音	彝族服饰文化
琳三妹小号	抖音	彝族饮食文化
木古	抖音	凉山彝族体育文化
民族文化	抖音	彝族节庆文化、歌舞文化
HEI MAKA 嘿吗咔	抖音	彝族刺绣技艺

网名/昵称	平台	展示内容
普正华	抖音	云南彝族歌舞文化
三彩漆器	抖音	彝族漆器制作技艺
彝族姑娘美珍	抖音	云南彝族服饰文化、歌舞文化
凉山彝哥吉克	抖音	凉山彝族饮食习俗
彝族阿鲁美玲	快手	贵州彝族歌舞与服饰
吉克大叔	快手	凉山彝族语言与日常生活故事
彝人律师	快手	彝族习惯法与现代国家法律
四川彝族女孩	快手	凉山彝族音乐与服饰
解古阿星	快手	凉山彝族饮食
沙马石——＊＊＊	快手	凉山彝族历史文化
彝族首饰加工	快手	彝族银饰与女性服饰文化
彝族克智王吉库日者	快手	凉山彝族"克智"文化
小英莫彝族服饰	快手	凉山地区彝族服饰
阿说苏尼	快手	凉山彝族苏尼文化
黑来阿莫惹古彝族文化	快手	凉山彝族苏尼文化
中国彝族文化传承人	快手	凉山地区彝族语言文字、神话故事、古经等
凉山彝族工艺品	快手	彝族漆器
残疾人苏呢彝族文化中号	快手	凉山彝族民间信仰文化
彝族小嘉	西瓜视频	传统礼俗与日常生活
凉山彝龙	西瓜视频	传统礼俗与日常生活、生产
彝人视角	西瓜视频	彝族传统人生礼仪记录
彝人阿布	西瓜视频	传统风俗习惯记录
悬崖村熊二	西瓜视频	凉山地区悬崖村日常生活与生产
彝族人家吉乃	西瓜视频	彝族婚俗
彝村渣波	西瓜视频	凉山彝族贫困地区见闻

资料来源：检索时间：2020 年 12 月 28 日。

　　此外，也有不少彝族文化精英将彝族传统文化要素以音乐、文字等形式呈现在各种音乐平台、自媒体空间和网络空间，如最具代表性的专门展示彝族文化的互联网网站彝族人网，又如专门展示彝族传统文化、历史文化、彝族政治生活、政策方针与法律制度及彝族乡村人群日常生活面貌的微信公众号有：彝族务工者、彝族 TV、彝族文化、彝族、彝族之窗及彝族历史等。诸如此类，不胜枚举。毋庸置疑，上述文化展示与传播形式不仅有利于推动彝族传统历史文化、风俗习惯及其中孕育的道德精神与价值理念的传递与传播，也可能加强其文化主体对传统局限性的反思及价值理念的更新。不过，各方行为体虽然利用现代影音技术与数字信息技术摄制了许多脍炙人口的影视作品，但这需要受众群体能顺利且乐于观看才能实现其基本意义和最终目的。

第三，以民族文化进校园形式让传统精神品质与道德文化走进教材、走近生活。

其一，编写乡土教材与文化读本。该形式同彝文古籍与经典的翻译、整理不一样，主要是将彝族口述传统和古籍经典中的道德文化发掘出来，通过编写乡土教材的方式将其写进中小学教学课本和乡村文化读本，扩大乡村中小学生接触传统道德的范围和频率，让他们除了在父母和家支的濡化过程中理解祖先的道德世界、培育传统道德意识和传递传统道德精神之外，也在学校中了解和学习中华民族共享传统美德、继承传统道德精神、更新道德观念和丰富道德世界。2006 年开始，在中共昭觉县委宣传部的组织下，在政府干部、司法工作人员、德古、毕摩及学校教师等多方行为体的协作下，依托凉山彝族传世经典《玛牧特依》、创世史诗《勒俄特依》、"彝族克智"及彝族谚语等，挖掘其中孕育和表达的正向道德文化，于 2007 年将其写进彝汉双语乡土教材《彝族传统道德教育读本》中。除吸收利用传统治理资源中的正向道德文化之外，还根据当时凉山彝区出现的毒品、艾滋病、酗酒及其他社会问题，将禁毒防艾知识也编入其中。总共包括《礼仪篇》《修养篇》《诚实篇》《团结篇》《自强篇》《勤奋篇》《致富篇》《节俭篇》《训导篇》《行善篇》《育幼篇》《学习篇》《言语篇》《交友篇》《亲情篇》《敬老篇》《爱母篇》《廉洁篇》《戒律篇》《自律篇》《禁酒篇》《禁毒篇》《禁盗篇》《谋事篇》《英雄篇》《荣誉篇》《环保篇》《和谐篇》等 28 个篇章。编写完成之后，就推广到该县各乡镇中小学，作为德育文化课程的教学教材，欲以其引领中小学彝族学生继承发扬传统美德，树立正确的道德观念和高尚的精神品质。不仅如此，该读本还被发放至该县各乡政府、村党支部活动室及乡村农家书屋，作为基层干部和乡民阅读学习及乡村道德文化宣讲培训教材。该读本经凉山彝族自治州语言文字工作委员会整理后，于 2014 年 8 月 1 日由云南民族出版社出版发行。① 在西昌民胜乡，乡小学于 2012 年开始依托《玛牧特依》，整理编写了《〈玛牧特依〉语录儿童诵读》《彝学古文献玛牧特依素质教育导读新编》等读本，发挥传统道德文化对中小学生正确价值观念的形塑功能。② 在贵州威宁县，该县板底小学于 2016 年自主组织编写了彝汉双语乡土教材《神秘板底我的家》，该教材不仅系统介绍了当地彝族的语言文字、节日文化、戏剧文化、人生礼仪、信仰文化等文化要素，还收录了许多传达孝敬父母、团结亲友、勤劳生产的，具有教化意义的民间歌谣。

其二，开展多元校园竞技娱乐活动，释放传统道德文化活力。仅以教材读本的形式将传统道德文化重新呈现可能会由于各种因素而没有实现编写教材时的预期效果。要激发彝族乡村中小学生对它的学习热情，还需要建立相应的激励和考核机制。基于此，在一些彝族乡村中小学中，或通过举行传统道德经典的背诵、演讲及歌唱等有奖竞技比赛形式，吸引和鼓励更多的中小学生主动学习传统道德文化，或将表达正向道德精神的彝族传统舞蹈、歌谣以集体课间活动形式呈现，让彝族中小学生在活动中参与传统道德文化的传承。如在昭觉县和西昌市的彝族乡村中小学，就经常举行《玛牧特依》诵读比赛。又如在贵州威宁，B 乡小学推行"校园大课间活动"，该活动从早上第 2 节课后开始，时间长达近 1 小时，活动内容丰富，包括表达感恩父母与敬畏天地祖先之道德精神的"铃铛舞"、教导人们勤劳生产与珍惜粮食的精神品质及抒发热情好客与民族团结之情的当地彝族民歌《迎客歌》《阿西里西》等。通过这种热闹的课间集体活动让在校彝族学生参与了当地彝族传统文化的传承、道德观念和精神品质的传递行动。不过，在具体实践中，有时也存在一定问题，如将全部的课间用于传统文化传承与展演活动，忽略了普遍推广的广播体操及其他校园活动的协同开展，会在一定程度上影响乡村学生走出乡村进入乡镇小学、中学时校园活动的参与能力，影响他们在普遍文化活动中的自信心和参与度。这是民族文化进校园过程中应重点关注的问题之一。

---

① 凉山彝族自治州语言文字工作委员会编译《彝族传统道德教育——健康文明新生活教育读本》，云南民族出版社，2014。

② 王权：《"以彝族古文献〈玛牧特依〉育人观促进和谐教育实践的研究"课题研究的几点感悟》，《凉山教育研究》2015 年第 3 期。

第四，以协会组织力量推动传统道德文化重新走向社会。在凉山彝区，兴起了一些自觉传承彝族传统文化的民间协会组织，它们致力于彝族传统道德文化的持续传承与广泛传播，寻找彝族传统道德文化记忆，探索使其重新走向社会的途径，释放其对当代彝族青年人道德精神重塑的现实活力。如在西昌，一群具有强烈文化自觉的志同道合的彝族以家庭为基本单位组建关于彝族传统文化的"周末学习小组"，他们组合在一起教彝族孩子们说彝语、识彝文、写彝文、读《玛牧特依》，领略彝族传统道德经典中表达的真、善、美、仁、爱、礼、谦、智、信、勤、勇等优秀道德品质，迅速在当地引起热烈反响，得到民间和官方的一致好评，吸引了越来越多的人加入，小组人数规模迅速增加至近 500 人。2017 年 12 月 20 日，经凉山州民政局注册，成立了"凉山州彝族玛牧文化协会"（后称为"玛牧协会"）。协会秉承"传世玛牧，以德育人"的宗旨，充分利用线上媒体、线下平台，积极与当地高校、中学、小学、幼儿园、卫校、农校等教育单位联合开展彝族《玛牧特依》的学习教育活动。活动方式灵活多元，既有课堂式的传习班教学，也有讲座式的交流，还有竞技式的经典诵读比赛。同时，他们也利用微信、抖音、快手等自媒体工具及互联网平台翻译、展示彝文经典和教学彝文识读。至 2019 年底，他们累计开展了 200 多场《玛牧特依》学习活动，参加人数累计 2 万多人。①"玛牧协会"能从一种关于彝族传统道德经典的民间自发学习小组而成为经民政部门认证通过的合法民间组织，显然是其本身的价值及其对于彝族传统道德文化传承做出的贡献得到了政府与社会的双重认可。

---

① 凉山州彝族玛牧文化协会：《用玛牧增强文化自信，用玛牧传承千年文化——凉山州玛牧文化协会 2019 年年终总结会在西昌举行》，中国彝语微信公众号，网址：https：//mp. weixin. qq. com/s/Owl8mSIMRyT9NFKXssu7EQ，最后访问日期：2020 年 12 月 20 日。

第五章　彝族传统治理资源的历史
局限性与彝区治理难题

作为特定历史条件下的实践产物，彝族传统治理资源必然有其历史局限性。换句话说，它是一个矛盾统一体，既有积极之面，也有消极之处。无论哪点，都可能在一定程度上影响其文化主体的观念和行为，关涉彝族乡村治理的理念设想与行动取向。基于此，人们既能整合其积极之面来健全完善彝族乡村治理体系，同时，其消极之面也会给当代彝族乡村治理带来某些难题和造成相应困境。本章将呈现部分彝族传统治理资源存在的局限性及其可能产生的消极影响，分析由其导致的治理难题及当下彝族乡村存在的某些治理困境，以期为彝族传统治理资源如何发挥其正向价值优势、避免其局限性、消减其消极性，助力当下乡村治理提供一些经验。

第一节　彝族传统治理资源的局限性
因素及其消极影响分析

彝族传统治理资源中局限性因素相对突出且其产生的消极影响较为明显的，主要是传统制度文化，尤其在家支主义和婚姻制度这两个层面[1]，具体表现在三个方面。

---

[1]　当然，存在局限性因素和产生消极影响的彝族传统治理资源类型自然不止上述两个方面，还有很多与当代国家制度、宪法法律、主流价值观及社会总体道德不相符合或者相背离的历史范畴意义下的内容。不过，一方面，它们中的大多数确实已经只作为一种"历史古物"而存在于文献资料和学者的研究成果中，并未持续性地对当下生活着的人的思想和行为产生直接性的鼓励或者限制作用；另一方面，其他学者已经进行过较为深入和系统的研究，因此，本书主要分析的就是仍旧具有持续性作用力和前人关注研究不足的内容。

一　极端固守家支主义，破坏乡村生活秩序

辩证地看，家支主义作为彝族乡村的一种社会整合机制，其功能既有统一、整合、团结、平衡的一面，也有对立、分散、冲突、失衡的一面。若科学引导、适时调试、主动革新，它就是稳定乡村生活秩序的动力机制；若放任自由、缺乏监督、固守传统，就可能成为破坏乡村生活秩序的消极力量。

（一）破坏乡村的基层政治生态

凉山彝族浓厚的家支主义和强烈的家支认同意识在较大程度上影响甚至决定着其所在乡村的基层政治生态。在不同乡村中，其作用形式及影响表现各有差异。

首先，在以单一家支人口聚居为主或某一家支的力量远大于其他家支的多家支聚居乡村中，家支的控制权力基本与村寨基层组织政治权力交叉互嵌。也就是说，这类彝族乡村中的家支长老几乎会覆盖村一级干部群体，村落整合力度和社会动员强度就可能大于其他乡村。按理说，这应当是件好事。不过，在这类乡村中，可能会出现强家支过分干预甚至垄断村寨政治、经济、祭祀、教育等事项，操纵乡村基层民主选举。本质上说，这已经在事实上对基层民主选举的平等性、公正性、公平性等精神造成了严重破坏。在此过程中，可能会直接破坏村寨干群关系。若消极性日益增强，还会逐渐降低其他小家支关于村寨公共生活参与性及对本村"选举"出来的村一级干部的公共信任度，产生不利于乡村自治的阻碍因素。

其次，在家支人口规模大体相当的多家支聚居乡村中，每3~5年，上一届村一级干部任期一满，就会面临重新换届选举。这时，各家支无疑都想选举本家支成员担任村"两委"干部。在这个过程中，若严格依照《村委会自治组织法》来执行，一般不会出现什么大问题。但是，实际操作会不尽如人意，各种问题也会相伴随行。若某一家支一味地想推选本家支成员、彰显家支气场，就会出现诋毁或对抗其他家支参加竞选的现象，在选举过程中就可能出现对抗性恶性竞争，破坏乡村民主选举秩序。不仅如此，还可能引起家支间的对立及敌视，将选举事件、事态扩大，引发群体械斗等冲突事件。从社会冲突过程论视角来看，冲突虽能推动社会整合与社会再团结，但若能以和谐有序的社会控制强化社会整合与社会团结，冲突就没有存在的必要。就

彝族乡村而言，家支冲突可能会在一定程度上强化家支内部的整合、平衡与团结，但对于乡村整体来说，更多的是给乡村集体秩序带来暂时性的破坏。在换届选举过程中，若各家支参选人员及其支持者都能依照规定和程序执行，就能减少冲突与对抗问题的发生。

最后，在有的乡村，由于村民生产活动的分散及人口的外流频繁，要将他们集中起来举行一个规范的换届选举实属不易。况且，在乡常驻村民也并非都乐于行使选举权和被选举权。对他们来说，他们更关心的是那些实实在在的能看得到摸得着的利益。以熟人关系为主的乡村社会，尤其注重人情。在选举期间，难免会有人通过赠送礼物的形式来为自己拉选票。若有谁赠送礼物、给予利益，无论是基于人情互惠、熟人面子等传统交往机制的作用，还是受个人私利影响，他们收下了谁的礼物，获得其好处，就最有可能支持给予自己利益的人。基于非正常程序和非客观选举的"胜出者"也许不仅不具备村寨带头人的基本素质和综合能力，还可能利用村民给予的权力谋取私利。因此，基层民主选举就流于形式、丧失本质。

上述现象不仅存在于川、滇凉山彝区，在贵州部分彝族乡村也同样存在。

案例5-1——四川凉山彝族某家支垄断党员发展资格：在美姑县 J 乡 S 村，村支书为了自己能一直担任该职务，每年要吸收积极分子发展党员之时，他基本只考虑本家支或与自己有亲缘关系的人，其他人很难有机会申请入党。在该村的 25 名党员中，其中的 23 人不是与他属同一个家支，就是与他有姻亲关系。2016 年，该村进行村委换届选举时，该村 WQ 家支有人竞选村支书一职，但因家支人口规模小，支持者就少，最终落选，支书之职仍由原支书继续担任。[①]

案例5-2——贵州彝族乡村强势家族垄断村主任职务：威宁县 F 乡 F 村也是一个典型的彝族乡村，该村以 A 姓家族人口最多，访谈对象 AH 讲述，该村三年前进行村"两委"换届选举时，换下来的前任村主任和刚选上去的新村主任都是他们家族的人，在他的记忆里，这种情况已经连续很多次。当然，其他家族也有人参选，但因家族规模小、人数少，都未胜选。因此，村

---

① 马保华：《凉山彝族地区家支与社会稳定研究》，中国人民公安大学硕士学位论文，2018。

主任长期由 A 姓家族垄断。①

案例 5-3——四川彝区两家支因选举矛盾发生群体事件：2013 年 3 月，盐源县 W 镇 C 村进行村"两委"换届时，该村 N 家支和 C 家支都有人竞选村主任。选举僵持了很久之后才产生结果。在竞选结果公示当天，落选家支为宣泄不满，与胜选者家支产生矛盾，发生了群体械斗。此次事件使双方各有几十人受伤。最终，只能宣布选举结果无效。由于没有结果，只得由村支书兼任村主任一职。②

案例 5-4——云南凉山彝区乡村拉选票引发械斗事件：宁蒗县 H 乡 D 村、Z 村、C 村及 N 村等进行村干部选举时，经常发生赠送礼物、礼金及摆宴等贿选现象。有时，还会因拉选票而引发家支间的仇视和群体冲突。如在一次选举中，由于 Z 村的 JM 家支比 SM 家支多出 30 份选票，SM 家支不服，两家支间就发生了群体冲突。又如 N 村的 PJ 家支和 AK 家支也同样在村委换届选举过程中发生了严重冲突。③

上述案例都是因极端强调狭隘家支主义而影响和破坏乡村政治生态的具体反映。当然，在其他彝族乡村可能还有其他表现形式。从传统到现代，彝族的家支主义和家支认同意识都在不同程度上鼓励和限制着其文化主体的观念和行为。它既能作为夯实彝族乡村自治基础的原动力和元机制，也可能成为破坏彝族乡村政治生态的消极力量。关于其积极功能，必然要继续传承利用。至于其消极方面，就要官方与民间的内外合力加以扬弃和修正，健全对它的监督、教育及约束机制，最大限度破除狭隘家支主义，让他们能突破或跨越家支主义边界，融入对乡村集体与社区整体的认同，使其健康地成为维护彝族乡村良性运转的合理资源。

（二）滋生群体越轨或包庇越轨

固守极端家支主义，不仅会产生破坏乡村政治生态的后果，还可能滋生家支内部群体性的社会越轨现象或包庇产生越轨行为的家支成员等问题。群体越轨，即群体参与的违背国家法律、社会规范和伦理道德的社会越轨行

---

① 访谈对象：F 乡 F 村村民 AH，男，37 岁，彝族。访谈时间：2019 年 12 月 28 日；访谈方式：微信线上访谈。
② 马保华：《凉山彝族地区家支与社会稳定研究》，中国人民公安大学硕士学位论文，2018。
③ 邱翎：《"家支"观念对小凉山彝族地区村级民主选举的影响研究——以宁蒗彝族自治县为例》，云南大学硕士学位论文，2011。

为；个体越轨则是个体发生的违背国家法律、社会规范和伦理道德的社会越轨行为。

首先，关于群体越轨行为的发生。前文在涉及凉山彝区曾存在的毒品与艾滋病问题的分析时，证明了当地包括中青年男性、孕妇、哺乳期的妇女、未成年儿童及残疾人等在内的人群都可能成为毒品贩运及吸食者。由于从事这种活动能比农、牧及其他非农、非牧的正常生产带来更丰厚、更快速的经济利益，再加上荣辱与共的家支意识深刻地影响着他们的观念与行为，在部分乡村，就形成了家庭化、家族化及网络化的毒品贩运规模和贩卖形式。基于此，就呈现了一种家支内的群体性社会越轨现象。当然，极端的家支主义和强烈的家支意识引起的群体越轨还可能表现为其他形式，如前文呈现的因村委换届选举发生的群体冲突，又如由婚姻家庭、土地、牲畜、作物、口头争吵等各种日常纠纷引起的家支械斗等，都是典型的群体越轨现象。在关于乡村生活秩序上，它比一般个体越轨行为更加具有破坏性。

其次，关于家支集体对家支个体越轨行为的包庇现象。前文展示了大量关于家支集体制定家支规章和举行盟誓仪式来监督规范和惩罚矫正家支内发生越轨行为的家支个体的案例。整体来说，这是彝族家支文化正向功能的基本展示。然而，除此之外，家支集体还可能出现包庇越轨家支个体的现象。

这些上述现象或许只是个案，但既然曾出现过，无论是否为个案，都应该予以关注。一般来说，出现上述现象，既可能是被丰厚的经济利润和物质利益吸引，也可能受极端家支主义的影响，还可能是缺乏法治观念和法律意识所致，或者上述因素兼而有之。不论基于哪种因素，都是当下乡村治理过程中不容忽视的一个关键问题。

二 片面强调面子观念，影响乡风文明建设

在中国，无论传统时期还是当下，面子与人情始终是影响中国人的社会交往与人际关系处理的重要文化机制。辩证地看，面子与人情作为一种特殊的社会整合机制，既能促进社会团结，实现社会的有序控制，也能因片面强调面子与人情而发生恶性竞争，引起社会冲突，破坏社会团结。因此，面子与人情是一把"锋利的双刃剑"。与大多数兄弟民族一样，彝族具有极强的脸面观，非常重视自己及其家支的荣誉、面子和尊严。在做出某项选择和决定之前，他们常会考虑这是否会损害自己及家支的荣誉、面子和尊严。在外

人看来，或许他们在特定历史时期做出的决定和发生的行为既不合理也不合法，但在他们的文化语境和认知观念中，那可能是为自己及其家支、民族等挣脸面、保面子、赚荣誉、赢尊严。不过，若片面追求和强调它的话，就可能成为影响社会团结和阻碍乡风文明建设的破坏性力量。其影响在乡村纠纷异化、高价彩礼问题及仪式消费大等方面表现得相对突出和明显。

（一）引发纠纷及其异化

乡村虽是由熟人关系构成的生活空间，但熟人之间也可能因婚姻家庭、财产分配、土地占用、草木砍割、住房水沟、禽畜放养、粪便堆放、庄稼保护、摘食瓜果、子女打闹、议人是非及其他利益冲突等各种琐碎之事发生争吵，滋生矛盾。在彝族乡村中，当村民产生纠纷时，小矛盾自我处理，大纠纷邀请德古调解，通常都能在德古的调解下成功化解并重归于好。不过，并非所有纠纷都能一次性成功解决，总会存在一些难以同时满足纠纷双方利益需求的调解结果。一般而言，要满足纠纷双方的利益需求，大概受制于两个方面的因素：其一，物质上的支付与补偿是否达到双方共同接受的数额；其二，双方各自及其家支的面子、荣誉和尊严是否得到应有的尊重与维护。

上述两方面的因素属于互相关联和同一的关系。物质上的支付和补偿一般为"过错方"对"受害方"发生的行为，其目的既是弥补"受害方"在物质上遭受的亏欠和身体上遭受的伤害，也是维护他及其家支的面子、荣誉与尊严。与此同时，作为"受害方"，他们可能为了维护自己和家支的面子、荣誉与尊严，会希望和要求"过错方"的支付和赔偿能满足其期待的赔偿条件。作为"过错方"，若"受害方"要求过于苛刻的赔偿条件和高昂的赔偿数额，若完全按照其条件予以满足，也可能会认为有损自身及其家支的面子、荣誉与尊严。在这种情况下，无论"过错方"，还是"受害方"，保证自身及自己家支的面子、荣誉得到维护，尊严得到尊重，才是各自期许及共同认可的纠纷化解结果。理论上讲，这无可厚非。但是，若双方都片面地强调和追求面子、荣誉与尊严，就可能出现不惜耗费时间、经济、劳力等成本去邀请德古进行重重调解，或向各级法院机关层层上诉，也要实现自己的目的。基于此，一个小小的乡村纠纷就可能处于一种循环往复的调解和仲裁过程中，让本来可以轻松解决的纠纷异化。当纠纷异化时，他们已经不单是为了解决问题而申诉，更多是为了追求面子、荣誉与尊严，除掉心头所憋之气。在此过程中，不仅会加剧纠纷异化，也会加深纠纷双方的仇视感和对抗性，还会在一定程度上造成国家司法成本和社会公共资源的浪费。

（二）加重高价彩礼问题

片面强调和追求脸面和荣誉，可能加剧彝族乡村高价彩礼现象、增加彝族乡村乡风文明建设难题。总体来看，彝族乡村高价彩礼现象最突出的是四川彝区，这是近年来除毒品与艾滋病之外当地最为棘手的治理难题之一。①要维护幸福和谐的婚姻家庭和创建健康良好的乡风文明，就必须处理好高价彩礼问题。虽然近些年当地官方与民间的各类治理行为体都在致力于解决这一问题，也取得一些成效，但在部分地区，彩礼数额仍然居高不下，问题仍旧突出。有研究数据显示，改革开放初期，凉山彝区的婚嫁彩礼大体范围在800~1500 元，90 年代维持在 1500~3000 元。2000 年后不断飙升，至 2010 年时上升至 7 万~20 万元。当时，地方政府与传统权威等就此合力共治，暂时减缓其增长幅度。不过，部分地区依旧在增加。② 2015 年，为全面了解当地彝族高价彩礼问题，凉山州开展了一次大规模社会调研。调研结果显示：城镇彝族彩礼数额普遍高于乡村，普遍在 10 万~40 万元，最高的近百万元；乡村彝族在 5 万~25 万元，最高接近 50 万元。其中，以布拖为中心的"阿都地区"最为突出。③ 至 2018 年，该区域彝族婚嫁彩礼基本维持在 25 万~40万元。④

凉山彝区的高价彩礼问题如此突出，不仅与近年来其家庭经济收入水平的提升、从众攀比心理的日益加剧等因素有关，还可能与其意识深层残存以血统为基础的族群身份分层观念及浓厚的层级面子、荣誉与尊严等历史记忆、阶序道德相关。如《凉山州婚丧嫁娶高价彩礼和铺张浪费问题调研报告》（2015）说明了当时 50%以上的被调查者表示收取高价彩礼之目的是让

---

① 在当地，彩礼钱包括了新娘的身价钱、办理婚礼的开销费用、送给新娘亲属的礼钱（如舅舅钱、叔叔钱）以及送给媒婆的辛苦费等（占婚礼礼金总额的 10%）。
② 冯琳、袁同凯：《凉山彝族婚俗的当代变迁与社会适应——以身价钱与婚姻缔结为例》，《民族研究》2019 年第 6 期。
③ 蒋志聪：《婚丧嫁娶高额彩礼和铺张浪费问题调研报告》，原载于《凉山彝学》，转引自彝族人网，http://www.yizuren.com/social/jd/34681.html，最后访问日期：2020 年 12 月23 日。
④ 冯琳、袁同凯：《凉山彝族婚俗的当代变迁与社会适应——以身价钱与婚姻缔结为例》，《民族研究》2019 年第 6 期。

自己及其家支脸上显得光彩和有面。① 毫无疑问，这是他们以家支文化为基础形成并强化家支制度的面子、荣誉与尊严等观念形态之文化作用的具体展示和深刻表达。当前，凉山彝族关于面子、荣誉与尊严的观念文化在彩礼收取时的具体操作主要表现在两个方面。其一，在正式谈及婚姻时，许多女方父母会以"骨根"（族内血统身份层级）不同及民族身份有别作为其抬高女儿出嫁彩礼的常见理由②；其二，女方综合条件，如文化程度、工作能力、工作地点、职位高低、外貌体型、年龄大小、生活经验等都可能成为他们量化彩礼的依据。③ 如 2019 年，郝彧等人针对美姑、昭觉、布拖、金阳、普格、雷波、盐源、甘洛、屏山 9 个县域的彝族彩礼问题进行调查，结果显示：这些地区的彝族彩礼价格在几万到几十万元不等，以二十万元最为普遍。④ 又如 2019 年，加多尔体在昭觉县七里坝乡、喜德县光明镇和李子乡所做的调查也反映了上述现象，其结果显示：在当地，未接受过学校教育的彝族女子彩礼为 5 万~10 万元、中专毕业 8 万~15 万元、大专毕业 15 万~20 万元、大学本科毕业 20 万~30 万元、参加工作 30 万元以上。⑤ 研究过程中，我们结识了一位来自西昌彝区正在成都攻读博士学位的彝族女士，与她聊起凉山彝族的彩礼问题时，她告知的信息与上述数据大体相近。当时我们还和她开玩笑道："要是你还没有结婚的话，谁要是和你结婚，是不是也得 30 万元起点的礼金了？"她笑笑说道："怕不止额，要按照学历来算的话，按照这两年的趋势，估计我家得要 40 万~50 万元咯，哈哈！"⑥

经过中国共产党领导推动的政治运动、社会改造及文化教育之后，虽然彝族传统奴隶等级制度和组织土崩瓦解，但观念性、内隐性的传统族群层别观念或阶序意识并未与等级制度同步退出历史舞台，依旧残存于当地部分彝

---

① 蒋志聪：《婚丧嫁娶高额彩礼和铺张浪费问题调研报告》，原载于《凉山彝学》，转引自彝族人网，http://www.yizuren.com/social/jd/34681.html，最后访问日期：2020 年 12 月 23 日。

② 冯琳、袁同凯：《凉山彝族婚俗的当代变迁与社会适应——以身价钱与婚姻缔结为例》，《民族研究》2019 年第 6 期。

③ 李浩淼：《新农村"乡风文明"的调查与思考——以凉山彝族婚姻中的身价钱为例》，《前沿》2012 年第 4 期。

④ 郝彧、刘立策：《凉山彝族文化消费的区域特征研究》，《西南民族大学学报》（人文社科版）2019 年第 11 期。

⑤ 加多尔体：《凉山彝族婚姻习惯法调查研究报告》，http://mp/weixin.qq.com/s/vsQ-kRMYtgP3XVrt-v_-xQ；最后访问日期：2020 年 12 月 25 日。

⑥ 访谈对象：AN 女士，32 岁，彝族。访谈地点：成都市武侯区一环路某餐馆，访谈时间：2020 年 12 月 16 日。

族社群的深层意识中，继续影响其观念和行为。在传统社会中，针对族群身份阶层不同之人，无论发生纠纷时给予的处罚方式、手段及程度，还是涉及身体器官伤害、脸面尊严受损时的赔偿金数额，或是造成命案时要赔偿的人命金数额等都有差别，不同血统阶层之间多存在数倍之差。

除了在纠纷调解与命案赔偿方面具有层级差别，在传统婚姻缔结规定上也表现出明显的区分现象和强烈的区别意识。表现有二。其一，在婚姻缔结程序上，如表2-1所列的相关内容反映了在彝族传统婚姻习俗中，都有"盘根骨（或骨根）"或与之意义和性质相近的环节，目的是看新人的族群血统身份层级是否同一。在传统社会中，他们实行民族内婚、等级内婚、氏族外婚、姑舅表优先婚等婚姻制度，个人意愿常被制度、观念束缚和绑架。在他们看来，"黑彝"与"白彝"血统不一，"黑彝"只能与"黑彝"通婚，"白彝"只能和"白彝"联姻，"贵族"只和"贵族"婚配，"百姓"只与"百姓"结亲，"奴隶"的婚姻则多由"奴隶主"安排。当下虽然其外显的奴隶占有制度和血缘等级制度已经瓦解，但是"黑彝"与"白彝"的潜隐分层意识并未完全消失。论及婚嫁时，部分人仍将其作为计算彩礼数量依据便为例证。其二，在不同的族群血缘层级身份之间，面临婚姻缔结选择时，各自的彩礼数额同样具有差别。如清末民初之时，当地"黑彝"的彩礼数额在500～1000两白银、"白彝"的彩礼数额则在100～200两白银[①]，同样存在数倍之差。无论置于当时的历史场景，还是从当下出发，都是"天价彩礼"的不同表现。也就是说，凉山彝区在传统社会时期就已存在"天价彩礼"现象。该现象的发生和续存并非完全由经济发展水平和经济收入能力的提升决定，其更主要的推动因素可能是其传统社会等级制度形塑的族群血缘层级观念或阶序意识，还有以此为基础产生的面子、荣誉与尊严等深层文化机制。这种文化机制潜移默化地内化于其意识形态，深远持久地影响其思维方式和行为方式。

实际上，至少在特定历史时期，凉山彝区的高价彩礼曾得到控制。在民主改革至人民公社这一段时间，"政党—国家体制"全面掌握着乡村政治的核心话语权，统筹着乡村的一切公共事务。在此期间，国家在全国上下大规模开展包括移风易俗在内的社会主义改造运动，瓦解了传统等级社会制度，

---

① 冯琳、袁同凯：《凉山彝族婚俗的当代变迁与社会适应——以身价钱与婚姻缔结为例》，《民族研究》2019年第6期。

破除了一切不平等规定。同时，在国家的强力布控和有力监管之下，高价彩礼规定随之改变，仅象征性地支付少数礼金甚至不用支付。随着国家"体制性权力"从乡村逐渐退场，实行"乡政村治"，推广民主选举、民主监督、民主决策、民主管理的农村民主自治以来，国家对乡村事务的直接管理强度、深度和广度随之弱化，村民自治组织成为村落的"最高权力机构"。此言并非说国家对乡村放任自由，国家的"功能性权力"依旧扎根乡村，如乡党政部门、村党支部及其领导下的基层组织便是国家"功能性权力"在乡村的具体表达，基层科层干部即此权力的实施代理人，他们负责自上而下的政策传达贯彻和自下而上的村民诉求反映。在村民自治体系中，村党支部主要对党、国家和政府负责，村委会主要对村民负责，代表广大村民的集体利益。在"乡政村治"模式下，村委会与乡政府之间本应是合作与协作的关系，而非上级与下级、领导与被领导的关系。然而，具体运作的事实却不尽如此，特别是农业税未取消之前，乡政府需要村委会作为辅助力量来汲取乡村资源，在此过程中，乡政府可能以资源优势、利益吸引来直接或间接地控制着村委会。本该承担起自治职责的村委会忙着应付乡政府"安排"的各种任务，被分散大量工作精力，难以在事实上做到对村民全面负责，这使乡村自治陷入内卷化。在这种情况下，就极有可能放松甚至忽略对包括复苏的高价彩礼在内的某些乡村问题的监管和及时处理。改革开放之后，彝族家支文化逐渐复兴，特殊历史时期潜藏于"潜隐剧本"中的家支意识重新被唤醒，以家支文化为基础的脸面观继续强化。加之国家经济体制改革和扶贫建设使彝区的总体经济条件变得越来越好，高价彩礼从"昔日历史"变成"当下现实"。这种现象的重现虽有其社会空间和文化基础，却带来了系列社会问题，在一定程度上将婚姻和新人异化为可待价而沽的"产品"和"商品"，严重影响彝族乡村婚姻家庭关系质量和乡风文明水平。如高价彩礼可能会使一些家庭拮据的彝族青年无娶妻能力而被迫单身。又如他们可能会为了结婚而四处借款支付彩礼造成后续家庭负债累累，影响夫妻关系和家庭幸福指数。[1]再如他们可能会为了快速赚钱支付彩礼娶妻而冒险从事非法经济活动，破坏社会秩序稳定。还如高价彩礼严重限制彝族女性的婚恋自由，可能会被父母安排婚姻，将其彩礼作为家中兄弟娶妻的彩礼，还可能在家庭矛盾激化、婚

---

[1]　郝彧、刘立策：《凉山彝族文化消费的区域特征研究》，《西南民族大学学报》（人文社科版）2019年第11期。

姻关系破裂时无力偿还男方支付的高昂彩礼而难以解除婚姻等。诸如此类，都是高价彩礼背后潜隐的社会问题。

凉山彝区的高价彩礼与当地彝族强烈的脸面观有着密切联系，若一味片面追求面子与荣誉，可能会继续维持甚至加重高价彩礼问题。因此，除了依靠官方和民间合谋的制度规范来约束其行为，还需对其脸面观、荣誉观等观念意识进行科学性引导。

（三）加大仪式消费支出

讲面子、重荣誉和要尊严本无问题，但若片面、过分强调，除了会引起上述问题之外，还可能加大仪式消费支出。在包括彝族乡村在内的大多数中国乡村中，举行人生礼仪及祭祖仪式时非常讲究排场，他们可能会不遗余力地将大量的财力、物力及人力投入仪式活动。彝族的仪式观念极强，他们的仪式以婚礼、葬礼和祭祖等规模较大。在凉山彝区，为人父母最重要的职责就是为儿娶妻，为人子女最大的孝道就是祭祖送灵。他们在一场丧葬仪式和祭祖仪式上的消费支出一般不亚于一场婚礼支出，少则几万元，多则几十万元。① 正如嫁女获得高额彩礼使其觉得脸上有光一样，为祖先和逝去亲人举行一场隆重的葬礼和祭礼也会让他们觉得无比荣耀。这种荣耀感既源于其自身意识，也来自外部舆论。就自身意识而言，与其父辈子代间的严密同一关系有关。一方面，作为父母长辈，为子女举办隆重婚礼践行了他们为人父母应承担的责任；另一方面，作为子女后代，为逝去父母长辈举行规模庞大的葬礼、为祖先举行祭祖送灵盛典，履行了为人子女的根本义务。仪式顺利完成，他们的内心能实现自我安慰，情感也能得到满足，内心就会愉悦，觉得脸上也就有光彩。从外部舆论来说，在他们的认知逻辑和道德世界中，无论为人父母不管子女的婚事，还是作为子女随意处理逝去父母的丧事或不举行祭祖仪式，不仅会遭受舆论攻击，还会受习惯法处罚。当临子女或父母、祖先等的大事时，仪式规模越大，参与人数越多，他们就会获得更多的社会认可，亲友、邻里越会称赞他们，他们更加觉得脸上有光彩，会获得更强的自豪感及更多的社会声望。与此同时，为了维系现有的面子、荣誉、尊严和声望，或者为了赢得更多，他们不会轻易随意对待任何一场重大仪式，会尽力

---

① 郝彧、刘立策：《凉山彝族文化消费的区域特征研究》，《西南民族大学学报》（人文社科版）2019年第11期。

投入精力、财力、物力和人力。基于此，难免会使传统的人情味与脸面观出现异化的趋向。

当地彝族之所以乐此不疲地在仪式上投入精力、财力、物力和人力，与其社会模塑的文化逻辑有关。首先，这是其关于传统道德观念、伦理精神、责任义务的实践表达，这既能为他们赢得和保持个人和家支的基本尊严、荣誉和声望，也能通过这种文化实践方式将其传统道德观念与伦理精神延续传递，实施道德教育与社会教化。其次，某种意义上，可将仪式视为一种资源配置、群体互助的互惠机制，其发挥着强大的社会整合与社会团结功能。他们举行婚仪、葬仪及祭仪等仪典时，除了现金消费，还会宰杀大量牲畜。由此，便会带来巨大消费支出。不过，这些支出并非仪式举办者独自承受。他们不仅会得到家支在物质上和劳力上的支援，还能获得亲友、邻里的礼物馈赠。基于此，举办一场仪式的总收入可能会高于总支出，或基本持平。当然，也不否认存在总收入低于总支出的情况。① 在此过程中，还以仪式这一聚合机制和凝聚形式来强化亲友、邻里之间的情感，培育和铸牢其情感共同体意识与文化共同体意识。因此，在看待其仪式消费行为时，不能片面地运用市场模型的棱镜将其视为非理性消费行为。既要以道德经济和文化理性的态度来理解这种行为背后的理性之处，也要看到它存在的某些弊端。

他们重视仪礼，并乐于投入成本使其规模宏大的行为产生的影响有好有坏，正因如此，才需引导。首先，它会给经济拮据的家庭带来沉重负担。无论家庭富裕者还是家庭拮据者，大多重视舆论对自己及其家支的评价，为了使自己和家支的荣誉不受损，即使借债也会尽量保证仪式的圆满完成。比起欠债，遭受舆论的批评和攻击可能会让他们觉得更丢脸面。有时，为了不受舆论批评、不丢脸面，他们宁可借债也会尽可能让婚礼、葬礼办得风光和隆重一些。由此，难免会使原本就困难的家庭继续增加负担，加重贫困。不少认为仪式消费致使凉山彝族致贫加剧的研究结论可能大多是基于这类观察而得。其次，可能催生攀比之风且愈演愈烈。乡村中的社会关系也有微妙之处，谁家举行仪式活动，如若亲友邻里在家，固然都会主动前往其家，或提供劳力帮助，或参与制造仪式氛围。在此过程中，他们对事主家的仪式规模及其他情况大体是了解的，当他们再举行仪式活动时，会自觉或不自觉地和

---

① 郝彧、刘立策：《凉山彝族文化消费的区域特征研究》，《西南民族大学学报》（人文社科版）2019 年第 11 期。

其参与过的人家比较，力图使自己家的规模不小于其参与过的人家。这种比较行为即便不是为了恶性竞争，但同样可能滋生攀比之风，甚至愈演愈烈。最后，会造成一定程度的资源浪费。有时，为了尽可能地履行作为父母长辈的责任或作为女子的义务，在举行人生礼仪和送灵归祖等重大仪式时，他们要保证仪式的规模和质量，就要投入大量的食物和其他物品，保证在场的人吃够、吃好、吃高兴。因为如若准备的食物或其他物品不够的话，那将是一件丢面子的事。因此，他们一般宁多毋少。在葬礼和祭祖仪式中，逝者的女儿、女婿等还会拉牛、羊等牺牲前来祭祀。这些牛、羊会被当场宰杀，有时一场葬礼、一次祭祖就可能宰杀十几只甚至几十只牛、羊，亲戚好友、邻里乡亲等共同享用。① 这虽然在较大程度上能促进他们的共同体情感，但也会引发铺张浪费的问题。

上述三种弊端，都与当地彝族强烈的脸面观密切相关。无论哪一种，都会成为移风易俗与乡风文明的阻碍力量。因此，婚丧礼仪及祭祖送灵的仪式消费规定与婚嫁彩礼数额一起被写进了凉山彝区的各类乡规民约。此外，还需灵活引导他们树立科学、辩证的脸面观与荣誉观，推动其观念变革是必需的，也是根本的。

三 残存传统婚姻制度，催生现代婚姻纠纷

随着社会结构的转型、民族关系的转变、法治社会的建设及法治体系的健全，彝族传统婚规已然发生变革，如姑舅表优先婚、等级内婚、民族内婚及转房婚等已成为历史，婚恋自由成为主流。不过，在部分彝族（尤其凉山彝族）的观念中，传统婚俗依旧残存，并影响着他们的现代婚姻观念与婚姻行为。从现有资料来看，彝族传统婚俗残存表现在三个方面：其一，传统等级观念加重高价彩礼问题；其二，转房婚的习俗限制丧偶妇女的再婚自由；其三，传统离婚规则加剧婚姻家庭矛盾及家支纠纷。第一方面前文已述，在此主要描述后两方面。

（一）转房婚制残存，限制再婚自由

转房婚是一种表现为男子亡故之后其妻不得外嫁，需与其弟或其兄再婚

---

① 阮池茵：《农业产业化发展与凉山彝族农民的贫穷——对凉山州苦荞产业发展的考察》，《开放时代》2017 年第 2 期。

的婚姻习俗，此习俗在彝族、独龙族、景颇族、傈僳族等许多少数民族社会中都曾存在。作为一种人类婚姻文化遗俗，转房婚的存在有其历史根源与社会基础，与当时的生存条件、社会生产力、人口再生产和财产保护观念等密切相关。既有被迫式转房，也有主动式转房。在彝族传统社会中，大多为自愿前提下的转房。若一女子的丈夫逝世，她首先会在平辈之内转房。若其亡夫有同胞兄弟，则会转给丈夫同胞弟弟或兄长。若无，就考虑堂兄弟。如凉山彝族谚语"乌期尼则，蜡新核则"（兄死弟在，牛死肉在)①，便是当地彝族转房婚的一种主位表述。其次才是平辈之外，较少情况会转给亲舅舅之外的长辈，但绝对不能转给亲儿子。另外，姑表亲不准转给丈夫之父。若女方不愿转房或夫家无人接房，她可另嫁其他家支男子。在此过程中，若她和亡夫育有子女，再嫁之后不用支付赔偿；若无，需支付"身价钱"换取自由。由此看来，这种婚姻形式对家庭及家支来说，在较大程度上保证了人口再生产和财产不外流。不过，在某种程度上，女性会在这个过程中被异化为生育"工具"和家庭"财产"，要获得自由，要么为这个家庭生育子女，要么以巨款赎取自由。

有事实证明，这种婚姻遗俗并未在彝族社会中完全消失，在凉山部分彝族的观念中依旧残存，仍然影响着他们的婚姻观念和婚姻行为，限制着残存之地彝族女性的再婚选择自由。如下案例就是这种婚俗依旧残存的例证及其作用表现。

案例5-5：2004年时，布拖县彝族女子JM与彝族男子JL按当地彝族传统婚俗定下娃娃亲。后来，JL去世。JL家就要求将JM转给JL的弟弟。JM和她的家人不同意，两家人在调解无果之后选择司法途径处理。当地法院最终判决JL父母不准再要求JM转嫁，并要求JM父母退还给JL家原来的订婚礼金四千元。但是JL的父母始终不肯在判决文书上签字，法院将JM父母退还的四千元交给JL父母时，他们也拒绝接受，一直认为JM还是他家儿媳。虽然法院已宣布JL和JM的婚姻关系合法解除，但因为他们没有依照传统婚俗离婚，在当地许多人看来他们依旧是夫妻关系。因此，一直无人向JM父母提亲。②

---

① 曾凡贞：《浅论大小凉山彝族宗法性的婚姻形态》，《玉林师范学院学报》2001年第1期。

② 蔡富莲、米伍作：《当代凉山彝族血缘家支与传统习惯法研究》，民族出版社，2014，第232页。

案例5-6：2009年时，布拖县浪珠乡的ZE给其长子从该县西溪河四棵乡找了一个结婚对象JK。于当年11月为他们举办了婚礼。婚后不久，JK的丈夫于2010年初不幸去世。当时，浪珠乡还是一个极度贫困的乡村，ZE家经济条件也不好，其次子尚未娶妻。于是，ZE请人去JK家与其父母商议，希望将JK转给其次子。依据彝族传统婚俗，设若她不愿意转给亡夫之弟，她就要给ZE家支付双倍退婚赔偿金。JK家条件也不好，无力承受负担，就被迫转嫁给了她的小叔子。不幸的是，刚转嫁的丈夫又于2011年5月掉崖身亡。JK又因同样的问题而转嫁给ZE家三子。[①]

案例5-7：我有个朋友在川师大，他家是村里的，观念还很传统，他哥哥前几年生病走了，留下他大嫂和一个娃娃，他自己也是有媳妇有娃娃，但是他家里面要把他大嫂转给他，他肯定不能要，也不敢要。他都是大学老师了，思想肯定不像传统那样，但是他大嫂没有重新嫁，因为按彝族传统习俗一般是不能外嫁的，要转给家支中的人，这个人首先是她原丈夫的兄弟，然后才是堂兄弟。我这个朋友就很尴尬，也很焦虑，他都不敢回家，说是回家不晓得咋个面对和处理。虽然没回去，但是不管是出于亲情情分还是其他原因，他基本上等于又要养自己的娃娃，也要养他哥哥的儿子，每个月都要打钱回去给他大嫂和他家爸妈。[②]

上述案例揭示了彝族传统转房婚制依旧残存。这种习俗可能会在一定程度上减少家中多子时有子难娶的风险，为家庭的人口再生产及财产保护提供保障，符合历史场景下的社会文化逻辑。不过，转房婚限制了彝族女性的自主选择再婚的自由，侵犯了其基本人权，同时，也成为催生现代婚姻矛盾的导火索。因此，同样需以合理方式引导这种残存婚俗的现代转化。

（二）传统离婚规则，加剧婚姻纠纷

除了转房婚俗的残存之外，彝族传统离婚规则也在影响其当下的婚姻关系。在凉山彝族传统婚姻制度文化中，他们婚姻解除的规则如下。

第一，已定亲但未举办婚礼。其一，若已定亲但还未正式结婚，女方死

---

① 蔡富莲、米伍作：《当代凉山彝族血缘家支与传统习惯法研究》，民族出版社，2014，第233页。

② 访谈对象：AN女士，32岁，彝族。访谈地点：成都市武侯区一环路某餐馆；访谈时间：2020年12月16日。

亡，女方父母需退还定亲时男方支付的身价钱，婚姻解除；若男方死亡，原定婚约无效，但女方仍要与死亡男子家支内的另一名男性成婚，此即转房婚表现。其二，定亲后男方悔婚，女方不用退还男方支付的身价钱，且男方还要杀牲摆酒道歉；定亲后女方悔婚，则要双倍退还男方支付的身价钱。

第二，婚后解除婚姻的情况。其一，单方婚内出轨离婚。若婚后女方出轨，男方提出离婚女方要无条件答应。若二人育有子女，离婚之后女方只需退还聘礼；若无子女，女方除退还聘礼，还要赔偿婚礼开销。若男方婚后出轨，女方提出离婚，男方不仅要无条件答应，还要向女方及其父母、兄弟姊妹等致歉，并宰牲设宴赔礼。其二，双方婚内犯错离婚：无论谁提离婚，双方都无须支付赔偿。其三，无生育能力离婚：男子婚后丧失性能力，妻子可离婚再嫁，新的夫家要赔偿原夫家聘金。其四，夫妻关系破裂正常离婚：婚内双方皆无犯错但夫妻关系破裂，若女方提出离婚，加倍或数倍退还聘礼；若男方提出离婚，女方可不退或少退聘礼，男方要向女方及其家人赔礼。

在贵州彝族传统习惯法中也有类似规定，且有的条件更苛刻，如女方无故提出离婚，除需双倍赔偿男方结婚时的聘礼和婚礼开销，还需为男方觅得妻子之后，才能解除婚姻。由此可见，各地彝族传统婚姻制度文化中都有相似婚姻解除规定。在当下，这种传统婚俗在凉山部分彝区仍有残存，经常引发婚姻纠纷。这种文化残存即使曾经符合其社会逻辑，但在当下并不如此，故而需内外合力积极引导其与时代主流价值观和现代法治相适应。

除上述问题，彝族传统治理资源的历史局限性及其消极影响还可能表现为其他形式，如传统习惯法与现代法律之间的矛盾与冲突，传统信仰文化与彝族乡村的现代性渗透，脸面观与"死给"（自杀）现象研究等。不过，已有学者做过深入研究。珠玉在前，不再逐一论述。

第二节　当下彝族乡村中的其他普遍治理难题及其原因剖析

除了针对彝族传统治理资源的田野考察、理论阐释、功能分析及属性辨析之外，本书也观察了彝族乡村的普遍治理难题，这些问题既表现在乡村政治精英身上，也凸显于村民群体身上，还彰显在法律规范和乡约规章上。

一 村落政治精英组合结构失衡

这里的村落政治精英主要指"党政—国家体制"下的村一级干部，他们的产生方法和权力支配方式不同于传统权威。传统权威主要基于乡村文化网络、自身道德品质、丰富生活经验、杰出个人能力来自然获得社会声望、赢得社会权威。村落政治精英通常是在国家科层制度的指导下，通过召开村民大会或村民代表大会，由村民选举产生。他们要接受村民的监督，任何单位都无权任命、委派和撤销村干部。一般来说，村委会干部由包括正、副主任及委员等在内的 3~7 人组成，且须有女性成员。若是少数民族村落或多民族村落，成员须有少数民族。① 根据《中华人民共和国村民委员会组织法》（2018 年修正），其任期为 5 年，可连选连任。② 他们虽非行政编制内人员，但是被全体（或大多数）村民和国家制度共同赋予了其组织村落自治的合法权利。某种意义上，他们既延续了一定的传统权威，也拥有正式的现代政治权力，负责宣传落实国家的乡村建设与惠农政策及代表村民反映诉求。理想型的村落政治精英应当是权威与权力的复合体或结合体，他们靠的是在村落中获得的社会权威和国家制度赋予的政治权力来发挥其在村落中的支配作用。村民选举他们作为村落自治带头人，既可能由于他们本身就拥有一定的权威，具有较强的村落社会关联性和集体行动动员能力；也可能源于其突出的经济能力，能带领村民创业致富；又可能是他们具有渊博的文化知识，能够促进乡村文化建设；还可能是他们具有普通村民缺乏的某种特殊技能，能为其带来特定的好处与利益。即是说，理想型的村落政治精英组合结构应是传统权威与现代精英的合理搭配，这种合理搭配至少在精英干部的年龄结构、性别结构、学历结构等方面都要保证相对均衡的状态。当然，以上设想只是理想状态，实际情况难免不同。部分村落就存在村落政治精英组合结构失衡的现象。

第一，年龄结构上代际衔接不足。主要表现在村干部的年龄结构高龄化，如威宁 B 乡 B 村、Y 镇 Y 村及盘州 Y 乡 M 村等村落，中青年村干部相对较少。其中：B 村的村干部年龄在 50 岁以上；Y 村仅村主任（33 岁）年

---

① 《中华人民共和国村民委员会组织法》（2018 年修正），第二章第六条。
② 《中华人民共和国村民委员会组织法》（2018 年修正），第三章第十一条。

龄偏小，其他村干部年龄皆在 50 岁以上；M 村只有村主任（34 岁）和妇女主任（31 岁）年龄偏小。这种现象形成的原因多元：可能是年长者比年幼者的生活经验和社会阅历更丰富，持有的公信力和关系网更强更广；也可能是年幼者因学、工等常年在外，缺乏参选的条件、意识及乐趣。当然，或许还有其他原因。不过，村落政治精英代际衔接不足明显不利于乡村协同共治模式的建构，这种协同共治不仅是不同精英之间的协作，也包括同类精英不同年龄群体的搭配。不同年轻层次的人更能了解和理解同龄人的心态和思想，可以更有针对性地实施相应的治理策略。而且，当下社会是互联网社会、数字社会、大数据社会、自媒体社会，青年人在网络、数字、数据、自媒体等现代数字技术的熟悉、掌握和使用上，比年长者更具优势。基于此，鼓励和吸纳青年群体进入村落政治权力组织，推进村落政治精英组织的年龄代际结构均衡十分必要。

第二，性别结构上男女比例失调。主要表现为女性村干部数量少于男性村干部。虽然历史上的彝族地方政权中出现过不少女性政治精英，但是在当下大多数彝族乡村中女性没有显示出强烈的政治意识。她们大多关注日常生活中的物质生产、人口生产及特定的文化活动。在上述几个村落中，无论是民主选举、民主管理，还是民主决策、民主监督，彝族妇女的身影都不如男性那样清晰，声音也不如男性那样强烈，她们参与彝族乡村政治生活的主体意识相对薄弱。即使有时候她们在乡村建设上会产生特定的想法，也多不会在公共场景中公开表达自己的意见，而主要是通过男性的声音来传达，这在一定程度上体现了彝族乡村中政治生活和管理建设上女性力量的不足甚至是女性缺场，揭示了彝族乡村中村干部性别结构上的失衡问题。然而，历史和现实都已经充分证明，女性的政治能力并不一定弱于男性，她们同样能够顶起半边天。要构建一个均衡的乡村政治精英组织结构，女性与男性一样都是不可忽略的核心力量。

第三，学历结构上文化程度偏低。近年来，在精准扶贫和乡村振兴过程中，各地从高校及各级政府往乡村下派第一书记、驻村干部，在一定程度上缓解了乡村中高学历人才空缺的问题。不过，这也只是暂时性的缓解，下派的第一书记和驻村干部并非村落中土生土长之人，也不会长期生活在村落中。他们的短期驻扎，虽能为村落解决很多问题，但解决不了长期存在的现代文化精英不足的问题。在上述几个村落中，除了下派的第一书记和驻村干部之外，村"两委"干部的总体学历偏低，如 B 村都在高中及以下，Y 村只有村主任一人为专科学历，其他皆为初中及以下学历，M 村只有妇女主任和村主任为专科学历，其他也皆为初中及以下学历。他们之中大多数人都不会使用电脑，缺乏现代信息技术和智能治理观念。客观地说，村落政治精英既需要类似传统权威那样熟知村落人情世故、阅历丰富、社会关联性及社会动员力强的人，也需要接受了现代文化教育、掌握现代科学文化知识和现代信息技术的新型文化精英。

村落政治精英是乡村自治的重要保证，要完善乡村自治体系、提升乡村自治能力，就应尽量保证村落政治精英组合的结构均衡，这是优化基层权力结构、提升乡村政治能力、强化乡村政治责任、规范乡村权力运作、推动技术治理①的乡土适应、推行乡村智能治理、合理支配乡村发展资源的基本前提和基础保障。

二　村民参与公共治理动力不足

村落政治精英是乡村治理的带头人和示范者，普通村民群体则是乡村治理的主力军，他们参与乡村治理的自觉意识、自主意识、主体意识及兴趣热情都是构建和健全乡村协同共治模式的核心基础。若缺乏村民群体的积极主动参与，即使从政策上、制度上、机制上和组织上构建了协同共治结构并不断将其精细化，也多是一种缺乏活力的单向规划和理想图景，不仅无法真正实现有效的乡村治理，还可能加剧乡村治理基层权力的内卷化。在我国当下许多乡村里，村民行动逻辑常与其公私观念、关系网络、文化网络及认同单位有关，存在村民群体高度分化、个体本位、利益本位、机会主义、实用主义及博弈斗争等现象，以致其参与乡村治理的动力不足。这种问题的表现及其形成因素大体可归结为两个层面——内部层面的村民群体自身主观因素、外部层面的村民参与的客观机制条件。

第一，内部层面的村民群体自身问题的表现和形成原因由两个因素所致，即主观意识与客观条件。

首先，主观意识主要表现为不少村民存在对除涉及自身利益和荣誉之外的其他乡村公共事务漠不关心，既可能是"事不关己高高挂起"的淡漠，也

---

① 如表现为"项目制""运动治理""转移支付"等形式的工具化权力技术及表现为互联网、自媒体、大数据等形式的现代信息和智能技术。

可能是"睁一只眼闭一只眼"的淡然，还可能是"各家自扫门前雪，不管他人瓦上霜"的态度。面对村落里的许多公共建设与治理问题，他们常将其视为国家、政府及干部的责任，与其自身无关。这种意识的形塑既与历史和传统的作用相关，也与乡土社会结构的变迁相连。

从历史和传统的作用层面来说，无论传统时期，还是现代社会，不管是汉人村落，还是少数民族村寨，中国乡村都是有"国家"、有"政府"、有"组织"的。国家（天下）意识、政府主义、一统观念等意识形态深远持久地灌输和隐藏在乡村民众的深层记忆中。在其意识深层，始终存在一个总领乡村公共事务的"权力中心"且对这个"权力中心"存在较强依赖感。在不同类型的乡村中，这个"权力中心"的表现形式各异，如汉人"乡约组织"、苗族"鼓社组织"、侗族"款组织"、瑶族"山官组织"、仫佬族"冬组织"、彝族"家支组织""器西组织""公房组织"及村"两委"等。在这类"权力中心"中，总有长期总揽乡村公共事务的由乡贤长老及科层权威等组成的"领导集团"。当"领导集团"组织他们参与一些公共决策或文化娱乐活动时，他们或许会给予支持。不过，如若没有"领导集团"的组织，没有触及他们的基本利益时，或许很多村民都不会去主动关心村落政治和基建事务，而将其视为"领导集团"的责任。不过，也不否认主体意识、自觉意识及自主意识较强的村民会主动关心并投身村落相关公共活动。

从乡村社会结构的变迁角度来看，包括彝族乡村在内的中国大多数传统乡村都是由血缘关系和地缘关系构成的经济共同体、政治共同体及文化共同体。基于不同历史阶段国家的政治导向和制度安排，我国大多数乡村社会的政治结构、生计活动、生活方式、社会组织及文化图式都在不同程度上发生着变迁。在生计活动上，随着市场经济的进入、乡村工业的发展、社会流动的加剧及现代教育的普及，在不少乡村中，传统的农耕与畜牧等生计逐渐变成仅需要投入部分时间而非全部精力的"副业"。[1] 他们可以离开土地、离开乡村，进入城市从事其他非农生计。无论是外流人群还是留守群体，都在接触和融入现代性，接受现代思想与文化的熏陶。其间，不少乡村逐渐开始祛魅化，以传统信仰及其他制度为基础形成的集体精神、道德意识、伦理秩序等对深受现代性影响的年轻一代的约束力有所降低。学界广泛讨论的乡村"空巢化"、"空心化"、"老龄化"、"幼龄化"、土地抛荒、机制瘫痪等与乡

---

[1] 黄宗智：《再论内卷化，兼论去内卷化》，《开放时代》2021 年第 1 期。

村凋敝有关的社会性问题正是在这种场景下衍生的。在此过程中，那些长期离乡在外生活的人群，自然不会有多少兴趣去关心和参与乡村公共事务。

其次，客观条件主要受制于时间和精力。无论是在乡群体，还是离乡群体，即使他们有参与乡村治理的主体意识，愿意参加家乡的乡村治理，但大多数村民总在疲于生计，显得心有余而力不足，只能保持"沉默"，仅有少数经济条件好的人有足够的时间和精力置于乡村公共活动上，但有时也难以保证这类少数人有乐于参与乡村治理的自觉意识。当乡村"领导集团"组织修路、建桥、牵水、铺电、搭网等乡村公共基础设施建设时，大部分村民能不横加阻挠，涉及占用他们少量田边地角等现象时不当"钉子户"和"赖子"，面对补偿需求时不漫天要价为难实际干事者就已不易。对于一个普通农民家庭而言，土地和牲畜是其最宝贵的财富，一家人一年到头在一块有限土地上精耕细作，它能产出的粮食或其他作物也是有限的。即使在农闲时期，他们也会围绕牲畜活动。可以说，无论土地还是牲畜，都需要投入大量的时间和精力，且它们难以快速产生经济效益。基于此，他们还需要从事其他工作来获取经济收入。他们既可能在乡生产，也可能进城打工。无论哪种形式，都不可能有太多时间和精力参与乡村公共治理活动。在乡者，参加民主选举的可能性稍大些。离乡者，这种可能性就大大减弱了。于是，他们参与乡村公共治理的兴趣、意愿及主体意识也就会逐渐淡化。

第二，外部层面的参与机制条件是提升村民参与动力的前提基础和重要保障。村民是否愿意主动积极地参与治理，不仅与其自身的主体意识和主动意愿有关，还需健全的参与机制。在具体治理实践中，不少彝族乡村不仅利用中华民族共有传统节日和彝族特色节日来作为人群聚合机制，还利用各种现代节日（如国庆、妇女节、儿童节等）举办多彩文化活动，强化乡村文化建设，丰富村民精神文化生活。同时，还设立"红黑榜"、成立农民讲习所、组建村务工作小组、设立积分超市，探索"积分+""诚信+"的模式激发村民的积极性与主动性，增强他们的责任感，不断建立健全村民参与乡村公共治理的进入机制、奖励机制和监督机制。在一定程度上调动了"在乡"和"在村"群体的乐趣和自觉性。不过，并非在所有彝族乡村中村民群体的主体性地位和作用都受到重视。在有的村落中，由于缺乏强制性的制度保障，自治组织并没有合理有效地履行"四个民主"原则，不仅是普通村民，甚至连村小组长、村一级干部都可能存在缺乏主动关心村落公共事务和回应村民利益诉求的情况。

首先，作为游移在基层政府和村民之间的"联结者"，村干部既是基层政府在乡村的代理人，也是乡村人群推选的当家人。① 从制度规定和理论意义来说，村委会与乡政府之间不属于上下级关系，而是指导、协助与合作的关系。因此，乡政府干部无权直接对村委会干部施加任何命令性的指令。但许多时候，乡政府会以资源优势和权力资本支配村委会的运作，使其变成乡政府在村落里的"行政触角"，村委会将大量精力和时间耗费在落实各种政策及乡政府所需的各种指标性"数据"和"表格"等工作上，这严重影响着他们关心和处理村落公共事务的主动性和积极性。其一，忙于"行政工作"无暇顾及家庭日常劳作，影响其家庭氛围和家庭关系。如在威宁 L 镇 L 村调研时，该村村主任告知笔者，在精准扶贫尚未完成之前，由于经常忙于整理各种资料，每天只有饭点之时才回家一趟，有时甚至连回家吃饭的时间都挤不出来，由其子将饭端至村委办公室，边吃边工作。他的家中喂了 3 头牛、8 头猪，农忙时节，家中农活只得由其妻带着孩子忙活。其间，他曾因 3 次加班晚回家而与妻子发生争执，妻子抱怨他不顾家。因此，他曾多次萌生辞职的念头。其二，繁重的工作任务只能获得微薄补贴，不足以支撑家庭日常所需开支。一方面，降低了他们关心村落公共事务的积极性和主动性；另一方面，他们即使愿意关心村落公共事务，但也需谋求基本的物质生活和较好的生活质量。因此，他们也与普通村民一样存在力不从心的情况。其三，落实乡政府规定的扶贫政策或项目时，由于指标有限，无法顾及所有村民，这便会引发未分享利益村民的不满，甚至遭遇谩骂，影响自己的人际关系。基于此，村民群体的诉求和地方政府的期待之间难免存在差异，面对这种两难境地，不少村干部既不愿得罪乡政府，也不愿得罪村民，"不出事逻辑"和"不得罪逻辑"就常成为他们维系与乡政府、村民之间关系的策略。因此，村干部回应村落事务和村民利益的积极性和主动性就可能不会那么强烈。

其次，与村民自治制度落实得不规范和不科学有关。在民主选举上，有的村庄落入形式主义，并未严格按照《中华人民共和国村民委员会组织法》的合法程序征求村民意见、执行村干部的进入和退出。关于此，主要表现为两种形式：其一，上一届村干部任期到期时未进行换届而继续担任，如在凉山昭觉 S 乡 L 村、威宁 Y 镇 Y 村都曾发生过类似情况；其二，未征求民主意见，由上一届村干部直接指定继任人员，在威宁 F 乡 F 村就连续出现过 2

① 徐勇：《中国农村村民自治》，华中师范大学出版社，1997，第 291 页。

次。基于此，一方面，村民因此没有公平获得村落政治生活的参与机会；另一方面，由于村干部不顾制度规定，民主选举形同虚设。在治理过程中，就可能出现汲取内外资源、自利发展自身的意识强于诚信公正地为村庄和村民服务的现象，影响村落干群关系，滋生村民对这类村干部的反感、厌恶、怀疑及抵抗的情绪。在这类村干部组织公共活动的时候，村民既可能拒不参与，也可能以索要报酬、偷懒、暗中破坏等形式来制造他们抵抗此类村干部的"武器"。

在民主决策、民主管理及民主监督等方面，在村规民约的制定实施上就存在上述现象。无论传统乡约，还是现代村规，其本质内涵都是民主性的地方自治规范。只有在村民共同接受、认可和监督之下，它才能彰显价值和发挥功能，否则就是悬浮于村民生活之上的文字或其他符号。理论上说，村规民约是通过召开村民会议或村民代表会议，由村干部与村民群众共同商讨而制定的自我管理、自我教育及自我服务的村民自治规范。然而，在实际情况中，没有召开村民代表会议征求村民意见而由村干部直接制定村规的现象比比皆是。以此形式形成的村规存在的最大问题就是模式化严重，缺乏实际的社会基础和作用空间，不具备可操作性。附录中附件3展示的不少村规就存在这种问题。而且，制定过程没有村民群体的参与，他们中的不少人实际上并不知道上面承载的内容。如此，村规民约便失去了其意义。如笔者就是否了解村规民约这一问题在B村访谈了23位村民（男15人，女8人），有16人表示不知村里有村规，其余7人虽知道有村规，但不知其内容。究其原因，他们既没有参加村规的制定商议会议，也没有接受过关于村规的宣讲培训活动。在Y村，笔者就同样的问题访谈了26位村民（男15人，女性11人），结果显示无一个人知晓有无村规民约。此外，即使在村规民约制定相对完善的乡村中，也存在一些问题，如村规内容虽明确了日常生产、生活和各类常见问题的处理规则，但并不重视维护和保障村民参与乡村自治的权利，对村民如何参与乡村自治并无太多着墨，附录中附件3所列的部分村规民约就反映了这种问题。

综上，当前我国不少乡村中仍然存在村民参与公共治理动力不足的问题，这种问题的形成既与普通村民的自身因素有关，也与村干部脱不了干系，还与村民自治的参与机制尚未健全有关。村民群体扮演着至关重要的"钟摆角色"，他们既可能是推动乡村向前发展的革命性力量和决定性角色，也可能因其自身的局限性而在某些方面成为乡村公共治理的阻碍因素和不稳定根源。因此，当下乡村治理仍旧需要官方权威和地方精英的协同努力，制定健全的公共利益机制、参与奖惩评价机制，强化村落精英的责任意识及"敢作为精神"与"能作为能力"。同时，激活作为"沉默大多数"的村民群体的公民意识、公共意识、集体意识、主体意识及自觉意识，释放他们的能动能量，破除乡村基层政权内卷化困境，推动乡村治理体系与治理能力的现代化，这是需继续重点关注和解决的关键问题。

三　传统酒文化的异化问题突出

人创造了酒并赋予了其特殊的情感与意义，发明了各种制酒、饮酒、用酒的习俗，创造了丰富多彩的酒文化。彝族也是一个喜酒的民族，具有属于本民族特色的酒类、酒器、酒礼、酒俗。赵旭东等曾指出，酒是一种惯例性选择与选择性偏好交织在一起的产物，人们的饮酒行为常与其所在村庄的换工生产、节日庆典及休闲娱乐等关联在一起，使人与人之间的互动实现了群体性互惠。① 在彝族社会中，基于不同场域，酒承载着他们赋予的不同意义，表达着不同功能。首先，在日常生活中，它既是其一日三餐的饮品，也是其劳作疲劳的"舒缓液"，又是发生风湿骨痛时的"止疼药"，还是其释放压力的"解压器"。其次，在社会交往中，它既是搭建社会关系的"桥梁"和亲友聚集时的情感"润滑剂"，又是他们首选的待客用品，如凉山彝谚说："汉人贵在茶，彝人重在酒。"又如凉山彝族民歌唱道："彝家有传统，待客先用酒。"再如云南彝族民歌说："……管你喜欢不喜欢也要喝。"诸如此类，传达的都是彝族人慷慨豪迈、热情奔放的待客之礼。几人共饮一碗酒，共咂②一坛酒，创造了具有彝族特色的"转转酒""碗碗酒""咂酒"（杆杆酒）。再次，在人生礼仪中，他们有"生以酒迎来，死用酒送去"的传统。在婚恋上酒是恋爱媒介和联姻纽带，婚仪中充满各种酒礼、酒歌及酒舞。在葬俗与祭礼中，酒是祭奠逝者、神灵的祭品，送灵归祖的航标，是后代与祖先、凡人与神灵的沟通纽带。最后，在社会控制上，它是社会越轨者赌咒盟誓洗心

---

① 赵旭东、衡山：《饮酒行为与一种社会整体性的延续——基于中国云南边境一茶山人村落的调查》，《南京农业大学学报（社会科学版）》2013年第4期。
② "咂"即"吸"之意。"咂酒"为我国彝族地区的一种具有民族特色的水酒，又称"杆杆酒"。通常是用玉米、荞麦、高粱等作为酿酒的原料，酿好之后将其装入坛中。每逢重要集会或者亲朋聚会的时候，便将若干竹管或者空心的麦秆插入装有酒水的坛子中，数人各用一根竹管或者空心麦秆将酒吸入口中，此饮酒方式称为"咂"。

革面的"保证书"和"监控器",是纠纷化解时过错方赔礼道歉的"致歉书"和双方情感修复的"黏合剂"。

彝族人爱饮酒,创造了博大精深的酒文化。他们的传统酒文化具有社会整合、情感凝聚、礼俗创造、秩序构建等积极作用,这突出的是其结构性的文化意义,而非物质性的量化程度。如凉山彝族民谚说:"酒好只要一杯,子贤只要一个。""喝第一杯酒胜过九两黄金,喝第二杯酒胜过九匹骏马,喝第三杯酒不如一只灰狗。"又如《玛牧特依》中说:"酒醉不光彩,兹醉失魂,寰醉失魂,毕醉不光彩。"① 由此可见,他们虽"爱酒""重酒",但绝非以量的多少来作为衡量标准,而注重酒表征的社会文化意义。如果忽略了彝族传统酒文化表征的意义,单以"喝得多""喝得醉"来衡量感情深厚和面子足寡的话,就会从传统的"爱酒"与"重酒"变成病态的"酗酒"与"拼酒"。然而,酗酒不但会破坏身体机能,还可能引发系列家庭矛盾和社会问题,使传统酒文化逐渐"异化"和"歪曲"。在凉山彝区,当地人对酒的喜爱程度难以想象。当下,他们对啤酒情有独钟。基于此,2006年开始,先后有4个啤酒厂在此建立。以杨康于2017年在美姑县佐格依达乡闻子觉彝村的研究数据显示,当地48家店铺就有8家啤酒专卖店。该村一位耿姓啤酒专卖店老板介绍,当年他家一共售出啤酒8万多件(每件装12瓶),销量居该乡前5。销量冠首当年共售出25万件,其他店铺每年也均售出啤酒数万件。② 由此可见,当地人对啤酒的喜爱程度之深。因此,不少人将啤酒戏称为当地人的"口服液"。在凉山彝区,"制造"了一种现代饮酒规则——"121"和"525"。③ 基于这种规则,当地啤酒厂还设计生产了刻有"525"刻度线的啤酒包装瓶。从积极层面来说,这种"制造"在一定程度上带动了当地经济产业的发展。不过,从消极一面来看,也引发和加剧了"拼酒"和"酗酒"等问题。

如果过度饮酒、长期酗酒,人就可能被酒精支配。它不仅会破坏身体机能,引发脂肪肝、肝硬化、胃出血、痛风、身体僵硬、结直肠癌等身体疾病,还会影响人的情绪、思维、行为及意识状态等生理机能。如周静等人于2012年时对凉山州5018名彝族人进行脂肪肝健康检查,结果显示当地彝族

---

① 《彝族传世经典》编委会编《玛牧特依》,四川民族出版社,2016,第239页。
② 杨康:《凉山闻子觉彝村嗜酒问题的健康传播研究》,西南民族大学硕士学位论文,2019。
③ "121"指一人一口气喝完一瓶酒,即"吹瓶"。"525"指一整瓶酒两人喝时一人一口气喝一半。

的脂肪肝检出率远高于其他民族人口，检出者大多有长期饮酒的习惯。[①] 又如罗进等人针对凉山州 2016～2018 年 18951 例病毒性肝炎患者进行统计分析，研究发现男性患病率均高于女性，且以青壮年为主，这些病例同样具有酗酒习惯。[②] 同时，酗酒还可能引发社会问题和家庭矛盾。当下，应积极引导他们树立正确的饮酒观念、养成合理的饮酒行为，破除不合理的"伪传统发明"。

四　村民群体法律意识有待铸牢

法律意识指在特定历史场景/文化语境中人们对其国家现行法律内容、法律现象及法律应用的心理感知、价值认知、功能评价等意识形态的总称。[③] 具体来说，包括他们对法律规定的公民权利与义务的认知和理解、对法律是否公正及能否保证总体公平的价值评判、对法律信任与否的基本态度、对于学法懂法守法用法的总体意愿和大致观点等。增强法律意识，提倡全民信法、知法、懂法、守法、用法是推进我国全面依法治国和法治现代化总体进程的基本前提。20 世纪 90 年代以来，国家开始在乡村推行法治教育工程，推动乡村治理从国家的"整体支配"到制度化、程序化、民主化及法治化的"技术治理"，再到多元主体"协商共治"的转型，并取得明显成效。[④] 不过，当前我国许多地理位置偏远、经济条件较差、教育水平滞后及传统思想偏重的乡村区域，村民群体的法律意识仍旧淡薄，这是当前我国实现全面依法治国和法治现代化愿景的最大阻力。当下要健全乡村治理体系、优化乡村治理格局、提升乡村治理能力，就要不断增强法律下乡、法律进村、法律上门等普法教育方式的趣味性，加强乡村法治宣传的有效性，强化村民法律培训的可行性，培养村民的法治观念，铸牢村民的法律意识，丰富村民的法律知识，提升村民的用法能力，打通乡村法治建设的"最后一公里"。

在我国，大多数的传统乡村既非纯粹的"礼治社会"，也非彻底的"法

---

① 周静、巫俊敏：《凉山州彝族体检人群脂肪肝调查及危险因素分析》，《实用肝脏病杂志》2012 年第 2 期。

② 罗进、廖强、邓云琼等：《凉山彝族自治州 2016—2018 年病毒性肝炎流行现状和趋势分析》，《保健医学研究与实践》2020 年第 5 期。

③ 张贵成、刘金国主编《法理学》，中国政法大学出版社，1997，第 512 页。

④ 陈锋：《从整体支配到协商治理：乡村治理转型及其困境——基于北镇"钉子户"治理的历史考察》，《华中科技大学学报》（社会科学版）2014 年第 6 期。

治社会",而是"法礼社会"①,即传统礼俗规则与现代法理体系混存乡村,二者在乡村人群的观念意识和实践运用中的占比程度有所不同。国家及其法律的力量已进入彝族乡村,影响着他们的政治秩序与组织结构,即乡村基层政治权力的实施与自治行动的开展都要基于国家法律的规定范围和法治的行动逻辑才具有合法性的安全保障。不过,在许多彝族乡村中,传统礼俗规则的受欢迎程度、作用空间及使用频率明显高于现代法律知识,其村民对传统习惯法、习俗惯例和纠纷调解机制等青睐有加,对现代法律信任不足。例如遇到纠纷时,他们更乐于选择传统方式。又如在婚姻习俗中,固守不合时宜的婚俗一定程度上限制着女性的婚姻自由等,经常会出现一些与现代婚姻法相悖的诉求声音,发生不满现代法律判决的过激行为。再如极端强调传统家支主义而破坏乡村基层政治生态与基本生活秩序。诸如此类,都是彝族乡村民众现代国家法律意识淡薄的具体表现。当然,这些问题的出现自有其原因。同样,这类原因依旧可以从内部因素和外部条件来进行分析。

第一,内部原因主要与村民群体的自身因素有关。其一,村民群体对现代国家法律没有清晰准确的认知,即在其观念意识和知识体系中不存在现代性的法律概念、法律知识及法治观念,有的多为乡村约定俗成并长期延续的地方规则。在遇到问题时,如果不用通过国家法律就能以其地方规则解决问题的话,他们就不需要现代法律工具。如此,他们就可能减少与国家法律的接触机会。若不知法为何物、法有何种、法有何用,何谈学法、懂法、守法和用法。其二,无论传统时期,还是当下,对普通村民来说,村庄内部的社会规则和文化网络是其生活核心。即使现代性因素的影响不断深入,但传统制度文化、礼治秩序等仍旧影响着他们的纠纷调解思维和方式。在大多彝族乡村中,熟人关系和道义情感等传统乡村特质并未发生太大的转变。当发生纠纷和摩擦时,与现代法律工具相比,他们更信任村庄中调解经验丰富和社会威望较高的长者。同时,在熟人关系网络中,因重亲情、讲人情、看脸面等大多村民更乐意选择重在修复感情、缓和矛盾的传统调解方式。基于此,现代法律的作用空间就会弱于传统规范,村民群体的学法意愿也就不会那么强烈。其三,村民缺乏学法的意愿、时间、精力与能力,即使村务公开栏上张贴着相关法律知识,一方面,由于无兴趣,他们就不会去主动阅读了解,另一方面,他们本身缺乏文字识读能力,无法识别张贴纸张上展示的内容。

---

① 陆益龙:《后乡土中国》,商务印书馆,2017。

在 Y 乡 M 村，盘州市司法局在该村综治中心（村委会）旁边的民俗文化墙上设立了"盘州市公共法律服务窗口"，张贴了包括盘州市公共法律服务窗口简介，盘州市公共法律服务流程图，人民调解服务指南，公证法律服务指南，盘州市执业律师、公证员、基层法律服务工作者信息等内容。不过，这种展示似乎只是司法部门和村干们的"一厢情愿"，村民们对此并未表现出多少了解的兴趣与学习的意愿。笔者随机访谈了 13 名村民，由于各种缘由，他们都没有去阅读过上面展示的法律知识。如有 7 人表示因不识字而看不懂，有 6 人虽识字，但无兴趣、时间和精力去关注。在 S 乡 T 村，该村在其文化广场上设计了"五墙"宣传阵地——害羞墙、状元墙、榜样墙、法治墙、政策墙。其中，法治墙摘编展示了《义务教育法》（第 58 ~ 60 条）、《未成年人保护法》（第 13、15、53、62、68 条）、《刑法》（第 243、261 条）及《婚姻法》（第 3、6、10 条）等法条内容。同时，收录了四个违法案例。笔者在该村随机访谈了 9 名村民，仅有 3 人看过上面的内容且只看了案例部分，并未阅读法律条文，究其原因，主要是觉得法律条文枯燥无趣，不如故事性的案例有趣。另外 6 人因不识字而未看过。除上述两村，笔者没有再在其他村落就此问题进行访谈。虽然如此，但是笔者认为上述现象绝非特殊个案，在其他未做访谈的村落也可能存在相似问题。

第二，从乡村法治建设环境来看有两点。其一，法治环境差和法治氛围弱。与城市不同的是，传统文化之于乡村民众的思想与行为的影响更加根深蒂固和深远持久。在彝族乡村，虽然传统习惯法也发挥着"法律精神"的形塑作用，但它所形塑的"法律精神"不同于现代法律意识。他们虽都"依法治理""依法办事"，但所依之"法"并不一样，这两种"法"之间有时还存在相悖之处，尤其在婚姻制度、财产继承等方面最为突出，这使现代法律在彝族乡村的适应性和适用性有所降低。而且，他们长期受传统秩序、风俗惯例的影响，且大多数村民的受教育程度较低，缺乏法律知识、法治观念及法律信任感，更习惯依靠贴近其生活方式的传统来处理社会关系。因此，法律作为其生活之外或与其日常生活有一定距离感的"工具"，大多是在传统无法调和相关矛盾和整合相关关系时的"后备军"。其二，法治建设机制不完善。首先，作为乡村自治带头人的村干部自身的法律知识、法律意识和法治能力稍显不足。设若村干部都如此，那么靠其执行法律下乡、法律进村、法律上门，几乎是不可能的事情。除非平时及参与普法教育培训的过程中，他们能自觉带头主动学法，提高自身的法律知识水平和法治能力，如此才能更好地带领其他村民加入法治队伍。其次，法律宣讲培训机制不完善和宣讲形式缺乏吸引力。普法宣讲和培训教育是法律下乡、法律进村、法律上门的常见形式，在四川及云南部分彝区，他们吸纳了德古、毕摩及其他擅长民族歌舞艺术的文化精英加入彝族乡村普法宣讲团队，通过课堂式、讲座式、文艺会演式、小品舞台剧式等多元方式开展彝族乡村普法教育，发放各类彝汉双语版本的法律宣传资料。虽然他们的普法形式灵活多变，也有一定趣味，但大多为短期性活动，缺乏长期性和常态化，受众对象始终有限。不仅如此，法律体系极其繁杂，专门针对农业、农村、农民的法律内容就十分庞杂，仅靠短期性的宣讲很难使大多数村民培育和铸牢法律意识。最后，乡村中的普法范围有限。在许多乡村，普法范围多在乡镇中心，对偏远山村的渗透不足。笔者认为，乡村普法既要下乡，也要进村。那些地理位置相对偏远的山村村民群体的法律意识更加淡薄，那里才是普法的重镇。同时，不仅要关注能识文辨字的村民，更要重视不识字的村民，他们才是乡村普法的最大障碍。

五　现代性的培育与传统性的解构

基于国家制度、市场机制、现代技术及主体能动等逻辑动力的交互作用，当下包括彝族村落在内的中国大多数乡村的文化生态与社会结构都已发生明显变迁。在此过程中，无论文字文本的文化记忆形式，还是口耳相传的口述记忆方法，或是仪式展演的情境参与实践，既在一定程度上获得新的传承与保护的政策、制度、技术、资金、人力及市场等机制和资源的支持，也在传统信仰、神话传说、民间故事等精神文化层面表现出了代际传承问题与文化断裂危机。若它们彻底消失，就意味着乡村共同体的许多联结点开始离散，其严重的结果可能导致乡村共同体解体。宏观上看，这种现象或问题的形成因素可归结为三大方面。

其一，国家政治运动或制度安排导向下"现代科学"与"传统思想"的结构性矛盾突出。即在国家主导的现代化建设和现代性培育的过程中乡村传统文化是否能保持其自主性和主体性，是否能在现代化进程中与国家倡导的现代性因素和谐相处、共生共存？在国家层面或官方力量推动的统一制度建设和现代性因素培育的过程中，现代化与全球化狠狠地荡涤着民族性、地方性与传统性，乡村传统文化的某些内容和结构也在一定程度上遭受冲击与破

坏，出现文化失调、文化失序及代际中断等普遍问题。例如，组织性的村民
认同与行动单位，精神性的传统信仰文化体系、传统风俗惯例等都曾在新
文化运动、民主改革、"文化大革命"等社会运动中被视为与当时的国家
政治走向和现代性培育相互对立的"封建因素"，遭遇边缘化困境甚至有
被取缔的危机，许多传统习俗活动被迫从"公开剧场"转入"潜隐剧本"，
成为隐秘的"地下活动"。虽然改革开放后部分传统有所恢复，但必须承
认曾经的国家政治改造和文化干预变革确实在某种程度上引起了物质性、
精神性传统文化的存续问题。如在彝族乡村，许多描绘彝族传统道德精神
与心灵世界的彝文古籍经典曾毁于一旦，在事实上给许多精神性传统文化
的完整延续带来了难以预估的断裂风险。不仅如此，在当下的乡风文明建
设过程中，地方政府虽未如特定历史时期一样强制干涉，但仍然出现了以
制度安排、自我文化为价值中心及以经济理性为评判标准的观念和行为，
一刀切地将彝族乡村中的仪式消费视为不理性的奢侈浪费，继续出现只看
到表层现象而忽视传统精神内核、地方智慧及价值意义的声音。这种声音
的出现既可能削弱文化主体间互助合作的实践与效能，也可能降低他们的
文化自信，影响乡村传统的延续性、完整性和自主性，还可能激化文化矛
盾与冲突，引发他们的抵触情绪和抵抗意识，影响族际关系。往更严重的
程度来说，甚至可能降低他们对地方政府的公共信任，影响他们关于国家
及中华文化等认同意识的培育和铸牢。本书认为，将他们的仪式消费当作
不理性的奢侈行为，这并未深刻理解仪式及其消费之于他们的社会文化意
义、社会调节功能及群体整合价值，没有理解他们对这一文化行为的社会
心态和深厚情感，没有看到这一文化行为在其文化系统中的内在联系，忽
略了其背后的文化实践理性、互惠道义逻辑、互助团结精神及道德情感聚
合等深层凝聚结构。

其二，流动时代与产业多元背景下推动的文化主体流动问题。人口流动
不仅会带来"空巢社会"① 问题，还会加剧乡村传统精神文化代际传承困
境与延续发展问题。在某种程度上，这类问题比国家政治运动和制度安排
的强制干预更加严峻。国家政治运动与制度安排的强制干预多属外力作
用，它虽能推动乡村产业结构调整与社会文化变革，但并不足以使乡村深

---

① 陆益龙：《农村劳动力流动及其社会影响——来自皖东 T 村的经验》，《中国人民大学学
报》2015 年第 1 期。

层文化结构发生本质变化。相对而言，内力（文化主体能动调适和变通改造）才是乡村传统文化创新性发展与创造性转化的根本动力。即是说，若乡村传统文化面临代际传承困境和延续发展问题的话，在一定程度上必然离不开国家的制度安排及市场的无形调控，但其根本因素乃文化主体的自我选择，尽管这种选择是无意识的，却最具变革性。中国乡村的人口流动大趋势始于 20 世纪 80 年代中后期，乡村传统文化传承主体的流失与减少大体也是由此开始。相比"在乡"从事传统农、牧生产活动，不少青、中年群体更乐意"离乡"进城从事非农生计，谋取其他社会资源，追求新的职业与身份转化，塑造现代身份角色。如 2019 年 6 月，江凌等人对凉山 7 个县共 384 名中学生做的问卷调查结果显示：6.51% 的人愿意留在家乡，93.49% 的人更愿意走出乡村，了解更广泛的世界。① "离乡"群体要么在城市中从事着非农工作，要么在城镇中学和大学接受中高等学校教育，学习现代文化知识。他们虽会在节假日或家中有突发变故时短暂返乡，但其大多数的生活时间都在城镇、城市中度过，基本脱离了乡村生产节律、社会节奏和仪式生活。如此一来，他们相当于在二重性的生活方式中辗转于多元文化价值与文化原则之间。用陆益龙的话来说，这一类人是在城乡之间摆动的"两栖人"。② 之于乡村传统的学习和传承，他们既可能无时间、无精力、无兴趣，也可能缺自信、缺自觉。乡村传统文化是一种基于生活积淀的历史性过程和连续性结果，如果缺乏文化主体的自觉能动与自主参与，这种历史性过程与连续性传递就难以得到稳定保证。在人口流动性较小的传统社会时期，每当农闲之时，人们总能有时间和机会围炉聆听父母和长辈们讲述一些关于民族的、英雄的及祖先的创世史诗、神话传说、民间故事，接受口述传统中道德精神的形塑和道德文化的洗礼。同时，他们还在仪式场合中参与着关于自然神灵、祖先神灵的献祭仪式，感受着关于庄稼丰收的丰产仪式，体验着关于灾祸病痛的禳解仪式。不过，当他们常年在外求学、务工、行政时，基于现代技术、科学知识、工作压力、制度要求等多重因素，他们没有足够的时间、精力、兴趣及自由去听闻、学习口耳相传的口头传统。基于此，这类传统中的道德精神和伦理秩序便可能

① 江凌、陈玉婷：《智能手机使用中彝族青年集体记忆的危机及对策研究》，《西昌学院学报》（社会科学版）2020 年第 4 期。
② 陆益龙：《农村劳动力流动及其社会影响——来自皖东 T 村的经验》，《中国人民大学学报》2015 年第 1 期。

因此消退、离散甚至消失。

其三，现代性观念与知识技术推动着乡村祛魅化和村民意识现代化。传统与现代之间本应属于互补同构、融合共享的关系，传统中存在与现代相同或相近的价值理念、道德品质和文化精神，现代制度、结构及文化的产生离不开传统的基础。在现代化过程中，通过政府权力、学校组织、市场机制、专家系统、企业单位等现代机制推动对现代经济、自然地理、生物科学、物理化学、科学技术、数字媒介及哲学思想等现代性因素的培育，物质性、制度性的传统文化都在不同程度地得以发掘、重塑、延续和展示，而对精神性传统的关注略显微弱。在许多场景和语境中，作为精神性传统的民间信仰被所谓的"现代科学技术"揭秘和解魅，欲使其边缘化和淡出乡村人群的意识，让他们从"神荫"与"祖荫"中脱嵌，推动其思想观念的"现代理性"转化及乡村礼俗生活变迁。如此，必然会在一定程度上推动各地彝族乡村的祛魅化，这种祛魅化在传统信仰文化上表现得最为突出。祛魅化的可能后果就是人们对自然、天地及祖先的敬畏不足甚至缺乏敬畏感。在关于自然、祖先等的集体祭祀活动中，他们参与的积极性和可能性就会降低，甚至可能抵触和拒绝参与。那么，传统信仰及其仪式的传统社会功能对于他们的影响也就难免会弱化甚至毫无作用。当然，也并非所有彝族乡村都表现出相同程度与趋势的祛魅化，仍有部分村落保持着相对完整和稳定的具有神秘性的信仰及其仪式。尽管如此，对于长期接触现代性思想和现代性知识体系的人来说，它们无疑会弱化其原有社会功能。然而，这些传统却是塑造乡村共同体的重要机制。在没有建立起能够替代它的机制的前提下，要实现乡村的文化振兴、人才振兴、组织振兴，建设良好乡风文明，重塑传统道德精神，重构文化整合机制，仍需关注乡村人群的信仰文化和礼俗生活。

由于时间与精力所限，本书未能对彝族乡村中存在的所有问题逐一进行考察和分析。笔者相信，除了上述问题，必然也还存在其他需要解决的问题，诸如部分乡村的基础设施建设不均衡、生态环境脆弱、产业结构单一和内生发展乏力、社会共识基础削弱[①]、城市与乡镇、乡镇与村庄之间社会经济发展水平差距大、公共资源衔接不足、自利富己和灰色人员治村攫取乡村

---

① 陆益龙：《后乡土中国》，商务印书馆，2017。

资源、压力型体制与替代性策略间的矛盾、"机会主义政治"泛行①、基层党政干部与村干的消极不作为②③、村一级主体责任弱化及主体组织缺位④等问题。不过，这些问题已有学者进行过详细分析和深入阐释。因此，不再逐一分析和论述。

① 陈锋：《乡村治理的术与道：北镇的田野叙事与阐释》，社会科学文献出版社，2016，第222页。
② 贺雪峰、罗兴佐：《论农村公共物品供给中的均衡》，《经济学家》2006年第1期。
③ 陈锋：《分利秩序与基层治理内卷化：资源输入背景下的乡村治理逻辑》，《社会》2015年第3期。
④ 韩鹏云：《乡村公共文化的实践逻辑及其治理》，《中国特色社会主义研究》2018年第3期。

第六章　乡村振兴背景下创新利用彝族
传统治理资源的逻辑进路

乡村振兴背景下，如何盘活乡村传统治理资源、传承和推广有效的传统智慧与地方经验、增强乡村传统治理资源的积极意义、降低和修正其局限性及其可能产生的消极影响，是关键且重要的问题。要解决这些问题，既需要坚持辩证的、科学的治理"方法之道"，也需要探索可行的、有效的治理"实践之术"。"道""术"结合，才能更有意义地实施乡村良治。这里的"道"不只是"正气正义，公平正义"的"政治伦理"[①]，还包括"美美与共，互惠道义"的"文化理念"。只有深刻理解和准确把握乡村"政治之基"与"文化之道"，清楚创新利用传统治理资源的正当性与合理性，才能恰当地将"方法之道"落实于"实践之术"。

第一节　彝族传统治理资源的创新利用之道

每种文化都有其产生和发展的历史过程、社会基础及地方价值。同时，任何社会及其文化也都处于一个不断运动变化的过程之中，大多只是在变化内容的多寡和变化速度的快慢上有所区别。面对人类社会文化的多样性与变异性，不该以消灭文化多样性为目的，也不应以自我中心的价值取向为标准，更不能以同质文化建构为手段。[②] 与此相反，应以尊重文化多样性、理解文化差异性、适应文化变异性及正视文化双重性为基本前提。即是说，乡

---

① 陈锋：《治术变革与治道重建：资源流变背景下乡村治理困境及出路》，《学海》2017 年第 4 期。

② 赵旭东：《互惠逻辑与"新丝路"的展开——"一带一路"概念引发的人类学方法论的转变》，《探索与争鸣》2016 年第 11 期。

村治理既不应一味强化国家的制度安排、社会改造与文化干预而否认乡村内生传统的能动作用、价值与意义，也不能放大乡村的封闭性和刻意固守乡村传统而排斥外力的合理引导，要保持开放性与包容性的基本态度，直面时代机遇与挑战，在涌动的时代浪潮中积极寻找传统与现代嫁接与黏合的基本契合点，糅合现代治理机制与技术，创建传统与现代的耦合空间，减少传统与现代之间的对立冲突，协同共创良好的乡村治理环境。

一　各美其美·美人之美·美美与共

客观审视各类乡村优秀传统治理资源的价值与意义，尊重、敬畏和保持其积极性存在，这是乡村文化主体获得平等对话权利和公平参与机会的基础保障，也是培育和铸牢乡村文化主体的文化自觉性、文化自主性及文化主体性等观念意识的基本前提，还是开发整合、创新利用乡村优秀传统治理资源的基本要求，更是避免"国家视角"下的治理规划方案破坏乡村特色和文化底色的基本原则。因此，无论来自乡村外部的国家、政府、企业、学术团体、社会精英等治理行动主体，还是生长于乡村内部的文化主体及自治组织，都需从观念意识上牢固树立和客观坚持一种辩证的文化相对理念，透过文化差异性互相了解和理解，在此基础上解读和寻找跨越差异性的人类普同思想与价值①，将这种包容差异性的共同性作为乡村治理行动的指导方法论。何谓辩证的文化相对理念？本书认为费孝通先生在其东京生日会（八十大寿）上提出的"十六字箴言"——"各美其美，美人之美，美美与共，天下大同"② ——将其概括得最为淋漓尽致。2000 年时，根据全球社会发展趋势和人类文明关系状态，费孝通先生又将"天下大同"改为"和而不同"。他认为"和而不同"更符合现代工业社会与信息社会时代的社会文化关系。③这"十六字箴言"既是对人类学、民族学倡导的辩证文化相对理论的高度概括和精辟表述，也是对"多元一体"的中国式天下观、世界观及文化观的整

---

① 范可：《流动性与风险：当下人类学的课题》，《中南民族大学学报》（人文社会科学版）
2014 年第 5 期。

② 费孝通：《反思·对话·文化自觉》，载《费孝通论文化与文化自觉》，群言出版社，
2007，第 190 页。

③ 费孝通：《新世纪·新问题·新挑战》，载《费孝通论文化与文化自觉》，群言出版社，
2007，第 302 页。

体表述①，鲜明透彻地表达了费孝通先生对当时、当下和未来不同文明、国家、民族、社会及文化间应有的尊重差异、保护多样的和谐共生状态②和"美好社会"的基本设想。③ 虽只有短短十六个字，却是他给学界乃至世界留下的关于文化关系处理和文化转型研究的珍贵的思想遗产和无价的文化财富。这一思想遗产仍能为处理当前的国际关系、族际关系、城乡关系、国家与社会的关系等包括文化在内的各种问题提供有效的指导意义和启示作用。

树立这种辩证文化相对理念与培育这种文化包容精神，也许可以从两个方面做起。

首先，由上及下、由内而外的各方治理行为体都要树立一种基于文化自觉与文化自信的"各美其美"的文化主体性和文化自主性的基本心态。无论何方，既不能妄自尊大和盲目自信，也无须妄自菲薄和文化自卑，而要辩证地认识和理解自我文化的历史过程及一体两面，客观辨识其中的积极性因素和局限性要素，明白其历史脉络、现实处境、变迁趋势及发展态势，既不一味推崇文化回归与文化复旧，也不随意放弃优秀传统，又不盲目推崇现代性。一般来说，理想状态应在文化主体实践意识的能动作用下主动自觉地传承延续跨越时空界限与文化边界的积极性文化资源，合理扬弃有悖于时代主流和现实需求的消极性元素，修正集积极与消极于一体的局限性要素，推动文化向更健康的方向和更广阔的空间延续延展、创新发展和创造转化，树立理性的文化自信与文化自觉意识，这才是具有普世性但又尊重文化多样性与差异性的"各美其美"的状态。

其次，塑造"美人之美"的文化心态。不同文化之间应为"美人之美"的共生共存、互补互构的融通关系。无论是来自乡村外部的治理行为体，还是源于乡村内部的文化主体，都不能忽视自我社会体系之外的文化传统与社会机理。既要保持自我文化的主体性与自知之明，也要尽量避免先入为主和在文化传统、制度设计上闭门造车、孤芳自赏，都应放低自我姿态。既要避免自我中心主义、霸权主义，摒弃文化偏见，也要排除极端相对主义。应推己及人，树立虚心谦恭、他者关怀的文化态度，在文化触碰的过程中欣赏、

---

① 费孝通：《文化自觉的思想来源与现实意义》，《文史哲》2003 年第 3 期。
② 费孝通：《"美美与共"和人类文明》，载《费孝通论文化与文化自觉》，群言出版社，2007，第 432 页。
③ 费孝通：《对"美好生活"的思考》，载《费孝通论文化与文化自觉》，群言出版社，2007，第 106 页。

尊重、敬畏和包容他者社会及其文化，保护和保障其福祉与利益，在保持具有积极意义的文化差异性和文化多样性的基础上实现共生、共存、共荣。这是拉近国家制度与地方规则、政府官员与基层精英、社会力量与文化主体等之间的心理距离，弱化传统与现代间的矛盾，强化理解共情而减少价值冲突、增强乡村内外治理行为体互相信任的关键基础和必然要求。

来自乡村外部的国家、政府、社会、市场及其他治理行为体，在乡村治理实践过程中，不应该一开始就以自己的单向度理解和设想来为乡村设计治理规划与方案，不应只强调制度、政策与市场而忽略和轻视乡村的结构特性。在设计理想型的治理规划与实施方案之前，无论是经济发展规划，还是政治生活引领，或是公共文化建设，都不能只是"远距离观察"，而应先从乡村及其文化主体的历史背景、社会结构、文化特性和现实基础出发，重视乡村文化内部的视界，以他们的视角、思维、观念与观点来看待和理解其周边事物与现象，观察其生活方式、聆听其表达声音、了解其生活需求、审视其文化偏好、透视其意义世界、感知其文化诉求、认知其文化价值、理解其文化精神、把握其社会心态、剖析其社会结构及尊重其主体作用，这样才能更容易与他们所生活乡村的内在结构与文化逻辑形成一种通情、理解和共鸣，这样才能更准确地把握他们的意识形态、知道其真实需求，发现问题和分析问题症结，才能避免单一规划的不足、"好心办坏事"现象及不符合乡村结构特性表达声音的出现等问题，防止历史上曾发生的关于国家与地方、城镇与乡村、干部与群众及传统与现代之间关系处理的极端做法和沉痛记忆的再现。此外，也有利于当下乡村治理过程中改进只看表层行为而忽略深层行动逻辑与文化机制的问题。乡村内部的文化主体，也要有开放共融、兼容并蓄的包容精神与基本态度，虚心、信任并接受源于乡村外部的科学理念与治理技术。

在研究凉山彝族流动青年群体的毒品与艾滋病问题时，刘绍华就分析了当时这一问题治理成效不足的一个关键原因就是没有正确认识和深刻理解当地社会结构与文化逻辑——地方行政力量在对当地人群的传统价值观念进行改造时，盲目推崇现代科学技术和现代理性，以先入为主的文化偏见和价值观念遮蔽了对当地人文化实践理性的深刻认知，忽视了毒品与艾滋病问题发生背后的历史背景与文化动力，开展的许多工作措施在一定程度上脱离了地方传统，没有从根本上探寻到问题的本质。[①] 当然，这是反向论证理解和认

---

① 刘绍华：《我的凉山兄弟：毒品、艾滋与流动青年》，中央编译出版社，2015，第177~218页。

识地方文化逻辑、把握地方社会结构特性的重要性。此外，前文也展示了一些尊重和合理利用乡村传统治理资源取得成功的案例，如凉山彝区"大调解机制"的构建、节日文化与文化精英的活用等。同时，贺雪峰及其学术团队基于其他非彝乡村的长期考察，也看到了"美人之美"的重要性，指出不能不加甄别地将现代化程度相对较高的乡村治理经验套用于传统乡村，而要基于其结构特性与内在逻辑，形成与之匹配的治理策略。① 由此可见，"美人之美"的理念有利于指导人们探寻更贴近乡村特性与内在逻辑的治理方法。应该明确，保持自我文化的主体性、自主性与自知之明和去除自我中心主义并不矛盾，都是强调各类治理行为体以尊重、开放的姿态应对自我社会与其外广阔社会体系间的对话和交流，在此过程中互相理解、彼此欣赏，客观审视自我文化的局限和欣赏其他文化的优点，取长补短，共同进步。

最后，在"美人之美"的过程中，建立一套包容差异、互相承认、相互尊重、彼此互鉴、共同认可的基本秩序和一项与各种文化都能和平共处、各抒所长、联手发展、共建共治的共存条件②，使不同文化之间"平等协商，公平对话"和"美美与共，和而不同"。在这种关系结构中，各类治理行为体才能更有效地实现自身的主体性价值，避免乡村内部文化主体陷入极端的保守主义和特殊主义，防止乡村外部治理行为体出现脱离乡村特性的浪漫主义与工具主义的问题③，有序、有力地培育和铸牢各方治理行为体"你中有我，我中有你"的中华民族共同体意识。要创新利用乡村传统治理资源助力乡村善治，费孝通先生的"十六字箴言"仍具启示作用和指导意义。乡村振兴背景下，如若真能将这种理念贯彻践行于乡村治理实践，也许就能避免和减少许多关于传统的误解、曲解及基于文化差异而形成的文化矛盾等问题。

二　知情意行·鉴往知来·择善而从

如果说"各美其美，美人之美，美美与共"强调的是乡村内外各类治理行为体在横向维度的文化接触、交流、互动的过程中树立起辩证文化相对理念和文化包容精神的话，那么"知情意行，鉴往知来，择善而从"突出的就

---

① 贺雪峰：《大国之基：中国乡村振兴诸问题》，东方出版社，2019，第259~260页。
② 费孝通：《对文化的历史性和社会性的思考》，《思想战线》2004年第2期。
③ 李友梅：《文化主体性及其困境——费孝通文化观的社会学分析》，《社会学研究》2010年第4期。

是要于认知、情感、意识和行为等方面在纵向维度的文化传承、延续、延展的历史过程中全方位、多层次地自觉培育起文化的适时调适与主动适应的革新意识。除社会基础之外，历史也是文化生成、延续、发展、延展的关键条件。虽说当前我国广大乡村的基本面貌已今非昔比，但也并非前后断裂，而是接续绵延。在当下乡村中，无论是可见的物质性的文化资源，还是不可见的非物质性的文化资源，都是历史绵延的连续性结果，延续着乡村人群乃至中华民族的精神血脉。从整体性的国家视角来看，当前中国特色社会主义制度虽是马克思主义中国化的实践成果，但这一成果并未与我国源远流长的政治传统彻底割裂，依旧延续着中国传统政治文化的内核精神，这是由数千年博大精深、底蕴深厚的中华文化的结构属性决定的。即使改朝换代和政权更迭是历史发展的基本规律，核心的文化结构、道德精神和伦理秩序却绵延不断。中国文明之所以能绵延数千年而不断裂，也正因为绝大多数优秀传统文化都不受时空边界限制，能超越时空界限由古人与今人共享和共同推崇。即是说，古人所创造和积累的文化与精神依旧能在今人的意识形态模塑方面及社会行为实践层面彰显特殊价值、提供指导意义和发挥现实功能。可以说，当下我国广泛推崇的社会主义核心价值观，就是以中华民族绵延数千年的优秀传统文化为立足根基和固有根本。因此，传统中具有普世特质的历史智慧与有效经验既不可轻，亦不可无，更不可丢。

无论乡村视域，还是国家视角，都不能忽视传统智慧的意义与价值、轻视传统的现代功能。在现代化、城镇化进程中，理性至上、科学至上、技术至上、经济至上的现代社会俨然是一个充满不确定性和信任危机的风险社会①。在一定程度上或某些方面，延续数千年而经久不衰的传统无疑是避免盲目推崇现代性和追求极端快速现代化的"缓冲器"及减少现代性风险威胁与危机的"安全阀"。也就是说，传统智慧不仅能为人们提供现代性和现代化难以保证和无法替代的安全保障，还可以"矫枉现代化及全球化进程中的弊端"②。在当下国家治理、社会治理和乡村治理的过程中，即便要推行现代化建设和增强现代性培育，也决不能轻易放弃和随意破坏优秀传统。若如此，就等于割断了自己的精神血脉和断裂了历史传统，封闭了缓解现代性压

---

① 〔德〕乌尔里希·贝克：《风险社会：新的现代性之路》，张文杰、何博闻译，译林出版社，2018。

② 〔美〕克利福德·吉尔茨：《地方性知识——阐释人类学论文集》，王海龙、张家瑄译，中央编译出版社，2000，第19页。

力和减小现代社会风险的稳定安全空间。通过前文的相关论述，我们已经看到了彝族乡村中的许多优秀传统治理资源长期对在乡人群的思想和行为产生着鼓励性作用，即便当下，依旧如此。这为乡村振兴背景下的乡村治理提供了有效经验——启发乡村内外各类治理行为体鉴往知来，延续优秀传统的社会生命，充分汲取乡村内生传统资源，将其中的积极性因素延续到当下各项乡村治理和乡村建设等活动中去。

正如前文所指，乡村传统治理资源中的许多要素属于特定历史范畴产物，它们可能契合当时的生产方式和生产关系。但历史像一个不断滚动前进的车轮。在滚动的历史潮流中，总会在不同程度上发生文化的"破"与"立"、"拆"与"建"、"弃"与"修"、"分"与"合"。在特定历史阶段产生的一些资源要素难免会因相应的生产条件、社会制度而显现历史局限性，主要表现在两个方面。其一，经过国家政治改革和主体能动变革的双重作用而退出历史舞台成为"历史文化遗产"。如作为外显的奴隶等级制度及与之相关的包含维护奴隶等级制度的传统习惯法、习俗惯例等不符合当代中国社会主义制度规定、法律要求、价值取向的资源要素便如此。其二，虽一直延续至今对人们的思想观念和实践行为产生鼓励和限制作用，但仍存在一定局限性且可能产生某些方面的消极影响。如前文描述的基于家支文化而产生的强烈面子、荣誉观念及残存的传统婚俗记忆等就如此。如斯科特（James C. Scott）所言："我们不必急于维护一切民间事物，也不必反对一切普遍事物。"① 面对这类资源，既不必盲目排除，也不能一味闭守，而需要乡村内外治理行为体的协同合力，开展与时俱进的符合双方需求的"破""拆""修""合"等文化引领行动。

首先，作为乡村内部的文化主体，无论是社会关联性与社会动员能力较强的权威与精英，还是普通人群，都不能一股脑儿地固守传统。说实话，面对强烈的现代化趋势和强硬的现代性技术，固守传统无疑是一种逆势而为的行径，即使有心，但也无力。合理的趋势便是顺势而为，破旧立新，推动传统的现代转型。那么如何破、如何立、如何推动传统的现代转型？这是一个既关键又让人头疼的事情。理论上说，应知情意行、鉴往知来、择善而从。具体而言，即从认知上、情感上、意识上及行为上，自觉、主动地与时俱进

① 〔美〕詹姆斯·C. 斯科特：《六论自发性：自主、尊严，以及有意义的工作和游戏》，袁子奇译，社会科学文献出版社，2019，第93页。

改变过去概念化、抽象化和刻板化的思维方式与文化观念，以一种动态的、综合的、多层面的、整体的眼光来理解传统的意义与现代的价值，多层次、全方位地发挥其实践意识和调动其能动作用，认清自我传统的整体样态和真实面貌，明白它应选择的健康走向。同时，积极应对和接受国家治理技术的指导和时代主流价值取向的引导，树立关于自我传统的辩证的、理性的认知意识，有鉴别地借鉴，有甄别地使用，有扬弃地继承，有反思地转化。设若真能如此，破除极端家支主义的困境就指日可待，由其引起的连锁性社会问题也就能迎刃而解了。

其次，作为源于乡村外部的力量，应深化对乡村传统的理解与认知，避免随意进行自我价值移情和主观价值判断。只有以辩证的、理解的和整体的视角来审视乡村传统，才能近距离地走近乡村人群的社会生活，准确理解和深刻把握其思维方式、社会心态及行动逻辑，才能设计出符合乡村基本性质的治理策略。如在观察各类乡村仪式行为时，不能简单地套用自我文化价值系统、现代市场经济理性、现代统一标准技术及固定指标体系等观点或理解方式来将其简单地视为"奢侈的铺张浪费"，而应透过现象理解其中所蕴含的互助、人情、道义等精神内核，穿透社会表象去认识其文化本相。

如此，通过乡村内外各类治理行为体的耦合协作，在尊重和理解的基础上，放大经历史检验而经久不衰的资源要素的积极光芒，及时修正其存在的局限性与不足之处，主动变革有悖于时代主流与现实需求的遗风陋俗，探寻乡村传统的现代转型之路①，构建现代与传统之间的融合机制，推动乡村传统治理资源在乡村振兴背景下的创新性发展和创造性转化。

三　惠而好我·携手同行·共治共享

如何联结、坚持和贯彻上述两个维度的文化实践理念，促进乡村内外各类治理行为体的文化自觉与美美与共？我们认为，这需建立在一种超越个体文化差异性与多样性的，具有包容性、融通性、团结性、共同性、道义性、道德性、均衡性、互利性、平等性、公平性、共生性、共享性等理想的"互

---

① 费孝通：《反思·对话·文化自觉》，载《费孝通论文化与文化自觉》，群言出版社，2007，第 184 页。

惠文化逻辑"① 或 "互惠文化机制" 的基础上，这样才能建立有情有义的社
会与文化。② 自古以来，"互惠文化逻辑" 就深刻烙印在中华民族的历史传统
与集体记忆之中，影响着历代王朝国家与地方政权的关系及各个时期各兄弟
民族间的交往交流交融。在人类学的知识范畴内，通常认为互惠起初是建立
在人的自然状态下的一种相互依赖关系的需求实现，即基于人类基本需求加
以修饰和潜隐起来的文化性关系。③ 如吉登斯（Anthony Ciddens）所言，互
惠是人类社会相互联系的最主要也是最强有力的一种方式。④ 在人的社会化
及人类社会的结构过程中，互惠逻辑又经由社会制度、社会关系、文化观
念、经济市场、道德伦理等结构的推动，继续作为人的社会性与人际关系建
立和强化的文化纽带⑤，是人们传承道义精神、塑造友好情感及达成交换目
的之有温度的表达工具⑥，是构建道德义务与习俗传统再生产的基本原则⑦，
是强化社会交互性与互依性的重要机制，是构建社会公共性和人类共同体的
文化根源。

　　人类学关于互惠的理解大体形成了三种认识——慷慨互惠（一般互惠、
普遍互惠）、等价互惠（平衡互惠、平等互惠）和消极互惠（负性互惠、市
场互惠）。⑧ 这几种互惠关系都是基于人与人之间的互惠，包含了多维度意
涵：共同体内部个体间的互惠、共同体内部个体与集体间的互惠、共同体内
部个体与共同体外部个体间的互惠、共同体与共同体之间的互惠。除了人与
人之间的互惠，还有人与物、人与自然（包括个体与自然和群体与自然）、
人与神灵等之间的互惠（个体与神灵和群体与神灵），在世者与逝世者之间
的互惠（在世个体与逝世个体、在世个体与逝世群体及在世群体与逝世群
体）。他们互惠文化逻辑的表达形式可以是物质性的礼尚往来时的情感互惠

① 赵旭东：《互惠逻辑与 "新丝路" 的展开——"一带一路" 概念引发的人类学方法论的
　转变》，《探索与争鸣》2016 年第 11 期。
② 赵旭东等：《城乡中国》，清华大学出版社，2018，第 203 页。
③ 赵旭东：《互惠逻辑与 "新丝路" 的展开——"一带一路" 概念引发的人类学方法论的
　转变》，《探索与争鸣》2016 年第 11 期。
④ 〔英〕安东尼·吉登斯：《现代性与自我认同》，赵旭东等译，生活·读书·新知三联书
　店，1998，第 12 页。
⑤ 赵旭东：《互惠人类学再发现》，《中国社会科学》2018 年第 7 期。
⑥ 〔美〕阎云翔：《礼物的流动——一个中国村庄中的互惠原则与社会网络》，李放春、刘
　瑜译，上海人民出版社，2017，第 239 页。
⑦ 陆益龙：《后乡土中国》，商务印书馆，2017，第 243 页。
⑧ 〔美〕马歇尔·萨林斯：《石器时代经济学》（修订译本），张经伟、郑少雄、张帆译，生
　活·读书·新知三联书店，2009，第 221~268 页。

（如日常生活与礼仪场景中的礼物交换、仪式实践、歌颂赞扬及人生礼仪中的婚姻交换等），也可以是身体性的生命接续上的生命互惠（如身体器官捐赠），又可以是生产互动和市场交易中的经济互惠，还可以是非物质性的文化交流上的文化互惠。"各美其美，美人之美"就要求人们在面对不同文化时应以互惠的观念来指导他们尊重、理解、欣赏和共享彼此文化，这既是互惠文化逻辑的一种实践，也是建立互惠文化机制的基本前提和具体过程。无论是人与人之间的互惠，还是人与社会之间的互惠，或是人与神灵之间的互惠，又或是人与自然之间的互惠，其核心要义都是要构建和维系一种均衡的、平等的、和谐的、稳定的、团结的、道义的、互利的、共生的关系结构，互惠的文化机制对这种关系结构的构建与维系是制度和市场难以替代的。在互惠的关系结构与文化逻辑中，没有所谓的先进与落后、高与低、优与劣等之分，没有等级差别、文化歧视、文化偏见等表征，可以将广泛的不同文明、国家、区域、地区、社会、人群及其文化联结在一起，在保持、包容和尊重差异性与多样性的基础上共生与交流，彼此欣赏、互通有无、取长补短及共同繁荣。① 这便是"互惠文化逻辑"或"互惠文化机制"的价值、意义与功能。

在国家的制度安排与现代化进程中，彝族乡村的政治结构、经济结构、社会结构及文化结构等虽发生了巨大变化，但这种变化并未导致其核心特质的消失，基于地缘与亲缘（血缘与姻缘）而形成的熟人关系依旧延续。虽有不少人"离乡又离土"，但仍有部分人"在乡又在土"。而且，大部分"离乡又离土"的人并非永久离开，依旧属于"在乡群体"。不可否认，在互联网和自媒体技术尚未出现和普及之前，他们确实"身体离乡"，但这并不代表"精神离乡"。乡村基础社会单元——家支（家族）及其相关文化习俗依旧是其安全保障和心灵归宿。在互联网与自媒体技术出现和普及之后，更是如此。"身体离乡"的他们在休闲时间可以通过现代信息技术与乡村保持着跨时空联系，即时或延时地参与乡村的生活方式与社会节奏。即是说，即使彝族乡村中也渗透着现代性和异质性因素，可能存在留守老人与留守儿童，但绝非"空巢乡村"，而是"有人的乡村"，其共同体形态也并未因制度和市场的作用而完全瓦解，更多是在原来基础被放大了一些，仍可以将其视为经

---

① 赵旭东：《文化互惠与遗产观念——回到一种人群互动与自主的文化遗产观》，《民族艺术》2019年第2期。

济共同体、文化共同体，只不过它们可能是放大了的 1.0 版、2.0 版、3.0 版……在这些版本的乡村共同体中，他们依旧通过制度、节日、仪式等文化实践方式表达着其关于与自然、神灵、祖先、亲朋、邻居等各类关系的互惠观念，维护和强化着他们的共同体意识。也就是说，他们以道德、互助、道义及情感为精神内核的"互惠文化逻辑"或"互惠文化机制"仍旧存在。乡村振兴背景下，各类治理行为体在观察彝族乡村人群的相关行为时，既不可以现代经济理性与自我价值立场去简单评判，也不可随意断章取义，更不可以制度、权力和资本强制干预，而应以一种均衡的、平等的及整体的眼光来理解其背后深层的互惠文化逻辑，这种文化逻辑存在于他们的信仰仪式展演、日常生活与礼仪场合中的人情往来与互助行为等各种文化实践当中，成为其培育和铸牢乡村共同体意识的文化机制。除了尊重、理解和保持既有的互惠文化逻辑与文化机制之外，还可通过健全乡村公共文化建设、强化公共文化服务供给、组织公共文化活动形式及适当恢复具有互惠文化内涵的传统民间活动等方式来开展乡村人群喜闻乐见的文娱活动，丰富其精神世界和情感空间，重塑其互惠逻辑理念，使他们与其他人群在文娱活动的集体欢腾中保持友好、互助、团结、均衡、和谐及快乐的交流与互动。

总的来说，在乡村振兴背景下，须坚持互惠原则，重视互惠逻辑，构建互惠机制，形成互惠常态、文化共荣、社会共识与协同合作，才有可能使各类治理行为体在"各美其美"的文化自觉基础上形塑起"美人之美"的辩证文化相对理念和文化包容精神，培育"美美与共"的乡村共同体意识及中华民族共同体意识，才能更有序地促进彝族传统治理资源的创新利用和创造性转化，推动当下彝族乡村"三治"融合模式的完善和"三共"治理格局的形成。

第二节　彝族传统治理资源的创新利用之术

在中国制度语境与社会情境下，无论是国家治理、社会治理，还是社区治理、乡村治理，多倡导"一核一主多元"的协同共治模式，以此调动与聚合各方治理行为体、治理资源及治理技术，共同为国家、社会、社区及乡村等提供深厚的治理基础与发展动力。如何在这种模式下将辩证文化相对观念、包容文化精神、合理文化认知及互惠文化逻辑贯彻于乡村传统治理资源的创新利用之术？基于本书的观照视角和关注对象，谨提出如下逻辑进路设想。

一　调动和培养多维度人才类型，建设和丰富乡村治理人才智库

乡村治理归根结底是"人为的治理"和"为人的治理"，各类治理行为体是由人构成并丰富，各类组织和机构是由人组成并优化，各层机制是由人构建并完善，各种方法是由人设计并创新，治理资源是由人生产并运用，治理目标服务于人的综合需求与总体发展。如此一来，基于乡村振兴战略规划的总体要求和乡村治理意见的任务规定，要推动彝族传统治理资源的活力再现，首要前提就要做好"人的工作"，培育和铸牢惜人才、重人才、护人才、育人才等基本意识，将人才这一根本动力调动起来，创建更庞大、更健全的乡村治理人才智库。

（一）乡村振兴背景下乡村治理的多维人才类型

此前已有不少学者就具有特定身份品质、关心村落事务、掌握特定优势资源、在村务决定和村落生活中影响较大的传统乡贤（乡绅与士绅、族长与族老、寨老群体、传统乡村制度规范实践者、民间信仰仪式与巫术活动实践者、制度性宗教从业者、传统文化精英与民间艺人等）、新乡贤（村庄富人与经济能人、现代技术人才与文化精英、乡村基层干部等政治精英、现代法律明白人与法律精英、退休老干部及青年知识分子）等少数精英之于乡村治理的作用展开讨论[1][2][3]，他们关注的对象和讨论的问题虽各有取向，但有一种相近倾向，即其关注和强调的新老乡贤和精英类型大多指身体在乡的少数精英。当然，这类少数精英也在本书关于乡村治理人才的理解范围之内，但不限于此。

首先，懂乡村、知乡村、爱乡村、惜乡村的具有浓厚乡土情结和乡村情怀，既熟知乡村结构特性与文化特质，又接受了现代科学文化教育，在族内和族际具有杰出的沟通能力、较高的社会声望、较强的群体公信、突出的社会关联性、杰出的动员能力、理性的变革意识的"文化英雄式"和"政治精英式"的人才类型。为何将其置于首要位置，因为只有真正理解乡村结构特

---

①　贺雪峰：《村庄精英与社区记忆：理解村庄性质的二维框架》，《社会科学辑刊》2000年第4期。

②　贺雪峰：《新乡土中国》，广西师范大学出版社，2003，第159~160页。

③　张健：《中国社会历史变迁中的乡村治理研究》，西北农林科技大学博士学位论文，2008。

性、懂得乡村人群需求、珍惜乡村传统价值和爱惜乡村"羽毛"的人才更有可能明白乡村治理的社会基础，及如何更好地实施符合乡村文化特质及乡民社会行动逻辑的治理策略。在他们的参与下，才能尽量避免乡村文化底色被破坏。其次，除了"身体、情感及责任同时在乡"的少数精英之外，"身体虽离乡但情感和责任依旧在乡"的，享有并能调动各类社会资源的，人格魅力较高、文化自觉与自信意识较强，责任感与使命感较重的人物也是乡村治理的人才。在当下人群流动、社会融通及文化链接技术高度发达的大联通、大融合时代背景下，人才资源通常不会如同前工业社会和前互联网时代那样受时间、空间、社会及文化等因素的限制，他们即使身体在外，也可以通过现代传媒技术与乡村保持跨时空的联结和互动，能在一定程度上参与乡村的日常社会生活，为乡村传统治理资源的创新利用创造条件或提供机遇。最后，乡村治理人才不应局限于少数精英，更应该包括世代繁衍生长于乡村的多数村民。他们比任何外力都要了解自己的乡村，熟知自己的文化，理解自己的社会。

综上所述，当下的乡村治理人才不应受地域、民族、性别、职业、学历、年龄等条件的限制，凡有能力、有本领、有知识、有胆识、有资源、有资本、有技能、有技术、有魅力、有人脉、有兴趣、有责任、有担当、有公德、有热情、有恒心等且情系乡村和理解乡村，在乡村公务的决策与监督、乡村文化的传承与创新、乡民观念的解放与革新、乡村的内部关联与组织建设、乡村的外部联动与族际交融、乡村的经济建设与产业发展、乡村的环境保护与生态治理及乡村的基础设施与公共服务供给等方面能贡献谋略、提供技术、投资资本的各类人才，皆可作为乡村振兴背景下彝族传统治理资源创新利用的关键力量。

（二）组织调动乡村治理多维人才的逻辑理路

将各类人才吸纳为创新利用彝族传统治理资源助力乡村治理的关键力量，在实践层面上有多种可能的方式和方法。在制度、政策的支持和保障下，本书认为可从以下方面着手。

1. 精准识别多维人才类型，保障治理过程人尽其才

当下乡村治理人才既包括传统的和现代的少数精英，也包括多数村民群体；既可以是身体、情感及责任同时在乡之人，也可以是身体离乡但情感、责任在乡之人。总之，从业于不同行业领域，掌握着不同资源、技术和资本

的人才能在乡村治理的特定领域发挥其专业优势。因此，要组织调动乡村治理多维人才，首要前提就是对具有乡村情怀、乡土情结的各类热心于乡村治理的优秀人才进行精准识别与整合，便于科学、合理地在特定治理事务上人尽其才，保证他们能在特定位置上发挥其既有能力和彰显其应有价值。

2. 组建专业人才行动组织，加强治理人才集中整合

要让特定人才在既定位置上发挥其应有价值，除了规范传统组织之外，还可以通过组建和培育新型专业化人才组织的形式将不同类型的人才进行归类和组织。以此方式将掌握不同资源、技术、观念、资本及能力的人汇聚于特定的行动单位，组建互相交流、协同合作的治理团体，夯实乡村治理的组织基础。针对不同人才类型，可产生多种形式的行动单位，如前文中展示的伙头（器西）、树头、水头、山头、公房、治丧委员会等各类传统组织及家支禁毒巡逻小组、民间禁毒协会、德古文化协会、德古工作室、毕摩文化协会、《玛牧特依》协会、老人协会、红白理事协会、巾帼行动小组、村容村貌与环境卫生队、文化艺术表演队、法律宣讲团、农民讲堂、专业合作社、乡贤议事会等现代性行动单位都是汇聚人才，集中专业力量助力乡村治理的实践表现。除了延续已成型成熟的组织类型之外，还可以进行其他形式的拓展与创新，如组建乡村电影摄制与播放小队、乡村青年文化宣讲行动小组、乡村自媒体技术指导小组、微信专业群聊小组、乡村民众生产知识与生活经验交流小组等。总之，根据不同类型的人才，可组建的行动单位多样，主要目的在于强化人才类型的汇聚、推动其交流互动、培养其伙伴关系、培育其责任意识与合作意识，推动乡村人才振兴与组织振兴。

3. 健全人才参与治理机制，规范人才组织管理制度

组建专业人才行动单位的同时，必然要建立健全相应的人才参与治理机制，规范对他们的组织、管理和监督制度。关于此，主要包括进入机制、奖励机制、管理机制、监督机制、评价机制及退出机制六个方面的内容。第一，进入机制，即明确相关组织单位吸纳人才的基本标准、资格条件等，这是保证人才质量、任人唯贤的基础要求；第二，奖励机制以互惠原则为基本前提，建立健全多元奖励机制，实施各种具有吸引力的奖励和激励形式，激发各类人才之于乡村振兴及乡村治理的热情与兴趣；第三，管理机制，即要求各类人才行动单位要有配套的人才管理制度，包括行动原则、日常管理、行为规范、责任制度等基本要素，强化其制度化、规范化、组织化管理；第四，监督机制主要对各类人才参与乡村治理的态度与行为进行监控，防止违背国家法律法规、侵占乡村公共资源、损坏乡村公共利益、破坏乡村文化遗产等行为的出现，保证他们参与治理的行为合法、合规、合理、合礼及合情；第五，评价机制主要是各类人才所在单位及参与治理领域或事项涉及的乡村人群等的多元评价，通过这种评价来实施相关奖励；第六，退出机制，包括正常退出与违规开除两种，目的在于明确各类人才在相应行动单位中的退出标准，在单位人员数量有限的条件下，保障人才有进有出。

4. 完善人才协调合作机制，搭建各类人才合作平台

除了让各类人才在其专业领域或行动单位中人尽其才，还需加强不同专业领域间的人才交流和协同合作。关于此，至少要保证两个方面的条件。首先，信息的畅通与共享，即在乡村治理的方案设计、实施计划及存在问题等方面及时通过相应媒介工具保障信息的畅通，以最小的时间成本达成最高效率的治理成果；其次，合作方式的丰富与灵活，基于乡村实际情境探索丰富而灵活的团建方式，加强不同领域的人才在具体的治理工作、传统治理资源的创新性发展与创造性转化等方面的思路上进行有效对接和深刻交流，在情感上培育起团结友好的深厚情谊，在工作上培养不言自明的共识默契。

5. 加强新型治理人才培养，优化乡村治理人才结构

除了发掘和整合现有人才资源之外，还需注重和强化后备军力量的培养。无论乡村治理，还是传统治理资源的创新利用和创造性转化，都是前后绵延、先后接力的持续性动态过程。在不同历史时期，常会面临不同的治理要求、治理任务及文化发展需求。基于此，培养新型乡村治理人才也是当下乡村治理实践和创新利用传统治理资源的一项重要且迫切的现实任务。尤其在自媒体技术和大数据飞速发展的新时代，要推动智能化、数据化的治理技术在传统治理资源创新利用实践中的运用，就需加大对这类新型技术人才的教育培养。

当然，除上述五个方面的内容，必然还有其他整合、利用与培养当下乡村治理人才的实践方式。不过，我们仅以上述思考来抛砖引玉，期待更多更具普适性和实践性的研究发现。总之，要强化乡村传统治理资源的创新利用，助力乡村振兴背景下的乡村治理实践，应博采众长，充分调动各类人才的主动性、自觉性、参与性、专业性与创造性，发挥其专业价值与作用。

二 厘清乡村组织间的结构关系，积极发挥多元组织的协同作用

创新利用彝族传统治理资源，助力当代彝族乡村治理，除了组织调动各类个体性人才之外，还需充分发挥好由个体性人才构成的集体性组织单位，厘清各类组织间的结构关系，构建起官方与民间上下衔接、传统与现代纵横联动的乡村共治机制，这既是创新利用彝族传统治理资源完善彝族乡村治理体系与治理格局的实践表现，也是多元治理行为体协同推动彝族传统治理资源创新利用的基本途径。

（一）当下彝族乡村中的常见社会组织类别

在此，本书基于"内—外"的分析框架，将当下我国彝族乡村中的各类治理组织分为内生性及外生性两大类。同时，又会在各自范围内再细化分类。这些组织及其相关运作机制有的本就属于传统的现代性延续，尤以内生性组织为主；有的虽为国家政权建设和市场机制进入之后的现代性结果，以外生性组织为主，但它们都能基于相关制度、项目、技术、资本及其他资源的协同作用成为彝族传统治理资源创新利用的参与行为体。

1. 内生性组织

内生性组织可分为原生性组织和次生性组织两种形式。第一，关于原生性组织，主要指以血缘关系和地缘关系为纽带构成的传统村民认同组织与行动单位，大体包括个体家庭、联合家庭、姻亲群体、家户组织、房族单位、家族及家支集体（宗族）或自然村寨等类型。这类组织主要依靠"亲属伦理（权威的亲属网络）+村落伦理（权威的文化网络）"的双重伦理秩序作为其运转和发展的基础。亲属伦理通常以亲属禁忌制度、规定性亲属义务、父慈子孝、兄友弟恭、妯娌相亲、姻亲相助、族老秩序、无讼观念、慷慨互惠等道德精神及家法、族法等传统习惯规约为亲属组织成员的社会行动逻辑。村寨伦理通常以亲属伦理之上的村（寨）民身份、人情面子、熟人关系、村落舆论、公共信任、寨老权威、平等互惠、文化认同、邻里乡亲、守望相助等道义精神及共同约定、认可和执行的村落集体规范（村规民约）来构成村（寨）民成员的社会行动逻辑和达成特定活动的集体合作。基于这种原生性组织，形成了许多与日常生产生活、秩序安全稳定、生态环境维护、人生礼仪活动、盛大节日庆典、村落集体祭祀及传统文化传承等有关的亲属互助团

体、村落互助单位、村落祭祀组织、村庄支援小队及文化传承队伍等组织单位。第二，关于次生性组织，主要指以原生性组织为基础，经由现代性制度整合重构的各类自治组织、经济组织及文化组织等，如前文提到的凉山彝族乡村中的家支禁毒巡逻小组、德古文化协会、《玛牧特依》协会，各地普遍成立的专业合作社、毕摩文化协会（毕摩文化研究组织）、乡村民族歌舞艺术团（表演队）、民族文化传承组织（队伍）（乡村民俗博物馆、文化传习所等）、老人协会（寨老协会）、红白理事协会（红白理事委员会）、妇女组织（巾帼行动小组）、村民联户体、农民讲师团及村庄环境管理与卫生保护小组等。诸如此类，不胜枚举。除了依靠传统的亲属伦理、村寨伦理及约定俗成的规范体系为其集体行动依据之外，这类组织通常还在制度安排下制定有结构化、规范化、标准化和组织化的关于其职责、管理及监督的规章条例，以保障其集体行动的合法性和合理性。

2. 外生性组织

外生性组织指在行政力量（制度安排）、市场机制或其他形式介入之后形成的组织类别，这类组织主要包括政治（行政）组织、经济（商业）组织、学校（教育）组织和其他社会组织四种类别。第一，政治（行政）组织，指与国家政权和乡村政治相关的具有官方属性的组织类别，这类组织并非彝族乡村特例，而是普遍存在于我国各地各类乡村中，乡镇党委、乡镇政府、村党组织、村民委员会、村民代表会、村民小组等都是这种组织类别的常见类型，是新中国成立以来国家政权在乡村中的建设结果，负责国家制度政策的具体落实、法律法规的宣讲普及、乡村社会经济的发展、乡村生态环境的保护、乡村卫生安全的保障、乡村科教文化的繁荣、乡村社会秩序的稳定及其他民生的保障等。总之，乡村政治组织总领着乡村的综合建设事务。当然，在不同乡村中，还存在经由基层党政或村委会领导下的其他规模的行动群体，不过本书在上文中将它们归为内生性的次生性组织，兹不赘述。第二，经济（商业）组织，主要指乡村内外的经济能人在乡村中创办的营利性经济（商业）组织，如各种与农业、牧业、传统民族特色工艺（漆器、酒、饮食、银饰、服饰）、乡村文化旅游及其他文化产业等相关的企业单位、公司团体等。虽然这类组织以营利为主要目的，但它们确实能在一定程度上为彝族传统文化资源转化为文化资产、缓解彝族乡村人口就业压力、推动彝族乡村基础设施建设、提供各种显性与隐性的福利待遇及其他方面的服务供给需求提供行动、物质、技术、资金或其他资源上的支持与贡献。第三，学校

（教育）组织，包括现代意义上的幼、小、中等学校教育单位及乡村内外文化精英的组建文化培训单位和教育机构，这类组织之于乡村人群的思想品德的教育与价值观念的引领、现代科学技术与知识文化的传播及传统文化的传承与创新等方面发挥着其他组织尚难替代的作用。第四，其他社会组织，即除了上述几类之外的其他外入型组织，如类似志愿者团体的公益组织、学术研究机构（研究基地）、政策咨询与法律宣讲团等，它们同样能在特定维度与其他组织类别协同推动彝族乡村事务的综合治理。外生性治理组织主要通过国家法律法规、地方自治条例、行政管理制度、干部责任制度、村规民约及行业规章制度等具有官僚（科层）色彩的结构化规范体系构建自身"权力制度网络"①，以保证其运行的稳定性、有序性、安全性、合法性。②

（二）各类乡村社会组织间的权力结构关系

当下乡村充斥着各种内生性与外生性的群体性治理组织类别，它们的形成要么以乡村内部生活主体为基础，要么在国家制度安排下产生，要么在市场机制作用下组建，要么在其他力量倡导下催生。不管哪种形式，都是个体性人才实践意识与能动作用的集合产物，发挥着其之于乡村社会的建设性、保护性和发展性功能，构成了当下乡村社群生产与生活的整体秩序结构。在这一秩序结构中，需合理把握各类乡村社会组织间的权力结构关系，才能有序促进乡村传统治理资源的创新利用，推动乡村振兴背景下乡村治理体系的完善和治理格局的健全。如前所述，基于我国制度情境，乡村振兴背景下的乡村治理倡导"一核一主多元"的模式。在此模式中，有一个明确的领导核心，负责统筹安排乡村治理的总体事项，合理有序地整合其他力量，构建宽领域、多主体的治理团队。这个领导核心与其他治理行为体间属于领导与被领导、指导与被指导的关系。在这个领导核心之下，乡村内部的生活主体（农民、牧民群体）为主力军力量，其他治理行为体（各类精英、组织等）为互动式、合作式、协同式、协商式的伙伴关系，这是乡村善治方式的基本要求，也是实现乡村善治的前提条件。

---

① 张健：《中国社会历史变迁中的乡村治理研究》，西北农林科技大学博士学位论文，2008。
② 这里有三点情况需要说明。其一，本书关于乡村治理组织类别的理解并非静态的、单一的、标准的，而是动态的、多元的、开放的，是基于本书的理解范畴而进行的划分。其二，即使同样都是彝族乡村，在不同区域，各类组织的具体类型也会有差异。因此，实际情况要以具体乡村的情况而论。其三，在其他尚未观察到的乡村中必然还存在其他组织，且随着时间的推移，活动于乡村的各类治理行为体又会组建新的组织类别。

1. 党委领导与党建引领是核心

党委领导是乡村振兴背景下创新利用彝族传统治理资源助力乡村治理的核心原则和根本前提。在包括基层政府在内的各类彝族乡村治理行为体之间，基层党组织（包括乡党委及建立在各类组织中的党支部）处于中心地位。它不仅是创新利用彝族传统治理资源助力乡村治理的领导核心，还全面领导和统筹着其所在乡域单位的整体治理活动。即是说，乡村基层党组织与其他治理行为体之间属于领导与被领导的结构性关系。

第一，坚持基层党组织为创新利用彝族传统治理资源助力乡村治理的领导核心是由我国的制度环境和中国共产党的基本性质、根本宗旨、工作路线及工作原则决定的。中国共产党的基本性质是中国工人阶级、中国人民、中华民族的先锋队，是中国特色社会主义事业的领导核心，代表中国先进生产力的发展要求、中国先进文化的前进方向及中国最广大人民的根本利益；党的宗旨是全心全意为人民服务；党的工作路线是群众路线；党的工作原则是对人民负责。这就决定了它相较于其他各自代表特殊群体利益的组织类别而言，在保障乡村民众基本利益和实现乡村公共利益最大化等方面具有其他治理组织类别无法替代的优越性、先进性和纯洁性。同时，基层党组织是联结"国家—乡村—个体""集体—个体""内—外"等各种结构关系的基本纽带，充当着乡村内外治理组织间关系调控、资源配置和互动整合的重要角色，具有其他组织类别不具备的政治领导力、思想引领力、群众凝聚力、行动组织力、社会号召力、资源协调力、治理战斗力和权威公信力。

第二，坚持基层党组织为创新利用彝族传统治理资源助力彝族乡村治理的领导核心是新时代"乡村振兴战略"与"乡村治理意见"中不可动摇的基本要求和根本原则。在《中共中央 国务院关于实施乡村振兴战略的意见》《乡村振兴战略规划（2018—2022年）》《中国共产党农村基层组织工作条例》《中华人民共和国村民委员会组织法》《关于加强和改进乡村治理的指导意见》《关于进一步推进移风易俗、建设文明乡风的指导意见》等文件中，都明确规定了基层党组织对乡村治理事务和各类乡村社会组织的统一领导权力。基于此，在乡村振兴背景下的乡村治理过程中，一方面，要坚持党建引领创新利用彝族传统治理资源助力彝族乡村治理的基本原则不动摇，在符合国家制度文本的范围内，还要将党建工作下移，横向到边，纵向至底，将党组织建设在彝族乡村的每类群体组织中，建立健全基层党组织对其他各类组织的监督、管理、约束、奖励及评价，既要避免创新利用彝族传统治理资源助力彝族乡村治理过程中各类组织脱离乡村善治的基本要求和制度文本的监管范围，又要通过制度优势激发多维个体性人才与群体性组织参与彝族传统治理资源的创新利用。另一方面，不断加强彝族乡村基层党组织的健全和完善。如前所述，当前许多彝族乡域范围内存在村落政治精英结构不均衡的问题，这种问题不仅表现在政府干部和村干的队伍结构上，还表现在基层党组织党员的结构上。因此，在当下乡村治理过程中，应基于各类乡村具体情况积极发掘和发展青年精英和妇女精英，不断优化乡村基层党员结构，完善基层党组织建设，打造一支真正懂乡村、知乡村、爱乡村、惜乡村的乡村治理党政团队，形成乡村振兴背景下最有力的乡村治理战斗堡垒。

2. 政府负责与有限主导是基础

政府负责与有限主导是乡村振兴背景下创新利用彝族传统治理资源助力乡村治理的基本要求和基础保证。乡村行政（政治）组织（主要指乡镇政府）作为国家行政组织的基础单元，它在乡域范围内之于国家政策与法律制度的贯彻落实、乡村基础设施的完善、乡村政治秩序的稳定、生产要素与市场资源的配置、乡村经济社会的发展、乡村公共文化的建设、乡村文化教育的发展、乡村医疗卫生与社会福利的保障、乡村传统文化的创新性发展与创造性转化及其他公共产品与公共服务的供给等方面发挥着重要作用。不过，本书并不打算逐一讨论，而是阐述乡镇政府与其他治理行为体之间的主要关系。

第一，乡镇政府与乡镇党委的关系。乡镇政府受乡镇党委领导。即是说，乡镇政府一般是在乡镇党委的统一领导和布局安排下负责党和国家关于乡村传统优秀文化的发掘利用及乡村治理的相关政策与规划设计的具体贯彻和总体落实，通过制度引导、政策支持、机制支撑、组织创建、项目吸引、服务购买等方式吸引各方治理行为体协同参与各项治理活动。

第二，乡镇政府与村委会及其他非行政体系民间组织类别间的关系。理论上说，它们之间应属于指导与被指导的合作伙伴关系及制度、财政、资源及技术等方面的非对称性相互依赖关系，并非直接的领导与被领导、上级与下级的行政命令关系。不过，必须承认，无论在"乡政村治"时期，还是在当下"三治融合"实践中，乡镇政府与村一级自治组织之间都显示出了一种明显的非对称性的依赖关系。一方面，乡镇党委和乡镇政府并非全能型组织，面对乡村中的许多细节，它们通常既无力也无心处理，会借助村一级下的内生性组织来完成相关任务。另一方面，由于乡村范围内的许多村一级单位本身就存在财政及其他方面的治理困境与治理难题，无法依靠市场或自身调动更多公共资源，在许多方面都需借助和依赖乡镇党委与乡镇政府的力量，它们对乡镇政府的依赖程度大于乡镇政府对它们的依赖程度。在此过程中，难免会将"指导与被指导的合作伙伴关系"异化为"领导与被领导的行政命令关系"及"监督与被监督的制度约束关系"。这种关系不仅表现在财政支持、公共产品及公共服务的供给上，还表现在乡村组织存在的合法性认定与支持上，如各地彝族乡村中的许多内生性组织和外生性组织都是在乡镇政府的支持和认可下建立并合法存在和发展的，他们开展的活动也必须在法律的允许范围和政府的监督之下。一方面，这些非政府（非官方）组织既通过政府（官方）的力量拥有合法性地位、技术上的指导，也可能在一定程度上获得财政上的支持，保障自身的稳定运转。另一方面，这也是规避西方治理理论视域下的治理模式隐藏的局限性与风险性的基本做法，即防止各类非政府组织对政府权威造成威胁和脱离政府的监管。即是说，虽然创新利用彝族传统治理资源助力彝族乡村治理也强调多元主体的协同参与，但并非如西方治理理论视域下"去政府化"的"多中心治理"，而是倡导党委领导和政府监督之下的协同共治。虽然当前暂时无法改变政府主导的乡村治理局面，但这并不妨碍乡镇政府发挥其引导性、服务性、调和性及平衡性等基本职能，它依旧能通过制度、技术、项目、市场及其他资源配置与能力来创新政府的服务机制、营造宽松的政策环境、提供公平的制度保障、建立稳定的财政机制、制造和谐的参与氛围、搭建良好的互动平台、创造良好的合作条件、健全互惠的共治机制、投放多元的项目课题及提升资源的配置效率，吸引、鼓励、推动和加强其他非政府组织之于创新利用彝族传统治理资源的协调商议、协同合作、良性互动及互惠共赢。

3. 自治组织与村民群体是主体

具有官方性质的外生性村民自治组织和内生性传统组织是创新利用彝族传统治理资源助力乡村治理的主体核心与内在动力。本书将村党支部、村委会等分为具有官方性质的外生性组织类别，这样分类的原因并非这类组织的构成人员源于乡村外部，而是从其生成基础来进行的分类。即是说，在新中国国家政权尚未进入彝族乡村之前，这类组织的成员本身也是乡村生活主体的构成部分，尚未进入这种党委领导下的现代性村民自治组织，而只是传统组织类别中的成员。因此，无论具有官方性质的外生性村民自治组织，还是内生性组织类别，它们的成员在本质上都属于乡村内部生活主体。不过，虽同属乡村内部生活主体,但是它们有时会呈现出微妙关系。这种关系既可能表现为协同合作关系,也可能反映各自不同的认同选择与行动取向,还可能表现为利益博弈和权力制衡的关系。

第一,关于协同合作的关系。彝族乡域的村一级自治组织可以协同村中的传统权威及其他文化精英组建相关的次生组织,合力调动普通彝族村民群体参与制定村规民约、化解矛盾纠纷、组织集体祭祀、传承传统文化、建设公共文化、推动风俗变革及发展乡村产业等方面的主动性、主体性和自觉性。如凉山彝族乡村中的"支部+家支+协会"(传统+现代)模式、德古协会的组建、各类彩礼限制规定;再如各地彝族乡村中的毕摩文化传承机构及其他文化传承所的设立、各种乡村文化艺术团(歌舞表演队)、老人协会、红白理事协会等次生组织的成立;又如各地彝族乡域内乡镇政府、村一级组织与内生性组织及村民群体共同举办彝族火把节、彝族年及其他节庆活动,共同开发彝族乡村文化旅游业等。诸如此类,都是彝族乡域中作为外生性组织类别的村民自治组织与内生性组织协同推动彝族传统治理资源创新利用于当地乡村治理和乡村振兴的实践表现。

第二,二者关于村落生活主体的认同选择与行动取向。在日常生产生活中,这两类组织的构成人员都在其乡村内部的各类组织单位中活动,只是活动范围不同而已。具体来说,村民自治组织体系中的成员是村民选举出来处理村落公共事务的代表,他们扮演着双重角色。除了维护自己所在家庭、小组、房族、家族、家支等内生性传统组织的利益需求之外,他们还要关注村落整体秩序的安全与稳定、村落公共利益的最大化及村落政治、经济、文化及生态的总体发展。作为一般村民群体,其日常社会行动的基本逻辑更多以前者为基点。

第三,关于二者存在的利益博弈和权力制衡。由于村落生活主体各自认同和行动的单位不同,当两种认同与行动单位之间发生利益冲突时,他们往往会以维护自己所在单位的利益为主。因此,当乡镇或村落开展水、电、路、网等基础设施建设时,若需占用或征用土地资源时,就可能因维护自身利益而给乡村基建工程带来阻力。这种现象不仅会表现在乡村基建上,还会表现在乡村政治生态的破坏上,如前文呈现的家支主义或家族主义引发的系列冲突和矛盾也是基于认同与行动单位不同而产生的权力制衡问题。由此看来,无论上述哪种关系形态,都反映了这样的事实:不管是精英人物,还是普通村民,或基于自觉行为,或由于内生性组织的带动,或因为村一级组织与次生性组织的协同调动，他们或多或少都在不同程度上参与着乡村传统治理资源的创新利用和乡村治理事务，其主体性作用得到一定发挥。不过，不可否认在部分乡村，仍存在村民群体乡村公共治理参与不足的现象，这种现象的产生既与村民自身的个体因素有关，也与村民受其所在村落的参与环境和机制所限有关。有的村落正对此问题进行改善，通过网格化治理方式组建内生性的次生组织、建立健全奖励机制，调动村民参与乡村治理的积极性。

综上所述，无论具有官方性质的外生性村民自治组织，还是内生性组织类别，其核心成员都是乡村内部生活主体（村民群体）。他们是创新利用彝族传统治理资源助力乡村治理的核心主体和内在动力。乡村振兴背景下，应通过各种组织和文化机制激活其主体性、积极性与自觉性，培育和强化其维护村落公共利益最大化的合作意识与公共意识。

4. 社会组织的协同参与是保障

经济（商业）组织、学校教育组织、学术研究机构（研习基地）、政策咨询与法律服务组织及其他社会公益组织等外生性组织的协同参与是创新利用彝族传统治理资源助力乡村治理的关键力量和重要基础。上述各类非政府（非官方）社会组织大多由特定领域的专业人才组成，在彝族传统治理资源的创新利用上，他们都能发挥其特有专业知识与技术条件优势。

第一，经济（商业）组织可通过市场机制的作用将彝族传统治理资源中的许多要素从生活的"文化资源"转为商业的"经济资本"、市场的"文化产品"，推动彝族乡村文化旅游业、影视业、新闻业、出版业、文艺产业等多元产业的发展，重塑乡村生活主体对其传统治理资源的价值认知，激发其关于传统治理资源创新利用的自觉性、主动性与主体性。

第二，学校教育组织指乡域范围内的幼儿园、中学、小学等学校单位。在彝族传统治理资源的创新利用上，它们同样具有重要作用，如从幼儿启蒙教育时期开始一直到中学综合素质教育时期，都可以将信仰文化、节日文化及史诗经典等传统治理资源中蕴含的积极道德品质与伦理精神策略性地搬进校园，让孩童接受现代学校教育的同时，也能接受优秀传统文化的熏陶和洗礼，从小培育他们对于传统的文化自觉和文化自信。

第三，学术研究机构（研习基地）指各学术单位在彝族乡域范围内成立的各类研究组织或研习基地。相对于幼儿园、小学、中学这样的学校教育单位来说，学术研究机构能更深刻、系统地观察、分析和研究彝族传统治理资源的本质意义和深层内涵，从更高层次阐释彝族传统治理资源的多元价值和多重功能，能更清晰地发现其局限性及存在的问题等。

第四，政策咨询与法律服务组织能为创新利用彝族传统治理资源助力乡村治理提供专业技术指导。一般来说，这类组织熟悉国家相关政策与法律制度，能快速发现彝族传统治理资源中与国家政策和法律制度精神相符或相悖之处，为其创新利用提供建设性的指导意见。

除了这四种非政府的专业型行业组织，还有许多公益性的组织类别，必然都能从不同程度上为彝族传统治理资源的创新利用提供支持。

综上所述，当下彝族乡村中广泛存在多维个体性人才及各种内生性与外生性的群体性组织类别，共同构成了彝族乡村治理行为体。乡村振兴背景下，要创新利用彝族传统治理资源助力彝族乡村治理，需厘清各类治理行为体之间的结构关系，并在相关的关系结构下充分发挥各方治理行为体的积极作用，强化他们的良性互动、良好合作与协同参与。

三 传统资源与现代技术良好合作，合力搭建彝族乡村善治体系

前文描述了乡村振兴背景下创新彝族传统治理资源助力乡村治理的两项基本保障：多维人才队伍的专业引领和多元组织类别的协同参与。下文将阐述基于这两项基本保障将彝族传统治理资源的创新利用之道贯彻于实践之术。第一，若要将传统治理资源运用于当下乡村治理活动，就要明确特定乡域的资源禀赋，才能进一步讨论如何创新利用。因此，需要多维人才队伍与多方组织类别的协同参与，发掘和整合特定乡村中的传统治理资源种类，观察其生存状态，才能探索出具有针对性的实践策略。第二，既要看到传统智慧与地方经验的丰富意义与现实价值，也要正视其存在的局限性因素和消极性表现，积极融合现代治理理念、机制与技术，推动其创新性发展和创造性转化，使传统资源与现代技术良好合作，合力搭建彝族乡村善治体系。第三，利用市场机制、现代传媒技术等"便车"，探索更多推动彝族传统治理资源持续性传承和创新性转化的可能性方法。

（一）多元主体协同深化传统的发掘，明确资源禀赋和探索地方经验

我国各地彝族既在一定程度上传递和共享着作为族团整体的历史记忆与文化习俗，也在其外在的文化结构、文化内容及内在的思想观念与意识

形态上存在地域性与族群性的差别，这种差别在他们的语言文字系统、婚姻家庭观念、社会行动逻辑、服制结构形态、信仰文化结构、音乐舞蹈艺术、体育竞技游戏、节日习俗类型及其他习俗惯例上都会有所表现。基于此，不同彝族支系族群居住和生活乡村中的传统文化结构和治理资源禀赋就会不一样，那么关于其拥有的传统治理资源的创新利用策略也就需要因地而异。

本书研究目的是通过对现有资料的整理和分析，试图总结和提炼彝族传统治理资源中孕育的整体逻辑特性、总体精神特质与丰富文化内涵，基于这种研究取向，对作为政治身份符号的族团之下的亚支系群体文化差异性和多样性的分析难免不足。因此，必须承认本书关注、理解和定义的彝族传统治理资源不尽全面，还有许多可以继续深化和拓展的地方。不过，这既受限于一些不可避免的客观因素，也由于研究者本身的学术功底有限，暂且只能完成现阶段任务。基于这种体会，笔者深知全面调查和理解彝族传统治理资源是一项浩大工程，更不用说将其创新利用运用于具体的治理实践活动。因此，本书认为创新利用彝族传统治理资源的基本前提就是要在党委领导和政府组织下，创建机制和搭建平台吸引、鼓励和促进多维人才和多元组织等协同合作，广泛、深入、系统地调查和发掘不同区域彝族乡村中的传统治理资源。同时，发现更多地方经验，提炼和总结民间智慧。这是探索符合彝族乡村结构特性、文化特质及社会情境的实践策略的基本要求。

（二）辩证理解传统治理资源的价值，延续精华弥补局限和去除糟粕

当对特定彝族乡村的传统治理资源禀赋有了系统性的了解和整体性的把握之后，就要秉承辩证文化相对理念和包容文化精神来理解认识、系统分析、综合论证、客观评价其拥有传统治理资源的意义、价值和功能。同时，也要理性判断其中存在的局限性因素和消极性表现。对于具有积极意义、多重价值和现实功能的精华部分，便可通过合理的方式、科学的技术、适当的机制、多元的平台将其延续发展，融入彝族乡村治理活动与乡村振兴事项，发挥其积极作用，助力彝族乡村治理体系的完善和乡村整体振兴。对于存在局限性因素的部分，可通过基层党员干部的监督、基层政府的政策制度、相关法律机制的约束、乡村传统权威与现代精英的引导动员及村民群体的积极参与等途径来弥补和约束。对于不符合当下社会生活情境、国家政策要求、

法律制度规范及与社会主义核心价值观相悖的消极部分，则果断扬弃。此即前文所强调的"知言意行，鉴往知来，择善而从"。

以笔者观察、理解和定义的彝族传统治理资源为例，将其定义为："历史过程中以彝族作为主体民族的人群生产创造并超越时空界限而世代传承、积淀延续并创新实践，与彝族人生活生产密切相关且在较大程度上能对其意识与行为产生鼓励、教化、规范及限制等作用，还能进行资本转化的，相对稳定的制度型、精神型及权威型等具有治理与发展双重意义与功能指向的传统文化要素。"基于这种理解，本书主要呈现了制度文化、信仰文化、节日文化及史诗经典这四类文化要素，具体分析了传统习惯法、传统乡约、传统内生性社会组织、传统支配权威、信仰内容、信仰仪式、传统节日、创世史诗、传世经典等资源要素及其文化意义与地方价值，并提炼出了这些不同治理资源要素具备的整体逻辑共性和总体精神内涵。同时，从理论层面分析了它们能在乡村振兴过程中发挥的多重功能。并且，通过具体案例分析了部分彝族传统治理资源存在的局限性因素和消极性表现。不敢说笔者的分析有多准确、深刻和完美，但至少能在某种意义上为如何更合理地理解、认识、分析及评价乡村传统治理资源的存在意义及价值功能，并继续推动它们在当下实践提供一些可参考的经验或思考启示。

（三）发扬传统制度文化的自治功能，完善当代彝族乡村的自治体系

自治是乡村振兴背景下创新利用彝族传统治理资源助力乡村治理的前提基础。就乡村自治而言，主要指在乡域范围内，各村在遵守国家政策、宪法和法律范围内，通过村民委员会及其下设的分支委员会依法通过村民会议、村民代表会议、村民小组会议等自治机制来制定章程，议定村规民约，实行民主选举、民主决策、民主监督、民主管理，进行自我管理、自我教育及自我服务。[①]自治理念强调激活村民群体关于乡村政治生活与村落公共治理的主人翁意识、主动性意识和发挥其主体性作用和能动性价值。当前彝族乡村中同样存在村民群体参与村落政治生活和公共治理活动的主体性意识薄弱和动力不足等问题。究其原因，一方面是村民受自身的主观观念和生活条件所限，另一方面是其受所在乡村的制度环境和参与机制不健全等客观条件所

---

① 《中华人民共和国村民委员会组织法》（2018 年 12 月 29 日修）。

致。要解决这一问题，需要创造和建立一个他们能够且愿意参与乡村政治生活与公共治理活动的良好制度环境和健全参与机制。要实现这一目标，除了现代性制度安排之外，还可从传统智慧与地方经验中汲取营养。

首先，充分发挥好内生性组织的自治功能和精英人物的能动关联与社会动员作用。无论党委机关，还是政府部门，或是基层组织，都不是万能的。面对乡村中许多错综复杂的问题，他们都会在不同维度和程度上显示出无力之感。特别是遇到与文化相关的问题时，难免要借助乡村传统权威和内生性组织来完成外生性组织无法完成的工作。基于此，乡村振兴背景下，就需要在基层党支部的统一领导和村民委员会的组织下，根据其所在乡村的内生性组织结构，加强对这些内生性组织及其中具有一定权威与声望的精英人物进行调查了解，立足现实情境，通过成立类似德古协会、毕摩协会、老人协会、红白理事协会、乡贤议事团、巾帼行动小组等次生性组织的方式，或以其他形式将这些组织单位中的少数精英整合集中，将他们吸纳到村民委员会下设的分支委员会中，积极发挥其聚合与中介作用，以其作为关联纽带和动员机制，将更多的村民群体链接到乡村政治生活与公共治理活动中去，不断强化乡村基层党政干部、村干部、乡贤精英及普通村民群体之间的互动与合作。

其次，积极将乡村政治生活与公共治理事务的参与职责融入家支、家族章程规范之中。经验表明在家支制度文化传承相对稳定和家支认同意识相对强烈的凉山彝区，当地许多家支或家族在延续传统制度文化的基础上，也在一定程度上对其进行相应的创新和重构。如他们将无文字的传统家支习惯法转化为文字书写的家支章程规范，作为家支成员的基本责任与义务规定，为家支成员间的互助合作和日常行为规范提供了更加清晰可见的行动参照标准。不过，从现有资料来看，他们的家支规章涉及的大多为本家支事务，对于村落政治生活和公共治理事务的参与几乎只字未提。实际上，当下的彝族乡村已非传统意义上的家支社会，而是超家支的村落社会。他们不仅是家支的成员，也是村落集体的一分子。因此，除了要关心家支事务之外，也应积极关注和参与村落的公共事务和集体活动。基于此，将关于村落政治生活与公共事务的参与责任融入家支章程规范，通过召开家支大会的形式进行教导和阐述，或许能在一定程度上培育和铸牢他们超越个体家庭、家支的村落公共观念或集体意识。同时，在家支头人或家族长老的倡导下，根据本村、本家支（家族）的实际情况，将类似禁止包庇家支（家族）内触犯刑律的家支成员、限制彩礼数额及饮酒量等基本规定写入家支（家族）规章，合理引导家支（家族）面子观的作用与功能。总的来说，通过内生性的原生性组织、次生性组织及各类外生性组织之间的协同合作，就可能修正彝族传统治理资源的局限性，破除前文描述的那些治理困境与治理难题。

最后，客观参照传统习惯法和传统乡约的形成机制及运作逻辑，规范现代村规民约的制定程序，强化其生存根基与可操作性。在传统社会时期，无论以家支作为认同核心与行动单位的家支型彝族乡村，还是存在多重认同组织与行动单位的多家支共居或多民族杂居乡村，它们本身大多保持着高度自治。除了以亲属伦理和熟人关系为其社会行动逻辑之外，他们还有共同遵守、认可和执行的行为规范或行动标准。在家支社会中，这种行为规范即家支习惯法。在非家支社会中，这种行动规范为超越家庭单位和个体家户、房族和家族的传统乡约。无论家支习惯法，还是传统乡约，它们虽存在一定区别，但表达了相近的本质内涵和总体精神——都是由生活在特定认同组织与行动单位中的人们共同约定（议定）、认可、遵守和执行的集体规范。具体表现为四点。其一，形成方式相近，都是由所居村民群体共同商议制定，形成过程具有鲜明的民主性、协商性与合作性的特质。其二，精神特质相同，都是基于所居人群生产经验和生活需要形成的集体意见，符合乡村的文化特质与结构特性，存在逻辑具有生活性、实践性与地方性的特质。其三，作用效力相似。它们既由所居人群共同商议，那么对其所在范围内的所有人也都一律有效，任何人违背了集体意识都会受到同等惩罚，其作用效力具有平等性、公平性与公正性的特质。其四，实用基础较强。它们之于每种违反相关规定和意见的行为都做出了惩罚规定，其运作基础具有可操作性和针对性的特质。可以说，无论是家支习惯法，还是传统乡约，都对当下村规民约体系的建立和健全具有重要的启示意义和指导作用。

事实上，现代村规民约体系与家支习惯法、传统乡约的基本属性、形成机制与存在意义是相近的。就基本属性来说，都是乡村自治的基本规范；就形成机制而言，都是精英（权威）主导下由村民群体共同商议形成；从存在意义来看，都是为了处理公共事务、加强社会团结、维系秩序安全、管理公共财产、分配生产资料、维护自然资源、保护生态环境、化解民间纠纷、稳定婚姻家庭、传递道德文化及建设乡风文明等。当然，它们的产生也有具体差别，现代村规民约除了拥有与家支习惯法、传统乡约相近的特质之外，它还以维护中国共产党的领导与国家安全统一为根本原则，以尊重、遵守国家宪法、法律为基本前提，以维护全体村民的根本利益为出发点与落脚点，彰显的是一种自治、法治与民主的中国特色社会主义精神，突出的是村民对伟大祖国、中华民族、中华文化、中国共产党及中国特色社会主义的认同。在中国的社会主义道路与制度体系下，乡（村）规民约是发扬社会主义民主和健全社会主义法治的成果。[①] 在不同的乡村中，现代村规民约的制定与运作执行情况不一。有的严格按照《村民委员会组织法》的规定程序并结合传统经验与地方情境来制定和实施，如Y 乡 M 村（见附录中附件 3-1）。有的便于村民理解和操作实施，以贴合当地语言习惯和思维模式的方式突破结构式、程序化的局限性，如云南省开远市 H 村的方言村规民约（见附录中附件 3-5）。也有不少乡村流于形式，既未按规定程序制定，也未根据其所在乡村情境来书写内容。如此，便失去了它本该有的民主性、协商性、操作性、针对性等特质。基于此，也就丧失了其自治功能。基于此，本书认为在国家法律的指导下，可以充分参照和借鉴家支习惯法和传统乡约的形成与运作经验，健全当下村民自治制度场景下的村规民约体系。

（四）发挥传统精神文化的德治功能，营造彝族乡村的良好德治环境

德治是乡村振兴背景下创新利用彝族传统治理资源助力乡村治理的基本支撑。德治是我国传统国家治理、社会治理和乡村治理的亘古不变的基本治理理念。所谓德治，顾名思义就是强调治理者要注重自身的德行修养，以德而治，以德服人，通过道德教化的形式提升个人品德、塑造家庭美德、培育社会公德，进而实现善治理想。乡村振兴背景下，要优化当代彝族乡村的德治氛围，就要发挥信仰文化、节日文化及史诗经典等精神文化资源的德治功能。

首先，尊重和理解传统信仰文化的现实存在，合理引导外来信仰的本土转化，规避外来信仰与传统信仰之间的冲突与对抗，发挥信仰文化的道德精神形塑与公共意识培育功能。我国各地彝族乡村中存在的信仰文化内容具有地方性差异特征，即有的村落仅存在土生土长的传统信仰体系，有的村寨则存在传统信仰与外来信仰两种信仰体系。无论哪种信仰体系，都对当地人的

[①] 北京大学法律系法学理论教研室编《法学基础理论》（新编本），北京大学出版社，1984，第 476 页。

精神世界和社会行为产生了重要的形塑与指引作用，培育着他们关于自然的敬畏、天地的崇敬、祖先的孝顺及社会的和谐等道德认知。随着现代性的渗透和现代知识的生产与传递，越来越多的年轻人已从传统信仰文化的框架中跳跃出来，接受了科学理性思想和现代文化逻辑，不少彝族乡村逐渐走向或彻底祛魅化。但是，在许多彝族乡村中仍有不少中老年人群坚守和传承着其信仰文化阵地。基于这种情况，就需要保障两种条件来发挥传统信仰文化之于乡村德治氛围的营造作用。其一，尊重现有信仰文化生存的社会情境与现实意义，引导传统信仰文化与现代科学技术良好互动。对于许多乡村人群来说，信仰文化也是指导他们社会生活的一种"科学技术"，调节着其生活空间里的各种社会关系与文化网络，具有深厚的文化根基。不过，也必须承认传统信仰文化会在某种程度上禁锢或限制接受和认可它的人的思想观念，抵抗着现代思想与现代技术的进入。当这种情况发生之时，就需要通过从事传统信仰仪式实践的祭司毕摩、巫师苏尼等来教育引导，而不宜采用强制性的制度干预。通过传统权威引导村民群体，以此促进传统信仰文化与现代科学技术之间的良好互动。其二，通过多元形式和多种途径加强对传统信仰文化的传承和保护。传统信仰文化不仅是一种精神文化，还是百科知识的集成体系，包含着各种自然地理知识、药物理疗知识、日常礼仪知识、传统伦理知识、族群历史记忆及农牧生产知识等，也正基于此，作为彝族传统信仰文化的核心传承者的毕摩常被称为"百科全书式的文化精英"。因此，不能简单地将彝族传统信仰文化视为"宗教"，而应理解为一套意义体系和生活哲学。即便乡村祛魅化趋势在不断增强，也要加强对仍在坚守和传承传统信仰文化的精英群体进行深入调查了解，丰富和拓展对其保护与培育的方法和渠道，创新其组织形式和组织机制，并搭建其参与乡村治理的合作平台。

其次，激活传统节日文化作为乡村德治资源的多元价值，丰富乡村民众的文化生活，健全乡村公共治理的参与机制，优化乡村公共活动的参与环境。彝族社会是一个节日的海洋，彝族各亚支系群体都有属于自己特色的节日类型。本书认为：传统节日既是一种特殊的社会聚合机制，也是一种道德教育和文化传递的"道德讲堂"，发挥着社会交往与民族团结、道德教化与精神塑造、经济发展与产业建设、制度安排与国家认同、纠纷化解与情感修复等多重功能。乡村振兴背景下，不论是乡域还是村域，都可以在保障传统节日文化内涵不被破坏的基础上，积极利用各类节日时间契机开展群众性文娱活动，鼓励乡村文化精英与村民群体策划多元有趣的文娱节目，创新和丰富节日文化活动内容，将传统节日作为塑造乡村德治氛围、增强村民群体的主体意识与集体意识、开展民族团结教育与培育铸牢中华民族共同体意识、实施招商引资与发展乡村经济、强化多元权威互动合作、宣传国家政策与法律制度等方面的文化机制，实现"一节活用"和"一节多用"，发挥节日文化的最大治理价值。

最后，通过多种方式、多元渠道灵活有趣地呈现和活化系列史诗、神话传说及传世经典中的道德文化资源。彝族系列史诗及传世经典中不乏与中华民族传统道德精神与当代社会主义核心价值观相符合的内容，是当下乡村德治氛围营造的重要资源。因此，可以通过多种灵活有趣的方式将彝族各类史诗与经典中传递和诠释的道德文化资源发掘和呈现出来，使其从文本中走出来，活化于当下乡村生活主体的日常生活与意识形态，重塑和强化其公共道德意识。其一，强化彝族传统道德文化的传承队伍建设，夯实彝族传统道德文化的传承基础。即加强对现存彝族史诗传唱人、掌握丰富神话传说及保存有珍贵传世经典等彝族传统文化精英的发掘与保护，建立健全对此类人才的再培育机制和制度，保障彝族传统道德文化队伍不断层，保证彝族传统道德文化的可持续传承。其二，创新彝族传统道德文化的现代呈现形式，推动彝族传统道德文化的灵活展示。即通过多方主体与多元技术的协同合作，创新彝族传统道德文化的传承与展示方式，通过彝族乡村民众喜闻乐见的方式灵活有趣地呈现出来，加强他们对传统道德文化的认知和理解。可以学校教育为媒介，以史诗、神话及经典中的道德叙事为蓝本，根据乡村幼儿园、小学、中学等不同学龄阶段编写特定学龄学生易理解和接受的传统道德文化教育读本教材，让传统道德文化走进学校，走近彝族幼儿园、小学、中学的教育生活，使孩子从小就在家庭之外感受传统道德文化的魅力。也可以各种节日文化活动和其他公共文化活动为契机，开展传统道德文化演讲比赛，或鼓励各类彝族文化精英以小品、民歌、流行歌曲及舞台剧等多元形式创新史诗、神话与传世经典中传统道德文化的呈现方式。又可充分利用现代传媒技术，以电影、电视、动画、动漫等形式将彝族史诗、神话及传世经典中的传统道德叙事转化为优质影视化产品，并在彝族乡村中进行公益性和常态性的放映，或利用微信公众号、QQ群、抖音、快手等自媒体为传播媒介来展示，使更多的彝族人快速、便捷地走进本民族的道德世界。如此，让各类彝族村民在劳作之余、闲暇之时汇聚于同一空间，共同从影视作品中体验自己的文化。在此过程中，他们必然会在线上线下发生不同程度的交流、思考、反思与讨论，传统道德文化也就会潜移默化地在其意识形态中深刻渗透与深度培育。还可邀请彝族史诗传唱人、歌师及毕摩等文化精英开展专题式的道德文化讲座。其三，建设彝族传统道德文化展示阵地，搭建彝族传统道德文化展示空间。如可将彝族史诗、神话及经典中的相关传统道德叙事转化为彝汉双语的图文并茂的乡村民俗文化墙画展示出来，让村民群体行走于村落间的时候潜移默化地接受传统道德文化的熏陶和洗礼。又如将彝族史诗、神话以及经典中典型的英雄祖先和道德模范以低成本且能够留存较长时间的雕塑形式或其他鲜明的文化标识符号展示于彝族村落公共文化空间。

综上所述，乡村振兴背景下，可通过多元主体的协同合作、多维技术的良好合作，推动彝族传统信仰文化、节日文化、道德文化等传统治理资源的持续传承和创新转化，将其作为彝族乡村善治资源，使传统道德文化与现代乡风文明耦合协作，共同构建充满道德精神、公共意识与团结友爱的乡村德治空间。

（五）加强传统资源利用的法律引导，健全彝族乡村的现代法治建设

法治是乡村振兴背景下创新利用彝族传统治理资源助力乡村治理的保障。部分彝族传统治理资源在当下社会情境中存在明显的局限性，并产生了消极影响。一方面，延续数千年的传统依旧在当地人的意识形态中根深蒂固地生存着。在传统社会中，那些传统符合其生活方式与生存逻辑。但随着社会制度的变革与社会结构的转型，其中的许多要素已不符合现代社会制度和社会主流价值观取向。历史是不断向前发展的，传统要在现代生活场景与制度体系下合理有序地生存发展并继续对拥有这项传统的乡村生活主体产生意义和发生作用，就需要适时调试与革新。另一方面，由于彝族乡村中缺乏健全的现代法治体系，村民群体法律意识薄弱，他们常处于传统的社会行动逻辑中，并未意识到其某些行为与国家法律相互冲突。因此，要创新利用彝族传统治理资源助力乡村治理，要树立牢固的法治意识，加强创新利用彝族传统治理资源的法律引导，健全彝族乡村的现代法治体系，让彝族传统治理资源在国家宪法与法律框架下表现其应有之义和实现其应有价值。

首先，加强对具有较强社会关联性和社会动员能力、较高社会权威和群众公信力的乡村精英（包括文化精英与政治精英）的法律知识培训和法律素养的提升。乡村精英在乡村公共文化建设、传统文化的创新性发展与创造性

转化、政治生活安排及公共治理活动等方面都能发挥普通群体不具备的链接功能、引导效应和动员作用。不仅如此，他们自身就是本书理解的传统治理资源范畴。因此，要规范彝族传统治理资源创新利用的法律引导，就要对发挥主体性、示范性、引领性及带头性作用的乡村精英进行系统而广泛的现代法律知识培训，这既是完善彝乡村民自治制度体系的重要保障，也是规范彝族传统治理资源创新利用行为的重要保证。

其次，强化传统习惯法与国家法之间的耦合协作与良性互动，积极发挥传统习惯法中与国家法律精神相近内容的作用，摒弃与国家法律冲突和矛盾的内容，加强国家法对传统习惯法的规范引导，修正传统习惯法中的局限性因素，使其作为国家法在乡村中的微观补充，构建传统习惯法与国家法协同共治的彝族乡村法治体系与法治格局。

再次，创新彝族乡村的法律宣传方式，加大彝族乡村的法律宣传力度，扩展彝族乡村的法律宣传范围，健全彝族乡村的法治体系建设，培育和铸牢彝乡村民群体的法律意识。其一，邀请具备彝汉双语能力的本民族专业法律从业者，线上线下以双语形式开展与乡村生产、生活相关的法律知识培训与讲座。其二，以本土节日文娱活动或其他公共文化活动为契机，开展有奖法律知识竞赛活动，或将法律知识融入小品、舞台剧、歌曲、舞蹈、图画等多元文化活动，不断激发村民群体学习法律知识的主动性与积极性，创新法律知识在普通村民群体生活中的呈现方式。其三，扩展彝族乡村中的法律宣传范围和增强彝族乡村中法律宣传的常态性。法律宣传不能仅集中于乡镇中心村范围，更要将视野拓展到边远山区村落，这些位置才是乡村法治教育与法治体系建设的"最后一公里"。同时，乡村民众的法律教育是一个持续性的过程，法律宣讲不能只是短期性或临时性的活动，而要树立常态性、长期性的意识，使这项工作常态化、长期化。其四，通过现代传媒技术拍摄更多精彩有趣的高质量普法影视作品，通过线上线下的方式放映传播，使村民群体切实感受到懂法、知法的重要意义及违法、犯法的严重后果，以此培育和铸牢其学法、懂法、守法和用法的基本意识。总之，村民群体是乡村法律宣传和法治教育的主要对象，要健全彝族乡村的现代法治建设，就要通过多元途径、多种方式、多种技术来强化对他们的法律教育。

最后，在国家宪法和相关法律的指导下，建立健全关于彝族传统治理资源开发利用的制度保障机制，为各方治理行为体创新利用彝族传统治理资源助力乡村振兴与乡村治理提供有力保障和有效指导。这既有利于防止不同行为体基于其利益取向而破坏彝族传统治理资源的本质内涵和生存基础等现象的出现，也有利于各方行为体在一个相对稳定的指导框架内开展活动。如附录中附件 2-1《凉山州德古调解管理工作规定（草案代拟稿）》、附件 2-2《马边彝族自治县彝族民间习俗传承规范标准》及附件 2-3《云南省石林彝族自治县阿诗玛文化传承与保护条例》等都是地方政府关于彝族传统治理资源创新利用而制定的指导条例。乡村振兴背景下，仍需要继续推进这方面的工作。

四 充分把握现代市场的机遇条件，推动传统资源的生产性转化

创新利用彝族传统治理资源助力乡村治理与乡村振兴，还要充分把握现代市场的机遇与条件，探索"文化+旅游""遗产+产业"等创新利用路径，积极推动彝族传统治理资源的生产性转化。以此方式，既能发挥彝族传统治理资源的市场经济价值，又能夯实其在现代社会中的存续基础和增强其发展动力。同时，将文化资源转化为经济资本以发展乡村产业，让彝乡群体可以不离乡也能实现多途径就业，有利于缓解彝乡人口外流问题，留住和拉回彝族传统治理资源的传承主体。

（一）因地制宜把握乡村的资源禀赋，合理发展乡村特色旅游产业

现代社会是一个大型消费社会，消费现象无处不在，人们的消费需求和消费选择日益多元化，除了物质资料的消费，也注重精神文化的消费。英国人类学者麦夏兰（Sharon Macdonald）曾将旅游视为一种彻头彻尾的物质实践[1]。本书认为旅游不单是一种物质实践，还是一种精神实践、情感实践、知识实践及文化实践。在旅游消费中，人们既能在一定程度上获得物质上的满足，也能得到精神上的放松、情感上的愉悦、知识上的拓展及文化上的体验。在多元的旅游消费空间，乡村拥有与城市截然不同的自然景观与人文资源，游客可以在乡村中体验与城市不同的生活乐趣，领略与城市文化不同的乡村文化。基于乡村旅游的井喷式发展，当下和未来的乡村不同于纯粹日常

---

① 〔英〕麦夏兰：《记忆、物质性与旅游》，兰婕、田蕾译，《西南民族大学学报》（人文社会科学版）2014 年第 9 期。

生活型的传统村落，除了延续着传统的"生活功能"之外，成为"旅游乡村"之后，还增添了新的内涵和功能。首先，从乡村的结构性功能来看，在纯粹的传统"生活乡村"时期，受地理与人文双重边界所限，社会流动性程度较低，没有大规模、远距离、长时段的人口流动，人们通常在乡村中自主生产、自我生活及自我消费。在这种情境下，传统治理资源的市场经济价值并不突出，人们的自我消费也并非大型经济贸易，多属于小型交换，这种交换包括互惠的情感和日常的用品。通过旅游开发，乡村的社会边界和文化边界得到拓展，成为开放的、包容的空间。在这个空间中，充斥着各种旅游产品、利益相关者、聚合群体，其变成了大型的生产型现代消费市场。其次，就旅游场域下的乡村本体而言，乡村本身就属于外来游客的"消费对象"，尤其是通过地方政府和旅游公司等经营主体建设开发收取门票的乡村更是如此，在这类"旅游乡村"中，消费者需购买门票才能获得进入这些"旅游乡村"的资格。

在此背景下，可抓住旅游业发展契机，了解乡村旅游资源禀赋，发挥地方资源优势，开发彝族乡村旅游线路，因地制宜地将记忆文化、观念文化等转化为物质性的旅游景观。同时，研发彝族乡村特色旅游文化产品，探索"文化+旅游"的乡村产业兴旺与经济振兴之路。本书考察的部分彝族乡村已在此方向上进行了相应的实践探索。

在贵州彝区，相对于苗、侗地区乡村旅游发展而言，贵州彝族乡村旅游正处于开发建设起步阶段。以水城 S 乡 H 村、盘州市 Y 乡 M 村为例，H 村所在地市、县及乡等各级政府与水城县玉舍森林旅游开发有限公司于 2015 年合力将 H 村与另外两个村落合并建成了一个门票制的乡村旅游度假区——野玉海国际度假区。该景区以 H 村为中心，创造性地转化了彝族历史记忆、社会记忆等历史文化和观念文化，建立了如土司庄园、彝族文化园、九重宫殿及彝族始祖"希慕遮"塑像等彝族建筑景观，打造为贵州的另一个少数民族千户人口村寨——"千户彝寨"。当前，H 村已经成为贵州省的百个乡村旅游景区之一，每逢彝族重大节日活动时，该村都是活动举行的重镇。附录中附件 4-3 就记录了 2020 年在 H 村举行的彝族火把节文娱活动。作为旅游乡村之后，H 村不少村民都能参与村落旅游开发，享受旅游红利，如可通过从事餐饮、住宿、清洁及民俗文化产品售卖等经营活动获得农耕、畜牧生产之外的经济收入。再如 M 村多次获得各种荣誉称号，其旅游基础设施条件优于同乡其他村落，基于此，Y 乡彝族的重大节庆通常会在 M 村举行。在火把节、彝族年等传统节日活动期间，都有不少游客进入 M 村观赏和体验当地彝族传统文化，为该村带来旅游收入。

在四川彝区，凉山州每个彝族聚居县域都有其特色鲜明的文化符号，如美姑县有"毕摩文化之乡"和"彝族美女之乡"之称、雷波县有"彝族民歌之乡"之称、布拖县有"彝族火把节文化之乡"之称、昭觉县有"彝族服饰文化之乡"之称。基于不同文化资源禀赋，就有不同的旅游开发资本，上述各县都在依托自身资源禀赋打造具有地域特色的乡村文化旅游品牌。此外，当地旅游经营部门正努力搭建将成都、宜宾、屏山及彝族乡村旅游资源串联起来的旅游线路，试图构建集自然景观、历史文化、红色文化及民族文化于一体的四川省全域旅游图景。当前，全州已建立包括彝族乡村旅游景区在内的 A 级旅游景区 36 个。其中，4A 级旅游景区有 11 个，省级旅游度假区 4 个。同时，还推出了不同文化主题的乡村旅游线路 10 余条。① 基于凉山州彝族文化旅游项目的开发和国家产业扶贫项目的投入，州内许多彝族乡村逐渐从过去的"生活乡村"走向"旅游乡村"。根据 2018 年的统计数据，凉山州依托乡村旅游举办了 80 多个乡村传统节日，建立了 57 个乡村旅游特色业态经营点，29 个旅游扶贫示范村，旅游福利惠及 14.61 万人，累计获得 120 亿元的旅游收入，全州共 22 个贫困村在此过程中脱贫摘帽。② 以昭觉县特布洛乡的谷莫村为例，该村原为重点贫困村，是凉山州旅游扶贫示范村之一。在村党支部的领导和村委会的组织下，该村成立了"乡村旅游专业合作社"，修建了许多旅游民宿，开发了彝族歌舞文化表演、孜孜尼扎故事讲诵、篝火晚会等彝族文化旅游产品，同时经营乡村农土特产品，创建"村村合作""村企合作"的旅游发展模式，与临近的 2 个村落和 3 个企业签订了合作协议，推动本村毗连片区彝族文化旅游的规模化、可持续化，从不知名的贫困村变成了该乡的一个明星村。2019 年，该村被评为"（四川）全省文化产业扶贫示范村"。③ 电视剧《索玛花开》《深山的呼唤》等皆在该村取景，将谷莫村及彝族文化带入了广阔世界，为它们搭建了更大的旅游市场。

在云南彝区，也有大量彝族乡村依托彝族历史文化及当地彝族亚支系传

---

① 《文旅融合发展谱新篇 系列评选结果亮相州文旅大会》，《凉山日报》2019 年 10 月 11 日，第 A06 版。

② 胡正清、袁蕾：《凉山文旅融合发展助推脱贫奔康》，"凉山政务"微信公众号，https://mp. weixin. qq. com/s/l7t21aLqgPNPfil0eQ_roA，最后访问日期：2024 年 2 月 10 日。

③ 马海伊生：《谷莫村：旅游业成为脱贫奔康产业支柱》，《凉山日报》2020 年 5 月 10 日第 A04 版。

统民俗（如节日、服饰、建筑、歌舞、信仰等）发展乡村旅游，不断推动乡村整体社会面貌的转变和彝族乡民生活质量的提升，为乡村留住了一群人。如罗平县旧屋基彝族乡于 2017 年开始开发旅游，在此之前，乡民大多靠外出务工获取维持家庭生计的经济收入。旅游开发之后，不少村民开始返乡创业，妇女们从事刺绣、食宿等旅游经营活动，不用背井离乡外出打工，在家乡就能实现就业。2019 年，当年该乡接待了外来游客 6 万余人次，带来旅游收入 150 余万元。① 相比旅游发达的乡村来说，上述数据虽不惊人，但对于一个平凡乡村来说，却是一笔不菲收入。又如楚雄紫溪村，这是当地的一个"旅游名村"，具有优越的旅游发展优势，每年都能获得比旧屋基彝族乡等普通乡村更雄厚的旅游收入。2017 年，紫溪村获得 800 多万元的旅游收入，户均收入近 10 万元。近五年，村民人均收入翻了一番多。②

总的来说，现代社会是一个大消费、大旅游社会，旅游无处不在，消费无时不发生。只要有条件，各地乡村都会将旅游作为乡村经济建设和产业兴旺的重要尝试，不少彝族乡村面貌也因此发生了翻天覆地的变化。在乡村文化旅游一如既往向前发展的背景下，积极把握旅游市场机遇，发展彝族乡村特色旅游产业仍然是创新利用彝族传统治理资源助力乡村振兴的实践路径。不过，需要注意的是，在创新转化传统文化资源发展乡村旅游的过程中，需处理好"日常生活空间与现代旅游商业"、"文化资源保护与旅游产业开发"及"文化主体内部与族际权益"等多对矛盾关系。如此才有利于保障乡村旅游得以健康可持续发展，防止乡村基本文化生态和群体交互关系被破坏。

（二）多元主体协同兴办文化产业，充分激活传统资源的经济价值

除了发展乡村文化旅游来激活传统文化资源的经济价值之外，还可依托文化符号优势，基于国家产业扶贫政策的指导和扶贫产业项目投入等的推动，在地方政府、公司企业、基层组织、民间协会及经济能人等的协同合作

---

① 《罗平："彝"心跟党走，迎来新变化》，罗平警方公众号，https://mp. weixin. qq. com/s/b2n19HLKZqAaDFt-wS5nHA，最后访问日期：2020 年 12 月 23 日。

② 普凡：《云南楚雄紫溪彝村：乡村旅游促发展，彝族村落奔小康》，新华网，http://www. yn. xinhuanet. com/original/2018-05/02/c_137151105_5. htm，最后访问日期：2020 年 12 月 23 日。

下，充分发挥人才优势和文化资源优势，以生产性保护措施推进彝族传统文化的创新性发展和创造性转化，变彝族乡村"文化遗产"为现代市场"经济资产"，创办彝族乡村文化企业，丰富彝族乡村产业类型，完善彝族乡村产业体系，助力彝族乡村产业兴旺，推进彝族乡村经济振兴。同时，还可以建立专业职业技能培训基地，为乡村民众们提供相关的就业技能培训和创业指导服务。通过这样的举措，不仅能为他们提供就业机会、培育创业意识和培养创业技能，还能使他们可以不用离乡就能实现在乡就业和创业，减少部分村民的外流，为他们赢得照应家中老幼和参与乡村公共活动的时间和机会。同样，这种思路的有效性也在各种官方层面和民间个体层面的实践中得到了证明。

从官方行动层面来看，在四川彝区，自 2007 年开始，如有"彝族服饰文化之乡"之称的昭觉县就成立了"彝族服饰研究中心"。他们以彝族传统服饰文化为基础，先后与现代服饰生产企业合作，不定期地举行服饰文化传承人传承技艺培训活动，培养彝族服饰文化传承人才，打造凉山彝族传统服饰文化产业。至 2019 年，当地组建了以彝族女性为主的专业合作组织 20 个，建立了女性就业培训基地 12 个、女性创业就业示范基地 88 个，并定期举行彝族刺绣纺织竞赛，激励当地彝族女性积极参与彝族刺绣、纺织技艺的传承保护、创新性发展与创造性转化。[①] 通过这种形式，培养了一大批手工技艺精湛的彝族绣娘，她们创造了一批精美的刺绣、纺织产品。这些产品不仅在线下市场销售，还上架于淘宝、唯品会等电商平台及抖音、快手等自媒体平台进行线上销售。当年，共有 20 多款凉山彝族刺绣通过电商平台售出，带动了当地 300 多名彝族绣娘每人增收 2000~4000 元。[②] 又如在越西县普雄镇呷古村，该村彝族刺绣绣娘人数是普雄镇最多的，是当地最著名的"彝族刺绣产业村"。该村成立了 1 个专业刺绣合作社，合作社共有 778 名彝族绣娘，她们与普雄镇、越西县及西昌市等地开设的共 58 家彝族服饰专卖店有固定合作。每个绣娘利用农耕生产之余的时间刺绣就能每月增收 500 元。[③] 在贵州彝区，如 2017 年 B 乡政府就在 B 村投资建立了 1 家彝族传统服饰加工厂，

① 冷文：《浩巧手编织五彩凉山——2019 大凉山妇女手工编织大赛摄影》，《凉山日报》2019 年 10 月 27 日，第 A03 版。

② 袁蕾：《凉山非遗从"被保护"走向现代新生》，《凉山日报》2020 年 9 月 12 日，第 A03 版。

③ 郭舒曼：《"绣"出妇女风采，"绣"出家庭幸福，"绣"出家乡文明——2019 大凉山妇女手工编织大赛侧记》，《凉山日报》2019 年 10 月 22 日，第 A05 版。

招收该乡各村擅长彝族服饰技艺的彝族女性进入加工厂工作，该厂建立后，当地不少彝族女性便放弃外出打工，选择留在加工厂从事彝族服饰生产，每月至少能得到 2000 多元的纯收入。又如在晴隆县 S 乡，该乡是一个整体移民搬迁乡，该乡依托当地彝族舞蹈"阿妹戚托舞"发展民族文化产业，成立了 1 个民族艺术团，积极参加各种文艺会演。艺术团的每个成员每月都有 1000 元的固定收入。此外，他们还通过外出参加文艺会演获得其他收入。民族文化产业的发展，共解决了该乡近千人的就业问题。

从个体行动层面来看，在彝族乡村中有不少经济能人凭借一己之力，致力于乡村传统文化的传承保护与乡村文化产业的建设发展。如甘洛县的阿西（化名）为四川省首届彝族刺绣手工艺大师、省级非遗传承人，她 10 岁跟着母亲学习彝族传统刺绣，几十年来她一直坚守初心，每天都在刺绣，几乎将自己毕生精力都奉献于彝族传统刺绣文化的发掘、整理、研究及再创造。从 1993 年开始，她穿梭于凉山州的 17 个县市，观察州内各地不同支系的彝族刺绣技艺，一边学习，一边将自己的经验与所走访地方之人共享，带领一群彝族妇女走上了自己养活自己的致富之路。2017 年，她创办了"凉山州嘿吗卡文化旅游有限公司"。其间，她公益开办专业技能培训班，培训刺绣手艺传承人。至 2019 年，累计开设了 45 期培训班，受训人数达 3200 余人次。同年，她又创办了四川省首家彝族刺绣专业合作社，并将彝族刺绣带至在江苏南京举办的全国新农民新技术创新博览会参展，得到国内外参会人员的广泛好评，其作品有 9 件被四川博物院收藏。可以说，她始终在探索彝族传统刺绣文化的创新性发展与创造性转化，是一位当之无愧的彝族女性经济能人和文化精英。再如曲木是一名对彝族传统服饰具有浓厚兴趣的男性经济能人，他虽未像阿西一样获得诸多荣誉和产生那么大的影响，但也为当地彝族传统服饰文化传承及其现代性转化做出了超乎大多数普通人的贡献。自 2011 年开始，他就返乡创业，创立了"凉山州彝魅服饰有限责任公司"。他也像阿西一样多次深入彝族乡村，在乡村中寻找刺绣手工艺精湛之人，将她们吸收进自己的公司。其间，免费送她们外出参加各种文化知识培训，共解决了 50 多名彝族绣娘的就业问题。[①] 诸如此类的例子，不计其数。上述所举例子都证明了彝族传统治理资源的现代经济价值。通过多元主体的协同参与，可充分

---

① 郭舒曼：《"绣"出妇女风采，"绣"出家庭幸福，"绣"出家乡文明——2019 大凉山妇女手工编织大赛侧记》，《凉山日报》2019 年 10 月 22 日，第 A05 版。

将彝族传统治理资源作为彝族地区乡村文化产业发展的重要资本。

　　总的来说，将彝族传统治理资源转化为经济发展资本，具有多重现实意义：既能强化彝族文化主体的文化自觉和文化自信，推动其传承和保护优秀传统文化的积极性与主动性，又能促进彝族传统治理资源的价值再造，还能为乡村留住和培养出相应的经济能人与文化精英，协调推动乡村经济振兴、文化振兴、人才振兴及组织振兴。

结　语

本书的初衷是对彝族传统治理资源进行整体性考察，并基于乡村振兴背景探究创新利用彝族传统治理资源的可能性基础与可行性进路。基于此，本书逐一回答了如下问题：何谓彝族传统治理资源，它与其传承主体经历了什么样的历史过程？它有何类型、功能、特性，蕴含着何种普遍性的道德精神与价值观念，是否还有现实价值与作用空间，是否存在不足之处？应该如何对待和发挥其当代价值与功能？

一　彝族传统治理资源的概念、类型与内涵

本书理解的彝族传统治理资源即在历史过程中以彝族为主体民族的人群生产创造并超越时空界限而世代传承、积淀延续并创新实践，与彝族人社会生活、日常生产密切相关且在较大程度上能对其意识与行为产生鼓励性、教化性、规范性及限制性等作用，同时还能进行资本转化的，相对稳定的制度型、精神型及权威型等包含着治理功能与发展意义的传统文化要素。本书将其细化为四类文化资源——制度文化、信仰文化、节日文化及史诗经典。其中，制度文化由传统习惯法、传统乡约、社会组织及世俗型支配权威四类要素构成，此为传统彝族乡村的自治基础。信仰文化由传统信仰、外来信仰及传统神圣权威构成，此为彝族乡村实施德治的精神内核。节日文化由族团整体共享和亚支系族群特有的各类节日构成，此为彝族乡村社群的聚合机制。史诗经典由流传于各片彝区的创世史诗、英雄史诗、叙事长诗、传世经典及毕摩仪式经文等构成，此为彝族传统道德文化的记忆与诠释机制。这些传统治理资源要素都是基于特定的社会情境和漫长的历史过程而绵延累积形成的。

在数千年历史过程中，彝族经历了多次分化迁徙和间续融合。在此过程

中，迁徙进入各地生活的彝族亚支群体与历代中央统治集团、地方政权及其他社会文化群体之间发生的交融程度和交往频率各有差别。基于纵向维度的历史过程差异和横向维度的社会情境差别，他们既共享着相同或相近的历史记忆、社会记忆和文化习俗，也创造了具有亚支系特色的文化资源，因此描绘了类型多样、内容多元的彝族传统文化图式。彝族传统治理资源也正是基于这种双重生境形成并不断发展。在其发展过程中，虽曾受到国家权力、市场机制及现代性因素的影响，但并未因此消除和瓦解，而是基于其文化主体的实践意识和能动作用加以调试、重构和创新，在延续深层结构与积极内容的基础上赋予新的内容与内涵。因此，彝族传统治理资源大多是经历了多次历史与结构过程的交织结果。

本书的主要目的是对彝族传统治理资源进行整体性考察，而非彝族各个亚支系的文化多样性和差异性的比较研究。基于上述四类文化资源之下琐碎文化事项的综合观察和系统分析，本书将彝族传统治理资源的整体逻辑特性归结为五个方面。一是民族秉性与地域特性有机整合；二是集体主义与民主精神和谐运行；三是道德意识与法律精神混合并存；四是世俗规范与神圣权威互嵌共治；五是传统延续与调适演变适时发生。同时，提炼出了它们蕴含的跨越社会／文化边界具有人类普遍特质的道德精神，主要表现在九个方面。其一，万物共生的自然生态观；其二，团结互助的和谐民族观；其三，同源异流的民族一体观；其四，互惠道义的民族交往观；其五，男女平等的性别角色观；其六，天道酬勤的日常生活观；其七，敬宗孝祖的伦理孝道观；其八，忠信至上的基本信誉观；其九，慷慨热情的民族待客观。

二 彝族传统治理资源的功能、实践与局限

理解了彝族传统治理资源的逻辑特性、基本内涵及其孕育的道德精神特质之后，通过对相关文化事实的系统分析和综合思考，本书认为彝族传统治理资源至少能在乡村振兴过程中发挥七个层面的现实功能。其一，产业兴旺与经济振兴功能；其二，生态宜居与美丽乡村建设功能；其三，精神引领与公共道德重塑功能；其四，组织振兴与乡村自治德治功能；其五，文化振兴与传统文化传承功能；其八，人才振兴与内生活力激发功能；其七，共同体意识的培育与铸牢功能。

当然，以上观点属于理论意义层面的分析和阐述，这种认识是否合理，

还需具体的实践证明。事实证明，彝族传统治理资源依然能在当下生活场景与社会情境中彰显其应有之义和发挥其应有之用。如在基层党支部的统一领导下，彝族乡村传统原生性内生组织——家支组织及其相应的规范体系被重构，传统权威的社会关联得到重塑，形成了具有地方特色的"支部＋家支＋协会"多元权威协同共治模式。又如毕摩、德古、家族长老等具有传统权威属性的乡村少数精英在彝族乡村纠纷共治机制建设、乡风文明与法治建设等方面都发挥着重要作用。再如许多观念类、记忆类和精神类的传统治理资源要素都在多方地方治理行为体的能动作用下以各种形式作用于乡村文化建设与德治氛围营造等场合。诸如此类的案例事实都证明彝族传统治理资源在当下社会情境中依旧具有现实活力和作用基础。不过，彝族传统治理资源属于一体两面的存在。除了发挥其积极作用，还要规避和防范其局限性因素和消极性影响。

大体看来，彝族传统治理资源的局限性因素及其可能产生的消极性影响主要表现在三个方面。第一，如果极端固守家支主义，就可能破坏乡村的生活秩序，破坏乡村基层政治生态，滋生群体犯罪或包庇家支犯罪成员。第二，设若片面强调家支面子，可能会滋生纠纷异化问题、高价彩礼问题加剧及仪式消费支出增加等问题。第三，残存的传统婚俗观念可能会催生现代婚姻纠纷。如转房婚的残存限制着女性的再婚自由；又如传统离婚规则根深蒂固，加剧现代婚姻矛盾纠纷，这是创新利用彝族传统治理资源时必须着重关注和处理好的关键问题。同时，本书还观察分析了彝族乡村普遍存在的五大治理难题。一是村落政治精英组合结构失衡；二是村民群体公共治理参与动力不足；三是传统酒文化的异化问题突出；四是村民群体的法律意识有待铸牢；五是现代性的培育与传统性的消解。这些问题能否有效解决，直接影响着当下彝族乡村治理的实践过程及最终目标。

三　创新利用彝族传统治理资源的基本理念与逻辑进路

关于如何基于乡村振兴背景下的乡村治理内涵来延续传统智慧、吸收既有经验和规避现存风险，继续推动彝族传统治理资源的创新利用，本书认为，要从两个维度着手。

第一维度是理念维度或方法论层面，关于此，要坚持三个方面的理念。

首先，树立"各美其美，美人之美，美美与共"的辩证文化相对理念与文化包容精神。

其次，培育"知情意行，鉴往知来，择善而从"的与时俱进精神和文化革新意识。

最后，坚持"惠而好我，携手同行，共治共享"的互惠原则和共同体意识。

第二维度为逻辑进路或方法路径层面，关于此，要从四个方面做起。

第一，充分调动和培养多维人才，建设和丰富乡村治理人才智库。乡村治理人才类型不能局限于传统和现代的少数精英，应包括各种责任与情感在乡的懂乡村、爱乡村、惜乡村、护乡村的具有浓厚乡土意识和深切乡村情怀的各类优秀人才。本书指出了五条关于整合乡村治理人才的基本方式：一是精准识别多维人才类型，保障在创新利用彝族传统治理资源和乡村治理过程中能人尽其才；二是组建专业人才行动组织，加强创新利用彝族传统治理资源和乡村治理人才力量的集中整合；三是健全人才参与治理机制，规范创新利用彝族传统治理资源和乡村治理人才组织的管理制度；四是完善人才协调合作机制，搭建创新利用彝族传统治理资源和乡村治理人才资源的合作平台；五是加强新型治理人才培养，强化创新利用彝族传统治理资源和乡村治理的人力资本。

第二，深入了解彝族乡村中存在的组织类别，厘清各类组织之间的结构关系，充分发挥好各类组织的协同作用。本书将当下彝族乡村中的组织类别分为内生性和外生性两大类，每一类下分别包含着许多不同类型和层级的乡村人群认同组织与行动单位。基于本书关于乡村振兴背景下乡村治理的概念界定与内涵理解，阐明了乡村振兴背景下乡村中各类组织间的结构性关系，即党委领导与党建引领为核心、政府负责与有限主导是基础、自治组织与村民群体为主体、社会组织的协同参与是保障。这种关系结构下的协同共治才是符合中国制度语境与中国乡村情景的共治模式。

第三，努力推动将传统治理资源与现代治理技术良好合作，合理搭建彝族乡村的善治体系。关于此，可从五个方面推进。其一，各类治理行为体协同参与，深化彝族传统治理资源的调查、发掘和了解，明确在特定乡村中的传统治理资源禀赋，分析研究可创新转化与利用的资源要素，观察和总结有效的地方实践经验，为下一步工作做好准备。其二，辩证理解所得传统治理资源的价值、意义与功能，明晰其中的积极元素、局限因素及可能产生的消极影响，采取合理的方式分别对待，即延续精华、弥补局限和去除糟粕。其三，发扬传统制度文化的自治功能，完善彝族乡村的自治体系。如充分发挥好乡村内生性组织的自治功能和精英人物的能动关联性与社会动员作用，强化党政干部、村"两委"干部、乡村精英及村民群体等多元治理行为体之间的互动与合作。又如积极将乡村政治生活与公共治理活动等的参与义务与责任融入家支、家族规章范围，通过乡村内生性原生组织调动村民群体关于乡村公共治理参与的主体性、主动性，培育其公共意识与集体意识。再如参照传统习惯法和传统乡约的形成机制及运作机理，规范现代村规民约的制定程序及强化其生存根基与可操作性。其四，发挥传统精神文化的德治功能，营造良好的乡村德治氛围。如尊重和理解传统信仰的现实存在，合理引导外来信仰的本土转化，规避外来信仰与传统信仰之间的冲突与对抗，发挥信仰文化的道德精神形塑与公共意识培育等功能。又如激活传统节日作为乡村德治资源的多元价值，丰富乡村民众的文化生活，构建其关于乡村公共活动的参与机制，培育和铸牢他们的乡村共同意识。再如以多种方式、多元渠道灵活有趣地将彝族系列史诗、神话传说及传世经典中的道德文化资源呈现与活化。其五，加强对传统治理资源创新利用的法律引导，健全彝族乡村的现代法治建设。如强化对具有较强社会关联性和社会动员力、较高社会权威性和群众公信力的乡村精英的法律知识培训和其法律素养的提升。又如强化传统习惯法与国家法之间的耦合协作与良性互动。再如创新乡村的法律宣传方式，加大乡村的法律宣传力度，扩展乡村的法律宣传范围，健全乡村的法治体系建设，培育和铸牢村民群体的法律意识。还如在国家宪法和相关法律的指导下，建立健全关于传统治理资源创新转化与开发利用的制度保障体系。

第四，充分把握现代市场机制与条件，推动传统治理资源的生产性转化。如因地制宜把握乡村资源禀赋，合理开发具有地方特色的乡村文化旅游业。又如可通过各类行为体的协同合作，兴办乡村文化产业，充分激活乡村传统治理资源的经济价值。以此方式，既能推动乡村的产业振兴，又可通过产业发展带动乡村人口回流，为乡村传统治理资源的可持续传承与发展夯实基础。

总的来说，在探讨彝族传统治理资源创新利用的过程中，本书针对传统与现代之间的关系问题发表了看法。在既有的许多乡村研究成果中，不少学者指出经历国家制度安排的干预、现代性的冲击及改革开放以来势不可挡的社会大流动之后，乡村出现了严重的凋敝、文化断裂及文化失序等问题，本书也在关注和思考这一问题。不可否认，既有研究的观察和洞见大多有理有据，颇为精辟，但总归都是基于特定乡村个案而得出的结论。这种认识之于大多数的城镇化乡村或正在进行城镇化的乡村来说，确实如此。不过，并非当下的所有乡村都处于同一种趋势和面临同样的命运。不同区域、不同类型的乡村社会中的传统文化也并非以统一步调的趋势被现代化、全球化冲击，它们也会在其文化主体的实践意识和能动作用下不断调适自身的生存状态，利用现代性因素和现代化技术来实现和保障自身的良好存续与创新发展。

附　录

附件1　彝族非物质文化遗产名录

国家级非物质文化遗产

序号	类别	名录名称	地区	批次
1	民间文学	彝族克智	四川凉山州美姑县	第二批
2	传统音乐	彝族海菜腔	云南省红河州	第一批
3		彝族民歌（彝族酒歌）	云南省武定县	第二批
4		彝族民歌（彝族山歌）	贵州省盘县	第三批
5	传统舞蹈	彝族铜鼓舞	云南省文山州	第一批
6		彝族芦笙舞	云南省文山州	
7		彝族烟盒舞	云南省红河州	
8		彝族铃铛舞	贵州省赫章县	第二批
9		彝族打歌	云南省巍山县	
10		彝族跳菜	云南省南涧县	
11		彝族老虎笙	云南省双柏县	
12		彝族左脚舞	云南省牟定县	
13		彝族三弦舞（撒尼大三弦）	云南省石林县	
14		彝族三弦舞（阿细跳月）	云南省弥勒县	
15	传统戏剧	彝族撮泰吉	贵州省威宁县	第一批
16	体育游艺	彝族摔跤	云南省石林县	第三批
17	传统美术	彝族（撒尼）刺绣	云南省石林县	第二批

续表

序号	类别	名录名称	地区	批次
18	传统技艺	彝族银饰制作技艺	四川省凉山州布拖县	第二批
19		彝族毛纺织及擀制技艺	四川省凉山州昭觉县	
20		彝族漆器髹饰技艺	贵州省大方县、四川省凉山州喜德县	
21	民俗	彝族服饰	四川省凉山州昭觉县、云南省楚雄州	第一、四批
22		凉山彝族尼木措毕习俗	四川省凉山州美姑县	第三批
23		彝族传统婚俗	四川省凉山州美姑县	
24		彝族年	四川省凉山州	
25		彝族火把节	四川省凉山州、云南省楚雄州、贵州省赫章县	第一、三批

省级非物质文化遗产

序号	类别	名录名称	申报单位或非遗项目所在地	批次
1	民间文学	阿嫫妮惹	四川省凉山州	第一批
2		支格阿龙（鲁）	凉山州民间文艺家协会	
3		毕摩诵经	乐山市马边县教育文化体育局	
4		彝族克智	四川省凉山州美姑县、喜德县	
5		彝族阿都高腔	四川省凉山州布拖县	
6		彝族叙事长诗《阿诗玛》	云南省石林县	
7		彝族史诗《阿鲁举热》	云南省楚雄州	
8		彝族史诗《查姆》	云南省双柏县	
9		甘嫫阿妞的传说	乐山市峨边县文化馆	第二批
10		勒俄特依	凉山州喜德县文化馆	
11		玛牧特依	凉山州喜德县文化馆	
12		创世史诗《阿细先基》	云南省弥勒县文化馆	
13		诺苏佐木莫	乐山市峨边县文化馆	第三批
14		木姐珠与斗安珠	四川省凉山州	
15		阿都歌谣	凉山州布拖县文化馆	
16		什喜尼支嘿	凉山州布拖县文化馆	
17		彝族古歌	贵州省盘县	
18		叙事长诗《阿哩》	云南省石屏县文化馆	
19		史诗《开奔勒笃——六祖古歌》	云南省南华县文化馆	

序号	类别	名录名称	申报单位或非遗项目所在地	批次
20	民间文学	博葩（万物起源口头文学）	凉山州喜德县文化馆	第四批
21		彝族民间故事"阿哩"	云南省元江县文化馆	
22		彝族民间故事"阿乐攀月"	云南省景东县文化馆	
23		彝族关龙调	云南省云县文化馆	
24		彝族古歌"阿姆妮惹"	云南省宁蒗县文化馆	
25		斯都呐嘎体	凉山州普格县文化馆	第五批
26		支格阿鲁英雄史诗	贵州省威宁县	
27	传统音乐	彝族阿都高腔	四川省凉山州布拖县	第一批
28		朵乐荷	四川省凉山州普格县、布拖县	
29		阿惹妞	乐山市马边县教育文化体育局、凉山州甘洛县文化馆	
30		义诺彝族民歌	四川省凉山州雷波县文化体育局	
31		口弦	四川省凉山州布拖县人民政府	
32		彝族海菜腔	云南省石屏县	
33		彝族挽歌	四川省凉山州宁南县文化馆	第二批
34		彝族克西举尔	四川省凉山州昭觉县文物管理所、雷波县文化馆	
35		彝族马布音乐	四川省凉山州越西县广播电视文化体育局、昭觉县文物管理所	
36		彝族月琴音乐	四川省凉山州普格县文化艺术馆	
37		毕摩音乐	四川省凉山州美姑县文体局	
38		彝族沙莜腔	云南省建水县文化馆	
39		彝族民歌	云南省石屏县、元阳县文化馆	
40		唢呐调	云南省宾川县文化馆	第三批
41		阿数瑟	云南省镇康县文化馆	
42		阿苏者跳歌调	云南省南华县文化馆	
43		撒弦乐	云南省江川县文化馆	
44		彝族器乐	云南省石林县文化馆、永仁县文化馆	
45		彝族"久觉合"	四川省凉山州甘洛县文化馆	
46		木模拉格	四川省凉山州越西县文化馆	

续表

序号	类别	名录名称	申报单位或非遗项目所在地	批次
47	传统音乐	热打（"里惹尔"）	四川省凉山州甘洛县文化馆	第三批
48		阿古合	四川省凉山州甘洛县文化馆	
49		彝族《莫蒿亩》	贵州省赫章县、六盘水市钟山区	
50		彝族山歌	贵州省盘县	
51		阿依阿芝（彝族女性叙事歌）	四川省凉山州越西县文化馆	第四批
52		牛牛合（"牛牛"调）	四川省凉山州雷波县文化馆	
53		彝族鱼鳞片吹奏	云南省蒙自市文化馆	
54		彝族高山腔		
55		三眼土洞箫吹奏	云南省文山市文化馆	
56		彝族大帮腔	云南省景东县文化馆	
57		云州唢呐乐	云南省云县文化馆	
58		彝族嗨哼	贵州省金沙县	第五批
59		彝族月琴调	贵州省威宁县	
60		彝族撮泰吉	贵州省威宁县板底彝族乡	
61	民间舞蹈	彝族铃铛舞	贵州省赫章县	第一批
62		彝族葫芦笙舞	云南省西畴县	
63		彝族烟盒舞	云南省石屏县、新平县	
64		彝族花鼓舞	云南省峨山县	
65		彝族苏尼舞	四川省凉山州布拖县文化馆	第二批
66		蹢脚舞	四川省凉山州会理县文化馆	
67		彝族酒礼舞	贵州省威宁县	
68		彝族铃铛舞"垦合呗"	贵州省六盘水市钟山区	
69		彝族弦子舞	云南省砚山县文化馆	
70		擦大钹	云南省隆阳区文化馆	
71		大刀舞	云南省禄丰县文化馆	
72		十二兽舞	云南省楚雄州非遗中心	
73		跳鼓舞	云南省绿春县文化馆	
74		彝族羊皮鼓舞	攀枝花市仁和区文化馆	第三批
75		彝族嗨马舞	贵州省黔西南州普安县	
76		羊皮舞	云南省景东县文化馆	

序号	类别	名录名称	申报单位或非遗项目所在地	批次
77	民间舞蹈	金竹舞	云南省广南县文化馆	
78		笮山锅庄	攀枝花市盐边县文化馆	第四批
79		彝族"喀红呗"	云南省镇雄县文化馆	
80		彝族小豹子笙	云南省双柏县文化馆	
81		彝族阿卡舞	云南省南华县文化馆	
82		彝族四弦舞	云南省新平县文化馆	
83		彝族花棍狮子舞		
84		彝族簸箕弦	云南省个旧市群众艺术馆	
85		彝族鼓舞	云南省石屏县文化馆	
86		彝族打歌	云南省南涧县文化馆、漾濞县文化馆	
87	手工技艺	凉山彝族毛纺织及擀制技艺	四川省凉山州昭觉县人民政府	第一批
88		凉山彝族漆器制作工艺	四川省凉山州喜德县人民政府	
89		凉山彝族银饰手工技艺	四川省凉山州布拖县人民政府	
90		彝族赶毡制作工艺	贵州省威宁县板底彝族乡	
91		彝族杆杆酒酿造技艺	四川省凉山州甘洛县文化馆	第二批
92		彝族民间泡水酒	四川省乐山市峨边县文化馆	
93		彝族燕麦酒古法酿造技艺	四川省凉山州会东县文化馆	
94		大方漆器制作技艺	贵州省大方县	
95		火草纺织技艺	云南省马龙县文化馆、永胜县文化馆	
96		彝族金属锻造技艺（喜德彝族叶形双耳腰刀制作技艺）	四川省凉山州喜德县文化馆	第三批
97		彝族泥染	四川省凉山州金阳县文化馆	第四批
98		彝族建筑技艺	四川省凉山州美姑县文化馆	
99		彝族"胡惹"制作技艺	四川省凉山州雷波县文化馆	
100		彝族彩布贴花	贵州省六盘水市水城县	
101		彝族三弦制作技艺	云南省南华县文化馆	
102		彝族羊皮褂制作技艺	云南省永仁县文化馆	
103		平川朱苦拉咖啡制作技艺	云南省宾川县文化馆	

序号	类别	名录名称	申报单位或非遗项目所在地	批次
104	手工技艺	毛毡制作技艺	云南昭通市非遗中心、宁蒗县文化馆	第五批
105		诺邓、无量火腿制作技艺	云南省南涧县文化馆	
106		彝族烟斗制作技艺	四川省凉山州喜德县文化馆	
107		水潦彝族草把龙制造技艺	四川省泸州市叙永县水潦彝族乡文化站	
108	传统美术	彝族剪纸	云南省石屏县	第一批
109		毕摩绘画	四川省凉山州美姑县文体局	第二批
110		彝文书法	四川省凉山州盐源县文化馆	
111		小凉山彝族刺绣	四川省乐山市峨边县文化馆	
112		彝族传统刺绣	四川省凉山州甘洛县彝族妇女刺绣协会	第三批
113		彝族刺绣	云南省砚山县民族文化群众艺术馆、漾濞县文化馆、富源县文化馆	第四批
114	杂技与竞技	彝族磨尔秋	四川省凉山州甘洛县文化馆	第二批
115		打陀螺	云南省双柏县非遗中心	
116		彝族摔跤	云南石林县文化馆、元谋县非遗中心	
117		团山民间传统武术	云南省红河州个旧市群众艺术馆	第三批
118		彝族秋千	贵州省盘州市	第五批
119	曲艺、戏剧	彝剧	云南省楚雄州	第一批
120		彝族梅葛	姚安县、大姚县、牟定县	
121		彝族克格（彝语相声）	四川省凉山州昭觉县文物管理所	第四批
122		花灯戏（太平花灯、羊街花灯）	云南省澄江县文化馆、开远市文化馆	
123	民俗	彝族年	四川省凉山州文广局、乐山市马边县教育文体局	第一批
124		彝族火把节	四川省凉山州文广局、云南省楚雄州非遗中心	
125		阿依美格	四川省乐山市马边县教育文化体育局	
126		凉山彝族"尼木措毕"祭祀	四川省凉山州美姑县人民政府	
127		彝族毕摩祭祀文化	贵州省盘县地坪乡	

序号	类别	名录名称	申报单位或非遗项目所在地	批次
128		彝族婚俗	四川省凉山州越西县广播电视文化体育局、贵州省盘县、赫章县	
129		彝族咪古	贵州省毕节市文广局	
130		彝族服饰	四川省凉山彝族自治州昭觉县文物管理所	
131		大屯三官寨彝族祭祀	贵州省毕节市	
132		彝族"阿依蒙格"儿童节	四川省凉山州雷波县语委	第二批
133		彝族换童裙成人仪式	四川省乐山市峨边县文化馆	
134		跳宫节	云南省富宁县文化馆	
135		赛装节	云南省永仁县非遗中心	
136		插花节	云南省大姚县非遗中心	
137		二月八节	云南省巍山县文化馆	
138		哑巴节	云南省祥云县文化馆	
139		彝族嘎库甘尔习俗	四川省凉山州布拖县文化馆	
140		彝族维克达解习俗	四川省乐山市峨边县文化馆	
141	民俗	彝族毕摩习俗	贵州省赫章县	第三批
142		祭火习俗（阿细祭火）	云南省弥勒市文化馆	
143		阿卓节	云南省金平县文化馆	
144		老滔村"赶鸟"习俗	云南省武定县文化馆	
145		彝族剪羊毛节	四川省凉山州金阳县文化馆	
146		彝族赛马习俗	四川省凉山州昭觉县文物管理所	
147		彝族立秋节	云南省寻甸县文化馆	
148		"绑神猴"习俗	云南省师宗县文化馆	
149		彝族"六月六"习俗	云南省禄丰县文化馆	
150		彝族开新街	云南省峨山县文化馆	第四批
151		彝族"德培好"习俗	云南省石屏县文化馆	
152		彝族祭祖灵	云南省泸西县文化馆	
153		彝族祭山神		
154		彝族祭龙	云南省弥勒市文化馆	
155		天峰山歌会	云南省祥云县非遗中心	
156		彝族朝山会	云南省云县文化馆	

续表

序号	类别	名录名称	地区	批次
157	传统医药	传统彝医药	四川省凉山州西昌彝医药研究所	第三批
158		李桐传统骨伤疗法	云南省弥渡县彝族民间骨伤科研究所	第四批
159		黔西传统发酵彝药	贵州省黔西县	第五批
160		彝族骨刺疗法	贵州省六枝特区	
161	传统文化保护区	云南省石林彝族自治县糯黑彝族传统文化保护区	云南省石林县	第一批
162		巡检司镇高甸村彝族（阿哲）传统文化保护区	云南省弥勒县	
163		官屯乡马游坪村彝族传统文化保护区	云南省姚安县	
164		糯黑彝族传统文化保护区	云南省石林县	
165		城寨彝族传统文化保护区	云南省麻栗坡县文化馆	第二批
166		大麦地镇彝族传统文化保护区	云南省双柏县非遗中心	
167		环州乡彝族传统文化保护区	云南省武定县非遗中心	
168		叽啦村彝族传统文化保护区	云南省禄丰县非遗中心	
169		大过口乡彝族传统文化生态保护区	云南省楚雄市彝族习俗传习所	第三批
170		昙华乡彝族传统文化生态保护区	云南省大姚县文化馆	
171		双河村彝族传统文化生态保护区	云南省永胜县文化馆	
172		发嘎村彝族传统文化生态保护区	云南省寻甸县文化馆	
173		楚雄市紫溪镇岔河村板凳山彝族传统文化生态保护区	云南省楚雄市非遗中心	
174		永仁县中和镇直苴村彝族传统文化生态保护区	云南省永仁县文化馆	
175		新平县平甸乡磨皮大寨村彝族文化生态保护区	云南省新平县文化馆	
176		景东县安定镇小民福村彝族传统文化生态保护区	云南省景东县文化馆	
177		云龙县团结乡河南村彝族传统文化生态保护区	云南省云龙县文化馆	
178		祥云县米甸镇自羌朗村彝族传统文化生态保护区	云南省祥云县非遗中心	

附件 2　与彝族传统治理资源相关制度条例举要

2-1　《凉山州德古调解管理工作规定（草案代拟稿）》

	第一章　总则
第一条	德古调解是由彝族民间德高望重的行家主持，依照法律法规及公序良俗的传统习惯解决民间纠纷的方式，是凉山彝族聚居区重要的纠纷解决方式，为化解社会矛盾、维护社会稳定发挥了重要作用
第二条	为传承彝区优秀民俗文化、尊重少数民族风俗习惯，发挥德古广泛、及时地解决民间纠纷优势，维护当事人的合法权益，促进凉山经济社会事业和谐发展，根据《中华人民共和国宪法》《中华人民共和国仲裁法》《中华人民共和国民事诉讼法》《中华人民共和国人民调解法》等制定本办法
第三条	德古调解应当根据事实和证据，依照国家法律、法规，结合彝族传统习惯，参照国家仲裁法律规范公平、合理调解民间纠纷
第四条	德古调解应遵循自愿、平等的原则，充分尊重当事人的权利，不得因调解而阻碍当事人依法通过其他途径维护自身合法权益

	第二章　德古调解受理范围	
第五条	德古调解受理纠纷种类	（一）劳动、债权债务、赔偿、宅基地、山林、水利、承包、租赁、邻里、物业等各类民商事纠纷
		（二）婚姻、家庭、收养、监护、扶养、抚养、赡养、继承等有关公民人身关系以外的民商事纠纷
		（三）人身伤害、财产损坏、侵权损害引起的民事赔偿纠纷
		（四）轻微刑事自诉案件当事人不自诉或自诉后撤诉的民事赔偿纠纷
		（五）法律允许民间调解的其他纠纷
第六条	德古调解不能受理以下争议或纠纷	（一）故意伤害、故意杀人、运输贩卖毒品、贩卖婴儿等涉嫌犯罪的违法行为引起的纠纷
		（二）依法应当由行政机关等专门机关管辖处理或者法律、法规禁止采用民间调解方式解决的
		（三）人民法院、仲裁、公安机关或者其他执法机关已经受理或者解决的

续表

<table>
<tr><td colspan="3" style="text-align:center">第三章 德古资格</td></tr>
<tr><td rowspan="6">第七条</td><td rowspan="6">德古调解员应符合以下条件</td><td>（一）大专及以上文化或受过相应法律的专业培训者视为合格</td></tr>
<tr><td>（二）在群众中具有良好信誉，社会公认，公道正派，诚实守信</td></tr>
<tr><td>（三）无违法犯罪和重大违纪行为</td></tr>
<tr><td>（四）明察善断，具有较强的语言表达能力</td></tr>
<tr><td>（五）身体健康、精力充沛</td></tr>
<tr><td>（六）德古调解协会会员，并由仲裁机构聘任</td></tr>
<tr><td rowspan="6">第八条</td><td rowspan="6">德古调解员享有以下权利</td><td>（一）接受当事人选定调解纠纷</td></tr>
<tr><td>（二）调解纠纷后依法获得报酬</td></tr>
<tr><td>（三）参加各级司法行政机关、凉山仲裁委员会、德古调解协会开展的培训</td></tr>
<tr><td>（四）对德古调解工作提出意见、建议和批评</td></tr>
<tr><td>（五）对问责进行解释和申辩</td></tr>
<tr><td>（六）依法回避调解</td></tr>
<tr><td rowspan="6">第九条</td><td rowspan="6">德古调解员应履行以下义务</td><td>（一）遵守国家法律法规，凉山仲裁委员会、德古调解协会的各项规定</td></tr>
<tr><td>（二）宣传法律法规及党和国家政策</td></tr>
<tr><td>（三）积极参加与德古相关的调解各项公益活动，自觉接受社会监督</td></tr>
<tr><td>（四）制作调解协议书</td></tr>
<tr><td>（五）及时向凉山仲裁委员会进行纠纷报备</td></tr>
<tr><td>（六）向当事人送达相关文书</td></tr>
<tr><td colspan="3" style="text-align:center">第四章 德古调解程序</td></tr>
<tr><td>第十条</td><td colspan="2">当事人依申请启动德古调解。当事人一方在调解受理前明确拒绝调解的，不得调解</td></tr>
<tr><td>第十一条</td><td colspan="2">根据调解纠纷的需要，可以由一名或者三名德古调解员进行调解</td></tr>
<tr><td rowspan="2">第十二条</td><td colspan="2">经纠纷双方当事人同意，可以邀请当事人的亲属、邻里、同事等旁听调解</td></tr>
<tr><td colspan="2">邀请具有专门知识、特定经验的人员或者有关社会组织的人员参与调解，产生的费用由责任方当事人承担</td></tr>
</table>

	第四章 德古调解程序	
第十三条	采取德古方式调解民间纠纷,应当充分听取当事人的陈述,根据有关法律、法规和国家政策,或者按照传统公序良俗形成的习惯疏导处理纠纷	
	当事人在平等协商、互谅互让的基础上提出纠纷解决方案,帮助当事人自愿达成调解协议	
第十四条	德古调解员在调解纠纷过程中,发现纠纷有可能激化的,应采取有针对性的预防措施;对有可能引起治安案件、刑事案件的纠纷,应当及时向当地公安机关或者其他有关部门报告	
第十五条	德古调解受理范围以外以及调解不成的案件,德古调解员应当引导当事人向人民法院起诉或向凉山仲裁委员会申请仲裁	
第十六条	德古调解员及德古调解协会应当记录调解情况、建立调解工作档案,将调解登记、调解工作记录、调解协议书等材料立卷归档	
	第五章 德古调解执行机构及协会	
第十七条	凉山州德古调解协会系依法登记的公益性非营利性法人组织,会同凉山仲裁委员会依法开展德古调解业务总体规划、部署以及实施工作	
第十八条	各县(市)德古调解协会具体负责所在区域德古调解工作或者按照凉山仲裁委员会指派依法开展跨区域或其他相关调解工作	
第十九条	凉山州各级德古调解组织依照《中华人民共和国民事诉讼法》和本办法的有关规定制定和完善德古调解制度规则	
第二十条	凉山州德古调解协会章程由全体会员大会制定	
第二十一条	各县(市)德古调解协会和德古调解员是凉山州德古调解协会的单位会员和个人会员	
	第六章 德古调解效力及执行	
第二十二条	经德古调解员调解达成调解协议的,可以制作调解协议书。当事人认为无须制作调解协议书的,可以采取口头协议方式,德古调解员应当记录确认协议内容	
第二十三条	调解协议书可载明下列事项	(一)当事人的基本情况
		(二)纠纷的主要事实、争议事项以及各方当事人的责任
		(三)当事人达成调解协议的内容,履行的方式、期限
	调解协议书自各方当事人签名、盖章或者捺手印,德古调解员签名之日起生效。调解协议书由当事人及德古调解协会各执一份	

续表

	第六章　德古调解效力及执行
第二十四条	口头调解协议自各方当事人达成协议之日起生效
第二十五条	德古调解协会在调解中依法达成的调解协议，具有生效合同的法律约束力，当事人应当按照约定履行
	德古调解协会及德古调解员应定期回访纠纷当事人并对调解协议的履行情况进行监督，督促当事人履行约定的义务
第二十六条	经德古调解达成调解协议后，当事人之间就调解协议的履行或者调解协议的内容发生争议的，可以向凉山仲裁委员会申请仲裁或向人民法院提起诉讼
第二十七条	符合仲裁受案范围且经德古调解达成调解协议后，双方当事人认为有必要的，可以在签订仲裁协议后，双方或一方当事人均可向凉山仲裁委员会申请确认仲裁调解书，仲裁机构依法出具的仲裁调解书具有法律效力，并可以向人民法院申请强制执行。双方当事人也可以就调解协议向人民法院申请司法确认
	第七章　德古调解管理及工作保障
第二十八条	凉山州司法行政主管部门负责全州的德古调解工作，凉山仲裁委员会具体负责本行政区域的德古调解业务管理工作，凉山德古协会具体负责本行政区域德古队伍建设管理工作
	各级司法行政主管部门及凉山仲裁委员会、德古调解协会定期开展对德古的法律培训
第二十九条	德古调解员工作报酬以各级财政个案补贴与当事人支付相结合的方式解决，并通过凉山仲裁机构代办管理。工作人员不得私自向当事人收取任何调解工作费用
	个案补贴由各级财政每年列入财政预算参照人民调解工作标准予以保障。德古工作发生的误餐、交通、住宿等费用差额，照凉山仲裁委员会工作收费标准和相关管理规定向当事人收取
第三十条	各级人民政府对德古调解工作所需办公场所参照便民服务中心建设给予保障，并及时研究解决德古调解工作中的问题，将司法调解、行政调解、人民调解、仲裁以及德古调解一体化工作纳入全州社会矛盾纠纷大调解公共法律服务体系
	第八章　法律责任
第三十一条	凉山州德古调解协会根据其章程和相关法律法规，对全州各级德古调解协会及其组成人员的执业活动进行监督

	第八章　法律责任	
第三十二条	德古调解协会对德古调解员的年度工作进行考核并实行评分制管理，考核评价应坚持全面、公正、客观原则。评价内容涉及德古调解员工作服务态度、仪容仪表、责任心、专业素质、调解水平、廉洁制度遵守等。总体评价按100分制分为优秀、合格、不合格三个档次。每年评价总分80分以上为优秀，60～80分为合格，60分以下为不合格	
	每次工作终结由德古调解协会评价打分占80%、当事人评价打分占20%。每年综合评价一次，从其自荐一例个案参与得分评定，其办理工作引发不良社会事件或被国家法定机关纠正即按每例10分扣分，正负分总和即为该德古调解员评价得分，德古调解员考核评价得分情况应记入德古调解员档案	
第三十三条	凉山仲裁委员会负责德古调解员考核评价工作的监督指导，可以根据实际情况定期与不定期对考核评价情况予以督查，对评定为优秀分值的德古调解员给予表彰奖励，具体奖励情况每年年终由凉山仲裁委员会与各级德古调解协会研究决定；对连续三次考核为不合格的德古调解员予以解聘或除名处理	
第三十四条	有下列情形之一的，凉山仲裁委员会将予以解聘，涉及违法、犯罪的移送有关机关依法处理	（一）在调解纠纷中私自收费、索贿受贿、徇私舞弊、枉法裁决行为的
		（二）出现与当事人及代理人串通或接受当事人及代理人吃喝、宴请等情况
		（三）在调解中丧失公正，三次以上出现偏袒一方当事人情况的
		（四）受到刑事处罚或者严重行政处罚的
		（五）在调解中因过错与当事人发生辱骂或肢体冲突的
		（六）无正当理由拒绝接受当事人求助
		（七）隐瞒应当回避的情形，对调解工作产生严重影响的
		（八）冒用德古从事调解业务等其他非法调解的
第三十五条	凉山仲裁委员会将解聘、除名、违法的德古调解员列入德古调解员黑名单，凡列入黑名单的人员，应当向社会公布不得再从事德古纠纷调解工作	
	第九章　附则	
第三十六条	凉山州德古调解既往工作中凡与本规定不一致的以本规定为准	

说明：此规定为2019年11月7日发布，2023年8月修订，目前仍在试行中。

2-2 《马边彝族自治县彝族民间习俗传承规范标准》

一、本规范标准制定的政策依据	1. 根据《中华人民共和国宪法》第四条：各民族都有使用和发展自己的语言文字的自由，都有保持或者改革自己的风俗习惯的自由 2. 根据《中华人民共和国婚姻法》第三条：禁止包办、买卖婚姻和其他干涉婚姻自由的行为。禁止借婚姻索取财物 3. 根据《中华人民共和国非物质文化遗产法》第四章第二十八条：国家鼓励和支持开展非物质文化遗产代表性项目的传承、传播 4. 我协会为保护传统，坚决打击各类以民俗为借口，在我县彝区制造买卖婚姻、铺张浪费、制造失衡、观念失衡、制造事端、造成返贫及危害社会等不良现象，经全县德古协会成员大会通过，将我县彝族民间习俗传承一规范为此标准，予以保护和传承
二、规范丧葬习俗，要求赶礼节俭、禁止铺张浪费 针对彝区在丧葬中的浪费现象，县彝族同德古文化协会对彝区丧葬礼规定标准	1. 亲生子女最高规格每户只能赶一头牛，不得再添其他牲畜。若应有赶牛之礼，节俭不赶牛的则可以送5000元以内的现金，以表示赶牛之礼 2. 侄儿任女及其他亲友最高只能赶羊，猪或以其他形式哀悼，禁止赶牛 3. 孙辈不赶任何牲口，只能以打酒等其他方式寄托哀思 4. 提倡节约，反对浪费，禁止攀比。如有违背此规约的定者，则由其承担此规约规定的各项开支合计6万元。范本约定的各项开支合计6万元
三、规范姑娘出嫁聘金，构筑婚姻自由，禁止婚姻买卖，县彝族同德族民间德古文化协会规定规范标准 针对彝区及在职人员变相买卖女儿现象	1. 无论是机关还是农村，无论是大学生还是文盲，彝族姑娘出嫁时给给父母的聘金只能限定在6万~7万元，不得超出此标准 2. 婚亲关系确无媒定媒人参与的不在限制之范围内 3. 婚亲关系中确定媒人的个介绍费一在1200元以下，不得超过1200元 4. 如果媒人参与聘金超过7万元的婚姻介绍，媒人将承担以下责任：（1）由媒人负责将超过规范标准部分的聘金全部退还给另一方；（2）如果不能完成退还，则由媒人承担退还规范还部分聘金交德古协会处理；（3）同时，媒人还赔偿26643元；（4）由媒人出资或组织全县德古代表召开一次规范会议

续表

三、规范姑娘出嫁聘金，构筑婚姻自由，禁止婚姻买卖	针对彝区及在职人员变相买卖女儿现象，县彝族民同德古文化协会规定规范标准	5. 如果媒人介绍的男女方给付的介绍费超过1200元，违约方要承担26643元违约费，并将此违约费交德古协会
		6. 如果在职干部、职工在定亲、婚嫁时违背规范的聘金及介绍费，则除承担上述责任外，德古协会将向有关纪检部门提出控告，其造成的后果自行负责
四、规范姑娘出嫁礼金，保护婚嫁和谐，禁止无理索要	针对彝族姑娘出嫁时，送亲亲友无理索取婚嫁礼金现象，县彝族民同德古文化协会规定标准如下	1. 以上各项礼金共计人民币25100元，除以上项目，其他名目一律取缔
		2. 以上项目礼金在给付时必须按标准给付，不得以任何名目增加索要
		3. 如果一方不遵守本规范标准，那么，遵守方可以将应付的礼金转交给协会，由协会找违约方达成协议；如果转交违约方依然不接受，那么协会这笔礼金改为违约方捐赠给协会的现金，由协会开具相应的收条，并向违约者具捐发捐赠证书
		4. 如果任何一方违背本规定项目和标准给付或收取礼金，必须承担以下责任：（1）协会将由违规者承担赔偿举办高石头会议所有开支，共计人民币10万元；（2）将由违规者赔偿在同一时段内举办婚礼的全县所有遵守本规定的家庭因其违规所造成的损失，每户按损失人民币5万元计算，有多少户就由违规者赔偿多少户
		5. 禁止送新娘时送亲人员在街头或路边店铺抢购东西，这一习俗改由新郎新家备上糖酒在家门外的路口处如迎接新娘及其亲友
		6. 各户的婚礼给付的礼金必须接受各乡村领导及德古监督。如果不听乡村领导和德古的监督，那么，乡政府、村委会及县民政局有权停办其"婚姻登记证""准生证"，并可以停止对违规户的扶贫帮困活动

续表

四、规范姑娘出嫁礼金，保护婚嫁和谐，禁止无理索要	针对彝族姑娘出嫁时，送亲友无理索取婚嫁出嫁礼金、县彝族民间德古文化协会规定规范标准如下	7. 关于解除婚约或结婚后的离婚作如下规定： （1）如果男女双方均无过错，但因其他因素双方自愿解除婚约或婚姻的，女方只需退给男方定亲来时给付的聘金，不得再增加任何现金赔付的条件；（2）如果有错在男方，就应给女方承担相应责任；如果错在男方，女方已经给付的聘金不能退还外，还应给付男方相当于男方应该给付女方的聘金数额的赔偿；如果男方有错，女方退付给男方已经给付的聘金，还应给付男方相当于男方应该给付女方的聘金数额的赔偿；任何解除婚约或婚姻的都在此标准以下协商，不能超过此规范标准；（3）如果男女双方是结婚后产生的离婚，女方还应退付在女方出嫁时付给女方送亲人员的资金赔偿，但不能附加其他赔偿条件 8. 已离婚女子再嫁时，聘金不得超过10万元，其他条件与以上7项相同
五、规范自杀、他杀死亡补偿，珍惜生命，维护彝区稳定	针对彝区死给式自杀和他杀事件发生后，导致彝区打、杀、砸、抢、烧等事件发生的情况，县德古协会于2013年7月，组织召开伤害赔偿研讨会，并对其中伤害赔偿进行了规范，即禁止自杀，严惩他杀，控制打、砸、抢、烧等恶性事件在彝区滋生，以维护彝区的社会稳定。协会规范的彝区伤害事件赔偿规范标准如下	1. 自杀事件的处理标准：（1）劝家族不准打砸赔偿5000元；（2）劝舅娘不准打砸补偿4800元；（3）跳崖自杀丧葬费20.5个银、跳水自杀丧葬费19.5个银、服药自杀丧葬费18.5个银、上吊自杀式死给丧葬费17.5个银。以上补偿费用不给死者家属，由其亲属分配。以此控制死给式自杀，让其更加珍爱生命 2. 他杀事件的处理标准：（1）劝家族不准打砸赔偿50000元；（2）劝舅娘不准打砸补偿22.5个银，被杀死的吊唁补偿24.5个银、被打死的吊唁赔偿48000元；（3）以上赔偿费由死者家属与亲属平均分配，不得全由劳亲家属分配。以此控制他杀，维护彝区稳定

五、规范自杀、他杀死亡补偿，珍惜生命、维护彝区稳定	针对彝区自杀式死亡和他杀事件发生后，导致彝区打、砸、抢、烧等事件发生的情况，县德古协会于2013年7月，组织召开伤害赔偿研讨会，并对其中伤害赔偿进行了规范，即禁止自杀、严惩他杀、控制打、砸、抢、烧等恶性事件在彝区滋生，以维护彝区的社会稳定。协会特制定如下规范的彝区伤害事件赔偿规范标准如下 3. 赔偿的银子的折算标准，并提请依法处理：（1）每个银子的折算价为人民币50元；（2）凡不听劝阻的不能获得劝阻补偿，刑事责任和附带民事赔偿部分，不在刑事案件处理部分。民俗赔偿是为控制事态的前期处理部分，不在刑事附带民事赔偿部分中扣除；（4）交通事故、工伤事故、非故意杀害等其他事故，另按其他法律程序处理，不含其中；（5）民俗处理不影响法律程序，用法律手段坚决打击其他杀人案件存续。同时，坚决禁止在彝区发生打、砸、抢、烧等恶意报复性事件。凡有意挑起事端，影响社会秩序，扰乱社会治安，挑民俗民间习俗，根据彝族民间习俗，对死给自杀式自杀者感到自杀而死亡事件的亲属的补偿与托孤将从轻，让其明白自己生命自杀而死亡事件以上规范将从轻，让死给自己生命不值。对故意杀害人并造成死亡者，从重处理，让其明白损害他人生命的严重后果
六、规范德古管理，服从地方党政、服务地方群众，建设阳光德古队伍	为控制地方德古借用德古的名义有意制造事端，套取经济利益，危害社会稳定现象发生，协会特制定如下德古管理办法 1. 马边彝族民间德古协会由民俗研究小组、民俗调解小组和民俗观察小组，共三个小组构成 2. 民俗研究小组、民俗调解小组和民俗观察小组分别由各乡（镇）德古小组成员推选产生的秘书长构成且德古协会秘书，秘书组推选出秘书长一人，副秘书长二人。县协会秘书组负责与县司法局、县宗局的请示、汇报和联络工作 3. 各乡（镇）民俗研究、民俗调解、民俗观察人员接受乡（镇）领导指挥、安排和调动，接受当地群众监督和推选，实行三年一换，任期三年后由各村、组村民代表提名、推荐，并由村民代表选举产生 4. 民俗研究小组、民俗调解小组和民俗观察小组三组成员形成互相监督机制，所有规范和制度都必须经过三方共同讨论、制定、表决，最终达成共识，才可推广、施行 5. 德古在调解民事矛盾间如有违法乱纪，故意设置障碍，挑起事端，协会秘书组有权提醒和除名 6. 为保护德古有效控制事态扩张，赢得公检法司等部门个人或更好的德古个人处理事件，特制定控制事态情况措施

续表

七、违约赔付款处理办法	1.	承担的培训会开支部分交由协会财务处，存入协会会费
	2.	由违约者的责任而产生的其他收入，一半交协会财务各人会费，一半由参与人员分配
	3.	违约责任以捐赠形式给予部分，减去处理事件正常开支，余下部分交协会财务
八、其他附带规范事项	1.	严格遵守国家宪法，言论自由和信仰自由，要在法律以及相关规定的允许范围内
	2.	保护传统习俗，传承传统文明，禁止参与和传播门徒会等邪教组织
	3.	彝族年统一按乐山山委、市政府出台的时间过年，不得有任何更改
	4.	提倡毕摩文化信仰，允许开展祭祀活动，但祭祀后的废弃物品不得乱扔，必须按县城管局安排的指定方位和地点放置或妥善处理，不得影响城市观光和环境卫生，养成文明信仰，规范祭祖，适当扬弃的好习惯
九、协会对传承规范标准的相关说明	1.	本规范标准是从2012年开始，由马边彝族民间德古文化协会组织人员，走访了全县15个乡（镇）60余个村，通过80余名村组干部，征求近3万名村民意见，后又经全县各乡（镇）民俗研讨员多次讨论、修改、制定，再经高石头聚居本县村村民的心血和智慧，制定，最后形成的民俗传承规范标准。本规范标准凝结着全县90余个彝族居住着村村民间德古文化所有的知识产权、解释权、使用权、署名权均属马边彝族民间德古文化协会所有
	2.	为保护本协会的知识产权、名誉权，保障马边全县彝族同胞的知情权和使用权，充分发挥本规范的作用，促进马边彝区的文明建设和社会稳定，本协会要求马边其他民间群团组织未经本协会许可、同意，不得抄袭、使用、剽窃、侵害本规范制定并使用的任何一条规范标准
	3.	如果经本协会同意，在书面或以其他平面转载、使用本规范时，必须注明本协会名称，使用本标准是以规范和促进我县彝区文明建设为目的，以争取全县彝族群众支持为方式，并经过全县各乡（镇）民间德古代表大会讨论通过才形成规范标准，目前已经在全县健康运行近四周年了，每年为全县创造的社会财富、经济财富都无法估量。因此，全县各乡（镇）村制定的任何村规民约可参照本规范标准进行，但不得与本规范标准产生矛盾，以免在某区造成不必要的混乱
	4.	本规范标准是以规范和促进我县彝区文明建设为目的，以争取全县彝族群众支持为方式，并经过全县各乡（镇）民间德古代表大会讨论通过后形成规范标准，目前已经在全县健康运行近四周年了，每年为全县创造的社会财富、经济财富都无法估量。因此，全县各乡（镇）村制定的任何村规民约可参照本规范标准进行，但不得与本规范标准产生矛盾，以免在某区造成不必要的混乱
	5.	禁止任何机构或民间组织将本规范标准更改为《乡规民约》

2-3　《云南省石林彝族自治县阿诗玛文化传承与保护条例》

第一条	为了加强对阿诗玛文化的传承与保护，继承和弘扬民族优秀传统文化，根据《中华人民共和国非物质文化遗产法》《中华人民共和国文物保护法》《云南省非物质文化遗产条例》等法律法规，结合石林彝族自治县（以下简称"自治县"）实际，制定本条例	
第二条	自治县行政区内阿诗玛文化的传承、保护、抢救、开发、利用及相关监督管理，适用本条例	
第三条	本条例所称的阿诗玛文化，是指石林喀斯特地貌环境中孕育出的国家级非物质文化遗产项目《阿诗玛》和与之产生、流传、发展密切相关的各种传统文化表现形式，以及与传统文化表现形式相关的实物和场所。主要包括	（一）彝族撒尼语口传叙事长诗《阿诗玛》《尼迷诗》《圭山彩虹》《竹叶长青》等传统文学及作为其载体的语言文字等
		（二）《远方的客人请你留下来》等传统音乐
		（三）彝族三弦舞（撒尼大三弦）、霸王鞭舞、鼓舞、叉舞、狮虎舞等传统舞蹈
		（四）农民画等传统美术
		（五）彝族纺、染、织、绣、雕刻等传统手工艺
		（六）彝族摔跤、斗牛等传统体育和游艺
		（七）火把节、密枝节等传统节庆
		（八）毕摩礼仪及彝族祭祖、祭火、祭密枝、祭龙、祭山神等礼仪
		（九）与阿诗玛文化相关的手稿、经卷、典籍等文献
		（十）其他阿诗玛文化表现形式
第四条	阿诗玛文化的传承与保护应当坚持政府主导、社会参与、科学规划、分步实施、合理利用、传承发展的原则	
第五条	自治县人民政府应当将阿诗玛文化传承与保护工作纳入国民经济和社会发展规划，所需经费列入本级财政预算，并建立与经济社会发展相适应的经费保障机制	
第六条	自治县人民政府设立阿诗玛文化传承与保护资金。资金来源	（一）县级财政预算安排的资金
		（二）上级扶持资金
		（三）社会捐赠
		（四）其他资金

续表

第七条	自治县文化主管部门负责阿诗玛文化的传承与保护工作。其主要职责是	（一）宣传贯彻执行本条例和有关法律法规
		（二）制定并组织实施阿诗玛文化传承与保护规划
		（三）组织开展阿诗玛文化调查、认定、记录，并建立健全档案和相关数据库
		（四）组织评审、推荐阿诗玛文化项目和认定代表性传承人
		（五）管理阿诗玛文化传承与保护资金
		（六）抢救濒危的阿诗玛文化项目
		（七）开展与阿诗玛文化传承与保护相关的其他工作： 1. 自治县各相关部门应当在各自职责范围内，做好阿诗玛文化传承与保护工作 2. 自治县文化主管部门的阿诗玛文化传承与保护工作机构具体负责阿诗玛文化传承与保护工作 3. 乡（镇）人民政府（街道办事处）应当做好本辖区内阿诗玛文化传承与保护工作 4. 村（居）民委员会应当协助做好阿诗玛文化传承与保护工作
第八条	自治县文化主管部门应组织专家评审委员会，对拟列入阿诗玛文化保护名录的项目进行评审	
	自治县文化主管部门应当将评审后拟列入阿诗玛文化保护名录的项目，征求有关部门意见，并进行公示。公示期为20日	
	自治县文化主管部门应根据公示结果，拟定阿诗玛文化保护名录，报自治县政府批准后公布	
第九条	自治县文化主管部门应对自治县政府批准公布的阿诗玛文化保护名录认定代表性传承人	
	阿诗玛文化项目代表性传承人由本人或本团体提出书面申请，自治县文化主管部门审核认定	
第十条	符合下列条件之一的，可以认定为阿诗玛文化项目代表性传承人	（一）熟练掌握其传承的阿诗玛文化表现形式
		（二）保存并能熟练使用与阿诗玛文化相关的原始文献、资料、实物
		（三）在特定领域具有代表性，并在一定区域具有较大影响，且积极开展传承活动 阿诗玛文化项目代表性传承人符合非物质文化遗产项目代表性传承人认定条件的，应当同时列为县级非物质文化遗产项目代表性传承人

第十一条	阿诗玛文化项目代表性传承人享有领取传承人补贴，开展讲学、艺术创作和学术研究的权利	
第十二条	阿诗玛文化项目代表性传承人应当履行下列义务	（一）开展传承活动，培养后继传承人
		（二）妥善保存相关的实物、资料
		（三）配合相关部门进行阿诗玛文化普查调查、挖掘整理等工作
		（四）参与阿诗玛文化传播、展示和保护活动
		（五）接受相关部门指导、管理和考评
第十三条	自治县文化主管部门应当会同自治县民族事务管理等主管部门制定阿诗玛文化项目代表性传承人考评管理办法，对阿诗玛文化项目代表性传承人实行动态管理，年度考核不合格的予以批评教育，连续两年考核不合格的取消代表性传承人资格，对年度考核为优秀的给予表扬	
	阿诗玛文化项目代表性传承人丧失传承能力，难以履行传承义务的，文化主管部门应当重新认定该阿诗玛文化项目代表性传承人。原代表性传承人继续享受传承人待遇	
第十四条	对具有鲜明阿诗玛文化特色的区域，自治县人民政府可以划定阿诗玛文化保护区，认定阿诗玛文化艺术之乡、阿诗玛文化传承保护基地，具体办法由自治县人民政府制定	
第十五条	自治县人民政府应当将彝族撒尼语口传叙事长诗《阿诗玛》作为重点抢救、传承、保护项目，利用摄影、录像、录音等方式真实、完整记录国家级传承人用彝族撒尼语口传叙事长诗《阿诗玛》，并支持其多形式培养口传传承人	
	自治县文化主管部门应当对彝文手抄本叙事长诗《阿诗玛》、电影《阿诗玛》等阿诗玛文化相关载体予以整理保护	
第十六条	自治县人民政府应当加强对阿诗玛文化相关知识产权的保护。鼓励单位和个人将研究利用阿诗玛文化形成的成果及时申请知识产权	
第十七条	自治县人事主管部门应当将阿诗玛文化传承与保护相关知识列入干部职工培训的内容，提高干部职工传承、保护阿诗玛文化的意识	
第十八条	自治县教育主管部门应当将阿诗玛文化相关内容编入乡土教材。鼓励中小学、幼儿园开展与阿诗玛文化相关的艺术、体育及语言文字教学	
	自治县教育主管部门应当通过组织阿诗玛文化项目代表性传承人进校园等活动，促进阿诗玛文化的传承、传播	

续表

第十九条	自治县人民政府鼓励单位和个人对毕摩图、毕摩礼仪等进行挖掘、整理和研究，并对毕摩传承人开展传承活动予以扶持
	自治县人民政府可以制定特殊政策招聘毕摩传承人，从事彝族语言文字翻译及运用、彝族古籍整理、彝族民俗礼仪指导等工作
第二十条	自治县人民政府应当加强火草布、麻布的制作工艺及彝族刺绣技艺等彝族服饰的传承、保护和开发利用工作
	自治县农业农村主管部门应当加强对火草自然繁殖和人工种植方法的研究，保障火草布生产原料
	提倡公民在重大节庆和节日期间，穿戴少数民族服饰。鼓励机关、事业单位工作人员上班时间穿戴有阿诗玛文化特色的服饰。旅游服务行业工作人员工作时间应当穿戴少数民族服饰
第二十一条	自治县人民政府应当以阿诗玛文化主题公园、阿诗玛文化展示馆、阿诗玛文化传习馆等为载体，展示和传播阿诗玛文化
	自治县文化和旅游主管部门和石林风景区管理机构应当加强石林景区阿诗玛文化氛围营造，以阿诗玛化身石和电影《阿诗玛》中阿诗玛活化形象为依托，广泛传播阿诗玛文化，丰富旅游内涵
第二十二条	自治县人民政府应当建立、完善阿诗玛艺术团的运行体制机制，充分发挥其专业艺术团队的引领作用，引导民间歌舞艺术团队编排彰显阿诗玛文化特色的各类节目，并面向游客进行演出或者外出交流演出

第二十三条	自治县人民政府鼓励和支持单位或者个人从事下列活动	（一）开展彝族摔跤、斗牛，彝族三弦舞、叉舞、鼓舞等传统文体活动
		（二）收集、整理、编纂和出版与阿诗玛文化相关的各种资料
		（三）传统文学、歌舞、音乐、美术、雕塑等阿诗玛文化表现形式再创作
		（四）以阿诗玛文化为基础研发文化创意产品
		（五）开展阿诗玛文化的调查研究及学术研讨
		（六）开发具有阿诗玛文化特色的传统饮食
		（七）建设具有阿诗玛文化特色的民居、场所，开展特色旅游活动 开发利用阿诗玛文化资源，应当尊重原有文化内涵，禁止以歪曲、贬损等方式使用阿诗玛文化资源

第二十四条	自治县人民政府应当在火把节、密枝节期间组织开展各类节庆活动，展示火把节祭火和密枝节祭密枝等民俗，展演阿诗玛文化精品，培育节庆品牌
第二十五条	每年 5 月 1 日为阿诗玛文化旅游节，自治县人民政府应当组织开展阿诗玛文化宣传展示活动和相关旅游推介活动
第二十六条	单位和个人在实施与阿诗玛文化保护有关的项目建设时，应当采取相应保护措施，不得破坏阿诗玛文化项目组成部分的实物和场所
	在自治县行政区域内进行阿诗玛文化参观学习、开发建设等活动，应尊重当地民族风俗习惯
第二十七条	自治县文化主管部门征集或者受赠的阿诗玛文化资料、实物属国家所有，任何组织和个人不得损毁或者侵占
	自治县公安、市场监管等主管部门依法没收、追缴的阿诗玛文化资料、实物，依法定程序完善相关手续后，应当移交自治县文化主管部门管理收藏
	鼓励公民、法人或其他组织将其阿诗玛文化资料、实物捐赠给自治县文化主管部门管理收藏
第二十八条	自治县文化主管部门及其他有关部门工作人员在阿诗玛文化传承与保护工作中玩忽职守、滥用职权、徇私舞弊的，依法给予处分；构成犯罪的，依法追究刑事责任
第二十九条	有下列行为之一的，按下列规定予以处罚；构成犯罪的，依法追究责任 |（一）违反第二十三条第二款、第二十六条第二款规定的，给予批评教育，责令改正
	|（二）违反第二十六条第一款规定的，依法承担民事责任
	|（三）违反第二十七条第一款规定的，责令改正；造成严重后果的，依照有关法律法规的规定予以处罚
第三十条	本条例经自治县人民代表大会审议通过，报云南省人民代表大会常务委员会审议批准，由自治县人民代表大会常务委员会公布施行
	自治县人民政府可以根据本条例制定实施办法
第三十一条	本条例由自治县人民代表大会常务委员会负责解释

附件3 彝族乡村村规民约举要

3-1 盘州市 Y 乡 M 村村规民约

为了发扬社会主义民主，健全社会主义法制，教育村民遵纪守法，维护社会治安和社会秩序，实现村民自治，创建和谐宜居环境，把我村建设成为文明、和谐、美丽的社会主义新农村，特制定本村规民约

社会治安	1. 每个村民都要学法、知法、守法，自觉维护法律尊严，积极同一切违法犯罪行为做斗争，依法维护自身权益
	2. 村民间应团结友爱，和睦相处，不打架斗殴，不酗酒滋事，严禁侮辱、诽谤他人，严禁造谣惑众、拨弄是非
	3. 自觉维护社会秩序和公共安全，不扰乱公共秩序，不阻碍公务人员执行公务
	4. 严禁偷盗、敲诈，哄抢国家、集体、个人财物等，严禁聚众赌博、严禁替罪犯藏匿赃物
	5. 严禁非法生产、运输、储存和买卖爆炸物品
	6. 爱护公共财产，不得损坏水利、道路交通、供电、通信、生产、绿化等公共设施
	7. 严禁私自砍伐国家、集体或他人的林木，损害他人庄稼、瓜果及其他农作物，加强牲畜看管，严禁放养牲畜
	8. 有纠纷及信访事宜应以理性合法的方式向网格、村、乡三级汇报，逐级化解，不得非法上访
	9. 积极主动参与群防群治工作，不参与传销、邪教，并对参与传销、邪教的人员进行说服、劝导；说服劝导无效的应及时向村委会报告
交通运输	1. 不得驾驶无牌无照车辆，不得无证驾驶，不驾驶拼装车、套牌车、有安全隐患车辆，不得酒驾、醉驾、毒驾
	2. 不得超载运输，不得超员超速
产业管护	1. 辖区土地、山川、河流、林地、合作社产业等为集体所有，共同爱护
	2. 各村民有共同协助村合作社发展产业的义务
	3. 不得踩踏、盗挖、毁坏合作社产业作物，不得在产业区放牧、生火、堆石、排水等
	4. 不得采摘合作社刺梨、油菜等作物
消防安全	1. 加强野外用火管理，严防山火，精神障碍者等人员的监护人要加强监护，村民与护林员负有同等的护林责任
	2. 家庭用火做到人离火灭，出门前及时拔掉充电设备，关闭煤气阀门，严禁将易燃易爆物品堆放户内、寨内，定期检查、排除各种火灾隐患
	3. 户内电线定期检查，损坏的要请电工及时修理、更新，严禁乱拉乱接电线，严禁私自更换电表

人口与计划生育	1. 主动与村委会签订双向承诺书
	2. 禁止非法终止妊娠、溺婴、胎儿性别鉴定、非法吻合术等
	3. 及时准确向村委会上报人口变动情况和孕情
	4. 已婚育龄妇女积极参加孕前优生健康检查,妇检对象按时参加村委组织的妇检工作
	5. 严格遵守人口与计划生育相关法律、法规及规章
禁毒工作	1. 及时主动签订禁毒责任书
	2. 严禁种、制、贩、吸食毒品,发现种、制、贩、吸食毒品情况,及时向村支"两委"汇报
	3. 网格每月向村委汇报流出流入人员情况,督促流出流入人员按时到乡办理相关证明
	4. 积极参加"无毒害"家庭创建活动
村风民俗	1. 提倡社会主义精神文明,移风易俗,反对封建迷信及不文明行为,树立良好民风、村风
	2. 凡居住在我村范围内的村民,需操办婚嫁酒(本人、本人的子女或本人直接监护的亲属结婚)提前15日内到村委会申请、登记。丧葬酒(本人的配偶、成人子女及本人直接赡养的老人去世)丧事须在事后15日内主动到村委会登记备案。不准操办婚丧嫁娶酒以外的酒席。符合操办的提倡节俭,禁止燃放烟花,反对大操大办
	3. 家中老人去世,不能大操大办,一般第一个老人去世一切从简,不办酒席,只准招待帮忙邻里与亲友。第二个老人去世时才能一起办理酒席
	4. 不请神弄鬼或装神弄鬼,不搞封建迷信活动,不参加邪教组织
	5. 建立正常的人际关系,不搞宗派活动,反对家族主义
	6. 积极开展文明卫生村建设,搞好公共卫生,加强村容村貌整治,严禁随地乱倒乱堆垃圾、秽物,修房盖屋余下的垃圾碎片应及时清理,更不能倒在河道内,柴草、粪土应定点堆放,并做到门前"四包"
	7. 建房应服从村庄建设规划,经村委会和上级有关部门批准,统一安排,不得擅自动工,不得违反规划或损害四邻利益
	8. 不损坏道路、路灯、健身器材、水利设施、垃圾箱等公共设施
	9. 不得居住有安全隐患的房屋,不得将有安全隐患的房屋租与他人居住,违者村委予以警告,不听劝告者,后果自负
	10. 不得破坏水管、水池,污染集体饮用水源

"五创"工作	1. 开展门前"四包"，房前屋后无垃圾乱倒、生产生活材料及用具无乱堆乱放、无生活污水横流
	2. 主体建筑，不能随意拆除重建，必须取得村委同意，外观要求和本村建筑风貌一致，且无乱搭乱建现象
	3. 对辖区内破坏环境卫生行为实时举报，自觉维护辖区环境卫生
	4. 自觉维护辖区内的道路、花草绿地、路灯、健身器材、水利设施、垃圾箱等公共设施
	5. 不得乱丢乱倒垃圾，不得向河道倾倒垃圾和土渣，不得私自焚烧、掩埋垃圾
	6. 积极创建"五创"模范户
邻里关系	1. 村民之间要互尊、互爱、互助，和睦相处，建立良好的邻里关系
	2. 在生产、生活、社会交往过程中，应遵循平等、自愿、互惠互利的原则，发扬社会主义新风尚，积极参与村组织的各种文体活动，享受积极向上的文明生活
	3. 邻里纠纷，应本着团结友爱的原则平等协商解决，协商不成的可申请村调解委调解，也可依法向人民法院起诉，树立依法维权意识，不得以牙还牙、以暴制暴
婚姻家庭	1. 遵循婚姻自由、男女平等、一夫一妻、尊老爱幼的原则，建立团结和睦的家庭关系
	2. 婚姻大事由本人做主，反对包办干涉，男女青年结婚须符合法定结婚年龄要求，提倡晚婚晚育
	3. 遵守计划生育法律、法规、政策，实行计划生育，提倡优生优育，严禁违反计划生育或超生
	4. 夫妻地位平等，共同承担家务劳动，共同管理家庭财产，反对家庭暴力
	5. 父母应尽抚养、教育未成年子女的义务，禁止歧视、虐待、遗弃女婴，破除生男才能传宗接代的陋习。子女应尽赡养老人的义务，不得歧视、虐待老人

违约处理：违反本村村规民约规定的，村民委员会对违反村规民约的农户不予办理本人及其直系亲属的诚信手续证明材料，同时取消违反村规民约者及其直系亲属的所有惠民政策，并缴纳一定的违约金由村委会开具收据统一收缴存于村委会专户，由村委会召开村民大会或村民代表会议表决后，用于村级公益事业建设

（一）违规操办酒席	对违规操办酒席者，取消本人及其直系亲属的所有的惠民政策，并对违规操办酒席提供餐具和违规操办酒席提供劳动力帮助等行为的做如下处理	1. 对其承办酒席的餐具和用具进行没收和现场清除，所收礼金按非法所得没收；对未摆放收受礼金摊点，但又暗下违规收受礼金的，一经查实，除违规收受礼金按非法所得进行没收外，当事人必须缴纳 1 万元违约金
		2. 对违规操办酒席提供帮助的管事、厨师、屠户每人缴纳 200 元违约金
		3. 对违规送礼人员分别以所送礼金按双倍缴纳违约金
		4. 对出借违规操办酒席餐具和用具的农户，缴纳 50 元违约金
		5. 对违规送礼的党员、村干部、网格员缴纳 300 元的违约金，同时对违规送礼者及其直系亲属取消所有惠民政策
（二）违反"五创"活动		1. 房前屋后垃圾、生产生活材料及用具乱堆乱放，生活污水乱排乱放的，缴纳违约金 200 元/次，对环境卫生，室内、室外进行评比，对干净、清洁的农户给予一定奖励，对不干净、不清洁的农户进行曝光、警告，并限期整改，同时取消本人及其直系亲属所有惠民政策
		2. 非法占地私搭乱建的，缴纳违约金 1000 元，同时取消本人及其直系亲属的所有惠民政策
		3. 不配合人居环境改造、干扰施工等行为，破坏辖区内的道路、花草绿地、路灯、健身器材、垃圾桶/箱、水池等公共设施的，除按原价进行赔偿外，缴纳违约金 500 元，同时取消本人及其直系亲属的所有惠民政策
		4. 网格联户要在村委会的安排下，对本村寨公路定期进行清扫，如无故不参与的，缴纳违约金 100 元/次，具体清扫路段由村委会负责划分
		5. 向河道倾倒垃圾和土方的，缴纳违约金 1000 元，同时要求将所倾倒的垃圾和土方清理干净
		6. 污染破坏饮用水源，破坏管道、水池，私换水表、浪费自来水等缴纳违约金 1000 元，同时要求恢复原状
（三）违反社会治安		1. 未与村委会签订禁毒责任书的，缴纳违约金 100 元，同时取消本人及其直系亲属的所有惠民政策
		2. 种植毒品的，缴纳违约金 1000 元，同时取消本人及其直系亲属的所有惠民政策，造成严重后果的，一律移交公安机关处理
		3. 制、贩、吸食毒品的，缴纳违约金 1000 元，同时取消本人及其直系亲属的所有惠民政策，造成严重后果的，一律移交公安机关处理

续表

（三）违反社会治安	4. 出现一例非法上访的，缴纳违约金 300 元，取消本人及其直系亲属的所有惠民政策，造成严重后果的，一律移交公安机关处理
	5. 侮辱、诽谤他人，造谣惑众、搬弄是非的，缴纳违约金 200 元，同时取消本人及直系亲属的所有惠民政策，造成严重后果的，一律移交公安机关处理
	6. 扰乱公共秩序，阻碍公务人员执行公务的，缴纳违约金 500 元，同时取消本人及其直系亲属的所有惠民政策，造成严重后果的，一律移交公安机关处理
	7. 参与或聚众赌博的，缴纳违约金 500 元，情节严重的移送司法机关处理，同时取消本人及其直系亲属的所有惠民政策，造成严重后果的，一律移交公安机关处理
	8. 参加邪教组织的，缴纳违约金 500 元，同时取消本人及其直系亲属的所有惠民政策，造成严重后果的，一律移交公安机关处理
	9. 无故不参与"群防群治"工作的，缴纳违约金 200 元，同时取消本人及其直系亲属的所有惠民政策
	10. 参与传销活动的，处罚 500 元，同时取消本人及其直系亲属的所有惠民政策，造成严重后果的，一律移送公安机关处理
（四）破坏合作社产业	1. 盗拔、踩踏、破坏合作社刺梨，按照每株刺梨市场价的 2 倍进行罚款，超过 20 株的，按照市场价的 4 倍进行赔偿
	2. 在产业带、刺梨园、核桃园等内放牧的，处罚 500 元。如果有踩踏、盗拔林下套种作物情况，按照上一条进行处罚
	3. 私自在产业地套种高秆作物的，要求在 10 日内拔除

奖惩结合，以约束为主，突出村居民自治，加强村规民约的组织实施，严格兑现处罚，同时创新考评机制，创建遵守村规民约的模范户，对模范遵守村规民约的模范户以及好人好事进行表彰

本村规民约自召开村民大会表决通过之日即 2018 年 8 月 14 日起执行

3-2 纳雍县 S 乡 T 村"十要十不准"与"红九条"村规民约

十要十不准	红九条
一要感恩奋进，不准离心离德、忘恩负义	一不参加善事、好事、公共事业建设的
二要自强自立，不准酗酒赌博、好吃懒做	二不爱护卫生、破坏生态环境、扰乱公共秩序的
三要婚姻自由，不准早婚早育、重男轻女	三不遵守国家法律法规、违反相关政策、不诚信、不守信的

续表

十要十不准	红九条
四要尊老爱幼，不准遗弃老人、虐待儿童	四不按规定申报、滥办乱办酒席、铺张浪费的
五要遵纪守法，不准打架斗殴、偷摸扒窃	五不按规划违建乱建房屋的
六要和睦相处，不准钩心斗角、搬弄是非	六不爱护公共设备、设施的
七要勤俭节约，不准铺张浪费、盲目攀比	七不配合村支"两委"工作、不执行村支"两委"重大决策的
八要移风易俗，不准违规办酒、封建迷信	八不团结邻里、不赡养父母、不尊老爱幼、不礼貌待客的
九要保护生态，不准乱砍滥伐、随意放牧	九不依法管教未成年子女、纵容子女犯法、早婚早育、超生失学、重男轻女等现象的
十要爱护环境，不准乱丢乱倒、破坏公物	

3-3　纳雍县S乡T村"党建+积分"考评表

村组：　　　　　　农户姓名：　　　　　　日期：

项目	内容	分值	加减分记录
正面清单	参加村合作社劳务用工	每次加2分	
	参加技能培训	每次加3分	
	参加群众会	每次加5分	
	参加劳务输出就业	每人每年加20分	
	家庭环境卫生评分80分以上	每次加10分	
	按规划进行产业结构调整	每次加50分	
	参加乡村公益活动	每次加5分	
	懂感恩，如实报告已享受的惠农政策	每次加20分	
负面清单	有早婚早育问题	每次扣30分	
	子女住新居，老人住旧所	每次扣50分	
	有义务教育阶段辍学问题	每次扣20分	
	建新不拆旧	每次扣50分	
	家庭环境卫生70分以下	每次扣10分	
	不懂感恩，不如实反映问题	每次扣20分	
	有违法犯罪行为	每次扣80分	
	与邻里发生纠纷	每次扣5分	
	基础分：100分	当月得分	

评分人（签名）：

3-4 威宁县B乡B村村规民约

为了发扬社会主义民主，健全社会主义法制，维护社会稳定，实现村民自治，树立良好的民风村风，创造安居乐业的社会环境，着力打造"文化板底、生态板底、和谐板底、宜居板底、魅力板底"，促进积极发展，构建和谐社会，经村民代表会议讨论通过，特制定本村规民约

1. 每个村民都要学法知法，遵纪守法，自觉维护法律法规尊严，积极同一切违法犯罪行为做斗争

2. 村民间应团结友爱，和睦相处，不打架斗殴，不酗酒滋事，严禁侮辱、毁谤他人，严禁搬弄是非

3. 自觉维护社会秩序与公共安全，不扰乱公共秩序，不阻碍公务人员执行公务

4. 严禁偷盗、敲诈，严禁哄抢国家、集体、个人财物，严禁替罪犯匿藏赃物

5. 严禁非法生产、运输、储存和买卖爆炸物；经销烟花、爆竹等易燃易爆物须经公安机关等有关部门批准

6. 爱护公共财物，不得损坏水利、交通、通信、供电、供水、生产、旅游等公共设施

7. 保护生态环境，人人有责。鼓励植树造林，严禁私自砍伐森林

8. 农村的所有土地，除了法律规定属于国家所有的以外，村民的宅基地、自留地、自留山等所有权属于村民委员会集体，个人只有经营使用权

9. 家庭用火做到人离火灭，严禁将易燃易爆物品堆放户内、寨内。定期检查、排除各种火灾隐患

10. 加强村寨防火设施建设，加强村民尤其是少年儿童安全用电用煤用气等知识宣传教育，提高全体村民消防安全知识水平和意识

11. 自觉养路护路，维护道路通畅，不准在村道、主道边搭建违章建筑、晾晒作物，堆放废土、乱石、杂物，不准在路上乱挖排水沟，不准在路肩上种植作物，侵占路面

12. 提倡社会主义精神文明，移风易俗，反对封建迷信及其他不文明行为，树立良好的民风、村风

13. 坚持党的民族宗教政策。反对邪教，禁止参加一切邪教组织活动

14. 严禁违规揽办酒席，喜事新办，丧事从简，破除陈规旧俗，反对铺张浪费，反对大操大办

15. 建立正常人际关系，不搞宗族派性，反对家族主义。反对封建迷信及不文明行为，树立良好的社会风尚

16. 尊老爱幼，家庭和睦，邻里和谐。父母应尽抚养、教育未成年子女的义务，子女应尽赡养老人的义务

17. 村内兴办公共事业建设所需筹资筹劳，实行"一事一议"制度，由村民会议或村民代表会议讨论通过

18. 搞好公共卫生和村容整治，做到垃圾不乱倒，粪土不乱堆，污水不乱流，柴草不乱放，禽畜不乱跑，房前屋后不积水，房檐下的水沟处处要疏通

19. 实行计划生育，优生优育，男女平等

20. 建房应服从村庄建设规划，经村委会和上级有关部门批准，不得擅自动工，不得违反规划建设

21. 对违反上述条款者，按照相关规定进行处罚，触犯法律法规的，移交司法机关依法进行处理

3-5　云南省开远市 H 村村规民约

1. 不得共产党就不得我们呢幸福生活，我们要听党呢话，跟党走，要爱国，爱我们呢家乡，爱集体（我们的幸福生活是中国共产党给予的，我们要听党的话，认真跟党走。我们要热爱祖国，热爱家乡，热爱村集体）

2. 公家叫做呢事要赶紧克做，有啥事情觉得不合呢好好呢挨村干部和各级领导说，罢得不得就一大窝呢闹（政府和村委会交待的事情我们要尽快完成，若有觉得不合理的地方，各位村民要友好地跟村干部和各级领导反映，不能聚众闹事）

3. 国家法律法规要认得，见着坏人坏事要敢说（每位村民都要认真学习国家的法律法规，勇于举报坏人和反映坏事）

4. 不是自己呢东西不能偷也不能整烂，偷要被抓呢，整烂么要赔呢（不能偷盗和破坏他人的物品，若有此行为，不仅会被抓捕移送相关部门，还要对其做出相应的赔偿处罚）

5. 村子是我家，大家要爱它，村子呢事要关心，大家商量干，叫扫地、干义务么赶紧整，不整要罚扫地呢（村子是我们共同的家园，大家都要爱护它。村子的事情是每一个村民的事情，大家要民主商议、共同决策。每位村民都有维护村寨卫生的责任和义务，如果破坏村寨的卫生环境，就要承担相应的村寨环卫工作）

6. 一个寨子呢人，和和气气呢，有那样事呢，一家帮下一家（村寨中的每位村民应当和平相处、团结友爱、守望相助）

7. 出克干活计，罢乱开荒，乱放火，放牛羊酿呢么，罢乱克吃着别个家呢庄稼，如果不听要罚钱呢（村民在外干活，不得随意破坏山林土地，不得随意在外点火。放牧牛羊等牲畜的时候，要时刻监督自己的牲畜，防止它们啃食和践踏别人的庄稼。如果不听，将会受到相应的惩罚，做出应有的赔偿）

8. 在家用火用电么，要注意安全，不是会有危险呢，水电不能乱接（村民在家用火、用电应当注意安全，不能随意嫁接水管和电线，否则将会引发安全隐患）

9. 罢整封建迷信活动，罢参加邪教组织，罢装神弄鬼黑人，嫁姑娘讨媳妇办白事，要节约，租用公家呢桌椅碗筷，要按规定给钱，整烂要赔（村民不能参与封建迷信活动，不得参加邪教组织，不能装神弄鬼。婚丧嫁娶等事宜要秉承节约原则，租用村集体的桌椅碗筷时应当按照规定给付租金。如有破坏，应照价赔偿）

10. 结婚么要等到岁数了再结，姑娘儿子喜欢么罢干涉，小娃么生两个就可以，小娃好好呢领，个个小娃都要读书呢，不是长大样都认不得，两口子好好呢过，老人好好养养，哪个都有老呢一天，不是二日又后悔（村民缔结婚姻应当符合法律的年龄规定，父母不得干涉子女的恋爱与婚姻的自由。子女生育应当树立合理的观念，父母要认真抚养孩子，保障子女入校读书接受教育的基本权利。夫妻之间要相敬如宾，恩爱生活。子女要孝顺父母，认真履行赡养老人的责任和义务，否则将会后悔不已）

续表

11. 寨子跟家都要干净，脏水罢乱倒乱淌，渣渣罢乱堆乱放，不听后果自负，单个整干净，老实过分呢罚款（村寨和家庭之中都要保持良好的卫生，切勿乱排生活污水和乱倒生活垃圾，否则后果自负。如果污水乱排、垃圾乱放，自己要负责清理干净。情节严重者，将会被处以罚款的惩戒）

12. 这个村规民约么大家要遵守，这个寨子才会过呢好成酿（每位村民都要严格遵守村规民约，这样生活才会更加美好、村寨才能更加美丽）

注：括号之中的内容为笔者关于村规民约原文的注解。

3-6 四川省凉山彝族自治州昭觉县 L 乡 C 村村规民约

1. 在村内发现吸毒人员处罚 5000 元，贩毒人员移交国家司法机关并处罚 10000 元

2. 积极参加集体义务劳动、打扫公共卫生，未到位者一次处罚 100 元

3. 教育控学保辍工作，学生每旷课一天家长处罚 50 元

4. 私自乱砍滥伐，轻者每次处罚 500 元，严重者移交森林公安机关处理

5. 本村村民偷盗农户财产（牲畜、家庭私有物品）和国家公共资产（水电力设施、固定资产）等罚 5000 元

6. 阻挠破坏本村基础设施建设，轻者处罚 2000 元，严重者移交国家司法机关处理

7. 破坏本村安定团结、社会稳定者（如：酗酒闹事、打架斗殴，聚众赌博）等，轻者处罚 2000 元，严重者移交国家司法机关处理

8. 不积极参加社员大会、村民大会者每次处罚 100 元

9. 无依据造谣生事，轻者处罚 500 元，情节恶劣者移交国家司法机关处理

10. 参与门徒会等非法信仰组织者，发现一次处罚 500 元，造成严重影响的移交国家司法机关处理

11. 每个村民都要学法、知法、守法，维护法律的权威和威严，坚决同一切违法犯罪行为、邪教组织做斗争

12. 严格用水用电管理，未经批准，不得安装水电设施，轻者罚款 1000 元并要求其拆除设施，重者移交国家司法机关处理

13. 红白喜事需报备村委会，严禁烟花燃放，发现一次罚款 2000 元

3-7　四川省凉山彝族自治州昭觉县 L 乡 W 村村规民约

1. 家庭"四个好"。积极参与"四好"创建工作，合理做好安全住房改造工作；积极参加有关培训，家庭主要劳动力掌握一项及以上农村实用技术或务工就业技能，有 1 个及以上致富项目或产业；不参与迷信活动，自觉养成勤洗手、洗脸、洗脚、洗澡、洗衣被的良好生活习惯和宿圈分离、不乱倒垃圾的卫生习惯；无酗酒、无赌博现象；自觉接受新观念，无违法乱纪行为，无超生现象；红白喜事不大操大办，拒绝高额彩礼；诚实守信、尊老爱幼、和谐相处；改变手抓坨坨肉、分坨坨肉、暴饮暴食不健康、不营养、不卫生等餐饮习惯

2. 倡导"移风易俗"，婚丧嫁娶方面，结婚彩礼不得超过 12 万元，违者罚款 3000 ~ 5000 元；倡导"厚养薄葬"，办丧事要节约，改变原来吃"坨坨肉"的方式，以吃"炒菜、汤锅、凉菜"为主，宰牛不得超过 5 头，违者罚款 3000 ~ 5000 元

3. 村民贩卖毒品，除移交司法机关外，每户每次罚款 1 万元，该村民不得享受政府补助和救济，同时其家族成员，每户罚款 100 元。新增吸毒、复吸人员进行强制戒毒，并处罚 500 元，该村民不得享受政府救济和补助。贩毒人员容留吸毒人员吸食毒品而死亡，移交司法机关处理，同时赔偿 10 万元。辖区内贩毒人员超过 2 名，村书记免职，超过 3 名，村支书、村主任与村文书（会计）全免职

4. 村支书、村主任与村文书（会计）组织艾滋病感染者的配偶到乡卫生院进行艾滋病检测，每年不少于 2 次，否则将问责。艾滋病病毒携带者和病人每年至少进行 2 次 CD4 检测，如有不检测者其家属罚款 100 元，不参加抗病毒治疗者其家属罚款 100 元。村民结婚要到派出所、保健站进行尿检、婚检，否则处罚 500 元

5. 参加"门徒会"，帮助"门徒会"邪教组织，一经发现，除移交司法机关外，每户每人罚款 200 元

6. 破坏、偷盗"三线"者，移送有关司法部门依法处理，并罚款 2000 元

7. 翻旧账、家支干政，积极参加带头组织者罚款 2000 元，其他人员罚款 500 元，情节严重移交司法机关

8. 适龄儿童辍学外出打工，该学生家长不得享受政府补助和救济，并罚款 1000 元

9. 未经审批乱建住房者，强行拆除该建筑物，没收该土地，罚款 500 元

10. 严禁用三轮车进行客运，违者罚款 50 ~ 100 元

11. 无故不参加村、社会议的，每人每次罚款 50 元

12. 打工、做生意等外出时间长，需要向社干部请假，村社干部要向乡上汇报

13. 滥乱砍伐森林，没收其木材，每株罚款 50 元

14. 本村学生考上中专、本科将对其进行奖励 500 ~ 1000 元

15. 私自进行野外用火者罚款 500 元

16. 婚丧嫁娶及节假日等活动，一律禁止燃放烟花，燃放烟花者，罚款 10000 元

3-8　云南省 N 村村规民约

1. 村干部和村民小组成员、村民代表是农村公共事务的决定者，要认真学习、贯彻落实党内法规和国家的法律、法规，人人都要学法、知法、守法，依法自觉地维护法律的权威与尊严，在本村要求村民做到的事自己首先做到，廉政为民，若村干部违反《村规民约》，加倍处罚

2. 村民要学习党和国家的政策、法律、法规，自觉遵纪守法，服从村干部的领导和指导，热爱本村的集体荣誉，做什么事都要为村争光，要为村里的物质文明、精神文明建设做出积极的贡献。若违反本《村规民约》，必须按照村委会的规章严格处理

3. 村民要学科学、用科学，要积极参加村民小组召开的大会，不准迟到或早退，必须服从上级关于推广农业生产科学技术活动的统一安排，不得上级说一套自己干一套，不服从安排和组织者，后果自负

4. 土地属于集体所有，在国家、集体建设等需要时，承包户要服从村干部的安排

5. 村民拆旧翻新建盖房屋要先写申请上报，经村民小组、村民委员会，乡、县土地管理部门批准同意，并进行公示后方可建盖。违反者一律按违章建筑处理，限期拆除，限期内不拆除者，按程序由有关部门组织拆除，拆下后的材料先估价，然后抵扣拆除工作报酬，同时由行政执法部门给予行政、经济处罚

6. 村民要服从村委会的种植安排和规划，种植新品种、优良作物，否则取消种植合同

7. 村民采石、取土要上报村委会和环保部门批准，未经上报、审核批准便擅自采石、取土者，视情节罚款 500 元以上，情节严重者由行政执法部门依法处理。外村人员到本村采石者，按照每辆手扶拖拉机 50~100 元、每辆汽车 100~300 元罚款，不配合者，加倍罚款

8. 保护国家、集体、个人的林木（包括竹子、果树），严禁乱砍滥伐。违者偷砍树枝每公斤罚款 0.5~1 元；偷砍树木材料，以根茎尺寸量计，每寸罚款 10~15 元，同时没收木材，态度不好的加重处罚。在糯黑村区域内铲土杂肥料的外地人，手扶拖拉机每辆罚款 150 元，农用汽车每车罚款 300 元，载重量 5 吨以上每车罚款 500 元，情节严重者由行政执法部门依法处理（补充条例：乱伐干柴者，每车罚款 100~150 元；乱修青松、棵松的树枝者，每车罚款 150~250 元，烧柴不给带走。外人来伐杂木者，每车罚 150~200 元，烧柴不给带走；砍伐已成可使用的木材者，按照《村规民约》按木材尺寸，每寸罚款 50 元，并没收林木；堆放腐殖土者，每车罚款 100~150 元；凡各级单位需要积腐殖土，必须先与村民小组联系）

9. 村民饲养的动物、家畜造成他人损害的，动物饲养人或管理人承担经济责任，没有或限制行为能力的人给他人造成损害的，监护人应承担经济责任。保护村民的庄稼，牛、马、羊、猪等不准进入他人田埂、地埂，未收完的农作物、烤烟地和集体封山区域。违者每放入一次，每头牛、每匹马罚款 20 元，每只羊罚款 10 元；家畜吃地里庄稼，每棵玉米、每窝洋芋均罚款 1 元；啃食撒播的小麦和绿肥，每平方米罚款 10 元

10. 偷一包苞谷、一窝洋芋、一个水果均罚款 1 元，偷玉米杆每把罚款 0.5 元，其他可参照执行

11. 搞好公共卫生和村容村貌，保持整洁，村民的粪、土、石、柴、草等不得乱堆乱放，不得影响集体道路、场院、沟渠公共卫生，违者限期搬走，不听者视情节罚款 20～100 元，堆放物没收处理给他人

12. 凡承包集体加工房、水库、果园、鱼塘等应按时缴纳承包费、管理费等，违者每超过一天缴款期限加罚 50～100 元。拖延时间较长者，按违约处理，并向人民法院起诉

13. 严禁乱开挖集体荒山荒坡，由村委会组织承包或绿化造林，违者每开挖一平方米荒山荒坡、沟埂罚款 2 元，并没收所开挖的土地，由村委委员会和村民小组另行处理

14. 村民要按村委会的时间要求积极完成任务，完成公益事业建设需要的集体筹款和乡统筹款，违反者交滞纳金，每延期一天，视情节由村委会、村民小组临时决定处以滞纳金罚款

15. 村民认真执行《义务教育法》，父母须让适龄子女入学，接受规定年限的义务教育，不准使子女辍学

16. 村民不准打架斗殴、赌博、盗窃、酗酒闹事、吸毒、嫖娼卖淫等，构成违法犯罪者移交有关司法部门依法处理

17. 村民之间要互相尊重，互相理解，互相帮助，和睦相处，建立良好的乡邻关系，双方发生纠纷问题，报村民小组和村委会解决

18. 对丧失劳动力、无固定收入的老人，其子女必须尽赡养义务，保证老人每人每年 400 公斤粮、200 元钱、两套衣服。老人生病就医、生活开销等费用由子女负责承担。不准虐待病残儿、继子女

19. 对举报违反《村规民约》者，对协助村委会、村民小组工作有突出贡献的村民给予表彰奖励

20. 若村干部、村民小组成员为搞好本村工作而遭人报复，若有人破坏村干部、村民小组成员的庄稼或财产等，未破案的，经核实后由村委会或村民小组集体经济向损失者赔款，破案的由破坏者赔偿，并从重处罚

21. 本《村规民约》自村民代表大会讨论通过之日起执行，外村人在本辖区内违反《村规民约》者加重处罚。未尽事宜，村委会可按有关法律法规和规定执行

附件4　川、滇、黔等部分地区彝族火把节活动举要

4-1　云南省楚雄彝族自治州彝族 2019 年火把节活动

活动时间		主题	
		欢聚中国彝乡，共享滇中翡翠，情系红火楚雄；丝路云裳，美美与共，喜庆新中国七十华诞	
		活动内容	地点
7月21日	全天	火把节文化周活动	太阳历文化园、禄丰县恐龙谷
7月22日	9：30~11：00	2019中国原生民歌节：来自全国29个省（区、市）推荐选送的60组展演节目、21个少数民族的民歌节目入围，进入展演环节的节目涉及50个传统民歌种类	牟定县彝和园、双柏县查姆广场、禄丰县恐龙山镇阿纳社区
7月23日	14：00、20：00		楚雄州广电中心
			桃源湖月亮广场
7月23~24日	15：00~17：30	丝路云裳·民族服装服饰设计暨形象大使大赛（决赛）	
7月24日	20：00~21：30	丝路放歌——东南亚5国国家艺术团展演、丝路云裳·七彩云南2019民族赛装文化节各阶段成果及民族服装服饰设计暨形象大使大赛精品节目文艺演出	彝州大剧院
7月25日	9：30~11：00	街舞展演	彝海公园
	9：00~17：00	"指尖上的记忆"彝绣动态展	彝人古镇茶花溪
	20：00~21：30	丝路云裳·民族服装服饰设计暨形象大使大赛（决赛）颁奖；沪滇文化帮扶协作成果《云绣彝裳》首演	彝州大剧院
		广场专场文艺演出	彝海公园
	21：30~21：50	"火树银花"焰火晚会	太阳历文化园、彝海公园、市公共体育场
	20：00~23：00	"彝歌声声"万人左脚舞撒火把狂欢	太阳历文化园太阳广场、彝海公园、桃源湖广场、开发区市民广场、紫溪彝村

活动时间		活动内容	地点
7月26日	9：00～17：00	"指尖上的记忆"彝绣动态展	彝人古镇茶花溪
	9：00～12：00	丝路云裳·民族服装服饰设计暨形象大使展演	开发区市民广场、州体育馆广场
	20：00～21：30	祭火大典	太阳历文化园太阳广场、彝海公园、桃源湖广场、开发区市民广场、紫溪彝村
		广场专场文艺演出	彝海公园
	21：30～21：50	"火树银花"焰火晚会	太阳历文化园、彝海公园、公共体育场
	20：00～23：00	楚雄火把音乐生活节	太阳历文化园
	20：00～23：00	"彝歌声声"万人左脚舞撒火把狂欢	太阳历文化园太阳广场、彝海公园、桃源湖广场、开发区市民广场、紫溪彝村
7月27日	13：30～17：00	彝族传统体育竞赛（斗牛、斗羊、赛马）	紫溪山景区
	20：00～23：00	楚雄火把音乐生活节	太阳历文化园
		"彝歌声声"万人左脚舞撒火把狂欢	太阳历文化园太阳广场、彝海公园、桃源湖广场、紫溪彝村
		紫溪山原生态火把节	紫溪山（板凳山）
8月4日	8：00～15：00	家庭马拉松赛	青山湖环线
7月22日至8月5日	全天	楚雄市庆祝中华人民共和国成立70周年"城市记忆"成就展	楚雄彝族自治州城乡规划展示馆、西山公园中共楚雄支部纪念馆
7月24日至8月5日		火把节名特优精品展销活动	紫溪镇达连坝中农联楚雄国际农产品交易中心
7月24日至9月20日		"我和我的祖国"沙马拉毅艺术展	楚雄彝族自治州博物馆1号展厅
备注		主办单位：云南省文产办、云南省民宗委、云南省文化厅、云南省旅发委；承办：楚雄州委宣传部、楚雄州文产办、楚雄州民宗委、楚雄州体育局、楚雄州旅发委、楚雄市人民政府	

4-2 云南省巍山县 2019 年火把节活动

活动时间	活动内容	地点
7 月 26 日	9：00~12：00 14：00~17：30　2019 年度彝语文新词术语翻译专家审定会	熊诏酒店
	9：00~13：00　2019 大理·巍山彝族赛装节暨民族团结进步创建宣传活动月启动仪式	大仓镇大三家村
	8：00~20：00　舌尖巍山·巍山小吃展	南诏胡同
	9：00~16：00　魅力巍山·巍山文化展	南诏博物馆文华书院
	13：00/15：00/20：00　古乐巍山·南诏奉圣乐	拱辰楼
	14：30/16：00/20：00　多彩巍山·古城文艺汇	南街 8 号院
	18：00~21：30　彝韵巍山·彝家欢歌夜	拱辰楼广场文献广场
7 月 27 日	9：00　2019 火把节座谈会	巍山县政府
	8：00~20：00　舌尖巍山·巍山小吃展	南诏胡同
	9：00~16：00　魅力巍山·巍山文化展	南诏博物馆文华书院
	13：00/15：00　古乐巍山·南诏奉圣乐	拱辰楼
7 月 27 日	14：30/16：00　多彩巍山·古城文艺汇	南街 8 号院
	18：00~21：30　彝韵巍山·彝家欢歌夜	拱辰楼广场文献广场
	20：00　云上巍山·多维舞台秀	南诏文化广场
	21：00　炫彩巍山·焰火晚会	文华山公园
7 月 28 日	8：00~20：00　舌尖巍山·巍山小吃展	南诏胡同
	20：00　火热巍山·盛夏狂欢夜	南诏文化广场
	9：00~16：00　魅力巍山·巍山文化展	南诏博物馆文华书院
	13：00/15：00/20：00　古乐巍山·南诏奉圣乐	拱辰楼
	15：00/20：00　多彩巍山·古城文艺汇	南街 8 号院
	18：00~21：30　彝韵巍山·彝家欢歌夜	拱辰楼广场文献广场
备注	主办：华侨城集团、云南省彝学学会；承办：云南世博旅游集团、巍山县彝学学会	

4-3　贵州省六盘水市 H 村 2020 年彝族火把节活动

活动时间		活动内容
8 月 9~15 日	全天	商品展（特色商品、娱乐项目、农产品及其他商品）
8 月 12 日	14：30~17：00	祭火仪式
	9：00~16：00	彝族民间体育活动（摔跤、赛马拔河、斗牛、斗羊）
8 月 13 日	9：00~16：00	彝族民间体育活动（摔跤、赛马拔河、斗牛、斗羊）
	13：40~14：40	迎宾活动
	15：00~16：30	文艺会演
	20：00~22：00	篝火晚会
8 月 14 日	15：00	索玛花选拔赛复赛
	16：00	送火仪式
	20：00~22：00	索玛花选拔赛半决赛
8 月 15 日	20：00~22：00	索玛花选拔赛决赛、颁奖晚会、彝族群星演唱会
备注		六盘水市彝学研究会、六盘水五色文化发展有限公司、贵州彝海峰文化发展有限公司

4-4　贵州省盘州市 Y 乡 M 村 2018 年火把节活动

活动时间	主题	
	弘扬传统文化、促进文化产业、助推脱贫攻坚、实现共同小康	
	活动地点	活动内容
8：00~12：00		做准备工作
12：30~13：30	村寨寨门	迎宾敬酒
14：00~16：00	村寨小广场	火把节开幕式及文艺演出（民族舞蹈、独唱、山歌对唱、乐器演奏、原创民歌、现代舞）
14：30~17：30	村寨小广场	传统体育比赛
17：30~18：30	农户柳文林（家）	就餐（晚餐）
20：00~20：10	村寨小广场	取火祭火仪式、举火把转寨仪式
20：10~21：20	村寨小广场	篝火晚会
备注	主办：M 村村民委员会；协办：Y 乡人民政府、Y 乡科教文化服务中心、Y 乡妇联	

4-5 四川省凉山彝族自治州西昌市 2019 年火把节活动

活动时间		主题	
		清凉夏日·燃情火把	
		活动内容	地点
7 月 24 日	下午	梦寻花海湿地全国自行车邀请赛	梦寻花海湿地
7 月 25 日	10：00	校地合作集中挂牌仪式	西昌市委党校
	20：00	大美凉山荧光夜跑邛海、音乐派对	邛海湿地景区
	20：00	大箐火把音乐节暨火把嘉年华	大箐乡诗歌小镇
7 月 26 日	10：00~11：30	魅力中国城文旅博览会、天府旅游名县联盟开幕式、巡馆	火把广场
	14：00~17：00	招商推介会	邛海宾馆国际会议中心
	19：00~22：00	原生态火把狂欢晚会	洛古波火把广场（主会场）、大箐乡火诗歌小镇（分会场）、四合乡（分会场）
7 月 27 日	9：00	开海节民俗演出、渔家宴	琼海月色风情小镇
	9：00~11：30	彝族摔跤	西昌市民族体育场
	9：00~12：00	央视文旅高峰论坛《对话》录制	金鹰剧院/阿惹妞实景剧场
	20：00	彝族传统选美	西昌市文体中心广场
7 月 28 日	20：00	月亮女儿大赛	
7 月 25~26 日	—	援凉高层次人才智汇论坛	各调研点位、邛海宾馆
7 月 26~28 日	全天	彝族传统射箭比赛	西昌市民族体育场
		知青文艺表演、知青馆游览	知青博物馆 3A 景区
		彝族服饰走秀、彝族歌舞	凉山民族文化产业园 3A 景区
		民俗小吃、古城摄影评比	西昌古城 3A 景区
		斗牛、斗羊、斗鸡，民俗歌舞表演	安哈彝寨 4A 景区
7 月 25~31 日	全天	2019 全国桨板锦标赛	琼海
8 月 3~4 日	全天	全国轮滑公开赛	邛海湿地、民族体育场外广场
备注		主办：四川省凉山彝族自治州委、州政府	

4-6　四川省凉山彝族自治州布拖县 2019 年火把节活动

活动时间		主题	
		火把原乡·燃情阿都	
		活动内容	地点
7 月 19 日	9：00~10：00	幸福美丽和谐新布拖脱贫攻坚成果摄影展、阿都非物质文化遗产展、布拖特色产品展销、布拖彝族特色美食文化周	—
	10：00~12：00	"倡树新风·感恩奋进"表扬大会	布拖县城和火把广场
	15：00~16：00	媒体见面会	
	16：00~18：00	2019 脱贫攻坚协作推进会	布江蜀丰会议中心
	20：00~21：30	阿都火把文化精品剧目演出	火把广场
7 月 20 日	10：00~12：00	火把节开幕式	火把广场
	13：30~17：00	阿都高腔、彝族选美、口弦比赛等民俗活动	
	14：30~17：00	农业文化旅游产业扶贫项目招商推介会	布拖县会议中心
		火把文化传承发展学术研讨活动	布江蜀丰会议中心
		阿都火把文化民俗活动媒体和艺术采风活动	—
	20：00~24：00	"都格啦"火把篝火狂欢夜晚会	火把广场
7 月 21 日	10：00~12：00	阿都火把文化民俗活动媒体和艺术采风活动	—
	10：00~20：00	斗牛、斗羊、斗鸡、赛马、爬杆等传统民族竞技比赛	火把广场
	14：30~15：30	火把节成果发布会	—
7 月 22 日	10：00~20：00	民族竞技分会场比赛	拖觉片区、衣某片区、交际河片区、西溪河片区
备注	主办：四川省凉山彝族自治州委、州政府；承办：布拖县人民政府		

4-7　四川省凉山彝族自治州普格县2019年火把节活动

活动时间		主题	
		燃放圣火·纵情盛世	
		活动内容	地点
7月24日	19：00~22：00	音乐节	灯光球场
7月25日	10：00~22：00	非遗文化展示、民族传统体育竞技比赛、民族传统文化原生态比赛、篝火晚会	县火把广场
7月26日	全天	斗牛、斗羊等民族传统体育竞技和朵乐荷、选美等民俗文化原生态比赛	螺髻山火把场和西洛洛乌乡火把场地
		美食节	螺髻山镇
7月27日	全天	斗牛、斗羊等民族传统体育竞技和朵乐荷、选美等民俗原生态比赛	日都迪萨场地
备注	主办：四川省凉山彝族自治州委、州政府；承办：普格县人民政府		

4-8　四川省凉山彝族自治州普基镇2019年火把节活动

活动时间		活动内容	地点
7月24日	19：00	民族音乐会演、非遗民间器乐展演	灯光球场
7月25日	10：00~10：30	开幕式庆典仪式，取火、点火仪式，朵乐荷表演	普基镇文化活动大草场
	10：30~11：00	非遗文化展示：千人朵乐荷表演	普基镇文化活动大草场
	11：00~18：00	（1）民族传统体育竞技比赛：斗牛、赛马、斗羊、爬杆、斗鸡、摔跤等	普基镇文化活动大草场
		（2）原生态民族选美活动	
	19：00~20：30	篝火晚会：万人点火把	普基镇文化活动大草场
	20：30~22：00	篝火晚会：达体舞	普基镇文化活动大草场
备注	主办：普格县普基镇人民政府		

参考文献

一　译著类

〔英〕A. R. 拉德克利夫－布朗：《原始社会的结构与功能》，丁国勇译，中国社会科学出版社，2009。

〔英〕爱德华·泰勒：《原始文化：神话、哲学、宗教、语言、艺术和习俗发展之研究》，连树声译，广西师范大学出版社，2005。

〔英〕安东尼·吉登斯：《现代性与自我认同》，赵旭东等译，生活·读书·新知三联书店，1998。

〔英〕安东尼·吉登斯：《社会的构成：结构化理论大纲》，李康、李猛译，生活·读书·新知三联书店，1998。

〔英〕安东尼·吉登斯：《现代性的后果》，田禾译，译林出版社，2000。

〔英〕安东尼·吉登斯、〔英〕菲利普·萨顿：《社会学基本概念》，王晓修译，北京大学出版社，2019。

〔英〕马林诺夫斯基：《文化论》，费孝通等译，中国民间文艺出版社，1987。

〔英〕马林诺夫斯基：《巫术　科学　宗教与神话》，李安宅编译，上海文艺出版社，1987。

〔英〕马林诺夫斯基：《原始社会的犯罪与习俗》（修订译本），原江译，法律出版社，2007。

〔英〕布罗劳斯娄·马林诺夫斯基：《自由与文明》，张帆译，世界图书出版公司，2009。

〔英〕布罗尼斯拉夫·马林诺夫斯基：《西太平洋上的航海者》，张云江译，中国社会科学出版社，2009。

463

〔美〕丹尼尔·哈里森·葛学溥:《华南的乡村生活——广东凤凰村的家族主义社会学研究》,周大鸣译,知识产权出版社,2011。

〔法〕E·杜尔干:《宗教生活的初级形式》,林宗锦、彭守义译,中央民族大学出版社,1999。

〔德〕斐迪南·滕尼斯:《共同体与社会》,张巍卓译,商务印书馆,2019。

〔法〕葛兰言:《古代中国的节庆与歌谣》,赵丙祥、张宏明译,广西师范大学出版社,2005。

〔美〕黄宗智:《清代的法律、社会与文化:民法的表达与实践》,上海书店出版社,2001。

〔美〕怀特:《文化科学——人和文明的研究》,曹锦清等译,浙江人民出版社,1988。

〔美〕克利福德·吉尔兹:《地方性知识——阐释人类学论文集》,王海龙、张家瑄译,中央编译出版社,2000。

〔美〕克利福德·格尔茨:《文化的解释》,韩莉译,译林出版社,2014。

〔美〕罗纳托·罗萨尔多:《伊隆戈人的猎头:一项社会与历史的研究(1883-1974)》,张经纬、黄向春、黄瑜译,北京大学出版社,2012。

〔德〕马克斯·韦伯:《儒教与道教》,洪天富译,江苏人民出版社,2003。

〔德〕马克斯·韦伯:《经济与社会》,阎克文译,上海人民出版社,2019。

〔美〕马歇尔·萨林斯:《历史之岛》,蓝达居、张宏明、黄向春等译,上海人民出版社,2003。

〔美〕马歇尔·萨林斯:《石器时代经济学》(修订译本),张经纬、郑少雄、张帆译,生活·读书·新知三联书店,2009。

〔英〕麦克斯·缪勒:《宗教的起源与发展》,金泽译,上海人民出版社,2010。

〔英〕莫里斯·弗里德曼:《中国东南的宗族组织》,刘晓春译,上海人民出版社,2000。

〔美〕摩尔根:《古代社会》,杨东莼、张栗原、冯汉骥译,商务印书馆,1971。

〔法〕孟德斯鸠:《法意》,严复译,北京时代华文书局,2014。

〔英〕奈杰尔·拉波特、〔英〕乔安娜·奥弗林：《社会文化人类学的关键概念》，鲍雯妍、张亚辉译，华夏出版社，2005。

〔美〕斯蒂文·郝瑞：《田野中的族群关系与民族认同——中国西南彝族社区考察研究》巴莫阿依、曲木铁西译，广西人民出版社，2000。

〔美〕威廉·A. 哈维兰：《当代人类学》，王铭铭等译，上海人民出版社，1987。

〔美〕维克多·特纳编《庆典》，方永德等译，上海文艺出版社，1993。

〔美〕维克多·特纳：《仪式过程：结构与反结构》，黄剑波、柳博赟译，中国人民大学出版社，2006。

〔德〕乌尔里希·贝克：《风险社会：新的现代性之路》，张文杰、何博闻译，译林出版社，2018。

〔美〕许烺光：《祖荫下：中国乡村的亲属，人格与社会流动》，王芃、徐隆德译，台北南天书局有限公司，2001。

〔美〕阎云翔：《中国社会的个体化》，陆洋等译，上海译文出版社，2012。

〔美〕阎云翔：《礼物的流动——一个中国村庄中的互惠原则与社会网络》，李放春、刘瑜译，上海人民出版社，2016。

〔德〕扬·阿斯曼：《文化记忆：早期高级文化中的文字、回忆和政治身份》，金寿福、黄晓晨译，北京大学出版社，2015。

〔美〕詹姆斯 N·罗西瑙主编《没有政府的治理》，张胜军、刘小林等译，江西人民出版阿社，2001。

〔美〕詹姆斯·C. 斯科特：《农民的道义经济学：东南亚的反叛与生存》，程立显、刘建等译，译林出版社，2013。

〔美〕詹姆斯·C. 斯科特：《国家的视角：那些试图改善人类状况的项目是如何失败的》，王晓毅译，社会科学文献出版社，2019。

〔美〕詹姆斯·C. 斯科特：《六论自发性：自主、尊严，以及有意义的工作和游戏》，袁子奇译，社会科学文献出版社，2019。

〔美〕詹姆斯·C. 斯科特：《支配与抵抗艺术：潜隐剧本》，王佳鹏译，南京大学出版社，2021。

二　著作类

习近平：《干在实处 走在前列——推进浙江新发展的思考与实践》，中共中央党校出版社，2006。

阿牛木支、吉则利布等译注《彝族克智译注》，四川大学出版社，2012。

阿呷热哈莫：《彝族教育现代化的发展与困境——凉山彝族的个案研究》，科学出版社，2018。

巴莫阿依：《彝人的信仰世界——凉山彝族宗教生活田野报告》，广西人民出版社，2004。

巴且日伙、陈国光：《凉山彝族习惯法调解纠纷现实案例——诺苏德古访谈记》，中央民族大学出版社，2012。

白兴发：《彝族文化史》，云南民族出版社，2002。

白兴发：《彝族传统禁忌文化研究》，云南大学出版社，2006。

北京大学法律系法学理论教研室编《法学基础理论》（新编本），北京大学出版社，1984。

毕节地区民族事务委员会编《西南彝志（三、四卷）》，毕节地区彝文翻译组译，贵州民族出版社，1991。

蔡富莲、米伍作：《当代凉山彝族血缘家支、传统习惯法研究》，民族出版社，2014。

陈金全、巴且日伙主编《凉山彝族习惯法田野调查报告》，人民出版社，2008。

陈晓莉：《新时期乡村治理主体及其行为关系研究》，中国社会科学出版社，2012。

陈锋：《乡村治理的术与道：北镇的田野叙事与阐释》，社会科学文献出版社，2016。

丁茂战主编《我国政府社会治理制度改革研究》，中国经济出版社，2009。

杜文忠：《法律与法俗——对法的民俗学解释》，人民出版社，2013。

杜文忠：《王者无外：中国王朝治边法律史》，上海古籍出版社，2017。

方国瑜：《彝族史稿》，四川民族出版社，1984。

费孝通：《江村经济——中国农民的生活》，商务印书馆，2001。

费孝通：《费孝通论文化与文化自觉》，群言出版社，2007。

费孝通：《乡土中国·乡土重建》，群言出版社，2016。

冯元蔚译：《勒俄特依：彝族古典长诗》，中国国际广播出版社，2016。

高化民：《农业合作化运动始末》，中国青年出版社，1999。

高其才：《中国少数民族习惯法研究》，清华大学出版社，2003。

高其才：《瑶族习惯法》，清华大学出版社，2008。

贵州省民族事务委员会编《贵州六山六水民族调查资料选编（彝族卷）》，贵州民族出版社，2008。

贵州省民族古籍整理办公室编《土鲁黎咪数》，贵州民族出版社，2015。

郭思九、陶学良整理：《查姆：彝族创世史诗》，中国国际广播出版社，2016。

海乃拉莫、曲目约质等：《凉山彝族习惯法案例集成》，云南人民出版社，1998。

红河哈尼族彝族自治州民族研究所编《彝族礼法经》，云南民族出版社，1997。

贺雪峰：《新乡土中国》，北京大学出版社，2013。

贺雪峰：《最后一公里村庄：新乡土中国的区域观察》，中信出版集团，2017。

贺雪峰：《大国之基：中国乡村振兴诸问题》，东方出版社，2019。

贺雪峰：《乡村治理的社会基础》，生活·读书·新知三联书店，2020。

何善蒙主编《贵州毕节彝族文化调查研究》，九州出版社，2017。

胡庆均：《凉山彝族奴隶制社会形态》，中国社会科学出版社，1985。

胡鞍钢等：《中国国家治理现代化》，中国人民大学出版社，2014。

侯绍庄、史继忠、翁家烈：《贵州古代民族关系史》，贵州民族出版社，1991。

黄珺主编《云南乡规民约大观》，云南美术出版社，2010。

蒋彬、罗曲、米吾作主编《民主改革与四川凉山彝族地区社会文化变迁研究》，民族出版社，2008。

吉克·尔达·则伙口述《我在神鬼之间：一个彝族祭司的自述》，吉克·则伙·史伙记录、刘尧汉整理，云南人民出版社，1990。

孔德永：《传统人伦关系与转型期乡村基层政治运作——以南镇为中心的考察》，中国社会科学出版社，2011。

《勒俄特依：彝族古典长诗》，冯元蔚译，中国国际广播出版社，2016。

李贵恩、刘德荣等：《铜鼓王——彝族英雄史诗》，云南人民出版社，1991。

李绍明、冯敏：《彝族》，民族出版社，1993。

李培林：《村落的终结——羊城村的故事》，商务印书馆，2004。

李亦园：《文化与修养》，九州出版社，2013。

李朝旺：《石屏彝族山苏文化习俗调查》，云南民族出版社，2016。

李戬：《传统与现代的协同：凉山彝族家支道德文化反毒品教育研究》，人民出版社，2018。

林耀华：《凉山夷家的巨变》，商务印书馆，1995。

林耀华主编《民族学通论》（修订本），中央民族大学出版社，1997。

林耀华：《义序的宗族研究》，生活·读书·新知三联书店，2000。

林耀华：《凉山夷家》，云南人民出版社，2003。

林耀华：《社会人类学讲义》，鹭江出版社，2003。

岭光电：《倮情述论》，成都开明书店，1943。

岭光电：《忆往昔——一个彝族土司的自述》，云南人民出版社，1988。

梁治平：《清代习惯法：社会与国家》，中国政法大学出版社，1996。

梁漱溟：《乡村建设理论》，中华书局，2018。

梁漱溟：《中国文化要义》，上海人民出版社，2018。

凉山彝族自治州语言文字工作委员会编译《彝族传统道德教育——健康文明新生活教育读本》，云南民族出版社，2014。

刘尧汉：《中国文明源头新探——道家与彝族虎宇宙观》，云南人民出版社，1985。

刘小幸：《母体崇拜——彝族祖灵葫芦溯源》，云南人民出版社，1990。

刘正发：《凉山彝族家支文化传承的教育人类学研究》，中央民族大学出版社，2007。

刘梦琴：《村庄的终结：城中村及其改造研究》，中国农业出版社，2010。

刘绍华：《我的凉山兄弟：毒品、艾滋与流动青年》，中央编译出版社，2015。

刘锋、靳志华、徐英迪等：《地方文化资源与乡村社会治理：以贵州清水江流域苗族为例》，社会科学文献出版社，2018。

路芳：《火的祭礼：阿细人密祭摩仪式的人类学研究》，北京大学出版社，2012。

陆益龙：《后乡土中国》，商务印书馆，2017。

罗布江村、徐杰舜主编《人类学的中国话语》，黑龙江人民出版社，2008。

罗洪洋：《法人类学的理论与实践》，中国政法大学出版社，2013。

罗明军：《民族地区权力、文化与社区治理：一个彝族社区的政治人类学研究》，中国书籍出版社，2016。

龙大轩：《乡土秩序与民间法律——羌族习惯法探析》，中国政法大学出版社，2010。

吕思勉：《中国制度史》，上海教育出版社，1985。

麻国庆：《家与中国社会结构》，文物出版社，1999。

麻国庆、朱伟：《文化人类学与非物质文化遗产》，生产·读书·新知三联书店，2018。

中共中央马克思恩格斯列宁斯大林著作编译局编《马克思恩格斯全集》（第一卷），人民出版社，1956。

《马克思恩格斯选集》（第二卷），人民出版社，1972。

马学良：《云南彝族礼俗研究文集》，四川民族出版社，1983。

马学良等编著《彝族文化史》，上海人民出版社，1989。

马长寿：《凉山罗彝考察报告》，巴蜀书社，2006。

马海锁古、吉克阿乌编著《凉山彝族传统习俗文化》，四川民族出版社，2017。

孟慧英：《彝族毕摩文化研究》，民族出版社，2003。

潘小娟：《中国基层社会重构——社区治理研究》，中国法制出版社，2004。

盘县文物风情丛书编委会编《盘县非物质文化遗产描述与研究》，贵州大学出版社，2009。

彭兆荣：《人类学仪式的理论与实践》，民族出版社，2007。

彭多意、崔江红等：《变迁中的彝族社区——以可邑村为例》，民族出版社，2007。

起国庆：《信仰的灵光：彝族原始宗教与毕摩文化》，四川文艺出版社，2003。

曲木约质：《魂归洞天——彝族阿侯氏族祭祖大典》，云南人民出版社，2007。

施文科、李亮文唱述、普学旺、罗希吾戈翻译整理：《阿黑西尼摩：彝族创世史诗》，中国国际广播出版社，2016。

苏力：《法治及其本土资源》，中国政法大学出版社，1996。

孙秋云：《社区历史与乡政村治》，民族出版社，2001。

黄建明、巴莫阿依主编《中国少数民族原始宗教经籍汇编·毕摩经卷》，中央民族大学出版社，2009。

铁木尔·达瓦买提主编《中国少数民族文化大辞典·西南地区卷》，民族出版社，1998。

王子尧等翻译整理《彝族古歌》，贵州人民出版社，1989。

王子尧、刘金才主编《夜郎史传》，四川民族出版社，1998。

王昌富：《凉山彝族礼俗》，四川民族出版社，1994。

王铭铭、王斯福主编《乡土社会的秩序、公正与权威》，中国政法大学出版社，1997。

王铭铭：《溪村家族——社区史、仪式与地方政治》，贵州人民出版社，2004。

王明雯：《凉山彝族习惯法研究》，光明日报出版社，2008。

王明珂：《英雄祖先与弟兄民族：根基历史的文本与情境》，中华书局，2009。

王娟：《民俗学概论》（第二版），北京大学出版社，2011。

王富慧（珠尼阿依）译著《彝族神话史诗选》，民族出版社，2013。

王继超：《火耀布摩经：彝族》，贵州民族出版社，2014。

王燕燕主编《三农问题与乡村治理》，中央编译出版社，2015。

王玲编著《云南少数民族农村的社会文化变迁：对石林圭山大糯黑村彝族撒尼支系的调查与思考》，中国社会科学出版社，2015。

王文光、朱映占、赵永忠：《中国西南民族通史》（全三册），云南大学出版社，2015。

温铁军：《中国农村基本经济制度研究——"三农"问题的世纪反思》，中国经济出版社，2000。

温春来：《从"异域"到"旧疆"：宋至清贵州西北部地区的制度、开发与认同》，社会科学文献出版社，2019。

韦清风、冯小舟、王伯仲等：《凉山彝族奴隶社会的变革资料摘编》，中国社会科学院民族研究所，1981。

魏治臻编《彝族史料集》，四川民族出版社，1989。

吴秋林、李相兴、刘延和等：《文化边缘——六枝彝族文化研究》，西南交通大学出版社，2011。

吴大华等：《侗族习惯法研究》，北京大学出版社，2012。

吴大华、潘志成、王飞：《中国少数民族习惯法通论》，知识产权出版社，2014。

巫达：《社会变迁与文化认同——凉山彝族的个案研究》，学林出版社，2008。

肖青：《民族村寨文化的现代建构——一个彝族村寨的个案研究》，云南大学出版社，2009。

肖雪主编《传统承继与现代创新：凉山彝族教育研究》，四川大学出版社，2013。

肖远平：《彝族"支嘎阿鲁"史诗研究》，人民出版社，2015。

徐益棠：《雷波小凉山之猓民》，金陵大学中国文化研究所，1944。

徐铭编《清实录彝族史料辑要》，四川省民族研究所，1983。

徐晓光、吴大华、韦宗林、李廷贵：《苗族习惯法研究》，华夏文化艺术出版社，2000。

徐晓光、文新宇：《法律多元视角下的苗族习惯法与国家法——来自黔东南苗族地区的田野调查》，贵州民族出版社，2006。

徐勇：《中国农村村民自治》，华中师范大学出版社，1997。

徐勇：《中国农村与农民问题前沿研究》，经济科学出版社，2009。

徐勇：《乡村治理的中国根基与变迁》，中国社会科学出版社，2018。

杨圣敏主编《中国民族志》（修订本），中央民族大学出版社，2008。

杨开道：《中国乡约制度》，商务印书馆，2015。

杨怀英主编《凉山彝族奴隶社会法律制度研究》，四川民族出版社，1994。

杨学政主编《云南宗教史》，云南人民出版社，1999。

杨正文、张原、汤芸：《边缘社会的文化展示——田野实践与释读》，四川民族出版社，2007。

杨菊平：《非正式制度与乡村治理研究》，上海交通大学出版社，2016。

杨永斌：《弥勒彝族阿乌文化习俗调查》，云南民族出版社，2016。

杨树美：《彝族古代社会思想研究》，中国社会科学出版社，2019。

应星：《农户、集体与国家——国家与农民关系的六十年变迁》，中国社会科学出版社，2014。

彝族/传统/治/理/资/源/的/创/新/利/用

尤中：《中国西南民族史》，云南人民出版社，1985。

余宏模：《明代彝族女杰奢香》，云南人民出版社，1999。

俞可平主编《治理与善治》，社会科学文献出版社，2000。

俞荣根主编《羌族习惯法》，重庆出版社，2000。

于建嵘：《岳村政治：转型期中国乡村政治结构的变迁》，商务印书馆，2001。

云南省民族民间文学红河调查队搜集翻译整理《阿细的先基》，云南人民出版社，1959。

云南民族事务委员会编《彝族文化大观》，云南民族出版社，1999。

云南省民族民间文学楚雄调查队整理《梅葛：彝族创世史诗》，中国国际广播出版社，2016。

《彝族简史》编写组：《彝族简史》，云南人民出版社，1987。

《彝族传世经典》编委会编《玛牧特依：彝汉对照》，四川民族出版社，2016。

易谋远：《彝族史要（全2册）》，社会科学文献出版社，2000。

赵旭东：《权力与公正——乡土社会的纠纷解决与权威多元》，天津古籍出版社，2003。

赵旭东：《文化的表达：人类学的视野》，中国人民大学出版社，2009。

赵旭东等：《城乡中国》，清华大学出版社，2018。

赵静、师有福、王朝明：《开远彝族濮拉文化习俗调查》，云南民族出版社，2014。

张贵成、刘金国主编《法理学》，中国政法大学出版社，1992。

张晓辉、方慧主编《彝族法律文化研究》，民族出版社，2005。

张原：《在文明与乡野之间：贵州屯堡礼俗生活与历史感的人类学考察》，民族出版社，2008。

张乐天：《告别理想：人民公社制度研究》，上海人民出版社，2005。

张宝锋：《现代城市社区治理结构研究》，中国社会出版社，2006。

张澄宇：《传统的背后——凉山彝族音乐人文采风录》，商务印书馆，2015。

张邦铺：《彝族习惯法及调解机制研究》，法律出版社，2016。

张晓辉：《法律人类学的理论与方法》，北京大学出版社，2019。

周大鸣等：《当代华南的宗族与社会》，黑龙江人民出版社，2003。

周相卿：《法人类学理论问题研究》，民族出版社，2009。

周星：《死给你看——对一类自杀现象的法人类学研究》，后流图书公司，2020。

《中国彝族通史》编委会编《中国彝族通史纲要》，云南民族出版社，1993。

四川省编辑组编《四川省凉山彝族社会历史调查（综合报告）》，四川省社会科学院出版社，1985。

《中国少数民族社会历史调查资料丛刊》修订编辑委员会、贵州编辑组编《黔西北苗族彝族社会历史综合调查》，民族出版社，2009。

《中国少数民族社会历史调查资料丛刊》修订编辑委员会、《民族问题五种丛书》云南省编辑委员会编《云南小凉山彝族社会历史调查》，民族出版社，2009。

郑成军：《彝族志：血统与根——云南小凉山彝族的生活方式、社会结构与家支制度》，云南大学出版社，2006。

朱炳祥、普珍：《摩哈苴彝村文化符号的人类学还原》，云南人民出版社，1999。

朱文旭：《彝族火把节》，四川民族出版社，1999。

朱爱东、范涛主编《城市边缘的彝族村落——云南宣威县庄子村调查与研究》，知识产权出版社，2008。

三 论文类

《习近平：全面提高新形势下宗教工作水平》，《中国天主教》2016年第3期。

巴且日伙：《凉山彝族聚居区法律生活分析》，《凉山民族研究》2000年（总第10期）。

巴莫阿依：《萦绕在彝族聚居地的"汉嘎"幽灵——米市彝汉民族关系田野考察记》，《民俗研究》2000年第4期。

巴莫阿依：《凉山彝族山民的仪式生活》，《民族艺术》2003年第2期。

卞辉：《农村社会治理中的现代乡规民约研究》，西北农林科技大学博士学位论文，2014。

蔡华：《道教与彝族传统文化研究》，四川大学博士学位论文，2003。

蔡富莲：《市场经济体制下凉山彝族家支、习惯法与彝区社会治安问题研究——以彝族聚居县美姑、昭觉、布拖为例》，《贵州民族研究》2006年第 6 期。

蔡富莲：《当代凉山彝族家支聚会及其作用》，《民族研究》2008 年第 1 期。

陈金全、李剑：《简论凉山彝族的"德古"调解制度》，《贵州民族研究》2007 年第 2 期。

陈寒非、高其才：《乡规民约在乡村治理中的积极作用实证研究》，《清华法学》2018 年第 1 期。

陈柏峰：《乡村混混与农村社会灰色化——两湖平原，1980—2008》，华中科技大学博士学位论文，2008。

陈家建：《项目制与基层政府动员——对社会管理项目化运作的社会学考察》，《中国社会科学》2013 年第 2 期。

陈锋：《分利秩序与基层治理内卷化　资源输入背景下的乡村治理逻辑》，《社会》2015 年第 3 期。

陈锋：《血缘联结与经济分化：理解乡村治理的社会结构视角》，《云南行政学院学报》2016 年第 4 期。

陈锋、但咏梅：《人口梯度流动背景下的彝族农业移民研究》，《农村经济》2016 年第 12 期。

陈宾、吕彩云：《转型时期凉山彝区民间调解制度研究》，《贵州民族研究》2016 年第 2 期。

陈涛：《阶序治理：前国家社会的整体秩序生成机理——以民主改革前的凉山彝族社会为研究对象》，《中国农村研究》2018 年第 1 期。

陈永香、马红惠、李得梅等：《非物质文化遗产保护视野中的彝族火把节》，《楚雄师范学院学报》2018 年第 1 期。

陈顺强、普忠良、郭利芳：《彝族优秀口传文化的包容性发展与传承保护》，《贵州民族研究》2020 年第 6 期。

代启福：《"偷"的逻辑：四川凉山 G 县彝区矿产资源的分割与重构》，《上海大学学报》（社会科学版）2017 年第 1 期。

代启福：《少数民族地区资源管理的困境与策略——四川 G 县"偷矿"案例的人类学分析》，《中央民族大学学报》（哲学社会科学版）2017 年第 2 期。

党国英：《我国乡村治理改革回顾与展望》，《社会科学战线》2008 年第 12 期。

党国英、卢宪英：《新中国乡村治理研究回顾与评论》，《理论探讨》2019 年第 5 期。

党晓虹、樊志民：《传统乡规民约的历史反思及其当代启示——乡村精英、国家政权和农民互动的视角》，《中国农史》2010 年第 4 期。

党晓虹：《中国传统乡规民约研究》，西北农林科技大学博士学位论文，2011。

邓平模：《大凉山的毕摩故事》，《中国国家地理》，2007 年第 8 期。

邓大才：《中国乡村治理研究的传统及新的尝试》，《学习与探索》2012 年第 1 期。

丁志刚、王杰：《中国乡村治理 70 年：历史演进与逻辑理路》，《中国农村观察》2019 年第 4 期。

董磊明、郭俊霞：《乡土社会中的面子观与乡村治理》，《中国社会科学》2017 年第 8 期。

杜靖：《闵氏宗族及其文化的再生产——一项历史结构主义的民族志实践》，中央民族大学博士学位论文，2005。

段绪柱：《乡村社会治理中的国家法与民间法》，《黑龙江社会科学》2012 年第 2 期。

范薇、马春生：《传统家支观念对彝族基层社区治理的影响与对策分析——以 Y 省 S 彝族自治县为例》，《西南民族大学学报》（人文社会科学版）2013 年第 7 期。

范可：《流动性与风险：当下人类学的课题》，《中南民族大学学报》（人文社会科学版）2014 年第 5 期。

方坤、梁宽：《乡村振兴背景下传统文化传承创新的整体趋势分析》，《广西民族大学学报》（哲学社会科学版）2020 年第 5 期。

费孝通：《缺席的对话——人的研究在中国——个人的经历》，《读书》1990 年第 10 期。

费孝通：《百年中国社会变迁与全球化过程中的"文化自觉"——在"21 世纪人类生存与发展国际人类学学术研讨会"上的讲话》，《厦门大学学报》（哲学社会科学版）2000 年第 4 期。

费孝通：《文化自觉的思想来源与现实意义》，《文史哲》2003 年第 3 期。

费孝通：《对文化的历史性和社会性的思考》，《思想战线》2004 年第

2 期。

付翠莲：《我国乡村治理模式的变迁、困境与内生权威嵌入的新乡贤治理》，《地方治理研究》2016 年第 1 期。

冯琳、袁同凯：《凉山彝族婚俗的当代变迁与社会适应——以身价钱与婚姻缔结为例》，《民族研究》2019 年第 6 期。

高丙中：《民间的仪式与国家的在场》，《北京大学学报》（哲学社会科学版）2001 年第 1 期。

高其才：《通过村规民约的乡村治理——从地方法规规章角度的观察》，《政法论丛》2016 年第 2 期。

高其才：《村规民约在乡村治理中的作用——从法律行政法规部门规章等中央规范性文件角度的考察》，《暨南学报》（哲学社会科学版）2017 年第 9 期。

高登荣：《时空制度与文化变迁——对云南坎村彝族的考察》，《广西民族研究》2008 年第 1 期。

郭金云、姜晓萍、衡霞：《凉山彝族“德古”的特征、现状与再造》，《西南民族大学学报》（人文社科版）2005 年第 5 期。

郭娅：《浅论毕摩信仰对促进社会和谐的价值》，《西南民族大学学报》（人文社科版）2008 年第 7 期。

耿国阶、王亚群：《城乡关系视角下乡村治理演变的逻辑：1949～2019》，《中国农村观察》2019 年第 6 期。

耿羽：《灰黑势力与乡村治理内卷化》，《中国农业大学学报》（社会科学版）2011 年第 2 期。

谷家荣、罗明军：《仪式与变迁——云南麻栗树村花腰彝祭龙调查》，《云南艺术学院学报》2009 年第 4 期。

谷跃娟：《民国时期民族国家视角下西南彝族的整合与认同》，《云南民族大学学报》（哲学社会科学版）2014 年第 2 期。

〔英〕格里·斯托克：《作为理论的治理：五个论点》，华夏风译，《国际社会科学杂志》（中文版）2019 年第 3 期。

韩鹏云：《乡村公共文化的实践逻辑及其治理》，《中国特色社会主义研究》2018 年第 3 期。

韩鹏云：《乡村治理现代化的实践检视与理论反思》，《西北农林科技大学学报》（社会科学版）2020 年第 1 期。

郝彧：《凉山彝族家支的权力结构与彝区乡村秩序控制》，《西南民族大学学报》（人文社科版）2018 年第 11 期。

郝彧、刘立策：《凉山彝族文化消费的区域特征研究》，《西南民族大学学报》（人文社科版）2019 年第 11 期。

贺雪峰：《村庄精英与社区记忆：理解村庄性质的二维框架》，《社会科学辑刊》2000 年第 4 期。

贺雪峰、仝志辉：《论村庄社会关联——兼论村庄秩序的社会基础》，《中国社会科学》2002 年第 3 期。

贺雪峰：《乡村治理研究的三大主题》，《社会科学战线》2005 年第 1 期。

贺雪峰、董磊明：《中国乡村治理：结构与类型》，《经济社会体制与比较》2005 年第 3 期。

贺雪峰：《农民行动逻辑与乡村治理的区域差异》，《开放时代》2007 年第 1 期。

贺雪峰：《论乡村治理内卷化——以河南省 K 镇调查为例》，《开放时代》2011 年第 2 期。

何耀华：《凉山彝族与汉族的历史关系》，《思想战线》1980 年第 3 期。

何耀华：《论凉山彝族的家支制度》，《中国社会科学》1981 年第 2 期。

何真：《合意与治理：彝族地区的纠纷解决机制——新型德古调解的实证分析》，《四川师范大学学报》（社会科学版）2013 年第 1 期。

和少英、罗明军：《直村彝族祭祀仪式的社会基础与文化阐释》，《思想战线》2017 年第 6 期。

何虹果：《乡村治理内涵界定之争：分歧及其原因分析》，《湖北文理学院学报》2021 年第 3 期。

黄宗智：《道德与法律：中国的过去和现在》，《开放时代》2015 年第 1 期。

黄宗智：《国家与村社的二元合一治理：华北与江南地区的百年回顾与展望》，《开放时代》2019 年第 2 期。

季中扬、李静：《论城乡文化共同体的可能性及其建构路径》，《学海》2014 年第 6 期。

吉木哈学、陈勇：《彝族传统文化对彝区社会治理的影响研究——以彝族土司岭光电在彝区的社会治理历程为例》，《西南民族大学学报》（人文社科版）2017年第7期。

　　吉正芬：《发展型扶贫：全面脱贫背景下扶贫攻坚的战略选择——以凉山州为例》，《西南民族大学学报》（人文社科版）2017年第9期。

　　吉克春农、杨淑娟、裴容等：《四川省凉山州彝族社区人群艾滋病哨点监测HIV感染情况及其影响因素分析》，《现代预防医学》2018年第8期。

　　嘉日姆几：《论凉山彝族族属认同的蛋形构造——从小凉山的"农场"现象说起》，《社会学研究》2010年第5期。

　　蒋立山：《中国法治道路初探（上）》，《中外法学》1998年第3期。

　　鞠熙：《传统文化与乡村振兴》，《社会治理》2019年第4期。

　　拉姆：《凉山，正在远离毒品》，《中国民族》2015年第2期。

　　赖静、王友平：《凉山彝族习惯法探析——以普雄地区习惯法为重点的考察》，《贵州民族研究》2011年第5期。

　　兰林友：《宗族组织与村落政治：同姓不同宗的本土解说》，《广西民族大学学报》（哲学社会科学版）2011年第6期。

　　李绍明、余宏模：《关于东爨乌蛮诸部的族源问题》，《思想战线》1979年第4期。

　　李培林：《巨变：村落的终结——都市里的村庄研究》，《中国社会科学》2002年第1期。

　　李晓莉：《论云南彝族原始宗教信仰对生态环境的保护作用——以直苴彝族村为例》，《西南民族大学学报》（人文社科版）2004年第6期。

　　李正华：《The Theory and Practice of China's Rural Governance in the Past Six Decades》，载当代中国研究所、当代中国研究所政治史研究室编《当代中国与它的发展道路——第二届当代中国史国际高级论坛论文集》，2009。

　　李友梅：《文化主体性及其困境——费孝通文化观的社会学分析》，《社会学研究》2010年第4期。

　　李剑：《论凉山彝族的纠纷解决》，中央民族大学博士学位论文，2010。

　　李剑、严文强：《"真实"与"建构"的二元对立——论国家法与彝族习惯法的断裂与合作》，《民族学刊》2012年第4期。

　　李浩淼：《新农村"乡风文明"的调查与思考——以凉山彝族婚姻中的身价钱为例》，《前沿》2012年第4期。

　　李祖佩：《乡村治理领域中的"内卷化"问题省思》，《中国农村观察》2017年第6期。

李利宏、杨素珍：《乡村治理现代化视阈中传统治理资源重构研究》，《中国行政管理》2016 年第 8 期。

李锦：《凉山彝族火把节整体性保护路径研究》，《重庆文理学院学报》（社会科学版）2017 年第 3 期。

李三辉、范和生：《乡村文化衰落与当代乡村社会治理》，《长白学刊》2017 年第 4 期。

李荣荣：《乡土社会的日常道德与社会底蕴——以大理"乡评"的演变与积淀为例》，《社会发展研究》2019 年第 2 期。

李烊、刘祖云：《纪律、契约与礼俗：论过渡型社区三元治理规则——基于江苏省 J 市拆迁安置社区的田野调查》，《中国农村观察》2019 年第 4 期。

李小芳、阿华：《作为通过仪式的凉山彝族"尼木措毕"及其象征意义——基于甘洛县格尔家支的田野调查》，《原生态民族文化学刊》2020 年第 3 期。

李增元：《民族地区乡村治理体系创新探索及新时代重点内容》，《湖北民族大学学报》（哲学社会科学版）2020 年第 6 期。

李世武：《神话在铸牢中华民族共同体意识过程中的作用——以彝族史诗中的"月中有树"神话为例》，《思想战线》2021 年第 2 期。

廖春华：《云南彝族、佤族、德昂族传统文化习俗与森林资源关系的调查研究》，《北京林业大学学报》（社会科学版）2006 年第 2 期。

廖天虎：《凉山彝族地区外流贩毒治理对策探究》，《四川警察学院学报》2019 年第 3 期。

梁潇：《彝族"死给"现象中习惯法与国家法的互动》，《贵州民族研究》2014 年第 10 期。

刘爱忠、裴盛基、陈三阳：《云南楚雄彝族的"神树林"与生物多样性保护》，《应用生态学报》2000 年第 4 期。

刘志伟：《地域社会与文化的结构过程——珠江三角洲研究的历史学与人类学对话》，《历史研究》2003 年第 1 期。

刘希：《民间法：一种少数民族地区犯罪控制的乡土力量——以云南宁蒗跑马坪乡彝族社区民间禁毒个案为样本》，《东方法学》2008 年第 5 期。

刘杰：《城乡结合部"村落终结"的难题》，《人文杂志》2012 年第 1 期。

刘东旭：《流变的传统：珠江三角洲地区的彝人家支再造》，《开放时代》2013 年第 2 期。

刘金龙、张明慧、张仁化：《彝族生计、文化与林业传统知识——以云南省南华县为例》，《中国农业大学学报》（社会科学版）2015 年第 6 期。

刘荣昆：《林人共生：彝族森林文化及变迁探究》，云南大学博士学位论文，2016。

刘荣昆：《彝族树木崇拜的多元文化意涵及其乡村治理功能》，《贵州师范大学学报》（社会科学版）2017 年第 6 期。

刘达、王奕：《彝族村社协同治理模式建构研究——以楚雄武定白路镇平地村为例》，《云南行政学院学报》2019 年第 3 期。

刘磊：《四川凉山 HIV 传播来源和耐药毒株流行状况及分子传播网络调查研究》，中国疾病预防控制中心博士学位论文，2020。

刘坚：《通过"面子"的乡村治理——对桂中南一村落纠纷处理的人类学考察》，《广西民族研究》2020 年第 6 期。

岭光电、余宏模：《凉山彝族的原始宗教信仰》，《贵州民族研究》1982 年第 3 期。

陆文熙、陆铭宁：《彝族传统文化中的生态理念》，《西南民族大学学报》（人文社科版）2005 年第 12 期。

陆晓萍：《彝族传统非诉讼纠纷解决机制的现代价值》，《人民论坛》2012 年第 23 期。

陆益龙：《社会主义市场转型中的文化矛盾》，《北京大学学报》（哲学社会科学版）2009 年第 3 期。

陆益龙：《后乡土中国的基本问题及其出路》，《社会科学研究》2015 年第 1 期。

陆益龙：《农村劳动力流动及其社会影响——来自皖东 T 村的经验》，《中国人民大学学报》2015 年第 1 期。

陆益龙：《乡村民间纠纷的异化及其治理路径》，《中国社会科学》2019 年第 10 期。

路芳、黄光伟：《仪式与生态亲和》，《云南民族大学学报》（哲学社会科学版）2014 年第 2 期。

罗布合机：《积极稳妥地处理彝族家支问题》，《民族研究》1999 年第 3 期。

罗布合机：《凉山彝族的树木文化》，《大自然》2001 年第 4 期。

罗艳秋等：《彝族医药历史源流探讨》，《云南中医中药杂志》2015 年第 5 期。

罗彩娟：《民族地区乡村治理的资源结构与整合逻辑——以马关县马洒村为例》，《广西民族大学学报》（哲学社会科学版）2016 年第 2 期。

罗康隆、何治民：《论民族生境与民族文化建构》，《民族学刊》2019 年第 5 期。

罗进、廖强、邓云琼等：《凉山彝族自治州 2016—2018 年病毒性肝炎流行现状和趋势分析》，《保健医学研究与实践》2020 年第 5 期。

马良灿：《"内卷化"基层政权组织与乡村治理》，《贵州大学学报》（社会科学版）2010 年第 2 期。

马林英、张洁：《彝族本土刑法与国家刑法的司法实践对比分析——以凉山彝族农村人命案司法实践为例》，《民族学刊》2012 年第 3 期。

马保华：《凉山彝族地区家支与社会稳定研究》，中国人民公安大学硕士学位论文，2018。

〔英〕麦夏兰：《记忆、物质性与旅游》，兰婕、田蕾译，《西南民族大学学报》（人文社会科学版）2014 年第 9 期。

毛呷呷：《四川彝区农村基层治理存在的问题与对策研究》，《西南民族大学学报》（人文社科版）2017 年第 6 期。

毛呷呷、毛燕：《四川彝区劳务输出与乡村治理路径研究——以凉山彝族自治州为例》，《西南民族大学学报》（人文社科版）2018 年第 8 期。

毛呷呷：《凉山彝族家支与乡村治理研究——以凉山州昭觉县洒瓦洛且博村为个案》，西南民族大学博士学位论文，2019。

梅军、李宁阳：《彝族传统治理资源的研究综述——基于乡村治理视域》，《西昌学院学报》（社会科学版）2020 年第 1 期。

梅军、李宁阳：《乡村传统治理资源的整合重构与乡村善治——基于贵州两个彝族村寨的考察》，《地方治理研究》2020 年第 3 期。

倪艳阄：《明初贵州彝族女政治家刘淑贞的历史地位初探》，《贵州社会科学》2004 年第 3 期。

潘蛟：《试述鸦片种销对近代凉山彝族地区社会发展的消极影响》，《中央民族学院学报》1987 年第 1 期。

普富香、马翀炜：《缺失主位观点的〈野鬼时代〉——云南直苴彝村再研究》，《北方民族大学学报》2020年第4期。

秦熠：《鸦片种植与凉山彝区社会变迁（1908—1949）》，《中南民族大学学报》（人文社会科学版）2014年第3期。

渠敬东：《项目制：一种新的国家治理体制》，《中国社会科学》2012年第5期。

曲比阿果：《凉山彝族传统文化与现代化的双向调适》，《西南民族大学学报》（人文社科版）2005年第9期。

曲比阿果：《仪式的群体表达——以美姑县彝族农民达者某某家的尼木措毕仪式为例》，《西南民族大学学报》（人文社科版）2018年第6期。

曲木铁西、巴莫阿依：《凉山彝族"尼木措毕"祭祖送灵仪式研究》，《中央民族大学学报》（哲学社会科学版）2017年第4期。

阮池茵：《农业产业化发展与凉山彝族农民的贫穷——对凉山州苦荞产业发展的考察》《开放时代》2017年第2期。

桑玉成、孙琳：《论政治运行中的人伦关系与道德基础》，《南京师大学报》（社会科学版）2012年第3期。

史继忠：《试论明代"水西"的政治制度》，《贵州文史丛刊》1984年第3期。

宋兆麟：《彝族的酒器和饮酒风俗》，《民俗研究》1988年第1期。

宋才发、许威：《传统文化在乡村治理中的法治功能》，《中南民族大学学报》（人文社会科学版）2020年第4期。

宋才发、刘伟：《发挥乡规民约在乡村治理中的法治作用》，《河北法学》2020年第6期。

舒华：《论黔西北彝族地区法制的变迁——以清初"改土归流"为研究视角》，中央民族大学博士学位论文，2012。

舒瑜：《山水的"命运"——鄂西南清江流域发展中的"双重脱嵌"》，《社会发展研究》2015年第4期。

史继忠：《明代水西的则溪制度》，贵州民族学院民族研究所硕士学位论文，1981。

苏红丽、何文海：《社会治理创新视域下民间传统权威参与共治调查——以凉山州M县J乡德古参与治理现状为例》，《贵州民族研究》2020年第4期。

孙晓莉：《西方国家政府社会治理的理念及其启示》，《社会科学研究》

2005 年第 2 期。

田毅鹏、韩丹：《城市化与"村落终结"》，《吉林大学社会科学学报》2011 年第 2 期。

田毅鹏、张帆：《城乡结合部"村落终结"体制性影响因素新探》，《社会科学战线》2016 年第 10 期。

唐钱华、拉马文才：《身体实践与文化隐喻：基于凉山彝族毕摩与苏尼的探究》，《社会科学研究》2019 年第 4 期。

王继超、陈长友：《彝族族源初探——兼论彝族文字的历史作用》，《中央民族大学学报》1996 年第 3 期。

王明东、颜绍梅：《云南彝族水利山林习惯法及其功能》，《思想战线》1998 年第 3 期。

王瑞平：《明清时期云南的人口迁移与儒学在云南的传播》，中央民族大学博士学位论文，2004。

王海娟、贺雪峰：《资源下乡与分利秩序的形成》，《学习与探索》2015 年第 2 期。

王明雯：《凉山彝族习惯法与国家法整合的必要性及途径探讨》，《西南民族大学学报》（人文社科版）2008 年第 10 期。

王铭铭：《超社会体系——对文明人类学的初步思考》，载王铭铭主编《中国人类学评论》（第 15 辑），世界图书出版公司，2010。

王明贵：《贵州彝族传统文化的价值及其开发构想》，《贵州社会主义学院学报》2012 年第 3 期。

王赫、李莹：《彝族人盗窃案件的办理研究——以海淀区人民检察院2015 年的办案数据为例》，《中国检察官》2016 年第 8 期。

王科、余刚、李健等：《凉山州艾滋病感染相关特征随时间变化趋势》，《现代预防医学》2016 年第 16 期。

王祥兵、张学立：《彝族传统制度文化及其影响研究》，《贵州民族研究》2017 年第 5 期。

王卓、李蔓莉：《凉山彝族婚姻习俗与贫困代际传递研究》，《社会科学研究》2019 年第 3 期。

王科、余刚、尹碧波等：《2017 年凉山州吸毒人群艾滋病等血源性疾病哨点监测结果分析》，《职业卫生与病伤》2019 年第 3 期。

王美英：《彝族"阿依蒙格"节活态仪式表达与文化功能研究——基于

凉山雷波大谷堆村的实践调查》，《西南民族大学学报》（人文社科版）2020年第 2 期。

温铁军：《半个世纪的农村制度变迁》，《战略与管理》1999 年第 6 期。

温铁军、杨帅：《中国农村社会结构变化背景下的乡村治理与农村发展》，《理论探讨》2012 年第 6 期。

温春来：《彝、汉文献所见之彝族认同问题——兼与郝瑞教授对话》，《民族研究》2007 年第 5 期。

文军、吴越菲：《流失"村民"的村落：传统村落的转型及其乡村性反思——基于 15 个典型村落的经验研究》，《社会学研究》2017 年第 4 期。

吴宗友：《文化断裂中的中国社会转型》，《江淮论坛》2017 年第 1 期。

巫达：《变异中的延续：凉山彝族丧葬文化的变迁及其动因》，《民族研究》2017 年第 2 期。

吴君梅、刘鹏、康文婷等：《凉山州 2016—2017 年度 HIV 感染孕产妇孕期抗病毒治疗管理现状及影响因素》，《中国艾滋病性病》2020 年第 8 期。

夏当英、宣朝庆：《乡村生活秩序重构中的传统文化复兴——以皖南 H 镇为例》，《河北学刊》2018 年第 4 期。

肖唐镖：《农村宗族重建的普遍性分析——对江西农村的调查》，《中国农村观察》1997 年第 5 期。

肖唐镖：《当前中国农村宗族及其与乡村治理的关系——对新近研究的评论和分析》，《文史哲》2006 年第 4 期。

肖唐镖：《近十年我国乡村治理的观察与反思》，《华中师范大学学报》（人文社会科学版）2014 年第 6 期。

萧放：《孝文化的历史传统与当代意义》，《民俗研究》2015 年第 2 期。

肖琳、翟雯雯、杨淑娟等：《2009—2015 年凉山彝族自治州暗娼人群艾滋病哨点监测结果分析》，《中国艾滋病性病》2017 年第 12 期。

项继权：《20 世纪晚期中国乡村治理的改革与变迁》，《浙江师范大学学报》2005 年第 5 期。

项继权：《中国农村社区及共同体的转型与重建》，《华中师范大学学报》（人文社会科学版）2009 年第 3 期。

向德平、苏海：《"社会治理"的理论内涵和实践路径》，《新疆师范大学学报》（哲学社会科学版）2014 年第 6 期。

谢晖：《当代中国的乡民社会、乡规民约及其遭遇》，《东岳论丛》2004

年第 4 期。

徐勇：《GOVERNANCE：治理的阐释》，《政治学研究》1997 年第 1 期。

徐勇：《县政、乡派、村治：乡村治理的结构性转换》，《江苏社会科学》2002 年第 2 期。

徐勇、朱国云：《农村社区治理主体及其权力关系分析》，《理论月刊》2013 年第 1 期。

徐勇：《城乡一体化进程中的乡村治理创新》，《中国农村经济》2016 年第 10 期。

徐铭：《清代凉山彝族地区的经济发展》，《西南民族大学院学报》（哲学社会科学版）1983 年第 3 期。

徐铭：《清代凉山彝族地区的商业》，《西南民族学院学报》（哲学社会科学版）1987 年第 2 期。

许远旺、陆继锋：《现代国家建构与中国乡村治理结构变迁》，《中国农村观察》2006 年第 5 期。

许晓：《从断裂到整合：对乡村振兴的政治社会学考察——基于冀西北地区 X 村的个案研究》，《求实》2020 年第 1 期。

杨正文：《论民俗的社会管理功能》，《民俗研究》1990 年第 1 期。

杨正文：《制度变革与少数民族身份隶属关系变化的研究——以四川凉山彝族自治州的民主改革为例》，载赵心愚主编《西南民族研究》（第一辑），民族出版社，2010。

杨正文：《文化遗产保护中民族与国家的诉求表述》，《西南民族大学学报》（人文社科版）2011 年第 6 期。

杨知勇：《火把节源头的新材料和新思考》，《民俗研究》1993 年第 4 期。

杨红：《凉山彝族生态文化的继承与凉山彝区生态文明建设》，《西南民族大学学报》（人文社科版）2005 年第 2 期。

杨洪林：《"德古"与"莫"——凉山彝人社会中的世俗权威与纠纷解决方式》，《西南民族大学学报》（人文社科版）2008 年第 8 期。

杨华：《乡村混混与村落、市场和国家的互动——深化理解乡村社会性质和乡村治理基础的新视阈》，《青年研究》2009 年第 3 期。

杨玲、袁春兰：《多元纠纷解决机制背景下的彝族司法调解人——"德古"》，《宁夏大学学报》（人文社会科学版）2009 年第 5 期。

杨戴云：《多元权威冲突与交错——以黔东南一起乡村公路纠纷为例》，西南民族大学博士学位论文，2010。

杨庭硕、杨曾辉：《彝族文化对高寒山区生态系统的适应——四川省盐源县羊圈村彝族生计方式的个案分析》，《云南师范大学学报》（哲学社会科学版）2011 年第 1 期。

杨庭硕、李银艳：《"土流并治"：土司制度推行中的常态》，《贵州民族研究》2012 年第 3 期。

杨义、吴春霖、刘鹏等：《凉山州某县彝族村民偶遇性行为现状及其地理网络分析》，《预防医学情报杂志》2012 年第 3 期。

杨嵘均：《论正式制度与非正式制度在乡村治理中的互动关系》，《江海学刊》2014 年第 1 期。

杨开华：《彝族传统环境法律文化及转型研究》，《民族论坛》2017 年第 3 期。

杨淑娟、王启兴、姚永娜等：《四川省凉山彝族自治州 2011—2014 年 15~24 岁人群 HIV 新发感染监测分析》，《中国艾滋病性病》2017 年第 9 期。

杨康：《凉山闻子觉彝村嗜酒问题的健康传播研究》，西南民族大学硕士学位论文，2019。

杨琴、冯虹、阿别医合等：《凉山州某县彝族人群 HIV 与 HBV、HCV、TP 合并感染现状分析》，《检验医学与临床》2020 年第 8 期。

易谋远：《宗族（家支）观念与凉山彝族繁荣进步的关系》，《思想战线》1989 年第 3 期。

余宏模：《古代彝族布慕刍议》，《贵州文史丛刊》1981 年第 3 期。

余宏模：《黔西北乌蒙山区向天坟与彝族传统文化》，《贵州民族研究》1995 年第 4 期。

余宏模：《彝族在贵州高原的古代历史变迁》，《贵州民族研究》1996 年第 2 期。

余宏模：《贵州彝族毕摩文化与彝文典籍类例》，《贵州民族研究》1996 年第 4 期。

余宏模：《夜郎竹王传说与彝族竹灵崇拜》，《贵州民族研究》2004 年第 4 期。

俞可平、徐秀丽：《中国农村治理的历史与现状——以定县、邹平和江宁为例的比较分析》，《经济社会体制比较》2004 年第 2 期。

俞可平：《推进国家治理体系和治理能力现代化》，《前线》2014 年第 1 期。

俞佳、席武俊：《我国西南地区彝族人口空间分布研究》，《自然科学》2018 年第 4 期。

邱翎：《"家支"观念对小凉山彝族地区村级民主选举的影响研究——以宁蒗彝族自治县为例》，云南大学硕士学位论文，2011。

袁金辉：《中国乡村治理 60 年：回顾与展望》，《国家行政学院学报》2009 年第 5 期。

叶宏：《地方性知识与民族地区的防灾减灾——人类学语境中的凉山彝族灾害文化和当代实践》，西南民族大学博士学位论文，2012。

叶宏、李金发：《神话的结构与彝族生态文化》，《西南民族大学学报》（人文社会科学版）2014 年第 8 期。

赵声馗：《多中心治理视角下凉山彝族家支治理经验研究》，《前沿》2009 年第 12 期。

赵峥：《国家动员、民族话语与边疆治理：战时西康宁属彝区的政治社会变迁（1937—1945）》，《抗日战争研究》2017 年第 2 期。

赵旭东、衡山：《饮酒行为与一种社会整体性的延续——基于中国云南边境一茶山人村落的调查》，《南京农业大学学报》（社会科学版）2013 年第 4 期。

赵旭东：《互惠逻辑与"新丝路"的展开——"一带一路"概念引发的人类学方法论的转变》，《探索与争鸣》2016 年第 11 期。

赵旭东：《互惠人类学再发现》，《中国社会科学》2018 年第 7 期。

赵旭东：《文化互惠与遗产观念——回到一种人群互动与自主的文化遗产观》，《民族艺术》2019 年第 2 期。

张明新：《从乡规民约到村民自治章程——乡规民约的嬗变》，《江苏社会科学》2006 年第 4 期。

张中秋：《乡约的诸属性及其文化原理认识》，《南京大学学报》（哲学·人文科学·社会科学版）2004 年第 5 期。

张明新：《乡规民约存在形态刍论》，《南京大学学报》（哲学·人文科学·社会科学版）2004 年第 5 期。

张健：《中国社会历史变迁中的乡村治理研究》，西北农林科技大学博士学位论文，2008。

张艳娥：《关于乡村治理主体几个相关问题的分析》，《农村经济》2010年第 1 期。

张实、郑艳姬：《小凉山彝族疾病文化的人类学研究——以宁蒗县跑马坪乡沙力坪村为例》，《云南社会科学》2010 年第 5 期。

张原：《抗战时期一个彝区土司的边务实践与民情叙述——〈倮情述论〉中的彝人社会与边疆图景》，《民族学刊》2012 年第 5 期。

张兰英、艾恺、温铁军：《激进与改良——民国乡村建设理论实践的现实启示》，《开放时代》2014 年第 3 期。

张燕：《传统乡村伦理文化的式微与转型——基于乡村治理的视角》，《伦理学研究》2017 年第 3 期。

张勇、冯健：《村落终结：快速城镇化进程中村庄的空心化与乡村性演化》，《城市发展研究》2017 年第 9 期。

张良、冷向明：《"内卷化"外的建构叙事：资源下乡与文化网络重构》，《南京农业大学学报》（社会科学版）2020 年第 6 期。

庄孔韶、杨洪林、富晓星：《小凉山彝族"虎日"民间戒毒行动和人类学的应用实践》，《广西民族学院学报》（哲学社会科学版）2005 年第 2 期。

朱圣钟：《论历史时期凉山彝族地区农业结构的演变》，《中国农史》2008 年第 4 期。

朱启臻：《村落价值与乡村治理关系的探讨》，《国家行政学院学报》2018 年第 3 期。

朱志平、朱慧劼：《乡村文化振兴与乡村共同体的再造》，《江苏社会科学》2020 年第 6 期。

郑文换：《民族村寨的衰落：组织排斥、经济边缘化与文化断裂》，《广西民族研究》2016 年第 1 期。

郑文宝：《乡村治理的理论逻辑及路向分析——一种宏观视角的审视与判断》，《云南民族大学学报》（哲学社会科学版）2020 年第 2 期。

周如南：《民族地区的艾滋病传播与防控——以凉山彝族地区艾滋病与地方社会文化调查为例》，《南京医科大学学报》（社会科学版）2012 年第 1 期。

周静、巫俊敏：《凉山州彝族体检人群脂肪肝调查及危险因素分析》，《实用肝脏病杂志》2012 年第 2 期。

周家明：《乡村治理中村规民约的作用机制研究》，南京农业大学博士学位论文，2015。

邹渊：《贵州彝族习惯法概略》，《贵州民族学院学报》（哲学社会科学版）2000 年第 S2 期。

曾流、曾国良、王芳：《毕摩文化对经济发展影响研究——以盐源县为例》，《贵州民族研究》2013 年第 6 期。

四 古籍类

（晋）常璩撰《华阳国志校注》，刘琳校注，巴蜀书社出版社，1984。

六盘水市地方志编纂委员会编《六盘水旧志点校》，贵州人民出版社，2006。

（清）文孚纂修《钦定重修六部处分则例》卷 40《边防·土司归州县厅员管辖》，光绪十三年重修，光绪十八年上海图书集成印书局印。

（宋）司马光：《涑水记闻》，中华书局，1989。

五 方志类

楚雄彝族自治州地方志编纂委员会编《楚雄彝族自治州志》，人民出版社，1996。

楚雄彝族自治州博物馆编《楚雄彝族自治州文物志》，云南民族出版社，2008。

大方县地方志编纂委员会编《大方县志》，方志出版社，1996。

贵州省地方志编纂委员会编《贵州省志·民族志》，贵州民族出版社，2001。

贵州省毕节地区民委等编《彝文金石图录》，四川民族出版社，1989。

云南省景东彝族自治县志编纂委员会编纂《景东彝族自治县志》，四川辞书出版社，1994。

凉山彝族自治州地方志编纂委员会编纂《凉山彝族自治州志》，方志出版社，2002。

马边彝族自治县地方志编纂委员会编《马边彝族自治县志》，成都科技大学出版社，1994。

四川省布拖县志编纂委员会：《布拖县志》，中国建材工业出版社，1993。

四川省冕宁县志编纂委员会编纂:《冕宁县志》，四川人民出版社，1994。

威宁彝族回族苗族自治县民族事务委员会编《威宁彝族回族苗族自治县民族志》，贵州民族出版社，1997。

越西县志编纂委员会编《越西县志》，四川辞书出版社，1994。

云南省永胜县志编纂委员会编纂《永胜县志》，云南人民出版社，1989。

元江哈尼族彝族傣族自治县民族事务委员会、县志办公室编《元江哈尼族彝族傣族自治县民族志》，云南大学出版社，1989。

云南省禄丰县地方志编纂委员会编纂《禄丰县志》，云南人民出版社，1997。

六 党政公报类

习近平:《决胜全面建成小康社会 夺取新时代中国特色社会主义伟大胜利——在中国共产党第十九次全国代表大会上的报告》，《人民日报》2017年10月28日，第1版。

《中共中央 国务院印发〈关于加大改革创新力度加快农业现代化建设的若干意见〉》《中华人民共和国国务院公报》2015年第5期。

《中华人民共和国国民经济和社会发展第十三个五年规划纲要》，《人民日报》2016年3月18日，第1版。

《中共中央 国务院印发〈乡村振兴战略规划（2018—2022年）〉》，《中华人民共和国国务院公报》2018年第29期。

《中共中央 国务院关于坚持农业农村优先发展做好"三农"工作的若干意见》，《中华人民共和国国务院公报》2019年第7期。

《中共中央办公厅 国务院办公厅印发〈关于加强和改进乡村治理的指导意见〉》，《中华人民共和国国务院公报》2019年第19期。

后　记

　　本书为司法部"国家法治与法学理论研究项目：乡村振兴战略背景下彝族传统治理资源创新利用研究"的最终研究成果。自 2018 年 12 月获批立项以来，课题组于 2019 年 6 月开始通过田野调查搜集一手研究资料，并广泛搜集和整理历史文献及前人的研究成果，为本书的撰写积累了扎实的资料基础。课题的研究成果于 2021 年 12 月底完成了初稿，几经修改之后，于 2022 年 4 月由贵州民族大学科研处按照司法部部级科研项目成果鉴定的相关要求组织评审专家对课题的研究成果进行了鉴定，专家们一致给予了通过鉴定的肯定意见。我们根据鉴定专家的鉴定意见对研究成果进行全面修改和完善，对部分章节进行增删与合并，对全书引用文献进行了认真校订，并于 2022 年 10 月提交至出版社准备出版面世。不过，由于种种原因，未能如期出版。延宕至今，经过多次修改，最终的研究成果才得以呈现在读者的面前。

　　本书是基于充分的田野调查而形成的研究成果，不仅通过具体的研究个案呈现了不同地区、不同层面的乡村治理主体关于彝族传统治理资源创造性转化与创新性发展的有效实践经验。同时，阐明了当下我国包括彝族乡村在内的众多少数民族地区乡村社会中存在的一些治理难题，并深入分析了这些问题形成的深层原因。由于本书设计的内容相对庞大，且主要是基于整体性的视角来试析我国彝族传统文化的共性，因此难以对许多对象逐一进行细致考察和微观深描，相关的问题也难以一一展开讨论，这就使得研究成果对于研究对象的差异性比较研究不足。同时，我国彝族乡村类型多元，分布广泛，基于诸多不可控因素，我们只得选取其中的部分乡村作为田野调查目的地，而非穷尽所有的彝族乡村，因此难免存在对田野资料挖掘不够的问题。因此，不得不承认，研究成果中可能存在太多的不足和遗漏之处。不过，既有的不足和缺漏也正是鞭策我们继续前进的动力，在后续的研究中，我们将努力将这些遗憾弥补起来，以期做出更扎实的研究。

　　本书得以面世，离不开众多前辈、同人、师友的支持和帮助，在此一并对他们表示由衷的感谢。感谢司法部相关领导及课题立项评审专家给予的支持和肯定，没有他们的付出，课题不可能成功立项，我们的研究工作也不可能得以开展。感谢贵州民族大学在课题申报和成果出版上给予的大力支持。感谢贵州省社会科学院的张学立教授、中央民族大学的贾仲益教授、贵州大学的梅其君教授、贵阳学院的龙叶先教授、贵州民族大学的王国勇教授、贵州民族大学的张帆教授，他们的肯定意见和修改意见是研究成果得以顺利提交出版和总体质量提升的根本保障。感谢社会科学文献出版社的陈颖老师，研究成果能够付梓，多亏她的细心审阅、悉心修改和耐心回复，使得研究成果的许多错漏和不足之处得到了修正和弥补。不仅是在本研究成果上，她的建议与经验于我们后续的研究也大有裨益。感谢在课题田野调查过程中碰到的每一位田野报道人，无论他们是村委干部，还是普通村民，无论走到哪一个村落，他们总是会放下手中忙碌的工作，面带暖心的微笑，热心回答我们提出的各种问题，热情邀请我们到家中做客，给予了我们无尽的温暖。没有他们的热情帮助，我们不可能顺利完成研究。虽然他们的真实名字和信息没有记录在研究成果中，但是恩情我们永远铭记在心。感谢本书引用和参考过的众多学术成果的著者，他们的研究成果为我们提供了科学的理论指导和扎实的资料基础。

　　本书存在的问题和错讹，皆由作者负责。

笔　者

2024 年 5 月

图书在版编目（CIP）数据

彝族传统治理资源的创新利用 / 梅军，李宁阳著
. -- 北京：社会科学文献出版社，2024.6
ISBN 978-7-5228-2028-6

Ⅰ.①彝⋯ Ⅱ.①梅⋯ ②李⋯ Ⅲ.①彝族-乡村-
社会管理-研究-中国 Ⅳ.①D638

中国国家版本馆 CIP 数据核字（2023）第 120378 号

彝族传统治理资源的创新利用

著　　者／梅　军　李宁阳

出 版 人／冀祥德
组稿编辑／邓泳红
责任编辑／陈　颖
责任印制／王京美

出　　版／社会科学文献出版社·皮书分社（010）59367127
　　　　　地址：北京市北三环中路甲 29 号院华龙大厦　邮编：100029
　　　　　网址：www. ssap. com. cn
发　　行／社会科学文献出版社（010）59367028
印　　装／三河市尚艺印装有限公司

规　　格／开　本：787mm×1092mm　1/16
　　　　　印　张：31　字　数：542 千字
版　　次／2024 年 6 月第 1 版　2024 年 6 月第 1 次印刷
书　　号／ISBN 978-7-5228-2028-6
定　　价／158.00 元

读者服务电话：4008918866